D1693811

C-Programmierung für Linux
in 21 Tagen

Erik de Castro Lopo
Peter Aitken
Bradley L. Jones

Deutsche Übersetzung:
Petra Alm & Dirk Louis

C-Programmierung für Linux
in 21 Tagen

Markt+Technik Verlag

Die Deutsche Bibliothek – CIP-Einheitsaufnahme

Ein Titeldatensatz für diese Publikation ist
bei der Deutschen Bibliothek erhältlich.

Die Informationen in diesem Produkt werden ohne Rücksicht auf einen
eventuellen Patentschutz veröffentlicht.
Warennamen werden ohne Gewährleistung der freien Verwendbarkeit benutzt.
Bei der Zusammenstellung von Texten und Abbildungen wurde mit größter
Sorgfalt vorgegangen.
Trotzdem können Fehler nicht vollständig ausgeschlossen werden.
Verlag, Herausgeber und Autoren können für fehlerhafte Angaben
und deren Folgen weder eine juristische Verantwortung noch
irgendeine Haftung übernehmen.
Für Verbesserungsvorschläge und Hinweise auf Fehler sind Verlag und
Herausgeber dankbar.

Autorisierte Übersetzung der amerikanischen Originalausgabe:
Teach Yourself C for Linux Programming in 21 Days © 1999 by SAMS Publishing

Alle Rechte vorbehalten, auch die der fotomechanischen
Wiedergabe und der Speicherung in elektronischen Medien.
Die gewerbliche Nutzung der in diesem Produkt gezeigten
Modelle und Arbeiten ist nicht zulässig.

Fast alle Hardware- und Software-Bezeichnungen, die in diesem Buch
erwähnt werden, sind gleichzeitig auch eingetragene Warenzeichen
oder sollten als solche betrachtet werden.

Umwelthinweis:
Dieses Buch wurde auf chlorfrei gebleichtem Papier gedruckt.
Die Einschrumpffolie – zum Schutz vor Verschmutzung – ist aus
umweltverträglichem und recyclingfähigem PE-Material.

10 9 8 7 6 5 4 3 2 1

04 03 02 01 00

ISBN 3-8272-5742-5

© 2000 by Markt+Technik Verlag,
ein Imprint der Pearson Education Deutschland GmbH.
Martin-Kollar-Straße 10–12, D–81829 München/Germany
Alle Rechte vorbehalten
Übersetzung: Petra Alm, Dirk Louis, Saarbrücken
Lektorat: Boris Karnikowski, bkarnikowski@pearson.de
Fachlektorat: Detlev Degenhardt, Freiburg
Sprachliches Lektorat: Brigitta Keul, München
Herstellung: Claudia Bäurle, cbaeurle@pearson.de
Satz: reemers publishing services gmbh, Krefeld
Einbandgestaltung: Grafikdesign Heinz H. Rauner, München
Druck und Verarbeitung: Bercker, Kevelaer
Printed in Germany

Inhaltsverzeichnis

	Einführung	**21**
	Erste Schritte mit der C-Programmierung unter Linux	22
	Besonderheiten dieses Buches.	22
	Wie das Buch noch besser wird	25
	Konventionen in diesem Buch.	25
	Woche 1 im Überblick	**27**
	Aufbau der ersten Woche	28
Tag 1	**Einführung in Linux und die Programmiersprache C**	29
	Warum C?.	30
	Kurzer geschichtlicher Abriss der Programmiersprache C	31
	Erste Schritte vor der Programmierung	32
	Der Zyklus der Programmentwicklung	33
	Der Entwicklungszyklus in C.	33
	Die Entwicklungswerkzeuge	34
	Quellcode erzeugen.	34
	Quellcode kompilieren.	37
	Den Entwicklungszyklus abschließen	38
	Erste Schritte mit Linux	40
	Ihr erstes C-Programm.	41
	Der ddd-Debugger.	45
	Zusammenfassung	47
	Fragen und Antworten	48
	Workshop	49
	Quiz.	49
	Übungen	49
Tag 2	**Die Komponenten eines C-Programms: Quellcode und Daten**	51
	Ein kurzes C-Programm	52
	Die Komponenten eines Programms	53
	Die Funktion main() (Zeilen 8 bis 23).	54
	Die #include-Direktive (Zeile 2)	54

Die Variablendefinition (Zeile 4)	54
Der Funktionsprototyp (Zeile 6)	55
Programmanweisungen (Zeilen 11, 12, 15, 16, 19, 20, 22 und 28)	55
Die Funktionsdefinition (Zeilen 26 bis 29)	56
Programmkommentare (Zeilen 1, 10, 14, 18 und 25)	56
Geschweifte Klammern (Zeilen 9, 23, 27 und 29)	58
Das Programm ausführen	58
Eine Anmerkung zur Genauigkeit	59
Die Teile eines Programms im Überblick	59
Daten speichern: Variablen und Konstanten	62
Variablen	63
Variablennamen	63
Numerische Variablentypen	65
Variablendeklarationen	69
Das Schlüsselwort typedef	70
Variablen initialisieren	70
Konstanten	71
Literale Konstanten	72
Symbolische Konstanten	73
Symbolische Konstanten definieren	74
Zusammenfassung	77
Fragen und Antworten	78
Workshop	80
Quiz	80
Übungen	81

Tag 3	**Anweisungen, Ausdrücke und Operatoren**	**83**
	Anweisungen	84
	Whitespace in Anweisungen	84
	Leeranweisungen erzeugen	86
	Verbundanweisungen	86
	Ausdrücke	87
	Einfache Ausdrücke	87
	Komplexe Ausdrücke	88
	Operatoren	89
	Der Zuweisungsoperator	89
	Mathematische Operatoren	90
	Klammern und die Rangfolge der Operatoren	95

	Reihenfolge der Auswertung von Unterausdrücken	97
	Vergleichsoperatoren	97
	Die if-Anweisung	99
	Die else-Bedingung	102
	Relationale Ausdrücke auswerten	105
	Rangfolge der Vergleichsoperatoren	107
	Logische Operatoren	108
	Mehr zu wahren und falschen Werten	109
	Rangfolge der Operatoren	110
	Zusammengesetzte Zuweisungsoperatoren	112
	Der Bedingungsoperator	113
	Der Komma-Operator	114
	Übersicht der Operator-Rangfolge	115
	Zusammenfassung	115
	Fragen und Antworten	116
	Workshop	117
	Quiz	117
	Übungen	118
Tag 4	**Funktionen**	**121**
	Was ist eine Funktion?	122
	Definition einer Funktion	122
	Veranschaulichung	123
	Funktionsweise einer Funktion	125
	Funktionen	126
	Funktionen und strukturierte Programmierung	127
	Die Vorteile der strukturierten Programmierung	127
	Planung eines strukturierten Programms	128
	Der Top-down-Ansatz	130
	Eine Funktion schreiben	131
	Der Funktions-Header	131
	Der Funktionsrumpf	134
	Der Funktionsprototyp	140
	Argumente an eine Funktion übergeben	141
	Funktionen aufrufen	142
	Rekursion	144
	Wo werden Funktionen definiert?	147
	Zusammenfassung	148
	Fragen und Antworten	148
	Workshop	149

	Quiz	149
	Übungen	150
Tag 5	**Grundlagen der Programmsteuerung**	153
	Arrays: Grundlagen	154
	Die Programmausführung steuern	155
	for-Anweisungen	155
	Verschachtelte for-Anweisungen	161
	while-Anweisungen	164
	Verschachtelte while-Anweisungen	168
	do...while-Schleifen	171
	Verschachtelte Schleifen	175
	Zusammenfassung	176
	Fragen und Antworten	177
	Workshop	178
	Quiz	178
	Übungen	178
Tag 6	**Grundlagen der Ein- und Ausgabe**	181
	Informationen auf dem Bildschirm anzeigen	182
	Die Funktion printf()	182
	printf()-Formatstrings	183
	Nachrichten mit puts() ausgeben	191
	Numerische Daten mit scanf() einlesen	193
	Zusammenfassung	198
	Fragen und Antworten	199
	Workshop	199
	Quiz	200
	Übungen	200
Tag 7	**Numerische Arrays**	203
	Was ist ein Array?	204
	Eindimensionale Arrays	204
	Mehrdimensionale Arrays	209
	Array-Namen und -Deklarationen	210
	Arrays initialisieren	213
	Mehrdimensionale Arrays initialisieren	214
	Maximale Array-Größe	218
	Zusammenfassung	220
	Fragen und Antworten	221
	Workshop	222

	Quiz	222
	Übungen	223
	Woche 1 im Rückblick	**225**
	Woche 2 im Überblick	**233**
	Aufbau der zweiten Woche	234
Tag 8	**Zeiger**	**235**
	Was ist ein Zeiger?	236
	Der Speicher Ihres Computers	236
	Einen Zeiger erzeugen	237
	Zeiger und einfache Variablen	238
	Zeiger deklarieren	238
	Zeiger initialisieren	238
	Zeiger verwenden	239
	Zeiger und Variablentypen	242
	Zeiger und Arrays	243
	Der Array-Name als Zeiger	244
	Speicherlayout für Array-Elemente	244
	Zeigerarithmetik	248
	Zeiger und ihre Tücken	252
	Array-Notation und Zeiger	253
	Arrays an Funktionen übergeben	254
	Zeiger an Funktionen übergeben	260
	Zeiger vom Typ void	264
	Zusammenfassung	268
	Fragen und Antworten	269
	Workshop	270
	Quiz	270
	Übungen	271
Tag 9	**Zeichen und Strings**	**273**
	Der Datentyp char	274
	Zeichenvariablen	275
	Strings verwenden	277
	Arrays von Zeichen	277
	Zeichenarrays initialisieren	277
	Strings und Zeiger	278
	Strings ohne Arrays	279

	Stringspeicher zur Kompilierzeit zuweisen	279
	Die Funktion malloc()	280
	Einsatz der malloc()-Funktion	281
	Strings und Zeichen anzeigen	286
	Die Funktion puts()	286
	Die Funktion printf()	287
	Strings von der Tastatur einlesen	288
	Strings mit den Funktionen gets() und fgets() einlesen	288
	Strings mit der Funktion scanf() einlesen	290
	Zusammenfassung	293
	Fragen und Antworten	293
	Workshop	295
	Quiz	295
	Übungen	296
Tag 10	**Strukturen**	299
	Einfache Strukturen	300
	Strukturen definieren und deklarieren	300
	Zugriff auf Strukturelemente	301
	Komplexere Strukturen	304
	Strukturen, die Strukturen enthalten	304
	Strukturen, die Arrays enthalten	308
	Arrays von Strukturen	310
	Strukturen initialisieren	314
	Strukturen und Zeiger	317
	Zeiger als Strukturelemente	317
	Zeiger auf Strukturen	320
	Zeiger und Arrays von Strukturen	322
	Strukturen als Argumente an Funktionen übergeben	325
	Unions	327
	Unions definieren, deklarieren und intialisieren	327
	Zugriff auf Unionelemente	328
	Mit typedef Synonyme für Strukturen definieren	334
	Zusammenfassung	335
	Fragen und Antworten	335
	Workshop	336
	Quiz	336
	Übungen	337

Tag 11	**Gültigkeitsbereiche von Variablen** 339
	Was ist ein Gültigkeitsbereich?. 340
	Den Gültigkeitsbereichen nachgespürt. 340
	Warum sind Gültigkeitsbereiche so wichtig?. 343
	Globale Variablen. 343
	Der Gültigkeitsbereich globaler Variablen. 344
	Einsatzbereiche für globale Variablen 344
	Das Schlüsselwort extern 345
	Lokale Variablen 346
	Statische kontra automatische Variablen 347
	Der Gültigkeitsbereich von Funktionsparametern 350
	Statische globale Variablen. 351
	Registervariablen. 351
	Lokale Variablen und die Funktion main(). 352
	Welche Speicherklassen sollten Sie verwenden? 353
	Lokale Variablen und Blöcke 354
	Zusammenfassung 356
	Fragen und Antworten 356
	Workshop 357
	Quiz. 357
	Übungen 358
Tag 12	**Fortgeschrittene Programmsteuerung**. 361
	Schleifen vorzeitig beenden. 362
	Die break-Anweisung. 362
	Die continue-Anweisung 365
	Die goto-Anweisung. 367
	Endlosschleifen 370
	Die switch-Anweisung 374
	Das Programm verlassen 384
	Die Funktion exit(). 385
	Befehle aus einem Programm heraus ausführen 385
	Zusammenfassung 388
	Fragen und Antworten 388
	Workshop 389
	Quiz. 389
	Übungen 389

Inhaltsverzeichnis

Tag 13	**Mit Bildschirm und Tastatur arbeiten**	391
	Streams in C	392
	Was genau versteht man unter Programmeingabe und -ausgabe?	392
	Was ist ein Stream?	393
	Vordefinierte Streams	394
	Die Stream-Funktionen von C	395
	Ein Beispiel	395
	Tastatureingaben einlesen	396
	Zeicheneingabe	396
	Zeileneingabe	400
	Formatierte Eingabe	403
	Bildschirmausgabe	413
	Zeichenausgabe mit putchar(), putc() und fputc()	413
	Stringausgabe mit puts() und fputs()	415
	Formatierte Ausgabe mit printf() und fprintf()	416
	Ein- und Ausgabe umleiten	423
	Eingaben umleiten	425
	Piping zwischen Programmen	426
	Einsatzmöglichkeiten von fprintf()	426
	stderr verwenden	426
	Zusammenfassung	428
	Fragen und Antworten	428
	Workshop	429
	Quiz	429
	Übungen	430
Tag 14	**Zeiger für Fortgeschrittene**	433
	Zeiger auf Zeiger	434
	Zeiger und mehrdimensionale Arrays	436
	Arrays von Zeigern	445
	Strings und Zeiger: ein Rückblick	445
	Arrays von Zeigern auf char	446
	Ein Beispiel	449
	Zeiger auf Funktionen	456
	Zeiger auf Funktionen deklarieren	456
	Zeiger auf Funktionen initialisieren und verwenden	457
	Funktionen, die einen Zeiger zurückliefern	467
	Verkettete Listen	470
	Theorie der verketteten Listen	470
	Mit verketteten Listen programmieren	472

	Ein einfaches Beispiel für eine verkettete Liste	478
	Implementierung einer verketteten Liste	481
	Zusammenfassung	490
	Fragen und Antworten	491
	Workshop	492
	Quiz	492
	Übungen	493

Woche 2 im Rückblick **497**

Woche 3 im Überblick **505**

	Aufbau der dritten Woche	506
Tag 15	**Mit Dateien arbeiten**	**507**
	Streams und Dateien	508
	Dateitypen	508
	Dateinamen	509
	Eine Datei öffnen	509
	Schreiben und Lesen	514
	Formatierte Dateieingabe und -ausgabe	514
	Zeicheneingabe und -ausgabe	519
	Direkte Dateieingabe und -ausgabe	521
	Dateipuffer: Dateien schließen und leeren	526
	Sequentieller und wahlfreier Zugriff auf Dateien	527
	Die Funktionen ftell() und rewind()	528
	Die Funktion fseek()	531
	Das Ende einer Datei ermitteln	534
	Dateiverwaltungsfunktionen	537
	Eine Datei löschen	537
	Eine Datei umbenennen	539
	Eine Datei kopieren	540
	Temporäre Dateien verwenden	543
	Zusammenfassung	545
	Fragen und Antworten	545
	Workshop	546
	Quiz	547
	Übungen	547

| Tag 16 | **Stringmanipulation** | 549 |

Stringlänge und Stringspeicherung. 550
Strings kopieren. 552
    Die Funktion strcpy() 552
    Die Funktion strncpy() 554
    Die Funktion strdup() 555
Strings konkatenieren. 556
    Die Funktion strcat() 557
    Die Funktion strncat(). 558
Strings vergleichen. 560
    Zwei komplette Strings vergleichen 560
    Teilstrings vergleichen 563
    Zwei Strings ohne Berücksichtigung der
    Groß- und Kleinschreibung vergleichen 564
Strings durchsuchen. 565
    Die Funktion strchr() 565
    Die Funktion strrchr(). 566
    Die Funktion strcspn() 567
    Die Funktion strspn() 568
    Die Funktion strpbrk() 570
    Die Funktion strstr() 570
Umwandlung von Strings in Zahlen 572
    Die Funktion atoi() 572
    Die Funktion atol() 573
    Die Funktion atof(). 573
Zeichentestfunktionen 575
tolower() und toupper() 579
Zusammenfassung 581
Fragen und Antworten 581
Workshop 582
    Quiz. 582
    Übungen 583

| Tag 17 | **Die Bibliothek der C-Funktionen**. . . . . | 585 |

Mathematische Funktionen 586
    Trigonometrische Funktionen. 586
    Exponential- und logarithmische Funktionen 587
    Hyperbolische Funktionen 587
    Weitere mathematische Funktionen 588
    Ein Beispiel für die mathematischen Funktionen. 589

Zeit und Datum		590
Darstellung der Zeit		590
Die Zeitfunktionen		591
Die Zeitfunktionen verwenden		595
Funktionen zur Fehlerbehandlung		597
Die Funktion assert()		597
Die Header-Datei errno.h		600
Die Funktion perror()		601
Funktionen mit einer variablen Zahl von Argumenten		603
Suchen und sortieren		606
Suchen mit bsearch()		606
Sortieren mit qsort()		608
Suchen und sortieren: zwei Beispiele		609
Zusammenfassung		615
Fragen und Antworten		616
Workshop		617
Quiz		617
Übungen		618
Tag 18	**Vom Umgang mit dem Speicher**	**621**
	Typumwandlungen	622
	Automatische Typumwandlungen	622
	Explizite Typumwandlungen	624
	Speicherallokation	626
	Die Funktion malloc()	628
	Die Funktion calloc()	628
	Die Funktion realloc()	630
	Die Funktion free()	632
	Speicherblöcke manipulieren	634
	Die Funktion memset()	635
	Die Funktion memcpy()	635
	Die Funktion memmove()	635
	Mit Bits arbeiten	638
	Die Shift-Operatoren	638
	Die logischen Bit-Operatoren	640
	Der Komplement-Operator	642
	Bitfelder in Strukturen	642
	Zusammenfassung	644
	Fragen und Antworten	645
	Workshop	646

	Quiz	646
	Übungen	647
Tag 19	**Prozesse und Signale**	649
	Prozesse	650
	Mit fork() andere Prozesse starten	655
	Zombie-Prozesse	657
	Einen Prozess durch einen anderen ersetzen	664
	Signale	666
	Mit Hilfe von SIGCHLD Zombie-Kindprozesse vermeiden	672
	Zusammenfassung	676
	Fragen und Antworten	676
	Workshop	677
	Quiz	677
	Übung	678
Tag 20	**Compiler für Fortgeschrittene**	679
	Der C-Präprozessor	680
	Die Präprozessor-Direktive #define	680
	Die #include-Direktive	686
	Die Verwendung von #if, #elif, #else und #endif	687
	Debuggen mit #if...#endif	688
	Die Mehrfacheinbindung von Header-Dateien vermeiden	689
	Die Direktive #undef	690
	Vordefinierte Makros	691
	Befehlszeilenargumente	692
	Befehlszeilenargumente mit getopt()	695
	Programmierung mit mehreren Quelltextdateien	697
	Die Vorteile der modularen Programmierung	698
	Modulare Programmiertechniken	698
	.o-Dateien verwenden	700
	Modulkomponenten	701
	Externe Variablen und modulare Programmierung	701
	Die make-Datei	703
	Gemeinsam genutzte Bibliotheken	707
	Zusammenfassung	709
	Fragen und Antworten	709
	Workshop	710
	Quiz	710
	Übungen	711

Tag 21	Einführung in die GUI-Programmierung mit GTK+	713
	Geschichte	714
	X-Konzepte	714
	GTK+ – die Gimp-Werkzeugsammlung	715
	Wo befindet sich das GTK+?	716
	Grafische Oberflächen und Ereignisse	717
	Ein erstes GTK+-Programm	718
	Schaltflächen	723
	Dialogfenster erzeugen	726
	Ein einfacher Texteditor	733
	Zusammenfassung	745
	Fragen und Antworten	745
	Workshop	746
	Quiz	746
	Übungen	746

Woche 3 im Rückblick 747

Anhang A	ASCII-Zeichentabelle	757
Anhang B	Reservierte Schlüsselwörter in C/C++	763
Anhang C	**Antworten**	767
	Tag 1: Einführung in Linux und die Programmiersprache C	768
	Antworten zum Quiz	768
	Antworten zu den Übungen	768
	Tag 2: Die Komponenten eines C-Programms: Quellcode und Daten	769
	Antworten zum Quiz	769
	Antworten zu den Übungen	770
	Tag 3: Anweisungen, Ausdrücke und Operatoren	771
	Antworten zum Quiz	771
	Antworten zu den Übungen	772
	Tag 4: Funktionen	774
	Antworten zum Quiz	774
	Antworten zu den Übungen	775
	Tag 5: Grundlagen der Programmsteuerung	779
	Antworten zum Quiz	779
	Antworten zu den Übungen	779
	Tag 6: Grundlagen der Ein- und Ausgabe	781
	Antworten zum Quiz	781

Inhaltsverzeichnis

Antworten zu den Übungen 781
Tag 7: Numerische Arrays 786
    Antworten zum Quiz 786
    Antworten zu den Übungen 786
Tag 8: Zeiger 790
    Antworten zum Quiz 790
    Antworten zu den Übungen 791
Tag 9: Zeichen und Strings 793
    Antworten zum Quiz 793
    Antworten zu den Übungen 794
Tag 10: Strukturen 797
    Antworten zum Quiz 797
    Antworten zu den Übungen 797
Tag 11: Gültigkeitsbereiche von Variablen 799
    Antworten zum Quiz 799
    Antworten zu den Übungen 800
Tag 12: Fortgeschrittene Programmsteuerung 804
    Antworten zum Quiz 804
    Antworten zu den Übungen 805
Tag 13: Mit Bildschirm und Tastatur arbeiten 805
    Antworten zum Quiz 805
    Antworten zu den Übungen 806
Tag 14: Zeiger für Fortgeschrittene 807
    Antworten zum Quiz 807
    Antworten zu den Übungen 808
Tag 15: Mit Dateien arbeiten 809
    Antworten zum Quiz 809
    Antworten zu den Übungen 810
Tag 16: Stringmanipulation 810
    Antworten zum Quiz 810
    Antworten zu den Übungen 811
Tag 17: Die Bibliothek der C-Funktionen 812
    Antworten zum Quiz 812
    Antworten zu den Übungen 813
Tag 18: Vom Umgang mit dem Speicher 813
    Antworten zum Quiz 813
    Antworten zu den Übungen 815
Tag 19: Prozesse und Signale 816
    Antworten zum Quiz 816
    Antworten zu den Übungen 816

	Tag 20: Compiler für Fortgeschrittene	817
	Antworten zum Quiz	817
	Antworten zu den Übungen	818
	Tag 21: Einführung in die GUI-Programmierung mit GTK+	818
	Antworten zum Quiz	818
	Antworten zu den Übungen	818
Anhang D	**Die CD-ROM zu diesem Buch**	819
	Software	820
	HTML-Daten	820
Eingeben & Ausführen 1		821
	Listings ausdrucken	822
	Ihr erstes Eingeben&Ausführen-Programm	822
Eingeben & Ausführen 2		825
	Zahlen raten	826
Eingeben & Ausführen 3		829
	Geheime Botschaften	830
Eingeben & Ausführen 4		835
	Zeichen zählen	836
Eingeben & Ausführen 5		839
	Hypothekenzahlungen berechnen	840
Stichwortverzeichnis		843

Einführung

Einführung

Erste Schritte mit der C-Programmierung unter Linux

Wie der Titel schon andeutet, zielt dieses Buch darauf ab, Ihnen die C-Programmierung für das Betriebssystem Linux zu vermitteln. Seit seiner Entwicklung in den frühen 90ern hat sich Linux – gleich hinter den von Microsoft produzierten Windows-Varianten – als zweitwichtigstes Betriebssystem für PCs und Server etabliert. Auf dem relativ kleinen Servermarkt konkurriert Linux nur noch mit dem Flaggschiff von Microsoft, Windows NT, das es an Bedeutung bereits übertroffen hat. Linux hat den Ruf höchster Stabilität, Konfigurierbarkeit, Zuverlässigkeit und Sicherheit.

Der gesamte Linux-Kernel sowie ein Großteil der zu einer typischen Linux-Distribution gehörenden Programme sind in der Programmiersprache C geschrieben. Trotz starker Konkurrenz von neueren Sprachen wie C++ und Java bleibt C auch weiterhin die erste Wahl für alle, die unter Linux oder anderen Betriebssystemen programmieren wollen. Sie können gar nicht fehlgehen in Ihrer Wahl für C als Programmiersprache. Die Gründe dafür werde ich in Tag 1 »Einführung in Linux und die Programmiersprache C« genauer ausführen.

Mit diesem Buch zum Erlernen von C haben Sie eine weise Entscheidung getroffen. Obwohl es viele Bücher zu C gibt, glaube ich, dass dieses Buch C am logischsten und leichtesten vermittelt. Dieses Buch ist so konzipiert, dass Sie jeden Tag eine neue Lektion erarbeiten können. Dabei bedarf es keiner Programmiervorkenntnisse Ihrerseits, obwohl Erfahrungen in anderen Programmiersprachen Ihnen das Erlernen mit Sicherheit erleichtern werden.

Besonderheiten dieses Buches

Dieses Buch enthält einige Besonderheiten, die Ihnen den Weg zur C-Erleuchtung ebnen sollen. Syntaxabschnitte zeigen Ihnen, wie Sie bestimmte C-Konzepte umsetzen. Jeder Syntax-Abschnitt enthält konkrete Beispiele und eine vollständige Erläuterung des C-Befehls oder -Konzepts. Um einen Eindruck von den Syntaxabschnitten zu erhalten, betrachten Sie das folgende Beispiel. (Versuchen Sie nicht, den Code zu verstehen, wir haben schließlich noch nicht einmal Tag 1 erreicht!)

```
#include <stdio.h>
printf (Formatstring[,Argumente], ...]);
```

printf() ist eine Funktion, die einen Formatstring mit Konvertierungsspezifizierern und für jeden Konvertierungsspezifizierer ein zugehöriges Argument übernimmt. Die

Besonderheiten dieses Buches

Funktion gibt die formatierten Informationen auf dem Standardausgabegerät, normalerweise dem Bildschirm, aus. Bei Verwendung von printf() müssen Sie die Header-Datei für die Standardein-/-ausgabe, stdio.h, einbinden.

Der Formatstring ist obligatorisch, die Argumente hingegen sind optional. Zu jedem Argument muss es einen Konvertierungsspezifizierer geben. Der Formatstring kann auch Escape-Zeichen enthalten. Im Folgenden sehen Sie einige Beispiele für den Aufruf von printf() und die resultierende Ausgabe.

Beispiel 1

```
#include <stdio.h>
int main (void)
{
    printf ("Dies ist ein Beispiel für eine Ausgabe!\n");
    return 0;
}
```

Ausgabe von Beispiel 1

```
Dies ist ein Beispiel für eine Ausgabe!
```

Beispiel 2

```
#include <stdio.h>
int main (void)
{
    printf ("Dieser Befehl gibt ein Zeichen, %c\neine Zahl,
            %d\nund eine Fließkommazahl, %f\naus ", 'z', 123, 456.789);
    return 0;
}
```

Ausgabe von Beispiel 2

```
Dieser Befehl gibt ein Zeichen, z
eine Zahl, 123
und eine Fließkommazahl, 456.789
aus
```

Eine weitere Besonderheit dieses Buches sind die Abschnitte, in denen Sie darauf hingewiesen werden, was Sie tun sollten und was nicht.

Einführung

Was Sie tun sollten	Was nicht
Lesen Sie den Rest dieses Kapitels. Dort finden Sie Erläuterungen zu dem Workshop-Abschnitt, der das Ende jedes Tages bildet.	Überspringen Sie keine Quizfragen oder Übungen. Haben Sie den Workshop des Tages beendet, sind Sie gut gerüstet, um mit dem Lernstoff fortzufahren.

Außerdem begegnen Ihnen noch Felder mit Tipps, Hinweisen und Warnungen. Die Tipps bieten Ihnen wertvolle Informationen zu abkürzenden Verfahren und Techniken bei der Arbeit mit C. Hinweise enthalten spezielle Details, die die Erläuterungen der C-Konzepte noch verständlicher machen. Die Warnungen sollen Ihnen helfen, potentielle Probleme zu vermeiden.

Zahlreiche Beispielprogramme veranschaulichen die Eigenheiten und Konzepte von C, damit sie diese auf eigene Programme übertragen können. Die Diskussion eines jeden Programms gliedert sich in drei Teile: das Programm selbst, die erforderliche Eingabe und die resultierende Ausgabe sowie eine zeilenweise Analyse des Programms.

Die Zeilennummerierungen und Doppelpunkte in den Beispiellistings dienen lediglich Verweiszwecken. Wenn Sie den Quellcode abtippen, müssen Sie die Zeilenzahlen und Doppelpunkte nicht mit übernehmen.

Jeder Tag schließt mit einem Frage-und-Antwort-Teil, der Antworten auf häufig gestellte Fragen zu dem aktuellen Thema gibt. Es schließt sich ein Workshop an, der Quizfragen und Übungen enthält. Mit diesem Quiz können Sie feststellen, ob Sie die in dem Kapitel vermittelten Konzepte verstanden haben. Wenn Sie Ihre Antworten überprüfen wollen oder einfach nur nicht weiterwissen, können Sie die Antworten in Anhang C, »Antworten«, einsehen.

C lernt man jedoch nicht, indem man nur ein Buch liest. Wenn Sie Programmierer werden wollen, müssen Sie auch selbst Programme schreiben. Deshalb finden Sie nach dem Quizteil einen Übungsteil. Ich möchte Ihnen nahe legen, jede Übung zumindest zu versuchen. C-Code zu schreiben, ist der beste Weg, C zu lernen.

Ich persönlich finde die Übungen mit FEHLERSUCHE am effektivsten. Dabei haben sich ein oder mehrere Fehler (im Englischen auch *bugs* genannt) in das Programm eingeschlichen. Übungen dieser Art sind Code-Listings, die allgemeine Probleme aufweisen. Ihre Aufgabe ist es, diese Fehler zu entdecken und zu beheben. Haben Sie dabei Schwierigkeiten, finden Sie die Antworten dazu ebenfalls in Anhang C.

Je weiter Sie dieses Buch durcharbeiten, umso länger werden einige der Übungen. Andere wiederum weisen eine Vielzahl von richtigen Antworten auf. Deshalb finden Sie in den hinteren Kapiteln nicht immer Antworten zu allen Übungen.

Schließlich möchte ich noch die Eingeben&Ausführen-Abschnitte erwähnen. Am Ende dieses Buches finden Sie fünf davon. Jeder Eingeben&Ausführen-Abschnitt enthält ein kurzes C-Programm, das Ihnen dienlich sein kann oder einfach nur lustig ist und gleichzeitig die C-Programmiertechniken veranschaulicht. Sie können diese Listings abtippen und ausführen. Nachdem Sie den Code eingegeben haben, können Sie ihn ändern und feststellen, was sich noch so alles damit anfangen lässt. Die Eingaben&Ausführen-Abschnitte sind zum Herumexperimentieren gedacht. Wir hoffen, Sie haben Spaß daran.

Wie das Buch noch besser wird

Nichts ist perfekt, doch ich glaube daran, dass man Perfektion anstreben sollte. Dies ist die erste Ausgabe von *C-Programmierung für Linux in 21 Tagen*. Beim Schreiben dieses Buches habe ich viel Zeit und Arbeit investiert, um sicherzustellen, dass die Informationen und Code-Beispiele korrekt und zutreffend sind. Da dies die erste Ausgabe ist, bin ich sehr daran interessiert, dass Sie als Leser mich auf Fehler oder Ungereimtheiten in diesem Buch aufmerksam machen. Diese werden dann in weiteren Ausgaben dieses Buches behoben.

Konventionen in diesem Buch

In diesem Buch werden verschiedene Schriftarten verwendet, um zwischen Code und normalem Text zu unterscheiden und um wichtige Konzepte hervorzuheben. Quellcode hat einen besonderen `nichtproportionalen` Font. In den Beispielen für die Eingabe und Ausgabe eines Programms wurde für die Benutzereingabe eine **fette, nicht-proportionale** Schrift gewählt. Begriffe, die als Platzhalter für von Ihnen aufzusetzenden Code fungieren, erscheinen in *kursiver, nichtproportionaler* Schrift. Neue oder wichtige Begriffe sind *kursiv* gedruckt.

Woche 1

Überblick

Bevor Sie mit der ersten Woche beginnen und lernen, wie Sie das Betriebssystem Linux mit C programmieren, bedarf es ein paar wichtiger Utensilien: dieses Buches, eines Computers, auf dem das Betriebssystem Linux installiert ist, eines C-Compilers und eines Text-Editors. Dabei ist es gut möglich, dass der C-Compiler und der Text-Editor bereits mit Linux zusammen auf Ihrem PC installiert wurden.

Dieses Buch ist so konzipiert, dass jeder Tag mit einem Workshop endet, der ein Quiz und einige Übungen enthält. Am Ende eines jeden Tages sollten Sie in der Lage sein, alle Fragen zu beantworten und die Übungen auszuführen. Die Lösungen zu den Quizfragen und den Übungen für alle Kapitel befinden sich in Anhang C, »Antworten«. In den späteren Kapiteln wurde darauf verzichtet, zu allen Übungen eine Antwort anzubieten, da es oftmals mehrere mögliche Lösungen gibt. Ich möchte Ihnen wärmstens empfehlen, die Übungen zu machen und Ihre Antworten zu überprüfen.

Um eine Programmiersprache zu erlernen, reicht es nicht, nur ein Buch darüber zu lesen. Wichtig ist auch, dass Sie möglichst viele C-Programme eingeben und ausführen. Die zahlreichen C-Programme in diesem Buch bieten Ihnen viel Gelegenheit zur praktischen Übung. Mit zunehmendem Wissensstand können Sie Änderungen an den Programmen vornehmen und mit den Quelltexten herumexperimentieren.

Aufbau der ersten Woche

Die erste Woche erarbeitet grundlegendes Wissen, das Sie benötigen, um C vollständig zu verstehen. Am Tag 1, »Einführung in Linux und die Programmiersprache C«, und Tag 2, »Die Komponenten eines C-Programms: Quellcode und Daten«, erfahren Sie, wie man ein C-Programm aufsetzt und aus welchen Grundbausteinen ein einfaches Programm besteht. Der zweite Teil von Tag 2 behandelt die Variablentypen und deren Definition. Tag 3, »Anweisungen, Ausdrücke und Operatoren«, zeigt Ihnen, wie man mit Variablen und einfachen Ausdrücken neue Werte erzeugen kann. In dieser Lektion lernen Sie auch, wie Sie mit Hilfe von if-Anweisungen Entscheidungen fällen und den Programmfluss ändern. Tag 4, »Funktionen«, ist den C-Funktionen und der strukturierten Programmierung gewidmet und am Tag 5, »Grundlagen der Programmsteuerung«, werden Ihnen weitere Befehle vorgestellt, mit denen Sie den Programmfluss steuern können. Am Tag 6, »Grundlagen der Ein- und Ausgabe«, diskutieren wir, wie Ihr Programm mit dem Bildschirm und der Tastatur interagiert. Die Woche endet mit Tag 7, »Numerische Arrays«, und zeigt Ihnen, wie Sie mit Zahlensätzen arbeiten, die in so genannten Arrays gespeichert sind.

Der Lernstoff dieser ersten Woche ist ziemlich umfangreich, aber wenn Sie die Informationen auf die einzelnen Tage verteilen, sollten Sie keine Probleme haben.

Einführung in Linux und die Programmiersprache C

Woche 1

Einführung in Linux und die Programmiersprache C

Willkommen zu »*C-Programmierung für Linux in 21 Tagen*«. Die heutige Lektion bildet den Einstieg für alle zukünftigen Experten auf diesem Gebiet. Heute lernen Sie:

- warum C für die Programmierung unter Linux die erste Wahl ist
- welche Software-Tools es gibt, um C-Programme unter Linux zu entwickeln
- wie man diese Software-Tools findet
- wie die einzelnen Schritte im Entwicklungszyklus eines Programms aussehen
- wie Sie Ihr erstes C-Programm schreiben, kompilieren und ausführen
- welche Fehler vom Compiler und Linker erzeugt werden

Warum C?

Heutzutage steht in der Welt der Computerprogrammierung eine Vielzahl höherer Programmiersprachen zur Auswahl, zum Beispiel C, C++, Perl, Python, Tcl/Tk, BASIC und Java. Alles ohne Zweifel ausgezeichnete Programmiersprachen, die mit den meisten Programmieraufgaben spielend fertig werden. Trotzdem gibt es einige Gründe, warum professionelle Programmierer C bevorzugen:

- C ist eine mächtige und flexible Programmiersprache. Ihr Einsatzbereich ist nur durch Ihre Phantasie beschränkt. Die Sprache selbst legt Ihnen keine Beschränkungen auf. Die Projekte, die mit C realisiert werden, sind unterschiedlichster Art und reichen von Betriebssystemen, Textverarbeitungssystemen, Grafiken, Tabellenkalkulation bis hin zu Compilern für andere Sprachen. Genau genommen sind die meisten C-Compiler, einschließlich GCC, in C geschrieben.

- C ist eine populäre Programmiersprache, die von professionellen Programmierern bevorzugt verwendet wird. Das hat zur Folge, dass es dafür eine große Palette an Compilern und nützlichen Hilfsprogrammen gibt.

- C ist portabel. *Portabel* bedeutet, dass ein C-Programm, das für ein bestimmtes Computersystem (zum Beispiel einem IBM-PC mit Linux) geschrieben wurde, auf einem anderen System (vielleicht ein DEC-VAX-System) mit nur wenigen oder sogar gar keinen Änderungen kompiliert und ausgeführt werden kann. Dies gilt vor allem, wenn Sie sich innerhalb der Unix-Betriebssystem-Familie bewegen. Außerdem kann ein Programm, das für die Konsole des Microsoft-Betriebssystems Windows geschrieben wurde (auch als *MS-DOS-Eingabeaufforderung* bekannt), mit nur wenigen oder keinen Änderungen auf einen Rechner, auf dem Linux ausgeführt wird, portiert werden. Diese Portabilität wird durch den ANSI-Standard für C – dem Regelsatz für C-Compiler – forciert.

▶ C ist eine Programmiersprache der wenigen Wörter, da sie nur eine Handvoll Begriffe, so genannte *Schlüsselwörter*, verwendet. Diese bilden die Basis für die Funktionalität von C. Vielleicht erliegen Sie dem Glauben, dass eine Sprache mit mehr Schlüsselwörtern (manchmal auch *reservierte Wörter* genannt) mächtiger wäre. Dem ist aber nicht so. Im Laufe Ihrer Programmiertätigkeit mit C werden Sie feststellen, dass Sie damit so gut wie jede Programmieraufgabe lösen können.

▶ C ist modular. C-Code kann (und sollte) in Routinen, so genannten *Funktionen*, geschrieben werden. Diese Funktionen können dann in anderen Anwendungen oder Programmen wiederverwendet werden. Indem Sie den Funktionen Informationen übergeben, können Sie nützlichen und wiederverwertbaren Code erzeugen.

▶ Das Herzstück von Linux (auch Kernel genannt) ist in C geschrieben. Wenn Sie also jemals in die Verlegenheit kommen sollten, einen Gerätetreiber oder anderen Code für den Linux-Kernel zu schreiben (oder sogar zu debuggen), sind Kenntnisse von C unerlässlich.

Wie diese Punkte zeigen, ist C eine ausgezeichnete Wahl für den Programmieranfänger. Wie steht es jedoch mit C++? Vielleicht haben Sie bereits von C++ und der damit verbundenen Programmiertechnik der *objektorientierten Programmierung* gehört. Vielleicht fragen Sie sich, wo die Unterschiede zwischen C und C++ liegen und ob Sie nicht C++ anstelle von C lernen sollten.

Glücklicherweise brauchen Sie sich darüber nicht den Kopf zu zerbrechen. C++ ist eine Obermenge von C, womit ich sagen will, dass C++ alles von C enthält plus einigen Zusätzen für die objektorientierte Programmierung. Für jemanden, der das Programmieren erst lernen will, ist es sicherlich von Vorteil, eine kleine, relativ einfache Sprache wie C zu erlernen statt einer großen, komplexen Sprache wie C++. Wenn Sie sich anschließend dem Studium von C++ widmen, lässt sich fast alles, was Sie zu C gelernt haben, auf die Obermenge C++ übertragen. Wer C lernt, lernt nicht nur eine der mächtigsten und populärsten Programmiersprachen, sondern bereitet sich damit auch auf die objektorientierte Programmierung vor.

Eine weitere Programmiersprache, die immer mehr in den Mittelpunkt rückt, ist Java. Java basiert auf C++, das wiederum auf C basiert. Wenn Sie sich später entscheiden sollten, Java zu lernen, werden Sie feststellen, dass fast alles, was Sie zu C gelernt haben, auch für Java gilt.

Kurzer geschichtlicher Abriss der Programmiersprache C

Die Programmiersprache C wurde 1972 von Dennis Ritchie in den Bell Telephone Laboratories entwickelt. Das Ziel dieser Sprache war es, die Programmierung des Unix-Betriebssystems zu erleichtern und von der Assembler-Sprache wegzukommen. Außerdem wurde es dadurch wesentlich leichter, Programme zwischen Computern mit unterschiedlicher Hardware auszutauschen.

Ihre Leistungsfähigkeit und Flexibilität machte C schnell auch außerhalb der Bell-Labore bekannt. Überall begannen Programmierer damit, die verschiedensten Programme aufzusetzen. Bald jedoch entwickelten unterschiedliche Organisationen ihre eigenen C-Versionen, und die feinen Unterschiede zwischen den Implementierungen bereiteten den Programmierern nicht selten großes Kopfzerbrechen. Zur Lösung dieses Problems richtete das amerikanische Normungsinstitut (American National Standards Institute ANSI) 1983 ein Komitee ein, das eine Standarddefinition von C erarbeiten sollte, die dann als *ANSI-C-Standard* bekannt wurde. Etwas später, in den frühen 90ern, gab die internationale Normungsbehörde (International Standards Organization, ISO) einen neuen Standard heraus, der auch international anerkannt wurde. Mit wenigen Ausnahmen entspricht jeder moderne C-Compiler diesen Standards.

Die Programmiersprache C heißt C, da ihr Vorläufer B genannt wurde. Die Programmiersprache B wurde von Ken Thompson, ebenfalls an den Bell Laboratories, entwickelt. Es dürfte Ihnen nicht schwer fallen, zu raten, warum sie B heißt.

Erste Schritte vor der Programmierung

Programme lösen Probleme. Sie können nicht alle Probleme lösen, aber sie können computerbezogene Probleme lösen. Wenn Sie durch das World Wide Web surfen wollen, gibt es ein Programm, den so genannten *Webbrowser*, der dieses Problem für Sie löst. Dies ist ein konkretes Problem mit einer konkreten Lösung – einem Webbrowser. Zu anderen computerbezogenen Problemen gibt es vielleicht keine oder nicht so optimale Lösungen. Bleiben wir beim Beispiel des Webbrowsers. Vielleicht ist Ihnen zu dem Webbrowser noch ein Verbesserungsvorschlag eingefallen, den Sie gerne implementiert sähen. Damit hätten Sie ein Programmierproblem zu lösen.

Um das Programmierproblem zu lösen, sollten Sie schrittweise vorgehen. Zuerst müssen Sie das Problem definieren. Wenn Sie das Problem nicht kennen, können Sie auch keine Lösung dafür finden! Erst wenn Sie das Problem umrissen haben, können Sie überlegen, wie es zu beheben ist. Sobald Sie einen Plan haben, können Sie diesen in der Regel auch implementieren. Ist der Plan implementiert, müssen Sie die Ergebnisse überprüfen, um festzustellen, ob damit das Problem gelöst wurde. Diese Logik lässt sich auf viele Bereiche übertragen einschließlich der Programmierung.

Wenn Sie ein Programm in C (oder einer anderen Programmiersprache) erstellen, sollten Ihre Schritte ungefähr wie folgt aussehen:

1. Legen Sie das Ziel des Programms fest.
2. Eruieren Sie die Hilfsmittel, die Sie zur Erstellung des Programms verwenden wollen.

3. Schreiben Sie das Programm, um das Problem zu lösen.
4. Führen Sie das Programm aus, um die Ergebnisse zu testen.

Ein Beispiel für ein mögliches Ziel (siehe Schritt 1) wäre die Entwicklung eines Textverarbeitungssystems oder eines Datenbankprogramms. Eine wesentlich einfachere Zielsetzung ist es, Ihren Namen auf dem Bildschirm auszugeben. Wenn Sie keine Zielvorstellung hätten, würden Sie kein Programm schreiben, deshalb ist der erste Schritt bereits getan.

Als zweiten Schritt sollten Sie die Hilfsmittel bestimmen, die Sie für die Erstellung des Programms benötigen. Benötigen Sie zur Lösung des Problems ein Computerprogramm? Welche Informationen müssen berücksichtigt werden? Welche Formeln sollen verwendet werden? Während dieses Schrittes sollten Sie versuchen festzulegen, was Sie an Wissen benötigen und in welcher Reihenfolge die Lösung implementiert werden soll.

Lassen Sie uns ein Beispiel betrachten. Angenommen jemand bittet Sie, ein Programm zu schreiben, das die Fläche eines Kreises ermittelt. Schritt 1 ist damit erledigt, da Sie das Ziel vor Augen haben: die Fläche eines Kreises berechnen. Schritt 2 besteht darin, festzulegen, was Sie wissen müssen, um die Fläche zu bestimmen. Gehen wir in diesem Beispiel davon aus, dass der Benutzer dieses Programms Ihnen den Radius des Kreises mitteilt. Mit diesem Wissen können Sie die Formel `pi*r^2` anwenden, um die Antwort zu erhalten. Damit haben Sie alles Notwendige, um mit den Schritten 3 und 4 fortzufahren, die auch als *Programmentwicklungszyklus* bezeichnet werden.

Der Zyklus der Programmentwicklung

Der Zyklus der Programmentwicklung teilt sich wiederum in verschiedene Schritte auf. Der erste Schritt besteht darin, dass Sie mit einem Text-Editor eine Datei erstellen, die den Quellcode enthält. Im zweiten Schritt kompilieren Sie diesen Quellcode, um eine ausführbare Datei zu erzeugen. Als dritten Schritt führen Sie das Programm aus, um festzustellen, ob es wie geplant funktioniert.

Der Entwicklungszyklus in C

Schritt 1   Setzen Sie Ihren Quellcode mit Hilfe eines Text-Editors auf. In der Regel haben Quellcode-Dateien in C die Extension `.c` (zum Beispiel *meinprog.c, datenbank.c*).

Einführung in Linux und die Programmiersprache C

Schritt 2 Kompilieren Sie das Programm mit einem Compiler. Wenn der Compiler keine Fehler feststellt, wird die Datei gelinkt und eine ausführbare Datei erstellt. Fahren Sie dann mit Schritt 3 fort. Enthält Ihr Programm Fehler, müssen Sie zurück zu Schritt 1 und diese erst beheben.

Schritt 3 Führen Sie das Programm aus. Sie sollten sich anhand von Tests vergewissern, dass das Programm erwartungsgemäß funktioniert. Wenn nicht, beginnen Sie wieder bei Schritt 1 und nehmen die entsprechenden Änderungen oder Erweiterungen an Ihrem Quelltext vor.

Abbildung 1.1 veranschaulicht die Schritte der Programmentwicklung. Normalerweise werden Sie diese Schritte mehrmals durchlaufen, bevor Sie Ihr Programm beenden, es sei denn, Sie haben ein extrem einfaches Programm; denn selbst erfahrene Programmierer können sich nicht einfach hinsetzen und ein vollständiges und absolut fehlerfreies Programm in nur einem Durchgang schreiben. Da dieser Entwicklungszyklus (Bearbeiten-Kompilieren-Linken-Testen) mehrmals durchlaufen wird, ist es wichtig, sich mit den dafür notwendigen Werkzeugen vertraut zu machen – dem Text-Editor und dem Compiler gcc.

Die Entwicklungswerkzeuge

Um C-Programme unter Linux zu schreiben, benötigen Sie zusätzliche Programme, die wahrscheinlich schon auf Ihrem Rechner installiert sind. Dazu gehören ein Text-Editor, ein C-Compiler und Tools wie das `make`-Programm und Debugger. Was genau davon verfügbar ist, untersuchen wir, wenn wir die jeweiligen Tools einsetzen.

Hinweis: Auf vielen anderen Systemen wie Apple Macintosh und Microsoft Windows werden inzwischen so genannte integrierte Entwicklungsumgebungen (abgekürzt IDE, für Integrated Development Environment) eingesetzt, die Text-Editor, Compiler und weitere Tools in sich vereinen. Seit 1999 gibt es solche integrierten Entwicklungsumgebungen auch für Linux, doch die große Mehrheit der Linux-Programmierer verwendet weiterhin separate Tools.

Quellcode erzeugen

Neuer Begriff: Der *Quellcode* besteht aus einer Reihe von Anweisungen oder Befehlen, die bewirken, dass der Computer die von Ihnen gewünschten Aufgaben erledigt. Wie bereits erwähnt, besteht der erste Schritt im Zyklus der Programmentwicklung darin, den Quellcode in einen Text-Editor einzugeben. Nehmen wir zum Beispiel die folgende Zeile C-Code:

```
printf("Hallo, Mama!");
```

Abbildung 1.1:
Die Schritte der C-Programmentwicklung.

Diese Anweisung teilt dem Computer mit, dass er die Nachricht »Hallo, Mama!« auf dem Bildschirm anzeigen soll. (Wie diese Anweisung genau funktioniert, soll uns im Moment nicht interessieren.)

Der Text-Editor

Für die Erstellung der Quelltextdateien ist ein einfacher Text-Editor größeren Textverarbeitungssystemen stets vorzuziehen. Die meisten Textverarbeitungssysteme verwenden speziellen Formatierungscode, der in dem Dokument mit abgespeichert wird. Dieser zusätzliche Code macht Textverarbeitungssysteme ungeeignet für die Erstellung von Programmquelltexten. Der ASCII-Code (American Standard Code for Information Interchange) definiert ein Standardtextformat, das von fast jedem Programm, einschließlich dem C-Compiler, verstanden wird.

Einführung in Linux und die Programmiersprache C

Wenn Sie eine Quelltextdatei abspeichern, müssen Sie ihr einen Namen geben. Der Name sollte darauf verweisen, was das Programm macht. Außerdem sollten die Quelltextdateien Ihres C-Programms die Extension .c erhalten. Sie können zwar Ihren Quelltextdateien beliebige Namen und Extensionen geben, aber .c ist die anerkanntermaßen korrekte Extension.

Für Linux stehen viele Text-Editoren zur Verfügung, unter anderem *vi*, *emacs*, *joe*, *ed*, *vim*, *crisp* und *jed*. Einige dieser Editoren können von der Konsole aus ausgeführt werden (der schwarzweiße Bildschirm, den Sie sehen, wenn Linux startet und bevor die grafische Benutzerschnittstelle erscheint), andere wiederum bedürfen der grafischen Benutzerschnittstelle X Window. Zu den empfehlenswertesten Editoren mit ausschließlich grafischer Benutzeroberfläche gehören *nedit*, *gnp* und *kedit*. Die Nutzung dieser Text-Editoren sollte allen, die bereits einmal mit einem Textverarbeitungssystem gearbeitet haben, nicht allzu schwer fallen. In Abbildung 1.2 wird stellvertretend der Editor kedit gezeigt.

Hinweis: Folgendermaßen können Sie herausfinden, ob einer dieser Editoren auf Ihrem Rechner vorhanden ist: Tippen Sie den jeweiligen Namen gefolgt von dem Ampersand-Zeichen (&) in die Befehlszeile ein. Das & erhalten Sie, indem Sie die Umschalttaste zusammen mit der Taste 6 drücken. Auf diese Weise wird der Editor im Hintergrund ausgeführt und Sie können weiterhin Befehle auf der Konsole eingeben.

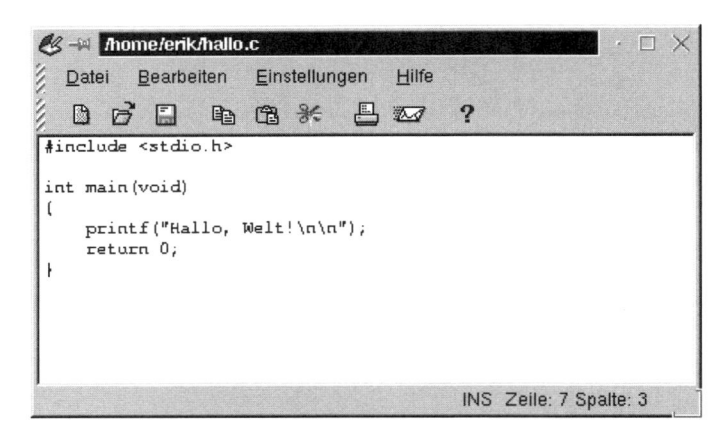

```
#include <stdio.h>

int main(void)
{
    printf("Hallo, Welt!\n\n");
    return 0;
}
```

Abbildung 1.2: Text-Editor kedit.

Hinweis: Alternative Text-Editoren für Linux suchen Sie am besten auf einer der vielen Web-Sites im Internet, die Linux-Programme zum Herunterladen auflisten, oder Sie bedienen sich einer Internet-Suchmaschine. Am geschicktesten ist es jedoch, wenn Sie gleich zu der Web-Site der von Ihnen verwendeten Linux-Version gehen.

Der Zyklus der Programmentwicklung

Quellcode kompilieren

Neuer Begriff

Auch wenn Sie vielleicht in der Lage sind, C-Code zu verstehen (spätestens nach dem Studium dieses Buches werden Sie dazu in der Lage sein) – Ihr Computer versteht den Code nicht. Ein Computer benötigt digitale beziehungsweise binäre Anweisungen in der so genannten *Maschinensprache*. Bevor Ihr C-Programm auf einem Rechner ausgeführt werden kann, muss der Quellcode in die Maschinensprache übersetzt werden. Diese Übersetzung, der zweite Schritt in der Programmentwicklung, wird von einem so genannten *Compiler*-Programm erledigt. Der Compiler erhält Ihren Quelltext als Eingabe und erzeugt daraus eine Datei, in der die Anweisungen des Quellcodes in Maschinensprache vorliegen.

Der bekannteste C-Compiler unter Linux ist der GNU-C-Compiler namens *gcc*.

Hinweis

Um festzustellen, ob der C-Compiler bereits installiert ist, geben Sie den Befehl `gcc -v` in die Befehlszeile ein. Ist er installiert, erhalten Sie eine Nachricht, die ungefähr der Nachricht auf der Konsole in Abbildung 1.3 entspricht. Und zerbrechen Sie sich nicht den Kopf, wenn Ihre Nachricht nicht mit der abgebildeten Meldung identisch ist. Dann haben Sie wahrscheinlich eine etwas andere C-Compiler-Version. Wenn die Nachricht jedoch besagt, dass der Befehl nicht gefunden wurde, sollten Sie das Handbuch zu Ihrer Linux-Version zu Rate ziehen und herausfinden, wie man den C-Compiler installiert. Dabei ist es ratsam, bei der Installation des C-Compilers die anderen Entwicklungs-Tools gleich mitzuinstallieren.

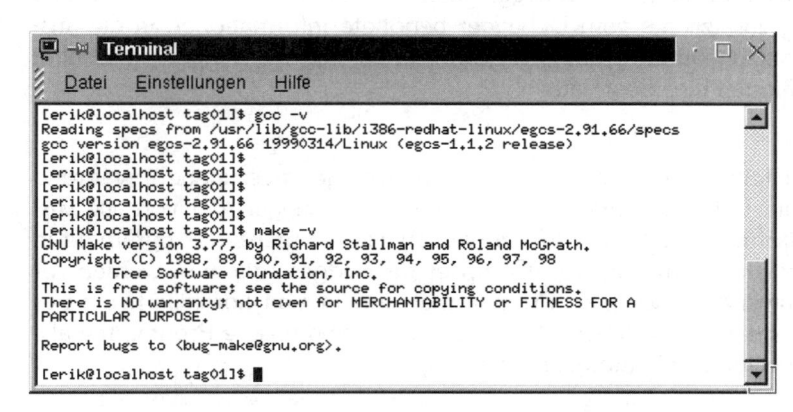

```
[erik@localhost tag01]$ gcc -v
Reading specs from /usr/lib/gcc-lib/i386-redhat-linux/egcs-2.91.66/specs
gcc version egcs-2.91.66 19990314/Linux (egcs-1.1.2 release)
[erik@localhost tag01]$
[erik@localhost tag01]$
[erik@localhost tag01]$
[erik@localhost tag01]$
[erik@localhost tag01]$ make -v
GNU Make version 3.77, by Richard Stallman and Roland McGrath.
Copyright (C) 1988, 89, 90, 91, 92, 93, 94, 95, 96, 97, 98
        Free Software Foundation, Inc.
This is free software; see the source for copying conditions.
There is NO warranty; not even for MERCHANTABILITY or FITNESS FOR A
PARTICULAR PURPOSE.

Report bugs to <bug-make@gnu.org>.

[erik@localhost tag01]$
```

Abbildung 1.3: Eine typische Red Hat 6.1 Installation mit einer Konsole, die die Ergebnisse der Befehle gcc -v und make -v zeigt.

Der Compiler `gcc` wird von der Befehlszeile ausgeführt. Vorausgesetzt die Quelltextdatei *radius.c* befindet sich im aktuellen Verzeichnis, lautet der Befehl zur Kompilierung und Erzeugung einer ausführbaren Datei:

```
gcc radius.c
```

Einführung in Linux und die Programmiersprache C

Damit erzeugen Sie in dem aktuellen Verzeichnis eine Ausgabedatei, die traditionell a.out heißt. Um selbst einen Dateinamen für die Ausgabedatei vorzugeben, müssen Sie gcc wie folgt aufrufen:

```
gcc radius.c -o radius
```

Dieser Befehl weist gcc an, eine Quelltextdatei namens radius.c zu kompilieren und eine Ausgabedatei namens radius zu erzeugen. Diese Ausgabedatei (die auch einen gänzlich anderen Namen erhalten könnte) ist eine ausführbare Datei, sprich ein Programm, das auf Ihrem Computer ausgeführt werden kann. Um das Programm auszuführen, geben Sie bei dem Befehlszeilen-Prompt den Befehl ./radius ein. Der Punkt und der Schrägstrich signalisieren dem Befehls-Interpreter auf der Konsole, das Programm namens radius im aktuellen Verzeichnis zu suchen. Ohne ./ würde der Befehls-Interpreter in dem so genannten *aktuellen Pfad* danach suchen (führen Sie den Befehl echo $PATH aus, um sich den aktuellen Pfad anzuschauen).

Der C-Compiler kann jedoch nicht nur Ihren C-Quellcode in eine ausführbare Datei kompilieren, sondern Ihnen auch mitteilen, wo Fehler bei der Kompilierung aufgetreten sind. Dabei wäre es jedoch wenig sinnvoll, wenn der Compiler lediglich die Fehler im Quelltext registrierte, ohne Ihnen anzuzeigen, wo und wieso die Fehler aufgetreten sind. Der C-Compiler kann außerdem Warnungen ausgeben, wenn er auf Code trifft, den er zwar übersetzen kann, der aber vermutlich zu einem Fehler im Programm führt. Verständlicherweise möchten Sie als Programmierer so viele Informationen wie möglich über potentielle Fehler in Ihrem Programm. Deshalb ist es sinnvoll, den Compiler so einzustellen, dass er möglichst viele Warnungen erzeugt. Wenn Sie Ihr Programm darüber hinaus mit dem ddd-Debugger kontrollieren wollen, müssen Sie den Compiler anweisen, zusätzliche, vom Debugger benötigte Informationen in die ausführbare Datei mit aufzunehmen. Der Aufruf von gcc, der alle Warnungen einschaltet und Debug-Informationen hinzufügt, lautet:

```
gcc -Wall -ggdb radius.c -o radius
```

Die Direktive -Wall teilt gcc mit, alle möglichen Warnungen auszugeben, während -ggdb dazu dient, die Debug-Informationen für den gdb-Debugger, der von ddd verwendet wird, hinzuzufügen. Auf diese Weise werden Sie die meisten Programme in diesem Buch kompilieren. Am Tag 20, »Compiler für Fortgeschrittene«, werden wir uns dem Thema zuwenden, wie man Programme schreibt und kompiliert, die aus mehreren C-Quelltextdateien bestehen. Aber erst einmal sind unsere Programme alle in einer einzigen Quelltextdatei untergebracht.

Den Entwicklungszyklus abschließen

Nachdem Ihr Programm kompiliert ist und eine ausführbare Datei erzeugt wurde, können Sie es ausführen, indem Sie den Namen auf der Konsole eingeben. Denken Sie jedoch daran, vor den Namen ./ zu setzen. Wenn Sie nach Ausführung des Pro-

Der Zyklus der Programmentwicklung

gramms Ergebnisse erzielen, die nicht Ihren Erwartungen entsprechen, müssen Sie zurück zu Schritt 1. Stellen Sie fest, wo der Fehler liegt, und ändern Sie dann den Quelltext entsprechend. Alle Änderungen am Quelltext machen eine erneute Kompilierung des Programms erforderlich, um eine korrigierte Version der ausführbaren Datei zu erhalten. Dieser Zyklus wird so lange durchlaufen, bis Ihr Programm genau das macht, wofür es geschrieben wurde.

Auch als Neuling in der Programmentwicklung werden Sie bald feststellen, dass Programme bei ihrer ersten Ausführung selten das tun, was sie sollen. Zum Auffinden und Beheben von Fehlern in einem Programm gibt es ein spezielles, häufig eingesetztes Programmierwerkzeug, den so genannten Debugger. Ein *Debugger* ist ein Programm, das es dem Programmierer erlaubt, sein Programm auf der Suche nach potentiellen Fehlern Zeile für Zeile durchzugehen. Abbildung 1.4 zeigt Ihnen den ddd-Debugger, der eine grafische Benutzeroberfläche aufweist. Ich möchte Ihnen nahe legen, dieses Programm das ganze Buch hindurch einzusetzen. Verwenden Sie es nicht nur zum Debuggen, sondern auch zum Lernen. Verwenden Sie es, um Ihre Programme schrittweise durchzugehen und Einsicht in die Funktionsweise Ihrer Programme zu bekommen. Etwas weiter hinten, im Abschnitt »Der ddd-Debugger«, beschreibe ich kurz, wie Sie ddd nutzen können, um ein einfaches Programm zeilenweise zu durchlaufen.

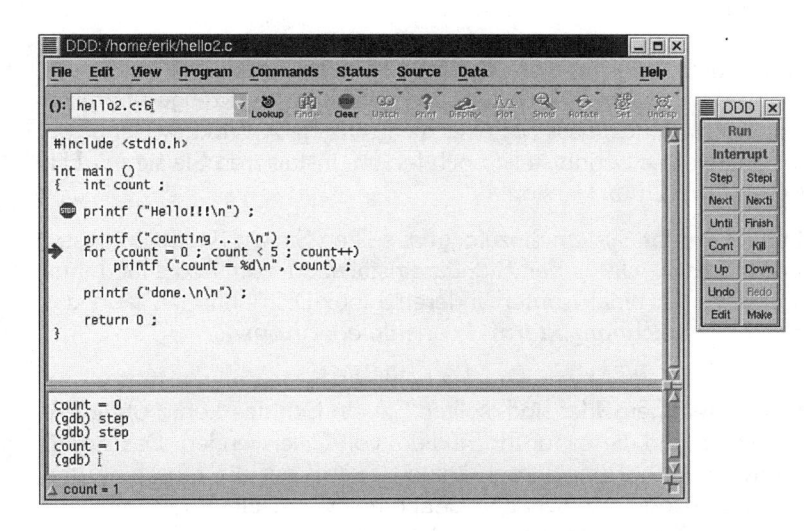

Abbildung 1.4: Der ddd-Debugger. Er weist zwei Fenster auf: ein Hauptfenster, in dem der Code angezeigt wird, und ein zweites kleineres Fenster mit Steuerschaltflächen (rechts).

Andere Programmierwerkzeuge

Es gibt noch ein weiteres wichtiges Programmierwerkzeug, das vorhanden sein sollte: das make-Programm. Nach der Eingabe von make -v in der Befehlszeile sollte eine Nachricht wie in Abbildung 1.3 erscheinen, auch wenn Sie nicht absolut identisch sein muss. Mit dem `make`-Programm beschäftigen wir uns erst am Tag 20, wenn wir auf die Kompilierung von Mehrdateienprogrammen zu sprechen kommen.

Das letzte Programm, das Sie noch benötigen, dient dazu, die Programmierer-Dokumentation Ihres Linux-Systems einzusehen. Außer den üblichen Manpages (siehe Abschnitt 1.4) gibt noch eine Unmenge von nützlichen Informationen, die im GNU-Format verfügbar sind. Sie können diese Informationen mit Hilfe des Programms `info` anzeigen lassen. Geben Sie `info` im Konsolenfenster ein und Sie erhalten einen einführenden Bildschirm zu dem Informationssystem (drücken Sie `q` für »quit«, wenn Sie das Programm wieder verlassen wollen). Leider ist das Programm `info` nicht sonderlich benutzerfreundlich, aber viele Linux-Systeme verfügen über eigene Dokumentations-Leseprogramme wie `kdehelp` oder `gnome-help-browser`. Um festzustellen, ob eines dieser Programme auf Ihrem System installiert ist, brauchen Sie nur den Namen auf der Befehlszeile Ihrer Konsole eintippen. Ist eines der Programme verfügbar, versuchen Sie die Informationsseiten »*System GNU Info Contents*« unter `kdehelp` und »*Info Pages*« unter `gnome-help-browser` zu finden. Zu Ihrer Information: Beide Systeme können auch dazu benutzt werden, die Manpages einzusehen.

Erste Schritte mit Linux

Setzen wir in diesem Buch einfach mal voraus, dass Linux auf Ihrem System bereits läuft und dass Sie schon das Vorhandensein der erforderlichen Werkzeuge überprüft haben. Gehen wir weiter davon aus, dass Sie über die grafische X Window-Benutzerschnittstelle verfügen. Sollte diese Schnittstelle noch fehlen, installieren Sie sie mit Hilfe der Dokumentation zu Ihrer Linux-Version.

Sobald Sie soweit sind, sich in Ihr System einzuloggen, sollten Sie ein Konsolenfenster aufrufen (siehe Abbildung 1.3). Unter der Standardinstallation von Red Hat Linux 6.0/6.1 heißt das Fenster »Terminal«, unter anderen Linux-Distributionen läuft das Konsolenfenster unter der Bezeichnung *xterm*, *kconsole* oder *Konsole*.

> **Warnung:** Falls Sie derzeit als `root`-Anwender, das heißt als Systemadministrator, auf Ihrem Linux-System gemeldet sind, sollten Sie ein Benutzerkonto ohne Privilegien einrichten und dieses für Ihr Studium von C verwenden. Das Konto des `root`-Anwenders hat uneingeschränkten Zugriff auf die Maschine und kann deshalb grenzenlosen Schaden anrichten, wenn ein Programm aus dem Ruder läuft. Als Benutzer ohne Privilegien auf einem korrekt eingerichteten Linux-Rechner können Sie schlimmstenfalls Ihre eigenen Dateien beschädigen. Es ist äußerst unwahrscheinlich, dass Sie Dateien beschädigen, die zum Betriebssystem gehören oder von diesem benötigt werden.

Wenn das Konsolenfenster angezeigt wird, sollten Sie eine Reihe der geläufigsten Befehle ausprobieren, wie zum Beispiel ls (Verzeichnis auflisten), pwd (Arbeitsverzeichnis ausgeben), ps (Prozesse auflisten), mkdir (Verzeichnis anlegen) und cd (Verzeichnis wechseln). Alle Befehle in Linux unterscheiden zwischen Groß- und Kleinschreibung. Der Befehl LS (wenn es ihn gäbe) entspricht nicht dem Befehl ls. Weitere Informationen zu diesen Programmen können Sie den Manpages entnehmen (mit Hilfe des Befehls man). Der Aufruf von man ls zum Beispiel wird Ihnen alles Wissenswerte zu dem Befehl ls liefern. Wenn Sie die Manpage verlassen wollen, drücken Sie die Taste q, um zur Befehlszeile zurückzukehren. Die meisten Linux-Versionen enthalten Manpages zu fast allen Programmen und Betriebssystemeigenschaften.

> **Hinweis**
> Die Konsole besteht eigentlich aus zwei Programmen: eines für das Fenster selbst und ein zweites, den so genannten Befehlsinterpreter, der, wie der Name schon verrät, die vom Benutzer eingegebenen Befehle interpretiert und ausführt. Der am weitesten verbreitete Befehlsinterpreter unter Linux heißt GNU bash (Bourne Again SHell), obwohl auch viele andere zur Verfügung stehen.

Der größte Teil der Programme in diesem Buch, die Sie zum Üben der C-Programmierung schreiben, werden von der Befehlszeile einer Konsole ausgeführt.

Ihr erstes C-Programm

Wahrscheinlich warten Sie schon gespannt darauf, Ihr erstes Programm in C zu schreiben. Damit Sie mit Ihrem Compiler schnell vertraut werden, finden Sie in Listing 1.1 ein kurzes Programm, anhand dessen wir den Zyklus der Programmerstellung durchexerzieren werden. Wahrscheinlich werden Sie im Moment noch nicht alles verstehen, aber Sie erhalten zumindest ein Gefühl für den Ablauf des Entwicklungszyklus: Schreiben, Kompilieren und Ausführen eines richtigen C-Programms.

Bei diesem Beispiel handelt es sich um ein Programm namens hallo.c, das nichts anderes macht, als die Worte »Hallo, Welt!« auf dem Bildschirm auszugeben. Dieses Programm, mit dem traditionell in die C-Programmierung eingeführt wird, ist ein gutes Lernbeispiel. Der Quellcode für hallo.c befindet sich in Listing 1.1. Wenn Sie dieses Listing abtippen, müssen Sie die Zeilennummerierung und die Doppelpunkte zur Linken fortlassen.

Listing 1.1: hallo.c.

```
1:  #include <stdio.h>
2:
3:  int main(void)
4:  {
5:      printf("Hallo, Welt!\n\n");
```

```
6:        return 0;
7:    }
```

Stellen Sie sicher, dass, wie bereits vorher beschrieben, `gcc` auf Ihrem Rechner installiert ist und ordnungsgemäß funktioniert und dass Sie über einen geeigneten Text-Editor verfügen. Sind Compiler und Editor bereit, dann folgen Sie den nachstehenden Schritten, um `hallo.c` einzugeben, zu kompilieren und auszuführen.

hallo.c eingeben und kompilieren

Gehen Sie beim Eingeben und Kompilieren des Programms `hallo.c` wie folgt vor:

1. Wechseln Sie im Konsolenfenster mit dem Befehl *cd* zu dem Verzeichnis, in dem Sie das C-Programm abspeichern wollen, und starten Sie Ihren Text-Editor. Wenn Sie zum Beispiel *nedit* als Editor verwenden, geben Sie den Befehl *nedit &* nach dem Befehlsprompt ein.

2. Geben Sie mit Hilfe der Tastatur den Quellcode von `hallo.c` genauso ein wie in Listing 1.1. Drücken Sie nach jeder Zeile die Eingabetaste.

> **Hinweis:** Lassen Sie die Zeilennummern und Doppelpunkte fort. Sie dienen lediglich dazu, in diesem Buch den Verweis auf bestimmte Quelltextzeilen zu vereinfachen.

3. Speichern Sie den Quelltext. Geben Sie der Datei den Namen `hallo.c`.

4. Überprüfen Sie, ob `hallo.c` sich auf Ihrer Festplatte befindet, indem Sie die Liste der Dateien in dem Verzeichnis mit dem Befehl `ls` im Konsolenfenster anzeigen lassen. Unter den angezeigten Dateien sollte auch `hallo.c` zu finden sein.

5. Kompilieren Sie `hallo.c` mit dem folgenden Befehl im Konsolenfenster zu einem richtigen Programm.

   ```
   gcc -Wall -ggdb hallo.c -o hallo
   ```

6. Prüfen Sie die Compiler-Meldungen. Wenn Sie keine Fehlermeldungen oder Warnungen erhalten, sollte alles soweit in Ordnung sein.

Wenn Ihnen beim Abtippen des Programms ein Fehler unterlaufen ist, wird der Compiler diesen Fehler abfangen und eine Fehlermeldung ausgeben. Wenn Sie zum Beispiel statt `printf` das Wort `prntf` eingegeben hätten, würden Sie ungefähr folgende Meldung erhalten:

```
hallo.c: In function `main':
hallo.c:5: warning: implicit declaration of function `prntf'
/tmp/cco48R7q.o: In function `main':
/home/erikd/hello/hallo.c:5: undefined reference to `prntf'
collect2: ld returned 1 exit status
```

7. Wenn Sie eine solche oder eine ähnliche Fehlermeldung erhalten, sollten Sie zu Schritt 2 zurückkehren. Öffnen Sie die Datei hallo.c in Ihrem Editor. Vergleichen Sie den Inhalt Ihrer Datei noch einmal sorgfältig mit Listing 1.1. Nehmen Sie alle notwendigen Korrekturen vor und fahren Sie dann mit Schritt 3 fort.

8. Ihr erstes C-Programm sollte nun kompiliert und ausführbar sein. Wenn Sie jetzt aus dem Verzeichnis alle Dateien mit dem Namen hallo (und einer beliebigen Extension) auflisten, sollten Sie folgendes Ergebnis erhalten:

    hallo.c – die Quelltext-Datei, die Sie mit Ihrem Editor erstellt haben

    hallo – das beim Kompilieren und Linken von hallo.c erzeugte ausführbare Programm

9. Um hallo auszuführen, müssen Sie lediglich ./hallo eingeben. Damit wird die Meldung »Hallo, Welt!« auf dem Bildschirm ausgegeben.

Meinen Glückwunsch! Sie haben gerade Ihr erstes C-Programm eingegeben, kompiliert und ausgeführt. Zugegeben, hallo.c ist ein einfaches Programm, das eigentlich nichts besonders Nützliches macht, aber es ist immerhin ein Anfang. Und um ehrlich zu sein, die meisten der heutigen C-Experten haben C auf genau dem gleichen Weg gelernt – durch das Kompilieren von hallo.c. Sie befinden sich also in bester Gesellschaft.

Kompilierfehler

Ein Kompilierfehler tritt auf, wenn der Compiler irgendetwas im Quellcode findet, das er nicht kompilieren kann. Fehlerhafte Schreibweise, typografische Fehler oder ein Dutzend anderer Dinge können beim Compiler einen Fehler auslösen. Zum Glück jedoch brechen moderne Compiler den Kompiliervorgang nicht ab, ohne Ihnen mitzuteilen, warum sie versagt haben und wo das Problem liegt. Damit haben Sie es wesentlich leichter, Fehler in Ihrem Quelltext aufzuspüren und zu korrigieren.

Um Ihnen dies einmal zu veranschaulichen, wurde in dem Programm hallo.c von oben absichtlich ein Fehler eingefügt. Wenn Sie das Beispiel durchgearbeitet haben (und das sollten Sie), haben Sie inzwischen eine Kopie von hallo.c auf Ihrer Festplatte. Rufen Sie Ihren Editor auf und setzen Sie den Cursor an das Ende der Zeile mit dem Aufruf von printf(). Entfernen Sie dort das abschließende Semikolon. Danach sollte hallo.c wie in Listing 1.2 aussehen.

Listing 1.2: hallo.c mit einem Fehler.

```
1:  #include <stdio.h>
2:
3:  int main(void)
4:  {
```

```
5:      printf("Hallo, Welt!\n\n")
6:      return 0;
7: }
```

Sichern Sie danach die Datei. Jetzt können Sie sie erneut kompilieren. Geben Sie dazu den entsprechenden Befehl an den Compiler ein. Wegen des Fehlers wird die Kompilierung nicht abgeschlossen. Statt dessen zeigt Ihnen der Compiler in etwa folgende Meldung an:

```
hallo.c: In function `main':
hallo.c:6: parse error before `return'
hallo.c:7: warning: control reaches end of non-void function
```

Der kleine, von Ihnen eingebaute Fehler hat drei Compiler-Meldungen ausgelöst. Jede Meldung gibt am Zeilenanfang den Namen der C-Quelltextdatei an, die zweite und dritte Meldung schließt daran sogar noch die Nummer der Zeile an, in der der Fehler festgestellt wurde. Beachten Sie, dass es sich bei der dritten Meldung um eine Warnung handelt.

Die Meldungen sind recht informativ. Sie teilen Ihnen mit, dass in der Funktion `main` etwas falsch gelaufen und in Zeile 6 vor `return` ein Fehler aufgetreten ist. Warum, werden Sie sich fragen, stellt der Compiler einen Fehler in Zeile 6 fest, wo wir doch das Semikolon vom Ende der Zeile 5 entfernt haben? Die Antwort lautet, dass C so etwas wie Zeilenumbrüche nicht registriert. Das Semikolon, das hinter die `printf()`-Anweisung gehört, hätte genauso gut auch in die nächste Zeile gesetzt werden können (auch wenn dies nicht unbedingt der gängigen Programmierpraxis entspricht). Erst wenn der Compiler auf den nächsten Befehl (`return`) in Zeile 6 trifft, weiß er, dass das Semikolon fehlt. Deshalb befindet sich für den Compiler der Fehler in Zeile 6.

Außerdem sollten Sie sich merken, dass ein Fehler in einem Teil des Programms (Zeile 6) manchmal weiter hinten im Programm (Zeile 7) einen weiteren Fehler bewirken kann. Daraus können Sie Folgendes lernen: Wenn der Compiler mehrere Fehler auflistet und Sie nur einen finden können, sollten Sie diesen Fehler erst einmal beheben und das Programm dann erneut kompilieren. Vielleicht haben Sie damit bereits alle anderen Fehler mitbeseitigt und können das Programm ohne weitere Fehlermeldungen kompilieren.

Damit dürfte ein Punkt bezüglich des C-Compilers und seiner Fehlermeldungen absolut klar geworden sein. Ein Compiler mag zwar so intelligent sein, Fehler festzustellen und zu lokalisieren, aber er ist kein Einstein. Mit Ihrem Wissen der Programmiersprache C müssen Sie die Fehlermeldungen des Compilers interpretieren und die eigentliche Position der angemerkten Fehler feststellen. Meistens befinden sich die Fehler in der von dem Compiler angegebenen Zeile und wenn nicht, sind sie fast immer in der vorangehenden Zeile zu finden. Sie werden am Anfang sicher etwas Probleme haben, die Fehler aufzuspüren, aber das wird sich schon bald legen.

Der ddd-Debugger

In dem Abschnitt zum C-Entwicklungszyklus bestand der vierte Schritt darin, das Programm auszuführen, um festzustellen, ob es korrekt läuft. Es ist ohne weiteres möglich, ein C-Programm zu schreiben, das sich problemlos kompilieren lässt, aber dennoch nicht den Zielvorstellungen entspricht. In diesem Fall sprechen wir von einem *logischen Fehler* im Vergleich zu den Kompilierfehlern, die wir im vorangehenden Abschnitt besprochen haben. Logische Fehler in großen Programmen aufzuspüren, ist wesentlich schwieriger als Kompilierfehler festzustellen. Hier ist uns der Debugger eine wertvolle Hilfe, denn er ermöglicht es uns, ein Programm zeilenweise durchzugehen. Auf diese Art und Weise können Sie den Programmablauf Zeile für Zeile verfolgen und prüfen, ob das Programm auch so arbeitet, wie Sie es beim Schreiben des Programms beabsichtigt hatten. In diesem Buch werden wir den ddd-Debugger weniger zum Debuggen, sondern vielmehr als Lernhilfe verwenden.

Bevor Sie den ddd-Debugger einsetzen können, müssen Sie ihn erst einmal korrekt einrichten. Angenommen Sie haben ddd bereits zur Verfügung, dann starten Sie ihn vom Konsolenfenster mit der Eingabe von ddd. Wenn Sie ddd zum ersten Mal nutzen, müssen Sie sich durch ein oder zwei Start-Bildschirme durchklicken, bis Sie zum Hauptfenster kommen. Klicken Sie dann in der Menüleiste auf *Edit* (Bearbeiten) und wählen Sie aus dem zugehörigen Menü den Punkt *GDB Settings* (GDB-Einstellungen) aus. Sie gelangen dann in ein Dialogfeld mit einer Bildlaufleiste zur Rechten. Scrollen Sie mit dieser Bildlaufleiste bis ungefähr zur Mitte, bis Sie zu dem Punkt *Autoloading of Shared Library Symbols* (Gemeinsame Bibliothekssymbole automatisch laden) kommen. Entfernen Sie dann, wie in Abbildung 1.5 zu sehen, durch Klicken die Markierung aus dem Kästchen links von diesem Punkt, so dass die Option ausgeschaltet ist. Um Ihre Änderungen zu sichern, müssen Sie im Dialogfeld den *OK*-Schalter anklicken und dann im Menü *Edit* (Bearbeiten) auf *Save Options* (Optionen sichern) klicken.

Jetzt können Sie damit beginnen, mit ddd ein Programm zu debuggen. Setzen Sie in Ihrem Editor den Quelltext zu dem nachfolgenden Programm auf (Listing 1.3) und kompilieren Sie es. Denken Sie daran, gcc mitzuteilen, die Debug-Informationen, die vom Debugger benötigt werden, hinzuzufügen. Das ausführbare Programm sollte den Namen hallo2 erhalten.

Listing 1.3: hallo2.c, ein Programm zum Experimentieren mit dem Debugger.

```
1 : #include <stdio.h>
2 :
3 : int main(void)
4 : {   int count ;
5 :
6 :     printf ("Hallo!!!\n") ;
```

```
 7 :
 8 :        printf ("Start ... \n") ;
 9 :        for (count = 0 ; count < 5 ; count++)
10:            printf ("Zaehler = %d\n", count) ;
11:
12:        printf ("fertig.\n\n") ;
13:
14:        return 0 ;
15: }
```

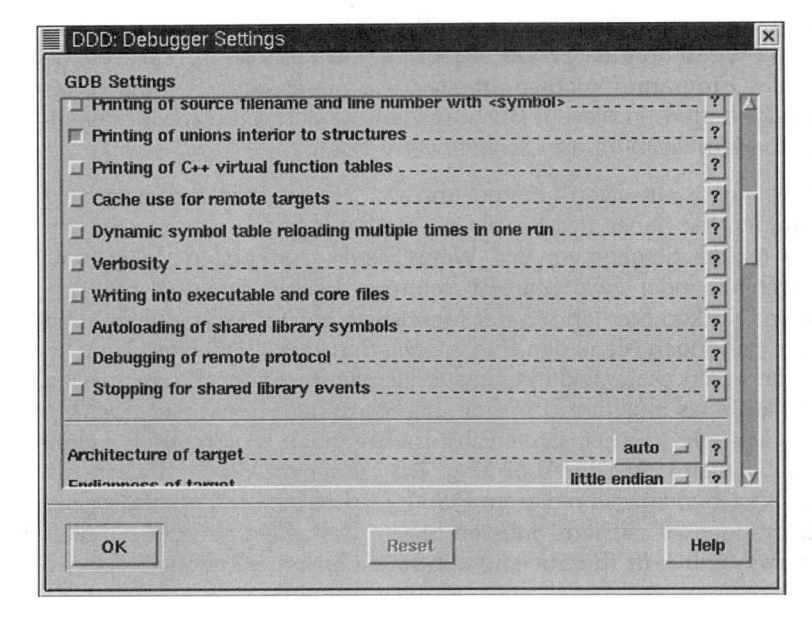

*Abbildung 1.5:
Den ddd-Debugger einrichten.*

Nachdem das Programm ordnungsgemäß kompiliert und ausgeführt wurde, können Sie den Debugger einsetzen. Um den Debugger für dieses Programm aufzurufen, geben Sie nach dem *Befehlsprompt* des Konsolenfensters

```
ddd hallo2
```

ein. Daraufhin sollten Sie die zwei Fenster des ddd-Debuggers und ein Dialogfeld mit Tipps zur Arbeit mit ddd erscheinen (das Dialogfeld können Sie gleich schließen). Das Hauptfenster sollte den Quelltext zu hallo2.c enthalten.

Der erste Schritt bei der Arbeit mit ddd besteht darin, einen ersten Haltepunkt zu setzen, an dem der Debugger nach der Initialisierung anhalten soll. Klicken Sie dazu im Hauptfenster ganz links neben die erste Zeile, die eine »printf«-Anweisung (Zeile 6) enthält, und anschließend in der Symbolleiste auf den »break«-Schalter (Schalter mit dem Stoppzeichen darüber). In der Zeile mit dem printf-Befehl sollte daraufhin ein

Stoppzeichen angezeigt werden. Jetzt können Sie den Schalter *Run* (Ausführen) auf der frei beweglichen Schalterleiste anklicken, woraufhin ein grüner Pfeil neben dem Stoppzeichen erscheint. Wenn Sie jetzt in der Schalterleiste auf den Schalter *Step* (Schritt) klicken, können Sie den Code zeilenweise durchgehen. Die Ausgabe, die von jeder Codezeile erzeugt wird, erscheint im unteren Teil des Hauptfensters. Es leuchtet ein, dass der Debugger nicht über das Ende des Programms hinaus gehen kann, aber Sie können jederzeit den Debugger das Programm von vorne durchgehen lassen, indem Sie auf den *Run*-Schalter klicken.

Scheuen Sie sich nicht, mit dem Debugger die Beispielprogramme in diesem Buch durchzugehen. Die Arbeit mit dem Debugger wird Ihnen einen viel besseren Einblick in das Zusammenspiel zwischen der Programmiersprache C und der Arbeitsweise Ihres Rechners geben.

Zusammenfassung

Nachdem Sie diese Lektion gelesen haben, sollten Sie davon überzeugt sein, dass Sie mit C als Programmiersprache für Linux eine weise Entscheidung getroffen haben. C kombiniert auf unübertroffene Weise Power, Popularität und Portabilität. Diese Faktoren, zusammen mit der engen Verwandtschaft zu objektorientierten Sprachen wie C++ oder Java, machen C fast unschlagbar.

In dieser Lektion haben Sie die verschiedenen Schritte bei der Erstellung eines C-Programms kennen gelernt – einen Prozess, den man auch *Programmentwicklung* nennt. Ihnen sollten jetzt sowohl der Zyklus Bearbeiten-Kompilieren-Testen als auch die für jeden Schritt erforderlichen Werkzeuge vertraut sein.

Fehler sind unvermeidbarer Bestandteil der Programmentwicklung. Ihr C-Compiler kann diese Fehler in Ihrem Quelltext aufspüren und eine entsprechende Fehlermeldung ausgeben, die Ihnen mitteilt, welcher Art der Fehler und wo er zu finden ist. Mit diesen Informationen können Sie Ihren Quelltext erneut bearbeiten und den Fehler beheben. Denken Sie jedoch daran, dass der Compiler nicht immer mit 100-prozentiger Sicherheit die Art und Position des Fehlers feststellen kann. Manchmal müssen Sie Ihre Kenntnisse in C zur Hilfe nehmen, um herauszufinden, was genau eine Fehlermeldung ausgelöst hat.

Einführung in Linux und die Programmiersprache C

Fragen und Antworten

F Wenn ich zur Eingabe meines Quellcodes einen Text-Editor verwendet habe, der mir eigentlich nicht gefällt, kann ich dann zu einem anderen wechseln, ohne den bisher aufgesetzten Code erneut einzugeben? Sind alle Text-Editoren miteinander kompatibel?

A *Ja, alle Text-Editoren sind kompatibel. Wenn Sie einen Text-Editor und kein Textverarbeitungsprogramm verwenden, enthalten die von Ihnen erzeugten Dateien nur ASCII-Zeichen. Der Wechsel zu einem anderen Text-Editor sollte also keine Schwierigkeit darstellen, auch wenn einige Editoren unter Umständen das* ⇆ *-Zeichen etwas anders darstellen und es mit vier Leerzeichen gleichsetzen anstatt wie normalerweise mit acht.*

F Wenn ich ein von mir geschriebenes Programm jemand anderem zur Verfügung stellen will, welche Dateien muss ich ihm dann mitgeben?

A *Einer der Vorteile von C ist, dass es sich um eine kompilierte Sprache handelt. Das bedeutet, dass Sie nach der Kompilierung des Quellcodes ein ausführbares Programm erhalten. Dieses ausführbare Programm ist unabhängig. Wenn Sie also all Ihren Freunden, die unter Linux arbeiten,* `hallo` *geben wollen, steht dem nichts im Wege. Sie müssen Ihnen nur das ausführbare Programm* `hallo` *mitgeben.*

Wenn Sie jedoch dieser Person die Möglichkeit zugestehen wollen, das Programm seinen eigenen Bedürfnissen oder seinem Rechner anzupassen, müssen Sie ihm den C-Quellcode zur Verfügung stellen. Dieser Quellcode muss dann jedoch erst kompiliert werden, bevor er auf dem neuen Rechner läuft. Geben Sie, wenn nötig, auch Anweisungen mit, wie Ihr Programm zu kompilieren ist.

F Muss ich die Quelltextdatei (.c) behalten, nachdem ich eine ausführbare Datei erstellt habe?

A *Wenn Sie die Quelltextdatei löschen, nehmen Sie sich die Möglichkeit, Änderungen an dem Programm vorzunehmen. Deshalb sollten Sie diese Datei behalten. Solange Sie über die Quelltextdatei (.c) verfügen, können Sie jederzeit die anderen Dateien neu erstellen.*

F Kann ich die Fehlermeldungen ignorieren?

A *Einige Warnungen beeinflussen die Ausführung des Programms und andere nicht. Wenn der Compiler eine Warnung ausgibt, sollte dies für Sie ein Signal sein, dass irgendetwas nicht in Ordnung ist. Sie sollten jede Warnung analysieren und eine Entscheidung fällen. Am besten ist es, wenn Sie Ihre Programme so schreiben, dass sie absolut keine Warnungen oder Fehler enthalten. (Wenn ein Fehler auftritt, erzeugt der Compiler keine ausführbare Datei.)*

Workshop

Der Workshop enthält Quizfragen, die Ihnen helfen sollen, Ihr Wissen zu festigen, sowie Übungen, die Sie anregen sollen, das Gelernte umzusetzen und eigene Erfahrungen zu sammeln. Die Lösungen zu den Fragen und den Übungen finden Sie in Anhang C.

Quiz

1. Nennen Sie drei Gründe, warum C als Programmiersprache die beste Wahl ist.
2. Was macht der Compiler?
3. Aus welchen Schritten besteht der Programmentwicklungszyklus?
4. Welchen Befehl müssen Sie eingeben, um mit `gcc` ein Programm namens `meinprog` aus einer C-Quelltextdatei namens `programm1.c` zu erstellen?
5. Welche Extension sollten Sie für Ihre C-Quelltextdateien verwenden?
6. Ist `dateiname.txt` ein gültiger Name für eine C-Quelltextdatei?
7. Was ist zu tun, wenn ein kompiliertes und ausgeführtes Programm sich nicht wie erwartet verhält?
8. Was versteht man unter der Maschinensprache?
9. Was macht der Debugger?
10. Welche Informationen werden vom Debugger benötigt und vom Compiler bereitgestellt?

Übungen

1. Verwenden Sie Ihren Text-Editor, um die ausführbare Datei, die Sie aus dem Listing 1.1 erzeugt haben, anzuschauen. Sieht die ausführbare Datei aus wie die Quelltextdatei? (Speichern Sie diese Datei nicht, wenn Sie den Editor verlassen.)
2. Geben Sie das folgende Programm ein und kompilieren Sie es. Was macht das Programm? (Lassen Sie die Zeilennummern und die Doppelpunkte am Zeilenanfang weg.)

```
1:  #include <stdio.h>
2:
3:  int radius, flaeche;
4:
5:  int main(void)
6:  {
7:      printf( "Geben Sie einen Radius ein (z.B. 10): " );
8:      scanf( "%d", &radius );
9:      flaeche = (int) (3.14159 * radius * radius);
```

```
10:    printf( "\n\nFläche = %d\n", flaeche );
11:    return 0;
12: }
```

3. Geben Sie das folgende Programm ein und kompilieren Sie es. Was macht das Programm?

```
1:  #include <stdio.h>
2:
3:  int x,y;
4:
5:  int main(void)
6:  {
7:      for ( x = 0; x < 10; x++, printf( "\n" ) )
8:          for ( y = 0; y < 10; y++ )
9:              printf( "X" );
10:
11:     return 0;
12: }
```

4. **FEHLERSUCHE:** Das folgende Programm weist ein Problem auf. Geben Sie es in Ihren Editor ein und kompilieren Sie es. Welche Zeilen erzeugen Fehlermeldungen?

```
1:  #include <stdio.h>
2:
3:  int main(void);
4:  {
5:      printf( "Weitersuchen!" );
6:      printf( "Du wirst\'s finden!\n" );
7:      return 0;
8:  }
```

5. **FEHLERSUCHE:** Das folgende Programm weist ein Problem auf. Geben Sie es in Ihren Editor ein und kompilieren Sie es. Welche Zeilen erzeugen Fehlermeldungen?

```
1:  #include <stdio.h>
2:
3:  int main(void)
4:  {
5:      printf( "Dies ist ein Programm mit einem " );
6:      tue_es( "Problem!");
7:      return 0;
8:  }
```

6. Nehmen Sie folgende Änderung an dem Programm in Übung 3 vor. Kompilieren und führen Sie das Programm erneut aus. Was macht das Programm jetzt?

```
9:  printf( "%c", 1 );
```

Die Komponenten eines C-Programms: Quellcode und Daten

Woche 1

TAG 2: Die Komponenten eines C-Programms: Quellcode und Daten

Jedes C-Programm besteht aus verschiedenen Komponenten, die in bestimmter Weise kombiniert werden. Der größte Teil dieses Buches beschäftigt sich damit, diese Programmkomponenten zu erläutern und deren Einsatz zu zeigen. Für das Gesamtbild ist es hilfreich, wenn Sie sich zunächst ein vollständiges – wenn auch kleines – C-Programm ansehen, in dem alle Komponenten gekennzeichnet sind. Heute lernen Sie:

- den Zweck der verschiedenen Programmkomponenten kennen
- wie man ein Beispielprogramm kompiliert und ausführt
- wie ein Programm Daten speichert
- den Unterschied zwischen einer Variablen und einer Konstante kennen

Ein kurzes C-Programm

Listing 2.1 zeigt den Quellcode für das Programm `multiplizieren.c`. Dieses sehr einfache Programm übernimmt zwei Zahlen, die der Benutzer über die Tastatur eingibt, und berechnet das Produkt der beiden Zahlen. Momentan brauchen Sie sich noch keine Gedanken darum zu machen, wie das Programm im Detail arbeitet. Es geht zunächst nur darum, dass Sie die Teile eines C-Programms kennen lernen, damit Sie die später in diesem Buch präsentierten Listings besser verstehen.

> **Neuer Begriff**
> Bevor Sie sich das Beispielprogramm ansehen, müssen Sie wissen, was eine Funktion ist, da Funktionen eine zentrale Rolle in der C-Programmierung spielen. Unter einer *Funktion* versteht man einen unabhängigen Codeabschnitt, der eine bestimmte Aufgabe ausführt und dem ein Name zugeordnet ist. Ein Programm verweist auf den Funktionsnamen, um den Code in der Funktion auszuführen. Das Programm kann auch Informationen – so genannte *Argumente* – an die Funktion übergeben, und die Funktion kann Informationen an den Hauptteil des Programms zurückgeben. In C unterscheidet man *Bibliotheksfunktionen*, die unter Linux Teil des Betriebssystems sind, und *benutzerdefinierte Funktionen*, die der Programmierer erstellt. Im Verlauf dieses Buches werden Sie noch mehr über beide Arten von Funktionen erfahren.

Beachten Sie, dass die Zeilennummern in Listing 2.1 wie bei allen Listings in diesem Buch nicht zum Programm gehören und nur für Verweise im laufenden Text vorgesehen sind. Geben Sie die Zeilennummern also nicht mit ein.

Listing 2.1: Das Programm multiplizieren.c multipliziert zwei Zahlen.

```
1:  /* Berechnet das Produkt zweier Zahlen. */
2:  #include <stdio.h>
3:
```

```
 4:    int a,b,c;
 5:
 6:    int produkt(int x, int y);
 7:
 8:    int main()
 9:    {
10:        /* Erste Zahl einlesen */
11:        printf("Geben Sie eine Zahl zwischen 1 und 100 ein: ");
12:        scanf("%d", &a);
13:
14:        /* Zweite Zahl einlesen */
15:        printf("Geben Sie eine weitere Zahl zwischen 1 und 100 ein: ");
16:        scanf("%d", &b);
17:
18:        /* Produkt berechnen und anzeigen */
19:        c = produkt(a, b);
20:        printf ("%d mal %d = %d\n", a, b, c);
21:
22:        return 0;
23:    }
24:
25:    /* Funktion gibt Produkt der beiden bereitgestellten Werte zurück */
26:    int produkt(int x, int y)
27:    {
28:        return (x * y);
29:    }
```

Ausgabe

```
Geben Sie eine Zahl zwischen 1 und 100 ein: 35
Geben Sie eine weitere Zahl zwischen 1 und 100 ein: 23
35 mal 23 = 805
```

Die Komponenten eines Programms

Die folgenden Abschnitte beschreiben die verschiedenen Komponenten des Beispielprogramms aus Listing 2.1. Durch die angegebenen Zeilennummern können Sie die jeweiligen Stellen schnell finden.

Die Funktion main() (Zeilen 8 bis 23)

Die einzige Komponente, die in jedem ausführbaren C-Programm erforderlich ist, aber nur einmal vorhanden sein darf, ist die Funktion main(). In ihrer einfachsten Form besteht diese Funktion nur aus dem Namen main gefolgt von einem leeren Klammernpaar (()) und einem Paar geschweifter Klammern ({}). Innerhalb der geschweiften Klammern stehen die Anweisungen, die den Hauptrumpf des Programms bilden. Unter normalen Umständen beginnt die Programmausführung bei der ersten Anweisung in main() und endet mit der letzten Anweisung in dieser Funktion.

Die #include-Direktive (Zeile 2)

Neuer Begriff
Die #include-Direktive weist den C-Compiler an, den Inhalt einer so genannten *Include-Datei* während der Kompilierung in das Programm einzubinden. Eine Include-Datei ist eine separate Datei mit Informationen, die das Programm oder der Compiler benötigt. Zum Lieferumfang des Compilers gehören mehrere dieser Dateien (man spricht auch von *Header-Dateien*). Diese Dateien müssen Sie nie modifizieren. Aus diesem Grund hält man sie auch vom Quellcode getrennt. Include-Dateien sollten die Erweiterung .h erhalten (zum Beispiel stdio.h).

In Listing 2.1 bedeutet die #include-Direktive: »Füge den Inhalt der Datei stdio.h in das Programm ein.« In den meisten C-Programmen sind eine oder mehrere Include-Dateien erforderlich. Mehr Informationen dazu bringt Tag 20, »Compiler für Fortgeschrittene«.

Die Variablendefinition (Zeile 4)

Neuer Begriff
Eine *Variable* ist ein Name, der sich auf eine bestimmte Speicherstelle für Daten bezieht. Ein Programm verwendet Variablen, um verschiedene Arten von Daten während der Programmausführung zu speichern. In C muss man eine Variable zuerst definieren, bevor man sie verwenden kann. Die Variablendefinition informiert den Compiler über den Namen der Variablen und den Typ der Daten, die die Variable aufnehmen kann. Das Beispielprogramm aus Listing 2.1 definiert in Zeile 4 mit der Anweisung

```
int a,b,c;
```

drei Variablen mit den Namen a, b und c, die jeweils einen ganzzahligen Wert aufnehmen. Mehr zu Variablen und Variablendefinitionen erfahren Sie im Abschnitt »Daten speichern: Variablen und Konstanten« weiter hinten in diesem Kapitel.

Der Funktionsprototyp (Zeile 6)

Neuer Begriff

Funktionsprototypen teilen dem C-Compiler den Namen und die Argumente der im Programm vorkommenden Funktionen mit. Bevor eine Funktion im Programm verwendet werden kann, muss der Funktionsprototyp im Programm bekannt gemacht worden sein. Ein Funktionsprototyp ist nicht mit der *Funktionsdefinition* zu verwechseln. Die Funktionsdefinition enthält die eigentlichen Anweisungen, die die Funktion ausmachen. (Auf Funktionsdefinitionen geht die heutige Lektion weiter hinten ein.)

Programmanweisungen (Zeilen 11, 12, 15, 16, 19, 20, 22 und 28)

Die eigentliche Arbeit eines C-Programms erledigen die Anweisungen. Mit C-Anweisungen zeigt man Informationen auf dem Bildschirm an, liest Tastatureingaben, führt mathematische Operationen aus, ruft Funktionen auf, liest Dateien – kurz gesagt, realisieren die Anweisungen alle Operationen, die ein Programm ausführen muss. Der größte Teil dieses Buches erläutert Ihnen die verschiedenen C-Anweisungen. Fürs Erste sollten Sie sich merken, dass man im Quellcode gewöhnlich eine Anweisung pro Zeile schreibt und eine Anweisung immer mit einem Semikolon abzuschließen ist. Die folgenden Abschnitte erläutern kurz die Anweisungen im Programm `multiplizieren.c`.

Die Anweisung printf()

Die Anweisung `printf()` in den Zeilen 11, 15 und 20 ist eine Bibliotheksfunktion, die Informationen auf dem Bildschirm ausgibt. Wie die Zeilen 11 und 15 zeigen, kann die Anweisung `printf()` eine einfache Textnachricht ausgeben oder – wie in Zeile 20 – die Werte von Programmvariablen gemeinsam mit Text.

Die Anweisung scanf()

Die Anweisung `scanf()` in den Zeilen 12 und 16 ist eine weitere Bibliotheksfunktion. Sie liest Daten von der Tastatur ein und weist diese Daten einer oder mehreren Programmvariablen zu.

Die Anweisung in Zeile 19 ruft die Funktion `produkt()` auf, d.h. sie führt die Programmanweisungen aus, die in der Funktion `produkt()` enthalten sind. Außerdem übergibt sie die Argumente a und b an die Funktion. Nachdem die Anweisungen in der Funktion `produkt()` abgearbeitet sind, gibt `produkt()` einen Wert an das Programm zurück. Diesen Wert speichert das Programm in der Variablen c.

Die return-Anweisung

Die Zeilen 22 und 28 enthalten return-Anweisungen. Die return-Anweisung in Zeile 28 gehört zur Funktion produkt(). Der Ausdruck in der return-Anweisung berechnet das Produkt der Werte in den Variablen x und y und gibt das Ergebnis an das Programm zurück, das die Funktion produkt() aufgerufen hat. Unmittelbar bevor das Programm endet, gibt die return-Anweisung in Zeile 22 den Wert 0 an das Betriebssystem zurück.

Die Funktionsdefinition (Zeilen 26 bis 29)

Eine *Funktion* ist ein unabhängiger und selbstständiger Codeabschnitt, der für eine bestimmte Aufgabe vorgesehen ist. Jede Funktion hat einen Namen. Um den Code in einer Funktion auszuführen, gibt man den Namen der Funktion in einer Programmanweisung an. Diese Ausführung bezeichnet man als *Aufrufen* der Funktion.

Die Funktion mit dem Namen produkt() in den Zeilen 26 bis 29 ist eine benutzerdefinierte Funktion, die der Programmierer (d.h. der Benutzer der Sprache C) während der Programmentwicklung erstellt. Die einfache Funktion in den Zeilen 26 bis 29 multipliziert lediglich zwei Werte und gibt das Ergebnis an das Programm zurück, das die Funktion aufgerufen hat. Am Tag 4, »Funktionen«, lernen Sie, dass die richtige Verwendung von Funktionen einen wichtigen Teil in der Programmierpraxis mit C ausmacht.

In einem »richtigen« C-Programm wird man kaum eine Funktion für eine so einfache Aufgabe wie die Multiplikation zweier Zahlen aufsetzen. Das Beispielprogramm multiplizieren.c soll lediglich das Prinzip verdeutlichen.

C umfasst auch Bibliotheksfunktionen, die Teil des Betriebssystems oder des C-Compilerpakets sind. Bibliotheksfunktionen führen vor allem die allgemeinen Aufgaben (wie die Ein-/Ausgabe mit Bildschirm, Tastatur und Festplatte) aus, die ein Programm benötigt. Im Beispielprogramm sind printf() und scanf() Bibliotheksfunktionen.

Programmkommentare (Zeilen 1, 10, 14, 18 und 25)

Jeder Teil eines Programms, der mit den Zeichen /* beginnt und mit den Zeichen */ endet, ist ein *Kommentar*. Da der Compiler alle Kommentare ignoriert, haben sie keinen Einfluss auf die Arbeitsweise des Programms. Man kann alles Mögliche in Kommentare schreiben, ohne dass es sich irgendwie im Programm bemerkbar machen würde. Ein Kommentar kann nur einen Teil einer Zeile, eine ganze Zeile oder auch mehrere Zeilen umfassen. Dazu drei Beispiele:

Die Komponenten eines Programms

```
/* Ein einzeiliger Kommentar */

int a, b, c; /* Ein Kommentar, der nur einen Teil der Zeile betrifft */

/* Ein Kommentar,
der sich über mehrere
Zeilen erstreckt. */
```

Achten Sie darauf, keine verschachtelten Kommentare zu verwenden. Unter einem *verschachtelten Kommentar* versteht man einen Kommentar, der innerhalb der Begrenzungszeichen eines anderen Kommentars steht. Die meisten Compiler akzeptieren keine Konstruktionen wie:

```
/*
/* Verschachtelter Kommentar */
*/
```

Manche Compiler lassen verschachtelte Kommentare zu. Obwohl es verlockend erscheint, sollte man jedoch auf verschachtelte Kommentare generell verzichten. Einer der Vorteile von C ist bekanntlich die Portabilität, und Konstruktionen wie zum Beispiel verschachtelte Kommentare können die Portabilität Ihres Codes einschränken. Darüber hinaus führen derartige Kommentarkonstruktionen oftmals zu schwer auffindbaren Problemen.

Viele Programmieranfänger betrachten Kommentare als unnötig und als reine Zeitverschwendung. Das ist ein großer Irrtum! Die Arbeitsweise eines Programms mag noch vollkommen klar sein, wenn Sie den Code niederschreiben. Sobald aber Ihr Programm größer und komplexer wird oder wenn Sie Ihr Programm nach sechs Monaten verändern müssen, stellen Kommentare eine unschätzbare Hilfe dar. Spätestens dann dürften Sie erkennen, dass man Kommentare großzügig einsetzen sollte, um alle Programmstrukturen und Abläufe zu dokumentieren.

> **Hinweis**
> Viele Programmierer haben sich einen neueren Stil der Kommentare in ihren C-Programmen zu eigen gemacht. In C++ und Java kann man Kommentare mit doppelten Schrägstrichen kennzeichnen, wie es die folgenden Beispiele zeigen:
>
> ```
> // Das ist ein Kommentar, der sich über eine Zeile erstreckt
> int x; // Dieser Kommentar macht nur einen Teil der Zeile aus
> ```
>
> Die Schrägstriche signalisieren, dass der Rest der Zeile ein Kommentar ist. Obwohl viele C-Compiler diese Form der Kommentare unterstützen, sollte man sie vermeiden, wenn die Portabilität des Programms zu wahren ist.

Was Sie tun sollten	Was nicht
Fügen Sie großzügig Kommentare in den Quellcode Ihres Programms ein, insbesondere bei Anweisungen oder Funktionen, die Ihnen oder einem anderen Programmierer, der den Code vielleicht modifizieren muss, später unklar erscheinen könnten.	Fügen Sie keine unnötigen Kommentare für Anweisungen hinzu, die bereits klar sind. Beispielsweise ist der folgende Kommentar überzogen und überflüssig, zumindest nachdem Sie sich mit der `printf()`-Anweisung auskennen:
| Eignen Sie sich einen Stil an, der nützlich ist. Zu sparsame oder kryptische Kommentare bringen nichts. Bei zu umfangreichen Kommentaren verbringt man dagegen mehr Zeit mit dem Kommentieren als dem Programmieren. | ```c
/* Die folgende Anweisung gibt die
Zeichenfolge Hallo Welt! auf dem
Bildschirm aus */
printf("Hallo Welt!\n");
``` |

Geschweifte Klammern (Zeilen 9, 23, 27 und 29)

Mit den geschweiften Klammern { und } schließt man Programmzeilen ein, die eine C-Funktion bilden – das gilt auch für die Funktion `main()`. Eine Gruppe von einer oder mehreren Anweisungen innerhalb geschweifter Klammern bezeichnet man als *Block*. In den weiteren Lektionen werden Sie noch viele Einsatzfälle für Blöcke kennen lernen.

Das Programm ausführen

Nehmen Sie sich die Zeit, das Programm `multiplizieren.c` einzugeben, zu kompilieren und auszuführen. Es bringt Ihnen etwas mehr Praxis im Umgang mit Editor und Compiler. Zur Wiederholung seien hier noch einmal die Schritte analog zu Lektion 1, »Einführung in Linux und die Programmiersprache C«, genannt:

1. Machen Sie Ihr Programmierverzeichnis zum aktuellen Verzeichnis.

2. Starten Sie den Editor.

3. Geben Sie den Quellcode für `multiplizieren.c` genau wie in Listing 2.1 gezeigt ein (außer den Zeilennummern mit Doppelpunkt).

4. Speichern Sie die Programmdatei.
```

5. Kompilieren und linken Sie das Programm mit dem entsprechenden Befehl Ihres Compilers. Wenn keine Fehlermeldungen erscheinen, können Sie das Programm durch Eingabe von `./multiplizieren` an der Eingabeaufforderung ausführen.
6. Sollte der Compiler Fehlermeldungen anzeigen, gehen Sie zurück zu Schritt 2 und korrigieren Sie die Fehler.

Eine Anmerkung zur Genauigkeit

Ein Computer arbeitet schnell und genau. Allerdings nimmt er alles wörtlich und er kann nicht einmal einfachste Fehler korrigieren. Er übernimmt daher alles genau so, wie Sie es eingegeben und nicht wie Sie es gemeint haben!

Das gilt ebenso für Ihren C-Quellcode. Ein einfacher Schreibfehler im Programm – schon beschwert sich der C-Compiler und bricht die Kompilierung ab. Auch wenn der Compiler Ihre Fehler nicht korrigieren kann (die auch Sie unweigerlich machen werden), so ist er doch zum Glück so intelligent, dass er Fehler erkennt und meldet. (Wie der Compiler Fehler meldet und wie man sie interpretiert, war Gegenstand der gestrigen Lektion.)

Die Teile eines Programms im Überblick

Nachdem diese Lektion alle Teile eines Programms erläutert hat, sollten Sie jedes beliebige Programm ansehen und Ähnlichkeiten feststellen können. Versuchen Sie, die verschiedenen Teile in Listing 2.2 zu erkennen.

Listing 2.2: Das Programm auflisten.c listet Codelistings auf

```
1:  /* auflisten.c Zeigt ein Listing mit Zeilennummern an */
2:  #include <stdio.h>
3:  #include <stdlib.h>
4:
5:  void Verwendung_anzeigen(void);
6:  int zeile;
7:
8:  int main( int argc, char *argv[] )
9:  {
10:     char puffer[256];
11:     FILE *fp;
12:
13:     if( argc < 2 )
14:     {
```

Die Komponenten eines C-Programms: Quellcode und Daten

```
15:        Verwendung_anzeigen();
16:        return 1;
17:    }
18:
19:    if (( fp = fopen( argv[1], "r" )) == NULL )
20:    {
21:        fprintf( stderr, "Fehler beim Öffnen der Datei, %s!", argv[1] );
22:        return 1;
23:    }
24:
25:    zeile = 1;
26:
27:    while( fgets( puffer, 256, fp ) != NULL )
28:        fprintf( stdout, "%4d:\t%s", zeile++, puffer );
29:
30:    fclose(fp);
31:    return 0;
32: }
33:
34: void Verwendung_anzeigen(void)
35: {
36:        fprintf(stderr, "\nProgramm wie folgt starten: " );
37:        fprintf(stderr, "\n\nauflisten Dateiname.ext\n" );
38: }
```

Ausgabe

```
./auflisten auflisten.c
1:  /* auflisten.c Zeigt ein Listing mit Zeilennummern an */
2:  #include <stdio.h>
3:  #include <stdlib.h>
4:
5:  void Verwendung_anzeigen(void);
6:  int zeile;
7:
8:  int main( int argc, char *argv[] )
9:  {
10:    char puffer[256];
11:    FILE *fp;
12:
13:    if( argc < 2 )
14:    {
15:        Verwendung_anzeigen();
16:        return;
17:    }
```

```
18:
19:     if (( fp = fopen( argv[1], "r" )) == NULL )
20:     {
21:         fprintf( stderr, "Fehler beim Öffnen der Datei, %s!", argv[1] );
22:         return;
23:     }
24:
25:     zeile = 1;
26:
27:     while( fgets( puffer, 256, fp ) != NULL )
28:         fprintf( stdout, "%4d:\t%s", zeile++, buffer );
29:
30:     fclose(fp);
31:     return 0;
32: }
33:
34: void Verwendung_anzeigen(void)
35: {
36:     fprintf(stderr, "\nProgramm wie folgt starten: " );
37:     fprintf(stderr, "\n\nauflisten Dateiname.ext\n" );
38: }
```

Analyse

Das Programm `auflisten.c` in Listing 2.2 zeigt C-Programmlistings an, die Sie gespeichert haben. Die Listings werden mit Zeilennummern auf dem Bildschirm ausgegeben.

Sicherlich sind Sie in der Lage, die verschiedenen Programmteile in Listing 2.2 wiederzuerkennen. Die obligatorische Funktion `main()` steht in den Zeilen 8 bis 32. Die Zeilen 2 und 3 enthalten `#include`-Direktiven. In den Zeilen 6, 10 und 11 finden Sie Variablendefinitionen. Zeile 5 enthält den Funktionsprototyp `void Verwendung_anzeigen(void)`. Weiterhin gehören mehrere Anweisungen in den Zeilen 13, 15, 16, 19, 21, 22, 25, 27, 28, 30, 31, 36 und 37 zum Programm. Die Funktionsdefinition für `Verwendung_anzeigen()` erstreckt sich über die Zeilen 34 bis 38. Das gesamte Programm hindurch sind Blöcke in geschweiften Klammern eingeschlossen. Schließlich ist in Zeile 1 ein Kommentar angegeben. In den meisten Programmen sind wahrscheinlich weit mehr Kommentare angebracht.

Das Programm `auflisten` ruft mehrere Funktionen auf. Es enthält nur eine benutzerdefinierte Funktion – `Verwendung_anzeigen()`. Die Funktionen `fopen()` in Zeile 19, `fprintf()` in den Zeilen 21, 28, 36 und 37, `fgets()` in Zeile 27 und `fclose()` in Zeile 30 sind Bibliotheksfunktionen. Auf diese Bibliotheksfunktionen gehen die übrigen Lektionen näher ein.

Daten speichern: Variablen und Konstanten

In Listing 2.1 wurden, wie Sie sehen konnten, in Zeile 4 drei Variablen definiert. Computerprogramme arbeiten normalerweise mit unterschiedlichen Datentypen und benötigen eine Möglichkeit, die verwendeten Werte zu speichern. Bei diesen Werten kann es sich um Zahlen oder Zeichen handeln. In C gibt es zwei Möglichkeiten, Zahlenwerte zu speichern – Variablen und Konstanten. Und beide Möglichkeiten verfügen über eine Vielzahl von Optionen. Eine Variable ist eine Speicherstelle mit einem Wert, der sich im Laufe der Programmausführung ändern kann. Eine Konstante hingegen hat einen festen Wert, der nicht geändert wird. Bevor wir jedoch zu den Variablen kommen, sollten Sie erst ein wenig über die Funktionsweise des Speichers in Ihrem Computer erfahren.

Wenn Sie bereits wissen, wie der Speicher eines Computers funktioniert, können Sie diesen Abschnitt überspringen. Wenn Sie sich unsicher sind, lesen Sie einfach weiter. Die hier vermittelten Kenntnisse helfen Ihnen, bestimmte Aspekte der C-Programmierung besser zu verstehen.

Ein Computer legt Informationen in einem Speicher mit wahlfreiem Zugriff (RAM, Random Access Memory) ab. Der RAM – oder Hauptspeicher – ist in Form so genannter Chips realisiert. Der Inhalt dieser Chips ist flüchtig, d.h. die Informationen werden je nach Bedarf gelöscht und durch neue ersetzt. Es bedeutet aber auch, dass sich der RAM nur so lange an diese Informationen »erinnert«, solange der Computer läuft. Schaltet man den Computer aus, gehen auch die gespeicherten Informationen verloren.

In jeden Computer ist RAM eingebaut. Den Umfang des installierten Speichers gibt man in Megabyte (Mbyte) an, wie zum Beispiel 1 Mbyte, 8 Mbyte, 32 Mbyte, 64 Mbyte oder mehr. Ein Megabyte sind 1024 Kilobyte (Kbyte), und ein Kilobyte umfasst 1024 Byte. Ein System mit 4 Mbyte RAM hat also tatsächlich eine Größe von 4 * 1024 Kilobyte bzw. 4096 Kbyte. Das sind 4096 * 1024 Byte oder 4 194 304 Byte RAM.

Ein *Byte* ist die grundlegende Speichereinheit eines Computers. Näheres über Bytes erfahren Sie in Lektion 18, »Vom Umgang mit dem Speicher«. Tabelle 2.1 gibt einen Überblick, wie viele Byte für die Speicherung bestimmter Arten von Daten erforderlich sind.

Daten	Anzahl Byte
Der Buchstabe x	1
Die Zahl 500	2
Die Zahl 241105	4

Tabelle 2.1: Speicherbedarf für verschiedene Arten von Daten

Daten	Anzahl Byte
Der Text C in 21 Tagen	14
Eine Schreibmaschinenseite	etwa 3000

Tabelle 2.1: Speicherbedarf für verschiedene Arten von Daten

Der Hauptspeicher ist fortlaufend organisiert, ein Byte folgt auf ein anderes. Jedes Byte im Speicher lässt sich durch eine eindeutige Adresse ansprechen – eine Adresse, die ein Byte auch von jedem anderen Byte unterscheidet. Die Adressen sind den Speicherstellen in fortlaufender Reihenfolge, beginnend bei 0 und wachsend bis zur maximalen Größe des Systems, zugeordnet. Momentan brauchen Sie sich noch keine Gedanken über Adressen zu machen, der C-Compiler kümmert sich für Sie darum.

Der RAM im Computer wird für mehrere Zwecke verwendet. Als Programmierer haben Sie es aber in erster Linie mit der Datenspeicherung zu tun. *Daten* sind die Informationen, mit denen ein C-Programm arbeitet. Ob ein Programm eine Adressenliste verwaltet, den Börsenmarkt überwacht, einen Haushaltsplan führt oder die Preise von Schweinefleisch verfolgt – die Informationen (Namen, Aktienkurse, Ausgaben oder zukünftige Preise für Schweinefleisch) werden im RAM gehalten, während das Programm läuft.

Nach diesem kurzen Ausflug in die Hardwarewelt des Computerspeichers geht es wieder zurück zur C-Programmierung und der Art und Weise, wie C im Hauptspeicher Informationen aufbewahrt.

Variablen

Eine *Variable* ist eine benannte Speicherstelle für Daten im Hauptspeicher des Computers. Wenn man den Variablennamen in einem Programm verwendet, bezieht man sich damit auf die Daten, die unter diesem Namen abgelegt sind.

Variablennamen

Um Variablen in C-Programmen zu verwenden, muss man wissen, wie Variablennamen zu erzeugen sind. In C müssen Variablennamen den folgenden Regeln genügen:

- Der Name kann Zeichen, Ziffern und den Unterstrich (_) enthalten.
- Das erste Zeichen eines Namens muss ein Buchstabe sein. Der Unterstrich ist ebenfalls als erstes Zeichen zulässig, allerdings sollte man auf diese Möglichkeit verzichten.

▶ C beachtet die Groß-/Kleinschreibung von Namen, d.h. die Variablennamen `zahl` und `Zahl` bezeichnen zwei vollkommen verschiedene Variablen.

▶ C-Schlüsselwörter sind als Variablennamen nicht zulässig. Ein Schlüsselwort ist ein Wort, das Teil der Sprache C ist. (Eine vollständige Liste der C-Schlüsselwörter finden Sie in Anhang B.)

Hier einige Beispiele für zulässige und nicht zulässige C-Variablennamen:

Variablenname	Zulässigkeit
`Prozent`	erlaubt
`y2x5__fg7h`	erlaubt
`gewinn_pro_jahr`	erlaubt
`_steuer1990`	erlaubt, aber nicht empfohlen
`sparkasse#konto`	nicht zulässig: enthält das Zeichen #
`double`	nicht zulässig: ist ein C-Schlüsselwort
`9winter`	nicht zulässig: erstes Zeichen ist eine Ziffer

Da C die Groß-/Kleinschreibung von Namen beachtet, sind `prozent`, `PROZENT` und `Prozent` drei unterschiedliche Variablennamen. C-Programmierer verwenden oftmals nur Kleinbuchstaben in Variablennamen, obwohl dies keineswegs vorgeschrieben ist. Die durchgängige Großschreibung wird dagegen üblicherweise für Konstanten (siehe weiter hinten in dieser Lektion) verwendet.

Bei vielen Compilern kann ein Variablenname bis zu 31 Zeichen lang sein. (Tatsächlich kann er sogar länger sein, der Compiler betrachtet aber nur die ersten 31 Zeichen des Namens.) Damit lassen sich Namen erzeugen, die etwas über die gespeicherten Daten aussagen. Wenn zum Beispiel ein Programm Darlehenszahlungen berechnet, könnte es den Wert der ersten Zinsrate in einer Variablen namens `zins_rate` speichern. Aus dem Variablennamen geht die Verwendung klar hervor. Man hätte auch eine Variable namens `x` oder sogar `uwe_seeler` erzeugen können, für den Compiler spielt das keine Rolle. Falls sich aber ein anderer Programmierer Ihren Quelltext ansieht, bleibt ihm die Bedeutung derartiger Variablen völlig im Dunkeln. Auch wenn es etwas mehr Aufwand bedeutet, aussagekräftige Variablennamen einzutippen, der besser verständliche Quelltext ist diese Mühe allemal wert.

Es gibt zahlreiche Namenskonventionen für Variablennamen, die sich aus mehreren Wörtern zusammensetzen. Ein Beispiel haben Sie schon gesehen: `zins_rate`. Wenn man die Wörter durch einen Unterstrich voneinander absetzt, lässt sich der Variablenname leicht interpretieren. Der zweite Stil heißt *Kamelnotation*. Anstelle von Leerzeichen (die der Unterstrich verkörpern soll) schreibt man den ersten Buchstaben jedes Wortes groß und alle Wörter zusammen. Obige Variable trüge dann den Namen `Zins-

Rate. Die Kamelnotation gewinnt immer mehr Anhänger, weil sich ein Großbuchstabe leichter eingeben lässt als der Unterstrich. Das Buch verwendet allerdings Variablennamen mit Unterstrichen, da derartige Namen besser zu erkennen sind. Entscheiden Sie selbst, welchem Stil Sie sich anschließen oder ob Sie einen eigenen entwickeln wollen.

Was Sie tun sollten	Was nicht
Verwenden Sie Variablennamen, die aussagekräftig sind.	Beginnen Sie Variablennamen nicht mit einem Unterstrich, sofern es nicht erforderlich ist.
Entscheiden Sie sich für eine Schreibweise der Variablennamen und behalten Sie diesen Stil dann durchgängig bei.	Verzichten Sie auf die durchgängige Großschreibung von Variablennamen. Diese Schreibweise hat sich für Konstanten eingebürgert.

Numerische Variablentypen

C bietet mehrere Datentypen für numerische Variablen. Diese unterschiedlichen Variablentypen sind erforderlich, da zum einen die verschiedenartigen numerischen Werte einen unterschiedlichen Speicherbedarf haben und zum anderen die ausführbaren mathematischen Operationen nicht für alle Typen gleich sind. Kleine Ganzzahlen (zum Beispiel 1, 199 und -8) erfordern weniger Speicher und der Computer kann mathematische Operationen mit derartigen Zahlen sehr schnell ausführen. Im Gegensatz dazu erfordern große Ganzzahlen und Fließkommazahlen (beispielsweise 123000000, 3.14 und 0.000000000871256) mehr Speicherplatz und auch wesentlich mehr Zeit bei mathematischen Operationen. Wenn man die jeweils passenden Variablentypen wählt, kann man ein Programm effizienter machen.

Die numerischen C-Variablen lassen sich in zwei Kategorien einteilen:

▸ Integer-Variablen nehmen Werte auf, die keinen gebrochenen Anteil haben (also nur ganze Zahlen). Dieser Datentyp hat zwei Ausprägungen: vorzeichenbehaftete Integer-Variablen können sowohl positive als auch negative Werte (und 0) speichern, während vorzeichenlose Integer-Variablen nur positive Werte (und 0) aufnehmen können.

▸ Fließkommavariablen speichern Werte, die auch einen Nachkommaanteil haben können (also reelle Zahlen).

Innerhalb dieser Kategorien gibt es zwei oder mehrere Variablentypen.

TAG 2
Die Komponenten eines C-Programms: Quellcode und Daten

Mit dem in Listing 2.3 vorgestellten Programm können Sie die Größe der Variablen für Ihren Computer ermitteln. Es gibt außerdem die Maximum- und Minimumwerte der Integer-Variablentypen an. Warum sollte man diese Art von Informationen mit einem Programm ermitteln? Wie bereits am Tag 1 kurz angesprochen wurde, läuft Linux auf vielen Rechnern. Dabei ist die Größe einiger Variablentypen auf einem Linux-Rechner mit einem Intel-Pentium-Prozessor (Teil der Intel-IA32-Familie) nicht die gleiche wie auf einem Linux-Rechner, der mit einem DEC-/Compaq-Alpha-Prozessor läuft.

Listing 2.3: groessevon.c – Ein Programm, das die Größe einiger Variablentypen auf Ihrem Computer in Byte anzeigt.

```
 1 : /* Ein Programm, das die Grösse der unterschiedlichen */
 2 : /* C-Variablen auf Ihrem Rechner ausgibt.             */
 3 : #include <stdio.h>
 4 : #include <limits.h>
 5 :
 6 : int main(void)
 7 : {
 8 :     printf ("Signed   : Groesse %20s %22s\n", "Min", "Max") ;
 9 :     printf ("char     : %d %22d %22d\n",
10:             (int) sizeof (char), CHAR_MIN,CHAR_MAX);
11:     printf ("short    : %d %22d %22d\n",
12:             (int) sizeof (short), SHRT_MIN,SHRT_MAX);
13:     printf ("int      : %d %22d %22d\n",
14:             (int) sizeof (int), INT_MIN,INT_MAX);
15:     printf ("long     : %d %22ld %22ld\n",
16:             (int) sizeof (long), LONG_MIN,LONG_MAX);
17:     printf ("\n") ;
18:
19:     printf ("Unsigned : Groesse %20s %22s\n", "Min", "Max") ;
20:     printf ("char     : %d %22d %22u\n",
21:             (int) sizeof (unsigned char),0,UCHAR_MAX);
22:     printf ("short    : %d %22d %22u\n",
23:             (int) sizeof (unsigned short),0,USHRT_MAX);
24:     printf ("int      : %d %22d %22u\n",
25:             (int) sizeof (unsigned int),0,UINT_MAX);
26:     printf ("long     : %d %22d %22lu\n",
27:             (int) sizeof (unsigned long),0,ULONG_MAX);
28:     printf ("\n") ;
29:
30:     printf ("single prec. float : %d\n", (int) sizeof (float));
31:     printf ("double prec. float : %d\n", (int) sizeof (double));
32:
33:     return 0 ;
34: }
```

Es soll Sie nicht bekümmern, dass Sie die Funktionsweise des Programms nicht verstehen. Auch wenn einige Elemente wie zum Beispiel `sizeof` neu sind, sind Ihnen andere mit Sicherheit bekannt. Die Zeilen 1 und 2 sind Kommentare, die den Namen des Programms und eine kurze Beschreibung enthalten. Die Zeilen 3 und 4 binden zwei Header-Dateien ein, die standardmäßig von allen ANSI/ISO-C-Compilern verstanden werden. In diesem einfachen Beispielprogramm gibt es nur eine einzige Funktion, nämlich `main()` in den Zeilen 6 bis 34. Die Zeilen 9 bis 31 bilden den Kern des Programms. Jede dieser Zeilen gibt eine verbale Beschreibung mit der Größe jedes Variablentyps aus, wobei das Programm die Größe der Variablen mit dem Operator `sizeof` ermittelt. In Kapitel 17, »Die Bibliothek der C-Funktionen«, erfahren Sie Näheres zu diesem Operator. Zeile 33 gibt den Wert 0 an das Betriebssystem zurück, bevor das Programm endet.

Und so sieht die Ausgabe des Programms `groessevon.c` aus, das auf einem Linux-Rechner mit einem Intel-x86-Prozessor kompiliert und ausgeführt wurde.

Ausgabe

```
./groessevon
Signed    : Groesse           Min                   Max
char      : 1                 -128                  127
short     : 2                 -32768                32767
int       : 4                 -2147483648           2147483647
long      : 4                 -2147483648           2147483647
Unsigned  : Groesse           Min                   Max
char      : 1                 0                     255
short     : 2                 0                     65535
int       : 4                 0                     4294967295
long      : 4                 0                     4294967295
single prec. float : 4
double prec. float : 8
```

Und so sieht die Ausgabe des Programms `groessevon.c` aus, das auf einem Linux-Rechner mit einem DEC/Compaq Alpha-Prozessor kompiliert und ausgeführt wurde.

Ausgabe

```
./groessevon
Signed    : Groesse           Min                       Max
char      : 1                 -128                      127
short     : 2                 -32768                    32767
int       : 4                 -2147483648               2147483647
long      : 8                 -9223372036854775808      9223372036854775807
Unsigned  : Groesse           Min                       Max
char      : 1                 0                         255
```

```
short            : 2         0               65535
int              : 4         0          4294967295
long             : 8         0   18446744073709551615
single prec. float : 4
double prec. float : 8
```

Beachten Sie, dass Integer-Variablen standardmäßig vorzeichenbehaftet (signed) sind, das heißt, es bedarf keines besonderen Schlüsselwortes, um Integer-Variablen mit Vorzeichen zu versehen. Auffallen sollte Ihnen auch, dass die Ergebnisse beider Prozessoren für char, short und int identisch sind, aber für die größeren Datentypen stark abweichen. Dies liegt daran, dass der Alpha-Prozessor ein 64-Bit-Prozessor ist und Integer-Werte bis $2^{64}-1$ darstellen kann, während Prozessoren der Intel-Pentium-Familie 32-Bit-Prozessoren sind und nur Zahlen bis $2^{32}-1$ darstellen können. Programmierer, deren Code zwischen Alpha- und Pentium-Prozessoren portierbar sein soll, sollten sich diesen Unterschied merken.

Auch wenn sich die Größe von Datentypen je nach Computerplattform unterscheiden kann, gibt C Dank des ANSI-Standards einige Garantien. Auf die folgenden fünf Dinge können Sie sich verlassen:

- Die Größe eines char beträgt ein Byte.
- Die Größe eines short ist kleiner oder gleich der Größe eines int.
- Die Größe eines int ist kleiner oder gleich der Größe eines long.
- Die Größe eines unsigned int ist gleich der Größe eines int.
- Die Größe eines float ist kleiner oder gleich der Größe eines double.

Die Werte in Fließkomma-Variablen entsprechen der wissenschaftlichen Notation, die Ihnen noch von der Schule her bekannt sein dürfte. Fließkommazahlen bestehen aus drei Teilen: einem Vorzeichen (+ oder − für die Darstellung positiver und negativer Zahlen), einer Mantisse (ein Wert zwischen 0 und 1) und einem Exponenten. Wenn man diese Notation zugrunde legt, würde eine Zahl wie 23.85 als +0.2385E2 dargestellt: eine positive Zahl gleich 0.2385 mal 10 hoch 2 (das heißt mal 100). Der Exponent kann sowohl positiv als auch negativ sein, so dass damit sehr große sowie sehr kleine Zahlen dargestellt werden können.

Diese Darstellung von Fließkommazahlen ist jedoch nicht für alle Zahlen absolut genau. Viele Zahlen, wie zum Beispiel 1/3 können mit Fließkommazahlen nur annähernd beschrieben werden. 1/3 wird korrekt als 0.333333..... mit einer unendlichen Folge von Dreien wiedergegeben. Fließkommazahlen können jedoch nur eine begrenzte Anzahl dieser sich wiederholenden Dreien abspeichern. Bei einer Darstellung von 1/3 mit einfacher Genauigkeit (single precision) werden sieben dieser Dreien und bei einer Darstellung mit doppelter Genauigkeit (double precision) 19 dieser Dreien abgespeichert.

Die Darstellungen der Fließkommazahlen in einfacher und doppelter Genauigkeit unterscheiden sich auch in dem Wertebereich, den sie speichern können. Variablen doppelter Genauigkeit können wesentlich größer und wesentlich kleiner sein als Variablen einfacher Genauigkeit. Der Grund dafür liegt darin, dass der Exponent der Darstellung mit doppelter Genauigkeit einen größeren Zahlenbereich umfasst als der Exponent bei einfacher Genauigkeit. In Tabelle 2.2 werden der Wertebereich und die Genauigkeit der Fließkommazahlen mit doppelter und einfacher Genauigkeit miteinander verglichen.

	Wertebereich	**Genauigkeit**
einfache Genauigkeit	1. 2E-38 bis 3.4E38	7 Ziffern
doppelte Genauigkeit	2. 2E-308 bis 1.8E308	19 Ziffern

Tabelle 2.2: Wertebereich und Genauigkeit von Fließkommazahlen

Variablendeklarationen

Bevor man eine Variable in einem C-Programm verwenden kann, muss man sie *deklarieren*. Eine Variablendeklaration teilt dem Compiler den Namen und den Typ der Variablen mit. Die Deklaration kann die Variable auch mit einem bestimmten Wert initialisieren. Wenn ein Programm versucht, eine vorher nicht deklarierte Variable zu verwenden, liefert der Compiler eine Fehlermeldung. Eine Variablendeklaration hat die folgende Form:

```
typbezeichner variablenname;
```

Der *typbezeichner* gibt den Variablentyp an und muss einem der in Listing 2.3 verwendeten Schlüsselwörter entsprechen. Der *variablenname* gibt den Namen der Variablen an und muss den weiter vorn angegebenen Regeln genügen. In ein und derselben Zeile kann man mehrere Variablen desselben Typs deklarieren, wobei die einzelnen Variablennamen durch Kommata zu trennen sind:

```
int zaehler, zahl, start;    /* Drei Integer-Variablen */
float prozent, gesamt;       /* Zwei Fließkommavariablen */
```

Wie Tag 11, »Gültigkeitsbereiche von Variablen«, zeigen wird, ist der Ort der Variablendeklaration im Quellcode wichtig, weil er die Art und Weise beeinflusst, in der ein Programm die Variablen verwenden kann. Fürs Erste können Sie aber alle Variablendeklarationen zusammen unmittelbar vor der Funktion `main()` angeben.

Das Schlüsselwort typedef

Mit dem Schlüsselwort typedef lässt sich ein neuer Name für einen vorhandenen Datentyp erzeugen. Im Grunde erzeugt typedef ein Synonym. Beispielsweise definiert die Anweisung

```
typedef int integer;
```

den Bezeichner integer als Synonym für int. Von nun an können Sie Variablen vom Typ int mit dem Synonym integer wie im folgenden Beispiel definieren:

```
integer zaehler;
```

Beachten Sie, dass typedef keinen neuen Datentyp erstellt, sondern lediglich die Verwendung eines anderen Namens für einen vordefinierten Datentyp erlaubt. Das Schlüsselwort typedef verwendet man vor allem in Verbindung mit zusammengesetzten Datentypen, wie am Tag 10 zum Thema Strukturen erläutert. Ein zusammengesetzter Datentyp besteht aus einer Kombination der in der heutigen Lektion vorgestellten Datentypen.

Variablen initialisieren

Wenn man eine Variable deklariert, weist man den Compiler an, einen bestimmten Speicherbereich für die Variable zu reservieren. Allerdings legt man dabei nicht fest, welcher Wert – d.h. der Wert der Variablen – in diesem Bereich zu speichern ist. Dies kann der Wert 0 sein, aber auch irgendein zufälliger Wert. Bevor Sie eine Variable verwenden, sollten Sie ihr immer einen bekannten Anfangswert zuweisen. Dies können Sie unabhängig von der Variablendeklaration mit einer Zuweisung wie im folgenden Beispiel erreichen:

```
int zaehler;      /* Speicherbereich für die Variable zaehler reservieren */
zaehler = 0;      /* Den Wert 0 in der Variablen zaehler speichern */
```

Das Gleichheitszeichen in dieser Anweisung ist der Zuweisungsoperator der Sprache C. Auf diesen und andere Operatoren gehe ich am Tag 3, »Anweisungen, Ausdrücke und Operatoren«, näher ein. Hier sei lediglich erwähnt, dass das Gleichheitszeichen in der Programmierung nicht die gleiche Bedeutung hat wie in der Mathematik. Wenn man zum Beispiel

```
x = 12
```

als algebraischen Ausdruck betrachtet, bedeutet das: »x ist gleich 12«. In C dagegen drückt das Gleichheitszeichen den folgenden Sachverhalt aus: »Weise den Wert 12 der Variablen x zu.«

Variablen kann man auch im Zuge der Deklaration initialisieren. Dazu schreibt man in der Deklarationsanweisung nach dem Variablennamen ein Gleichheitszeichen und den gewünschten Anfangswert:

```
int zaehler = 0;
double prozent = 0.01, steuersatz = 28.5;
```

Achten Sie darauf, eine Variable nicht mit einem Wert außerhalb des zulässigen Bereichs zu initialisieren. Zum Beispiel sind folgende Initialisierungen fehlerhaft:

```
int gewicht = 10000000000000;
unsigned int wert = -2500;
```

Zum Glück gibt der GNU-C-Compiler eine Warnung aus, wenn er einen solchen Code kompilieren soll. Es ist jedoch nur eine Warnung. Sie können das Programm trotzdem kompilieren und linken, erhalten aber unerwartete Ergebnisse, wenn das Programm läuft.

Was Sie tun sollten	Was nicht
Stellen Sie fest, wie viele Byte die einzelnen Variablentypen auf Ihrem Computer belegen.	Verwenden Sie keine Variable, die noch nicht initialisiert ist. Die Ergebnisse sind nicht vorhersagbar.
Verwenden Sie `typedef`, um Ihre Programme verständlicher zu machen.	Verwenden Sie keine Variablen der Typen `float` oder `double`, wenn Sie lediglich Ganzzahlen speichern. Es funktioniert zwar, ist aber nicht effizient.
Initialisieren Sie Variable, wenn möglich, bereits bei ihrer Deklaration.	Versuchen Sie nicht, Zahlen in Variablen zu speichern, deren Typ für die Größe der Zahl nicht ausreicht.
	Schreiben Sie keine negativen Zahlen in Variablen, die einen `unsigned` Typ haben.

Konstanten

Wie eine Variable ist auch eine *Konstante* ein Speicherbereich für Daten, mit dem ein Programm arbeiten kann. Im Gegensatz zu einer Variablen lässt sich der in einer Konstanten gespeicherte Wert während der Programmausführung nicht ändern. C kennt zwei Arten von Konstanten für unterschiedliche Einsatzgebiete:

▶ Literale Konstanten

▶ Symbolische Konstanten

Die Komponenten eines C-Programms: Quellcode und Daten

Literale Konstanten

Eine *literale Konstante* ist ein Wert, den man direkt im Quellcode angibt. D.h. man schreibt den Wert an allen Stellen, wo er vorkommt, »wörtlich« (literal) aus:

```
int zaehler = 20;
float steuer_satz = 0.28;
```

Die Zahlen 20 und 0.28 sind literale Konstanten. Die obigen Anweisungen speichern diese Werte in den Variablen zaehler und steuer_satz. Eine der beiden Konstanten enthält einen Dezimalpunkt, die andere nicht. Ein vorhandener bzw. nicht vorhandener Dezimalpunkt unterscheidet Fließkommakonstanten von Integer-Konstanten.

In C sind Fließkommazahlen mit einem Punkt zu schreiben,
d.h. nicht mit einem Komma, wie es in deutschsprachigen Ländern üblich ist.

Enthält eine literale Konstante einen Dezimalpunkt, gilt sie als Fließkommakonstante, die der C-Compiler als eine Zahl vom Typ double auffasst. Fließkommakonstanten lassen sich in der gewohnten Dezimalschreibweise wie in den folgenden Beispielen schreiben:

```
123.456
0.019
100.
```

Beachten Sie, dass in der dritten Konstanten nach der Zahl 100 ein Dezimalpunkt steht, auch wenn es sich um eine ganze Zahl handelt (d.h. eine Zahl ohne gebrochenen Anteil). Der Dezimalpunkt bewirkt, dass der C-Compiler die Konstante wie eine Fließkommazahl doppelter Genauigkeit behandelt. Ohne den Dezimalpunkt nimmt der Compiler eine Integer-Konstante an.

Fließkommakonstanten können Sie auch in wissenschaftlicher Notation angeben. Vielleicht erinnern Sie sich noch aus Schultagen, dass die wissenschaftliche Notation eine Zahl als Dezimalteil mal 10 hoch einer positiven oder negativen Zahl darstellt. Diese Notation bietet sich vor allem für sehr große und sehr kleine Zahlen an. In C schreibt man Zahlen in wissenschaftlicher Notation als Dezimalzahl mit einem nachfolgenden E oder e und dem Exponenten:

Zahl in wissenschaftlicher Notation	Zu lesen als
1.23E2	1.23 mal 10 hoch 2 oder 123
4.08e6	4.08 mal 10 hoch 6 oder 4080000
0.85e-4	0.85 mal 10 hoch minus 4 oder 0.000085

Eine Konstante ohne Dezimalpunkt fasst der Compiler als Integer-Zahl auf. Integer-Zahlen kann man in drei verschiedenen Notationen schreiben:

▶ Eine Konstante, die mit einer Ziffer (ausgenommen 0) beginnt, gilt als Dezimalzahl (d.h. eine Zahl im gewohnten Dezimalsystem, dem Zahlensystem zur Basis 10). Dezimale Konstanten können die Ziffern 0 bis 9 und ein führendes Minus- oder Pluszeichen enthalten. (Zahlen ohne vorangestelltes Minus- oder Pluszeichen sind wie gewohnt positiv.)

▶ Eine Konstante, die mit der Ziffer 0 beginnt, interpretiert der Compiler als oktale Ganzzahl (d.h. eine Zahl im Zahlensystem zur Basis 8). Oktale Konstanten können die Ziffern 0 bis 7 und ein führendes Minus- oder Pluszeichen enthalten.

▶ Eine Konstante, die mit 0x oder 0X beginnt, stellt eine hexadezimale Konstante dar (d.h. eine Zahl im Zahlensystem zur Basis 16). Hexadezimale Konstanten können die Ziffern 0 bis 9, die Buchstaben A bis F und ein führendes Minus- oder Pluszeichen enthalten.

Symbolische Konstanten

Eine *symbolische Konstante* ist eine Konstante, die durch einen Namen (Symbol) im Programm dargestellt wird. Wie literale Konstanten kann sich auch der Wert von symbolischen Konstanten nicht ändern. Wenn Sie in einem Programm auf den Wert einer symbolischen Konstanten zugreifen wollen, verwenden Sie den Namen dieser Konstanten genau wie bei einer Variablen. Den eigentlichen Wert der symbolischen Konstanten muss man nur einmal eingeben, wenn man die Konstante definiert.

Symbolische Konstanten haben gegenüber literalen Konstanten zwei wesentliche Vorteile, wie es die folgenden Beispiele verdeutlichen. Nehmen wir an, dass Sie in einem Programm eine Vielzahl von geometrischen Berechnungen durchführen. Dafür benötigt das Programm häufig den Wert für die Kreiszahl π (~3.14). Um zum Beispiel den Umfang und die Fläche eines Kreises bei gegebenem Radius zu berechnen, schreibt man:

```
umfang = 3.14 * (2 * radius);
flaeche = 3.14 * (radius) * (radius);
```

Das Sternchen (*) stellt den Multiplikationsoperator von C dar. (Operatoren sind Gegenstand von Tag 3.) Die erste Anweisung bedeutet: »Multipliziere den in der Variablen radius gespeicherten Wert mit 2 und multipliziere dieses Ergebnis mit 3.14. Weise dann das Ergebnis an die Variable umfang zu.«

Wenn Sie allerdings eine symbolische Konstante mit dem Namen PI und dem Wert 3.14 definieren, können Sie die obigen Anweisungen wie folgt formulieren:

```
umfang = PI * (2 * radius);
flaeche = PI * (radius) * (radius);
```

Der Code lässt sich dadurch besser verstehen. Statt darüber zu grübeln, ob mit 3.14 tatsächlich die Kreiszahl gemeint ist, erkennt man diese Tatsache unmittelbar aus dem Namen der symbolischen Konstanten.

Der zweite Vorteil von symbolischen Konstanten zeigt sich, wenn man eine Konstante ändern muss. Angenommen, Sie wollen in den obigen Beispielen mit einer größeren Genauigkeit rechnen. Dazu geben Sie den Wert PI mit mehr Dezimalstellen an: 3.14159 statt 3.14. Wenn Sie literale Konstanten im Quelltext geschrieben haben, müssen Sie den gesamten Quelltext durchsuchen und jedes Vorkommen des Wertes 3.14 in 3.14159 ändern. Mit einer symbolischen Konstanten ist diese Änderung nur ein einziges Mal erforderlich, und zwar in der Definition der Konstanten.

Symbolische Konstanten definieren

In C lassen sich symbolische Konstanten nach zwei Verfahren definieren: mit der Direktive #define und mit dem Schlüsselwort const. Die #define-Direktive verwendet man wie folgt:

```
#define KONSTANTENNAME Wert
```

Damit erzeugt man eine Konstante mit dem Namen KONSTANTENNAME und einem Wert, der in Wert als literale Konstante angegeben ist. Der Bezeichner KONSTANTENNAME folgt den gleichen Regeln wie sie weiter vorn für Variablennamen genannt wurden. Per Konvention schreibt man Namen von Konstanten durchgängig in Großbuchstaben. Damit lassen sie sich leicht von Variablen unterscheiden, deren Namen man per Konvention in Kleinbuchstaben oder in gemischter Schreibweise schreibt. Für das obige Beispiel sieht die #define-Direktive für eine Konstante PI wie folgt aus:

```
#define PI 3.14159
```

Beachten Sie, dass Zeilen mit #define-Direktiven nicht mit einem Semikolon enden. Man kann zwar #define-Direktiven an beliebigen Stellen im Quellcode angeben, allerdings wirken sie nur auf die Teile des Quellcodes, die unter der #define-Direktive stehen. In der Regel gruppiert man alle #define-Direktiven an einer zentralen Stelle am Beginn der Datei und vor dem Start der Funktion main().

Arbeitsweise von #define

Eine #define-Direktive teilt dem Compiler Folgendes mit: »Ersetze im Quellcode die Zeichenfolge KONSTANTENNAME durch wert.« Die Wirkung ist genau die gleiche, als wenn man mit dem Editor den Quellcode durchsucht und jede Ersetzung manuell vornimmt. Beachten Sie, dass #define keine Zeichenfolge ersetzt, wenn diese Bestandteil eines längeren Namens, Teil eines Kommentars oder in Anführungszeichen eingeschlossen ist. Zum Beispiel wird das Vorkommen von PI in der zweiten und dritten Zeile nicht ersetzt:

```
#define PI 3.14159
/* Sie haben eine Konstante für PI definiert. */
#define PIPETTE 100
```

> **Hinweis:** Die #define-Direktive gehört zu den Präprozessoranweisungen von C, auf die am Tag 20, »Compiler für Fortgeschrittene«, umfassend eingegangen wird.

Konstanten mit dem Schlüsselwort const definieren

Eine symbolische Konstante kann man auch mit dem Schlüsselwort const definieren. Das Schlüsselwort const ist ein Modifizierer, der sich auf jede Variablendeklaration anwenden lässt. Eine als const deklarierte Variable lässt sich während der Programmausführung nicht modifizieren, sondern nur zum Zeitpunkt der Deklaration initialisieren. Dazu einige Beispiele:

```
const int zaehler = 100;
const float pi = 3.14159;
const long schulden = 12000000, float steuer_satz = 0.21;
```

Das Schlüsselwort const bezieht sich auf alle Variablen der Deklarationszeile. In der letzten Zeile sind schulden und steuer_satz symbolische Konstanten. Wenn ein Programm versucht, eine als const deklarierte Variable zu verändern, erzeugt der Compiler eine Fehlermeldung, wie es beispielsweise bei folgendem Code der Fall ist:

```
const int zaehler = 100;
zaehler = 200;     /* Wird nicht kompiliert! Der Wert von Konstanten kann */
                   /* weder neu zugewiesen noch geändert werden. */
```

Welche praktischen Unterschiede bestehen zwischen symbolischen Konstanten, die man mit der #define-Direktive erzeugt, und denjenigen mit dem Schlüsselwort const? Das Ganze hat mit Zeigern und dem Gültigkeitsbereich von Variablen zu tun. Hierbei handelt es sich um zwei sehr wichtige Aspekte der C-Programmierung, auf die wir an den Tagen 8, »Zeiger«, und 11, »Gültigkeitsbereiche von Variablen«, näher eingehen werden.

Die Komponenten eines C-Programms: Quellcode und Daten

Sehen Sie sich jetzt ein Programm an, das demonstriert, wie man Variablen deklariert und literale und symbolische Konstanten verwendet. Das in Listing 2.4 wiedergegebene Programm fragt den Benutzer nach seinem Gewicht und Geburtsjahr. Dann rechnet es das Gewicht in Gramm um und berechnet das Alter für das Jahr 2010. Das Programm können Sie entsprechend den in Kapitel 1 vorgestellten Schritten eingeben, kompilieren und ausführen.

Listing 2.4: Ein Programm, das zeigt, wie man Variablen und Konstanten verwendet.

```
1:   /* Demonstriert die Verwendung von Variablen und Konstanten */
2:   #include <stdio.h>
3:
4:   /* Konstante zur Umrechnung von Pfund in Gramm definieren */
5:   #define GRAMM_PRO_PFUND 500
6:
7:   /* Konstante für Beginn des nächsten Jahrzehnts definieren */
8:   const int ZIEL_JAHR = 2010;
9:
10:  /* Erforderliche Variablen deklarieren */
11:  int gewicht_in_gramm, gewicht_in_pfund;
12   int jahr_der_geburt, alter_in_2010;
13:
14:  int main()
15:  {
16:      /* Daten vom Benutzer einlesen */
17:
18:      printf("Bitte Ihr Gewicht in Pfund eingeben: ");
19:      scanf("%d", &gewicht_in_pfund);
20:      printf("Bitte Ihr Geburtsjahr eingeben: ");
21:      scanf("%d", &jahr_der_geburt);
22:
23:      /* Umrechnungen durchführen */
24:
25:      gewicht_in_gramm = gewicht_in_pfund * GRAMM_PRO_PFUND;
26:      alter_in_2010 = ZIEL_JAHR - jahr_der_geburt;
27:
28:      /* Ergebnisse auf Bildschirm ausgeben */
29:
30:      printf("\nIhr Gewicht in Gramm = %d", gewicht_in_gramm);
31:      printf("\nIm Jahr 2010 sind Sie %d Jahre alt.\n", alter_in_2010);
32:
33:      return 0;
34:  }
```

Ausgabe

```
Bitte Ihr Gewicht in Pfund eingeben: 175
Bitte Ihr Geburtsjahr eingeben: 1960

Ihr Gewicht in Gramm = 87500
Im Jahr 2010 sind Sie 50 Jahre alt.
```

Analyse

Das Programm deklariert in den Zeilen 5 und 8 zwei Arten von symbolischen Konstanten. Die in Zeile 5 deklarierte Konstante dient dazu, die Umrechnung von Pfund in Gramm (das heißt den Wert 500) verständlicher zu formulieren, wie es in Zeile 25 geschieht. Die Zeilen 11 und 12 deklarieren Variablen, die in anderen Teilen des Programms zum Einsatz kommen. Aus den beschreibenden Namen wie `gewicht_in_gramm` lässt sich die Bedeutung einer Berechnung leichter nachvollziehen. Die Zeilen 18 und 20 geben die Texte für die Eingabeaufforderungen auf den Bildschirm aus. Die Funktion `printf()` wird später in diesem Buch noch im Detail behandelt. Damit der Benutzer auf die Aufforderungen reagieren kann, verwenden die Zeilen 19 und 21 eine weitere Bibliotheksfunktion, `scanf()`, mit der sich Eingaben über die Tastatur entgegennehmen lassen. Auch auf diese Funktion geht das Buch später näher ein. Die Zeilen 25 und 26 berechnen das Gewicht des Benutzers in Gramm und sein Alter für das Jahr 2010. Diese und andere Anweisungen kommen in der morgigen Lektion zur Sprache. Am Ende des Programms zeigen die Zeilen 30 und 31 die Ergebnisse für den Benutzer an.

Was Sie tun sollten	Was nicht
Verwenden Sie Konstanten, um Ihre Programme verständlicher zu machen.	Versuchen Sie nicht, einer Konstanten einen Wert zuzuweisen, nachdem diese bereits initialisiert wurde.

Zusammenfassung

Diese Lektion hat Ihnen die Hauptkomponenten eines typischen C-Programms vorgestellt. Ausführlich haben wir uns mit den numerischen Variablen beschäftigt, die in C-Programmen dazu dienen, während der Programmausführung Daten zu speichern. Sie haben gelernt, dass der einzig erforderliche Teil jedes C-Programms die Funktion `main()` ist. Die eigentliche Arbeit erledigen die Programmanweisungen, die den Computer instruieren, die gewünschten Aktionen auszuführen. Weiterhin haben Sie Variablen und Variablendefinitionen kennen gelernt und erfahren, wie man Kommentare im Quellcode verwendet.

Neben der Funktion `main()` kann ein C-Programm zwei Arten von Funktionen enthalten: Bibliotheksfunktionen, die zum Lieferumfang des Compilers gehören, und benutzerdefinierte Funktionen, die der Programmierer erstellt.

Sie haben gelernt, dass es zwei Kategorien von numerischen Variablen gibt – Integer und Fließkomma. Innerhalb dieser Kategorien gibt es verschiedene spezifische Variablentypen. Welchen Variablentyp – `int`, `long`, `float` oder `double` – man für eine bestimmte Anwendung einsetzt, hängt von der Natur der Daten ab, die in der Variablen zu speichern sind. Es wurde auch gezeigt, dass man in einem C-Programm eine Variable zuerst deklarieren muss, bevor man sie verwenden kann. Eine Variablendefinition informiert den Compiler über den Namen und den Typ der Variablen.

Ein weiteres Thema dieser Lektion waren Konstanten. Dabei haben Sie die beiden Konstantentypen von C – literale und symbolische Konstanten – kennen gelernt. Im Gegensatz zu den Variablen lässt sich der Wert einer Konstanten während der Programmausführung nicht verändern. Literale Konstanten geben Sie direkt in den Quelltext ein, wann immer der entsprechende Wert erforderlich ist. Symbolischen Konstanten ist ein Name zugewiesen, und unter diesem Namen beziehen Sie sich im Quelltext auf den Wert der Konstanten. Symbolische Konstanten erzeugt man mit der `#define`-Direktive oder mit dem Schlüsselwort `const`.

Fragen und Antworten

F Welche Wirkung haben Kommentare auf ein Programm?

A *Kommentare sind für den Programmierer gedacht. Wenn der Compiler den Quellcode in Objektcode überführt, ignoriert er Kommentare sowie Leerzeichen, Tabulatoren etc., die nur der Gliederung des Quelltextes dienen (so genannter Whitespace). Das bedeutet, dass Kommentare keinen Einfluss auf das ausführbare Programm haben. Ein Programm mit zahlreichen Kommentaren läuft genauso schnell wie ein Programm, das überhaupt keine oder nur wenige Kommentare hat. Kommentare vergrößern zwar die Quelldatei, was aber gewöhnlich von untergeordneter Bedeutung ist. Fazit: Verwenden Sie Kommentare und Whitespace, um den Quellcode so verständlich wie möglich zu gestalten.*

F Worin besteht der Unterschied zwischen einer Anweisung und einem Block?

A *Ein Block ist eine Gruppe von Anweisungen, die in geschweiften Klammern ({}) eingeschlossen sind. Einen Block kann man an allen Stellen verwenden, wo auch eine Anweisung stehen kann.*

F Wie kann ich herausfinden, welche Bibliotheksfunktionen verfügbar sind?

A *Zum Standardumfang von Linux gehören Hunderte von Bibliotheken. Einige von ihnen können Sie anzeigen, indem Sie die Verzeichnisse /lib und /usr/lib auflisten lassen. Am wichtigsten ist die Standard-C-Bibliothek, die /lib/libc-2.1.1.so oder so ähnlich heißt. Diese Bibliothek enthält eine riesige Auswahl an vordefinierten Funktionen für Tastatureingabe/Bildschirmausgabe, Dateiein-/-ausgabe, Stringmanipulation, Mathematik, Speicherallokation und Fehlerbehandlung. All diese vordefinierten Funktionen sind vollständig in dem libc-Abschnitt der GNU-Infoseiten dokumentiert und nach ihrer Funktionalität kategorisiert. Sie können die Dokumentation mit einem der Informations-Leseprogramme, die bereits am Tag 1 erwähnt wurden, einsehen. Mit einem der beiden folgenden Befehle können Sie direkt zu dem libc-Abschnitt springen:*

```
gnome-help-browser info:libc
info libc
```

Mit kdehelp gibt es keinen direkten Weg, die libc-Dokumentation anzusteuern, aber es ist relativ einfach, dort die GNU-Informationsseiten und den darin enthaltenen libc-Abschnitt zu finden.

F Was passiert, wenn ich eine Zahl mit gebrochenem Anteil einer Integer-Variablen zuweise?

Zahlen mit gebrochenem Anteil kann man durchaus einer Variablen vom Typ `int` *zuweisen. Wenn Sie eine konstante Variable verwenden, gibt der Compiler möglicherweise eine Warnung aus. Der zugewiesene Wert wird am Dezimalpunkt abgeschnitten. Wenn Sie einer Integer-Variablen namens* `pi` *zum Beispiel* 3.14 *zuweisen, enthält* `pi` *den Wert* 3. *Der gebrochene Anteil* .14 *geht schlicht und einfach verloren.*

F Was passiert, wenn ich eine Zahl einer Variablen zuweise, deren Typ für die Zahl nicht groß genug ist?

A *Viele Compiler erlauben solche Zuweisungen, ohne einen Fehler dafür auszugeben. Die Zahl wird dabei in der Art eines Kilometerzählers angepasst, d.h. wenn der Maximalwert überschritten ist, beginnt die Zählung wieder von vorn. Wenn Sie einer vorzeichenbehafteten Integer-Variablen (Typ* `signed int`*) zum Beispiel* 32768 *zuweisen, enthält die Variable am Ende den Wert* -32768. *Und wenn Sie dieser Integer-Variablen den Wert* 65535 *zuweisen, steht tat-*

sächlich der Wert -1 in der Variablen. Ziehen Sie den Maximalwert, den die Variable aufnehmen kann, vom zugewiesenen Wert ab. Damit erhalten Sie den Wert, der tatsächlich gespeichert wird.

F Was passiert, wenn ich eine negative Zahl in eine vorzeichenlose Variable schreibe?

A *Wie in der vorherigen Antwort bereits erwähnt, bringt der Compiler wahrscheinlich keine Fehlermeldung. Er behandelt die Zahl genauso wie bei der Zuweisung einer zu großen Zahl. Wenn Sie zum Beispiel einer Variablen vom Typ* `unsigned int`, *die zwei Bytes lang ist, die Zahl -1 zuweisen, nimmt der Compiler den größtmöglichen Wert, der sich in der Variablen speichern lässt (in diesem Fall 65535).*

F Welche praktischen Unterschiede bestehen zwischen symbolischen Konstanten, die man mit der Direktive `#define` erzeugt, und Konstanten, die man mit dem Schlüsselwort `const` deklariert?

A *Die Unterschiede haben mit Zeigern und dem Gültigkeitsbereich von Variablen zu tun. Hierbei handelt es sich um zwei sehr wichtige Aspekte der C-Programmierung, auf die die Tage 8 und 11 eingehen. Fürs Erste sollten Sie sich merken, dass sich ein Programm leichter verstehen lässt, wenn man Konstanten mit* `#define` *erzeugt.*

Workshop

Der Workshop enthält Quizfragen, die Ihnen helfen sollen, Ihr Wissen zu festigen, sowie Übungen, die Sie anregen sollen, das Gelernte umzusetzen und eigene Erfahrungen zu sammeln. Die Lösungen zu den Fragen und den Übungen finden Sie in Anhang C.

Quiz

1. Wie nennt man eine Gruppe von einer oder mehreren C-Anweisungen innerhalb geschweifter Klammern?
2. Welche Komponente muss in jedem C-Programm vorhanden sein?
3. Wie fügt man Programmkommentare ein und wozu verwendet man sie?
4. Was ist eine Funktion?
5. C kennt zwei Arten von Funktionen. Wie nennt man sie und worin unterscheiden sie sich?
6. Welche Aufgabe erfüllt die `#include`-Direktive?

7. Lassen sich Kommentare verschachteln?
8. Dürfen Kommentare länger als eine Zeile sein?
9. Wie nennt man eine Include-Datei noch?
10. Was ist eine Include-Datei?

Übungen

1. Schreiben Sie das kleinstmögliche Programm.
2. Sehen Sie sich das folgende Programm an:

```
1:  /* Ueb2-2.c */
2:  #include <stdio.h>
3:
4:  void anzeigen_zeile(void);
5:
6:  int main()
7:  {
8:      anzeigen_zeile();
9:      printf("\n C in 21 Tagen\n");
10:     anzeigen_zeile();
11:     printf("\n\n");
12:     return 0;
13: }
14:
15: /* Zeile mit Sternchen ausgeben */
16: void anzeigen_zeile(void)
17: {
18:     int zaehler;
19:
20:     for( zaehler = 0; zaehler < 21; zaehler++ )
21:         printf("*" );
22: }
23: /* Programmende */
```

   a. Welche Zeilen enthalten Anweisungen?
   b. Welche Zeilen enthalten Variablendefinitionen?
   c. Welche Zeilen enthalten Funktionsprototypen?
   d. Welche Zeilen enthalten Funktionsdefinitionen?
   e. Welche Zeilen enthalten Kommentare?
3. Schreiben Sie einen Beispielkommentar.
4. Was bewirkt das folgende Programm? (Geben Sie es ein und starten Sie es.)

Die Komponenten eines C-Programms: Quellcode und Daten

```
1:  /* Ueb2-4.c */
2:  #include <stdio.h>
3:
4:  int main()
5:  {
6:      int ctr;
7:
8:      for( ctr = 65; ctr < 91; ctr++ )
9:          printf("%c", ctr );
10:
11:     return 0;
12: }
13: /* Programmende */
```

5. Was bewirkt das folgende Programm? (Geben Sie es ein und starten Sie es.)

```
1:  /* Ueb2-5.c */
2:  #include <stdio.h>
3:  #include <string.h>
4:  int main()
5:  {
6:      char puffer[256];
7:
8:      printf( "Bitte Name eingeben und <Eingabe> druecken:\n");
9:      fgets( puffer,256,stdin );
10:
11:     printf( "\nIhr Name enthält %d Zeichen (inkl. Leerzeichen).",
12                       strlen( puffer ));
13:
14:     return 0;
15: }
```

Anweisungen, Ausdrücke und Operatoren

Woche 1

TAG 3
Anweisungen, Ausdrücke und Operatoren

C-Programme bestehen aus Anweisungen, und die meisten Anweisungen setzen sich aus Ausdrücken und Operatoren zusammen. Deshalb benötigen Sie zum Schreiben eines C-Programms eine gute Kenntnis von Anweisungen, Ausdrücken und Operatoren. Heute lernen Sie:

- was eine Anweisung ist
- was ein Ausdruck ist
- die mathematischen, relationalen und logischen Operatoren in C kennen
- was man unter der Rangfolge der Operatoren versteht
- die `if`-Anweisung kennen

Anweisungen

Neuer Begriff

Eine *Anweisung* ist ein vollständiger Befehl, der den Computer dazu anhält, eine bestimmte Aufgabe auszuführen. Normalerweise nehmen Anweisungen in C eine ganze Zeile ein. Es gibt jedoch auch einige Anweisungen, die sich über mehrere Zeilen erstrecken. C-Anweisungen werden immer mit einem Semikolon abgeschlossen (eine Ausnahme dazu bilden die Präprozessor-Direktiven #define und #include, die wir am Tag 20, »Compiler für Fortgeschrittene«, noch eingehender untersuchen werden). Einige C-Anweisungen haben Sie bereits kennen gelernt. So ist zum Beispiel

```
x = 2 + 3;
```

eine Zuweisung. Sie weist den Computer an, die Werte 3 und 2 zu addieren und das Ergebnis der Variablen x zuzuweisen. Im Laufe dieses Buches werden ich Ihnen noch weitere Formen von Anweisungen vorstellen.

Whitespace in Anweisungen

Neuer Begriff

Der Begriff *Whitespace* bezieht sich auf Leerzeichen, Tabulatoren und leere Zeilen in Ihrem Quelltext. Dieser Whitespace wird vom C-Compiler nicht berücksichtigt. Konkret bedeutet dies, dass Ihr Compiler, wenn er eine Anweisung in Ihrem Quelltext liest, Ausschau nach den Zeichen in der Anweisung und dem abschließenden Semikolon hält und Whitespace ignoriert. Demzufolge ist die Anweisung

```
x=2+3;
```

äquivalent zu

```
x = 2 + 3;
```

aber auch äquivalent zu

```
x         =
2
    +
3    ;
```

Dadurch sind Sie sehr flexibel, was die Formatierung Ihres Quellcodes angeht. Sie sollten jedoch von einer Formatierung wie im letzten Beispiel absehen. Anweisungen sollten immer jeweils eine Zeile einnehmen und links und rechts von Variablen und Operatoren die gleichen Abstände aufweisen. Wenn Sie sich an die Formatierungskonventionen dieses Buches halten, können Sie nichts falsch machen. Mit zunehmender Erfahrung werden Sie vielleicht feststellen, dass Sie einiges doch lieber anders schreiben würden, aber das Hauptziel sollte immer ein lesbarer Quellcode sein.

Die Regel, dass C Whitespace ignoriert, hat natürlich auch eine Ausnahme. Innerhalb von literalen Stringkonstanten werden Tabulatoren und Leerzeichen nicht ignoriert, sondern als Teil des Strings interpretiert. Ein *String* ist eine Folge von Zeichen. Literale Stringkonstanten sind Strings, die in Anführungszeichen stehen und (Leer-)Zeichen für (Leer-)Zeichen vom Compiler gelesen werden. Ein Beispiel für einen literalen String ist

```
"Wadde hadde dudde da"
```

Dieser literale String unterscheidet sich von:

```
"Wadde    hadde    dudde    da"
```

Der Unterschied liegt in den zusätzlichen Leerzeichen. In literalen Strings werden Whitespace-Zeichen berücksichtigt.

Der folgende Code ist zwar extrem schlechter Stil, aber völlig legal in C:

```
printf(
"Hallo, Welt!"
);
```

Das folgende Beispiel wird zwar vom GNU-C-Compiler zugelassen, entspricht aber nicht den Standardregeln für C. Das bedeutet, dass Sie solchen Code vermeiden sollten, auch wenn der *gcc* keine Fehlermeldung ausgibt. Andernfalls könnten Sie Schwierigkeiten bekommen, wenn Sie versuchen, Ihren Code mit einem anderen C-Compiler zu kompilieren.

```
printf("Hallo,
Welt!");
```

Um eine literale Stringkonstante zu umbrechen, müssen Sie direkt vor dem Umbruch das Backslash-Zeichen (\) einfügen. Folgendes Beispiel ist demnach zulässig und kann mit allen ANSI-C-Compilern kompiliert werden.

```
printf("Hallo,\
Welt!");
```

Leeranweisungen erzeugen

Neuer Begriff

Wenn Sie ein vereinzeltes Semikolon allein in eine Zeile setzen, erzeugen Sie eine so genannte *Leeranweisung* – eine Anweisung, die keine Aufgabe ausführt. Dies ist in C absolut zulässig. Weiter hinten in diesem Buch werden Sie erfahren, in welcher Hinsicht Leeranweisungen nützlich sein können.

Verbundanweisungen

Neuer Begriff

Eine *Verbundanweisung*, auch *Block* genannt, ist eine Gruppe von zwei oder mehr C-Anweisungen, die in geschweiften Klammern steht. Sehen Sie dazu folgendes Beispiel für einen Block:

```
{
    printf("Hallo, ");
    printf("Welt!");
}
```

In C kann ein Block überall dort verwendet werden, wo auch eine einfache Anweisung eingesetzt werden kann. Sie werden in diesem Buch viele Beispiele dafür finden. Beachten Sie, dass die Stellung der geschweiften Klammern auch eine andere sein kann. Folgender Code ist demnach zum obigen Beispiel äquivalent:

```
{printf("Hallo, ");
printf("Welt!");}
```

Es ist ratsam, geschweifte Klammern jeweils allein in eigene Zeilen zu schreiben und damit den Anfang und das Ende eines Blocks deutlich sichtbar zu machen. Außerdem können Sie auf diese Art und Weise schneller feststellen, ob Sie eine Klammer vergessen haben.

Was Sie tun sollten	Was nicht
Gewöhnen Sie sich eine einheitliche Verwendung von Whitespace-Zeichen in Ihren Anweisungen an.	Vermeiden Sie es, einfache Anweisungen über mehrere Zeilen zu schreiben, wenn dafür kein Grund besteht. Setzen Sie, wenn möglich, die Anweisungen jeweils in eine eigene Zeile.
Setzen Sie die geschweiften Klammern für Blöcke jeweils in eigene Zeilen. Dadurch wird der Code leichter zu lesen.	
Richten Sie die geschweiften Klammern für Blöcke untereinander aus, damit Sie Anfang und Ende eines Blocks leichter identifizieren können.	

Ausdrücke

In C versteht man unter einem *Ausdruck* alles, was einen numerischen Wert zum Ergebnis hat. C-Ausdrücke können einfach oder sehr komplex sein.

Einfache Ausdrücke

Der einfachste C-Ausdruck besteht aus einem einzigen Element: einer einfachen Variablen, einer literalen Konstante oder einer symbolischen Konstante. Hier einige Beispiele für Ausdrücke:

Ausdruck	Beschreibung
PI	Eine symbolische Konstante (im Programm definiert)
20	Eine literale Konstante
rate	Eine Variable
-1.25	Noch eine literale Konstante

> Eine *literale Konstante* wird zu ihrem Wert ausgewertet. Eine *symbolische Konstante* wird zu dem Wert ausgewertet, der ihr bei ihrer Erzeugung mit der #define-Direktive zugewiesen wurde. Der Wert einer Variablen ist der aktuell durch das Programm zugewiesene Wert.

Komplexe Ausdrücke

> *Komplexe Ausdrücke* sind im Grunde genommen nur einfache Ausdrücke, die durch Operatoren verbunden sind. So ist zum Beispiel
>
> 2 + 8

ein Ausdruck, der aus den zwei Unterausdrücken 2 und 8 und dem Additionsoperator + besteht. Der Ausdruck 2 + 8 wird, wie Sie wissen, zu 10 ausgewertet. Sie können in C auch sehr komplexe Ausdrücke schreiben:

```
1.25 / 8 + 5 * rate + rate * rate / kosten
```

Wenn ein Ausdruck mehrere Operatoren enthält, wird die Auswertung des Ausdrucks von der Rangfolge der Operatoren bestimmt. Die Rangfolge der Operatoren sowie Einzelheiten zu den Operatoren in C selbst werden später in diesem Kapitel noch besprochen.

C-Ausdrücke können sogar noch interessanter sein. Betrachten Sie einmal folgende Zuweisung:

```
x = a + 10;
```

Diese Anweisung wertet den Ausdruck a + 10 aus und weist das Ergebnis x zu. Darüber hinaus ist die ganze Anweisung x = a + 10 als solche ein Ausdruck, der zu dem Wert der Variablen links des Gleichheitszeichens ausgewertet wird. Sie sehen in Abbildung 3.1 eine bildhafte Darstellung.

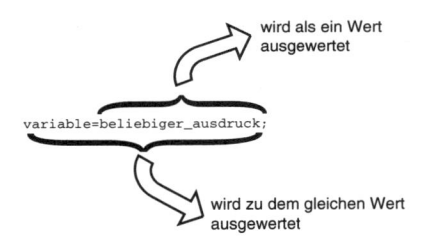

```
                    wird als ein Wert
                    ausgewertet
variable=beliebiger_ausdruck;
                    wird zu dem gleichen Wert
                    ausgewertet
```

Abbildung 3.1:
Eine Zuweisung ist als solche auch ein Ausdruck.

Deshalb können Sie auch folgende Anweisungen schreiben, die den Wert des Ausdrucks a + 10 sowohl der Variablen x als auch der Variablen y zuweist:

```
y = x = a + 10;
```

Sie können aber auch Anweisungen wie die folgende schreiben:

```
x = 6 + (y = 4 + 5);
```

Dieser Anweisung zufolge erhält y den Wert 9 und x den Wert 15. Beachten Sie die Klammern, die erforderlich sind, damit die Anweisung kompiliert werden kann. Auf die Klammern wird weiter hinten im Kapitel noch eingegangen.

Operatoren

Neuer Begriff — Ein *Operator* ist ein Symbol, das C anweist, eine Operation oder Aktion auf einem oder mehreren Operanden auszuführen. Ein *Operand* ist das, was vom Operator verarbeitet wird. In C sind alle Operanden Ausdrücke. Die C-Operatoren lassen sich in mehrere Kategorien aufteilen:

- Zuweisungsoperator
- Mathematische Operatoren
- Relationale Operatoren
- Logische Operatoren

Der Zuweisungsoperator

Der *Zuweisungsoperator* ist das Gleichheitszeichen (=). Seine Verwendung in der Programmierung unterscheidet sich von der, die Ihnen aus der normalen Mathematik her bekannt ist. Wenn Sie in einem C-Programm

```
x = y;
```

schreiben, ist damit nicht »x ist gleich y« gemeint. Hier bedeutet das Gleichheitszeichen: »Weise den Wert von y der Variablen x zu.« In einer C-Zuweisung kann die rechte Seite ein beliebiger Ausdruck sein, die linke Seite muss jedoch ein Variablenname sein. Die korrekte Syntax lautet demzufolge:

```
variable = ausdruck;
```

Bei der Ausführung wird *ausdruck* ausgewertet und der daraus resultierende Wert wird *variable* zugewiesen.

Mathematische Operatoren

Die mathematischen Operatoren in C führen mathematische Operationen wie Addition und Subtraktion aus. C verfügt über zwei unäre und fünf binäre mathematische Operatoren.

Unäre mathematische Operatoren

Die *unären* mathematischen Operatoren leiten ihren Namen von der Tatsache her, dass sie nur einen Operanden benötigen. In C gibt es zwei unäre mathematische Operatoren, die in Tabelle 3.1 aufgelistet sind.

Operator	Symbol	Aktion	Beispiele
Inkrement	++	Inkrementiert den Operanden um eins	++x, x++
Dekrement	--	Dekrementiert den Operanden um eins	--x, x--

Tabelle 3.1: Unäre mathematische Operatoren in C.

Die Inkrement- und Dekrementoperatoren können nur mit Variablen und nicht mit Konstanten verwendet werden. Bei der Operation wird der Operand um eins erhöht beziehungsweise erniedrigt. Mit anderen Worten, die Anweisungen

```
++x;
--y;
```

sind äquivalent zu:

```
x = x + 1;
y = y - 1;
```

Sie sollten der Tabelle 3.1 bereits entnommen haben, dass beide unären Operatoren sowohl vor dem Operand (*Präfix*-Modus) als auch nach dem Operand (*Postfix*-Modus) gesetzt werden können. Diese beiden Modi sind nicht identisch. Der Unterschied liegt im Zeitpunkt der Inkrementierung beziehungsweise Dekrementierung:

▶ Im Präfix-Modus wirkt der Inkrement-/Dekrementoperator auf den Operanden, bevor er verwendet wird.

▶ Im Postfix-Modus wirkt der Inkrement-/Dekrementoperator auf den Operanden, nachdem er verwendet wurde.

Lassen Sie uns dies anhand eines Beispiels veranschaulichen. Betrachten wir die beiden folgenden Anweisungen:

```
x = 10;
y = x++;
```

Nach Ausführung dieser Anweisungen hat x den Wert 11 und y den Wert 10. Der Wert von x wurde erst y zugewiesen und dann inkrementiert. Im Gegensatz dazu führen die folgenden Anweisungen dazu, dass y und x beide den Wert 11 haben, da x zuerst inkrementiert und erst dann y zugewiesen wird.

```
x = 10;
y = ++x;
```

Denken Sie daran, dass = der Zuweisungsoperator ist und keine »ist-gleich«-Anweisung. Als Gedächtnisstütze können Sie sich das =-Zeichen als »Fotokopier«-Operator vorstellen. Die Anweisung y = x bedeutet: »Kopiere x nach y.« Nachfolgende Änderungen an x – nachdem die Kopie erstellt wurde – haben keine Auswirkungen mehr auf y.

Das Programm in Listing 3.1 veranschaulicht den Unterschied zwischen dem Präfix- und dem Postfix-Modus.

Listing 3.1: *Der Präfix- und der Postfix-Modus.*

```
1:  /* Der Präfix- und der Postfix-Modus bei unären Operatoren */
2:
3:  #include <stdio.h>
4:
5:  int a, b;
6:
7:  int main(void)
8:  {
9:      /* Setzt a und b gleich 5 */
10:
11:     a = b = 5;
12:
13:     /* Beide werden mehrfach ausgegeben und jedes Mal dekrementiert. */
14:     /* Für b wird der Präfix-Modus verwendet, für a der Postfix-Modus */
15:
16:     printf("\nPost  Prae");
17:     printf("\n%d      %d", a--, --b);
18:     printf("\n%d      %d", a--, --b);
19:     printf("\n%d      %d", a--, --b);
20:     printf("\n%d      %d", a--, --b);
21:     printf("\n%d      %d\n", a--, --b);
22:
23:     return 0;
24: }
```

Ausgabe

```
Post   Prae
5      4
4      3
3      2
2      1
1      0
```

Analyse

Dieses Programm deklariert in Zeile 5 zwei Variablen, a und b. In Zeile 11 werden die Variablen auf den Wert 5 gesetzt. Im Zuge der Ausführung der einzelnen `printf()`-Anweisungen (Zeilen 17 bis 21) werden a und b jeweils um eins dekrementiert. a wird erst ausgegeben und dann dekrementiert, während b erst dekrementiert und dann ausgegeben wird.

Binäre mathematische Operatoren

Die binären mathematischen Operatoren in C benötigen zwei Operanden. Eine Übersicht über die binären Operatoren, mit denen die allgemeinen Taschenrechner-Kalkulationen durchgeführt werden können, finden Sie in Tabelle 3.2.

Operator	Symbol	Aktion	Beispiel
Addition	+	Addiert zwei Operanden	x + y
Subtraktion	-	Subtrahiert den zweiten Operanden vom ersten Operanden	x – y
Multiplikation	*	Multipliziert zwei Operanden	x * y
Division	/	Dividiert den ersten Operanden durch den zweiten Operanden	x / y
Modulus	%	Gibt den Rest an, der bleibt, wenn der erste Operand durch den zweiten Operanden dividiert wurde	x % y

Tabelle 3.2: Binäre mathematische Operatoren in C.

Die ersten vier Operatoren der Tabelle 3.2 sollten Sie eigentlich kennen, so dass Sie ohne Schwierigkeiten damit rechnen können. Der fünfte Operator, Modulus, ist vielleicht nicht ganz so bekannt. Er liefert den Rest einer Division zurück. So ist zum Beispiel 11 Modulus 4 gleich 3 (das heißt 11 geteilt durch 4 ist gleich 2 mit dem Rest 3). Sehen Sie dazu im Folgenden noch einige weitere Beispiele:

```
100 modulus 9 gleich 1
10 modulus 5 gleich 0
40 modulus 6 gleich 4
```

Listing 3.2 zeigt Ihnen, wie Sie mit dem Modulus-Operator eine große Sekundenzahl in Stunden, Minuten und Sekunden umwandeln können.

Listing 3.2: *Beispiel für den Modulus-Operator.*

```
1:   /* Beispiel für den Modulus-Operator. */
2:   /* Liest eine Sekundenzahl ein und konvertiert diese */
3:   /* in Stunden, Minuten und Sekunden. */
4:
5:   #include <stdio.h>
6:
7:   /* Definition von Konstanten */
8:
9:   #define SEK_PRO_MIN 60
10:  #define SEK_PRO_STD 3600
11:
12:  unsigned sekunden, minuten, stunden, sek_rest, min_rest;
13:
14:  int main(void)
15:  {
16:      /* Eingabe der Sekundenzahl */
17:
18:      printf("Geben Sie eine Anzahl an Sekunden ein : ");
19:      scanf("%d", &sekunden);
20:
21:      stunden = sekunden / SEK_PRO_STD;
22:      minuten = sekunden / SEK_PRO_MIN;
23:      min_rest = minuten % SEK_PRO_MIN;
24:      sek_rest = sekunden % SEK_PRO_MIN;
25:
26:      printf("%u Sekunden entsprechen ", sekunden);
27:      printf("%u h, %u m und %u s\n", stunden, min_rest, sek_rest);
28:
29:      return 0;
30:  }
```

Ausgabe

```
Geben Sie eine Anzahl an Sekunden ein : 60
60 Sekunden entsprechen 0 h, 1 m, and 0 s
```

TAG 3
Anweisungen, Ausdrücke und Operatoren

```
Geben Sie eine Anzahl an Sekunden ein : 10000
10000 Sekunden entsprechen 2 h, 46 m, and 40 s
```

Analyse

Das Programm in Listing 3.2 hat den gleichen Aufbau wie alle vorigen Programme. Die Zeilen 1 bis 3 teilen Ihnen anhand eines Kommentars mit, was das Programm macht. Zeile 4 ist reiner Whitespace, um das Programm lesbarer zu machen. Ebenso wie Whitespace-Zeichen in Anweisungen und Ausdrücken werden auch Leerzeilen vom Compiler ignoriert. Zeile 5 bindet die für dieses Programm notwendige Header-Datei ein. Die Zeilen 9 und 10 definieren zwei Konstanten, SEK_PRO_MIN und SEK_PRO_STD, die Ihnen das Lesen der Anweisungen im Programm erleichtern sollen. Zeile 12 deklariert alle benötigten Variablen. Manche Programmierer ziehen es vor, jede Variable auf einer eigenen Zeile zu deklarieren, anstatt sie alle in eine Zeile zu setzen. Doch dies ist, wie vieles in C, nur eine Frage des Stils. Beide Methoden sind erlaubt.

In Zeile 14 steht die Funktion main(), die den Hauptteil des Programms enthält. Um Sekunden in Stunden und Minuten umzurechnen, muss das Programm zuerst die Werte mitgeteilt bekommen, mit denen es arbeiten soll. Dazu wird in Zeile 18 mit Hilfe der printf()-Funktion eine Eingabeaufforderung auf dem Bildschirm ausgegeben. In der nachfolgenden Zeile wird die eingegebene Zahl mit Hilfe der scanf()-Funktion eingelesen. Die scanf()-Anweisung speichert die umzuwandelnde Anzahl der Sekunden in der Variablen sekunden. Mehr zu den Funktionen scanf() und printf() erfahren Sie am Tag 6, »Grundlagen der Ein- und Ausgabe«. Zeile 21 enthält einen Ausdruck, der die Zahl der Stunden ermittelt (durch Teilen der Anzahl der Sekunden durch die Konstante SEK_PRO_STD). Da stunden eine Integer-Variable ist, wird der Restwert ignoriert. Zeile 22 verwendet die gleiche Logik, um die Gesamtzahl der Minuten für die eingegebene Sekundenzahl festzustellen. Da die in Zeile 22 errechnete Gesamtzahl der Minuten auch die Minuten für die Stunden enthält, verwendet Zeile 23 den Modulus-Operator, um die Gesamtzahl der Minuten durch die Anzahl an Minuten pro Stunde (entspricht dem Wert von SEK_PRO_MIN) zu teilen und die restlichen Minuten zu erhalten. Zeile 24 führt eine ähnliche Berechnung zur Ermittlung der übrig gebliebenen Sekunden durch. Die Zeilen 26 und 27 dürften Ihnen inzwischen schon bekannt vorkommen, sie übernehmen die in den Ausdrücken errechneten Werte und geben sie aus. Zeile 29 beendet das Programm mit dem Zurückgeben von 0 an das Betriebssystem.

Klammern und die Rangfolge der Operatoren

Wenn ein Ausdruck mehr als einen Operator enthält, stellt sich die Frage, in welcher Reihenfolge die Operationen ausgeführt werden. Wie wichtig diese Frage ist, zeigt die folgende Zuweisung:

x = 4 + 5 * 3;

Wenn zuerst addiert wird, erhalten Sie als Ergebnis für x den Wert 27:

x = 9 * 3;

Wird hingegen zuerst multipliziert, ergibt sich Folgendes, und x wird der Wert 19 zugewiesen.

x = 4 + 15;

Dies belegt deutlich, dass es fester Regeln bedarf, die die Reihenfolge für die Auswertung der Operationen bestimmen. Diese Reihenfolge, auch *Operator-Rangfolge* genannt, ist in C streng geregelt. Jeder Operator hat eine bestimmte Priorität. Wenn ein Ausdruck ausgewertet wird, werden die Operatoren mit der höheren Priorität zuerst ausgeführt. Tabelle 3.3 zeigt Ihnen die Rangfolge der mathematischen Operatoren in C. Die Zahl 1 bedeutet höchste Priorität, und Operatoren dieser Priorität werden folglich zuerst ausgeführt.

Operatoren	Relative Priorität
++ --	1
* / %	2
+ -	3

Tabelle 3.3: Rangfolge der mathematischen Operatoren in C.

Ein Blick auf die Tabelle 3.3 zeigt Ihnen, dass in allen C-Ausdrücken für die Ausführung von Operationen die folgende Reihenfolge gilt:

▶ Unäre Inkrement- und Dekrementoperationen

▶ Multiplikation, Division und Modulus

▶ Addition und Subtraktion

Wenn ein Ausdruck mehr als einen Operator der gleichen Priorität enthält, werden die Operatoren in der Regel nach ihrem Erscheinen von links nach rechts ausgeführt. So haben zum Beispiel in dem folgenden Ausdruck die Operatoren % und * die gleiche Priorität, aber % steht am weitesten links und wird deshalb auch zuerst ausgeführt.

```
12 % 5 * 2
```

Die Auswertung dieses Ausdrucks ergibt 4 (12 % 5 ergibt 2; 2 mal 2 ist 4).

Doch kehren wir zu dem Beispiel von oben zurück. Nach der hier beschriebenen Operator-Rangfolge weist die Anweisung `x = 4 + 5 * 3;` der Variablen x den Wert 19 zu, da die Multiplikation vor der Addition erfolgt.

Was aber, wenn Sie bei der Berechnung Ihres Ausdrucks von der Rangfolge der Operatoren abweichen wollen? Wenn Sie zum Beispiel in unserem obigen Beispiel erst 4 und 5 addieren und dann die Summe mit 3 multiplizieren wollen? In C können Sie mit Klammern auf die Auswertung des Ausdrucks beziehungsweise die Operator-Rangfolge Einfluss nehmen. Ein in Klammern gefasster Unterausdruck wird immer zuerst ausgewertet, unabhängig von der Rangfolge der Operatoren. So könnten Sie zum Beispiel schreiben:

```
x = (4 + 5) * 3;
```

Der in Klammern gefasste Ausdruck 4 + 5 wird zuerst ausgewertet, so dass x in diesem Fall der Wert 27 zugewiesen wird.

Sie können in einem Ausdruck mehrfach ineinander verschachtelte Klammern verwenden. Bei verschachtelten Klammern werden die Klammern immer von innen nach außen ausgewertet. Betrachten wir folgenden komplexen Ausdruck:

```
x = 25 - (2 * (10 + (8 / 2)));
```

Dieser Ausdruck wird wie folgt ausgewertet:

1. Der innerste Ausdruck, 8 / 2, wird zuerst ausgewertet und ergibt den Wert 4:

    ```
    25 - (2 * (10 + 4))
    ```

2. Eine Klammer weiter nach außen wird als nächster Ausdruck 10 + 4 ausgewertet, mit dem Ergebnis 14:

    ```
    25 - (2 * 14)
    ```

3. Anschließend wird die letzte Klammer, 2 * 14, ausgewertet und ergibt den Wert 28:

    ```
    25 - 28
    ```

4. Auf der Basis dieses Wertes wird der letzte Ausdruck, 25 - 28, ausgewertet und der Variablen x der Wert -3 zugewiesen:

    ```
    x = -3
    ```

Klammern müssen nicht unbedingt dazu verwendet werden, um Einfluss auf die Operator-Rangfolge zu nehmen. Sie können auch der Verdeutlichung der Bezüge dienen. Klammern müssen immer paarweise auftreten. Andernfalls gibt der Compiler eine Fehlermeldung aus.

Reihenfolge der Auswertung von Unterausdrücken

Wie bereits im vorherigen Abschnitt erläutert, werden mehrere Operatoren der gleichen Priorität in einem C-Ausdruck immer von links nach rechts ausgewertet. So wird zum Beispiel in dem Ausdruck

w * x / y * z

zuerst w mit x multipliziert, das Ergebnis der Multiplikation danach durch y geteilt und das Ergebnis der Division dann mit z multipliziert.

Über alle Prioritätsebenen hinweg gibt es jedoch keine Garantie für eine Ausführung von links nach rechts. Sehen Sie dazu folgendes Beispiel:

w * x / y + z / y

Aufgrund der Priorität werden die Multiplikation und die Division vor der Addition ausgeführt. In C gibt es jedoch keine Vorgabe, ob der Unterausdruck w * x / y oder z / y zuerst ausgewertet werden soll. Wenn Ihnen nicht ganz klar ist, warum dies von Bedeutung sein kann, betrachten Sie einmal folgendes Beispiel:

w * x / ++y + z / y

Wenn der linke Unterausdruck zuerst ausgewertet wird, wird y bei der Auswertung des zweiten Ausdrucks inkrementiert. Wird der rechte Ausdruck zuerst ausgewertet, wird y nicht inkrementiert und das Ergebnis ist ein anderes. Aus diesem Grunde sollten Sie diese Art von nichteindeutigen Ausdrücken in Ihren Programmen vermeiden.

Gegen Ende der heutigen Lektion werden im Abschnitt »Übersicht der Operator-Rangfolge« die Prioritäten aller C-Operatoren aufgelistet.

Was Sie tun sollten	Was nicht
Verwenden Sie Klammern, um klarzumachen, in welcher Reihenfolge die Operatoren in Ihrem Ausdruck ausgewertet werden sollen.	Überfrachten Sie einen Ausdruck nicht. Oft ist es sinnvoller, einen Ausdruck in zwei oder mehr Anweisungen aufzuspalten. Dies gilt vor allem für die unären Operatoren (- -) und (++).

Vergleichsoperatoren

Die Vergleichsoperatoren in C dienen dazu, Ausdrücke zu vergleichen. Dabei ergeben sich Fragen wie »Ist x größer als 100?« oder »Ist y gleich 0?« Ein Ausdruck mit einem Vergleichsoperator wird mit einem Integer-Wert von 1 oder 0 ausgewertet. Dabei kann man den Wert 1 als wahr und den Wert 0 als unwahr betrachten. In Tabelle 3.4 sind die sechs Vergleichsoperatoren von C aufgeführt.

TAG 3 Anweisungen, Ausdrücke und Operatoren

Tabelle 3.5 enthält einige Anwendungsbeispiele für Vergleichsoperatoren. Diese Beispiele verwenden literale Konstanten. Das gleiche Prinzip lässt sich aber auch auf Variablen anwenden.

Hinweis: Vergleichende (relationale) Anweisungen werden immer zu 0 oder 1 ausgewertet. Jede Integer-Variable, deren Wert ungleich Null ist, wird als wahr betrachtet. Nur Integer-Werte von Null sind unwahr.

Operator	Symbol	Frage	Beispiel
Gleich	==	Ist Operand 1 gleich Operand 2?	x == y
Größer als	>	Ist Operand 1 größer als Operand 2?	x > y
Kleiner als	<	Ist Operand 1 kleiner als Operand 2?	x < y
Größer gleich	>=	Ist Operand 1 größer als oder gleich Operand 2?	x >= y
Kleiner gleich	<=	Ist Operand 1 kleiner als oder gleich Operand 2?	x <= y
Nicht gleich	!=	Ist Operand 1 nicht gleich Operand 2?	x != y

Tabelle 3.4: Die Vergleichsoperatoren von C.

Ausdruck	wird gelesen als	und ausgewertet als
5 == 1	Ist 5 gleich 1?	0 (falsch)
5 > 1	Ist 5 größer als 1?	1 (wahr)
5 != 1	Ist 5 nicht gleich 1?	1 (wahr)
(5 + 10) == (3 * 5)	Ist (5 + 10) gleich (3 * 5)?	1 (wahr)

Tabelle 3.5: Anwendungsbeispiele für Vergleichsoperatoren.

Was Sie tun sollten	**Was nicht**
Machen Sie sich klar, was in C unter wahr und falsch verstanden wird. Bei Vergleichsoperatoren ist falsch gleichbedeutend mit 0 und jeder Wert ungleich 0 gleichbedeutend mit wahr.	Verwechseln Sie den Vergleichsoperator (==) nicht mit dem Zuweisungsoperator (=). Dies ist einer der häufigsten Fehler, der von C-Pro-grammierern gemacht wird.

Die if-Anweisung

Vergleichsoperatoren werden vornehmlich für relationale Ausdrücke in `if`- und `while`-Anweisungen verwendet, die Thema von Kapitel 5, »Grundlagen der Programmsteuerung«, sind. An dieser Stelle möchte ich Sie lediglich mit den Grundlagen von `if`-Anweisungen vertraut machen. Dieses Grundlagenwissen macht den Einsatz von Vergleichsoperatoren in Programmsteueranweisungen verständlicher.

> **Neuer Begriff**
> Für alle, die Sie sich fragen, was eine Programmsteueranweisung überhaupt ist, sei angemerkt, dass Anweisungen in einem C-Programm normalerweise von oben nach unten, das heißt in der Folge ihres Erscheinens in dem Quellcode, ausgeführt werden. Eine *Programmsteueranweisung* nimmt auf die Reihenfolge der Programmausführung Einfluss. Programmsteueranweisungen können veranlassen, dass bestimmte Anweisungen mehrmals hintereinander oder unter bestimmten Umständen gar nicht ausgeführt werden. Die `if`-Anweisung ist eine dieser Programmsteueranweisungen in C. Weitere Anweisungen dieser Art, wie `do` und `while`, werden am Tag 5 besprochen.

In ihrer grundlegenden Form wertet die `if`-Anweisung einen Ausdruck aus und legt in Abhängigkeit vom Ergebnis dieser Auswertung fest, wo die Programmausführung fortzusetzen ist. Eine `if`-Anweisung hat folgende Form:

```
if (Ausdruck)
    Anweisung;
```

Wenn *Ausdruck* wahr ist, wird *Anweisung* ausgeführt. Ist *Ausdruck* hingegen unwahr, wird *Anweisung* nicht ausgeführt. In beiden Fällen verzweigt die Ausführung in den Code, der auf die `if`-Anweisung folgt. Das lässt die Schlussfolgerung zu, dass die Ausführung von *Anweisung* von dem Ergebnis von *Ausdruck* abhängt. Beachten Sie, dass die `if`-Anweisung sowohl aus der Zeile `if (Ausdruck)` als auch aus der Zeile *Anweisung*; besteht. Diese zwei Zeilen werden nicht als getrennte Anweisungen betrachtet.

Eine `if`-Anweisung kann die Ausführung mehrerer Anweisungen steuern, indem man einfach eine Verbundanweisung (einen Block) verwendet. Wie ich bereits zu Beginn dieses Kapitels definiert habe, versteht man unter einem Block eine Gruppe von zwei oder mehr Anweisungen innerhalb von geschweiften Klammern. Ein Block kann überall dort eingesetzt werden, wo auch eine einfache Anweisung verwendet werden kann. So könnten Sie eine `if`-Anweisung auch folgendermaßen schreiben:

```
if (Ausdruck)
{
    Anweisung1;
    Anweisung2;
    /* hier steht weiterer Code */
    Anweisungen;
}
```

TAG 3 Anweisungen, Ausdrücke und Operatoren

Was Sie tun sollten	Was nicht
Rücken Sie die Anweisungen innerhalb eines Blocks ein, damit man sie leichter lesen kann. Dazu gehören auch die Anweisungen innerhalb eines Blocks in einer if-Anweisung.	Vergessen Sie nicht, dass Sie von zu viel Programmieren C-krank werden können.

Warnung: Achten Sie darauf, an das Ende einer if-Anweisung kein Semikolon zu setzen. Eine if-Anweisung sollte immer mit der darauf folgenden Bedingung abschließen. Im folgenden Codefragment wird Anweisung1 stets ausgeführt, unabhängig davon, ob x gleich 2 ist oder nicht. Der Grund liegt darin, dass beide Zeilen jeweils separat ausgeführt und nicht als Einheit erkannt werden:

```
if( x == 2);           /* hier darf kein Semikolon stehen! */
Anweisung1;
```

Wenn Sie selbst programmieren, werden Sie bald feststellen, dass if-Anweisungen meistens zusammen mit Vergleichsausdrücken verwendet werden, also in der Form: »Führe die folgende(n) Anweisung(en) nur aus, wenn (engl. *if*) die nachstehende Bedingung wahr ist.« Sehen Sie dazu ein Beispiel:

```
if (x > y)
    y = x;
```

Dieser Code weist y den Wert von x nur dann zu, wenn x größer als y ist. Ist x nicht größer als y, wird keine Zuweisung vorgenommen. Listing 3.3 verdeutlicht den Einsatz von if-Anweisungen.

Listing 3.3: Beispiel für if-Anweisungen.

```
1:   /* Beispiel für if-Anweisungen */
2:
3:   #include <stdio.h>
4:
5:   int x, y;
6:
7:   int main(void)
8:   {
9:       /* Liest zwei Werte ein, die getestet werden */
10:
11:      printf("\nGeben Sie einen Integer-Wert für x ein: ");
12:      scanf("%d", &x);
13:      printf("\nGeben Sie einen Integer-Wert für y ein: ");
```

Die if-Anweisung

```
14:     scanf("%d", &y);
15:
16:     /* Testet die Werte und gibt das Ergebnis aus */
17:
18:     if (x == y)
19:         printf("x ist gleich y\n");
20:
21:     if (x > y)
22:         printf("x ist größer als y\n");
23:
24:     if (x < y)
25:         printf("x ist kleiner als y\n");
26:
27:     return 0;
28: }
```

Ausgabe

```
Geben Sie einen Integer-Wert für x ein: 100

Geben Sie einen Integer-Wert für y ein: 10
x ist größer als y
Geben Sie einen Integer-Wert für x ein: 10

Geben Sie einen Integer-Wert für y ein: 100
x ist kleiner als y
Geben Sie einen Integer-Wert für x ein: 10

Geben Sie einen Integer-Wert für y ein: 10
x ist gleich y
```

Analyse

Das Listing enthält drei if-Anweisungen (Zeile 18 bis 25). Viele Zeilen in diesem Programm sollten Ihnen vertraut sein. Zeile 5 deklariert die zwei Variablen x und y, und die Zeilen 11 bis 14 fordern den Benutzer auf, Werte für diese Variablen einzugeben. In den Zeilen 18 bis 25 stehen if-Anweisungen, mit denen geprüft wird, ob x kleiner als, größer als oder gleich y ist. Beachten Sie Zeile 18, die mit einer if-Anweisung feststellt, ob x gleich y ist. Dabei möchte ich Sie daran erinnern, dass == der Gleichheitsoperator ist und »ist gleich« bedeutet. Sie sollten ihn nicht mit dem Zuweisungsoperator = verwechseln. Nachdem das Programm überprüft hat, ob die Variablen gleich sind, prüft es in Zeile 21, ob x größer ist als y, und in Zeile 24, ob x kleiner ist als y. Wenn bei Ihnen der Eindruck entsteht, dass diese Verfahrensweise etwas umständlich ist, haben Sie durchaus recht. Im nächsten Programm zeige ich Ihnen, wie Sie diese Aufgabe etwas effizienter lösen können. Aber erst einmal sollten Sie dieses Programm mit verschiedenen Werten für x und y ausführen und die Ergebnisse begutachten.

> **Hinweis:** Es wird Ihnen aufgefallen sein, dass die Anweisungen in der if-Bedingung eingerückt sind. Dies ist allgemein üblich, um die Lesbarkeit zu erhöhen.

Die else-Bedingung

Eine if-Anweisung kann optional eine else-Bedingung umfassen. Die else-Bedingung wird folgendermaßen mit aufgenommen:

```
if (Ausdruck)
    Anweisung1;
else
    Anweisung2;
```

Wenn *Ausdruck* zu wahr ausgewertet wird, wird *Anweisung1* ausgeführt. Wenn *Ausdruck* zu unwahr ausgewertet wird, fährt das Programm mit der else-Anweisung, das heißt *Anweisung2*, fort. Beide Anweisungen, *Anweisung1* und *Anweisung2*, können Verbundanweisungen oder Blöcke sein.

Listing 3.4 ist eine Neufassung des Programms aus Listing 3.3 und enthält diesmal eine if-Anweisung mit einer else-Bedingung.

Listing 3.4: Eine if-Anweisung mit einer else-Bedingung.

```
1:   /* Beispiel für eine if-Anweisung mit einer else-Bedingung */
2:
3:   #include <stdio.h>
4:
5:   int x, y;
6:
7:   int main(void)
8:   {
9:       /* Liest zwei Werte ein, die getestet werden */
10:
11:      printf("\nGeben Sie einen Integer-Wert für x ein: ");
12:      scanf("%d", &x);
13:      printf("\nGeben Sie einen Integer-Wert für y ein: ");
14:      scanf("%d", &y);
15:
16:      /* Testet die Werte und gibt das Ergebnis aus. */
17:
```

Die if-Anweisung

```
18:       if (x == y)
19:           printf("x ist gleich y\n");
20:       else
21:           if (x > y)
22:               printf("x ist größer als y\n");
23:           else
24:               printf("x ist kleiner als y\n");
25:
26:       return 0;
27:   }
```

Ausgabe

```
Geben Sie einen Integer-Wert für x ein: 99

Geben Sie einen Integer-Wert für y ein: 8
x ist größer als y
Geben Sie einen Integer-Wert für x ein: 8

Geben Sie einen Integer-Wert für y ein: 99

x ist kleiner als y
Geben Sie einen Integer-Wert für x ein: 99
Geben Sie einen Integer-Wert für y ein: 99
x ist gleich y
```

Analyse

Die Zeilen 18 bis 24 weichen etwas vom vorherigen Listing ab. Zeile 18 prüft immer noch, ob x gleich y ist. Wenn diese Bedingung erfüllt ist, erscheint x ist gleich y auf dem Bildschirm, wie in Listing 3.3. Dann allerdings endet das Programm und die Zeilen 20 bis 24 werden nicht ausgeführt. Zeile 21 wird nur ausgeführt, wenn x nicht gleich y ist oder wenn, um genau zu sein, der Ausdruck »x ist gleich y« unwahr ist. Wenn x ungleich y ist, prüft Zeile 21, ob x größer als y ist. Wenn ja, gibt Zeile 22 die Nachricht x ist größer als y aus. Andernfalls (engl. else) wird Zeile 24 ausgeführt.

Listing 3.4 verwendet eine verschachtelte if-Anweisung. Verschachteln bedeutet, eine oder mehrere C-Anweisungen in einer anderen C-Anweisung unterzubringen. Im Fall von Listing 3.4 ist eine if-Anweisung Teil der else-Bedingung der ersten if-Anweisung.

Anweisungen, Ausdrücke und Operatoren

Die if-Anweisung

Form 1

```
if( Ausdruck )
    Anweisung1;
Naechste_Anweisung;
```

Dies ist die einfachste `if`-Anweisung. Wenn *Ausdruck* wahr ist, wird *Anweisung1* ausgeführt. Ist *Ausdruck* nicht wahr, wird *Anweisung1* ignoriert.

Form 2

```
if( Ausdruck )
    Anweisung1;
else
    Anweisung2;
Naechste_Anweisung;
```

Dies ist die am häufigsten verwendete `if`-Anweisung. Wenn *Ausdruck* wahr ergibt, wird *Anweisung1* ausgeführt. Andernfalls wird *Anweisung2* ausgeführt

Form 3

```
if( Ausdruck1 )
    Anweisung1;
else if( Ausdruck2 )
    Anweisung2;
else
    Anweisung3;
Naechste_Anweisung;
```

Das obige Beispiel ist eine verschachtelte `if`-Anweisung. Wenn der erste Ausdruck, *Ausdruck1*, wahr ist, wird *Anweisung1* ausgeführt, bevor das Programm mit *Naechste_Anweisung* fortfährt. Ist der erste Ausdruck nicht wahr, wird der zweite Ausdruck, *Ausdruck2*, geprüft. Wenn der erste Ausdruck nicht wahr und der zweite wahr ist, wird *Anweisung2* ausgeführt. Wenn beide Ausdrücke falsch sind, wird *Anweisung3* ausgeführt. Nur eine der drei Anweisungen wird ausgeführt.

Beispiel 1

```
if( gehalt > 450000 )
    steuer = .30;
else
    steuer = .25;
```

Beispiel 2

```
if( alter < 18 )
    printf("Minderjaehriger");
else if( alter < 65 )
    printf("Erwachsener");
else
    printf( "Senior");
```

Relationale Ausdrücke auswerten

Denken Sie daran, dass Ausdrücke mit Vergleichsoperatoren C-Ausdrücke sind, die per definitionem einen Integer-Wert als Ergebnis haben. Sie sind als Ergebnis entweder wahr (1) oder unwahr (0). Meistens werden solche relationalen Ausdrücke in `if`-Anweisungen oder anderen Bedingungskonstruktionen verwendet, aber man kann sie auch als rein numerische Werte verwenden. Sehen Sie dazu ein Beispiel.

Listing 3.5: Relationale Ausdrücke auswerten.

```
1:    /* Beispiel für die Auswertung relationaler Ausdrücke */
2:
3:    #include <stdio.h>
4:
5:    int a;
6:
7:    int main(void)
8:    {
9:        a = (5 == 5);            /* hat als Ergebnis 1 */
10:       printf("\na = (5 == 5)\na = %d", a);
11:
12:       a = (5 != 5);            /* hat als Ergebnis 0 */
13:       printf("\na = (5 != 5)\na = %d", a);
14:
15:       a = (12 == 12) + (5 != 1); /* hat als Ergebnis 1 + 1 */
```

```
16:     printf("\na = (12 == 12) + (5 != 1)\na = %d\n", a);
17:     return 0;
18: }
```

Ausgabe

```
a = (5 == 5)
a = 1
a = (5 != 5)
a = 0
a = (12 == 12) + (5 != 1)
a = 2
```

Analyse

Die Ausgabe dieses Listings mag auf den ersten Blick etwas verwirrend erscheinen. Denken Sie daran, dass der häufigste Fehler bei der Verwendung der Vergleichsoperatoren darin besteht, das einfache Gleichheitszeichen (den Zuweisungsoperator) mit dem doppelten Gleichheitszeichens zu verwechseln. Der folgende Ausdruck ergibt 5 (und weist den Wert 5 der Variablen x zu):

```
x = 5
```

Dagegen ist das Ergebnis des folgenden Ausdrucks entweder 0 oder 1 (je nachdem, ob x gleich 5 ist oder nicht); der Wert von x wird nicht geändert.

```
x == 5
```

Wenn Sie also aus Versehen

```
if (x = 5)
   printf("x ist gleich 5");
```

schreiben, wird die Nachricht immer ausgegeben, da der mit der if-Anweisung geprüfte Ausdruck immer wahr ist, unabhängig davon, was der ursprüngliche Wert von x war. Zum Glück können Sie angeben, dass beim Kompilieren alle Warnungen angezeigt werden sollen (mit gcc -Wall wie am Tag 1 beschrieben). Dann gibt gcc die folgende Warnung aus: »suggest parentheses around assignment used as truth value«.

Wenn Sie mit diesem Wissen Listing 3.5 erneut betrachten, werden Sie verstehen, warum a die jeweiligen Werte annimmt. In Zeile 9 ist der Wert 5 gleich 5, so dass a der Wahrheitswert 1 zugewiesen wird. In Zeile 12 ist die Anweisung »5 ist ungleich 5« falsch, so dass a der Wert 0 zugewiesen wird.

Fassen wir noch einmal zusammen: Vergleichsoperatoren werden benutzt, um relationale Ausdrücke zu erzeugen, die Fragen zu den Beziehungen zwischen den Ausdrücken stellen. Der von einem relationalen Ausdruck zurückgegebene Wert ist numerischer Art und lautet entweder 1 (für wahr) oder 0 (für unwahr).

Rangfolge der Vergleichsoperatoren

Wie die bereits besprochenen mathematischen Operatoren werden auch bei den Vergleichsoperatoren Prioritäten vergeben, die festlegen, in welcher Reihenfolge die Operatoren in einem Ausdruck mit mehreren Operatoren ausgeführt werden. Und auch hier können Sie mit Klammern darauf Einfluss nehmen, in welcher Reihenfolge die Operatoren des relationalen Ausdrucks ausgeführt werden sollen. Der Abschnitt »Übersicht der Operator-Rangfolge« gegen Ende der heutigen Lektion gibt Ihnen einen Gesamtüberblick über die Prioritäten aller C-Operatoren.

Zuerst sei gesagt, dass Vergleichsoperatoren in der Rangfolge unter den mathematischen Operatoren stehen. Wenn Sie beispielsweise nachfolgenden Code aufsetzen, wird zuerst 2 zu x addiert und anschließend das Ergebnis mit y verglichen:

```
if (x + 2 > y)
```

Dies entspricht der folgenden Zeile, die ein gutes Beispiel dafür ist, wie man mit Klammern mehr Klarheit schaffen kann:

```
if ((x + 2) > y)
```

Die Klammern um (x+2) sind zwar aus der Sicht des C-Compilers nicht erforderlich, machen aber besonders deutlich, dass die Summe von x und 2 mit y verglichen werden soll.

Auch unter den Vergleichsoperatoren gibt es eine Rangfolge, wie Tabelle 3.6 zeigt.

Operatoren	Relative Priorität
< <= > >=	1
!= ==	2

Tabelle 3.6: Die Rangfolge der Vergleichsoperatoren in C.

Wenn Sie also schreiben

```
x == y > z
```

so entspricht dies

```
x == (y > z)
```

da C zuerst den Ausdruck y > z auswertet und dann feststellt, ob dieser Wert (entweder 0 oder 1) gleich x ist. Sie werden Konstrukte dieser Art sicher selten, wenn überhaupt anwenden, aber Sie sollten sie kennen.

> **Was Sie nicht tun sollten**
>
> Vermeiden Sie Zuweisungen in den Ausdruck-Blöcken von `if`-Anweisungen. Das könnte andere Leser Ihres Codes verwirren und auf den Gedanken bringen, dass hier ein Fehler vorliegt, den sie dadurch korrigieren, dass sie die Zuweisung in eine Anweisung ändern, die auf logische Gleichheit prüft.
>
> Vermeiden Sie die Verwendung des Operators »Nicht gleich« (`!=`) in `if`-Anweisungen mit einer `else`-Bedingung. Es ist fast immer klarer, in der `else`-Bedingung den Gleichheitsoperator (`==`) zu verwenden. So sollte man zum Beispiel den folgenden Code
>
> ```
> if ( x != 5 )
>         Anweisung1;
> else
>         Anweisung2;
> ```
>
> besser schreiben als
>
> ```
> if ( x == 5 )
>         Anweisung2;
> else
>         Anweisung1;
> ```

Logische Operatoren

Manchmal werden Sie sich gezwungen sehen, mehr als eine vergleichende Frage gleichzeitig zu stellen. Zum Beispiel: »Wenn es 7:00 Uhr ist, ein Wochentag und ich keinen Urlaub habe, dann soll der Wecker läuten.« Mit den logischen Operatoren in C können Sie zwei oder mehr relationale Ausdrücke in einem einzigen Ausdruck zusammenfassen, der dann entweder wahr oder unwahr ist. Tabelle 3.7 stellt Ihnen die drei logischen Operatoren von C vor.

Operator	Symbol	Beispiel
AND	&&	ausdr1 && ausdr2
OR	||	ausdr1 || ausdr2
NOT	!	!ausdr1

Tabelle 3.7: Die logischen Operatoren von C.

Die Funktionsweise dieser logischen Operatoren ist in Tabelle 3.8 erläutert.

Logische Operatoren

Ausdruck	Auswertung
`(ausdr1 && ausdr2)`	Nur wahr (1), wenn `ausdr1` und `ausdr2` wahr sind; andernfalls falsch (0)
`(ausdr1 || ausdr2)`	Wahr (1), wenn entweder `ausdr1` oder `ausdr2` wahr ist; nur falsch (0), wenn beide falsch sind
`(!ausdr1)`	Falsch (0), wenn `ausdr1` wahr ist; wahr (1), wenn `ausdr1` falsch ist

Tabelle 3.8: Anwendungsbeispiele für die logischen Operatoren von C.

Dieser Tabelle können Sie entnehmen, dass Ausdrücke, die logische Operatoren enthalten, entweder wahr oder unwahr sind, je nachdem ob ihr(e) Operand(en) vom Wert her wahr/falsch ist (sind). Tabelle 3.9 zeigt einige konkrete Code-Beispiele.

Ausdruck	Auswertung
`(5 == 5) && (6 != 2)`	Wahr (1), da beide Operanden wahr sind
`(5 > 1) || (6 < 1)`	Wahr (1), da ein Operand wahr ist
`(2 == 1) && (5 == 5)`	Falsch (0), da ein Operand falsch ist
`!(5 == 4)`	Wahr (1), da ein Operand falsch ist

Tabelle 3.9: Code-Beispiele für die logischen Operatoren von C.

Sie können auch Ausdrücke erzeugen, die mehrere logische Operatoren enthalten. Um zum Beispiel zu fragen, ob x gleich 2, 3 oder 4 ist, könnten Sie schreiben:

```
(x == 2) || (x == 3) || (x == 4)
```

Die logischen Operatoren erlauben häufig, eine Frage auf mehr als eine Art zu stellen. Angenommen x ist eine Integer-Variable, dann gibt es für die obige Frage zwei weitere Schreibweisen:

```
(x > 1) && (x < 5)
(x >= 2) && (x <= 4)
```

Mehr zu wahren und falschen Werten

Sie haben bereits gelernt, dass relationale Ausdrücke in C 0 zurückgeben, wenn sie unwahr sind, und 1, wenn sie wahr sind. In diesem Zusammenhang sollte man sich darüber im Klaren sein, dass jeder numerische Wert als entweder wahr oder unwahr interpretiert wird, wenn er in C-Ausdrücken oder -Anweisungen verwendet wird, die einen logischen Wert (das heißt, wahr oder unwahr) erwarten. Die Regeln dafür lauten:

- Ein Wert von Null entspricht `unwahr`.
- Jeder Wert ungleich Null entspricht `wahr`.

Sehen Sie dazu das folgende Beispiel, in dem der Wert von x ausgegeben wird:

```
x = 125;
if (x)
   printf("%d", x);
```

Da x ein Wert ungleich Null ist, interpretiert die if-Anweisung den Ausdruck (x) als wahr. Dies lässt sich mit folgender Schreibweise für alle C-Ausdrücke noch weiter verallgemeinern:

(Ausdruck)

entspricht der folgenden Schreibweise

(Ausdruck != 0)

Beide werden als wahr ausgewertet, wenn Ausdruck ungleich Null ist, und als falsch, wenn Ausdruck 0 ist. Unter Zuhilfenahme des NOT-Operators (!) können Sie auch Folgendes schreiben:

(!Ausdruck)

Diese Anweisung entspricht

(Ausdruck == 0)

Rangfolge der Operatoren

Wie Sie vielleicht schon geraten haben, gibt es auch unter den logischen Operatoren in C eine Rangfolge, sowohl untereinander als auch zu den anderen Operatoren. Die Priorität des !-Operators entspricht der der unären mathematischen Operatoren ++ und --. Deshalb steht ! in der Rangfolge höher als alle Vergleichsoperatoren und alle binären mathematischen Operatoren.

Im Gegensatz dazu haben die Operatoren && und || eine viel niedrigere Priorität, niedriger als alle mathematischen und relationalen Operatoren, wenn auch && eine höhere Priorität hat als ||. Wie bei allen anderen C-Operatoren können Klammern auch bei den logischen Operatoren die Reihenfolge der Auswertung ändern. Betrachten Sie dazu folgendes Beispiel:

Sie wollen einen logischen Ausdruck schreiben, der drei einzelne Vergleiche vornimmt:

1. Ist a kleiner als b?
2. Ist a kleiner als c?
3. Ist c kleiner als d?

Der ganze logische Ausdruck soll wahr ergeben, wenn Bedingung 3 und entweder Bedingung 1 oder 2 wahr ist. In diesem Fall könnten Sie schreiben:

Logische Operatoren

a < b || a < c && c < d

Dieser Ausdruck entspricht vom Ergebnis her jedoch nicht Ihren Erwartungen. Da der &&-Operator eine höhere Priorität hat als ||, ist der Ausdruck äquivalent zu

a < b || (a < c && c < d)

und wird wahr, wenn (a < b) wahr ist, unabhängig davon, ob die Beziehungen (a < c) und (c < d) wahr sind. Deshalb müssen Sie

(a < b || a < c) && c < d

schreiben, um zu erzwingen, dass || vor dem && ausgewertet wird. Sehen Sie dazu ein Beispiel (Listing 3.6), in dem beide Schreibweisen des Ausdrucks ausgewertet werden. Die Variablen sind so gesetzt, dass bei korrekter Schreibweise der Ausdruck falsch (0) ergeben sollte.

Listing 3.6: *Rangfolge der logischen Operatoren.*

```
1:   #include <stdio.h>
2:
3:   /* Initialisierung der Variablen. Beachten Sie, dass c nicht */
4:   /* kleiner ist als d, eine der Bedingungen, auf die getestet wird. */
5:   /* Deshalb sollte der gesamte Ausdruck falsch ergeben.*/
6:
7:   int a = 5, b = 6, c = 5, d = 1;
8:   int x;
9:
10:  int main(void)
11:  {
12:      /* Auswertung des Ausdrucks ohne Klammern */
13:
14:      x = a < b || a < c && c < d;
15:      printf("\nOhne Klammern lautet das Ergebnis des Ausdrucks %d", x);
16:
17:      /* Auswertung des Ausdrucks mit Klammern */
18:
19:      x = (a < b || a < c) && c < d;
20:      printf("\nMit Klammern lautet das Ergebnis des Ausdrucks %d\n", x);
21:      return 0;
22:  }
```

Ausgabe

```
Ohne Klammern lautet das Ergebnis des Ausdrucks 1
Mit Klammern lautet das Ergebnis des Ausdrucks 0
```

TAG 3: Anweisungen, Ausdrücke und Operatoren

Analyse

Geben Sie dieses Listing ein und führen Sie es aus. Achten Sie auf die Warnung vom gcc:

`list0306.c:14: warning: suggest parentheses around && within ||`

In diesem Fall können Sie die Warnung ignorieren, da wir hier das Problem veranschaulichen wollen, über das sich der Compiler beschwert. Wichtiger ist jedoch, dass die beiden Werte, die für den Ausdruck ausgegeben werden, unterschiedlich sind, obwohl der einzige Unterschied zwischen ihnen darin besteht, dass die Anweisung in Zeile 19 Klammern aufweist.

Dieses Programm initialisiert in Zeile 7 vier Variablen mit Werten, die in den Vergleichen herangezogen werden. Zeile 8 deklariert x für die Speicherung und die Ausgabe der Ergebnisse. Zeile 14 und 19 verwenden die logischen Operatoren. Zeile 14 verwendet keine Klammern, so dass das Ergebnis von der Rangfolge der Operatoren abhängt. In diesem Fall entsprechen die Ergebnisse nicht Ihren Erwartungen. Zeile 19 hat diese Klammern gesetzt, um die Reihenfolge, in der die Ausdrücke ausgewertet werden, zu ändern.

Zusammengesetzte Zuweisungsoperatoren

Die zusammengesetzten Zuweisungsoperatoren in C bieten Ihnen die Möglichkeit, eine binäre mathematische Operation mit einer Zuweisung zu kombinieren. Angenommen Sie wollten zum Beispiel den Wert x um 5 erhöhen oder, anders ausgedrückt, 5 mit x addieren und das Ergebnis dann x zuweisen. Dann könnten Sie schreiben:

`x = x + 5;`

Unter Verwendung eines zusammengesetzten Zuweisungsoperators, den Sie sich am besten als eine verkürzte Form der Zuweisung vorstellen können, würden Sie schreiben:

`x += 5;`

In allgemeinerer Form lautet die Syntax für zusammengesetzte Zuweisungsoperatoren wie folgt (wobei op für einen binären Operator steht):

ausdr1 op= ausdr2

Dies entspricht der folgenden Schreibweise:

ausdr1 = ausdr1 op ausdr2;

Sie können den Zuweisungsoperator mit allen fünf mathematischen Operatoren, die wir oben besprochen haben, kombinieren. In Tabelle 3.10 finden Sie einige Beispiele.

Wenn Sie folgendes schreiben ...	... entspricht dies ...
x *= y	x = x * y
y -= z + 1	y = y - z + 1
a /= b	a = a / b
x += y / 8	x = x + y / 8
y %= 3	y = y % 3

Tabelle 3.10: Beispiele für zusammengesetzte Zuweisungsoperatoren.

Zusammengesetzte Operatoren reduzieren den Schreibaufwand. Die Vorteile zeigen sich vor allem, wenn die Variable links des Zuweisungsoperators einen langen Namen hat. Wie alle anderen Zuweisungen ist auch eine zusammengesetzte Zuweisung ein Ausdruck und hat den Wert, der der linken Seite zugewiesen wurde, als Ergebnis. Die Ausführung der folgenden Anweisungen ergibt für beide, x und z, den Wert 14:

```
x = 12;
z = x += 2;
```

Der Bedingungsoperator

Der Bedingungsoperator ist der einzige *ternäre* Operator in C, das heißt der einzige Operator, der drei Operanden benötigt. Seine Syntax lautet:

ausdr1 ? *ausdr2* : *ausdr3*;

Wenn *ausdr1* wahr ist (das heißt einen Wert ungleich Null hat), erhält der gesamte Ausdruck den Wert von *ausdr2*. Wenn *ausdr1* falsch (das heißt, Null) ist, erhält der gesamte Ausdruck den Wert von *ausdr3*. So weist zum Beispiel die folgende Anweisung x den Wert 1 zu, wenn y wahr ist, oder den Wert 100, wenn y falsch ist:

```
x = y ? 1 : 100;
```

Dementsprechend können Sie wie folgt z mit der größeren der beiden Variablen x oder y gleichsetzen:

```
z = (x > y) ? x : y;
```

Vielleicht ist Ihnen aufgefallen, dass der Bedingungsoperator sehr stark an die if-Anweisung erinnert. Die obige Anweisung ließe sich auch wie folgt schreiben:

```
if (x > y)
z = x;
```

```
else
    z = y;
```

Der Bedingungsoperator kann eine if...else-Konstruktion nicht in allen Fällen ersetzen, er ist aber wesentlich kürzer. Außerdem kann der Bedingungsoperator auch dort verwendet werden, wo eine if-Anweisung nicht möglich ist, zum Beispiel innerhalb eines Aufrufs einer anderen Funktion, etwa einer printf()-Anweisung.

```
printf( "Der größere Wert lautet %d", ((x > y) ? x : y) );
```

Der Komma-Operator

Das Komma wird in C häufig als ein einfaches Satzzeichen verwendet, das dazu dient, Variablendeklarationen, Funktionsargumente etc. voneinander zu trennen. In bestimmten Situationen jedoch fungiert das Komma als Operator und nicht nur als einfaches Trennzeichen. Sie können einen Ausdruck bilden, indem Sie zwei Unterausdrücke durch ein Komma trennen. Das Ergebnis sieht folgendermaßen aus:

- Beide Ausdrücke werden ausgewertet, wobei der linke Ausdruck zuerst an der Reihe ist.
- Der gesamte Ausdruck liefert den Wert des rechten Ausdrucks.

Die folgende Anweisung weist x den Wert b zu, inkrementiert a und inkrementiert dann b:

```
x = (a++ , b++);
```

Da der ++-Operator im Postfix-Modus verwendet wird, wird der Wert von b der Variablen x vor seiner Inkrementierung zugewiesen. Hier sind Klammern nötig, da der Komma-Operator eine niedrige Priorität hat, sogar noch niedriger als der Zuweisungsoperator.

Wie Sie morgen sehen werden, wird der Komma-Operator am häufigsten in for-Anweisungen verwendet.

Was Sie tun sollten	**Was nicht**
Verwenden Sie (ausdruck == 0) anstelle von (!ausdruck). Kompiliert haben diese zwei Ausdrücke das gleiche Ergebnis, nur ist der erste lesbarer.	Verwechseln Sie den Zuweisungsoperator (=) nicht mit dem Gleichheitsoperator (==).
Verwenden Sie die logischen Operatoren && und || anstelle von verschachtelten if-Anweisungen.	

Übersicht der Operator-Rangfolge

Tabelle 3.11 gibt eine Übersicht über alle C-Operatoren in der Reihenfolge ihrer absteigenden Priorität. Operatoren der gleichen Priorität stehen in einer Zeile.

Priorität	Operatoren
1	-> . () (Funktionsoperator) [] (Array-Operator)
2	! ~ ++ - * (Indirektion) & (Adressoperator) () (Typumwandlung) sizeof + (unär) - (unär)
3	* (Multiplikation) / %
4	+ -
5	<< >>
6	< <= > >=
7	== !=
8	& (bitweises UND)
9	^
10	|
11	&&
12	||
13	?:
14	= += -= *= /= %= &= ^= |= <<= >>=
15	,

Tabelle 3.11: Rangfolge der C-Operatoren.

> **Tipp:** Diese Tabelle eignet sich gut als Referenz, bis Sie mit der Rangfolge der Operatoren besser vertraut sind. Sie werden Sie wahrscheinlich später benötigen.

Zusammenfassung

Die heutige Lektion war sehr umfangreich. Sie haben gelernt, was eine C-Anweisung ist, dass Whitespace-Zeichen vom Compiler nicht berücksichtigt werden und dass Anweisungen immer mit einem Semikolon abschließen. Außerdem wissen Sie jetzt, dass eine Verbundanweisung (oder Block), die aus zwei oder mehr Anweisungen in geschweiften Klammern besteht, überall dort eingesetzt werden kann, wo auch eine einfache Anweisung möglich ist.

Viele Anweisungen bestehen aus einer Kombination von Ausdrücken und Operatoren. Denken Sie daran, dass man unter dem Begriff »Ausdruck« alles zusammenfasst, was einen numerischen Wert zurückliefert. Komplexe Ausdrücke können aus vielen einfacheren Ausdrücken zusammengesetzt sein, die dann Unterausdrücke genannt werden.

Operatoren sind C-Symbole, die dem Computer mitteilen, eine Operation auf einem oder mehreren Ausdrücken auszuführen. Einige Operatoren sind unär, das heißt, sie benötigen nur einen Operanden. Die meisten C-Operatoren sind jedoch binär und erfordern zwei Operanden. Ein Operator, der Bedingungsoperator, ist sogar ternär. Innerhalb der Operatoren in C gibt es eine feste Hierarchie der Prioritäten, die festlegt, in welcher Reihenfolge die Operationen in einem Ausdruck auszuführen sind, der mehrere Operatoren enthält.

Die heute besprochenen C-Operatoren lassen sich in drei Kategorien unterteilen:

- Mathematische Operatoren führen auf ihren Operanden arithmetische Operationen aus (zum Beispiel Addition).
- Vergleichsoperatoren stellen Vergleiche zwischen ihren Operanden an (zum Beispiel größer als).
- Logische Operatoren lassen sich auf wahr/unwahr-Ausdrücke anwenden. Denken Sie daran, dass C 0 und 1 verwendet, um unwahr und wahr darzustellen, und dass jeder Wert ungleich Null als wahr interpretiert wird.

Sie wurden mit den Grundlagen der if-Anweisung bekannt gemacht, die es Ihnen ermöglicht, auf Basis der Auswertung von relationalen Ausdrücken den Programmfluss zu steuern.

Fragen und Antworten

F Welche Auswirkung haben Leerzeichen und leere Zeilen auf die Ausführung Ihres Programms?

A *Whitespace-Zeichen (leere Zeilen, Leerzeichen, Tabulatoren) machen Ihren Quellcode lesbarer. Wenn das Programm kompiliert wird, werden die Whitespace-Zeichen entfernt, haben also keinen Einfluss auf das ausführbare Programm. Deshalb sollten Sie möglichst verschwenderisch mit Whitespace-Zeichen umgehen, um Ihre Programme so lesbar wie möglich zu machen.*

F Ist es ratsamer, eine komplexe if-Anweisung zu formulieren oder mehrere if-Anweisungen zu verschachteln?

A *Ihr Code sollte leicht verständlich sein. Wenn Sie if-Anweisungen verschachteln, werden diese nach den oben ausgeführten Regeln ausgewertet. Wenn Sie eine einzige komplexe if-Anweisung verwenden, werden die Ausdrücke nur soweit ausgewertet, bis der gesamte Ausdruck falsch ergibt.*

F Was ist der Unterschied zwischen unären und binären Operatoren?

A *Wie die Namen schon verraten, benötigen unäre Operatoren nur eine Variable, binäre Operatoren hingegen zwei.*

F Ist der Subtraktionsoperator (-) binär oder unär?

A *Er ist beides! Der Compiler ist intelligent genug, um an der Anzahl der Variablen zu erkennen, welchen Operator Sie gerade meinen. In der folgenden Anweisung ist er unär:*

x = -y;

wohingegen er hier binär verwendet wird:

x = a - b;

F Werden negative Zahlen als wahr oder als unwahr betrachtet?

A *Zur Erinnerung:* 0 *steht für* unwahr *und jeder andere Wert steht für* wahr. *Dazu gehören dann auch die negativen Zahlen.*

Workshop

Der Workshop enthält Quizfragen, die Ihnen helfen sollen, Ihr Wissen zu festigen, sowie Übungen, die Sie anregen sollen, das Gelernte umzusetzen und eigene Erfahrungen zu sammeln. Die Lösungen zu den Fragen und den Übungen finden Sie in Anhang C.

Quiz

1. Wie nennt man die folgende C-Anweisung und was bedeutet sie?

    x = 5 + 8;

2. Was ist ein Ausdruck?

3. Was bestimmt in einem Ausdruck mit mehreren Operatoren die Reihenfolge, in der die Operationen ausgeführt werden?

4. Angenommen die Variable x hat den Wert 10. Wie lauten die Werte für x und a, nachdem jede der beiden folgenden Anweisungen getrennt ausgeführt wurde?

   ```
   a = x++;
   a = ++x;
   ```

5. Wie lautet das Ergebnis des Ausdrucks 10 % 3?

6. Wie lautet das Ergebnis des Ausdrucks 5 + 3 * 8 / 2 + 2?

7. Formulieren Sie den Ausdruck in Frage 6 durch Hinzufügen von Klammern so um, dass das Ergebnis 16 lautet.

8. Welchen Wert hat ein Ausdruck, der zu unwahr ausgewertet wird?

9. Welche Operatoren haben in der folgenden Liste die höhere Priorität?

   a. == oder <

   b. * oder +

   c. != oder ==

   d. >= oder >

10. Wie lauten die zusammengesetzten Zuweisungsoperatoren und inwiefern sind sie nützlich?

Übungen

1. Der folgende Code ist nicht gerade bester Programmierstil. Geben Sie den Code ein und kompilieren Sie ihn, um festzustellen, ob er sich ausführen lässt.

   ```
   #include <stdio.h>
   int x,y;int main(void){ printf(
   "\nGeben Sie zwei Zahlen ein");scanf(
   "%d %d",&x,&y);printf(
   "\n\n%d ist größer",(x>y)?x:y);return 0;}
   ```

2. Formulieren Sie den Code aus Übung 1 so um, dass er lesbarer wird.

3. Ändern Sie Listing 3.1 so, dass aufwärts statt abwärts gezählt wird.

4. Schreiben Sie eine if-Anweisung, die der Variablen y den Wert von x nur dann zuweist, wenn x zwischen 1 und 20 ist. Lassen Sie y unverändert, wenn x nicht in diesem Wertebereich liegt.

5. Verwenden Sie für die Aufgabe aus Übung 4 den Bedingungsoperator.

6. Formulieren Sie die folgenden verschachtelten if-Anweisungen um und verwenden Sie dazu eine einfache if-Anweisung und logische Operatoren.

   ```
   if (x < 1)
   ```

```
if ( x > 10 )
    anweisung;
```

7. Wie lauten die Ergebnisse der folgenden Ausdrücke?

    a. (1 + 2 * 3)
    b. 10 % 3 * 3 - (1 + 2)
    c. ((1 + 2) * 3)
    d. (5 == 5)
    e. (x = 5)

8. Angenommen es seien x = 4, y = 6 und z = 2. Stellen Sie fest, ob die folgenden Ausdrücke wahr oder falsch sind.

    a. if(x == 4)
    b. if(x != y - z)
    c. if(z = 1)
    d. if(y)

9. Schreiben Sie eine if-Anweisung, die feststellt, ob jemand juristisch gesehen ein Erwachsener (Alter 18) ist, aber noch nicht das Rentenalter erreicht hat (Alter 65).

10. **FEHLERSUCHE:** Beheben Sie die Fehler im folgenden Programm, so dass es sich ausführen lässt.

```
/* ein Programm mit Problemen... */
#include <stdio.h>
int x= 1:
int main(void)
{
   if( x = 1);
      printf(" x ist gleich 1" );
   andernfalls
      printf(" x ist ungleich 1");
   return 0;
}
```

Funktionen

Woche 1

Funktionen

Funktionen nehmen in der C-Programmierung und der Philosophie der C-Programmerstellung eine zentrale Stellung ein. Sie haben inzwischen schon einige der Bibliotheksfunktionen von C kennen gelernt. Dabei handelt es sich um fertige, vordefinierte Funktionen, die mit Ihrem Compiler ausgeliefert wurden. Gegenstand des heutigen Kapitels sind allerdings die so genannten benutzerdefinierten Funktionen, die, wie der Name schon verrät, von Ihnen, dem Programmierer, erzeugt werden. Heute lernen Sie:

- was eine Funktion ist und woraus sie besteht
- die Vorteile der strukturierten Programmierung mit Funktionen kennen
- wie man eine Funktion erzeugt
- wie man lokale Variablen in einer Funktion deklariert
- wie man einen Wert aus einer Funktion an das Programm zurückgibt
- wie man einer Funktion Argumente übergibt

Was ist eine Funktion?

Heute erhalten Sie auf die Frage »Was ist eine Funktion?« zwei Antworten. Erst erfahren Sie, was Funktionen sind, und danach zeige ich Ihnen, wie sie verwendet werden.

Definition einer Funktion

Kommen wir zuerst zu der Definition: Eine *Funktion* ist ein benanntes, unabhängiges C-Codefragment, das eine bestimmte Aufgabe ausführt und optional einen Wert an das aufrufende Programm zurückliefert. Werfen wir einen Blick auf die einzelnen Teile dieser Definition:

- *Eine Funktion ist benannt.* Jede Funktion hat einen eindeutigen Namen. Wenn Sie diesen Namen in einem anderen Teil des Programms verwenden, können Sie die Anweisungen, die sich hinter dieser benannten Funktion verbergen, ausführen. Dies wird auch als *Aufruf* der Funktion bezeichnet. Eine Funktion kann auch von einer anderen Funktion aus aufgerufen werden.

- *Eine Funktion ist unabhängig.* Eine Funktion kann ihre Aufgabe ausführen, ohne dass damit andere Teile des Programms betroffen sind oder diese Einfluss auf die Funktion nehmen.

- *Eine Funktion führt eine bestimmte Aufgabe aus.* Eine Aufgabe ist ein bestimmter, klar definierter Job, den Ihr Programm im Rahmen seines Gesamtziels ausführen muss. Dabei kann es sich um das Versenden einer Textzeile an den

Drucker, das Sortieren eines Arrays in numerischer Reihenfolge oder die Berechnung einer Quadratwurzel handeln.

▶ *Eine Funktion kann einen Wert an das aufrufende Programm zurückgeben.* Wenn Ihr Programm eine Funktion aufruft, werden die darin enthaltenen Anweisungen ausgeführt. Wenn Sie es wollen, können diese Anweisungen ihrerseits Informationen an das aufrufende Programm zurückgeben.

Soviel zum theoretischen Teil. Merken Sie sich die obige Definition für den nächsten Abschnitt.

Veranschaulichung

Listing 4.1 enthält eine benutzerdefinierte Funktion.

Listing 4.1: *Ein Programm mit einer Funktion, die die Kubikzahl einer Zahl berechnet.*

```
1:   /* Beispiel für eine einfache Funktion */
2:   #include <stdio.h>
3:
4:   long kubik(long x);
5:
6:   long eingabe, antwort;
7:
8:   int main(void)
9:   {
10:      printf("Geben Sie eine ganze Zahl ein: ");
11:      scanf("%ld", &eingabe);
12:      antwort = kubik(eingabe);
13:      /* Hinweis: %ld ist der Konversionsspezifizierer für */
14:      /* einen Integer vom Typ long */
15:      printf("\nDie Kubikzahl von %ld ist %ld.\n", eingabe, antwort);
16:
17:      return 0;
18:   }
19:
20:  /* Funktion: kubik() - Berechnet die Kubikzahl einer Variablen */
21:  long kubik(long x)
22:  {
23:      long x_cubed;
24:
25:      x_cubed = x * x * x;
26:      return x_cubed;
27:  }
```

TAG 4 Funktionen

Ausgabe

```
Geben Sie eine ganze Zahl ein: 100

Die Kubikzahl von 100 ist 1000000.
Geben Sie eine ganze Zahl ein: 9

Die Kubikzahl von 9 ist 729.
Geben Sie eine ganze Zahl ein: 3

Die Kubikzahl von 3 ist 27.
```

Hinweis

Die folgende Analyse erläutert nicht das ganze Programm, sondern beschränkt sich auf die Teile des Programms, die direkt mit der Funktion in Zusammenhang stehen.

Analyse

Zeile 4 enthält den *Funktionsprototyp*, das heißt das Muster einer Funktion, die erst später in dem Programm auftaucht. Der Prototyp einer Funktion enthält den Namen der Funktion, eine Liste der Variablen, die ihr übergeben werden müssen, und den Typ der Variablen, die sie eventuell zurückgibt. Zeile 4 können Sie entnehmen, dass die Funktion kubik heißt, eine Variable vom Typ long benötigt und einen Wert vom Typ long zurückliefert. Die Variablen, die der Funktion übergeben werden, nennt man auch *Argumente*. Man gibt sie in Klammern hinter dem Namen der Funktion an. In diesem Beispiel lautet das Argument der Funktion long x. Das Schlüsselwort vor dem Namen der Funktion gibt an, welchen Variablentyp die Funktion zurückliefert. In diesem Fall ist es eine Variable vom Typ long.

Neuer Begriff

Zeile 12 ruft die Funktion kubik auf und übergibt ihr den Wert der Variablen eingabe als Argument. Der Rückgabewert der Funktion wird der Variablen antwort zugewiesen. Beachten Sie, dass in Übereinstimmung mit dem Funktionsprototyp in Zeile 4 sowohl eingabe als auch antwort in Zeile 6 als Variablen vom Typ long deklariert wurden.

Neuer Begriff

Die Funktion selbst wird auch *Funktionsdefinition* genannt. In diesem Fall heißt sie kubik und steht in den Zeilen 21 bis 27. Wie schon der Prototyp besteht auch die Funktionsdefinition aus mehreren Teilen. Die Funktion beginnt mit dem *Funktions-Header* in Zeile 21. Der Funktions-Header bildet den Anfang einer Funktion und gibt den Funktionsnamen (hier kubik) an. Außerdem enthält er den Rückgabetyp der Funktion und beschreibt ihre Argumente. Beachten Sie, dass der Funktions-Header mit dem Funktionsprototyp identisch ist (bis auf das Semikolon).

Der Rumpf der Funktion (Zeilen 22 bis 27) ist von geschweiften Klammern umschlossen. Der Rumpf enthält Anweisungen, wie in Zeile 25, die bei jedem Aufruf der Funktion ausgeführt werden. Zeile 23 enthält eine Variablendeklaration, die äußerlich den bereits besprochenen Deklarationen gleicht, jedoch einen kleinen Unterschied aufweist: Sie ist lokal. *Lokale* Variablen werden innerhalb eines Funktionsrumpfes deklariert. (Lokale Deklarationen werden außerdem noch am Tag 11, »Gültigkeitsbereiche von Variablen«, besprochen.) Den Abschluss der Funktion bildet die return-Anweisung in Zeile 26, die das Ende der Funktion anzeigt. Eine return-Anweisung gibt einen Wert an das aufrufende Programm zurück. In diesem Fall wird der Wert der Variablen x_cubed zurückgeliefert.

Wenn Sie die Struktur der Funktion kubik() mit der von main() vergleichen, werden Sie feststellen, dass es keinen Unterschied gibt. main() ist ebenfalls eine Funktion. Andere Funktionen, die Sie bereits verwendet haben, lauten printf() und scanf(). printf() und scanf() sind zwar Bibliotheksfunktionen (im Gegensatz zu benutzerdefinierten Funktionen), aber auch sie können, wie die von Ihnen erzeugten Funktionen, Argumente übernehmen und Werte zurückgeben.

Funktionsweise einer Funktion

Ein C-Programm führt die Anweisungen in einer Funktion erst aus, wenn die Funktion von einem anderen Teil des Programms aufgerufen wird. Wenn eine Funktion aufgerufen wird, kann das Programm der Funktion in Form eines oder mehrerer Argumente Informationen übergeben. Bei einem *Argument* handelt es sich um Programmdaten, die von der Funktion zur Ausführung benötigt werden. Anschließend werden die Anweisungen in der Funktion abgearbeitet, wodurch die Funktion die ihr zugewiesene Aufgabe erledigt. Nachdem alle Funktionsanweisungen bearbeitet worden sind, springt die Ausführung zurück zu der Stelle im Programm, an der die Funktion aufgerufen wurde. Funktionen können in Form eines Rückgabewertes Informationen an das Programm zurückliefern.

In Abbildung 4.1 sehen Sie ein Programm mit drei Funktionen, die jeweils einmal aufgerufen werden. Jedes Mal, wenn eine Funktion aufgerufen wird, springt die Programmausführung in die betreffende Funktion. Wenn die Funktion beendet ist, springt die Ausführung zurück an die Stelle, von wo die Funktion aufgerufen wurde. Eine Funktion kann beliebig oft und in beliebiger Reihenfolge aufgerufen werden.

Jetzt wissen Sie, was man unter Funktionen versteht und wie wichtig sie sind. Etwas weiter hinten werde ich Ihnen zeigen, wie Sie ihre eigenen Funktionen erstellen und verwenden.

Funktionen

```
Hauptprogramm
main()
{
Aufruf von funk1
...
Aufruf von funk2
...
Aufruf von funk3

}
```

```
funk1()
{
}
```

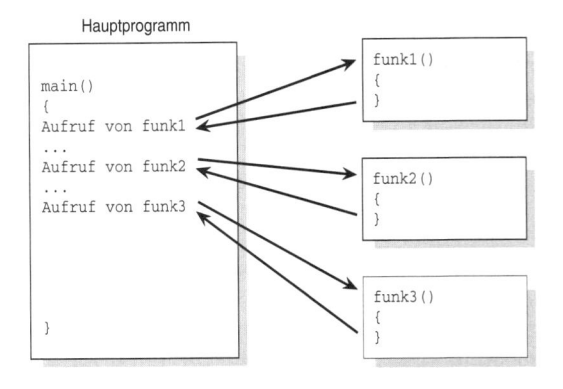

```
funk2()
{
}
```

```
funk3()
{
}
```

Abbildung 4.1:
Wenn ein Programm eine Funktion aufruft, springt die Programmausführung in die Funktion und kehrt anschließend wieder zum aufrufenden Programm zurück.

Funktionen

Funktionsprototyp

```
rueckgabe_typ funktion_name( arg-typ name-1,...,arg-typ name-n);
```

Funktionsdefinition

```
rueckgabe_typ funktion_name( arg-typ name-1,...,arg-typ name-n)
{
    /* Anweisungen; */
}
```

Der *Funktionsprototyp* liefert dem Compiler die Beschreibung einer Funktion, die erst zu einem späteren Zeitpunkt im Programm definiert wird. Der Prototyp umfasst den Rückgabetyp, der den Typ der Variablen angibt, die von der Funktion zurückgeliefert wird, sowie den Funktionsnamen, der widerspiegeln sollte, wozu die Funktion dient. Außerdem enthält der Prototyp die Variablentypen der Argumente (arg-typ), die der Funktion übergeben werden sollen. Wer möchte, kann im Prototyp auch die Namen der zu übergebenden Variablen angeben. Ein Prototyp sollte immer mit einem Semikolon abgeschlossen werden.

Bei der *Funktionsdefinition* handelt es sich um die eigentliche Funktion. Die Definition enthält den Code, der auszuführen ist. Wenn der Prototyp die Namen der Variablen angibt, sollte die erste Zeile der Funktionsdefinition, der so genannte *Funktions-Header*, mit dem Funktionsprototyp bis auf das Semikolon übereinstimmen. Ein Funktions-Header sollte kein Semikolon aufweisen. Während die Angabe von Variablennamen für die Argumente im Prototyp optional ist, ist die Aufführung der Variablennamen im Funktions-Header obligatorisch. Auf den Header folgt der Funktionsrumpf mit den Anweisungen, die die Funktion ausführen soll. Der Funktionsrumpf sollte mit einer öffnenden geschweiften Klammer beginnen und mit einer schließenden geschweiften Klammer enden. Alle Funktionen, deren Rückgabetyp nicht void ist, sollten eine return-Anweisung enthalten, die einen Wert zurückliefert, der diesem Typ entspricht.

Beispiele für Funktionsprototypen:

```
double quadriert( double zahl );
void bericht_ausgeben( int bericht_zahl );
int menue_option_einlesen( void );
```

Beispiele für Funktionsdefinitionen:

```
double quadriert( double zahl )         /* Funktions-Header            */
{                                        /* öffnende geschweifte Klammer */
    return( zahl * zahl );               /* Funktionsrumpf              */
}                                        /* schließende geschweifte Klammer */
void bericht_ausgeben( int bericht_zahl )
{
    if( bericht_zahl == 1 )
        puts( "Ausgabe des Berichts 1" );
    else
        puts( "Bericht 1 wird nicht ausgegeben" );
}
```

Funktionen und strukturierte Programmierung

Neuer Begriff

Durch die Verwendung von Funktionen in Ihren C-Programmen können Sie sozusagen strukturiert programmieren, das heißt, einzelne Programmaufgaben werden von unabhängigen Codeabschnitten ausgeführt. »Unabhängige Codeabschnitte« klingt ziemlich nach der Definition, die ich Ihnen für die Funktionen gegeben habe, nicht wahr? Funktionen und *strukturierte Programmierung* sind eng miteinander verbunden.

Die Vorteile der strukturierten Programmierung

Was ist so toll an der strukturierten Programmierung? Zwei wichtige Gründe sprechen für die strukturierte Programmierung:

▸ Es ist einfacher, ein strukturiertes Programm zu schreiben, da komplexe Programmierprobleme in eine Reihe kleinerer und leichterer Aufgaben zerlegt werden können. Jede Aufgabe wird von einer Funktion gelöst, in der Code und Variablen vom Rest des Programms getrennt stehen. Sie kommen schneller voran, wenn Sie diese relativ einfachen Aufgaben einzeln betrachten und behandeln.

▶ Es ist einfacher, ein strukturiertes Programm zu debuggen. Wenn Ihr Programm einen Fehler (im Englischen »bug«) aufweist, der die ordnungsgemäße Ausführung behindert, kann ein strukturiertes Design die Eingrenzung des Problems auf einen bestimmten Codeabschnitt (zum Beispiel eine bestimmte Funktion) erleichtern.

Ein weiterer Vorteil der strukturierten Programmierung ist die damit verbundene Zeitersparnis. Wenn Sie eine Funktion schreiben, die eine bestimmte Aufgabe in einem Programm lösen soll, können Sie diese Funktion schnell und problemlos in einem anderen Programm verwenden, in der die gleiche Aufgabe gelöst werden muss. Auch wenn sich das Problem im neuen Programm etwas anders darstellt, werden Sie oft die Erfahrung machen, dass es einfacher ist, eine bereits bestehende Funktion zu ändern als sie ganz neu zu schreiben. Überlegen Sie mal, wie oft Sie die beiden Funktionen `printf()` und `scanf()` verwendet haben, ohne den dahinter liegenden Code überhaupt zu kennen. Wenn Sie Ihre Funktionen so schreiben, dass sie nur eine bestimmte Aufgabe ausführen, können Sie sie später leichter in anderen Programmen wiederverwenden.

Planung eines strukturierten Programms

Wenn Sie vorhaben, ein strukturiertes Programm zu schreiben, sollten Sie etwas Zeit in die Planung investieren. Planen Sie Ihre Programme unbedingt, bevor Sie mit dem Aufsetzen des Codes beginnen. In der Regel benötigen Sie dafür nur einen Stift und ein Blatt Papier. Das Ergebnis der Planung sollte eine Liste der speziellen Aufgaben sein, die Ihr Programm ausführen soll. Beginnen Sie mit dem anvisierten globalen Ziel des Programms selbst. Was soll zum Beispiel ein Programm tun, das Ihre Namen- und Adressenliste verwalten soll? Hier einige naheliegenden Aufgaben:

▶ neue Namen und Adressen aufnehmen

▶ bestehende Einträge ändern

▶ Einträge nach dem Nachnamen sortieren

▶ Adressetiketten ausdrucken

Mit dieser Liste haben Sie das Programm in vier Hauptaufgaben zerlegt, für die jeweils eigene Funktionen implementiert werden können. Jetzt können Sie noch einen Schritt weiter gehen und diese Aufgaben in weitere Teilaufgaben zerlegen. So ließe sich zum Beispiel die Aufgabe »Neue Namen und Adressen aufnehmen« in folgende Teilaufgaben gliedern:

Funktionen und strukturierte Programmierung

- die bestehende Adressliste von der Festplatte einlesen
- den Benutzer auffordern, einen oder mehrere neue Einträge einzugeben
- die neuen Daten der Liste hinzufügen
- die aktualisierte Liste auf die Festplatte zurückschreiben

Auf gleiche Weise könnten Sie auch die Aufgabe »Bestehende Einträge ändern« wie folgt unterteilen:

- die bestehende Adressliste von der Festplatte einlesen
- einen oder mehrere Einträge ändern
- die aktualisierte Liste auf die Festplatte zurückschreiben

Vielleicht ist Ihnen aufgefallen, dass diese beiden Listen zwei Teilaufgaben gemeinsam haben – und zwar die Aufgaben zum Einlesen und Zurückschreiben von Daten auf die Festplatte. Wenn Sie zu der Aufgabe »Die bestehende Adressliste von der Festplatte einlesen« eine Funktion schreiben, können Sie diese Funktion in beiden Funktionen, »Neue Namen und Adressen aufnehmen« und »Bestehende Einträge ändern«, aufrufen. Das Gleiche gilt für die Teilaufgabe »Die aktualisierte Liste auf die Festplatte zurückschreiben«.

Damit dürfte Ihnen zumindest ein Vorteil der strukturierten Programmierung klar sein. Durch sorgfältiges Zerlegen des Programms in Aufgaben ergeben sich mitunter Programmteile, die gemeinsame Aufgaben zu erledigen haben. In unserem Fall können Sie eine »doppelt nutzbare« Festplattenzugriffsfunktion schreiben, die Ihnen Zeit spart und Ihre Programme kleiner und effizienter macht.

Diese Art der Programmierung hat eine *hierarchische* oder geschichtete Programmstruktur zur Folge. Abbildung 4.2 veranschaulicht die hierarchische Programmierung für das Adresslisten-Programm.

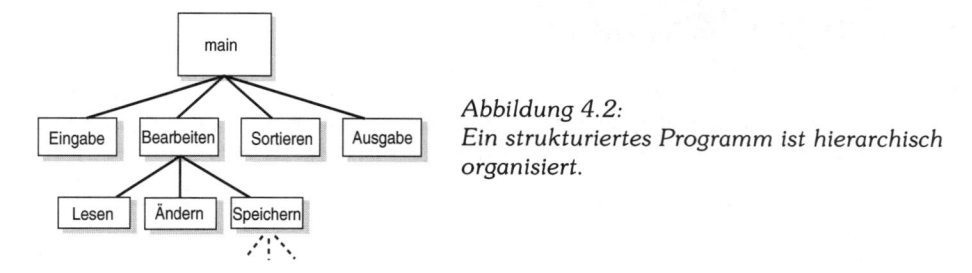

Abbildung 4.2:
Ein strukturiertes Programm ist hierarchisch organisiert.

Wenn Sie diesen Ansatz der Vorplanung verfolgen, erhalten Sie schnell eine Liste der einzelnen Aufgaben, die Ihr Programm zu erledigen hat. Sie können anschließend da-

Funktionen

rangehen, die Aufgaben eine nach der anderen zu lösen, wobei Sie Ihre Aufmerksamkeit jeweils nur auf eine relativ einfache Aufgabe konzentrieren müssen. Wenn diese Funktion dann geschrieben ist und ordnungsgemäß funktioniert, können Sie sich der nächsten Aufgabe widmen. Und bevor Sie sich versehen, nimmt Ihr Programm Formen an.

Der Top-down-Ansatz

Bei der strukturierten Programmierung folgt man dem *Top-down-Ansatz (von oben nach unten)*. In Abbildung 4.2, in der die Programmstruktur einem umgedrehten Baum ähnelt, ist dieser Ansatz veranschaulicht. Häufig wird der Großteil der Arbeit in einem Programm von den Funktionen an den Spitzen der »Äste« erledigt. Die Funktionen näher am »Stamm« dienen vornehmlich dazu, die Programmausführung zu steuern.

Als Folge haben viele C-Programme nur wenig Code im Hauptteil des Programms – das heißt in `main()`. Der größte Teil des Codes befindet sich in den Funktionen. In `main()` finden Sie vielleicht nur ein paar Dutzend Codezeilen, die die Programmausführung steuern. Viele Programme präsentieren dem Anwender ein Menü. Dann verzweigt die Programmausführung je nach Auswahl des Anwenders. Jeder Menüzweig führt zu einer eigenen Funktion.

> **Hinweis**
> Die Verwendung von Menüs ist ein guter Ansatz für den Programmentwurf. Am Tag 12, »Fortgeschrittene Programmsteuerung«, erfahren Sie, wie Sie mit `switch`-Anweisungen ein vielseitiges, menügesteuertes System erzeugen können.

Jetzt, da Sie wissen, was Funktionen sind und warum sie so wichtig sind, ist es an der Zeit, Ihnen zu zeigen, wie Sie eigene Funktionen schreiben.

Was Sie tun sollten	Was nicht
Machen Sie erst einen Plan, bevor Sie Code aufsetzen. Indem Sie im Vorfeld eine Programmstruktur festlegen, können Sie beim anschließenden Programmieren und Debuggen Zeit sparen	Versuchen Sie nicht, alles in eine Funktion zu packen. Eine Funktion sollte nur eine Aufgabe ausführen, wie zum Beispiel das Einlesen von Informationen von einer Datei.

Eine Funktion schreiben

Der erste Schritt beim Schreiben einer Funktion besteht darin, sich klarzumachen, worin die Aufgabe der Funktion überhaupt bestehen soll. Wenn Sie das wissen, ist das eigentliche Aufsetzen der Funktion gar nicht mehr so schwierig.

Der Funktions-Header

Die erste Zeile einer jeden Funktion ist der Funktions-Header, der aus drei Teilen besteht, die jeweils eine bestimmte Aufgabe erfüllen. Diese drei Teile sind in Abbildung 4.3 zu sehen und in den folgenden Abschnitten erläutert.

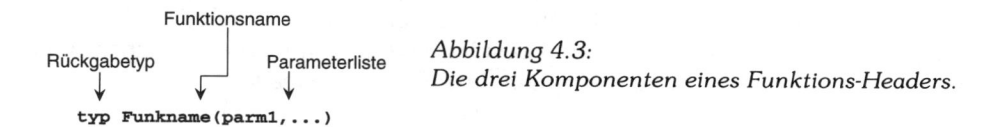

```
                Funktionsname
                     |
Rückgabetyp          |        Parameterliste
     ↓               ↓              ↓
  typ Funkname(parm1,...)
```

Abbildung 4.3:
Die drei Komponenten eines Funktions-Headers.

Der Rückgabetyp einer Funktion

Der Rückgabetyp einer Funktion gibt den Datentyp an, den die Funktion an das aufrufende Programm zurückliefert. Dieser Rückgabetyp kann ein beliebiger Datentyp von C sein: char, int, long, float oder double. Sie können aber auch eine Funktion definieren, die keinen Wert zurückliefert. In einem solchen Fall muss der Rückgabetyp void lauten. Sehen Sie einige Beispiele:

```
int funk1(...)       /* Gibt den Typ int zurück.   */
float funk2(...)     /* Gibt den Typ float zurück. */
void funk3(...)      /* Gibt nichts zurück.        */
```

In diesen Beispielen liefert funk1 einen Integer, funk2 eine Fließkommazahl und funk3 nichts zurück.

Der Funktionsname

Sie können für Ihre Funktionen einen beliebigen Namen wählen, solange er den Regeln für Variablennamen in C entspricht (siehe auch Tag 2, »Die Komponenten eines C-Programms: Quellcode und Daten«). In C-Programmen muss ein Funktionsname eindeutig sein. Er darf nicht einer anderen Funktion oder Variablen zugewiesen werden. Es ist ratsam, einen Namen zu wählen, der beschreibt, was die Funktion macht.

Die Parameterliste

Viele Funktionen verwenden *Argumente*, die der Funktion beim Aufruf übergeben werden. Eine Funktion muss wissen, welche Art von Argumenten sie zu erwarten hat – sprich den Datentyp jedes Arguments kennen. Sie können für die Argumente jeden Datentyp von C übergeben. Informationen zu den Datentypen der Argumente werden über die Parameterliste des Funktions-Headers bereitgestellt.

Für jedes Argument, das der Funktion übergeben wird, muss die Parameterliste einen Eintrag enthalten. Dieser Eintrag gibt den Datentyp und den Namen des Parameters an. Betrachten wir einmal den Header der Funktion aus Listing 4.1:

```
long kubik(long x)
```

Die Parameterliste besteht aus `long x`, womit ausgedrückt wird, dass diese Funktion ein Argument vom Typ `long` übernimmt, das in der Funktion durch den Parameter x repräsentiert wird. Wenn es mehr als einen Parameter gibt, müssen die einzelnen Parameter durch Kommata getrennt werden. Der Funktions-Header

```
void funk1(int x, float y, char z)
```

spezifiziert eine Funktion mit drei Argumenten: eines vom Typ `int` namens x, eines vom Typ `float` namens y und eines vom Typ `char` namens z. Einige Funktionen erhalten keine Argumente. Dann sollte die Parameterliste als Typ `void` angeben

```
int funk2(void)
```

wie das in der Funktion `main(void)` der Fall ist.

Hinweis: Achten Sie darauf, hinter dem Funktions-Header kein Semikolon zu setzen. Wenn es Ihnen doch aus Versehen passiert, werden Sie vom Compiler eine Fehlermeldung erhalten.

Manchmal herrscht etwas Verwirrung über den Unterschied zwischen einem Parameter und einem Argument. Ein Parameter ist ein Eintrag in einem Funktions-Header. Er dient als »Platzhalter« für ein Argument. Die Parameter einer Funktion sind unveränderbar, sie ändern sich nicht während der Programmausführung.

Ein Argument ist der eigentliche Wert, der der Funktion von dem aufrufenden Programm übergeben wird. Jedes Mal, wenn eine Funktion aufgerufen wird, können ihr andere Argumente übergeben werden. In C muss der Funktion bei jedem Aufruf die gleiche Anzahl von Argumenten mit dem jeweils festgelegten Typ übergeben werden. Die Argumentwerte jedoch können unterschiedlich sein. In der Funktion wird auf das Argument durch den entsprechenden Parameternamen zugegriffen.

Ein Beispiel soll dies verdeutlichen. Listing 4.2 enthält ein sehr einfaches Programm mit einer Funktion, die zweimal aufgerufen wird.

Listing 4.2: Der Unterschied zwischen Argumenten und Parametern.

```
1:    /* Demonstriert den Unterschied zwischen Argumenten und Parametern. */
2:
3:    #include <stdio.h>
4:
5:    float x = 3.5, y = 65.11, z;
6:
7:    float haelfte_von(float k);
8:
9:    int main(void)
10:   {
11:       /* In diesem Aufruf ist x das Argument zu haelfte_von(). */
12:       z = haelfte_von(x);
13:       printf("Der Wert von z = %f\n", z);
14:
15:       /* In diesem Aufruf ist y das Argument zu haelfte_von(). */
16:       z = haelfte_von(y);
17:       printf("Der Wert von z = %f\n", z);
18:
19:       return 0;
20:   }
21:
22:   float haelfte_von(float k)
23:   {
24:       /* k ist der Parameter. Bei jedem Aufruf von haelfte_von() */
25:       /* erhält k den Wert, der als Argument übergeben wurde.    */
26:
27:       return (k/2);
28:   }
```

Ausgabe

```
Der Wert von z = 1.750000
Der Wert von z = 32.555000
```

Abbildung 4.4 zeigt die Beziehung zwischen Argumenten und Parametern.

Analyse

Wie Sie Listing 4.2 entnehmen können, wird der Funktionsprototyp haelfte_von() in Zeile 7 deklariert. Die Zeilen 12 und 16 rufen haelfte_von() auf, und die Zeilen 22 bis 28 enthalten die eigentliche Funktion. In den Zeilen 12 und 16 werden jeweils unterschiedliche Argumente an `haelfte_von()` übergeben. In Zeile 12 ist es das x, welches einen Wert von 3.5 enthält und in Zeile 16 das y mit dem Wert von 65.11. Wenn das Programm ausgeführt wird, gibt es jeweils die korrekte Zahl aus. Die Werte von x und y werden dem Argument k von `haelfte_von()` übergeben. Die Übergabe findet genauso statt, als würde man beim ersten Male den Wert von x in k und beim zweiten Mal den Wert von y in k kopieren. Danach wird der jeweilige Wert von `haelfte_von()` durch 2 geteilt und das Ergebnis zurückgegeben (Zeile 27).

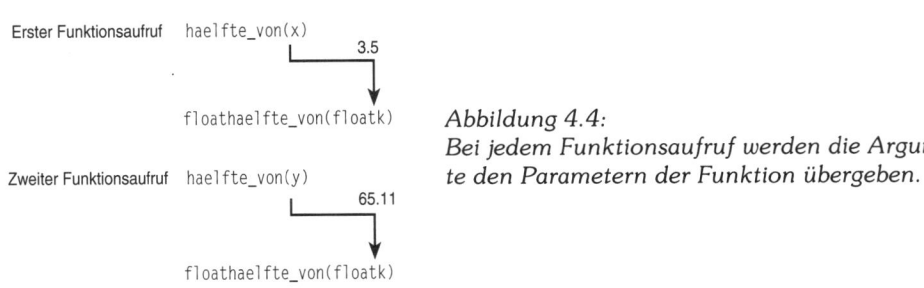

```
Erster Funktionsaufruf    haelfte_von(x)
                                   └──── 3.5
                                           ↓
                          floathaelfte_von(floatk)

Zweiter Funktionsaufruf   haelfte_von(y)
                                   └──── 65.11
                                           ↓
                          floathaelfte_von(floatk)
```

Abbildung 4.4:
Bei jedem Funktionsaufruf werden die Argumente den Parametern der Funktion übergeben.

Was Sie tun sollten	Was nicht
Wählen Sie für Ihre Funktion einen Namen, der den Zweck der Funktion beschreibt.	Übergeben Sie einer Funktion keine Werte, die nicht benötigt werden.
	Versuchen Sie nicht, einer Funktion weniger (oder mehr) Argumente zu übergeben, als durch die Parameter vorgegeben ist. In C-Programmen muss die Anzahl der übergebenen Argumente mit der Zahl der Parameter übereinstimmen.

Der Funktionsrumpf

Der *Funktionsrumpf* ist von geschweiften Klammern umschlossen und folgt unmittelbar auf den Funktions-Header. Im Funktionsrumpf wird die eigentliche Arbeit getan. Wenn eine Funktion aufgerufen wird, beginnt die Ausführung am Anfang des Rumpfes und *endet* (das heißt »kehrt zurück zum aufrufenden Programm«), wenn sie auf eine `return`-Anweisung oder auf eine schließende geschweifte Klammer trifft.

Lokale Variablen

Neuer Begriff Sie können innerhalb eines Funktionsrumpfes Variablen deklarieren. Variablen, die in einer Funktion deklariert werden, bezeichnet man als *lokale Variablen*. Der Begriff *lokal* bedeutet, dass die Variablen privat in Bezug auf diese bestimmte Funktion sind und es zu keinen Überschneidungen mit gleichlautenden Variablen an anderer Stelle im Programm kommt. In Bälde werden ich Ihnen dies näher erklären, aber im Moment sollten Sie erst einmal lernen, wie man lokale Variablen deklariert.

Die Deklaration lokaler Variablen unterscheidet sich nicht von der Deklaration anderer Variablen. Es werden die gleichen Variablentypen verwendet und es gelten die gleichen Regeln für die Namensgebung, die Sie schon am Tag 2 kennen gelernt haben. Lokale Variablen können bei der Deklaration auch initialisiert werden. Sehen Sie im Folgenden ein Beispiel für vier lokale Variablen, die innerhalb einer Funktion deklariert werden:

```c
int funk1(int y)
{
    int a, b = 10;
    float rate;
    double kosten = 12.55;
    /* hier steht der Funktionscode... */
}
```

Die obenstehenden Deklarationen erzeugen die lokalen Variablen a, b, rate und kosten, die dann von dem Code in der Funktion verwendet werden können. Beachten Sie, dass die Funktionsparameter als Variablendeklarationen betrachtet werden. Deshalb sind die Variablen aus der Parameterliste (falls vorhanden) ebenfalls in der Funktion verfügbar.

Wenn Sie eine Variable in einer Funktion deklarieren und verwenden, ist diese völlig getrennt von den anderen Variablen zu sehen, die irgendwo anders im Programm deklariert wurden. Listing 4.3 veranschaulicht diese Unabhängigkeit.

Listing 4.3: Ein Beispiel für lokale Variablen.

```
1:    /* Ein Beispiel für lokale Variablen. */
2:
3:    #include <stdio.h>
4:
5:    int x = 1, y = 2;
6:
7:    void demo(void);
8:
9:    int main(void)
```

Funktionen

```
10:  {
11:      printf("\nVor dem Aufruf von demo(), x = %d und y = %d.", x, y);
12:      demo();
13:      printf("\nNach dem Aufruf von demo(), x = %d und y = %d\n.", x, y);
14:
15:      return 0;
16:  }
17:
18:  void demo(void)
19:  {
20:      /* Deklariert und initialisiert zwei lokale Variablen. */
21:
22:      int x = 88, y = 99;
23:
24:      /* Zeigt die Werte an. */
25:
26:      printf("\nIn der Funktion demo(), x = %d und y = %d.", x, y);
27:  }
```

Ausgabe

```
Vor dem Aufruf von demo(), x = 1 und y = 2.
In der Funktion demo(), x = 88 und y = 99.
Nach dem Aufruf von demo(), x = 1 und y = 2.
```

Analyse

Listing 4.3 ist den heute bereits vorgestellten Programmen sehr ähnlich. Zeile 5 deklariert die Variablen x und y. Da diese außerhalb einer Funktion deklariert sind, werden sie als global bezeichnet. Zeile 7 enthält den Prototyp für die Beispielfunktion namens demo(). Sie übernimmt keine Parameter und hat deshalb void im Prototyp stehen. Da sie auch keine Werte zurückgibt, lautet der Typ des Rückgabewertes ebenfalls void. In Zeile 9 beginnt die Funktion main(), die sehr einfach ist. Zuerst wird in Zeile 11 printf() aufgerufen, um die Werte von x und y auszugeben. Anschließend wird die Funktion demo() aufgerufen. Beachten Sie, dass demo() in Zeile 22 seine eigenen lokalen Versionen von x und y deklariert. Zeile 26 beweist, dass die lokalen Variablen vor anderen Variablen Vorrang haben. Nachdem die demo-Funktion aufgerufen wurde, werden in Zeile 13 erneut die Werte von x und y ausgegeben. Da wir uns nicht länger in der Funktion demo() befinden, werden die ursprünglichen globalen Werte angezeigt.

Wie Sie feststellen können, sind die lokalen Variablen x und y in der Funktion völlig unabhängig von den globalen Variablen x und y, die außerhalb der Funktion deklariert wurden. Drei Regeln muss man sich im Zusammenhang mit Variablen in Funktionen merken:

▶ Um eine Variable in einer Funktion verwenden zu können, müssen Sie die Variable in dem Funktions-Header oder dem Funktionsrumpf deklarieren (eine Ausnahme bilden die globalen Variablen, die am Tag 11 behandelt werden).

▶ Damit eine Funktion einen Wert von dem aufrufenden Programm übernimmt, muss dieser Wert als Argument übergeben werden.

▶ Damit das aufrufende Programm einen Wert von einer Funktion übernehmen kann, muss der Wert explizit von der Funktion zurückgegeben werden.

Ehrlich gesagt, werden diese Regeln nicht immer befolgt. Später in diesem Buch zeige ich Ihnen, wie Sie diese Regeln umgehen können. Im Moment sollten Sie sich diese Regeln jedoch noch zu Herzen nehmen, um Ärger zu vermeiden.

Funktionen sind unter anderem deshalb unabhängig, weil man die Variablen der Funktion von den anderen Programmvariablen trennt. Eine Funktion kann jede denkbare Datenmanipulation durchführen und dabei ihren eigenen Satz an lokalen Variablen verwenden. Sie brauchen keine Angst zu haben, dass diese Manipulationen unbeabsichtigt andere Teile des Programms beeinflussen.

Funktionsanweisungen

Hinsichtlich der Anweisungen, die in eine Funktion mit aufgenommen werden können, gibt es praktisch keine Beschränkungen. Das Einzige, was Sie vermeiden sollten, ist, eine Funktion innerhalb einer anderen Funktion zu definieren (der GNU-C-Compiler akzeptiert dies zwar, aber auf andere Compiler ist das nicht unbedingt portierbar). Sie können jedoch alle anderen C-Anweisungen verwenden, einschließlich der Schleifen (werden am Tag 5, »Grundlagen der Programmsteuerung«, behandelt), der if-Anweisungen und der Zuweisungen. Und Sie können Bibliotheksfunktionen sowie benutzerdefinierte Funktionen aufrufen.

Wie umfangreich kann eine Funktion sein? In C gibt es keine Längenbeschränkungen für Funktionen, aber es ist zweckmäßig, Ihre Funktionen so kurz wie möglich zu halten. Denken Sie an die strukturierte Programmierung, in der jede Funktion nur eine relativ einfache Aufgabe durchführen soll. Wenn Sie feststellen, dass eine Funktion ziemlich lang wird, ist dies vielleicht ein Indiz dafür, dass die Aufgabe, die Sie damit lösen wollen, für eine Funktion allein zu komplex ist. Wahrscheinlich kann die Aufgabe auf eine oder mehrere kleinere Funktionen aufgeteilt werden.

Wie lang ist zu lang? Auf diese Frage gibt es keine definitive Antwort, aber in der Praxis findet man selten eine Funktion, die länger als 25 bis 30 Codezeilen ist. Die Entscheidung liegt aber ganz bei Ihnen. Einige Programmieraufgaben erfordern längere Funktionen, andere hingegen kommen mit einigen wenigen Zeilen aus. Mit zunehmender Programmierpraxis wird es Ihnen immer leichter fallen, zu entscheiden, wann etwas in kleinere Funktionen zerlegt werden sollte und wann nicht.

Funktionen

Einen Wert zurückgeben

Um einen Wert aus einer Funktion zurückzugeben, verwenden Sie das Schlüsselwort return, gefolgt von einem C-Ausdruck. Wenn die Programmausführung auf eine return-Anweisung stößt, wird der Ausdruck ausgewertet und das Ergebnis an das aufrufende Programm zurückgegeben. Der Rückgabewert der Funktion ist also der Wert des Ausdrucks. Betrachten wir folgende Funktion:

```
int funk1(int var)
{
    int x;
    /* hier steht der Funktionscode ... */
    return x;
}
```

Wenn diese Funktion aufgerufen wird, werden die Anweisungen im Funktionsrumpf bis zu der return-Anweisung ausgeführt. return beendet die Funktion und gibt den Wert von x zurück an das aufrufende Programm. Der Ausdruck, der auf das Schlüsselwort return folgt, kann ein beliebiger gültiger C-Ausdruck sein.

Eine Funktion kann mehrere return-Anweisungen enthalten. Die erste return-Anweisung, die ausgeführt wird, ist die einzige, die von Bedeutung ist. Mehrere return-Anweisungen können eine effiziente Möglichkeit sein, verschiedene Werte aus einer Funktion zurückzugeben. Ein Beispiel hierzu finden Sie in Listing 4.4.

Listing 4.4: Mehrere return-Anweisungen in einer Funktion.

```
1:   /* Beispiel für mehrere return-Anweisungen in einer Funktion. */
2:
3:   #include <stdio.h>
4:
5:   int x, y, z;
6:
7:   int groesser_von( int a, int b);
8:
9:   int main(void)
10:  {
11:      puts("Zwei verschiedene Integer-Werte eingeben: ");
12:      scanf("%d%d", &x, &y);
13:
14:      z = groesser_von(x,y);
15:
16:      printf("\nDer größere Wert beträgt %d.\n", z);
17:
18:      return 0;
19:  }
```

```
20:
21:    int groesser_von( int a, int b)
22:    {
23:        if (a > b)
24:            return a;
25:        else
26:            return b;
27:    }
```

Ausgabe

```
Zwei verschiedene Integer-Werte eingeben:
200 300

Der größere Wert beträgt 300.
Zwei verschiedene Integer-Werte eingeben:
300
200

Der größere Wert beträgt 300.
```

Analyse

Wie schon in den anderen Beispielen beginnt Listing 4.4 mit einem Kommentar, der beschreibt, was das Programm macht (Zeile 1). Die Header-Datei `stdio.h` wird eingebunden, um die Standardfunktionen für die Ein- und Ausgabe verfügbar zu machen. Mit diesen Funktionen kann das Programm Informationen auf dem Bildschirm anzeigen und Benutzereingaben einlesen. Zeile 7 enthält den Funktionsprototyp für `groesser_von()`. Beachten Sie, dass die Funktion zwei Variablen vom Typ `int` als Parameter übernimmt und ein `int` zurückgibt. Zeile 14 ruft `groesser_von()` mit x und y auf. Die Funktion `groesser_von()` enthält mehrere return-Anweisungen. Mit Hilfe einer `if`-Anweisung prüft die Funktion in Zeile 23, ob a größer ist als b. Wenn ja, führt Zeile 24 eine `return`-Anweisung aus und die Funktion wird direkt beendet. In diesem Fall werden die Zeilen 25 und 26 ignoriert. Wenn jedoch a nicht größer als b ist, wird Zeile 24 übersprungen, die `else`-Bedingung greift und die `return`-Anweisung in Zeile 26 wird ausgeführt. Sie sollten inzwischen verstanden haben, dass – in Abhängigkeit von den Argumenten, die der Funktion `groesser_von()` übergeben werden – entweder die erste oder die zweite `return`-Anweisung ausgeführt und der entsprechende Wert zurück an die aufrufende Funktion gegeben wird.

Noch eine Abschlussbemerkung zu diesem Programm. Zeile 11 enthält eine Funktion, die Ihnen vielleicht nicht aufgefallen ist: `puts()` ist eine einfache Funktion, die einen

String auf der Standardausgabe, normalerweise dem Computerbildschirm, anzeigt. Auf Strings gehe ich am Tag 9, »Zeichen und Strings«, ein. Für heute reicht es, wenn Sie wissen, dass es sich dabei um Text in Anführungszeichen handelt.

Denken Sie daran, dass der Typ des Rückgabewertes einer Funktion in dem Funktions-Header und dem Funktionsprototyp festgelegt ist. Der Wert, der von der Funktion zurückgegeben wird, muss vom Typ her identisch sein, oder der Compiler erzeugt einen Fehler.

> **Hinweis**
> Die strukturierte Programmierung legt nahe, dass jede Funktion nur einen Einstieg und einen Ausstieg hat. Das bedeutet, dass Sie versuchen sollten, nur eine return-Anweisung in Ihrer Funktion zu verwenden. Manchmal ist jedoch ein Programm mit mehreren return-Anweisungen viel einfacher zu lesen und zu warten. In solchen Fällen sollte die gute Wartbarkeit Vorrang haben.

Der Funktionsprototyp

Ein Programm sollte für jede Funktion einen Prototyp angeben. Ein Beispiel für einen Funktionsprototyp finden Sie in Zeile 4 des Listings 4.1 sowie in den anderen Listings. Was ist ein Funktionsprototyp und wozu dient er?

Von früheren Beispielen wissen Sie, dass der Prototyp einer Funktion mit dem Funktions-Header identisch ist, aber mit einem Semikolon abgeschlossen wird. Deshalb enthält der Funktionsprototyp wie der Funktions-Header Informationen über den Typ des Rückgabewertes, den Namen und die Parameter. Aufgabe des Prototyps ist es, diese Informationen dem Compiler mitzuteilen. Anhand dieser Informationen kann der Compiler bei jedem Aufruf der Funktion überprüfen, ob die der Funktion übergebenen Argumente von der Anzahl und vom Typ her stimmen und ob der Rückgabewert korrekt verwendet wird. Gibt es Abweichungen, erzeugt der Compiler eine Fehlermeldung.

Genau genommen muss ein Funktionsprototyp nicht unbedingt mit dem Funktions-Header übereinstimmen. Die Parameternamen können sich unterscheiden, solange Typ, Anzahl und Reihenfolge der Parameter übereinstimmen. Allerdings gibt es auch keinen Grund, warum Header und Prototyp nicht übereinstimmen sollten, schließlich erleichtert sich dadurch das Lesen des Quellcodes. Auch das Aufsetzen des Programms wird erleichtert. Wenn Sie eine Funktionsdefinition vervollständigt haben, können Sie mit der Ausschneiden-und-Einfügen-Funktion des Editors den Funktions-Header kopieren und so den Prototyp erzeugen. Vergessen Sie aber nicht, das Semikolon hinten anzufügen.

Damit bleibt nur noch die Frage zu klären, wo man die Funktionsprototypen im Quellcode unterbringen soll. Am sinnvollsten ist es, sie vor main() zu stellen oder vor die Definition der ersten Funktion. Der guten Lesbarkeit halber ist es zu empfehlen, alle Prototypen an einer Stelle anzugeben.

Argumente an eine Funktion übergeben

Was Sie tun sollten	Was nicht
Verwenden Sie so oft wie möglich lokale Variablen.	Versuchen Sie nicht, einen Wert zurückzugeben, der im Typ von dem Typ der Funktion abweicht.
Beschränken Sie jede Funktion auf eine einzige Aufgabe.	Achten Sie darauf, dass die Funktionen nicht zu lang werden. Wenn eine Funktion zu lang wird, versuchen Sie diese in einzelne kleinere Aufgaben zu zerlegen.
	Vermeiden Sie mehrere return-Anweisungen, wenn sie nicht unbedingt notwendig sind. Ein return sollte aber möglichst vorhanden sein. Manchmal jedoch sind mehrere return-Anweisungen einfacher und klarer.

Argumente an eine Funktion übergeben

Um einer Funktion Argumente zu übergeben, müssen Sie sie in Klammern hinter dem Funktionsnamen auflisten. Anzahl und Typen der Argumente müssen mit den Parametern in Funktions-Header und Prototyp übereinstimmen. Wenn zum Beispiel eine Funktion definiert wird, die zwei Argumente vom Typ int übernimmt, müssen Sie ihr auch genau zwei Argumente vom Typ int übergeben – nicht mehr, nicht weniger und auch keinen anderen Typ. Sollten Sie versuchen, einer Funktion eine falsche Anzahl und/oder einen falschen Typ zu übergeben, wird der Compiler dies aufgrund der Informationen im Funktionsprototyp feststellen und bemäkeln.

Wenn die Funktion mehrere Argumente übernimmt, werden die im Funktionsaufruf aufgelisteten Argumente den Funktionsparametern entsprechend ihrer Reihenfolge zugewiesen: das erste Argument zu dem ersten Parameter, das zweite Argument zu dem zweiten Parameter und so weiter, wie in Abbildung 4.5 zu sehen.

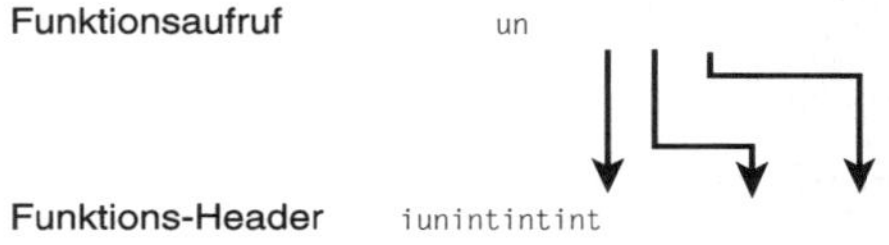

Funktionsaufruf   un

Funktions-Header   iunintintint

Abbildung 4.5:
Mehrere Argumente werden den Funktionsparametern entsprechend ihrer Reihenfolge zugewiesen.

141

Funktionen

Jedes Argument kann ein beliebiger gültiger C-Ausdruck sein: eine Konstante, eine Variable, ein mathematischer oder logischer Ausdruck oder sogar eine andere Funktion (eine mit einem Rückgabewert). Wenn zum Beispiel haelfte(), quadrat() und drittel() alles Funktionen mit Rückgabewerten wären, könnten Sie folgendes schreiben:

```
x = haelfte(drittel(quadrat(haelfte(y))));
```

Das Programm ruft zuerst haelfte() auf und übergibt ihr y als Argument. Wenn die Ausführung von haelfte() zurückkehrt, ruft das Programm quadrat() auf und übergibt der Funktion den Rückgabewert von haelfte() als Argument. Als Nächstes wird drittel() mit dem Rückgabewert von quadrat() als Argument aufgerufen. Anschließend wird erneut die Funktion haelfte() aufgerufen, diesmal jedoch mit dem Rückgabewert von drittel() als Argument. Zum Schluss wird der Rückgabewert von haelfte() der Variablen x zugewiesen. Das folgende Codefragment bewirkt das Gleiche:

```
a = haelfte(y);
b = quadrat(a);
c = drittel(b);
x = haelfte(c);
```

Funktionen aufrufen

Es gibt zwei Möglichkeiten, eine Funktion aufzurufen. Jede Funktion kann, wie das folgende Beispiel zeigt, in einer Anweisung, die nur aus dem Funktionsnamen und der Argumentenliste besteht, aufgerufen werden. Wenn die Funktion einen Rückgabewert hat, wird dieser verworfen.

```
warten(12);
```

Die zweite Methode kann nur für Funktionen verwendet werden, die einen Rückgabewert haben. Da diese Funktionen sich zu einem Wert auswerten lassen (ihren Rückgabewert), sind sie als gültiger C-Ausdruck zu betrachten und können überall dort verwendet werden, wo auch ein C-Ausdruck verwendet werden kann. Sie haben bereits einen Ausdruck kennen gelernt, der einen Rückgabewert auf der rechten Seite einer Zuweisung verwendete. Sehen Sie im Folgenden noch einige Beispiele.

In diesem Beispiel ist haelfte_von() ein Parameter einer Funktion:

```
printf("Die Hälfte von %d ist %d.", x, haelfte_von(x));
```

Zuerst wird die Funktion haelfte_von() mit dem Wert von x aufgerufen und anschließend printf() mit den Werten »Die Hälfte von %d ist %d.«, x und haelfte_von(x) aufgerufen.

In unserem zweiten Beispiel werden mehrere Funktionen in einem Ausdruck verwendet:

```
y = haelfte_von(x) + haelfte_von(z);
```

Hier wird `haelfte_von()` zweimal verwendet, aber der zweite Aufruf könnte auch irgendeiner anderen Funktion gelten. Der folgende Code zeigt die gleiche Anweisung, diesmal jedoch über mehrere Zeilen verteilt:

```
a = haelfte_von(x);
b = haelfte_von(z);
y = a + b;
```

Die abschließenden zwei Beispiele zeigen Ihnen, wie Sie die Rückgabewerte von Funktionen effektiv nutzen können. Hier wird eine Funktion mit der `if`-Anweisung verwendet:

```
if ( haelfte_von(x) > 10 )
{
    /* Anweisungen; */        /* die Anweisungen können beliebig sein! */
}
```

Wenn der Rückgabewert der Funktion dem Kriterium entspricht (in diesem Fall soll `haelfte_von()` einen Wert größer als 10 zurückliefern), ist die `if`-Anweisung wahr und ihre Anweisungen werden ausgeführt. Erfüllt der Rückgabewert das Kriterium nicht, werden die Anweisungen zu `if` nicht ausgeführt.

Das folgende Beispiel ist sogar noch besser:

```
if ( einen_prozess_ausfuehren() != OKAY )
{
    /* Anweisungen; */        /* Fehlerroutine ausführen */
}
```

Wieder werden keine eigentlichen Anweisungen gegeben, und `einen_prozess_ausfuehren()` ist auch keine richtige Funktion. Dennoch ist dies ein wichtiges Beispiel. Es wird der Rückgabewert eines Prozesses überprüft, um festzustellen, ob er korrekt läuft. Wenn nicht, übernehmen die Anweisungen alle notwendigen Fehlerbehandlungsroutinen oder Aufräumarbeiten. So wird in der Regel vorgegangen, wenn man auf Informationen in Dateien zugreifen, Werte vergleichen oder Speicher allokieren will.

> **Warnung**
> Wenn Sie versuchen, eine Funktion mit dem Rückgabewert vom Typ `void` als Ausdruck zu verwenden, erzeugt der Compiler eine Fehlermeldung.

Funktionen

Was Sie tun sollten	Was nicht
Übergeben Sie Ihren Funktionen Parameter, um die Funktion generisch und damit wiederverwertbar zu machen.	Machen Sie eine einzelne Anweisung nicht unnötig komplex, indem Sie eine Reihe von Funktionen darin unterbringen. Sie sollten nur dann Funktionen in Ihren Anweisungen verwenden, wenn diese den Code nicht unverständlich machen.
Nutzen Sie die Möglichkeit, Funktionen in Ausdrücken zu verwenden.	

Rekursion

Der Begriff *Rekursion* bezieht sich auf Situationen, in denen sich eine Funktion entweder direkt oder indirekt selbst aufruft. *Indirekte Rekursion* liegt vor, wenn eine Funktion eine andere aufruft, die wiederum die erste Funktion aufruft. In C sind rekursive Funktionen möglich und in manchen Situationen können Sie durchaus nützlich sein.

So kann die Rekursion zum Beispiel eingesetzt werden, um die Fakultät einer Zahl zu berechnen. Die Fakultät der Zahl x schreibt sich x! und berechnet sich wie folgt:

x! = x * (x-1) * (x-2) * (x-3) * ... * (2) * 1

Sie können x! jedoch auch folgendermaßen berechnen:

x! = x * (x-1)!

Gehen wir noch einen Schritt weiter und berechnen wir mit der gleichen Prozedur (x-1)!:

(x-1)! = (x-1) * (x-2)!

Sie rechnen rekursiv, bis Sie beim Wert 1 landen, in welchem Fall Sie fertig wären. Das Programm in Listing 4.5 verwendet eine rekursive Funktion, um Fakultäten zu berechnen. Da das Programm Integer vom Typ unsigned verwendet, sind nur Eingabewerte bis 14 erlaubt. Die Fakultät von 15 und größeren Werten liegt außerhalb des zulässigen Bereichs für vorzeichenlose Integer.

Listing 4.5: Programm mit einer rekursiven Funktion zur Berechnung von Fakultäten.

```
1:    /* Beispiel für Funktionsrekursion. Berechnet die */
2:    /* Fakultät einer Zahl. */
3:
4:    #include <stdio.h>
5:
6:    unsigned int f, x;
```

```
 7:    unsigned int fakultaet(unsigned int a);
 8:
 9:    int main(void)
10:    {
11:        puts("Geben Sie einen Wert zwischen 1 und 14 ein: ");
12:        scanf("%d", &x);
13:
14:        if( x > 14 || x < 1)
15:        {
16:            printf("Es sind nur Werte von 1 bis 14 zulässig!\n");
17:        }
18:        else
19:        {
20:            f = fakultaet(x);
21:            printf("Die Fakultät von %u entspricht %u\n", x, f);
22:        }
23:
24:        return 0;
25:    }
26:
27:    unsigned int fakultaet(unsigned int a)
28:    {
29:        if (a == 1)
30:            return 1;
31:        else
32:        {
33:            a *= fakultaet(a-1);
34:            return a;
35:        }
36:    }
```

Ausgabe

```
Geben Sie einen Wert zwischen 1 und 14 ein:
6
Die Fakultät von 6 entspricht 720
```

Analyse

Die erste Hälfte dieses Programms entspricht weitestgehend den anderen Programmen, die Sie inzwischen kennen gelernt haben. Es beginnt mit einem Kommentar in den Zeilen 1 und 2. Zeile 4 bindet die entsprechende Header-Datei für die Eingabe-/Ausgaberoutinen ein. Zeile 6 deklariert eine Reihe von Integer-Werten vom Typ unsigned.

Funktionen

Zeile 7 enthält den Funktionsprototyp für die Fakultätsfunktion. Beachten Sie, dass diese Funktion als Parameter den Typ `unsigned int` übernimmt und den gleichen Typ zurückgibt. In den Zeilen 9 bis 25 steht die Funktion `main()`. Die Zeile 11 fordert dazu auf, einen Wert zwischen 1 bis 14 einzugeben, und die Zeile 12 übernimmt dann diesen eingegebenen Wert.

Die Zeilen 14 bis 22 weisen eine interessante `if`-Anweisung auf. Da Werte größer 14 ein Problem darstellen, wird mit dieser `if`-Anweisung der Wert der Eingabe überprüft. Ist er größer als 14, wird eine Fehlermeldung ausgegeben. Ansonsten errechnet das Programm in Zeile 20 die Fakultät und gibt das Ergebnis in Zeile 21 aus. Wenn Sie wissen, dass sich ein solches Problem stellt (das heißt, die einzugebende Zahl einen bestimmten Wert nicht über- oder unterschreiten darf), sollten Sie Code hinzufügen, der das Problem erkennt und abfängt.

Die rekursive Funktion `fakultaet()` finden Sie in den Zeilen 27 bis 36. Der übergebene Wert wird `a` zugewiesen. Zeile 29 prüft den Wert von `a`. Lautet der Wert 1, gibt das Programm den Wert 1 zurück. Ist der Wert nicht 1, erhält `a` den Wert `a` mal der Fakultät von `fakultaet(a-1)`. Daraufhin ruft das Programm die Fakultätsfunktion erneut auf, aber diesmal erhält `a` den Wert `(a-1)`. Wenn `(a-1)` immer noch nicht gleich 1 ist, wird `fakultaet()` noch einmal aufgerufen, diesmal mit `((a-1)-1)`, was gleichbedeutend mit `(a-2)` ist. Dieser Vorgang wiederholt sich, bis die `if`-Anweisung in Zeile 29 wahr wird. Wenn als Wert 3 eingegeben wurde, wird die Fakultät wie folgt ausgewertet:

```
3 * (3-1) * ((3-1)-1)
```

Um die Rekursion besser zu verstehen, sollten Sie vielleicht das Programm aus Listing 4.5 in den *ddd*-Debugger laden. Setzen Sie, wie am Tag 1 beschrieben, einen Haltepunkt bei der ersten Anweisung in Zeile 11, indem Sie zuerst die Zeile ganz links anklicken und dann den Stop-Schalter auf der Werkzeugleiste anklicken. Damit setzen Sie ein Stopzeichen direkt am Anfang der Zeile. Wenn Sie jetzt auf den Schalter *Run* in dem kleineren, frei platzierbaren Fenster anklicken, erscheint ein grüner Pfeil neben dem Stopzeichen. Jetzt können Sie mit dem Schalter *Step* im frei platzierbaren Fenster Ihr Programm schrittweise analysieren.

Sicher ist Ihnen aufgefallen, dass die Ausgabe Ihres Programms im unteren Teil Ihres Hauptfensters erscheint. Wenn Sie bei der Zeile mit `scanf()` angekommen sind und den Schalter *Step* angeklickt haben, hält das Programm an und wartet darauf, dass Sie eine Zahl eingeben. Klicken Sie dazu in den unteren Teil des Hauptfensters von *ddd*, das die Ausgabe Ihres Programms anzeigt, und geben Sie eine Zahl zwischen 1 und 14 ein. Betätigen Sie dann die Eingabetaste. Der grüne Pfeil sollte jetzt zur ersten `if`-Anweisung der Funktion `main()` weiter wandern.

Jetzt können Sie den Rest des Programms durchgehen. Beachten Sie, dass, wenn der Debugger in die Funktion `fakultaet()` springt, der untere Teil des Hauptfensters den Funktionsnamen und den Wert des Arguments, der der Funktion übergeben wird, anzeigt. Wenn Sie sich innerhalb der Funktion `fakultaet()` befinden und den Cursor über das a (den Namen der Variable) halten, wird der Wert der Variablen unten im *ddd*-Fenster angezeigt. Beim Durchlaufen der Funktion `fakultaet()` werden Sie feststellen, dass der Wert bei jedem Aufruf der Funktion abnimmt, bis er gleich 1 ist. Anschließend wird der Debugger den berechneten Wert von a zurückgeben, egal wie oft die Funktion aufgerufen wurde. Gehen Sie dieses Programm mehrmals durch, um ein Gefühl dafür zu bekommen, wie Rekursionen funktionieren.

Was Sie tun sollten	Was nicht
Entwickeln Sie erst ein Verständnis für Rekursionen und machen Sie sich damit vertraut, bevor Sie sie in einem Programm verwenden, das Sie vertreiben wollen.	Verwenden Sie keine Rekursion, wenn es extrem viele Iterationen gibt. (Eine *Iteration* ist die Wiederholung einer Programmanweisung). Die Rekursion benötigt viele Ressourcen, da sich die Funktion merken muss, wo in der Rekursion sie sich gerade befindet.

Wo werden Funktionen definiert?

Vielleicht fragen Sie sich inzwischen, wo Sie Funktionsdefinitionen in Ihrem Quelltext am geschicktesten unterbringen. Im Moment sollten Sie sie in die Quelltextdatei mit aufnehmen, in der auch `main()` steht, wobei sie hinter `main()` selbst gesetzt werden sollten. Abbildung 4.6 veranschaulicht die grundlegende Struktur eines Programms, das Funktionen verwendet.

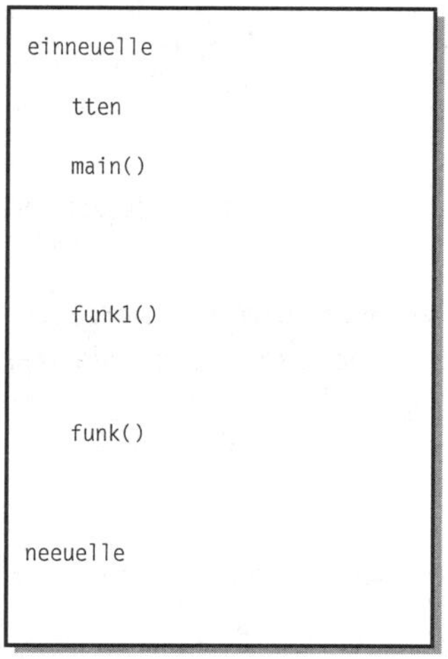

```
einneuelle

   tten

   main()




   funk1()




   funk()


neeuelle
```

Abbildung 4.6:
Setzen Sie Ihre Funktionsprototypen vor main() und Ihre Funktionsdefinitionen hinter main().

Sie können Ihre benutzerdefinierten Funktionen auch in einer separaten Quelltextdatei, getrennt von `main()`, unterbringen. Diese Technik ist für umfangreiche Programme nützlich und für den Fall, dass Sie den gleichen Satz an Funktionen in mehr als nur einem Programm verwenden wollen. Mehr dazu erfahren Sie am Tag 20, »Compiler für Fortgeschrittene«.

Zusammenfassung

Dieses Kapitel hat Ihnen einen wichtigen Bestandteil der C-Programmierung vorgestellt: die Funktionen. Funktionen sind unabhängige Code-Abschnitte, die spezielle Aufgaben durchführen. Wenn in Ihrem Programm eine Aufgabe zu bewältigen ist, ruft das Programm die für diese Aufgabe konzipierte Funktion auf. Die Verwendung von Funktionen ist eine wesentliche Voraussetzung für die strukturierte Programmierung – ein bestimmtes Programmdesign, das einen modularen Ansatz von oben nach unten propagiert. Die strukturierte Programmierung ermöglicht die Erstellung effizienter Programme und erleichtert im Allgemeinen den Programmierern die Programmentwicklung.

Sie haben gelernt, dass eine Funktion aus einem Header und einem Rumpf besteht. Der Header enthält Informationen über Rückgabewert, Name und Parameter der Funktion. Der Rumpf enthält die Deklarationen der lokalen Variablen und die C-Anweisungen, die ausgeführt werden, wenn die Funktion aufgerufen wird. Außerdem wurde Ihnen gezeigt, dass lokale Variablen – das heißt, Variablen, die innerhalb einer Funktion deklariert wurden – völlig unabhängig von den anderen Programmvariablen sind, die woanders deklariert wurden.

Fragen und Antworten

F Kann es passieren, dass man mehr als einen Wert aus einer Funktion zurückgeben muss?

A *Häufig werden Sie mehr als einen Wert von einer Funktion zurückgeben müssen oder, was noch häufiger vorkommt, Sie wollen eine Wert, den Sie der Funktion übergeben haben, ändern und die Änderung nach dem Funktionsende beibehalten.*

F Woher weiß ich, was ein guter Funktionsname ist?

A *Ein guter Funktionsname beschreibt knapp und prägnant, was die Funktion macht.*

F Wenn Variablen im Listing vor main() deklariert werden, können Sie überall verwendet werden, während lokale Variablen nur in der speziellen Funktion verwendet werden können. Warum sollte man nicht einfach alles vor main() deklarieren?

A *Der Gültigkeitsbereich von Variablen wird noch ausführlich am Tag 11 besprochen. Dort werden Sie dann auch erfahren, warum es sinnvoller ist, Variablen lokal innerhalb von Funktionen zu deklarieren anstatt global vor main().*

F Muss main() die erste Funktion in einem Programm sein?

A *Nein. Es ist allerdings in C üblich, dass die main()-Funktion die erste Funktion ist, die ausgeführt wird. Sie können sie jedoch irgendwo in Ihrer Quelltextdatei unterbringen. Die meisten Programmierer optieren für vorn oder hinten, damit man sie leichter findet.*

Workshop

Der Workshop enthält Quizfragen, die Ihnen helfen sollen, Ihr Wissen zu festigen, sowie Übungen, die Sie anregen sollen, das Gelernte umzusetzen und eigene Erfahrungen zu sammeln. Die Lösungen zu den Fragen und den Übungen finden Sie in Anhang C.

Quiz

1. Nutzt man bei der C-Programmierung die strukturierte Programmierung?
2. Was verbirgt sich hinter dem Begriff »strukturierte Programmierung«?
3. Im welchen Zusammenhang stehen C-Funktionen zur strukturierten Programmierung?
4. Wie muss die erste Zeile einer Funktionsdefinition lauten und welche Informationen sollte sie enthalten?
5. Wie viele Werte kann eine Funktion zurückgeben?
6. Mit welchem Typ sollte eine Funktion deklariert werden, die keinen Rückgabewert hat?
7. Was ist der Unterschied zwischen einer Funktionsdefinition und einem Funktionsprototyp?
8. Was versteht man unter einer lokalen Variablen?
9. Was ist das Besondere an den lokalen Variablen?
10. Wo sollten Sie die Funktion main() definieren?

Übungen

1. Schreiben Sie einen Header für eine Funktion namens `tue_es()`, die drei Argumente vom Typ `char` übernimmt und einen Wert vom Typ `float` an das aufrufende Programm zurückliefert.

2. Schreiben Sie einen Header für eine Funktion namens `eine_zahl_ausgeben()`, die ein Argument vom Typ `int` übernimmt und keinen Wert an das aufrufende Programm zurückliefert.

3. Welchen Typ haben die Rückgabewerte der folgenden Funktionen?

    a. `int fehler_ausgeben ( float err_nbr);`

    b. `long datensatz_lesen ( int rec_nbr, int size );`

4. **FEHLERSUCHE:** Was ist falsch an folgendem Listing?

    ```
    #include <stdio.h>
    void print_msg( void );
    int main(void)
    {
        print_msg( "Diese Nachricht soll ausgegeben werden." );
        return 0;
    }
    void print_msg( void )
    {
        puts( "Diese Nachricht soll ausgegeben werden." );
        return 0;
    }
    ```

5. **FEHLERSUCHE:** Was ist falsch an folgender Funktionsdefinition?

    ```
    int zweimal(int y);
    {
        return (2 * y);
    }
    ```

6. Schreiben Sie Listing 4.5 so um, dass es nur eine `return`-Anweisung in der Funktion `groesser_von()` benötigt.

7. Schreiben Sie eine Funktion, die zwei Zahlen als Argumente übernimmt und das Produkt der Zahlen zurückgibt.

8. Schreiben Sie eine Funktion, die zwei Zahlen als Argumente übernimmt. Die Funktion sollte die erste Zahl durch die zweite teilen. Teilen Sie nicht, wenn die zweite Zahl Null ist. (Hinweis: Verwenden Sie eine `if`-Anweisung.)

9. Schreiben Sie eine Funktion, die die Funktionen in den Übungen 7 und 8 aufruft.

10. Schreiben Sie ein Programm, das eine Funktion verwendet, um den Mittelwert von fünf Werten vom Typ `float` zu ermitteln, die von dem Anwender eingegeben wurden.

11. Schreiben Sie eine rekursive Funktion, die den Wert 3 um eine anzugebende Zahl potenziert. Wenn zum Beispiel 4 übergeben wird, gibt die Funktion den Wert 81 `zurück`.

Grundlagen der Programm-steuerung

Woche 1

Grundlagen der Programmsteuerung

Am Tag 3, »Anweisungen, Ausdrücke und Operatoren«, haben Sie die if-Anweisung kennen gelernt, mit der Sie zum ersten Mal auf den Programmablauf Einfluss nehmen konnten. Häufig stehen Sie jedoch vor dem Problem, dass die Entscheidung zwischen wahr und unwahr allein nicht ausreicht. Heute lernen Sie daher drei weitere Wege kennen, wie Sie den Programmfluss beeinflussen können. Heute lernen Sie:

- wie man einfache Arrays verwendet
- wie man mit for-, while- und do...while-Scheifen Anweisungen mehrmals hintereinander ausführt
- wie man Anweisungen zur Programmsteuerung verschachtelt

Hier, in diesem Kapitel werden wir die Themen noch nicht erschöpfend behandeln. Es soll Ihnen nur ausreichend Wissen vermittelt werden, so dass Sie mit dem Aufsetzen richtiger Programme beginnen können. Detailwissen zu diesen Themen finden Sie in Kapitel 12, »Fortgeschrittene Programmsteuerung«.

Arrays: Grundlagen

Bevor wir mit der for-Anweisung beginnen, sollten wir einen kleinen Abstecher in die Grundlagen der Arrays machen. (Siehe Tag 7, »Numerische Arrays«, für eine komplette Behandlung der Arrays.) for-Anweisung und Arrays sind in C eng miteinander verbunden. Deshalb ist es schwierig, eines ohne das andere zu erklären. Um Ihnen die Arrays in den Beispielen zu den for-Anweisungen verständlich zu machen, möchte ich erst einmal eine kurze Einführung zu den Arrays geben.

Ein *Array* ist eine indizierte Zusammenstellung von Datenspeicherpositionen, die den gleichen Namen tragen und sich voneinander durch einen *Index* unterscheiden – eine Zahl in eckigen Klammern, die auf den Variablennamen folgt. (Wenn Sie weiterlesen, wird dies sicher verständlicher.) Wie andere C-Variablen auch müssen Arrays deklariert werden. Eine Array-Deklaration umfasst den Datentyp und die Größe des Arrays (die Anzahl der Elemente im Array). So deklariert die folgende Anweisung zum Beispiel ein Array namens daten, das vom Typ int ist und 1000 int-Elemente enthält.

```
int daten[1000];
```

Um auf die einzelnen Elemente Bezug zu nehmen, verwenden Sie einen Index wie daten[0] bis daten[999]. Das erste Element lautet daten[0] und nicht daten[1]. In anderen Sprachen, wie zum Beispiel BASIC, erhält das erste Element im Array die Zahl 1. Dies gilt aber nicht für C.

Jedes Element dieses Arrays entspricht einer normalen Integer-Variablen und kann auch genauso verwendet werden. Der Index eines Arrays kann auch eine andere C-Variable sein, wie folgendes Beispiel zeigt:

```
int daten[1000];
int zaehlung;
zaehlung = 100;
daten[zaehlung] = 12;    /* Identisch mit daten[100] = 12 */
```

Diese Einführung in die Welt der Arrays war sehr kurz, sollte jedoch ausreichen, um Ihnen zu zeigen, wie Arrays in den nun folgenden Programmbeispielen verwendet werden. Und sollten Sie momentan noch nicht alles im Zusammenhang mit den Arrays verstehen, dann machen Sie sich nur keine Gedanken. Am Tag 7 werden wir Arrays im Detail besprechen.

> **Was Sie tun sollten**
>
> Deklarieren Sie Ihre Arrays nicht mit unnötig großen Indizes. Sie verschwenden nur Speicher.
>
> Und merken Sie sich, dass in C Arrays mit dem Index 0 und nicht 1 beginnen.

Die Programmausführung steuern

Standardmäßig wird ein C-Programm von oben nach unten ausgeführt. Die Ausführung beginnt mit der main()-Funktion und schreitet Anweisung für Anweisung weiter, bis sie das Ende von main() erreicht hat. In richtigen C-Programmen wird diese Abfolge jedoch selten eingehalten. Die Programmiersprache C bietet eine Reihe von Anweisungen zur Programmsteuerung, mit denen Sie die Programmausführung beeinflussen können. Den Bedingungsoperator und die if-Anweisung haben Sie bereits kennen gelernt, so dass wir jetzt zu drei weiteren nützlichen Steueranweisungen kommen können:

▷ der for-Anweisung
▷ der while-Anweisung
▷ der do...while-Anweisung

for-Anweisungen

Die for-Anweisung ist ein Programmkonstrukt, das einen Block von einer oder mehreren Anweisungen mehrmals hintereinander ausführt. Manchmal wird sie auch for-

Grundlagen der Programmsteuerung

Schleife genannt, da die Programmausführung diese Anweisung normalerweise mehr als einmal durchläuft. In früheren Beispielen in diesem Buch sind Ihnen schon einige for-Anweisungen begegnet. Jetzt möchte ich Ihnen zeigen, was sich dahinter verbirgt.

Ein for-Anweisung hat die folgende Struktur:

```
for ( Initial; Bedingung; Inkrement )
    Anweisung;
```

Initial, *Bedingung* und *Inkrement* sind allesamt C-Ausdrücke. *Anweisung* ist eine einfache oder komplexe C-Anweisung. Wenn die Programmausführung auf eine for-Anweisung stößt, passiert Folgendes:

1. Der Ausdruck *Initial* wird ausgewertet. *Initial* ist in der Regel eine Zuweisung, die eine Variable auf einen bestimmten Wert setzt.
2. Der Ausdruck *Bedingung* wird ausgewertet. *Bedingung* ist normalerweise ein relationaler Ausdruck (Vergleich).
3. Wenn *Bedingung* zu unwahr (das heißt Null) ausgewertet wird, endet die for-Anweisung und die Ausführung fährt mit der ersten Anweisung nach *Anweisung* fort.
4. Wenn *Bedingung* zu wahr (das heißt ungleich Null) ausgewertet wird, wird (werden) die C-Anweisung(en) in *Anweisung* ausgeführt.
5. Der Ausdruck *Inkrement* wird ausgewertet und die Ausführung kehrt zurück zu Schritt 2.

Abbildung 5.1 zeigt den Ablauf einer for-Anweisung. Beachten Sie, dass *Anweisung* niemals ausgeführt wird, wenn *Bedingung* bereits bei der ersten Auswertung unwahr ergibt.

Listing 5.1 enthält ein einfaches Beispiel für eine for-Anweisung, die die Zahlen von 1 bis 20 ausgeben soll. Sie werden sicherlich feststellen, dass der resultierende Code wesentlich kompakter und kürzer ist, als für jeden der 20 Werte eine eigene printf()-Anweisung zu verwenden.

Listing 5.1: Eine einfache for-Anweisung.

```
1:   /* Beispiel für eine einfache for-Anweisung */
2:
3:   #include <stdio.h>
4:
5:   int count;
6:
7:   int main(void)
8:   {
9:       /* Gibt die Zahlen von 1 bis 20 aus */
10:
```

```
11:         for (count = 1; count <= 20; count++)
12:             printf("%d\n", count);
13:
14:         return 0;
15:     }
```

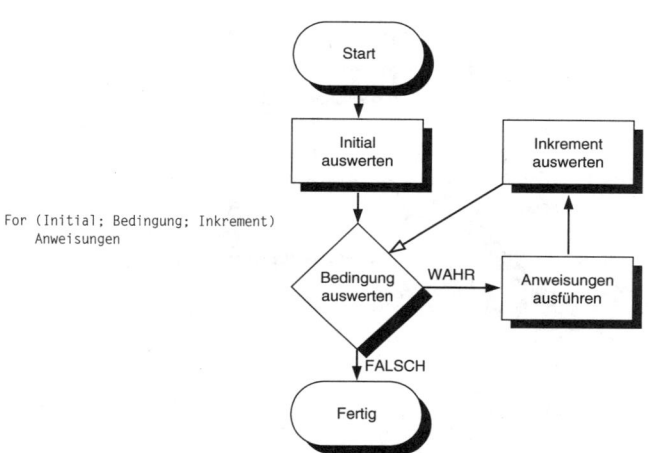

For (Initial; Bedingung; Inkrement)
    Anweisungen

Abbildung 5.1:
Eine schematische Darstellung einer for-Anweisung.

Ausgabe

1
2
3
4
5
6
7
8
9
10
11
12
13
14
15
16
17
18
19
20

Abbildung 5.2 veranschaulicht den Ablauf der for-Schleife aus Listing 5.1.

```
For (count = 1; count <= 20; count++)
    printf ( "\n%d", count);
```

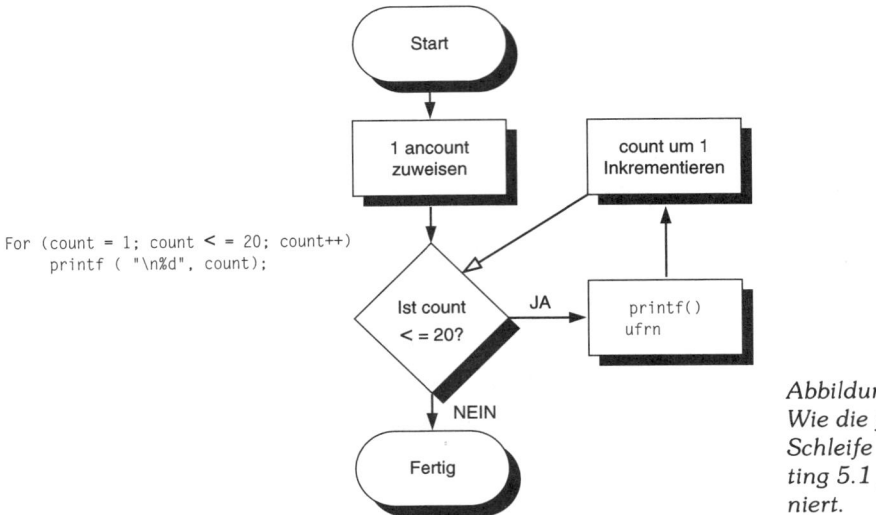

```
          Start
            |
            v
   ┌─────────────────┐
   │ 1 ancount       │
   │ zuweisen        │
   └─────────────────┘
            |
            v
      ╱ Ist count ╲   JA    ┌──────────┐
      ╲ <=20?     ╱ ──────> │ printf() │
            |               │ ufrn     │
          NEIN              └──────────┘
            v                    |
        ┌───────┐                |
        │ Fertig│   count um 1 Inkrementieren
        └───────┘
```

Abbildung 5.2: Wie die for-Schleife aus Listing 5.1 funktioniert.

Analyse

Zeile 3 bindet die Header-Datei für die Standardein-/-ausgabe ein. Zeile 5 deklariert eine Variable vom Typ int namens count, die in der for-Schleife verwendet wird. Die Zeilen 11 und 12 enthalten die for-Schleife. In der for-Schleife wird die erste Anweisung zuerst ausgeführt. In diesem Listing lautet die erste Anweisung count = 1, das heißt count wird initialisiert und kann dann vom Rest der Schleife verwendet werden. Der zweite Schritt der for-Anweisung besteht darin, die Bedingung count <= 20 auszuwerten. Da count gerade mit 1 initialisiert wurde, wissen Sie, dass dieser Wert kleiner als 20 ist, so dass die Anweisung in dem for-Befehl, der printf()-Aufruf, ausgeführt wird. Nach Ausführung des printf()-Aufrufs wird der Inkrementierungs-Ausdruck count++ ausgewertet. Dadurch wird count um 1 erhöht, so dass die Variable nun den Wert 2 erhält. Jetzt beginnt das Programm in der Schleife von vorn und prüft die Bedingung erneut. Wenn sie immer noch wahr ist, wird printf() wieder ausgeführt, count erneut inkrementiert (erhöht auf 3) und die Bedingung erneut geprüft. Diese Schleife wird so lange fortgeführt, bis die Bedingung nicht mehr zutrifft, das heißt falsch ist, woraufhin das Programm die Schleife verlässt und mit der nächsten Zeile (Zeile 14) fortfährt, die 0 zurückliefert, bevor sie das Programm beendet.

Die Programmausführung steuern

Die for-Anweisung wird häufig, wie in dem obigen Beispiel, dafür verwendet, »hochzuzählen«, das heißt, ein Zähler wird um einen Wert inkrementiert. Sie können damit aber genauso gut »herunterzählen«, das heißt, die Zählervariable dekrementieren (im Gegensatz zu inkrementieren).

```
for (count = 100; count > 0; count-- )
```

Der Wert, um den Sie »hoch- bzw. herunterzählen« muss nicht 1 sein, wie folgendes Beispiel zeigt:

```
for (count = 0; count < 1000; count += 5)
```

Die for-Anweisung ist ziemlich flexibel. Sie können beispielsweise auf die Initialisierung verzichten, wenn die Variable bereits zuvor in Ihrem Programm initialisiert wurde. (Sie müssen jedoch trotzdem, wie hier gezeigt, das Semikolon als Trennzeichen verwenden.)

```
count = 1;
for ( ; count < 1000; count++)
```

Die Initialisierung muss keine Initialisierung im eigentlichen Sinn sein. Es kann ein beliebiger C-Ausdruck sein. Was auch immer es ist, es wird ausgeführt, sobald die for-Anweisung das erste Mal erreicht wird. So wird im folgenden Beispiel die Meldung »Array wird sortiert...« ausgegeben:

```
count = 1;
for (printf("Array wird sortiert...") ; count < 1000; count++)
    /* Sortieranweisungen */
```

Sie können auch die Inkrementierung fortlassen und die Aktualisierung im Rumpf der for-Anweisung vornehmen. Vergessen Sie aber nicht, das Semikolon zu setzen. Um die Zahlen von 0 bis 99 auszugeben, könnten Sie zum Beispiel schreiben:

```
for (count = 0; count < 100; )
    printf("%d", count++);
```

Der Test, mit dem die Schleife endet, kann ein beliebiger C-Ausdruck sein. Solange er als wahr (ungleich Null) ausgewertet wird, wird die for-Anweisung ausgewertet. Sie können mit den logischen Operatoren von C komplexe Testbedingungen konstruieren. Die folgende for-Anweisung gibt die Elemente eines Arrays namens array[] aus und stoppt erst, wenn alle Elemente ausgegeben worden sind oder ein Element mit dem Wert von 0 vorliegt:

```
for (count = 0; count < 1000 && array[count] != 0; count++)
    printf("%d", array[count]);
```

Sie könnten diese for-Schleife sogar noch einfacher gestalten, indem Sie sie wie folgt formulieren. (Wenn Sie die Änderung an der Testbedingung nicht verstehen, schlagen Sie noch einmal unter Tag 3 nach.)

```
for (count = 0; count < 1000 && array[count]; )
    printf("%d", array[count++]);
```

Sie können auf die for-Anweisung eine Leeranweisung folgen lassen, so dass die ganze Arbeit in der for-Anweisung ausgeführt wird. Zur Erinnerung, eine Leeranweisung ist ein Semikolon allein in einer Zeile. Um zum Beispiel alle Elemente eines Arrays mit 1000 Elementen mit dem Wert 50 zu initialisieren, könnten Sie schreiben:

```
for (count = 0; count < 1000; array[count++] = 50)
    ;
```

In dieser for-Anweisung wird der Wert 50 jedem Element des Arrays durch den Inkrementierungsteil der Anweisung zugewiesen.

Am Tag 3 wurde darauf hingewiesen, dass der Komma-Operator in C am häufigsten in for-Anweisungen verwendet wird. Sie können einen Ausdruck erzeugen, indem Sie zwei Unterausdrücke mit dem Komma-Operator trennen. Die zwei Unterausdrücke werden ausgewertet (von links nach rechts), und der ganze Ausdruck wird dann zu dem Wert des rechten Unterausdrucks ausgewertet. Mit Hilfe des Komma-Operators können Sie jeden Teil einer for-Anweisung mehrere Aufgaben ausführen lassen.

Angenommen Sie haben zwei Arrays, a[] und b[], mit je 1000 Elementen und Sie wollen den Inhalt von a[] in umgekehrter Reihenfolge in b[] kopieren, so dass nach dem Kopiervorgang b[0] = a[999], b[1] = a[998] ist und so weiter. Wie dies geht, zeigt die folgende for-Anweisung:

```
for (i = 0, j = 999; i < 1000; i++, j-- )
    b[j] = a[i];
```

Der Komma-Operator dient also dazu, zwei Variablen, i und j, zu initialisieren und bei jeder Schleifeniteration zu inkrementieren bzw. zu dekrementieren.

Die for-Anweisung

```
for (Initial; Bedingung; Inkrement)
    Anweisung(en);
```

Initial ist ein beliebiger gültiger C-Ausdruck. In der Regel ist es eine Zuweisung, die eine Variable auf einen bestimmten Wert setzt.

Bedingung ist ein beliebiger gültiger C-Ausdruck, in der Regel ein relationaler Ausdruck. Wenn Bedingung als unwahr (Null) ausgewertet wird, endet die for-Anweisung und das Programm wird mit der ersten Anweisung nach Anweisung(en); fortgesetzt. Im anderen Fall werden die Anweisungen in Anweisung(en) ausgeführt.

Die Programmausführung steuern

Inkrement ist ein beliebiger gültiger C-Ausdruck. In der Regel ist es ein Ausdruck, der eine durch den ersten Ausdruck initialisierte Variable inkrementiert.

Bei Anweisung(en) handelt es sich um die C-Anweisungen, die ausgeführt werden, solange die Bedingung wahr ist.

Die for-Anweisung gehört zu den Schleifen. Sie kann einen Initialisierungs-, einen Bedingungs- und einen Inkrementteil in sich einschließen. Die for-Anweisung führt zuerst die Initialisierungsanweisung aus. Danach wird die Bedingung geprüft. Wenn die Bedingung wahr ist, werden die mit der Bedingung verknüpften Anweisungen ausgeführt. Anschließend wird der Inkrementierungsausdruck ausgewertet. Zum Schluss prüft die for-Anweisung die Bedingung erneut und durchläuft die Schleife so lange, bis die Bedingung falsch ist.

Beispiel 1

```
/* Gibt beim Zählen von 0 bis 9 den Wert von x aus */
int x;
for (x = 0; x <10; x++)
    printf( "\nDer Wert von x ist %d", x );
```

Beispiel 2

```
/* Liest so lange Werte ein, bis die Zahl 99 eingegeben wird */
int nbr = 0;
for ( ; nbr != 99; )
    scanf( "%d", &nbr );
```

Beispiel 3

```
/* Erlaubt die Benutzereingabe von bis zu 10 Integer-Werten  */
/* Die Werte werden in einem Array namens wert gespeichert. */
/* Wenn 99 eingegeben wird, stoppt die Schleife.            */
int wert[10];
int ctr, nbr=0;
for (ctr = 0; ctr < 10 && nbr != 99; ctr++)
{
    puts("Geben Sie eine Zahl ein, mit 99 verlassen ");
    scanf("%d", &nbr);
    wert[ctr]  = nbr;
}
```

Verschachtelte for-Anweisungen

Eine for-Anweisung kann innerhalb einer anderen for-Anweisung ausgeführt werden. Dies nennt man *Verschachteln*. (Am Tag 3 haben Sie bereits die Verschachtelung von if-Anweisungen gesehen). Durch das Verschachteln von for-Anweisungen lassen

Grundlagen der Programmsteuerung

sich komplexe Programmierprobleme lösen. Listing 5.2 ist zwar kein komplexes Programm, aber es zeigt, wie zwei `for`-Anweisungen ineinander verschachtelt werden.

Listing 5.2: Verschachtelte for-Anweisungen.

```
1:   /* Beispiel für die Verschachtelung zweier for-Anweisungen */
2:
3:   #include <stdio.h>
4:
5:   void rechteck_zeichnen( int, int);
6:
7:   int main(void)
8:   {
9:       rechteck_zeichnen( 8, 35 );
10:
11:      return 0;
12:  }
13:
14:  void rechteck_zeichnen( int reihe, int spalte )
15:  {
16:      int spa;
17:      for ( ; reihe > 0; reihe -- )
18:      {
19:          for (spa = spalte; spa > 0; spa -- )
20:              printf("X");
21:
22:          printf("\n");
23:      }
24:  }
```

Ausgabe

```
XXXXXXXXXXXXXXXXXXXXXXXXXXXXXXXXXXX
XXXXXXXXXXXXXXXXXXXXXXXXXXXXXXXXXXX
XXXXXXXXXXXXXXXXXXXXXXXXXXXXXXXXXXX
XXXXXXXXXXXXXXXXXXXXXXXXXXXXXXXXXXX
XXXXXXXXXXXXXXXXXXXXXXXXXXXXXXXXXXX
XXXXXXXXXXXXXXXXXXXXXXXXXXXXXXXXXXX
XXXXXXXXXXXXXXXXXXXXXXXXXXXXXXXXXXX
XXXXXXXXXXXXXXXXXXXXXXXXXXXXXXXXXXX
```

Die Programmausführung steuern

Analyse

Die Hauptarbeit dieses Programms wird in Zeile 20 geleistet. Wenn Sie dieses Programm ausführen, werden 280 X in Form eines Rechtecks von 8 x 35 Zeichen auf dem Bildschirm ausgegeben. Das Programm weist zwar nur einen Befehl zur Ausgabe eines X auf, aber dieser befindet sich in zwei Schleifen.

In diesem Listing wird in Zeile 5 ein Funktionsprototyp für `rechteck_zeichnen()` deklariert. Diese Funktion übernimmt zwei Variablen, `reihe` und `spalte`, vom Typ `int`, die die Abmaße des auszugebenden Rechtecks enthalten. In Zeile 9 ruft `main()` `rechteck_zeichnen()` auf und übergibt für `reihe` den Wert 8 und für `spalte` den Wert 35.

Wenn Sie die Funktion `rechteck_zeichnen()` genau betrachten, werden Ihnen vielleicht einige Dinge auffallen, die nicht sofort verständlich sind. So kann man sich fragen, warum die lokale Variable `spa` deklariert oder in Zeile 22 die Funktion `printf()` verwendet wurde. Das alles wird etwas klarer, nachdem wir erst einmal die beiden `for`-Schleifen betrachtet haben.

In Zeile 17 beginnt die erste `for`-Schleife. Die Initialisierung wird übersprungen, da der Anfangswert für `reihe` der Funktion als Argument übergeben wurde. Ein Blick auf die Bedingung zeigt Ihnen, dass diese `for`-Schleife so lange ausgeführt wird, bis `reihe` gleich 0 ist. Bei der ersten Ausführung von Zeile 17 ist `reihe` gleich 8. Deshalb fährt das Programm mit Zeile 19 fort.

Zeile 19 enthält die zweite `for`-Anweisung. Dort wird der übergebene Parameter `spalte` in eine lokale Variable, `spa`, vom Typ `int` kopiert. Der Wert von `spa` ist anfänglich 35 (der Wert der via `spalte` übergeben wurde), und `spalte` behält seinen ursprünglichen Wert bei. Da `spa` größer als 0 ist, wird Zeile 20 ausgeführt und ein X ausgegeben. Daraufhin wird `spa` dekrementiert und die Schleife fortgeführt. Wenn `spa` gleich 0 ist, endet die `for`-Schleife und der Programmfluss springt in Zeile 22. Zeile 22 bewirkt, dass die Ausgabe auf dem Bildschirm in einer neuen Zeile fortgesetzt wird. (Mehr zur Ausgabe erfahren Sie am Tag 6, »Grundlagen der Ein- und Ausgabe«.) Mit dem Sprung in die neue Bildschirmzeile hat die Programmausführung das Ende der Anweisungen in der ersten `for`-Schleife erreicht und führt den Dekrementierungsausdruck aus, der 1 von `reihe` subtrahiert, so dass der Wert jetzt 7 beträgt. Damit geht die Programmsteuerung zurück in Zeile 19. Beachten Sie, dass der Wert von `spa` bei seiner letzten Verwendung 0 war. Wenn Sie anstelle von `spa` `spalte` verwendet hätten, würde diese Variable den Bedingungstest nicht bestehen, da sie zu keiner Zeit größer als 0 werden würde. Es würde nur die erste Zeile ausgegeben. (Sie können sich selbst davon überzeugen, indem Sie aus Zeile 19 den Initialisierungsteil löschen und die beiden `spa`-Variablen in `spalte` ändern.)

Was Sie tun sollten	Was nicht

Denken Sie daran, das Semikolon zu setzen, wenn Sie eine `for`-Anweisung mit einer Leeranweisung verwenden. Setzen Sie den Semikolon-Platzhalter in eine eigene Zeile oder fügen Sie ein Leerzeichen zwischen dem Semikolon und dem Ende der `for`-Anweisung ein. Deutlicher ist es, wenn das Semikolon in einer eigenen Zeile steht.
 	
`for (count = 0; count < 1000;`
`array[count] = 50) ;`
`    /* beachten Sie das Leerzeichen! */`
	Erliegen Sie nicht der Versuchung, in der `for`-Anweisung zu viele Arbeitsschritte unterzubringen. Sie können zwar das Komma-Trennzeichen verwenden, aber oft ist es übersichtlicher, die Funktionalität im Rumpf der Schleife stehen zu haben.

while-Anweisungen

Die `while`-Anweisung, auch `while`-*Schleife* genannt, führt einen Anweisungsblock so lange aus, wie eine spezifizierte Bedingung wahr ist. Die `while`-Anweisung hat folgende Form:

`while (Bedingung)`
`    Anweisung;`

Bedingung ist ein beliebiger C-Ausdruck und *Anweisung* ist eine einfache oder komplexe C-Anweisung. Wenn die Programmausführung auf eine `while`-Anweisung stößt, passiert Folgendes:

1. Der Ausdruck *Bedingung* wird ausgewertet.

2. Wenn *Bedingung* als unwahr (das heißt als Null) ausgewertet wird, endet die `while`-Anweisung und die Ausführung fährt mit der ersten Anweisung nach *Anweisung* fort.

3. Wenn *Bedingung* als wahr (das heißt ungleich Null) ausgewertet wird, wird (werden) die C-Anweisung(en) in *Anweisung* ausgeführt

4. Die Ausführung kehrt zurück zu Schritt 1.

In Abbildung 5.3 sehen Sie den Ablauf der Programmausführung in einer `while`-Anweisung.

Listing 5.3 enthält ein einfaches Programm, das eine `while`-Anweisung dazu verwendet, die Zahlen von 1 bis 20 auszugeben. (Die gleiche Aufgabe wurde auch von der `for`-Anweisung in Listing 5.1 ausgeführt.)

Die Programmausführung steuern

```
While (Bedingung)
    Anweisungen;
```

Abbildung 5.3:
Ablauf der Programmausführung in einer while-Anweisung.

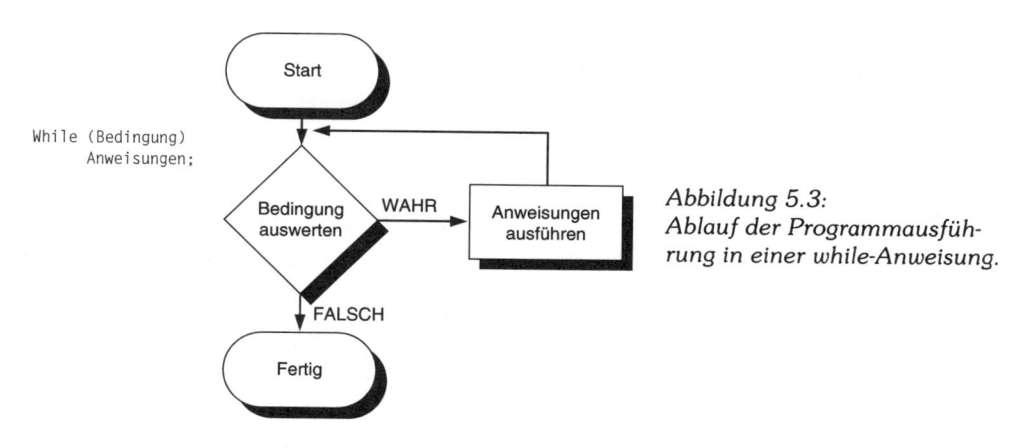

Listing 5.3: Eine einfache while-Anweisung.

```
1:   /* Beispiel einer einfachen while-Anweisung */
2:
3:   #include <stdio.h>
4:
5:   int count;
6:
7:   int main(void)
8:   {
9:       /* Gibt die Zahlen von 1 bis 20 aus */
10:
11:      count = 1;
12:
13:      while (count <= 20)
14:      {
15:          printf("%d\n", count);
16:          count++;
17:      }
18:  return 0;
19:  }
```

Ausgabe

1
2
3
4
5

```
 6
 7
 8
 9
10
11
12
13
14
15
16
17
18
19
20
```

Analyse

Analysieren Sie Listing 5.3 und vergleichen Sie es mit Listing 5.1, in der das gleiche Problem mit Hilfe einer for-Anweisung gelöst wurde. Zeile 11 initialisiert count mit dem Wert 1. Da die while-Anweisung keinen Initialisierungsabschnitt enthält, müssen Sie daran denken, alle Variablen vor der while-Schleife zu initialisieren. Zeile 13 enthält die eigentliche while-Anweisung, einschließlich der gleichen Bedingung wie in Listing 5.1: count <= 20. Zeile 16 in der while-Schleife übernimmt die Inkrementierung von count. Was würde Ihrer Meinung nach passieren, wenn Sie die Zeile 16 in Ihrem Programm weggelassen hätten? Ihr Programm wüsste nicht, wann es aufhören sollte, da count immer 1 und damit immer kleiner als 20 wäre.

Vielleicht haben Sie inzwischen bemerkt, dass eine while-Anweisung im Wesentlichen einer for-Anweisung entspricht, bei der die Initialisierung und Inkrementierung fehlen. Demzufolge ist

```
for ( ; Bedingung ; )
```

äquivalent zu

```
while (Bedingung)
```

Aufgrund dieser Ähnlichkeit kann alles, was mit einer for-Anweisung möglich ist, auch mit einer while-Anweisung bewältigt werden. Wenn Sie jedoch while verwenden, müssen alle erforderlichen Initialisierungen zuvor in einer eigenen Anweisung vorgenommen werden und die Aktualisierung muss in Form einer Anweisung in der while-Schleife selbst erfolgen.

In allen Fällen, in denen Initialisierung und Aktualisierung unverzichtbar sind, bevorzugen die meisten erfahrenen C-Programmierer die for-Anweisung – hauptsächlich wegen der besseren Lesbarkeit des Quelltextes. Bei einer for-Anweisung stehen die Ausdrücke für Initialisierung, Test und Inkrementierung alle zusammen und sind damit leicht zu finden und zu ändern. Bei einer while-Anweisung stehen Initialisierung und Aktualisierung an getrennten Stellen und sind mitunter nicht leicht auszumachen.

Die while-Anweisung

```
while (Bedingung)
    Anweisung(en);
```

Bedingung ist ein beliebiger gültiger C-Ausdruck, in der Regel ein relationaler Ausdruck. Wenn *Bedingung* als unwahr (Null) ausgewertet wird, endet die while-Anweisung und die Ausführung fährt mit der ersten Anweisung nach *Anweisung(en);* fort. Im anderen Fall wird die erste Anweisung in *Anweisung(en)* ausgeführt.

Bei *Anweisung(en)* handelt es sich um die C-Anweisungen, die ausgeführt werden, solange die *Bedingung* wahr ist.

Die while-Anweisung gehört zu den Schleifen. Mit ihrer Hilfe kann man eine Anweisung oder einen Anweisungsblock so lange wiederholt ausführen lassen, wie eine gegebene Bedingung wahr ist (ungleich Null). Wenn die *Bedingung* bereits bei der ersten Ausführung des while-Befehls nicht wahr ist, werden die *Anweisung(en)* nie ausgeführt.

Beispiel 1

```c
int x = 0;
while (x < 10)
{
    printf("\nDer Wert von x ist %d", x );
    x++;
}
```

Beispiel 2

```c
/* Liest solange Werte ein, bis die Zahl 99 eingegeben wird */
int nbr=0;
while (nbr <= 99)
    scanf("%d", &nbr );
```

Beispiel 3

```c
/* Erlaubt die Benutzereingabe von bis zu 10 Integer-Werten */
/* Die Werte werden in einem Array namens wert gespeichert. */
/* Wenn 99 eingegeben wird, stoppt die Schleife.            */
```

Grundlagen der Programmsteuerung

```c
int wert[10];
int ctr = 0;
int nbr;
while (ctr < 10 && nbr != 99)
{
    puts("Geben Sie eine Zahl ein, mit 99 verlassen ");
    scanf("%d", &nbr);
    wert[ctr] = nbr;
    ctr++;
}
```

Verschachtelte while-Anweisungen

Wie schon vorher die `for`- und `if`-Anweisungen können auch `while`-Anweisungen verschachtelt werden. In Listing 5.4 finden Sie ein Beispiel für verschachtelte `while`-Anweisungen. Dies ist zwar nicht der beste Einsatzbereich für eine `while`-Anweisung, aber das Beispiel hält einiges Neue für Sie bereit:

Listing 5.4: Verschachtelte while-Anweisungen.

```
1:   /* Beispiel für verschachtelte while-Anweisungen */
2:
3:   #include <stdio.h>
4:
5:   int array[5];
6:
7:   int main(void)
8:   {
9:      int ctr = 0,
10:         nbr = 0;
11:
12:     printf("Dies Programm fordert Sie auf, 5 Zahlen einzugeben\n");
13:     printf("Jede Zahl muss zwischen 1 und 10 liegen\n");
14:
15:     while ( ctr < 5 )
16:     {
17:        nbr = 0;
18:        while (nbr < 1 || nbr > 10)
19:        {
20:           printf("\nGeben Sie Zahl %d von 5 ein: ", ctr + 1 );
21:           scanf("%d", &nbr );
22:        }
23:
24:        array[ctr] = nbr;
```

```
25:            ctr++;
26:        }
27:
28:        for (ctr = 0; ctr < 5; ctr++)
29:            printf("Der Wert von %d lautet %d\n", ctr + 1, array[ctr] );
30:
31:        return 0;
32:  }
```

Ausgabe

```
Dies Programm fordert Sie auf, 5 Zahlen einzugeben
Jede Zahl muss zwischen 1 und 10 liegen

Geben Sie Zahl 1 von 5 ein: 3

Geben Sie Zahl 2 von 5 ein: 6

Geben Sie Zahl 3 von 5 ein: 3

Geben Sie Zahl 4 von 5 ein: 9

Geben Sie Zahl 5 von 5 ein: 2

Der Wert von 1 lautet 3
Der Wert von 2 lautet 6
Der Wert von 3 lautet 3
Der Wert von 4 lautet 9
Der Wert von 5 lautet 2
```

Analyse

Wie schon in den vorherigen Listings enthält Zeile 1 einen Kommentar, der das Programm beschreibt, und Zeile 3 eine #include-Anweisung für die Header-Datei der Standardein-/-ausgabe. Zeile 5 deklariert ein Array (namens array), das fünf Integer-Werte aufnehmen kann. Die Funktion main() deklariert zwei zusätzliche lokale Variablen, ctr und nbr (in den Zeilen 9 und 10). Beachten Sie, dass diese Variablen bei ihrer Deklaration mit 0 initialisiert werden. Auch möchte ich Sie auf den Komma-Operator am Ende von Zeile 9 hinweisen, der als Trennzeichen dient und nbr als int deklariert, ohne dass dafür in Zeile 10 die Angabe des int-Typs wiederholt werden muss. Deklarationen dieser Art sind gängige Praxis unter vielen C-Programmierern. Die Zeilen 12 und 13 geben eine Meldung aus, die darüber informiert, was das Programm macht und was vom Anwender erwartet wird. In den Zeilen 15 bis 26 stehen der erste while-

Befehl und seine Anweisungen. Eingebettet darin befindet sich in den Zeilen 18 bis 22 eine verschachtelte `while`-Schleife mit eigenen Anweisungen, die Teil der äußeren `while`-Anweisung ist.

Die äußere Schleife wird so lange ausgeführt, wie `ctr` kleiner als 5 ist (Zeile 15). Solange `ctr` kleiner als 5 ist, setzt Zeile 17 `nbr` auf 0, die Zeilen 18 bis 22 (die verschachtelte `while`-Anweisung) lesen eine Zahl in die Variable `nbr` ein, Zeile 24 legt die Zahl in `array` ab und Zeile 25 inkrementiert `ctr`. Die Aufgabe der äußeren Schleife besteht also darin, fünf Zahlen entgegenzunehmen, sie jeweils in `array` abzulegen und sie mit `ctr` zu indizieren.

Die innere Schleife ist ein gutes Beispiel für den sinnvollen Einsatz einer `while`-Anweisung. Im Programm stellen nur die Zahlen von 1 bis 10 gültige Eingaben dar und solange der Anwender keine gültige Zahl eingibt, soll das Programm nicht fortgeführt werden. Die Zeilen 18 bis 22 enthalten den zugehörigen Code. Die `while`-Anweisung sorgt dafür, dass für Eingaben kleiner als 1 oder größer als 10 der Anwender erneut aufgefordert wird, eine Zahl einzuzugeben, und diese dann eingelesen wird.

Die Zeilen 28 und 29 geben die Werte aus, die in `array` gespeichert sind. Beachten Sie, dass der `for`-Befehl die Variable `ctr` verwenden kann, weil diese von den `while`-Anweisungen nicht mehr benötigt wird. Die `for`-Schleife, die bei Null beginnt und um 1 inkrementiert, wird fünfmal durchlaufen und gibt den Wert von `ctr` plus 1 (da die Zählung bei Null begann) sowie den entsprechenden Wert in `array` aus.

Es gibt zwei Dinge in diesem Programm, die Sie zu Übungszwecken einmal ändern sollten. Zum einen können Sie den Wertebereich, den das Programm akzeptiert, verändern. Erweitern Sie ihn doch einfach von 1 bis 10 auf 1 bis 100. Außerdem können Sie die Anzahl der einzugebenden Werte variieren. Im jetzigen Programm sind das fünf Zahlen. Versuchen Sie es doch einmal mit 10.

Was Sie tun sollten	Was nicht

Verwenden Sie keine `while`-Anweisung, sondern eine `for`-Anweisung, wenn Sie in Ihrer Schleife Werte initialisieren und inkrementieren müssen. In der `for`-Schleife stehen die Initialisierungs-, Bedingungs- und Inkrementierungsanweisungen dicht beieinander. In der `while`-Anweisung nicht.	Verwenden Sie die folgende Konvention nur, wenn es unbedingt nötig ist:
	
	`while (x)`
	
	Halten Sie sich stattdessen an folgende Konvention:
	
	`while (x != 0)`
	
	Beide Konventionen sind möglich, doch die zweite ist klarer beim Debuggen des Codes (bei der Fehlersuche). Die Kompilierung erzeugt aus beiden Zeilen praktisch den gleichen Code.

do...while-Schleifen

Das dritte Schleifenkonstrukt von C ist die do...while-Schleife, die einen Anweisungsblock so lange ausführt, wie eine bestimmte Bedingung wahr ist. Eine do...while-Schleife testet die Bedingung allerdings erst am Ende der Schleife und nicht am Anfang, wie das bei den for- und der while-Schleifen der Fall ist.

Der Aufbau einer do...while-Schleife sieht folgendermaßen aus:

```
do
    Anweisung;
while (Bedingung);
```

Bedingung ist ein beliebiger C-Ausdruck und *Anweisung* ist eine einfache oder komplexe C-Anweisung. Wenn das Programm auf eine do...while-Anweisung trifft, passiert Folgendes:

1. Die Anweisungen in *Anweisung* werden ausgeführt.
2. Die *Bedingung* wird ausgewertet. Ist sie wahr, kehrt die Ausführung zurück zu Schritt 1. Ist sie falsch, wird die Schleife beendet.

Den Ablauf einer do...while-Schleife finden Sie in Abbildung 5.4.

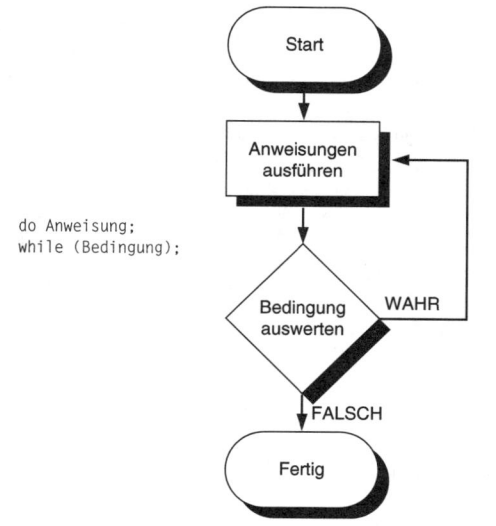

*Abbildung 5.4:
Der Ablauf einer do...while-Schleife.*

Die Anweisungen einer do...while-Schleife werden immer mindestens einmal ausgeführt. Dies liegt daran, dass die Testbedingung am Ende der Schleife und nicht am Anfang ausgewertet wird. for- und while-Schleifen dagegen werten die Testbedingung zu

Beginn der Schleife aus, so dass ihre Anweisungen nicht ausgeführt werden, wenn die Testbedingung bereits bei Eintritt in die Schleife unwahr ist.

do...while-Schleifen werden seltener verwendet als while- und for-Schleifen. Sie sind vor allem dort angebracht, wo die Anweisung(en) der Schleife zumindest einmal ausgeführt werden muss (müssen). Sie können das Problem auch ohne weiteres mit einer while-Schleife lösen, indem Sie sicher stellen, dass die Testbedingung wahr ist, wenn die Programmausführung die Schleife das erste Mal erreicht. Allerdings wäre eine do...while-Schleife wahrscheinlich unkomplizierter.

Listing 5.5 zeigt Ihnen ein Beispiel für eine do...while-Schleife.

Listing 5.5: Eine einfache do...while-Schleife.

```
1:    /* Beispiel für eine einfache do...while-Anweisung */
2:
3:    #include <stdio.h>
4:
5:    int menue_option_einlesen( void );
6:
7:    int main(void)
8:    {
9:        int option;
10:
11:       option = menue_option_einlesen();
12:
13:       printf("Sie haben die Menü-Option %d gewählt\n", option );
14:
15:       return 0;
16:   }
17:
18:   int menue_option_einlesen( void )
19:   {
20:       int auswahl = 0;
21:
22:       do
23:       {
24:           printf("\n" );
25:           printf("\n1 - Datensatz hinzufügen" );
26:           printf("\n2 - Datensatz ändern ");
27:           printf("\n3 - Datensatz löschen ");
28:           printf("\n4 - Verlassen");
29:           printf("\n" );
30:           printf("\nGeben Sie Ihre Wahl ein: " );
31:
32:           scanf("%d", &auswahl );
```

```
33:
34:         }while ( auswahl < 1 || auswahl > 4 );
35:
36:         return auswahl;
37: }
```

Ausgabe

```
1 - Datensatz hinzufügen
2 - Datensatz ändern
3 - Datensatz löschen
4 - Verlassen

Geben Sie Ihre Wahl ein: 8

1 - Datensatz hinzufügen
2 - Datensatz ändern
3 - Datensatz löschen
4 - Verlassen

Geben Sie Ihre Wahl ein: 4
Sie haben die Menü-Option 4 gewählt
```

Analyse

Dieses Programm stellt ein Menü mit vier Optionen bereit. Der Anwender wählt eine der vier Optionen aus, und das Programm gibt dann die gewählte Zahl aus. Spätere Programme in diesem Buch verwenden und erweitern dieses Konzept. Der größte Teil des Listings sollte Ihnen vom Verständnis her keine Schwierigkeiten bereiten. Die Funktion main() in den Zeilen 7 bis 16 enthält nichts, was Sie nicht schon kennen.

Hinweis Der Rumpf von main() hätte auch wie folgt in einer Zeile geschrieben werden können:

```
printf( "Sie haben die Menü-Option %d gewählt",
        menue_option_einlesen() );
```

Wenn man aber das Programm erweitern und auf die getroffene Auswahl reagieren möchte, benötigt man den von menue_option_einlesen() zurückgegebenen Wert. Deshalb ist es ratsam, diesen Wert einer Variablen (wie option) zuzuweisen.

Die Zeilen 18 bis 37 enthalten die Funktion menue_option_einlesen(). Diese Funktion gibt auf dem Bildschirm ein Menü aus (Zeilen 24 bis 30) und nimmt den Zahlencode der getroffenen Auswahl entgegen. Da Sie ein Menü mindestens einmal anzeigen müssen, um eine Antwort zu erhalten, bietet sich hier die Verwendung einer do...while-Schleife an. In unserem Programm wird das Menü so oft angezeigt, bis eine gültige Auswahl getroffen wurde. Zeile 34 enthält den while-Teil der do...while-Anweisung und wertet den eingegebenen Wert für die Menüauswahl (sinnvollerweise auswahl genannt) aus. Wenn der eingegebene Wert nicht zwischen 1 und 4 liegt, wird das Menü erneut angezeigt und der Benutzer zu einer neuen Menüauswahl aufgefordert. Wird eine gültige Zahl eingegeben, fährt das Programm mit Zeile 36 fort, die den Wert der Variablen auswahl zurückliefert.

Die do...while-Anweisung

```
do
{
    Anweisung(en);
}while (Bedingung);
```

Bedingung ist ein beliebiger gültiger C-Ausdruck, in der Regel ein relationaler Ausdruck. Wenn *Bedingung* als unwahr (Null) ausgewertet wird, endet die while-Anweisung und die Ausführung fährt mit der ersten Anweisung nach der while-Anweisung fort. Im anderen Fall springt das Programm zurück zu dem do-Teil und die C-Anweisung(en) in *Anweisung(en)* wird (werden) ausgeführt

Bei *Anweisung(en)* handelt es sich um eine einfache C-Anweisung oder einen Block von Anweisungen. Diese Anweisungen werden beim ersten Durchlauf der Schleife und danach so lange, wie *Bedingung* wahr ist, ausgeführt.

Die do...while-Anweisung gehört zu den Schleifen. Mit ihrer Hilfe kann man eine Anweisung oder einen Anweisungsblock so lange wiederholt ausführen lassen, wie eine gegebene Bedingung wahr ist (ungleich Null). Im Gegensatz zu einem while-Befehl werden die Anweisungen einer do...while-Schleife mindestens einmal ausgeführt.

Beispiel 1

```
/* Ausgabe erfolgt, auch wenn die Bedingung falsch ist! */
int x = 10;
do
{
    printf("\nDer Wert von x ist %d", x );
}while (x != 10);
```

Beispiel 2

```
/* Liest so lange Werte ein, bis die Zahl 99 eingegeben wird */
int nbr;
do
{
    scanf("%d", &nbr );
}while (nbr <= 99);
```

Beispiel 3

```
/* Erlaubt die Benutzereingabe von bis zu 10 Integer-Werten  */
/* Die Werte werden in einem Array namens wert gespeichert. */
/* Wenn 99 eingegeben wird, stoppt die Schleife.             */
int wert[10];
int ctr = 0;
int nbr;
do
{
    puts("Geben Sie eine Zahl ein, mit 99 verlassen ");
    scanf( "%d", &nbr);
    wert[ctr] = nbr;
    ctr++;
}while (ctr < 10 && nbr != 99);
```

Verschachtelte Schleifen

Der Begriff *verschachtelte Schleife* bezieht sich auf eine Schleife, die innerhalb einer anderen Schleife verwendet wird. Sie haben bereits einige Beispiele für verschachtelte Schleifen kennen gelernt. Bezüglich der Verschachtelungstiefe sind Ihnen in C praktisch keine Grenzen gesetzt. Sie müssen nur aufpassen, dass jede innere Schleife komplett von der äußeren Schleife eingeschlossen ist. Schleifen dürfen sich nicht überlappen. Aus diesem Grund ist folgender Code nicht erlaubt:

```
for ( count = 1; count < 100; count++)
{
    do
    {
        /* die do...while-Schleife */
} /* Ende der for-Schleife */
    }while (x != 0);
```

Wenn die `do...while`-Schleife komplett von der `for`-Schleife umschlossen ist, gibt es keine Probleme:

```
for (count = 1; count < 100; count++)
{
    do
    {
        /* die do...while-Schleife */
    }while (x != 0);
} /* Ende der for-Schleife */
```

Wenn Sie verschachtelte Schleifen verwenden, sollten Sie daran denken, dass Änderungen in der inneren Schleife unter Umständen Auswirkungen auf die äußere Schleife haben können. Die innere Schleife kann jedoch auch völlig unabhängig von den Variablen der äußeren Schleife sein. In unserem Beispiel ist dem allerdings nicht so. Wenn in dem obigen Beispiel der Wert `count` in der inneren `do...while`-Schleife geändert wird, hat das Einfluss darauf, wie oft die äußere `for`-Schleife ausgeführt wird.

Einrückungen erhöhen die Lesbarkeit von Code mit verschachtelten Schleifen. Jede Schleifenebene sollte sich von der vorherigen durch Einrückung abheben. Damit machen Sie deutlich, welcher Code zu welcher Schleife gehört.

Was Sie tun sollten	Was nicht
Verwenden Sie die `do...while`-Schleife, wenn Sie wissen, dass die Schleife mindestens einmal ausgeführt werden soll.	Versuchen Sie nicht, Schleifen zu überlappen. Sie können sie zwar verschachteln, doch Sie müssen dabei darauf achten, dass sie völlig ineinander liegen.

Zusammenfassung

Nach der heutigen Lektion sind Sie schon fast gerüstet, um selbst richtige C-Programme aufzusetzen.

In C gibt es drei Schleifenanweisungen, die den Programmfluss steuern: `for`, `while` und `do...while`. Jedes dieser Konstrukte lässt Ihr Programm einen Anweisungsblock in Abhängigkeit von dem aktuellen Wert bestimmter Programmvariablen keinmal, einmal oder mehrere Male ausführen. Viele Programmieraufgaben lassen sich durch die wiederholte Ausführung, wie sie durch diese Schleifenanweisungen möglich sind, elegant lösen.

Auch wenn sich alle drei Anweisungen auf das gleiche Problem anwenden lassen, unterscheiden sie sich doch durch besondere Eigenheiten. Bei der `for`-Anweisung können Sie in einem Befehl initialisieren, auswerten und inkrementieren. Die `while`-

Anweisung wird ausgeführt, solange eine Bedingung wahr ist, und die do...while-Anweisung führt ihre Anweisungen mindestens einmal aus und anschließend so lange, bis die Bedingung zu unwahr ausgewertet wird.

Unter Verschachtelung versteht man die Unterbringung eines Befehls innerhalb eines anderen. In C können alle Befehle verschachtelt werden. Am Tag 3 habe ich Ihnen bereits gezeigt, wie Sie die if-Anweisung verschachteln. Heute wurden die for-, die while- und die do...while-Anweisungen verschachtelt.

Fragen und Antworten

F Woher weiß ich, welche Anweisung ich zur Programmsteuerung verwenden muss – for, while oder do...while?

A *Wenn Sie sich die einzelnen Syntaxbeispiele anschauen, werden Sie feststellen, dass man mit allen dreien ein Schleifenproblem lösen kann. Jede Anweisung hat jedoch so ihre Eigenheiten. Die for-Anweisung eignet sich am besten, wenn Sie wissen, dass Sie in Ihrer Schleife initialisieren und inkrementieren müssen. Wenn Sie lediglich eine Bedingung abfragen und keine bestimmte Anzahl von Schleifeniterationen durchführen wollen, ist while zu empfehlen. Und wenn Sie davon ausgehen, dass der zugehörige Anweisungsblock mindestens einmal ausgeführt werden muss, ist do...while die beste Wahl. Da alle drei für die meisten Probleme verwendet werden können, möchte ich Ihnen empfehlen, sich mit allen dreien vertraut zu machen und dann in jeder Programmsituation individuell abzuwägen, welches Konstrukt am besten geeignet ist.*

F Wie tief kann ich meine Schleifen verschachteln?

A *Für die Verschachtelungstiefe sind Ihnen keine Grenzen gesetzt. Wenn Ihr Programm mehr als zwei Verschachtelungsebenen benötigt, sollten Sie überlegen, ob Sie nicht besser eine Funktion verwenden. Vielleicht stellen Sie fest, dass die vielen geschweiften Klammern das Lesen des Codes erschweren – dann könnte eine Funktion Abhilfe schaffen.*

F Kann ich unterschiedliche Schleifenbefehle verschachteln?

A *Sie können if, for, while, do...while oder irgendwelche anderen Befehle verschachteln. Sie werden bald feststellen, dass viele Programme, die Sie schreiben wollen, das Verschachteln von zumindest einigen dieser Befehl erforderlich machen.*

Grundlagen der Programmsteuerung

Workshop

Der Workshop enthält Quizfragen, die Ihnen helfen sollen, Ihr Wissen zu festigen, sowie Übungen, die Sie anregen sollen, das Gelernte umzusetzen und eigene Erfahrungen zu sammeln. Die Lösungen zu den Fragen und den Übungen finden Sie in Anhang C.

Quiz

1. Wie lautet der Indexwert des ersten Elements in einem Array?
2. Worin besteht der Unterschied zwischen einer for- und einer while-Anweisung?
3. Worin besteht der Unterschied zwischen einer while- und einer do...while-Anweisung?
4. Stimmt es, dass man eine while-Anweisung verwenden und mit dieser die gleichen Ergebnisse erzielen kann wie mit einer for-Anweisung?
5. Woran müssen Sie denken, wenn Sie Anweisungen verschachteln?
6. Kann eine while-Anweisung in einer do...while-Anweisung verschachtelt werden?
7. Wie lauten die vier Teile einer for-Anweisung?
8. Wie lauten die zwei Teile einer while-Anweisung?
9. Wie lauten die zwei Teile einer do...while-Anweisung?

Übungen

1. Deklarieren Sie ein Array, dass 50 Werte vom Typ long enthält.
2. Schreiben Sie eine Anweisung, die dem 50. Element im Array von Übung 1 den Wert 123.456 zuweist.
3. Wie lautet der Wert von x, nachdem die folgende Anweisung ausgeführt wurde?

    ```
    for (x = 0; x < 100, x++) ;
    ```

4. Wie lautet der Wert von ctr, nachdem die folgende Anweisung ausgeführt wurde?

    ```
    for (ctr = 2; ctr < 10; ctr += 3) ;
    ```

5. Wie viele X gibt der folgende Code aus?

    ```
    for (x = 0; x < 10; x++)
        for (y = 5; y > 0; y - )
            puts("X");
    ```

6. Schreiben Sie eine `for`-Anweisung, die in Dreierschritten von 1 bis 100 zählt.
7. Schreiben Sie eine `while`-Anweisung, die in Dreierschritten von 1 bis 100 zählt.
8. Schreiben Sie eine `do...while`-Anweisung, die in Dreierschritten von 1 bis 100 zählt.
9. **FEHLERSUCHE:** Was ist falsch an folgendem Codefragment?

    ```
    datensatz = 0;
    while (datensatz < 100)
    {
        printf( "\nDatensatz %d ", datensatz );
        printf( "\nNächste Zahl..." );
    }
    ```

10. **FEHLERSUCHE:** Was ist falsch an folgendem Codefragment? (`MAXWERTE` ist nicht das Problem!)

    ```
    for (zaehler = 1; zaehler < MAXWERTE; zaehler++);
        printf("\nZaehler = %d", zaehler );
    ```

Grundlagen der Ein- und Ausgabe

Woche 1

Grundlagen der Ein- und Ausgabe

In den meisten Ihrer Programme werden Sie Informationen auf dem Bildschirm ausgeben oder Informationen von der Tastatur einlesen müssen. In einem Großteil der bisher vorgestellten Beispielprogramme wurde damit schon gearbeitet, auch wenn Sie vielleicht nicht verstanden haben, wie alles zusammenhängt. Heute lernen Sie:

- die Grundlagen der Eingabe-/Ausgabeanweisungen in C kennen
- wie man Informationen mit den Bibliotheksfunktionen printf() und puts() auf dem Bildschirm ausgibt
- wie man Informationen auf dem Bildschirm formatiert
- wie man Daten mit der Bibliotheksfunktion scanf() von der Tastatur einliest

Die heutige Lektion soll diese Themen nicht vollständig abhandeln, sondern lediglich die grundlegenden Informationen vermitteln, so dass Sie mit dem Schreiben richtiger Programme beginnen können. Etwas weiter hinten in diesem Buch werden wir auf diese Themen noch ausführlicher eingehen.

Informationen auf dem Bildschirm anzeigen

In den meisten Ihrer Programme werden Sie sicherlich eine Ausgabe auf dem Bildschirm vorsehen. Und das geschieht am häufigsten über die zwei Bibliotheksfunktionen von C, printf() und puts().

Die Funktion printf()

Die Funktion printf() ist Teil der C-Standardbibliothek. Sie stellt wahrscheinlich die flexibelste Option zur Ausgabe von Daten auf den Bildschirm dar. printf() ist Ihnen bereits in vielen Beispielen in diesem Buch begegnet. Jetzt sollen Sie erfahren, wie die Funktion arbeitet.

Die Ausgabe einer Textmeldung auf den Bildschirm ist einfach. Rufen Sie die Funktion printf() auf und übergeben Sie ihr die entsprechende Nachricht in doppelten Anführungszeichen. Um zum Beispiel »Ein Fehler ist aufgetreten!« auf den Bildschirm auszugeben, schreiben Sie

```
printf("Ein Fehler ist aufgetreten!");
```

Doch meist müssen Sie nicht nur eine Textmeldung, sondern auch den Wert von Programmvariablen ausgeben. Dies ist etwas komplizierter, als nur eine Meldung auszugeben. Angenommen Sie wollen zum Beispiel den Wert der numerischen Variablen x auf dem Bildschirm zusammen mit erläuterndem Text ausgeben und dieser Text soll in einer neuen Zeile beginnen. Dazu könnten Sie die printf()-Funktion wie folgt verwenden:

```
printf("\nDer Wert von x ist %d", x);
```

Unter der Voraussetzung, dass der Wert von x 12 ist, wäre die Ausgabe auf dem Bildschirm dann:

```
Der Wert von x ist 12
```

In diesem Beispiel werden `printf()` zwei Argumente übergeben. Das erste Argument steht in doppelten Anführungszeichen und wird *Formatstring* genannt. Das zweite Argument ist der Name der Variablen (x), die den auszugebenden Wert enthält.

printf()-Formatstrings

Ein `printf()`-Formatstring spezifiziert, wie die Ausgabe zu formatieren ist. Sehen Sie im Folgenden die drei möglichen Komponenten eines Formatstrings:

- *Literaler Text* wird genau so angezeigt, wie er in dem Formatstring eingegeben wird. In dem obigen Beispiel besteht dieser literale String aus den Zeichen D (in Der) bis % (das nicht dazugehört).

- *Escape-Sequenzen* bieten besondere Möglichkeiten zur Formatierung. Eine Escape-Sequenz besteht aus einem Backslash gefolgt von einem einfachen Zeichen. In unserem Beispiel oben ist \n eine Escape-Sequenz. Die Escape-Sequenz \n wird als Neue-Zeile-Zeichen bezeichnet und bedeutet: »Begib dich an den Anfang der nächsten Zeile.« Escape-Sequenzen werden auch dazu genutzt, um bestimmte Zeichen auszugeben. Die gebräuchlichsten Escape-Sequenzen sind in Tabelle 6.1 zusammengestellt. Eine vollständige Liste finden Sie in Kapitel 14, »Zeiger für Fortgeschrittene«.

- *Konvertierungsspezifizierer* bestehen aus einem Prozentzeichen (%) gefolgt von einem weiteren Zeichen. Im Beispiel oben lautet der Konvertierungsspezifizierer %d. Ein Konvertierungsspezifizierer teilt `printf()` mit, wie die auszugebende Variable zu interpretieren ist. Mit %d teilen Sie `printf()` mit, dass die Variable x als Dezimalzahl vom Typ `signed` (mit Vorzeichen) zu interpretieren ist.

Sequenz	Bedeutung
\a	Beep (Akustisches Signal)
\b	Backspace
\n	Neue Zeile
\t	Horizontaler Tabulator
\\	Backslash

Tabelle 6.1: Die gebräuchlichsten Escape-Sequenzen.

TAG 6
Grundlagen der Ein- und Ausgabe

Sequenz	Bedeutung
\?	Fragezeichen
\'	Einfache Anführungszeichen

Tabelle 6.1: Die gebräuchlichsten Escape-Sequenzen.

Die Escape-Sequenzen von printf()

Escape-Sequenzen dienen dazu, die Position der Ausgabe durch Verschieben des Cursors auf dem Bildschirm zu steuern. Sie werden aber auch dazu genutzt, um Zeichen auszugeben, die ansonsten für `printf()`eine besondere Bedeutung haben. Um zum Beispiel einen einfachen Backslash auszugeben, müssen Sie einen doppelten Backslash (\\) in den Formatstring einbauen. Der erste Backslash teilt `printf()` mit, dass der zweite Backslash als literales Zeichen zu verstehen ist und nicht als Beginn einer Escape-Sequenz. Im Allgemeinen teilen Sie `printf()` mit dem Backslash mit, dass das nächste Zeichen in besonderer Weise zu interpretieren ist. Sehen Sie im Folgenden einige Beispiele:

Sequenz	Bedeutung
n	Das Zeichen n
\n	Neue Zeile
\"	Das doppelte Anführungszeichen
"	Anfang oder Ende eines Strings

Listing 6.1 verwendet einige der gängigsten Escape-Sequenzen.

Listing 6.1: Escape-Sequenzen zusammen mit printf().

```
1:   /* Beispiele für die gängigsten Escape-Sequenzen */
2:
3:   #include <stdio.h>
4:
5:   #define VERLASSEN  3
6:
7:   int  menue_option_einlesen( void );
8:   void bericht_anzeigen ( void );
9:
10:  int main(void)
11:  {
12:      int option = 0;
13:
```

```
14:        while (option != VERLASSEN)
15:        {
16:            option = menue_option_einlesen();
17:
18:            if (option == 1)
19:                printf("\nAkustisches Signal des Computers\a\a\a" );
20:            else
21:            {
22:                if (option == 2)
23:                    bericht_anzeigen();
24:            }
25:        }
26:        printf("Sie haben die Option Verlassen gewählt!\n");
27:
28:        return 0;
29: }
30:
31: int menue_option_einlesen( void )
32: {
33:        int auswahl = 0;
34:
35:        do
36:        {
37:            printf( "\n" );
38:            printf( "\n1 - Akustisches Signal des Computers" );
39:            printf( "\n2 - Bericht anzeigen");
40:            printf( "\n3 - Verlassen");
41:            printf( "\n" );
42:            printf( "\nGeben Sie Ihre Wahl ein:" );
43:
44:            scanf( "%d", &auswahl );
45:
46:        }while ( auswahl < 1 || auswahl > 3 );
47:
48:        return auswahl;
49: }
50:
51: void bericht_anzeigen( void )
52: {
53:        printf( "\nMUSTERBERICHT " );
54:        printf( "\n\n Sequenz\tBedeutung" );
55:        printf( "\n=========\t=======" );
56:        printf( "\n\\a\t\tBeep (Akustisches Signal)" );
57:        printf( "\n\\b\t\tBackspace" );
58:        printf( "\n...\t\t...");
59: }
```

Grundlagen der Ein- und Ausgabe

Ausgabe

```
1 - Akustisches Signal des Computers
2 - Bericht anzeigen
3 - Verlassen

Geben Sie Ihre Wahl ein:1

Akustisches Signal des Computers

1 - Akustisches Signal des Computers
2 - Bericht anzeigen
3 - Verlassen

Geben Sie Ihre Wahl ein:2

MUSTERBERICHT
Sequenz            Bedeutung
=========          ========
\a                 Beep (Akustisches Signal)
\b                 Backspace
...                ...
1 - Akustisches Signal des Computers
2 - Bericht anzeigen
3 - Verlassen

Geben Sie Ihre Wahl ein:3
Sie haben die Option Verlassen gewählt!
```

Analyse

Listing 6.1 scheint im Vergleich zu den bisherigen Beispielen ziemlich lang und es enthält einige Zusätze, die man genauer untersuchen sollte. Die Header-Datei stdio.h wird in Zeile 3 eingebunden, da in diesem Listing printf() verwendet wird. Zeile 5 definiert eine Konstante namens VERLASSEN. Vom Abschnitt »Daten speichern: Variablen und Konstanten« aus Tag 2 wissen Sie vielleicht noch, dass Sie mit #define die Konstante VERLASSEN gleichsetzen mit dem Wert 3. Die Zeilen 7 und 8 enthalten Funktionsprototypen. Dieses Programm verwendet zwei Funktionen: menue_option_einlesen() und bericht_anzeigen(). Die Funktion menue_option_einlesen() wird in den Zeilen 31 bis 49 definiert. Sie hat Ähnlichkeit mit der Menü-Funktion aus Listing 5.5. Die Zeilen 37 und 41 enthalten Aufrufe von printf(), in denen die Escape-Sequenz Neue

Zeile ausgegeben wird. Die Zeilen 38, 39, 40 und 42 enthalten neben dem Neue-Zeile-Escape-Zeichen noch Text zum Ausgeben. Zeile 37 könnte man fortlassen, wenn man Zeile 38 wie folgt ändern würde:

printf("\n\n1 - Akustisches Signal des Computers");

Mit der zusätzlichen Zeile 37 ist das Programm jedoch leichter zu lesen.

Werfen wir einen Blick auf die Funktion main(). In Zeile 14 beginnt eine while-Schleife, deren Anweisungen so lange durchlaufen werden, wie option ungleich VERLASSEN ist. Da VERLASSEN eine Konstante ist, hätten Sie sie auch durch 3 ersetzen können. Dann wäre das Programm jedoch nicht so klar. Zeile 16 weist den Code der vom Anwender getroffenen Auswahl der Variablen option zu, die dann in den Zeilen 18 bis 25 in einer if-Anweisung analysiert wird. Wenn der Anwender 1 wählt, gibt Zeile 19 das Neue-Zeile-Zeichen, eine Meldung und drei Warntöne aus. Und wenn der Anwender 2 wählt, ruft Zeile 23 die Funktion bericht_anzeigen() auf.

Die Funktion bericht_anzeigen() ist in den Zeilen 51 bis 59 definiert. Diese einfache Funktion zeigt, wie einfach es ist, mit printf() und den Escape-Sequenzen formatierte Informationen auf dem Bildschirm auszugeben. Das Neue-Zeile-Zeichen haben Sie bereits kennen gelernt. In den Zeilen 54 bis 58 finden Sie darüber hinaus das Escape-Zeichen für den Tabulator: \t. Das Tabulatorzeichen richtet die Spalten des Berichts vertikal aus. Die Zeilen 56 und 57 mögen auf den ersten Blick etwas verwirren, doch wenn Sie sie von links nach rechts durchgehen, dürften sie den Sinn schnell erkennen. Zeile 56 gibt eine neue Zeile aus (\n), danach einen Backslash (\) gefolgt von dem Buchstaben a und anschließend zwei Tabulatoren (\t\t). Die Zeile endet mit einem beschreibenden Text (Beep (Akustisches Signal)). Zeile 57 folgt dem gleichen Muster.

Dieses Programm gibt die ersten zwei Zeilen der Tabelle 6.1 zusammen mit einem Titel für den Bericht und Spaltenüberschriften aus. In Übung 9 am Ende dieser Lektion sollen Sie dieses Programm vervollständigen, so dass es den Rest der Tabelle ausgibt.

Die printf()-Konvertierungsspezifizierer

Der Formatstring muss für jede ausgegebene Variable einen Konvertierungsspezifizierer enthalten. Die Funktion printf() gibt jede Variable so aus, wie es durch den entsprechenden Konvertierungsspezifizierer vorgegeben ist. Mehr dazu erfahren Sie am Tag 15, »Mit Dateien arbeiten«. Im Moment reicht es, wenn Sie sich vergewissern, dass Sie stets den Konvertierungsspezifizierer verwenden, der mit dem Typ der auszugebenden Variablen übereinstimmt.

Was genau ist damit gemeint? Wenn Sie eine vorzeichenbehaftete Dezimalzahl (Typ int oder long) ausgeben wollen, verwenden Sie den Konvertierungsspezifizierer %d. Für vorzeichenlose Dezimalzahlen (Typ unsigned int oder unsigned long) verwendet man %u und für Fließkomma-Variablen (Typ float oder double) den Spezifizierer %f.

Grundlagen der Ein- und Ausgabe

Die am häufigsten verwendeten Konvertierungsspezifizierer sind in Tabelle 6.2 zusammengefasst

Spezifizierer	Bedeutung	konvertierte Typen
%c	Einfaches Zeichen	char
%d	Vorzeichenbehaftete Dezimalzahl	int, short
%ld	Große vorzeichenbehaftete Dezimalzahl	long
%f	Fließkommazahl	float, double
%s	Zeichenstring	char arrays
%u	Vorzeichenlose Dezimalzahl	unsigned int, unsigned short
%lu	Große vorzeichenlose Dezimalzahl	unsigned long

Tabelle 6.2: Die gebräuchlichsten Konvertierungsspezifizierer.

> **Hinweis:** Alle Programme, die printf() verwenden, sollten die Header-Datei stdio.h einbinden.

Der literale Text eines Formatspezifizierers ist alles, was weder Escape-Sequenz noch Konvertierungsspezifizierer ist. Literaler Text wird genauso ausgegeben, wie er da steht, einschließlich aller Leerzeichen.

Kann man auch Werte von mehreren Variablen ausgeben? Eine einzige printf()-Anweisung kann eine unbegrenzte Anzahl von Variablen ausgeben, aber der Formatstring muss für jede Variable einen Konvertierungsspezifizierer enthalten. Die Konvertierungsspezifizierer sind mit den Variablen paarweise verbunden und werden von links nach rechts gelesen. Wenn Sie also schreiben

```
printf("Rate = %f, Betrag = %d", rate, betrag);
```

bildet die Variable rate ein Paar mit dem Spezifizierer %f und die Variable betrag mit dem Spezifizierer %d. Die Positionen der Konvertierungsspezifizierers im Formatstring legen die Position der Ausgabe fest. Wenn printf() mehr Variablen übergeben werden, als es Konvertierungsspezifizierer gibt, werden die überflüssigen Variablen nicht ausgegeben. Gibt es hingegen mehr Spezifizierer als Variablen, geben die unbenutzten Spezifizierer »Müll« aus.

Sie können mit printf() nicht nur die Werte von Variablen ausgeben. Jeder gültige C-Ausdruck kann als Argument dienen. Um zum Beispiel die Summe von x und y auszugeben, könnten Sie schreiben

```
z = x + y;
printf("%d", z);
```

Informationen auf dem Bildschirm anzeigen

Sie könnten aber auch schreiben

printf("%d", x + y);

Listing 6.2 veranschaulicht Ihnen die Verwendung von printf(). Am Tag 15 erhalten Sie ausführlichere Informationen zu dieser Funktion.

Listing 6.2: Mit printf() numerische Werte ausgeben.

```
1:   /* Beispiel, das mit printf() numerische Werte ausgibt. */
2:
3:   #include <stdio.h>
4:
5:   int a = 2, b = 10, c = 50;
6:   float f = 1.05, g = 25.5, h = -0.1;
7:
8:   int main(void)
9:   {
10:    printf("\nDezimalwerte ohne Tabulatoren: %d %d %d", a, b, c);
11:    printf("\nDezimalwerte mit Tabulatoren: \t%d \t%d \t%d", a, b, c);
12:
13:    printf("\nDrei Fliesskommazahlen in einer Zeile: \t%f\t%f\t%f",f,g,h);
14:    printf("\nDrei Fliesskommazahlen in drei Zeilen: \n\t%f\n\t%f\n\t%f",
15:                                                    f,g,h);
16:    printf("\nDie Quote beträgt %f%%", f);
17:    printf("\nDas Ergebnis von %f/%f = %f\n", g, f, g / f);
18:
19:    return 0;
20:   }
```

Ausgabe

```
Dezimalwerte ohne Tabulatoren: 2 10 50
Dezimalwerte mit Tabulatoren:           2       10      50
Drei Fliesskommazahlen in einer Zeile:  1.050000   25.500000   -0.100000
Drei Fliesskommazahlen in drei Zeilen:
        1.050000
        25.500000
        -0.100000
Die Quote beträgt 1.050000%
Das Ergebnis von 25.500000/1.050000 = 24.285715
```

TAG 6 Grundlagen der Ein- und Ausgabe

Analyse

Listing 6.2 gibt neun Zeilen aus. Die Zeilen 10 und 11 geben jeweils drei Dezimalzahlen aus: a, b und c. In Zeile 10 stehen diese Zahlen ohne Tabulator einfach hintereinander, in Zeile 11 sind sie durch Tabulatoren getrennt. Die Zeile 13 und 14 geben jeweils drei Variablen vom Typ float aus: f, g und h. In Zeile 13 werden sie in einer Zeile und in Zeile 14 in drei Zeilen ausgegeben. Zeile 16 gibt eine Fließkommazahl, f, gefolgt von einem Prozentzeichen aus. Da ein Prozentzeichen in der Regel darauf hinweist, dass eine Variable auszugeben ist, müssen Sie zwei Prozentzeichen hintereinander setzen, um ein einfaches Prozentzeichen anzuzeigen. Dies entspricht der Vorgehensweise wie beim Backslash-Escape-Zeichen. Zeile 17 schließlich veranschaulicht die Ausgabe von Ausdrücken – wie zum Beispiel g/f.

Was Sie tun sollten

Versuchen Sie nicht, mehrere Textzeilen in einer printf()-Anweisung unterzubringen. Meistens ist es übersichtlicher, wenn Sie mehrere Zeilen auf mehrere printf()-Anweisungen verteilen, statt nur eine printf()-Anweisung zu verwenden und diese mit Neue-Zeile-Zeichen (\n) zu spicken.

Vergessen Sie das Neue-Zeile-Zeichen nicht, wenn Sie mehrere Zeilen mit Informationen in mehreren printf()-Anweisungen ausgeben wollen.

Achten Sie auf die Schreibweise von stdio.h. Viele C-Programmierer vertippen sich häufig und schreiben studio.h. Die Header-Datei schreibt sich aber ohne u.

Die Funktion printf()

Syntax

```
#include <stdio.h>
printf( Formatstring[,Argumente,...]);
```

printf() ist eine Funktion, die einen Formatstring mit Konvertierungsspezifizierern und für jeden Konvertierungsspezifizierer ein zugehöriges Argument übernimmt. Die Funktion gibt die formatierten Informationen auf dem Standardausgabegerät, normalerweise dem Bildschirm, aus. Bei Verwendung von printf() müssen Sie die Header-Datei für die Standardein-/-ausgabe, stdio.h, einbinden.

Der Formatstring ist obligatorisch, die Argumente hingegen sind optional. Zu jedem Argument muss es einen Konvertierungsspezifizierer geben. Die gebräuchlichsten Konvertierungsspezifizierer finden Sie in Tabelle 6.2.

190

Der *Formatstring* kann außerdem Escape-Sequenzen enthalten. In Tabelle 6.1 sind die am häufigsten verwendeten Escape-Sequenzen aufgeführt.

Sehen Sie im Folgenden einige Beispiele für `printf()`-Aufrufe und die dazugehörige Ausgabe:

Beispiel 1: Eingabe

```
#include <stdio.h>
int main(void)
{
    printf("Dies ist ein Beispiel für eine Ausgabe!\n");
    return 0;
}
```

Beispiel 1: Ausgabe

```
Dies ist ein Beispiel für eine Ausgabe!
```

Beispiel 2: Eingabe

```
printf ("Dieser Befehl gibt ein Zeichen, %c\neine Zahl,
        %d\nund eine Fließkommazahl, %f\naus ", 'z', 123, 456.789);
```

Beispiel 2: Ausgabe

```
Dieser Befehl gibt ein Zeichen, z
eine Zahl, 123
und eine Fließkommazahl, 456.789
aus
```

Nachrichten mit puts() ausgeben

Um Text auf dem Bildschirm anzuzeigen, kann auch die Funktion `puts()` verwendet werden. Sie erlaubt allerdings nicht die Ausgabe numerischer Variablen. Die Funktion `puts()` übernimmt einen einfachen String als Argument und gibt diesen aus, wobei am Ende automatisch eine neue Zeile begonnen wird. Die Anweisung

```
puts("Hallo, Welt.");
```

hat daher den gleichen Effekt wie

```
printf("Hallo, Welt.\n");
```

Sie können in dem String, der `puts()` übergeben wird, auch Escape-Sequenzen (einschließlich \n) verwenden. Sie bewirken das Gleiche wie bei der Funktion `printf()` (Tabelle 6.1 listet die gebräuchlichsten Escape-Sequenzen auf).

Grundlagen der Ein- und Ausgabe

Wie bei `printf()` muss in jedem Programm, das `puts()` verwendet, die Header-Datei `stdio.h` mit angegeben werden (falls nicht schon geschehen).

Was Sie tun sollten	Was nicht
Verwenden Sie immer dann, wenn Sie Text ohne zusätzliche Variablen ausgeben wollen, die Funktion `puts()` anstelle von `printf()`.	Versuchen Sie nicht, Konvertierungsspezifizierer mit der `puts()`-Anweisung zu verwenden.

Die Funktion puts()

Syntax

```
#include <stdio.h>
puts( string );
```

`puts()` ist eine Funktion, die einen String auf dem Standardausgabegerät, normalerweise dem Bildschirm, ausgibt. Wenn Sie `puts()` verwenden, müssen Sie die Header-Datei `stdio.h` für die Standarein-/-ausgabe einbinden. `puts()` hängt automatisch ein Neues-Zeile-Zeichen an das Ende des auszugebenden Strings an. Der Formatstring darf Escape-Sequenzen enthalten. Die gängigsten Escape-Sequenzen finden Sie in Tabelle 6.1.

Sehen Sie im Folgenden einige Beispiele für `puts()`-Aufrufe und die dazugehörige Ausgabe:

Beispiel 1: Eingabe

```
puts("Dieser Text wird mit der puts()-Funktion ausgegeben!");
```

Beispiel 1: Ausgabe

```
Dieser Text wird mit der puts()-Funktion ausgegeben!
```

Beispiel 2: Eingabe

```
puts("Diese Ausgabe steht in der ersten Zeile.\nDiese in der zweiten.");
puts("Diese Ausgabe erfolgt in der dritten Zeile.");
puts("Mit printf() würden die vier Zeilen in zwei Zeilen stehen!");
```

Beispiel 2: Ausgabe

```
Diese Ausgabe steht in der ersten Zeile.
Diese in der zweiten.
```

```
Diese Ausgabe erfolgt in der dritten Zeile.
Mit printf() würden die vier Zeilen in zwei Zeilen stehen!
```

Numerische Daten mit scanf() einlesen

Ebenso häufig, wie Programme Daten auf dem Bildschirm ausgeben müssen, sind sie gezwungen, Daten von der Tastatur einzulesen. Am flexibelsten ist dabei die Bibliotheksfunktion `scanf()`.

Die Funktion `scanf()` liest Daten, die einem vorgegebenen Format entsprechen, von der Tastatur ein und weist diese einer oder mehreren Programmvariablen zu. Wie schon `printf()` verwendet auch `scanf()` einen Formatstring, um das Format der Eingabe festzulegen. Dabei kommen im Formatstring die gleichen Konvertierungsspezifizierer wie bei `printf()` zur Anwendung. So liest zum Beispiel die Anweisung

`scanf("%d", &x);`

eine Dezimalzahl von der Tastatur ein und weist sie der Integer-Variablen x zu. Entsprechend liest die folgende Anweisung eine Fließkommazahl von der Tastatur ein und weist sie dann der Variablen rate zu:

`scanf("%f", &rate);`

Was jedoch hat das kaufmännische Und (&) vor dem Variablennamen zu suchen? Das &-Symbol ist der Adressoperator von C, der am Tag 8, »Zeiger«, noch ausführlich beschrieben wird. Momentan reicht es, sich zu merken, dass in der Argumentenliste von `scanf()` vor jedem numerischen Variablennamen das Symbol & gesetzt werden muss (es sei denn die Variable ist ein Zeiger, was ebenfalls erst am Tag 8 erläutert wird).

Mit einer einzigen `scanf()`-Funktion können Sie mehrere Werte einlesen. Voraussetzung ist jedoch, dass Sie mehrere Konvertierungsspezifizierer im Formatstring und mehrere Variablennamen (jeweils mit vorangestelltem &-Zeichen) in der Argumentenliste angeben. Die folgende Anweisung nimmt einen Integer- und einen Fließkommawert auf und weist sie den Variablen x beziehungsweise rate zu:

`scanf("%d %f", &x, &rate);`

Wenn mehrere Variablen eingegeben werden, verwendet `scanf()` Whitespace-Zeichen, um die Eingabe in Felder zu unterteilen. Zu den Whitespace-Zeichen gehören Leerzeichen, Tabulatoren oder Neue-Zeilen-Zeichen. Jeder Konvertierungsspezifizierer in dem `scanf()`-Formatstring wird mit einem Eingabefeld abgeglichen. Das Ende eines Eingabefeldes wird durch ein Whitespace-Zeichen markiert.

Dadurch sind Sie ziemlich flexibel. Eine Eingabe für den obigen `scanf()`-Aufruf könnte beispielsweise wie folgt aussehen:

10 12.45

Oder Sie könnten die Werte so eingeben:

10   12.45

Oder so:

10
12.45

Solange ein Whitespace-Zeichen zwischen den Werten steht, kann scanf() jeden Wert seiner Variablen zuweisen.

Wie schon bei den anderen heute vorgestellten Funktionen müssen Programme, die scanf() verwenden, die Header-Datei stdio.h einbinden. Listing 6.3 zeigt ein Beispiel für den Einsatz von scanf() (siehe dazu auch das Kapitel zu Tag 15).

Listing 6.3: Numerische Werte mit scanf() einlesen.

```
1:    /* Beispiel für die Verwendung von scanf() */
2:
3:    #include <stdio.h>
4:
5:    #define VERLASSEN 4
6:
7:    int menue_option_einlesen( void );
8:
9:    int main(void)
10:   {
11:       int    option   = 0;
12:       int    int_var  = 0;
13:       float  float_var = 0.0;
14:       unsigned unsigned_var = 0;
15:
16:       while (option != VERLASSEN)
17:       {
18:           option = menue_option_einlesen();
19:
20:           if (option == 1)
21:           {
22:            puts("\nGeben Sie eine vorzeichenbehaftete Dezimalzahl ein \
                  (z.B. -123)");
23:               scanf("%d", &int_var);
24:           }
25:           if (option == 2)
26:           {
27:               puts("\nGeben Sie eine Fliesskommazahl ein (z.B. 1.23)");
```

```
28:
29:                    scanf("%f", &float_var);
30:           }
31:           if (option == 3)
32:           {
33:                puts("\nGeben Sie eine vorzeichenlose Dezimalzahl ein \
34:                     (z.B. 123)" );
35:                scanf( "%u", &unsigned_var );
36:           }
37:      }
38:      printf("\nIhre Werte lauten: int: %d  float: %f  unsigned: %u \n",
39:                          int_var, float_var, unsigned_var );
40:
41:      return 0;
42: }
43:
44: int menue_option_einlesen( void )
45: {
46:      int auswahl = 0;
47:
48:      do
49:      {
50:          puts( "\n1 - Eine vorzeichenbehaftete Dezimalzahl einlesen" );
51:          puts( "2 - Eine Fliesskommazahl einlesen" );
52:          puts( "3 - Eine vorzeichenlose Dezimalzahl einlesen" );
53:          puts( "4 - Verlassen" );
54:          puts( "\nTreffen Sie eine Wahl:" );
55:
56:          scanf( "%d", &auswahl );
57:
58:      }while ( auswahl < 1 || auswahl > 4 );
59:
60:      return auswahl;
61: }
```

```
1 - Eine vorzeichenbehaftete Dezimalzahl einlesen
2 - Eine Fliesskommazahl einlesen
3 - Eine vorzeichenlose Dezimalzahl einlesen
4 - Verlassen

Treffen Sie eine Wahl:
1
```

Grundlagen der Ein- und Ausgabe

```
Geben Sie eine vorzeichenbehaftete Dezimalzahl ein (z.B. -123)
-123

1 - Eine vorzeichenbehaftete Dezimalzahl einlesen
2 - Eine Fliesskommazahl einlesen
3 - Eine vorzeichenlose Dezimalzahl einlesen
4 - Verlassen

Treffen Sie eine Wahl:
3

Geben Sie eine vorzeichenlose Dezimalzahl ein (z.B. 123)
321

1 - Eine vorzeichenbehaftete Dezimalzahl einlesen
2 - Eine Fliesskommazahl einlesen
3 - Eine vorzeichenlose Dezimalzahl einlesen
4 - Verlassen

Treffen Sie eine Wahl:
2

Geben Sie eine Fliesskommazahl ein (z.B. 1.23)
1231.123

1 - Eine vorzeichenbehaftete Dezimalzahl einlesen
2 - Eine Fliesskommazahl einlesen
3 - Eine vorzeichenlose Dezimalzahl einlesen
4 - Verlassen

Treffen Sie eine Wahl:
4

Ihre Werte lauten: int: -123   float: 1231.123047 unsigned: 321
```

Listing 6.3 verwendet das gleiche Menükonzept wie Listing 6.1. Die Unterschiede in menue_option_einlesen() (Zeilen 44 bis 61) sind zwar geringfügiger Art, sollten aber dennoch nicht unberücksichtigt bleiben. Zum einen wird anstelle von printf() die Funktion puts() verwendet. Da keine Variablen ausgegeben werden, besteht keine Notwendigkeit für printf(). Durch das Einsetzen von puts() wiederum wurden in den Zeilen 51 bis 53 die Neue-Zeile-Zeichen entfernt. Zeile 58 hat ebenfalls eine Änderung erfahren und erlaubt die Eingabe von Werten zwischen 1 und 4, da jetzt unter vier Menüoptionen gewählt werden kann. Beachten Sie, dass Zeile 56 nicht geändert wurde, jetzt aber vielleicht etwas mehr Sinn ergibt. `scanf()` liest einen Dezimalwert ein und legt ihn in der Variablen `auswahl` ab. Die Funktion liefert in Zeile 60 den Wert von `auswahl` zurück an das aufrufende Programm.

Die Listings 6.1 und 6.3 weisen die gleiche `main()`-Struktur auf. Eine `if`-Anweisung wertet `option` aus, den Rückgabewert von `menue_option_einlesen()`. In Abhängigkeit vom Wert in der Variablen `option` gibt das Programm eine Meldung aus, bittet um die Eingabe einer Zahl und liest den Wert mittels `scanf()` ein. Beachten Sie den Unterschied zwischen den Zeilen 23, 29 und 35. Jede dieser Zeilen liest eine Variable ein, aber jede Zeile erwartet einen anderen Variablentyp. In den Zeilen 12 bis 14 werden die Variablen der entsprechenden Typen deklariert.

Wenn der Anwender die Menüoption zum Verlassen auswählt, gibt das Programm für alle drei Variablentypen die jeweils zuletzt eingegebene Zahl aus. Wenn der Anwender keinen Wert eingegeben hat, wird jeweils 0 ausgegeben, da in den Zeilen 12, 13 und 14 alle drei Typen mit 0 initialisiert wurden. Noch eine letzte Bemerkung zu den Zeilen 20 bis 36. Die hier verwendeten `if`-Anweisungen sind nicht besonders gut strukturiert. Sollten Sie der Meinung sein, dass eine `if...else`-Struktur hier besser angebracht wäre, möchte ich Ihnen nicht widersprechen. Am Tag 13, »Mit Bildschirm und Tastatur arbeiten«, werde ich Ihnen `switch` – eine weitere Anweisung zur Programmfluss-Steuerung – vorstellen. Diese Anweisung bietet sogar eine noch bessere Lösung.

Was Sie tun sollten	Was nicht
Verwenden Sie `printf()` und `puts()` zusammen mit `scanf()`. Nutzen Sie die Ausgabefunktionen, um den Anwender zur Eingabe von Werten aufzufordern, die dann mit `scanf()` eingelesen werden.	Vergessen Sie den Adressoperator (&) nicht, wenn Sie `scanf()`-Variablen verwenden.

Die Funktion scanf()

```
#include <stdio.h>
scanf( Formatstring[,Argumente,...]);
```

`scanf()` ist eine Funktion, die Konvertierungsspezifizierer in einem gegebenen Formatstring verwenden, um Werte in Variablen-Argumenten einzulesen. Als Argumente müssen die Adressen der Variablen und nicht die Variablen selbst übergeben werden. Im Falle von numerischen Variablen können Sie die Adresse übergeben, indem Sie den Adressoperator (&) vor den Variablennamen setzen. Die Verwendung von `scanf()` bedarf der Einbindung der Header-Datei `stdio.h`.

`scanf()` liest die Eingabefelder aus dem Standard-Eingabestrom, normalerweise die Tastatur. Sie legt jedes dieser eingelesenen Felder in einem Argument ab. Beim Ablegen der Informationen konvertiert die Funktion die Daten in das Format des zugehörigen Spezifizierers des Formatstrings. Zu jedem Argument muss ein Konvertierungsspezifizierer angegeben werden. Tabelle 6.2 enthält die gängigsten Konvertierungsspezifizierer.

Beispiel 1

```
int x, y, z;
scanf( "%d %d %d", &x, &y, &z );
```

Beispiel 2

```
#include <stdio.h>
int main(void)
{
    float y;
    int x;
    puts( "Geben Sie eine Fliesskommazahl ein und dann einen Integer" );
    scanf( "%f %d", &y, &x );
    printf( "\nIhre Eingabe lautete %f und %d ", y, x );
    return 0;
}
```

Zusammenfassung

Mit der Beendigung der heutigen Lektion haben Sie das Rüstzeug, um Ihre eigenen C-Programme zu schreiben. Durch die Kombination der Funktionen `printf()`, `puts()` und `scanf()` und der Anweisungen zur Programmsteuerung, die bereits besprochen wurden, ist es Ihnen möglich, einfache Programme zu schreiben.

Für die Anzeige auf dem Bildschirm stehen Ihnen die Funktionen `printf()` und `puts()` zur Verfügung. `puts()` kann nur Text ausgeben, während `printf()` sowohl Text als auch Variablen ausgeben kann. Beide Funktionen verwenden Escape-Sequenzen zur Ausgabe von Steuerzeichen und Sonderzeichen.

Die Funktion `scanf()` liest einen oder mehrere Werte von der Tastatur ein und interpretiert sie gemäß den verwendeten Konvertierungsspezifizierern. Die eingelesenen Werte werden Programmvariablen zugewiesen.

Fragen und Antworten

F Warum sollte ich puts() verwenden, wenn printf() den gleichen beziehungsweise einen größeren Leistungsumfang als puts() hat?

A Da printf() mehr kann, weist es auch mehr Overhead auf. Wenn Sie versuchen, ein kleines effizientes Programm zu schreiben, oder wenn Ihre Programme sehr groß und die Ressourcen immer wichtiger werden, nutzen Sie den geringen Overhead von puts(). Allgemein gilt, dass Sie möglichst ressourcenschonend programmieren sollten.

F Warum muss ich stdio.h einbinden, wenn ich printf(), puts() oder scanf() verwende?

A stdio.h enthält die Prototypen für die Standardein-/-ausgabefunktionen. printf(), puts() und scanf() sind drei dieser Standardfunktionen. Versuchen Sie einmal, ein Programm ohne die Header-Datei stdio.h auszuführen, und schauen Sie sich die Fehlermeldungen und Warnungen an, die Sie unweigerlich erhalten.

F Was passiert, wenn ich den Adressoperator (&) bei einer scanf()-Variablen vergesse?

A Dieser Fehler kann sehr leicht passieren. Und unvorhersehbar sind die Ergebnisse. Wenn Sie Kapitel 9 und 13 gelesen haben und mehr über Zeiger wissen, werden Sie das besser verstehen. Im Moment reicht es, zu wissen, dass scanf() beim Fortlassen des Adressoperators die eingegebenen Informationen nicht in Ihrer Variablen, sondern an einer anderen Stelle im Speicher ablegt. Die Folgen reichen von »scheinbar ohne Auswirkungen« bis »Programmabsturz mit Fehlermeldung«. Zum Glück können Sie den gcc jedoch so einstellen, dass alle Warnungen angezeigt werden. Dann wird Ihnen mitgeteilt, wenn Sie vergessen haben, den Adressoperator zusammen mit einem Aufruf an scanf() zu verwenden.

Workshop

Der Workshop enthält Quizfragen, die Ihnen helfen sollen, Ihr Wissen zu festigen, sowie Übungen, die Sie anregen sollen, das Gelernte umzusetzen und eigene Erfahrungen zu sammeln. Die Lösungen zu den Fragen und den Übungen finden Sie in Anhang C.

Tag 6: Grundlagen der Ein- und Ausgabe

Quiz

1. Welcher Unterschied besteht zwischen puts() und printf()?
2. Wie lautet die Header-Datei, die Sie bei der Verwendung von printf() einbinden müssen?
3. Was bewirken die folgenden Escape-Sequenzen?
   a. \\
   b. \b
   c. \n
   d. \t
   e. \a
4. Welche Konvertierungsspezifizierer sollten verwendet werden, um folgende Daten auszugeben?
   a. Ein Zeichenstring
   b. Eine vorzeichenbehaftete Dezimalzahl
   c. Eine Fließkommazahl
5. Welche Unterschiede bestehen bei Verwendung der folgenden Beispiele im literalen Text von puts()?
   a. b
   b. \b
   c. \
   d. \\

Übungen

Ab heute werden Sie mit Übungen konfrontiert, in denen Sie vollständige Programme zur Lösung bestimmter Aufgaben schreiben sollen. Da es jedoch immer mehr als eine Lösung in C gibt, sollten die Antworten am Ende des Buches nicht als die einzig korrekten betrachtet werden. Wenn Sie eigenen Code aufsetzen, der genau das macht, was gefordert war, umso besser! Wenn Sie Probleme haben, finden Sie vielleicht Hilfe in der Antwort. Die Antworten weisen nur wenige Kommentare auf, da es eine gute Übung ist, das Programm selbst nachzuvollziehen.

1. Setzen Sie je eine printf()- und eine puts()-Anweisung auf, die eine neue Zeile beginnen.

2. Setzen Sie eine scanf()-Anweisung auf, die ein Zeichen, eine vorzeichenlose Dezimalzahl und ein weiteres einfaches Zeichen einliest.

3. Setzen Sie Anweisungen auf, die einen Integer einlesen und ausgeben.

4. Ändern Sie Übung 3 dahingehend ab, dass nur gerade Zahlen (2 ,4 ,6 und so weiter) akzeptiert werden.

5. Ändern Sie Übung 4 dahingehend ab, dass sie so lange Werte einliest, bis die Zahl 99 oder sechs gerade Zahlen eingegeben wurden. Speichern Sie die Zahlen in einem Array. (Hinweis: Sie benötigen eine Schleife).

6. Wandeln Sie Übung 5 in ein ausführbares Programm um. Fügen Sie eine Funktion hinzu, die die Werte im Array getrennt durch Tabulatoren in einer einzigen Zeile ausgibt. (Geben Sie nur die eingegebenen Werte aus.)

7. **FEHLERSUCHE:** Finden Sie den/die Fehler in folgendem Codefragment:

    ```
    printf( "Jack sagte, "Fischers Fritze fischt frische Fische."");
    ```

8. **FEHLERSUCHE:** Finden Sie den/die Fehler im folgenden Programm:

    ```
    int hole_1_oder_2( void )
    {
        int antwort = 0;
        while (antwort < 1 || antwort > 2)
        {
            printf(1 für Ja, 2 für Nein eingeben);
            scanf( "%f", antwort );
        }
        return antwort;
    }
    ```

9. Erweitern Sie die Funktion bericht_anzeigen() aus Listing 6.1 so, dass der Rest der Tabelle 6.1 ausgegeben wird.

10. Schreiben Sie ein Programm, das zwei Fließkommazahlen von der Tastatur einliest und dann ihr Produkt ausgibt.

11. Schreiben Sie ein Programm, das zehn Integer von der Tastatur einliest und dann deren Summe ausgibt.

12. Schreiben Sie ein Programm, das Integer von der Tastatur einliest und sie in einem Array abspeichert. Das Einlesen sollte beendet werden, wenn eine Null eingegeben wurde oder das Ende des Arrays erreicht ist. Suchen Sie dann den größten und den kleinsten Wert im Array und zeigen Sie ihn an. (Achtung: Dieses Problem ist nicht ganz einfach, da Arrays noch nicht komplett behandelt wurden. Wenn Sie dabei Schwierigkeiten haben, versuchen Sie die gestellte Aufgabe nach Tag 7, »Numerische Arrays«, erneut zu lösen.)

Numerische Arrays

Woche 1

TAG 7: Numerische Arrays

Arrays sind eine bestimmte Form von Datenspeicher, die in C-Programmen oft Verwendung finden. Am Tag 5, »Grundlagen der Programmsteuerung«, wurde bereits eine kurze Einführung in Arrays gegeben. Heute lernen Sie:

- was ein Array ist
- wie eindimensionale und mehrdimensionale numerische Arrays definiert werden
- wie man Arrays deklariert und initialisiert

Was ist ein Array?

Neuer Begriff

Ein *Array* ist eine Sammlung von Speicherstellen für Daten, die alle den gleichen Datentyp aufweisen und den gleichen Namen tragen. Die einzelnen Speicherstellen in einem Array nennt man auch *Array-Elemente*. Wozu benötigen Sie Arrays in Ihren Programmen? Diese Frage lässt sich am besten mit einem Beispiel beantworten. Wenn Sie die Übersicht über Ihre Geschäftsausgaben für 2001 behalten wollen, werden Sie Ihre Quittungen monatsweise abheften. Dazu könnten Sie für jeden Monat einen eigenen Hefter anlegen; bequemer wäre es jedoch, wenn Sie nur einen Hefter hätten, der zwölf Register aufwiese.

Dieses Beispiel lässt sich auf die Computerprogrammierung übertragen. Stellen Sie sich vor, dass Sie ein Programm entwerfen, mit dem Sie Ihre Geschäftsausgaben kontrollieren. In diesem Programm könnten Sie zwölf einzelne Variablen deklarieren – jeweils für die Gesamtausgaben eines jeden Monats. Dieser Ansatz entspricht den zwölf einzelnen Heftern für Ihre Quittungen. Versierte Programmierer würden jedoch ein Array mit zwölf Elementen verwenden und dort in den entsprechenden Array-Elementen die Gesamtausgaben der einzelnen Monate abspeichern. Dieser Ansatz entspricht der Ablage Ihrer Quittungen in einem einzigen Hefter mit zwölf Registern. Abbildung 7.1 veranschaulicht den Unterschied zwischen der Verwendung von einzelnen Variablen und einem Array.

Eindimensionale Arrays

Neuer Begriff

Eindimensionale Arrays haben nur einen Index. Unter dem *Index* versteht man eine Zahl in eckigen Klammern, die auf den Arraynamen folgt. Diese Zahl gibt an, wie viele Elemente im Array enthalten sind. Verdeutlichen wir uns dies anhand eines Beispiels. In unserem Programm zur Kontrolle der Geschäftsausgabe könnten Sie mit der folgenden Zeile ein Array des Typs `float` deklarieren:

```
float ausgaben[12];
```

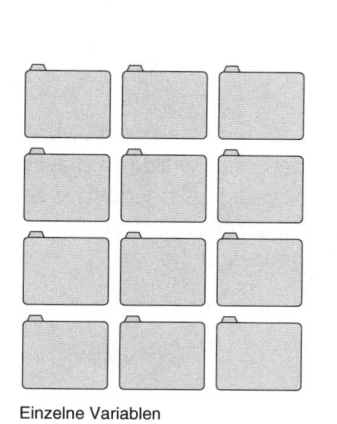

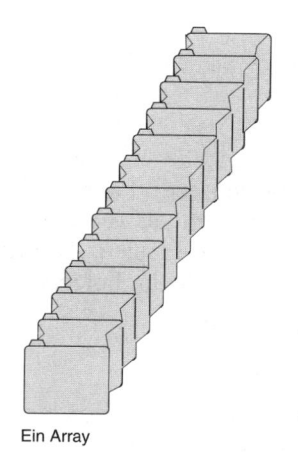

Was ist ein Array?

Abbildung 7.1:
Variablen sind vergleichbar mit einzelnen Heftern, während ein Array einem Hefter mit mehreren Registern entspricht.

Einzelne Variablen — Ein Array

Das Array trägt den Namen ausgaben und enthält zwölf Elemente. Jedes dieser zwölf Elemente entspricht genau einer float-Variablen. Alle Datentypen, die es in C gibt, können auch für Arrays verwendet werden. Array-Elemente in C sind immer durchnummeriert, wobei das erste Element die Nummer 0 hat. Deshalb erhalten die zwölf Elemente für die Ausgaben die Indizes 0 bis 11. In dem nachstehenden Beispiel sind die Gesamtausgaben für Januar in ausgaben[0], die für Februar in ausgaben[1] und so weiter gespeichert.

Wenn Sie ein Array deklarieren, reserviert der Compiler einen Speicherblock, der das ganze Array aufnimmt. Die einzelnen Array-Elemente werden, wie Abbildung 7.2 zeigt, hintereinander im Speicher abgelegt.

```
int array[10];
```
| array[0] | array[1] | array[2] | array[3] | ...... | array[8] | array[9] |

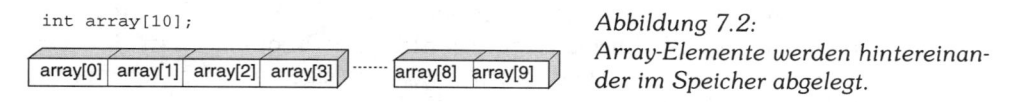

Abbildung 7.2:
Array-Elemente werden hintereinander im Speicher abgelegt.

Wichtig ist vor allem, wo in Ihrem Quellcode Sie die Arrays deklarieren. Denn die Position der Deklaration bestimmt – genau wie bei den normalen Variablen –, wie das Programm das Array nutzen kann. Am Tag 11, »Gültigkeitsbereiche von Variablen«, wird ausführlich erläutert, welche Auswirkung die Position der Deklaration hat. Für heute reicht es, wenn Sie Ihre Arrays zusammen mit den anderen Variablen deklarieren.

Ein Array-Element kann in einem Programm überall dort verwendet werden, wo auch eine normale Variable des gleichen Typs eingesetzt werden kann. Der Zugriff auf die einzelnen Elemente des Arrays erfolgt über den Array-Namen gefolgt von dem in eckigen Klammern stehenden Index des Elements. Die folgende Anweisung speichert den Wert 89.95 in dem zweiten Array-Element (zur Erinnerung, das erste Array-Element lautet ausgaben[0] und nicht ausgaben[1]):

205

Numerische Arrays

```
ausgaben[1] = 89.95;
```

Genauso kann man mit der Anweisung

```
ausgaben[10] = ausgaben[11];
```

den Wert, der im Array-Element `ausgaben[11]` gespeichert ist, auch dem Array-Element `ausgaben[10]` zuweisen. Für den Zugriff auf die Array-Elemente wurde in diesen Beispielen jeweils eine literale Konstante als Array-Index verwendet. Oft jedoch werden Sie in Ihren Programmen Integer-Variablen, Ausdrücke oder sogar andere Array-Elemente als Index verwenden. Sehen Sie im Folgenden einige Beispiele:

```
float ausgaben[100];
int a[10];
/* weitere Anweisungen */
ausgaben[i] = 100;       /* i ist eine Integer-Variable */
ausgaben[2 + 3] = 100;   /* entspricht ausgaben[5] */
ausgaben[a[2]] = 100;    /* a[] ist ein Integer-Array */
```

Das letzte Beispiel bedarf einer Erklärung. Angenommen Sie haben ein Integer-Array namens `a[]`, in dessen Element `a[2]` der Wert 8 gespeichert ist, dann hätte der Ausdruck

```
ausgaben[a[2]]
```

die gleiche Bedeutung wie

```
ausgaben[8]
```

Wenn Sie mit Arrays arbeiten, sollten Sie sich das Nummerierungssystem für die Array-Elemente merken: In einem Array mit *n* Elementen reicht der zulässige Index von 0 bis n-1. Wenn Sie n als Index verwenden, führt das eventuell zu Programmfehlern. Ihr C-Compiler kann nicht erkennen, ob das Programm einen Array-Index verwendet, der außerhalb des Gültigkeitsbereiches liegt, das heißt, Ihr Programm lässt sich auch mit ungültigen Indizes kompilieren und linken – was im Allgemeinen zu fehlerhaften Ergebnissen führt.

> **Hinweis:** Denken Sie daran, dass die Indizierung der Array-Elemente mit 0 und nicht mit 1 startet. Das hat zur Folge, dass der Index des letzten Elements um eins kleiner ist als die Anzahl der Elemente im Array. Ein Array mit zehn Elementen enthält zum Beispiel die Elemente 0 bis 9.

Manchmal ist es jedoch sinnvoll, ein Array mit n Elementen so zu behandeln, als ob dessen Elemente von 1 bis n nummeriert wären. So wäre es zum Beispiel in unserem obigen Beispiel nahe liegend, die Gesamtausgaben von Januar in `ausgaben[1]`, die von Februar in `ausgaben[2]` und so weiter abzuspeichern. Die einfachste Lösung besteht darin, ein Array mit einem zusätzlichen Element zu deklarieren und dann das Element 0 zu ignorieren. In diesem Fall würden Sie das Array wie folgt deklarieren.

```
float ausgaben[13];
```

Sie können das freie Element 0 aber auch zum Speichern zusätzlicher Daten verwenden (beispielsweise für die jährlichen Gesamtausgaben).

Das Programm aus Listing 7.1 zeigt Ihnen, wie Arrays verwendet werden. Es ist ein einfaches Programm ohne direkten praktischen Nutzen. Dennoch zeigt es beispielhaft die Verwendung eines Arrays.

Listing 7.1: *Einsatz eines Arrays.*

```
1:   /* Beispiel für die Verwendung eines Arrays */
2:
3:   #include <stdio.h>
4:
5:   /* Deklaration eines Arrays und einer Zählervariablen */
6:
7:   float ausgaben[13];
8:   int count;
9:
10:  int main(void)
11:  {
12:      /* Daten von der Tastatur in das Array einlesen */
13:
14:      for (count = 1; count < 13; count++)
15:      {
16:          printf("Ausgaben für Monat %d: ", count);
17:          scanf("%f", &ausgaben[count]);
18:      }
19:
20:      /* Array-Inhalt ausgeben */
21:
22:      for (count = 1; count < 13; count++)
23:      {
24:          printf("Monat %d = %.2f DM\n", count, ausgaben[count]);
25:      }
26:      return 0;
27:  }
```

```
Ausgaben für Monat 1: 100
Ausgaben für Monat 2: 200.12
Ausgaben für Monat 3: 150.50
Ausgaben für Monat 4: 300
Ausgaben für Monat 5: 100.50
```

Numerische Arrays

```
Ausgaben für Monat 6: 34.25
Ausgaben für Monat 7: 45.75
Ausgaben für Monat 8: 195.00
Ausgaben für Monat 9: 123.45
Ausgaben für Monat 10: 111.11
Ausgaben für Monat 11: 222.20
Ausgaben für Monat 12: 120.00
Monat 1 = 100.00 DM
Monat 2 = 200.12 DM
Monat 3 = 150.50 DM
Monat 4 = 300.00 DM
Monat 5 = 100.50 DM
Monat 6 = 34.25 DM
Monat 7 = 45.75 DM
Monat 8 = 195.00 DM
Monat 9 = 123.45 DM
Monat 10 = 111.11 DM
Monat 11 = 222.20 DM
Monat 12 = 120.00 DM
```

Analyse

Wenn Sie das Programm ausführen, fordert es Sie als Erstes auf, die Ausgaben für die zwölf Monate einzugeben. Die von Ihnen eingegebenen Werte werden in einem Array gespeichert. Sie müssen für jeden Monat einen Wert eingeben. Nach der Eingabe des zwölften Wertes wird der Inhalt des Arrays auf dem Bildschirm angezeigt.

Der Programmfluss sollte Ihnen bereits aus den vorangehenden Listings bekannt sein. Zeile 1 beginnt mit einem Kommentar, der das Programm beschreibt.

Zeile 5 enthält einen weiteren Kommentar, der die nachfolgend deklarierten Variablen erläutert. In Zeile 7 wird ein Array mit 13 Elementen deklariert. Für das Programm werden zwar nur zwölf Elemente benötigt (eines für jeden Monat), aber 13 werden deklariert. Die for-Schleife in den Zeilen 14 bis 18 ignoriert das Element 0. Auf diese Weise kann das Programm die Elemente 1 bis 12 verwenden, die direkteren Bezug zu den zwölf Monaten haben. Doch zurück zu Zeile 8. Hier wird eine Variable namens count deklariert, die im Programm als Zähler und als Array-Index verwendet wird.

Die main()-Funktion des Programms beginnt in Zeile 10. Das Programm verwendet eine for-Schleife, um eine Eingabeaufforderung auszugeben und einen Wert für jeden der zwölf Monate zu übernehmen. Beachten Sie, dass die scanf()-Funktion in Zeile 17 ein Array-Element verwendet. In Zeile 7 wurde das Array ausgaben mit dem Typ float deklariert, so dass %f verwendet wird. Außerdem wird der Adressoperator (&) vor das Array-Element gesetzt, ganz so als ob es eine normale float-Variable wäre und kein Array-Element.

Die Zeilen 22 bis 25 enthalten eine zweite `for`-Schleife, die die eingegebenen Werte ausgibt. Die `printf()`-Funktion wurde um einen zusätzlichen Formatierungsbefehl ergänzt, damit die Werte von `ausgaben` auf dem Bildschirm etwas übersichtlicher dargestellt werden. Zur Erläuterung sei erwähnt, dass `%.2f` eine Fließkommazahl mit zwei Stellen rechts des Dezimalpunktes ausgibt. Weitere Formatierungsbefehle finden Sie am Tag 13, »Mit Bildschirm und Tastatur arbeiten«.

Was Sie tun sollten	Was nicht
Verwenden Sie Arrays anstatt einer Vielzahl von Variablen, um zusammengehörende Informationen gleichen Datentyps zu speichern. Wenn Sie zum Beispiel die Verkaufszahlen für jeden Monat im Jahr speichern wollen, sollten Sie ein Array mit zwölf Elementen erzeugen, die diese Verkaufszahlen aufnehmen, und nicht für jeden Monat eine Variable für die Verkaufszahlen.	Und vergessen Sie nicht, dass der Array-Index mit der Zahl 0 beginnt.

Mehrdimensionale Arrays

Ein mehrdimensionales Array enthält mehr als einen Index. Ein zweidimensionales Array hat zwei Indizes, ein dreidimensionales Array drei und so weiter. Es gibt bezüglich der Anzahl der Dimensionen, die ein C-Array haben darf, keine Obergrenze. (Allerdings *gibt* es, wie wir später noch sehen werden, eine Grenze, was die Gesamtgröße des Arrays anbetrifft.)

Angenommen Sie wollen ein Programm schreiben, das Dame spielt. Das Spielbrett besteht aus 64 Quadraten, die in acht Reihen und acht Spalten angeordnet sind. Ihr Programm könnte das Brett wie folgt als ein zweidimensionales Array darstellen:

```
int dame[8][8];
```

Das resultierende Array weist 64 Elemente auf: `dame[0][0]`, `dame[0][1]`, `dame[0][2]`,...,`dame[7][6]`, `dame[7][7]`. Die Struktur dieses zweidimensionalen Arrays ist in Abbildung 7.3 zu sehen.

Entsprechend kann man sich ein dreidimensionales Array als Würfel vorstellen. Arrays mit vier (und mehr) Dimensionen möchte ich lieber Ihrer Phantasie überlassen. Alle Arrays werden unabhängig von der Anzahl der Dimensionen hintereinander im Speicher abgelegt. Ausführlichere Informationen zu der Speicherung von Arrays finden Sie am Tag 14, »Zeiger für Fortgeschrittene«.

```
int dame[8][8];
```

```
dame[0][0]  dame[0][1] -------- dame[0][7]
dame[1][0]  dame[1][1] -------- dame[1][7]
dame[2][0]  dame[2][1] -------- dame[2][7]
    ⋮           ⋮                    ⋮
dame[7][0]  dame[7][1] -------- dame[7][7]
```

Abbildung 7.3:
Ein zweidimensionales Array mit einer Reihen/Spalten-Struktur.

Array-Namen und -Deklarationen

Die Regeln für die Namensgebung von Arrays entsprechen denen für Variablennamen, die am Tag 2, »Die Komponenten eines C-Programms: Quellcode und Daten«, im Abschnitt »Daten speichern: Variablen und Konstanten« bereits aufgeführt wurden. Ein Arrayname muss einzigartig sein. Er darf nicht von einem anderen Array oder einem anderen Bezeichner (Variable, Konstante etc.) besetzt sein. Wie Ihnen wahrscheinlich aufgefallen sein dürfte, folgen die Array-Deklarationen der gleichen Form wie die Deklarationen normaler Variablen. Der einzige Unterschied besteht darin, dass die Anzahl der Elemente im Array in eckigen Klammern direkt auf den Array-Namen folgen muss.

Wenn Sie ein Array deklarieren, können Sie die Anzahl der Elemente mit einer Konstanten angeben (wie dies auch in den obigen Beispielen geschehen ist) oder mit einer symbolischen Konstante, die mit der #define-Direktiven erzeugt wurde. Demzufolge entspricht

```
#define MONATE 12
int array[MONATE];
```

der folgenden Anweisung:

```
int array[12];
```

Im Gegensatz zu vielen anderen Compilern erlaubt Ihnen der *gcc*, Arrays unter Verwendung von symbolischen Konstanten zu deklarieren, die mit dem Schlüsselwort const erzeugt wurden:

```
const int MONATE = 12;
int array[MONATE];         /* Gefährlich! */
```

Da diese Eigenheit nicht von allen Compilern unterstützt wird, sollten Sie Vorsicht walten lassen, wenn Sie Ihren Code auf einem anderen Compiler als dem *gcc* kompilieren wollen. Vielleicht weisen Sie den gcc mit der Option -pedantic an, Warnungen auszugeben, wenn Konstrukte verwendet werden, die nicht dem Standard entsprechen (sehen Sie dazu auch den Abschnitt zum gcc-Compiler am Tag 1, »Einführung in Linux und die Programmiersprache C«).

Listing 7.2 zeigt ein weiteres Programm, das ein eindimensionales Array verwendet. Dieses Programm verwendet ein Array, das zehn Noten speichert.

Listing 7.2: Speichert zehn Noten in einem Array.

```
1:    /* Beispielprogramm mit Array                           */
2:    /* 10 Noten einlesen und den Durchschnittswert ermitteln */
3:
4:    #include <stdio.h>
5:
6:    #define MAX_NOTE 100
7:    #define STUDENTEN   10
8:
9:    int noten[STUDENTEN];
10:
11:   int idx;
12:   int gesamt = 0;           /* für den Durchschnittswert */
13:
14:   int main(void)
15:   {
16:       for( idx=0;idx< STUDENTEN;idx++)
17:       {
18:           printf( "Geben Sie die Note von Person %d ein: ", idx +1);
19:           scanf( "%d", &noten[idx] );
20:
21:           while ( noten[idx] > MAX_NOTE )
22:           {
23:               printf( "\nDie beste Note ist %d",
24:                       MAX_NOTE );
25:               printf( "\nGeben Sie eine korrekte Note ein: " );
26:               scanf( "%d", &noten[idx] );
27:           }
28:
29:           gesamt += noten[idx];
30:       }
31:
32:       printf( "\n\nDer Durchschnittswert beträgt %d\n",
                                        ( gesamt / STUDENTEN) );
33:
34:       return (0);
35:   }
```

TAG 7 Numerische Arrays

Ausgabe

```
Geben Sie die Note von Person 1 ein: 95
Geben Sie die Note von Person 2 ein: 100
Geben Sie die Note von Person 3 ein: 60
Geben Sie die Note von Person 4 ein: 105

Die beste Note ist 100
Geben Sie eine korrekte Note ein: 100
Geben Sie die Note von Person 5 ein: 25
Geben Sie die Note von Person 6 ein: 0
Geben Sie die Note von Person 7 ein: 85
Geben Sie die Note von Person 8 ein: 85
Geben Sie die Note von Person 9 ein: 95
Geben Sie die Note von Person 10 ein: 85

Der Durchschnittswert beträgt 73
```

Analyse

Wie schon im vorangehenden Listing wird auch hier der Benutzer zuerst zur Eingabe aufgefordert. Er soll für zehn Personen die Noten eingeben. Aber anstatt diese Noten einfach auszugeben, wird diesmal der Durchschnitt gebildet.

Sie haben bereits gelernt, dass Arrays bei der Namensgebung den gleichen Regeln folgen wie normale Variablen. In Zeile 9 wird das Array für dieses Programm mit dem Namen noten deklariert. Sicherlich liegen Sie richtig, wenn Sie davon ausgehen, dass dieses Array Noten enthält. Die Zeilen 6 und 7 definieren zwei Konstanten, MAX_NOTE und STUDENTEN. Diese Konstanten können leicht geändert werden. Da STUDENTEN mit dem Wert 10 definiert wurde, wissen Sie, dass das Array noten zehn Elemente enthält. Dazu werden noch zwei weitere Variablen deklariert, idx und gesamt. Die Abkürzung von »Index«, idx, wird als Zähler und Array-Index verwendet. Die Gesamtsumme alle Noten wird in gesamt abgelegt.

Das Kernstück dieses Programms ist die for-Schleife in den Zeilen 16 bis 30. Die for-Schleife initialisiert idx mit 0, dem ersten Index im Array. Die Schleife wird so oft durchlaufen, wie idx kleiner als die Zahl der Studenten ist. Nach jedem Schleifendurchlauf wird idx um 1 inkrementiert. In jeder for-Schleife fordert das Programm den Anwender auf, die Note für eine Person einzugeben (Zeilen 18 und 19). Beachten Sie, dass in Zeile 18 idx um 1 heraufgesetzt wird, damit die Personen von 1 bis 10 und nicht von 0 bis 9 durchnummeriert werden. Da Arrays mit dem Index 0 beginnen, wird die erste Note in noten[0] abgelegt. Der Anwender könnte allerdings verwirrt werden, wenn um die Eingabe der Note für die Person 0 gebeten wird. Daher wird der Index um 1 erhöht und es erscheint die Aufforderung, die Note der Person 1 einzugeben.

Die Zeilen 21 bis 27 enthalten – eingebettet in der `for`-Schleife – eine `while`-Schleife. Diese überprüft die Eingabe, um sicherzustellen, dass die Note nicht höher als das vorgegebene Maximum, `MAX_NOTE`, ist. Anwender, die eine zu hohe Note eingegeben haben, werden aufgefordert, ihre Eingabe zu wiederholen. Sie sollten Programmdaten, wann immer möglich, überprüfen.

Zeile 29 addiert die eingegebene Note zu der Gesamtsumme `gesamt`. In Zeile 32 wird `gesamt` dazu verwendet, den Durchschnitt zu errechnen und auszugeben. (gesamt/STUDENTEN).

Was Sie tun sollten	Was nicht
Verwenden Sie `#define`-Anweisungen, um Konstanten für die Array-Deklaration zu definieren. Sie können die Anzahl der Elemente im Array dann ohne Mühe ändern. Um beispielsweise in obigem Programm die Anzahl der Studenten zu ändern, müssen Sie nur die `#define`-Anweisung anpassen – Sie brauchen keine weiteren Änderungen im Programm vorzunehmen.	Vermeiden Sie mehrdimensionale Arrays mit mehr als drei Dimensionen. Denken Sie daran, dass mehrdimensionale Arrays sehr schnell sehr groß werden können.

Arrays initialisieren

Sie können ein Array bei seiner Deklaration ganz oder teilweise initialisieren. Setzen Sie hinter die Array-Deklaration ein Gleichheitszeichen und in geschweifte Klammern eine Liste der Werte, die durch Kommata getrennt werden müssen. Die aufgelisteten Werte werden der Reihenfolge nach den Array-Elementen ab dem Index 0 zugewiesen.

Betrachten Sie folgenden Code:

```
int array[4] = { 100, 200, 300, 400 };
```

In diesem Beispiel wird der Wert 100 dem Array-Element `array[0]`, der Wert 200 dem Element `array[1]`, der Wert 300 dem Element `array[2]` und der Wert 400 dem Element `array[3]` zugewiesen.

Wenn Sie nicht angeben, wie groß das Array sein soll, erzeugt der Compiler ein Array, das gerade groß genug ist, um die Werte aus der Initialisierung aufzunehmen. Deshalb würde die folgende Anweisung genau der obigen Array-Deklaration entsprechen:

```
int array[] = { 100, 200, 300, 400 };
```

Sie können auch weniger Werte initialisieren als das Array Elemente hat, wie im folgenden Beispiel gezeigt:

```
int array[10] = { 1, 2, 3 };
```

Wenn Sie ein Array-Element nicht explizit initialisieren, können Sie nicht sicher sein, welchen Wert es enthält, wenn das Programm ausgeführt wird. Wenn Sie zu viele Werte initialisieren (mehr als das Array Elemente enthält), gibt der Compiler eine Fehlermeldung aus.

Mehrdimensionale Arrays initialisieren

Auch mehrdimensionale Arrays können initialisiert werden. Die Liste der initialisierten Werte wird der Reihenfolge nach den Array-Elementen zugewiesen, wobei der letzte Array-Index zuerst geändert wird. So führt die folgende Anweisung

```
int array[4][3] = { 1, 2, 3, 4, 5, 6, 7, 8, 9, 10, 11, 12 };
```

zu folgenden Zuweisungen:

```
array[0][0] entspricht 1
array[0][1] entspricht 2
array[0][2] entspricht 3
array[1][0] entspricht 4
array[1][1] entspricht 5
array[1][2] entspricht 6
...
array[3][1] entspricht 11
array[3][2] entspricht 12
```

Bei der Initialisierung mehrdimensionaler Arrays können Sie Ihren Quellcode dadurch lesbarer machen, dass Sie mit zusätzlichen geschweiften Klammern die initialisierten Werte gruppieren und auf mehrere Zeilen verteilen. Die folgende Initialisierung entspricht der von oben:

```
int array[4][3] = { { 1, 2, 3 } , { 4, 5, 6 } ,
                    { 7, 8, 9 } , { 10, 11, 12 } };
```

Denken Sie daran, die initialisierten Werte durch Kommata zu trennen – auch wenn dazwischen eine geschweifte Klammer steht. Auch sollten Sie sicherstellen, dass Sie geschweifte Klammern immer paarweise verwenden. Jeder öffnenden Klammer muss eine schließende folgen, oder der Compiler verliert den Überblick.

Betrachten wir im Folgenden ein Beispiel, das die Vorteile von Arrays demonstriert. Listing 7.3 erzeugt ein dreidimensionales Array mit 1000 Elementen und füllt es mit Zufallszahlen. Anschließend gibt das Programm die Array-Elemente auf dem Bildschirm aus. Stellen Sie sich einmal vor, wie viele Codezeilen Sie benötigen würden, wenn Sie die gleiche Aufgabe mit normalen Variablen bewältigen wollten.

Array-Namen und -Deklarationen

Sie finden in diesem Programm eine neue Bibliotheksfunktion namens `getchar()`. Diese Funktion liest ein einziges Zeichen von der Tastatur ein. In Listing 7.3 dient `getchar()` dazu, das Programm so lange anzuhalten, bis der Anwender die Eingabetaste betätigt hat. Näheres zur Funktion `getchar()` erfahren Sie am Tag 13.

Listing 7.3: Erzeugt ein mehrdimensionales Array.

```
1:    /* Beispiel für die Verwendung eines mehrdimensionalen Arrays */
2:
3:    #include <stdio.h>
4:    #include <stdlib.h>
5:    /* Deklaration eines dreidimensionalen Arrays mit 1000 Elementen */
6:
7:    int zufall_array[10][10][10];
8:    int a, b, c;
9:
10:   int main(void)
11:   {
12:       /* Füllt das Array mit Zufallszahlen. Die Bibliotheksfunktion */
13:       /* rand() liefert eine Zufallszahl zurück. Verwenden Sie eine */
14:       /* for-Schleife für jeden Array-Index.                        */
15:
16:       for (a = 0; a < 10; a++)
17:       {
18:           for (b = 0; b < 10; b++)
19:           {
20:               for (c = 0; c < 10; c++)
21:               {
22:                   zufall_array[a][b][c] = rand();
23:               }
24:           }
25:       }
26:
27:       /* Anzeige der Array-Elemente in Zehner-Einheiten */
28:
29:       for (a = 0; a < 10; a++)
30:       {
31:           for (b = 0; b < 10; b++)
32:           {
33:               for (c = 0; c < 10; c++)
34:               {
35:                   printf("\nzufall_array[%d][%d][%d] = ", a, b, c);
36:                   printf("%d", zufall_array[a][b][c]);
37:               }
38:               printf("\n Weiter mit Eingabetaste, Verlassen mit STRG-C.");
39:
```

215

Numerische Arrays

```
40:             getchar();
41:         }
42:     }
43:     return 0;
44: }   /* Ende von main() */
```

Ausgabe

```
zufall_array[0][0][0] = 346
zufall_array[0][0][1] = 130
zufall_array[0][0][2] = 10982
zufall_array[0][0][3] = 1090
zufall_array[0][0][4] = 11656
zufall_array[0][0][5] = 7117
zufall_array[0][0][6] = 17595
zufall_array[0][0][7] = 6415
zufall_array[0][0][8] = 22948
zufall_array[0][0][9] = 31126
Weiter mit Eingabetaste, Verlassen mit STRG-C.

zufall_array[0][1][0] = 9004
zufall_array[0][1][1] = 14558
zufall_array[0][1][2] = 3571
zufall_array[0][1][3] = 22879
zufall_array[0][1][4] = 18492
zufall_array[0][1][5] = 1360
zufall_array[0][1][6] = 5412
zufall_array[0][1][7] = 26721
zufall_array[0][1][8] = 22463
zufall_array[0][1][9] = 25047
Weiter mit Eingabetaste, Verlassen mit STRG-C.
...         ...
zufall_array[9][8][0] = 6287
zufall_array[9][8][1] = 26957
zufall_array[9][8][2] = 1530
zufall_array[9][8][3] = 14171
zufall_array[9][8][4] = 6951
zufall_array[9][8][5] = 213
zufall_array[9][8][6] = 14003
zufall_array[9][8][7] = 29736
zufall_array[9][8][8] = 15028
zufall_array[9][8][9] = 18968
Weiter mit Eingabetaste, Verlassen mit STRG-C.

zufall_array[9][9][0] = 28559
```

Array-Namen und -Deklarationen

```
zufall_array[9][9][1] = 5268
zufall_array[9][9][2] = 20182
zufall_array[9][9][3] = 3633
zufall_array[9][9][4] = 24779
zufall_array[9][9][5] = 3024
zufall_array[9][9][6] = 10853
zufall_array[9][9][7] = 28205
zufall_array[9][9][8] = 8930
zufall_array[9][9][9] = 2873
Weiter mit Eingabetaste, Verlassen mit STRG-C.
```

Am Tag 5 haben Sie ein Programm mit einer verschachtelten for-Anweisung kennen gelernt. Dieses Programm weist zwei verschachtelte for-Anweisungen auf. Bevor wir jedoch die for-Anweisungen näher betrachten, möchte ich Sie auf die Zeilen 7 und 8 aufmerksam machen, in denen vier Variablen deklariert werden. Die erste ist ein Array namens zufall_array, das die Zufallszahlen aufnehmen soll. zufall_array ist ein dreidimensionales Array vom Typ int mit 10 mal 10 mal 10 Elementen, das heißt 1000 Elementen vom Typ int. Stellen Sie sich mal vor, es gäbe keine Array und Sie müssten sich statt dessen 1000 unverwechselbare Variablennamen ausdenken! Zeile 8 deklariert drei Variablen (a, b und c), die zur Steuerung der for-Schleifen dienen.

Dieses Programm bindet in Zeile 4 die Header-Datei stdlib.h (für Standard Library = Standardbibliothek) ein. Sie wird benötigt, um den Prototyp für die Funktion rand() in Zeile 22 bereitzustellen.

Der größte Teil des Programms steht in zwei verschachtelten for-Anweisungsblöcken. Die erste befindet sich in den Zeilen 16 bis 25, die zweite in den Zeilen 29 bis 42. Beide weisen die gleiche Struktur auf. Sie entsprechen den Schleifen in Listing 5.2, gehen aber noch eine Ebene tiefer. Im ersten for-Block wird die Zeile 22 wiederholt ausgeführt. Diese Zeile weist den Rückgabewert der Funktion rand() einem Element des Arrays zufall_array zu. rand() ist eine Bibliotheksfunktion, die eine Zufallszahl zurückgibt.

Gehen wir im Listing schrittweise zurück: Der Zeile 20 lässt sich entnehmen, dass die Variable c die Werte von 0 bis 9 annehmen kann. Damit wird der letzte (ganz rechts gelegene) Index des Arrays zufall_array in einer Schleife durchlaufen. Zeile 18 iteriert über b, den mittleren Index des Zufalls-Arrays. Jede Änderung von b bewirkt Schleifendurchläufe durch alle c-Elemente. Zeile 16 inkrementiert die Variable a, die für den Schleifendurchlauf des ersten Index zuständig ist. Jedes Mal, wenn dieser Index geändert wird, werden alle zehn Werte von Index b durchlaufen, die wiederum jeweils einen Schleifendurchlauf durch alle zehn Werte von c bewirken. Mit dieser Schleife initialisieren Sie jeden Wert in zufall_array mit einer Zufallszahl.

217

Die Zeilen 29 bis 42 enthalten den zweiten verschachtelten `for`-Anweisungsblock. Diese Zeilen sind den vorherigen `for`-Anweisungen vergleichbar, sind jedoch dafür zuständig, dass die oben zugewiesenen Werte ausgegeben werden. Nachdem zehn Werte angezeigt wurden, wird mit Zeile 38 eine Meldung ausgegeben, dass für weitere Werte die Eingabetaste gedrückt werden muss. Zeile 40 überwacht mit Hilfe von `getchar()` die Tastatur. Wurde die Eingabetaste noch nicht betätigt, wartet `getchar()` bis der Anwender die Eingabetaste drückt. Führen Sie das Programm aus und beobachten Sie die angezeigten Werte.

Maximale Array-Größe

Die maximale Größe eines Arrays unter Linux ist nur durch die Größe des Ihnen zur Verfügung stehenden Speicherbereichs in Ihrem Computer beschränkt. Als Programmierer brauchen Sie sich mit den internen Abläufen nicht zu befassen; das Betriebssystem kümmert sich um alles, ohne dass Sie eingreifen müssen.

Die Größe eines Arrays in Bytes hängt von der Anzahl der darin befindlichen Elemente ab sowie von der Elementgröße. Die Elementgröße wiederum basiert auf dem Datentyp des Arrays und auf Ihrem Computer.

Datentyp des Element s	Elementgröße (Bytes)
int	4
short	2
long	4
float	4
double	8

Tabelle 7.1: Speicherbedarf der numerischen Datentypen für die meisten PCs.

Um den Speicherbedarf eines Arrays zu ermitteln, müssen Sie die Anzahl der Elemente im Array mit der Elementgröße multiplizieren. So benötigt zum Beispiel ein Array mit 500 Elementen vom Typ `float` einen Speicherplatz von 500 x 4 = 2000 Byte.

Sie können den Speicherplatz innerhalb eines Programms mit Hilfe des C-Operators `sizeof()` ermitteln. `sizeof()` ist ein unärer Operator und keine Funktion. Er übernimmt als Argument einen Variablennamen oder den Namen eines Datentyps und gibt die Größe des Arguments in Bytes zurück. Ein Beispiel zu `sizeof()` finden Sie in Listing 7.4.

Listing 7.4: *Einsatz des sizeof()-Operators, um den Speicherbedarf eines Arrays zu ermitteln.*

```
1 : /* Beispiel für den sizeof()-Operator */
2 : #include <stdio.h>
3 :
4 : /* Deklariert mehrere Arrays mit 100 Elementen */
5 :
6 : int intarray[100];
7 : long longarray[100];
8 : float floatarray[100];
9 : double doublearray[100];
10:
11: int main(void)
12: {
13:     /* Zeigt die Größe der numerischen Datentypen an */
14:
15:     printf("\nGröße von short = %d Bytes", (int) sizeof(short));
16:     printf("\nGröße von int = %d Bytes", (int) sizeof(int));
17:     printf("\nGröße von long = %d Bytes", (int) sizeof(long));
18:     printf("\nGröße von float = %d Bytes", (int) sizeof(float));
19:     printf("\nGröße von double = %d Bytes", (int) sizeof(double));
20:
21:     /* Zeigt die Größe der vier Arrays an */
22:
23:     printf("\nGröße von intarray = %d Bytes",(int) sizeof(intarray));
24:     printf("\nGröße von longarray = %d Bytes",(int) sizeof(longarray));
25:     printf("\nGröße von floatarray = %d Bytes",
26:             (int) sizeof(floatarray));
27:     printf("\nGröße von doublearray = %d Bytes\n",
28:             (int) sizeof(doublearray));
29:
30:     return 0;
31: }
```

Im Folgenden sehen Sie die Ausgabe eines 32-Bit-Linux-Rechners mit einem Intel-Pentium-Prozessor.

```
Größe von short = 2 Bytes
Größe von int = 4 Bytes
Größe von long = 4 Bytes
Größe von float = 4 Bytes
Größe von double = 8 Bytes
```

```
Größe von intarray = 400 Bytes
Größe von longarray = 400 Bytes
Größe von floatarray = 400 Bytes
Größe von doublearray = 800 Bytes
```

Ein 64-Bit-Linux-Rechner mit einem DEC/Compaq-Alpha-Prozessor gibt Folgendes aus:

```
Größe von short = 2 Bytes
Größe von int = 4 Bytes
Größe von long = 8 Bytes
Größe von float = 4 Bytes
Größe von double = 8 Bytes
Größe von intarray = 400 Bytes
Größe von longarray = 800 Bytes
Größe von floatarray = 400 Bytes
Größe von doublearray = 800 Bytes
```

Geben Sie den Quellcode aus dem Listing ein und kompilieren Sie das Programm, wie Sie es am Tag 1 gelernt haben. Wenn das Programm ausgeführt wird, zeigt es die Größe (in Bytes) der vier Arrays und der fünf numerischen Datentypen an.

Dies Programm ähnelt dem Programm *groessevon.c* von Tag 2. Dieses Listing hier verwendet jedoch `sizeof()`, um den Speicherbedarf der Arrays zu bestimmen. Die Zeilen 6, 7, 8 und 9 deklarieren vier Arrays von jeweils unterschiedlichem Typ. Die Zeilen 23 bis 28 geben die Größen der Arrays aus. Die Größe sollte gleich der Größe des Array-Typ mal der Anzahl der Elemente sein. Wenn zum Beispiel iNT 4 Byte groß ist, sollte intarray 4 x 100 oder 400 Byte groß sein. Führen Sie das Programm aus und überprüfen Sie die Werte. Wie Sie an der Ausgabe ablesen können, kann es auf unterschiedlichen Rechnern oder Betriebssystemen unterschiedlich große Datentypen geben.

Zusammenfassung

Die heutige Lektion führte die numerischen Arrays ein – eine leistungsstarke Möglichkeit zur Datenspeicherung, mit der Sie eine Reihe von Datenelementen gleichen Typs unter dem gleichen Namen zusammenfassen können. Die einzelnen Elemente in einem Array werden anhand eines Indexes hinter dem Array-Namen identifiziert. Programmieraufgaben, bei denen Daten mit immer wiederkehrenden Anweisungen bearbeitet werden, lassen die Speicherung in Arrays ratsam erscheinen.

Wie normale Variablen müssen auch Arrays deklariert werden, bevor sie verwendet werden können. Bei Bedarf können die Array-Elemente bei der Deklaration des Arrays initialisiert werden.

Fragen und Antworten

F Was passiert, wenn ich für ein Array einen Index verwende, der größer ist als die Zahl der Elemente im Array?

A *Wenn Sie einen Index verwenden, der mit der Array-Deklaration nicht übereinstimmt, wird sich das Programm wahrscheinlich trotzdem kompilieren und ausführen lassen. Ein solcher Fehler kann jedoch zu unvorhersehbaren Ergebnissen führen. Zudem sind solche Fehler meist nur sehr schwer zu finden. Lassen Sie deshalb bei der Initialisierung und dem Zugriff auf Ihre Array-Elemente größte Sorgfalt walten lassen.*

F Was passiert, wenn ich ein Array verwende, ohne es zu initialisieren?

A *Dieser Fehler löst keinen Compilerfehler aus. Wenn Sie ein Array nicht initialisieren, können die Array-Elemente einen beliebigen Wert annehmen. Das Ergebnis kann unvorhersehbar sein. Sie sollten Variablen und Arrays immer initialisieren, so dass Sie genau wissen, was darin enthalten ist. Am Tag 11 lernen Sie die eine Ausnahme hierzu kennen. Doch solange sollten Sie lieber auf Nummer sicher gehen.*

F Wie viele Dimensionen kann ein Array haben?

A *Wie Sie in der heutigen Lektion schon erfahren haben, können Sie so viele Dimensionen angeben, wie Sie wollen. Doch je mehr Dimensionen Sie hinzufügen, umso mehr Speicherplatz benötigen Sie. Sie sollten ein Array nur so groß wie nötig deklarieren, um keinen Speicherplatz zu vergeuden.*

F Gibt es eine einfache Möglichkeit, ein ganzes Array auf einmal zu initialisieren?

A *Jedes Element eines Arrays muss initialisiert werden. Der sicherste Weg für C-Anfänger besteht darin, ein Array entweder, wie heute gezeigt, im Zuge der Deklaration oder mit Hilfe einer* `for`*-Anweisung zu initialisieren. Es gibt noch andere Möglichkeiten, ein Array zu initialisieren, doch gehen diese über den Rahmen dieses Buches hinaus.*

F Kann ich zwei Arrays addieren (oder multiplizieren, dividieren oder subtrahieren)?

A *Arrays können nicht addiert werden. Alle Elemente müssen einzeln addiert werden. Übung 10 soll dies veranschaulichen.*

TAG 7 Numerische Arrays

F Warum ist es besser, ein Array statt einzelner Variablen zu verwenden?

A *Mit Arrays können Sie gleiche Werte unter einem einzigen Namen zusammenfassen. In Listing 7.3 wurden 1000 Werte gespeichert. Das Erzeugen von 1000 Variablennamen und der Initialisierung jeder einzelnen Variablen mit einer Zufallszahl hätte einen gewaltigen Tippaufwand erfordert. Durch die Verwendung eines Arrays wurde die Aufgabe einfach.*

F Was mache ich, wenn ich nicht weiß, wie groß das Array werden muss, wenn ich das Programm schreibe?

A *Es gibt Funktionen in C, mit denen Sie en passant Speicher für Variablen und Arrays allokieren können. Zu diesen Funktionen kommen wir aber erst am Tag 14.*

Workshop

Der Workshop enthält Quizfragen, die Ihnen helfen sollen, Ihr Wissen zu festigen, sowie Übungen, die Sie anregen sollen, das Gelernte umzusetzen und eigene Erfahrungen zu sammeln. Die Lösungen zu den Fragen und den Übungen finden Sie in Anhang C.

Quiz

1. Welche Datentypen von C kann man in einem Array verwenden?
2. Wie lautet der Index des ersten Elements eines Arrays, das für zehn Elemente deklariert wurde?
3. Wie lautet der Index des letzten Elements in einem eindimensionalen Array mit *n* Elementen?
4. Was passiert, wenn Ihr Programm versucht, auf ein Array-Element zuzugreifen, dessen Index außerhalb des Gültigkeitsbereiches liegt?
5. Wie deklarieren Sie ein mehrdimensionales Array?
6. Ein Array wird mit der folgenden Anweisung deklariert. Wie viele Elemente enthält das Array insgesamt?
   ```
   int array[2][3][5][8];
   ```
7. Wie lautet der Name des zehnten Elements in dem Array aus Frage 6?

Übungen

1. Schreiben Sie eine C-Programmzeile, die drei eindimensionale Integer-Arrays namens eins, zwei und drei mit jeweils 1000 Elementen deklariert.
2. Setzen Sie eine Anweisung auf, die ein Integer-Array mit zehn Elementen deklariert und alle Elemente mit 1 initialisiert.
3. Setzen Sie für das folgende Array Code auf, der alle Array-Elemente mit dem Wert 88 initialisiert:

   int achtundachtzig[88];
4. Setzen Sie für das folgende Array Code auf, der alle Array-Elemente mit dem Wert 0 initialisiert:

   int stuff[12][10];
5. **FEHLERSUCHE:** Was ist falsch an folgendem Codefragment?

   ```
   int x, y;
   int array[10][3];
   int main(void)
   {
      for ( x = 0; x < 3; x++ )
         for ( y = 0; y < 10; y++ )
            array[x][y] = 0;
      return 0;
   }
   ```
6. **FEHLERSUCHE:** Was ist an folgendem Code falsch?

   ```
   int array[10];
   int x = 1;

   int main(void)
   {
      for ( x = 1; x <= 10; x++ )
         array[x] = 99;

      return 0;
   }
   ```
7. Schreiben Sie ein Programm, das Zufallszahlen in ein zweidimensionales Array von 5 mal 4 Elementen ablegt. Geben Sie die Werte in Spalten auf dem Bildschirm aus. (Hinweis: Verwenden Sie die rand()-Funktion aus Listing 7.3.)
8. Schreiben Sie Listing 7.3 so um, dass es ein eindimensionales Array vom Typ short verwendet. Geben Sie den Durchschnitt der 1000 Variablen aus, bevor Sie die einzelnen Werte ausgeben (Hinweis: Vergessen Sie nicht, nach der Ausgabe von zehn Werten jeweils eine Pause einzuplanen.)

9. Schreiben Sie ein Programm, das ein Array mit zehn Elementen initialisiert. Jedes Element soll den Wert seines Index zugewiesen bekommen. Das Programm sollte dann jedes der zehn Elemente ausgeben.

10. Ändern Sie das Programm aus Übung 9. Nach der Ausgabe der initialisierten Werte soll das Programm die Werte in ein neues Array kopieren und zu jedem Wert 10 addieren. Geben Sie dann die neuen Werte aus.

11. Sie haben inzwischen eine Reihe von Besonderheiten des GNU-C-Compilers kennen gelernt, die nicht Teil des ANSI-C-Standards sind. Verwenden Sie Ihren GNU-Informations-Editor und lesen Sie mehr darüber im Abschnitt »C Extensions« der gcc-Informationsseiten.

Woche 1

Rückblick

Nachdem Sie sich jetzt bereits eine Woche dem Erlernen der C-Programmierung gewidmet haben, sollte es Ihnen keine Schwierigkeiten mehr bereiten, Programme einzugeben und Ihren Editor und Compiler zu verwenden. Das folgende Programm enthält viele der Elemente, die in der ersten Woche angesprochen wurden.

Nachdem Sie das Listing durchgegangen sind, finden Sie am Ende eine ausführliche Analyse. Alle im Listing enthaltenen Probleme sind irgendwann in den letzten sieben Tagen zur Sprache gekommen. Ähnliche Wochenrückblicke finden Sie nach Woche 2 und Woche 3.

```
1 : /* Programmname: woche1.c                                        */
2 : /*      Das Programm nimmt Alter und Einkommen von bis zu        */
3 : /*      100 Personen (Angestellten) auf. Das Programm gibt auf   */
4 : /*      der Grundlage der eingegebenen Zahlen einen Bericht aus. */
5 : /*--------------------------------------------------------------*/
6 : /*--------------------*/
7 : /* eingebundene Dateien    */
8 : /*--------------------*/
9 : #include <stdio.h>
10:
11: /*--------------------*/
12: /* definierte Konstanten  */
13: /*--------------------*/
14:
15: #define MAX    100
16: #define JA     1
17: #define NEIN   0
18:
19: /*--------------------*/
20: /* Variablen          */
21: /*--------------------*/
22:
23: long    einkommen[MAX]; /* für die Einkommen       */
24: int     monat[MAX], tag[MAX], jahr[MAX]; /* für die Geburtstage */
25: int     ctr;   /* Zum Zählen         */
26:
27: /*--------------------*/
28: /* Funktionsprototypen */
29: /*--------------------*/
30:
31: int anweisungen_anzeigen(void);
32: void daten_einlesen(void);
33: void bericht_anzeigen(void);
34: int fortfahren_funktion(void);
35:
36: /*--------------------*/
```

```
37: /* Beginn des Programms    */
38: /*--------------------*/
39:
40: int main(void)
41: {
42:     int cont; /* Zur Programmsteuerung */
43:
44:     cont = anweisungen_anzeigen();
45:
46:     if ( cont == JA )
47:     {
48:         daten_einlesen();
49:         bericht_anzeigen();
50:     }
51:     else
52:         printf( "\nProgramm vom Anwender abgebrochen!\n\n");
53:
54:     return 0;
55: }
56: /*------------------------------------------------------------------*
57:  *  Funktion:    anweisungen_anzeigen()                             *
58:  *  Zweck:       Diese Funktion zeigt Informationen zur Nutzung des *
59:  *               Programms an und fordert den Benutzer auf, mit 0   *
60:  *               das Programm zu verlassen oder mit 1 weiterzugehen *
61:  *  Rückgabewert: NEIN - wenn der Benutzer 0 eingibt                *
62:  *                JA - wenn der Benutzer eine Zahl ungleich 0 eingibt *
63:  *------------------------------------------------------------------*/
64:
65: int anweisungen_anzeigen( void )
66: {
67:    int cont;
68:
69:    printf("\n\n");
70:    printf("\nMit diesem Programm können Sie Einkommen und ");
71:    printf("\nGeburtstag von bis zu 99 Personen eingeben. Anschließend");
72:    printf("\nwerden die Daten (inklusive Gesamtlohnzahlungen ");
73:    printf("\nund durchschnittlichem Einkommen) ausgegeben.\n");
74:
75:    cont = fortfahren_funktion();
76:
77:    return cont;
78: }
79: /*------------------------------------------------------------*
80:  *  Funktion:  daten_einlesen()                               *
81:  *  Zweck:     Diese Funktion liest die Daten vom Anwender ein. *
82:  *             Dies geht so lange, bis fortfahren_funktion    *
```

```
83:     *              den Wert NEIN zurückliefert.                    *
84:     *   Rückgabewert: Keiner                                       *
85:     *   Hinweis: Geburtstage, bei denen sich der Anwender nicht    *
86:     *            sicher ist, können als 0/0/0 eingegeben werden.   *
87:     *            Außerdem sind 31 Tage in jedem Monat möglich.     *
88:     *-------------------------------------------------------------*/
89:
90:    void daten_einlesen(void)
91:    {
92:       int cont;
93:
94:       for ( cont = JA, ctr = 0; ctr < MAX && cont == JA; ctr++ )
95:       {
96:          printf("\nBitte Informationen zur Person %d eingeben.", ctr+1 );
97:          printf("\n\tGeburtstag eingeben:");
98:
99:          do
100:         {
101:            printf("\n\tMonat (0 - 12): ");
102:            scanf("%d", &monat[ctr]);
103:         } while (monat[ctr] < 0 || monat[ctr] > 12 );
104:
105:         do
106:         {
107:            printf("\n\tTag (0 - 31): ");
108:            scanf("%d", &tag[ctr]);
109:         } while ( tag[ctr] <  0 || tag[ctr] > 31 );
110:
111:         do
112:         {
113:            printf("\n\tJahr (0 - 2000): ");
114:            scanf("%d", &jahr[ctr]);
115:         } while ( jahr[ctr] < 0 || jahr[ctr] > 2000 );
116:
117:         printf("\nBitte Jahreseinkommen angeben (in DM): ");
118:         scanf("%ld", &einkommen[ctr]);
119:
120:         cont = fortfahren_funktion();
121:      }
122:      /* ctr entspricht der Anzahl der eingegebenen Personen.    */
123:
124:      return;
125:   }
126:   /*-------------------------------------------------------------*
127:    *   Funktion: bericht_anzeigen()                              *
128:    *   Zweck:    Die Funktion gibt einen Bericht aus             *
```

```
129:   *  Rückgabewert:  keiner                                      *
130:   *  Hinweis:  Weitere Informationen können ausgegeben werden *
131:   *-------------------------------------------------------------*/
132:
133: void bericht_anzeigen()
134: {
135:      int     y;     /* Zum Zählen */
136:      int     gesamt_summe;   /* Für die Gesamtsummen */
137:
138:
139:      gesamt_summe = 0;
140:      printf("\n\n\n");                        /* Einige Zeilen überspringen*/
141:      printf("\n          GEHALTSÜBERBLICK");
142:      printf("\n          ================");
143:
144:      for(y = 0; y < ctr; y++)   /* Für alle Personen */
145:      {
146:           printf("\nPerson %d: \n",y);
147:           printf("\tGeburtstag %d %d %d\n",tag[y],monat[y],jahr[y]);
148:           printf("\tEinkommen %ld\n",einkommen[y]);
149:
150:           gesamt_summe += einkommen[y];
151:      }
152:      printf("\n\nJahreswerte:");
153:      printf("\nDie Gesamtlohnzahlungen betragen %d",gesamt_summe);
154:      printf("\nDas Durchschnittseinkommen beträgt %d",gesamt_summe/ctr);
155:
156:      printf("\n\n* * * Ende des Berichts * * *\n");
157: }
158: /*-------------------------------------------------------------*
159:  * Funktion: fortfahren_funktion()                             *
160:  * Zweck:  Die Funktion fragt den Benutzer, ob er fortfahren will.*
161:  * Rückgabewert:  JA - wenn der Benutzer fortfahren will       *
162:  *                NEIN - wenn der Benutzer das Programm verlassen will *
163:  *-------------------------------------------------------------*/
164:
165: int fortfahren_funktion( void )
166: {
167:      int x;
168:
169:      printf("\n\nMöchten Sie fortfahren? (0=NEIN/1=JA): ");
170:      scanf( "%d", &x );
171:
172:      while( x < 0 || x > 1 )
173:           {
174:                printf("\n%d ist ungültig!", x);
```

```
175:            printf("\nBitte mit 0 verlassen oder mit 1 fortfahren: ");
176:            scanf("%d", &x);
177:        }
178:        if(x == 0)
179:            return NEIN;
180:        else
181:            return JA;
182: }
```

Nachdem Sie den Quiz- und Übungsteil von Tag 1, »Einführung in Linux und die Programmiersprache C« abgeschlossen haben, sollten Sie dieses Programm eingeben und kompilieren können. Das Programm enthält mehr Kommentare als die anderen Listings in diesem Buch. Diese Kommentare sind typisch für ein »richtiges« C-Programm. Vor allem möchte ich Sie auf die Kommentare zu Beginn des Programms und vor jeder wichtigen Funktion hinweisen. Die Kommentare in den Zeilen 1 bis 5 geben einen Überblick über das gesamte Programm, einschließlich des Programmnamens. Manche Programmierer geben darüber hinaus noch den Autor des Programms, das Copyright, Lizenz- und Kompilierinformationen, die benötigten Bibliotheken, das Erstellungsdatum sowie Datumsangaben und Details zu allen Änderungen am Programm an. Die Kommentare vor den einzelnen Funktionen beschreiben den Zweck der Funktion, mögliche Rückgabewerte, die Aufrufkonventionen der Funktion und sonstige funktionsspezifischen Informationen.

Die Kommentare in den Zeilen 1 bis 5 teilen Ihnen mit, dass Sie Informationen für bis zu 100 Personen eingeben können. Bevor Sie die Daten eingeben können, ruft das Programm in Zeile 44 `anweisungen_anzeigen()` auf. Diese Funktion gibt Anweisungen, wie das Programm zu verwenden ist, und fragt den Anwender, ob er fortfahren oder das Programm verlassen will. Den Zeilen 65 bis 77 können Sie entnehmen, dass sich diese Funktion der `printf()`-Funktion vom Tag 6, »Grundlagen der Ein- und Ausgabe«, bedient, um die Anweisungen auszugeben.

In den Zeilen 165 bis 182 kommen in `fortfahren_funktion()` einige der Merkmale von C zum Einsatz, die wir gegen Ende der Woche behandelt haben. Die Funktion fragt den Anwender, ob er mit dem Programm fortfahren möchte (Zeile 169). Mit einer `while`-Anweisung (siehe Tag 5, »Grundlagen der Programmsteuerung«) stellt die Funktion sicher, dass die eingegebene Antwort entweder eine 1 oder eine 0 ist. Solange ein ungültiger Wert eingegeben wird, bittet die Funktion um die erneute Eingabe einer Antwort. Wenn das Programm eine ordnungsgemäße Antwort erhält, liefert eine `if...else`-Anweisung (bekannt von Tag 3, »Anweisungen, Ausdrücke und Operatoren«) je nach Fall eine der beiden konstanten Variablen JA oder NEIN zurück.

Das Kernstück dieses Programms besteht aus zwei Funktionen: `daten_einlesen()` und `bericht_anzeigen()`. Die Funktion `daten_einlesen()` fordert den Anwender auf, Daten einzugeben, und legt die Informationen in den Arrays ab, die zu Beginn des Programms deklariert wurden. Mit einer `for`-Anweisung in Zeile 94 werden Sie aufgefordert, Daten einzugeben, bis die Variable cont ungleich der definierten Konstante JA ist (der Rückgabewert der Funktion fortfahren_funktion()) oder bis ctr größer oder gleich der maximalen Anzahl der Array-Elemente, MAX, ist. Das Programm überprüft alle Informationen bei der Eingabe, um sicherzustellen, dass die Daten stimmen. So werden Sie zum Beispiel in den Zeilen 99 bis 102 aufgefordert, einen Monat einzugeben. Die einzigen Werte, die das Programm akzeptiert, reichen von 0 bis 12. Wenn Sie eine größere Zahl als 12 eingeben, fordert das Programm Sie erneut auf, einen Monat einzugeben. Zeile 120 ruft fortfahren_funktion() auf, um festzustellen, ob Sie noch weiter Daten eingeben wollen.

Wenn der Anwender auf die Funktion fortfahren_funktion() mit 0 reagiert oder die maximale Anzahl an Informationssätzen eingegeben wurde (MAX-Sätze), kehrt das Programm zurück zu Zeile 49 in die Funktion main(), von wo aus der Aufruf von bericht_anzeigen() erfolgt. Die Funktion bericht_anzeigen() in den Zeilen 133 bis 157 gibt einen Bericht auf dem Bildschirm aus. Dieser Bericht verwendet eine for-Schleife, um die Daten aller eingegebenen Personen auszugeben. Des Weiteren werden die insgesamt pro Jahr zu zahlenden Lohnforderungen und das durchschnittliche Einkommen errechnet und ausgegeben.

Dieses Programm baut auf allem auf, was Sie in Ihrer ersten Woche über C für Linux gelernt haben. Der Lehrstoff, den Sie in nur einer Woche abhandeln mussten, war sehr umfangreich, aber Sie haben es geschafft! Wenn Sie alles, was Sie in dieser Woche gelernt haben, anwenden, können Sie Programme in C schreiben. Allerdings sind Ihrem Können noch Grenzen gesetzt.

Woche 2
Überblick

Inzwischen haben Sie die erste Woche zur Linux-Programmierung mit C hinter sich. Mit dem Aufsetzen von Programmen sowie dem Gebrauch von Editor und Compiler sollten Sie jetzt keine Probleme mehr haben.

Aufbau der zweiten Woche

Das in dieser Woche zu bearbeitende Material ist sehr umfangreich. Viele der zentralen Konzepte von C werden Ihnen in dieser Woche vorgestellt. Sie werden erfahren, wie man mit Zeichenarrays programmiert, Zeichen-Variablen zu Arrays oder Strings erweitert und Variablen unterschiedlicher Typen in Strukturen zusammenfasst.

Die zweite Woche baut auf den Themen der ersten Woche auf, führt weitere Anweisungen zur Programmsteuerung ein, erläutert ausführlich deren Funktion und stellt Alternativen vor. Am Tag 8, »Zeiger«, und am Tag 11, »Gültigkeitsbereiche von Variablen«, konzentrieren wir uns auf Konzepte, die für die optimale Nutzung von C äußerst bedeutsam sind. Speziell den Zeigern und ihren grundlegenden Einsatzmöglichkeiten sollten Sie ruhig etwas zusätzliche Zeit widmen.

In der ersten Woche haben Sie gelernt, wie man einfache C-Programme schreibt. Nach Abschluss der zweiten Woche sollten Sie in der Lage sein, komplexe Programme zur Lösung fast jeder Aufgabe aufzusetzen.

Zeiger

Woche 2

TAG 8 Zeiger

Die heutige Lektion führt Sie in die Welt der Zeiger ein. Zeiger sind ein ganz wesentlicher Bestandteil von C und ein mächtiges und flexibles Mittel zur Manipulation von Daten in Ihren Programmen. Heute lernen Sie:

- die Definition von Zeigern
- die Einsatzbereiche von Zeigern
- wie man Zeiger deklariert und initialisiert
- wie man Zeiger mit einfachen Variablen und Arrays verwendet
- wie man Zeiger dazu verwendet, Arrays an Funktionen zu übergeben
- wie man Werte und Zeiger an Funktionen übergibt

Beim Durcharbeiten der heutigen Lektion fallen die Vorteile von Zeigern vielleicht nicht sofort ins Auge. Die Vorteile lassen sich in zwei Gruppen unterteilen: Aufgaben, die man mit Zeigern besser erledigen kann, und Aufgaben, die nur mit Zeigern erledigt werden können. Was damit genau gemeint ist, wird Ihnen beim Durcharbeiten dieses und der folgenden Kapitel klarer werden. Im Moment reicht es zu wissen, dass man ohne profunde Kenntnisse über den Gebrauch von Zeigern kein guter C-Programmierer werden kann.

Was ist ein Zeiger?

Um Zeiger zu verstehen, müssen Sie darüber Bescheid wissen, wie Ihr Computer Daten im Speicher ablegt. Im Folgenden finden Sie eine etwas vereinfachte Beschreibung der Speicherverwaltung auf PCs.

Der Speicher Ihres Computers

Der Arbeitsspeicher eines PC auch RAM (Random Access Memory) genannt, besteht aus vielen Millionen aufeinander folgender Speicherstellen, die jede durch eine eindeutige Adresse identifiziert werden. Die Speicheradressen reichen von 0 bis zu einem Maximalwert, der davon abhängt, wie viel Speicher installiert ist.

Wenn Sie mit Ihrem Computer arbeiten, wird ein Teil des Systemspeichers vom Betriebssystem belegt. Wenn Sie ein Programm ausführen, belegen der Programmcode (die in Maschinensprache vorliegenden Befehle zur Ausführung der verschiedenen Programmaufgaben) und die Daten (Informationen, die das Programm benötigt) ebenfalls einen Teil des Systemspeichers. Dieser Abschnitt beschäftigt sich mit dem Speicherbereich für die Programmdaten.

Wenn Sie in einem C-Programm eine Variable deklarieren, reserviert der Compiler eine Speicherstelle mit einer eindeutigen Adresse zur Speicherung dieser Variablen.

Der Compiler verbindet diese Adresse mit dem Variablennamen. Wenn Ihr Programm diesen Variablennamen verwendet, greift es automatisch auf die korrekte Stelle im Speicher zu. Dass dabei die Adresse der Speicherstelle verwendet wird, bleibt Ihnen verborgen und braucht Sie auch nicht zu beschäftigen.

Schematisch ist dies in Abbildung 8.1 dargestellt. Eine Variable namens rate wurde deklariert und mit dem Wert 100 initialisiert. Der Compiler hat bei der Adresse 1004 Speicher für diese Variable reserviert und die Adresse mit dem Namen rate verbunden.

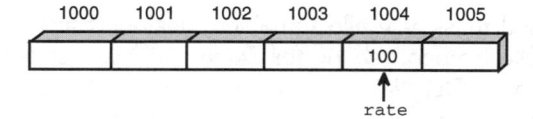

Abbildung 8.1:
Eine Programmvariable ist an einer speziellen Speicheradresse abgelegt.

Einen Zeiger erzeugen

Beachten Sie, dass die Adresse der Variablen rate (oder einer beliebigen anderen Variable) eine Zahl ist und wie jede andere Zahl in C behandelt werden kann. Wenn Sie die Adresse einer Variablen kennen, können Sie eine zweite Variable erzeugen, in der Sie die Adresse der ersten speichern. Der erste Schritt besteht darin, eine Variable zu deklarieren, die die Adresse von rate aufnimmt. Nennen Sie sie am besten z_rate. Zuerst ist z_rate nicht initialisiert, das heißt, für z_rate wurde zwar Speicher allokiert, aber der darin enthaltene Wert ist noch nicht bestimmt. Sehen Sie dazu auch Abbildung 8.2.

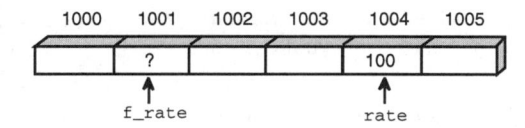

Abbildung 8.2:
Für die Variable z_rate wurde Speicher allokiert.

Der nächste Schritt besteht darin, die Adresse der Variablen rate in der Variablen z_rate zu speichern. Da z_rate jetzt die Adresse von rate enthält, verweist sie auf die Stelle, an der rate im Speicher abgelegt wurde. In C-Sprache heißt das, z_rate zeigt auf rate oder ist ein Zeiger auf rate. Dies wird in Abbildung 8.3 veranschaulicht.

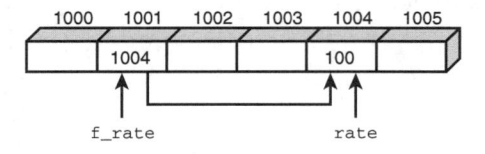

Abbildung 8.3:
Die Variable z_rate enthält die Adresse der Variablen rate und ist deshalb ein Zeiger auf rate.

Fassen wir zusammen: Ein Zeiger ist eine Variable, die die Adresse einer anderen Variablen enthält. Wenn Sie dies verinnerlicht haben, sind Sie soweit, dass wir uns im Detail anschauen können, wie Zeiger in C-Programmen angewendet werden.

TAG 8 Zeiger

Zeiger und einfache Variablen

In dem Beispiel von oben zeigte eine Zeigervariable auf eine einfache Variable. Dieser Abschnitt soll Ihnen zeigen, wie Sie Zeiger auf einfache Variablen erzeugen und verwenden.

Zeiger deklarieren

Ein Zeiger ist eine numerische Variable und muss, wie alle Variablen, deklariert werden, bevor sie verwendet werden kann. Die Namensgebung für Zeigervariablen folgt den gleichen Regeln wie für andere Variablen. Der Name muss eindeutig sein. In der heutigen Lektion halten wir uns an die Konvention, einen Zeiger auf die Variable name als z_name zu bezeichnen. Dies ist allerdings nicht zwingend. Sie können Ihren Zeigern beliebige Namen geben, solange Sie den C-Regeln entsprechen.

Eine Zeigerdeklaration weist die folgende Form auf:

```
typname *zgrname;
```

wobei *typname* ein beliebiger Variablentyp von C ist und angibt, von welchem Typ die Variable ist, auf die der Zeiger verweist. Der Stern (*) ist der Indirektionsoperator und macht deutlich, dass *zgrname* ein Zeiger auf den Typ *typname* ist und keine Variable vom Typ *typname*. Zeiger können zusammen mit normalen Variablen deklariert werden. Sehen Sie im Folgenden einige Beispiele:

```
char *ch1, *ch2;        /* ch1 und ch2 sind Zeiger auf den Typ char */
float *wert, prozent;   /* wert ist ein Zeiger auf den Typ float und
                        /* prozent eine normale Variable vom Typ float */
```

Hinweis Das Symbol * wird sowohl als Indirektionsoperator als auch als Multiplikationsoperator verwendet. Doch keine Sorge, der Compiler kann beide Operatoren korrekt auseinander halten, denn der Kontext, in dem * eingesetzt wird, bietet immer ausreichend Informationen für den Compiler, um festzustellen, ob Indirektion oder Multiplikation gemeint ist.

Neuer Begriff Wenn der Indirektionsoperator auf einen Zeiger angewendet wird, sprechen wir davon, dass die Zeigervariable *dereferenziert* wird.

Zeiger initialisieren

Jetzt, wo Sie einen Zeiger deklariert haben, stellt sich die Frage, was Sie damit anfangen können? Die Antwort lautet nichts, solange Sie nicht dafür Sorge tragen, dass er irgendwohin verweist. Wie schon bei den regulären Variablen können nicht-initialisier-

Zeiger und einfache Variablen

te Zeiger zwar verwendet werden, aber die Ergebnisse sind unvorhersehbar und unter Umständen katastrophal. Erst wenn ein Zeiger die Adresse einer Variablen enthält, ist er nützlich. Doch die Adresse gelangt nicht durch Zauberhand in den Speicher des Zeigers. Ihr Programm muss sie dort mit Hilfe des Adressoperators (dem kaufmännischen Und &) ablegen. Wenn Sie diesen Adressoperator vor den Namen einer Variablen setzen, liefert er die Adresse der Variablen zurück. Deshalb werden Zeiger mit Anweisungen der folgenden Form initialisiert:

```
zeiger = &variable;
```

Betrachten wir noch einmal unser Beispiel in Abbildung 8.3. Die Programmanweisung die die Variablen z_rate so initialisiert, dass sie auf die Variable rate weist, würde wie folgt lauten:

```
z_rate = &rate;    /* weist z_rate die Adresse von rate zu */
```

Diese Anweisung weist die *Adresse* von rate dem Zeiger z_rate zu. Vor der Initialisierung zeigt z_rate auf nichts Spezielles. Nach der Initialisierung ist z_rate ein Zeiger auf rate.

Zeiger verwenden

Jetzt, da Sie wissen, wie man Zeiger deklariert und initialisiert, fragen Sie sich wahrscheinlich, wie man sie verwendet. Hier kommt wieder der Indirektionsoperator (*) ins Spiel. Wenn das *-Zeichen vor dem Namen eines Zeigers steht, bezieht es sich auf die Variable, auf die verwiesen wird.

Kehren wir zurück zu unserem vorherigen Beispiel, in dem der Zeiger z_rate so initialisiert wurde, dass er auf die Variable rate verwies. Wenn Sie also *z_rate schreiben, bezieht sich dies auf die Variable rate. Wenn Sie den Wert von rate ausgeben wollen (der im Beispiel 100 beträgt), könnten Sie

```
printf("%d", rate);
```

oder Folgendes schreiben:

```
printf("%d", *z_rate);
```

> **Neuer Begriff**
> In C sind diese beiden Anweisungen identisch. Den Zugriff auf den Inhalt einer Variablen über den Variablennamen nennt man *direkten Zugriff*. Und den Zugriff auf den Inhalt einer Variablen über einen Zeiger auf diese Variable nennt man *indirekten Zugriff* oder *Indirektion*. Abbildung 8.4 veranschaulicht, dass ein Zeigername mit vorangestelltem Indirektionsoperator auf den Wert der Variablen verweist, auf die der Zeiger gerichtet ist.

239

Zeiger

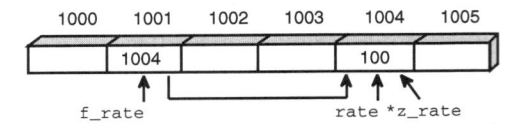

```
 1000  1001  1002  1003  1004  1005
       1004              100
        ↑                 ↑  ↑
      f_rate           rate *z_rate
```

Abbildung 8.4:
Der Indirektionsoperator vor Zeigern.

Legen Sie jetzt erst einmal eine kleine Pause ein und lassen Sie das Gelernte etwas einsinken. Zeiger sind ein wesentlicher Bestandteil von C, darum ist es wichtig, dass Sie soweit alles verstehen. Viele Leute finden Zeiger sehr verwirrend; machen Sie sich also keine Gedanken, wenn es bei Ihnen auch noch etwas durcheinander geht. Sollten Sie das Bedürfnis verspüren, den Lehrstoff zu repetieren, lassen Sie sich nicht abhalten. Aber vielleicht hilft Ihnen ja schon die folgende Zusammenfassung.

Wenn Sie einen Zeiger namens zgr haben, der nach der Initialisierung auf die Variable var zeigt, ist Folgendes wahr:

▶ *zgr und var verweisen beide auf den Inhalt von var (das heißt auf den Wert, den das Programm dort abgelegt hat).

▶ zgr und &var verweisen auf die Adresse von var.

Wie Sie sehen, greift ein Zeigername ohne den Indirektionsoperator auf den Zeigerwert selbst zu, wobei es sich natürlich um die Adresse der Variablen handelt, auf die gezeigt wird.

Listing 8.1 demonstriert den grundlegenden Einsatz von Zeigern. Sie sollten dieses Programm eingeben, kompilieren und ausführen.

Listing 8.1: Einfaches Zeiger-Beispiel.

```
 1: /* Einfaches Zeiger-Beispiel. */
 2:
 3: #include <stdio.h>
 4:
 5: /* Deklariert und initialisiert eine int-Variable */
 6:
 7: int var = 1;
 8:
 9: /* Deklariert einen Zeiger auf int */
10:
11: int *zgr;
12:
13: int main(void)
14: {
15:     /* Initialisiert zgr als Zeiger auf var */
```

Zeiger und einfache Variablen

```
16:
17:     zgr = &var;
18:
19:     /* Direkter und indirekter Zugriff auf var */
20:
21:     printf("\nDirekter Zugriff, var = %d", var);
22:     printf("\nIndirekter Zugriff, var = %d", *zgr);
23:
24:     /* Zwei Möglichkeiten, um die Adresse von var anzuzeigen */
25:
26:     printf("\n\nDie Adresse von var = %lu", (unsigned long)&var);
27:     printf("\nDie Adresse von var = %lu\n", (unsigned long)zgr);
28:
29:     return 0;
30: }
```

Ausgabe

```
Direkter Zugriff, var = 1
Indirekter Zugriff, var = 1

Die Adresse von var = 134518064
Die Adresse von var = 134518064
```

Hinweis

Die hier angegebene Adresse von var, 134518064, kann auf Ihrem System anders lauten.

Analyse

In diesem Listing werden zwei Variablen deklariert. In Zeile 7 wird var als int deklariert und mit 1 initialisiert. In Zeile 11 wird ein Zeiger namens zgr auf eine Variable vom Typ int deklariert. In Zeile 17 wird dem Zeiger zgr die Adresse von var mit Hilfe des Adressoperators (&) zugewiesen. Der Rest des Programms gibt die Werte dieser zwei Variablen auf dem Bildschirm aus. Zeile 21 gibt den Wert von var aus, während Zeile 22 den Wert ausgibt, der an der Speicherstelle abgelegt wurde, auf den zgr weist. In unserem Programm lautet der Wert 1. Zeile 26 gibt die Adresse von var mit Hilfe des Adressoperators aus. Dieser Wert entspricht der Adresse, die von Zeile 27 mit Hilfe der Zeiger-Variablen zgr ausgegeben wird.

Hinweis

Die (unsigned long) in den Zeilen 26 und 27 nennt man auch *Typumwandlung*, ein Thema, das noch ausführlicher am Tag 18, »Vom Umgang mit dem Speicher«, behandelt wird.

Zeiger

Dies Listing ist ein gutes Studienobjekt. Es zeigt die Beziehung zwischen einer Variablen, ihrer Adresse, einem Zeiger und die Dereferenzierung eines Zeigers.

Was Sie tun sollten	**Was nicht**
Entwickeln Sie ein Verständnis für Zeiger und ihre Funktionsweise. Wer C beherrschen will, muss zuerst Zeiger beherrschen.	Verwenden Sie keine Zeiger, die nicht initialisiert wurden. Die Folgen können katastrophal sein.

Zeiger und Variablentypen

Die obige Diskussion lässt die Tatsache außer Acht, dass verschiedene Variablentypen unterschiedlichen Speicherbedarf haben. In den meisten Betriebssystemen belegt ein int 4 Byte, ein double 8 Byte und so weiter. Jedes einzelne Byte im Speicher hat aber eine eigene Adresse, so dass eine Variable, die aus mehreren Byte besteht, eigentlich mehrere Adressen aufweist.

Da stellt sich die Frage, wie Zeiger die Adressen von Variablen handhaben, die mehrere Byte belegen? Die Antwort lautet wie folgt: Die Adresse einer Variablen ist eigentlich die Adresse des ersten (niedrigsten) Byte, das von der Variablen belegt wird. Veranschaulicht werden soll dies anhand eines Beispieles, das drei Variablen deklariert und initialisiert:

```
int vint = 12252;
char vchar = 90;
double vdouble = 1200.156004;
```

Abbildung 8.5 zeigt, wie diese Variablen im Speicher abgelegt werden. In dieser Abbildung belegt die Variable iNT 4 Byte, die Variable char 1 Byte und die Variable double 8 Byte.

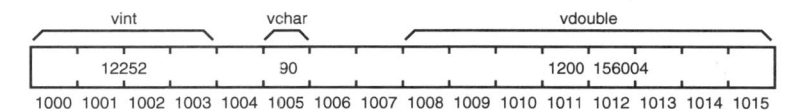

Abbildung 8.5: Verschiedene Typen der numerischen Variablen haben einen unterschiedlichen Speicherplatzbedarf.

Deklarieren und initialisieren wir jetzt Zeiger auf diese drei Variablen:

```
int *z_vint;
char *z_vchar;
double *z_vdouble;
/* hier steht weiterer Code */
z_vint = &vint;
z_vchar = &vchar;
z_vdouble = &vdouble;
```

Jeder Zeiger entspricht der Adresse des ersten Byte der Variablen, auf die gezeigt wird. Demnach entspricht `z_vint` 1000, `z_vchar` 1005 und `z_vdouble` 1008. Denken Sie daran, dass jedem Zeiger bei der Deklaration der Typ der Variablen, auf die er zeigt, mitgegeben wurde. Der Compiler weiß also, dass ein Zeiger auf den Typ `int` auf das erste von vier Byte zeigt, ein Zeiger auf den Typ `double` auf das erste von acht Byte und so weiter. Sehen Sie dazu auch Abbildung 8.6.

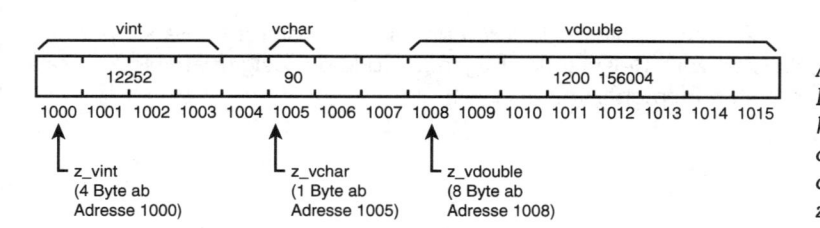

Abbildung 8.6: Der Compiler kennt die Größe der Variablen, auf die der Zeiger zeigt.

> **Hinweis:** In den Abbildungen 8.5 und 8.6 befinden sich leere Speicherstellen zwischen den drei Variablen. Diese dienen der besseren Übersichtlichkeit. In der Realität ist nicht gesichert, dass der Compiler die drei Variablen im Speicher hintereinander ablegt. Das hängt davon ab, was am effizientesten ist.

Zeiger und Arrays

Zeiger können recht nützlich sein, wenn Sie mit einfachen Variablen arbeiten, noch sinnvoller sind sie jedoch mit Arrays. Es besteht in C eine besondere Beziehung zwischen Zeigern und Arrays. Wenn Sie sich nämlich der Array-Index-Notation von Tag 7, »Numerische Arrays«, bedienen, verwenden Sie in Wirklichkeit – ohne es zu merken – Zeiger. Die folgenden Abschnitte sollen dies erläutern.

Der Array-Name als Zeiger

Ein Array-Name ohne eckige Klammern ist ein Zeiger auf das erste Element des Arrays. Wenn Sie also ein Array namens `daten[]` deklariert haben, ist `daten` die Adresse des ersten Array-Elements.

»Warten Sie einen Augenblick«, werden Sie sagen wollen. »Benötigt man nicht den Adressoperator, um die Adresse zu erhalten?« Ja. Sie können auch den Ausdruck `&daten[]` verwenden, um die Adresse des ersten Array-Elements zu erhalten. In C ist die Beziehung (`daten == &daten[0]`) immer wahr.

Sie haben nun gesehen, dass der Name eines Arrays ein Zeiger auf das Array ist. Genauer gesagt, ist der Name eines Arrays eine Zeigerkonstante, die nicht geändert werden kann und ihren Wert für die Dauer der Programmausführung beibehält. Dies ist aus folgendem Grund sinnvoll: Wenn Sie den Wert änderten, würde der Array-Name nicht mehr auf das Array verweisen (das an einer festen Speicherposition abgelegt ist).

Sie können aber eine Zeigervariable deklarieren und so initialisieren, dass sie auf das Array zeigt. So initialisiert zum Beispiel der folgende Code die Zeigervariable `z_array` mit der Adresse des ersten Elements von `array[]`:

```
int array[100], *z_array;
/* hier steht weiterer Code */
z_array = array;
```

Da `z_array` eine Zeigervariable ist, kann sie auf andere Speicherstellen umgelenkt werden. Im Gegensatz zu `array` muss `z_array` nicht immer auf das erste Element von `array[]` zeigen. So könnte die Zeigervariable zum Beispiel auf andere Elemente in `array[]` zeigen. Doch wie? Dazu müssen wir uns zuerst einmal anschauen, wie Array-Elemente im Speicher abgelegt werden.

Speicherlayout für Array-Elemente

Wie Sie vielleicht noch von Tag 7 her wissen, werden die Elemente eines Arrays in sequentieller Reihenfolge im Speicher abgelegt, wobei das erste Elemente die niedrigste Adresse erhält. Die nachfolgenden Array-Elemente (deren Index größer als 0 ist) werden in höheren Adressen gespeichert. Um wie viel höher hängt davon ab, mit welchem Datentyp das Array deklariert wurde (`char`, `int`, `double` und so weiter).

Betrachten wir ein Array vom Typ `int`. Wie Sie am Tag 2, »Die Komponenten eines C-Programms: Quellcode und Daten«, gelernt haben, belegt eine einzige Variable vom Typ `int` 4 Byte im Speicher. Jedes der Array-Elemente liegt deshalb vier Byte über dem vorhergehenden Element, das heißt die Adresse jedes Array-Elements ist um vier größer als die Adresse des Vorgängers. Eine Variable vom Typ `double` hingegen belegt acht Byte. In einem Array vom Typ `double` liegt jedes Array-Element acht Byte über dem vorhergehenden Element, das heißt die Adresse jedes Array-Elements ist um acht größer als die Adresse des Vorgängers.

Abbildung 8.7 veranschaulicht die Beziehung zwischen Speicher und Adressen für ein `int`-Array mit drei Elementen und ein `double`-Array mit zwei Elementen.

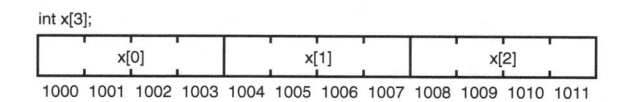

int x[3];

| x[0] | x[1] | x[2] |

1000 1001 1002 1003 1004 1005 1006 1007 1008 1009 1010 1011

double ausgaben [2];

| ausgaben[0] | ausgaben[1] |

1240 1241 1242 1243 1244 1245 1246 1247 1248 1249 1250 1251 1252 1253 1254 1255

*Abbildung 8.7:
Array-Speicher
für verschiedene
Array-Typen.*

Mit Hilfe der Abbildung 8.7 sollten Sie die folgenden Beziehungen verifizieren können:

```
1: x == 1000
2: &x[0] == 1000
3: &x[1] = 1004
4: ausgaben == 1240
5: &ausgaben[0] == 1240
6: &ausgaben[1] == 1248
```

`x` ohne die eckigen Array-Klammern entspricht der Adresse des ersten Elements (`x[0]`). Sie sehen auch, dass `x[0]` die Adresse 1000 belegt. Dies wird auch durch Zeile 2 ausgedrückt. Sie können diese Zeile folgendermaßen lesen: »Die Adresse des ersten Elements vom Array x lautet 1000«. Zeile 3 gibt die Adresse des zweiten Elements (mit dem Array-Index 1) als 1004 an. Auch dies wird durch Abbildung 8.7 bestätigt. Die Zeilen 4, 5 und 6 sind praktisch identisch mit 1, 2 und 3. Sie unterscheiden sich lediglich in der Adresse der zwei Array-Elemente. In dem Array x vom Typ `int` beträgt der Unterschied vier Byte und in dem Array ausgaben vom Typ `double` beträgt er acht Byte.

Wie kann man mit Hilfe eines Zeigers auf diese sequentiellen Array-Elemente zugreifen? Obigen Beispielen können Sie entnehmen, dass ein Zeiger um vier erhöht werden muss, um auf die Elemente eines Arrays vom Typ `int` zuzugreifen, und um acht, um auf die Elemente eines Arrays vom Typ `double` zuzugreifen. Allgemein ausgedrückt, lässt sich sagen, dass ein Zeiger jeweils um `sizeof(datentyp)` erhöht werden muss, um auf die aufeinander folgenden Elemente eines Arrays eines speziellen Datentyps zuzugreifen. Erinnern wir uns an Tag 2: Der `sizeof()`-Operator liefert die Größe eines Datentyps in C in Byte zurück.

Tag 8 — Zeiger

Listing 8.2 verdeutlicht die Beziehung zwischen Adressen und den Elementen von Arrays unterschiedlichen Datentyps. Im Programm werden Arrays der Typen short, int, float und double deklariert und dann die Adressen aufeinander folgender Elemente ausgegeben.

Listing 8.2: Gibt die Adressen von sequentiellen Array-Elementen aus.

```
 1: /* Verdeutlicht die Beziehung zwischen Adressen und den */
 2: /* Elementen von Arrays unterschiedlichen Datentyps.    */
 3:
 4: #include <stdio.h>
 5:
 6: /* Deklariert drei Arrays und eine Zählervariable. */
 7:
 8:  short s[10];
 9:  int i[10], x;
10:  float f[10];
11:  double d[10];
12:
13: int main(void)
14: {
15:     /* gibt die Tabellenüberschrift aus */
16:
17:     printf("%19s %10s %10s %10s", "Short", "Integer",
18:            "Float", "Double");
19:
20:     printf("\n=================================");
21:     printf("=====================");
22:
23:     /* Gibt die Adressen aller Array-Elemente aus. */
24:
25:     for (x = 0; x < 10; x++)
26:     printf("\nElement %d: %lu  %lu  %lu  %lu", x,
27:         (unsigned long)&s[x], (unsigned long)&i[x],
28:         (unsigned long)&f[x], (unsigned long)&d[x]);
29:
30:     printf("\n=================================");
31:     printf("=====================\n");
32:
33:     return 0;
34: }
```

Ausgabe

```
            Short      Integer     Float       Double
==================================================
Element 0:  134518864  134518720   134518656   134518784
Element 1:  134518866  134518724   134518660   134518792
Element 2:  134518868  134518728   134518664   134518800
Element 3:  134518870  134518732   134518668   134518808
ElemeNT 4:  134518872  134518736   134518672   134518816
Element 5:  134518874  134518740   134518676   134518824
Element 6:  134518876  134518744   134518680   134518832
Element 7:  134518878  134518748   134518684   134518840
Element 8:  134518880  134518752   134518688   134518848
Element 9:  134518882  134518756   134518692   134518856
==================================================
```

Analyse

Die Adressen, die Ihr System anzeigt, werden nicht mit den hier aufgeführten übereinstimmen, aber die Beziehungen sind die gleichen. In dieser Ausgabe liegen je 2 Byte zwischen den `short`-Elementen, 4 Byte zwischen `int`- und `float`-Elementen und 8 Byte zwischen `double`-Elemente.

Hinweis

Einige Rechner verwenden andere Größen für die Variablentypen. Wenn es bei Ihrem Rechner Abweichungen gibt, sehen die Abstände zwischen den Elementen in der Ausgabe anders aus, aber sie werden auf alle Fälle für jeden Typ einheitlich sein.

Bei intensiverer Betrachtung des Listings 8.2 sehen Sie, dass in den Zeilen 8, 9, 10 und 11 vier Arrays erzeugt werden: Array `s` vom Typ `short` in Zeile 8, Array `i` vom Typ `int` in Zeile 9, Array `f` vom Typ `float` in Zeile 10 und Array `d` vom Typ `double` in Zeile 11. Die Zeilen 17 und 18 geben die Spaltenüberschriften für die resultierende Tabelle aus. Die Zeilen 20 und 21 sowie die Zeilen 30 und 31 geben jeweils eine doppelt gestrichelte Linie als obere und untere Begrenzung der Tabellendaten aus. Das macht sich in einem Bericht sehr gut. Die Zeilen 25 bis 28 enthalten eine for-Schleife, mit der die einzelnen Reihen der Tabelle ausgegeben werden. Zuerst steht dort die Zahl des Elements x. Daran schließt sich die Adresse des Elements für jedes der vier Arrays. Wie schon in Listing 8.1 wird `(unsigned long)` verwendet, um Warnungen vom Compiler zu vermeiden. Es kann unberücksichtigt bleiben.

Zeigerarithmetik

Sie haben einen Zeiger auf das erste Array-Element. Dieser Zeiger soll um einen Betrag inkrementiert werden, der der Größe des Datentyps der im Array gespeicherten Elemente entspricht. Wie kann man über Zeiger auf Array-Elemente zugreifen? Indem man sich der so genannten *Zeigerarithmetik* bedient.

»Das hat mir gerade noch gefehlt«, werden Sie denken, »noch eine Art von Arithmetik zu lernen!« Keine Angst. Zeigerarithmetik ist nicht schwierig und vereinfacht die Arbeit mit Zeigern in Ihren Programmen beträchtlich. Sie brauchen sich nur mit zwei Zeigeroperationen zu beschäftigen: Inkrementieren und Dekrementieren.

Zeiger inkrementieren

Wenn Sie einen Zeiger *inkrementieren*, erhöhen Sie seinen Wert. Wenn Sie zum Beispiel einen Zeiger um 1 inkrementieren, erhöht die Zeigerarithmetik den Wert des Zeigers automatisch, so dass er auf das nächste Array-Element zeigt, unabhängig davon, wie groß das Array-Element ist. Mit anderen Worten, C kennt den Datentyp, auf den der Zeiger weist (aus der Zeigerdeklaration) und erhöht die Adresse, die im Zeiger gespeichert ist, um die Größe dieses Datentyps.

Angenommen zgr_auf_int ist eine Zeigervariable auf ein beliebiges Element in einem Array vom Typ int. Wenn Sie die Anweisung

```
zgr_auf_int++;
```

ausführen, wird der Wert von zgr_auf_int um die Größe des Typs int (4 Byte) erhöht, und zgr_auf_int zeigt jetzt auf das nächste Array-Element. Entsprechend würde für einen Zeiger zgr_auf_dcuble, der auf ein Element eines double-Arrays zeigt, die Anweisung

```
zgr_auf_double++;
```

den Wert von zgr_auf_double um die Größe des Typs double (8 Byte) erhöhen.

Diese Regel gilt auch für Inkrementierungsschritte größer als 1. Wenn Sie zu einem Zeiger den Wert *n* addieren, inkrementiert C den Zeiger um *n* Array-Elemente des betreffenden Datentyps. Deshalb erhöht

```
zgr_auf_int += 4;
```

den Wert, der in zgr_auf_int gespeichert ist, um 16 (vorausgesetzt ein Integer ist 4 Byte groß), so dass der Zeiger jetzt um vier Array-Elemente weiter nach vorn gesprungen ist. Entsprechend erhöht

```
zgr_auf_double += 10;
```

den Wert, der in zgr_auf_double gespeichert ist, um 80 (vorausgesetzt ein double ist 8 Byte), so dass der Zeiger um 10 Array-Elemente weiter nach vorne gerückt wird.

Zeiger dekrementieren

Die Regeln für das Inkrementieren gelten auch für das Dekrementieren von Zeigern. Denn einen Zeiger *dekrementieren* ist eigentlich nichts anderes als ein besonderer Fall von Inkrementieren, bei dem ein negativer Wert addiert wird. Wenn Sie einen Zeiger mit den Operatoren -- oder -= dekrementieren, sorgt die Zeigerarithmetik automatisch dafür, dass der Zeiger um die Größe der Array-Elemente verschoben wird.

Listing 8.3 enthält ein Beispiel dafür, wie man unter Ausnutzung der Zeigerarithmetik auf Array-Elemente zugreifen kann. Durch das Inkrementieren von Zeigern kann das Programm sehr effizient alle Elemente der Arrays durchlaufen.

Listing 8.3: Mit Zeigerarithmetik und Zeiger-Notation auf Array-Elemente zugreifen.

```
1:  /* Mit Zeigern und Zeigerarithmetik auf Array-Elemente */
2:  /* zugreifen. */
3:
4:  #include <stdio.h>
5:  #define MAX 10
6:
7:  /* Ein Integer-Array deklarieren und initialisieren. */
8:
9:  int i_array[MAX] = { 0,1,2,3,4,5,6,7,8,9 };
10:
11: /* Einen Zeiger auf int und eine int-Variable deklarieren. */
12:
13: int *i_zgr, count;
14:
15: /* Ein float-Array deklarieren und initialisieren. */
16:
17: float f_array[MAX] = { .0, .1, .2, .3, .4, .5, .6, .7, .8, .9 };
18:
19: /* Einen Zeiger auf float deklarieren. */
20:
21: float *f_zgr;
22:
23: int main(void)
24: {
25:     /* Die Zeiger initialisieren. */
26:
27:     i_zgr = i_array;
28:     f_zgr = f_array;
29:
30:     /* Array-Elemente ausgeben. */
31:
```

```
32:     for (count = 0; count < MAX; count++)
33:         printf("%d\t%f\n", *i_zgr++, *f_zgr++);
34:
35:     return 0;
36: }
```

Ausgabe

```
0    0.000000
1    0.100000
2    0.200000
3    0.300000
4    0.400000
5    0.500000
6    0.600000
7    0.700000
8    0.800000
9    0.900000
```

Analyse

In diesem Programm wird in Zeile 5 eine Konstante namens MAX definiert und auf 10 gesetzt. Sie wird im ganzen Listing verwendet. In Zeile 9 dient MAX dazu, die Anzahl der Elemente in einem int-Array namens i_array festzulegen. Die Elemente in diesem Array werden bei der Deklaration des Arrays initialisiert. Zeile 13 deklariert zwei weitere Variablen vom Typ int. Die erste ist ein Zeiger namens i_zgr. Sie können anhand des Indirektionsoperators (*) erkennen, dass es sich hierbei um einen Zeiger handelt. Die andere Variable ist eine einfache Variable vom Typ int namens count. In Zeile 17 wird ein zweites Array definiert und initialisiert. Dieses Array ist vom Typ float, enthält MAX Werte und wird mit float-Werten initialisiert. Zeile 21 deklariert einen Zeiger auf einen float namens f_zgr.

Die main()-Funktion steht in den Zeilen 23 bis 36. In den Zeilen 27 und 28 weist das Programm den Zeigern entsprechend ihres Typs die jeweils erste Adresse eines der beiden Arrays zu. Zur Erinnerung, ein Arrayname ohne Index entspricht der Anfangsadresse des Arrays. Eine for-Anweisung in den Zeilen 32 und 33 benutzt die int-Variable count, um von 0 bis zum Wert von MAX zu zählen. Nach jedem Zähldurchgang dereferenziert Zeile 33 die beiden Zeiger und gibt ihre Werte in einem Aufruf von printf() aus. Der Inkrement-Operator inkrementiert dann beide Zeiger, so dass jeder auf das nächste Element in seinem Array zeigt, bevor die for-Schleife erneut durchlaufen wird.

Sie denken vielleicht, dass dies Programm genauso gut die Notation der Array-Indizes verwenden und auf Zeiger ganz verzichten könnte. Das stimmt, und in einfachen Programmen wie diesem bietet die Zeigernotation keine allzu großen Vorteile. Aber wenn Ihre Programme erst einmal so richtig komplex werden, werden Sie die Vorteile der Zeiger zu schätzen wissen.

Denken Sie daran, dass Sie Inkrement- und Dekrementoperationen nicht auf Zeigerkonstanten ausführen können. (Ein Array-Name ohne eckige Klammern ist eine *Zeigerkonstante*.) Auch sollten Sie daran denken, dass der C-Compiler bei der Manipulation von Zeigern auf Array-Elemente nicht kontrolliert, ob Anfang oder Ende des Arrays erreicht wurde. Wenn Sie also nicht vorsichtig sind, kann es Ihnen passieren, dass Sie Ihren Zeiger so weit inkrementieren oder dekrementieren, dass er auf irgendwelche Speicherbereiche vor oder hinter Ihrem Array verweist. Dort mag zwar etwas gespeichert sein, aber es ist mit Sicherheit kein Array-Element. Sie sollten Ihre Zeiger immer im Auge behalten und wissen, wohin sie zeigen.

Weitere Zeigermanipulationen

Die einzige noch zu besprechende Operation aus dem Bereich der Zeigerarithmetik ist die so genannte *Differenzbildung*, mit der man die Subtraktion zweier Zeiger bezeichnet. Wenn Sie zwei Zeiger auf verschiedene Elemente im gleichen Array haben, können Sie sie voneinander subtrahieren und ermitteln, wie weit sie voneinander entfernt sind. Auch hier sorgt die Zeigerarithmetik dafür, dass die Antwort automatisch in Array-Element-Einheiten angegeben wird. Wenn also zgr1 und zgr2 auf Elemente eines Arrays zeigen (eines beliebigen Typs), teilt Ihnen der folgende Ausdruck mit, wie weit diese Elemente auseinander liegen:

```
zgr1 - zgr2
```

Sie können Zeiger auch vergleichen. Zeigervergleiche sind nur gültig zwischen Zeigern, die auf das gleiche Array zeigen. Unter diesen Voraussetzungen funktionieren die relationalen Operatoren ==, !=, >, <, >= und <= ordnungsgemäß. Niedrigere Array-Elemente (das sind die mit einem niedrigeren Index) haben immer eine niedrigere Adresse als höhere Array-Elemente. Wenn also zgr1 und zgr2 auf Elemente des gleichen Arrays zeigen, ist der Vergleich

```
zgr1 < zgr2
```

wahr, wenn zgr1 auf ein Element zeigt, das vor dem liegt, auf das zgr2 zeigt.

Damit hätten wir alle möglichen Zeigeroperationen besprochen. Viele der arithmetischen Operationen, die mit normalen Variablen durchgeführt werden können (wie Multiplikation oder Division), würden für Zeiger keinen Sinn ergeben. Der C-Compiler lässt sie außerdem auch nicht zu. Wenn zum Beispiel zgr ein Zeiger ist, dann erzeugt die Anweisung

```
zgr *= 2;
```

eine Fehlermeldung. Der Tabelle 8.1 können Sie entnehmen, dass Sie insgesamt sechs Operationen mit einem Zeiger durchführen können, die wir alle in der heutigen Lektion besprochen haben.

Operation	Beschreibung
Zuweisung	Sie können einem Zeiger einen Wert zuweisen. Dieser Wert sollte eine Adresse sein, die mit dem Adressoperator (&) ermittelt wird oder von einer Zeigerkonstanten (Array-Name) stammt.
Indirektion	Der Indirektionsoperator (*) liefert den Wert, der an der Speicherstelle gespeichert ist, auf die der Zeiger weist.
Adress-	Sie können den Adressoperator dazu nutzen, um die Adresse eines Zeigers zu ermitteln. Auf diese Weise ist es möglich, Zeiger auf Zeiger zu erzeugen. Dieses Thema ist jedoch etwas für Fortgeschrittene und wird am Tag 14, »Zeiger für Fortgeschrittene«, behandelt.
Inkrementieren	Sie können einen Integer zu einem Zeiger hinzuaddieren, so dass dieser auf eine andere Speicherposition zeigt.
Dekrementieren	Sie können einen Integer von einem Zeiger subtrahieren, so dass dieser auf eine andere Speicherposition zeigt.
Differenzbildung	Sie können einen Zeiger von einem anderen Zeiger subtrahieren, um festzulegen, wie weit sie auseinander liegen.
Vergleich	Nur gültig bei zwei Zeigern, die auf das gleiche Array zeigen.

Tabelle 8.1: Zeigeroperationen.

Zeiger und ihre Tücken

Wenn Sie ein Programm schreiben, das Zeiger verwendet, müssen Sie sich vor einem gravierenden Fehler hüten: Verwenden Sie keinen nicht-initialisierten Zeiger auf der linken Seite einer Zuweisung. Betrachtern wir hierzu ein Beispiel. Die folgende Anweisung deklariert einen Zeiger vom Typ int:

```
int *zgr;
```

Dieser Zeiger ist noch nicht initialisiert und deshalb zeigt er auf nichts. Um genau zu sein, er zeigt auf nichts *Bekanntes*. Auch ein nicht-initialisierter Zeiger hat einen Wert; nur kennen Sie diesen Wert nicht. In vielen Fällen ist er gleich Null. Doch dazu mehr in unserer morgigen Lektion.

Wenn Sie einen nicht-initialisierten Zeiger in einer Zuweisung verwenden, passiert Folgendes:

```
*zgr = 12;
```

Der Wert 12 wird der Adresse zugewiesen, auf die zgr gerade zeigt. Diese Adresse kann sich praktisch überall im Speicher befinden – auch dort, wo das Betriebssystem oder der Programmcode gespeichert ist. Eine dort abgelegte 12 kann wichtige Informationen überschreiben und zu seltsamen Programmfehlern oder sogar einem vollständigen Systemabsturz führen. Die linke Seite einer Zuweisung ist der denkbar gefährlichste Ort für Zeiger, die nicht initialisiert sind. Diese Zeiger können jedoch darüber hinaus noch andere Fehler, wenn auch weniger gravierend, verursachen. Deshalb sollten Sie sicherstellen, dass die Zeiger Ihres Programms ordnungsgemäß initialisiert sind, bevor Sie sie verwenden. Allerdings müssen Sie dafür allein Sorge tragen, denn der Compiler nimmt Ihnen diese Arbeit nicht ab.

Was Sie tun sollten	**Was nicht**
Merken Sie sich die Größe der Variablentypen auf Ihrem Computer. Wie Ihnen vielleicht dämmert, sollten Sie die Variablengrößen kennen, wenn Sie mit Zeigern und Speicher arbeiten.	Versuchen Sie nicht, mathematische Operationen wie Division, Multiplikation oder Modulus auf Zeiger anzuwenden. Addition (Inkrementieren) und Subtraktion (Differenzbildung) sind die für Zeiger gültigen Operationen.
	Vergessen Sie nicht, dass Addition und Subtraktion bei einem Zeiger diesen Zeiger auf der Basis der Größe des Datentyps, auf den gezeigt wird, verschiebt. Die Verschiebung erfolgt nicht um 1 oder um die Zahl, die addiert wird (es sei denn der Zeiger zeigt auf ein 1-Byte-Zeichen).
	Versuchen Sie nicht, eine Array-Variable zu inkrementieren oder zu dekrementieren. Weisen Sie der ersten Adresse des Arrays einen Zeiger zu und inkrementieren Sie diesen (siehe Listing 8.3).

Array-Notation und Zeiger

Ein Array-Name ohne eckige Klammern ist ein Zeiger auf das erste Element dieses Arrays. Deshalb können Sie über den Indirektionsoperator auf das erste Array-Element zugreifen. Wenn array[] ein deklariertes Array ist, so bezeichnet der Ausdruck *array das erste Element des Arrays, *(array + 1) das zweite Element des Arrays und so weiter. Die folgenden Beziehungen sind daher – unabhängig vom Array-Typ – immer wahr:

```
*(array)     == array[0]
*(array + 1) == array[1]
*(array + 2) == array[2]
...
*(array + n) == array[n]
```

Dies veranschaulicht den Zusammenhang zwischen der Notation der Array-Indizes und der Notation der Array-Zeiger. Sie können beide in Ihren Programmen verwenden. Der C-Compiler betrachtet sie als zwei verschiedene Möglichkeiten, mit Hilfe von Zeigern auf Array-Daten zuzugreifen.

Arrays an Funktionen übergeben

Die heutige Lektion hat bereits die besondere Beziehung zwischen Zeigern und Arrays beleuchtet. Diese Beziehung kommt vor allem dann zum Tragen, wenn Sie ein Array als Argument einer Funktion übergeben müssen. Arrays können nämlich nur mit Hilfe von Zeigern an Funktionen übergeben werden.

Wie Sie vielleicht noch von Tag 4, »Funktionen«, wissen, ist ein Argument ein Wert, den das aufrufende Programm einer Funktion übergibt. Es kann sich dabei um einen int, einen float oder einen anderen einfachen Datentyp handeln, aber es muss ein einfacher numerischer Wert sein. Es kann ein einziges Array-Element sein, aber kein ganzes Array. Was aber, wenn Sie einer Funktion ein ganzes Array übergeben müssen? Nun, Sie könnten einen Zeiger auf das Array definieren; dieser Zeiger ist ein einziger numerischer Wert (die Adresse des ersten Array-Elements). Wenn Sie diesen Wert einer Funktion übergeben, kennt die Funktion die Adresse des Arrays und kann mit Hilfe der Zeiger-Notation auf die Array-Elemente zugreifen.

Betrachten wir noch ein anderes Problem. Wenn Sie eine Funktion schreiben, die ein Array als Argument übernimmt, wäre es wünschenswert, dass diese Funktion Arrays verschiedenster Größe handhaben könnte. Sie könnten zum Beispiel eine Funktion schreiben, die das größte Element in einem Array von Integern sucht. Diese Funktion wäre nicht sehr nützlich, wenn sie auf Arrays einer bestimmten Größe beschränkt wäre.

Doch wie kann die Funktion die Größe des Arrays ermitteln, dessen Adresse ihr übergeben wurde? Zur Erinnerung, der Wert, der einer Funktion übergeben wurde, ist ein Zeiger auf das erste Array-Element. Es könnte das erste von 10 oder das erste von 10.000 Elementen sein. Es gibt zwei Methoden, einer Funktion die Größe des Arrays mitzuteilen.

Sie könnten das letzte Array-Element »markieren«, indem Sie einen besonderen Wert in diesem Element ablegen. Während dann die Funktion das Array durchgeht, sucht es diesen Wert in jedem Element. Wird der Wert gefunden, ist das Ende des Arrays er-

Arrays an Funktionen übergeben

reicht. Der Nachteil dieser Methode ist, dass Sie gezwungen sind, einen Wert als Indikator des Array-Endes zu reservieren, und so Platz für die Speicherung realer Daten in dem Array verlieren.

Der andere Weg ist wesentlich flexibler und direkter und wird deshalb in diesem Buch bevorzugt: Sie übergeben der Funktion die Array-Größe als zusätzliches Argument. Dieses Argument kann vom einfachen Typ `int` sein. Demzufolge erhält die Funktion zwei Argumente: einen Zeiger auf das erste Array-Element und einen Integer, der angibt, wie viele Elemente im Array enthalten sind.

Listing 8.4 fragt vom Anwender eine Liste von Werten ab und speichert sie in einem Array. Dann ruft es eine Funktion namens `groesster()` auf und übergibt dieser das Array (sowohl Zeiger als auch Größe). Die Funktion ermittelt den größten Wert in dem Array und liefert ihn an das aufrufende Programm zurück.

Listing 8.4: Ein Array einer Funktion übergeben.

```
1:  /* Ein Array einer Funktion übergeben. */
2:
3:  #include <stdio.h>
4:
5:  #define MAX 10
6:
7:  int array[MAX], count;
8:
9:  int groesster(int x[], int y);
10:
11: int main(void)
12: {
13:     /* MAX Werte über die Tastatur einlesen */
14:
15:     for (count = 0; count < MAX; count++)
16:     {
17:         printf("Geben Sie einen Integerwert ein: ");
18:         scanf("%d", &array[count]);
19:     }
20:
21:     /* Ruft die Funktion auf und zeigt den Rückgabewert an. */
22:     printf("\n\nGrößter Wert = %d\n", groesster(array, MAX));
23:
24:     return 0;
25: }
26: /* Die Funktion groesster() liefert den größten Wert */
27: /* in einem Integer-Array zurück */
28:
29: int groesster(int x[], int y)
```

Zeiger

```
30: {
31:     int count, max = x[0];
32:
33:     for ( count = 0; count < y; count++)
34:     {
35:         if (x[count] > max)
36:             max = x[count];
37:     }
38:
39:     return max;
40: }
```

Ausgabe

```
Geben Sie einen Integerwert ein: 1
Geben Sie einen Integerwert ein: 2
Geben Sie einen Integerwert ein: 3
Geben Sie einen Integerwert ein: 4
Geben Sie einen Integerwert ein: 5
Geben Sie einen Integerwert ein: 10
Geben Sie einen Integerwert ein: 9
Geben Sie einen Integerwert ein: 8
Geben Sie einen Integerwert ein: 7
Geben Sie einen Integerwert ein: 6

Größter Wert = 10
```

Analyse

Die Funktion, die in diesem Beispiel einen Zeiger auf ein Array akzeptiert, heißt groesster(). Der Funktionsprototyp steht in Zeile 9 und mit der Ausnahme des Semikolons ist er identisch mit dem Funktionsheader in Zeile 29.

Der größte Teil in dem Funktionsheader in Zeile 29 sollte Ihnen vertraut sein: groesster() ist eine Funktion, die einen int-Wert an das aufrufende Programm zurückliefert. Ihr zweites Argument ist ein int, das durch den Parameter y dargestellt wird. Einzig neu daran ist der erste Parameter int x[], der besagt, dass das erste Argument ein Zeiger vom Typ int ist, dargestellt durch den Parameter x. Sie könnten Funktionsdeklaration und -header auch folgendermaßen schreiben:

int groesster(int *x, int y);

Dies entspricht der ersten Form: Sowohl int x[] als auch int *x bedeuten »Zeiger auf int«. Die erste Form ist vielleicht vorzuziehen, da es Sie daran erinnert, dass der

Parameter ein Zeiger auf ein Array darstellt. Natürlich weiß der Zeiger nicht, dass er auf ein Array zeigt, aber die Funktion verwendet ihn als solchen.

Kommen wir jetzt zur Funktion groesster(). Wenn sie aufgerufen wird, erhält der Parameter x den Wert des ersten Arguments und ist deshalb ein Zeiger auf das erste Element des Arrays. Sie können x überall dort verwenden, wo ein Array-Zeiger verwendet werden kann. In groesster() wird in den Zeilen 35 und 36 auf die Array-Elemente über die Indexnotation zugegriffen. Sie könnten aber auch die Zeigernotation verwenden, indem Sie die if-Schleife wie folgt umschreiben:

```
for (count = 0; count < y; count++)
{
   if (*(x+count) > max)
      max = *(x+count);
}
```

Listing 8.5 veranschaulicht die andere Möglichkeit, Arrays an Funktionen zu übergeben.

Listing 8.5: Eine weitere Möglichkeit, ein Array einer Funktion zu übergeben.

```
1:  /* Ein Array einer Funktion übergeben. Alternative. */
2:
3:  #include <stdio.h>
4:
5:  #define MAX 10
6:
7:  int array[MAX+1], count;
8:
9:  int groesster(int x[]);
10:
11: int main(void)
12: {
13:     /* MAX Werte über die Tastatur einlesen. */
14:
15:     for (count = 0; count < MAX; count++)
16:     {
17:         printf("Geben Sie einen Integerwert ein: ");
18:         scanf("%d", &array[count]);
19:
20:         if ( array[count] == 0 )
21:             count = MAX;            /* verlässt die for-Schleife */
22:     }
23:     array[MAX] = 0;
24:
25:     /* Ruft die Funktion auf und zeigt den Rückgabewert an. */
```

```
26:     printf("\n\nGrößter Wert= %d\n", groesster(array));
27:
28:     return 0;
29: }
30: /* Die Funktion groesster() liefert den größten Wert */
31: /* in einem Integer-Array zurück */
32:
33: int groesster(int x[])
34: {
35:     int count, max = x[0];
36:
37:     for ( count = 0; x[count] != 0; count++)
38:     {
39:         if (x[count] > max)
40:             max = x[count];
41:     }
42:
43:     return max;
44: }
```

Ausgabe

```
Geben Sie einen Integerwert ein: 1
Geben Sie einen Integerwert ein: 2
Geben Sie einen Integerwert ein: 3
Geben Sie einen Integerwert ein: 4
Geben Sie einen Integerwert ein: 5
Geben Sie einen Integerwert ein: 10
Geben Sie einen Integerwert ein: 9
Geben Sie einen Integerwert ein: 8
Geben Sie einen Integerwert ein: 7
Geben Sie einen Integerwert ein: 6

Größter Wert = 10
```

Für einen weiteren Aufruf des Programms könnte die Ausgabe folgendermaßen aussehen:

Ausgabe

```
Geben Sie einen Integerwert ein: 10
Geben Sie einen Integerwert ein: 20
Geben Sie einen Integerwert ein: 55
Geben Sie einen Integerwert ein: 3
```

```
Geben Sie einen Integerwert ein: 12
Geben Sie einen Integerwert ein: 0

Größter Wert = 55
```

Analyse

Die Funktion `groesster()` aus diesem Programm erledigt die gleiche Aufgabe wie die Funktion aus Listing 8.4. Der Unterschied liegt darin, dass hier ein Markierungselement verwendet wird. Die `for`-Schleife in Zeile 37 sucht so lange nach dem größten Wert, bis sie auf eine 0 trifft. Dann weiß sie, dass der Anwender seine Eingabe beendet hat.

Wenn Sie den Anfang dieses Programms betrachten, werden Sie die Unterschiede von Listing 8.5 zu Listing 8.4 feststellen. Zuerst müssen Sie in Zeile 7 dem Array ein zusätzliches Element hinzufügen, um den Wert aufzunehmen, der das Ende anzeigt. In den Zeilen 20 und 21 wurde eine `if`-Anweisung ergänzt, die herausfinden soll, ob der Anwender eine 0 eingegeben hat, um die Eingabe der Werte zu beenden. Wurde eine 0 eingegeben, wird `count` auf den maximalen Wert gesetzt, so dass die `for`-Schleife sauber verlassen werden kann. Zeile 23 stellt sicher, dass das letzte eingegebene Element eine 0 ist, für den Fall, dass der Anwender die maximale Anzahl an Werten (`MAX`) eingegeben hat.

Durch das Hinzufügen der zusätzlichen Befehle für die Eingabe der Daten können Sie die Funktion `groesster()` mit Arrays jeder Größe verwenden. Es gibt jedoch einen Haken dabei. Was passiert, wenn Sie die 0 am Ende des Arrays vergessen? `groesster()` iteriert dann über das Ende des Arrays hinaus und vergleicht die nachfolgenden Werte im Speicher, bis sie eine 0 findet.

Wie Sie sehen, ist es nicht besonders schwierig, einer Funktion ein Array zu übergeben. Sie müssen lediglich einen Zeiger auf das erste Element im Array übergeben. Meistens werden Sie darüber hinaus auch noch die Anzahl der Elemente im Array übergeben müssen. Innerhalb der Funktion kann der Zeiger genutzt werden, um unter Verwendung der Index- oder der Zeigernotation auf die Array-Elemente zuzugreifen.

Warnung

Am Tag 4 wurde festgestellt, dass bei der Übergabe einer einfachen Variablen an eine Funktion nur eine Kopie des Variablenwertes übergeben wird. Die Funktion kann zwar den Wert verwenden, kann aber die eigentliche Variable nicht ändern, da sie keinen Zugriff auf die Variable selbst hat. Wenn Sie einer Funktion ein Array übergeben, liegen die Dinge anders, da der Funktion die Adresse des Arrays und nicht nur eine Kopie der Werte in dem Array übergeben wird. Der Code in der Funktion arbeitet mit den tatsächlichen Array-Elementen und kann die im Array gespeicherten Werte verändern.

Zeiger an Funktionen übergeben

In Zusammenhang mit den Zeigern sollten wir auch die verschiedenen Wege betrachten, wie man einer Funktion ein Argument übergeben kann. Es gibt zwei Möglichkeiten: als Wert oder als Adresse einer Variablen. *Übergabe als Wert* bedeutet, dass der Funktion eine Kopie vom Wert des Arguments übergeben wird. Dieser Weg besteht aus drei Schritten:

1. Der Argument-Ausdruck wird ausgewertet.
2. Das Ergebnis wird auf den *Stack*, einen temporärer Speicherbereich, kopiert.
3. Die Funktion erhält den Wert des Arguments vom Stack.

Der wesentliche Punkt dabei ist, dass, wenn eine Variable als Argument übergeben wird, der Code der Funktion den Wert der Variablen nicht ändern kann. Abbildung 8.8 veranschaulicht die Übergabe eines Arguments als Wert. In diesem Fall ist das Argument eine einfache Variable vom Typ `int`. Aber das Prinzip ist auf alle anderen Variablentypen und komplexere Ausdrücke anwendbar.

Wenn eine Variable einer Funktion als Wert übergeben wird, hat die Funktion Zugriff auf den Wert der Variablen, aber nicht auf die Originalkopie der Variablen. Folglich kann der Code in der Funktion die Originalvariable nicht ändern. Dies ist der Hauptgrund, warum Argumente normalerweise als Wert übergeben werden. Die Daten außerhalb einer Funktion werden so vor unbeabsichtigten Änderungen geschützt.

Die grundlegenden Datentypen (`char`, `int`, `long`, `float` und `double`) sowie Strukturen erlauben die Übergabe von Argumenten als Wert. Es gibt jedoch noch einen anderen Weg, einer Funktion ein Argument zu übergeben: Statt des Wertes der Variablen übergibt man einen Zeiger auf die Argumentvariable. Diese Methode, ein Argument zu übergeben, nennt man auch *Übergabe als Referenz*. Da die Funktion die Adresse der eigentlichen Variablen erhält, kann die Funktion den Wert der Variablen in der aufrufenden Funktion ändern.

Wie Sie gelernt haben, ist die Übergabe als Referenz die einzige Möglichkeit, ein Array einer Funktion zu übergeben. Sie können ein Array nicht als Wert übergeben. Bei anderen Datentypen können Sie jedoch beide Methoden verwenden. Wenn Ihr Programm große Strukturen verwendet, kann die Übergabe als Wert dazu führen, dass Ihrem Programm der Stack-Speicher ausgeht. Doch abgesehen davon hat die Übergabe eines Arguments als Referenz statt als Wert folgende Vor- und Nachteile:

- Der Vorteil einer Übergabe als Referenz besteht darin, dass die Funktion den Wert der Variablen ändern kann.
- Der Nachteil einer Übergabe als Referenz besteht darin, dass die Funktion den Wert der Variablen ändern kann.

Zeiger an Funktionen übergeben

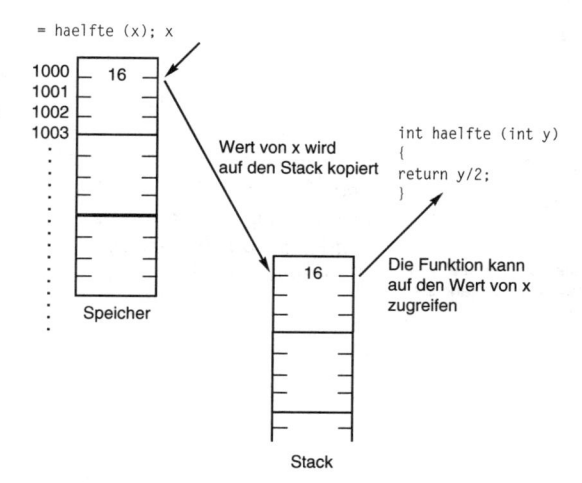

```
= haelfte (x); x
1000    16
1001
1002
1003
                Wert von x wird        int haelfte (int y)
                auf den Stack kopiert  {
                                       return y/2;
                                       }

                        16             Die Funktion kann
                                       auf den Wert von x
        Speicher                       zugreifen


                        Stack
```

*Abbildung 8.8:
Ein Argument als Wert übergeben.
Die Funktion kann die Originalvariable nicht ändern.*

»Was?«, werden Sie sagen. »Ein Vorteil, der gleichzeitig ein Nachteil sein soll?« Genau! Ob es sich um einen Vor- oder einen Nachteil handelt, hängt ganz von der Situation selbst ab. Wenn Ihr Programm eine Funktion benötigt, die eine Argumentvariable ändern muss, ist die Übergabe als Referenz von Vorteil. Besteht dahingehend kein Bedarf, ist es ein Nachteil, da Sie Gefahr laufen können, ungewollt Änderungen vorzunehmen.

Vielleicht fragen Sie sich, warum Sie nicht den Rückgabewert der Funktion verwenden, um die Argumentvariable zu ändern. Natürlich können Sie dies, wie das folgende Beispiel zeigt, tun:

```
x = haelfte(x);

float haelfte(float y)
{
return y/2;
}
```

Bedenken Sie jedoch, dass eine Funktion nur einen einzigen Wert zurückliefern kann. Wenn Sie ein oder mehrere Argumente als Referenz übergeben, ermöglichen Sie es der Funktion, dem aufrufenden Programm mehr als einen Wert »zurückzuliefern«. Abbildung 8.9 zeigt die Übergabe als Referenz für ein einziges Argument.

Die Funktion in Abbildung 8.9 ist kein gutes Beispiel für ein richtiges Programm, in dem man die Übergabe als Referenz verwenden würde, aber es veranschaulicht das Konzept. Wenn Sie als Referenz übergeben, müssen Sie sicherstellen, dass die Funktionsdefinition und der -prototyp anzeigen, dass das Argument, das der Funktion übergeben wird, ein Zeiger ist. Im Rumpf der Funktion müssen Sie darüber hinaus den Indirektionsoperator verwenden, um auf die Variable(n) zuzugreifen, die als Referenz übergeben wurde(n).

TAG 8 Zeiger

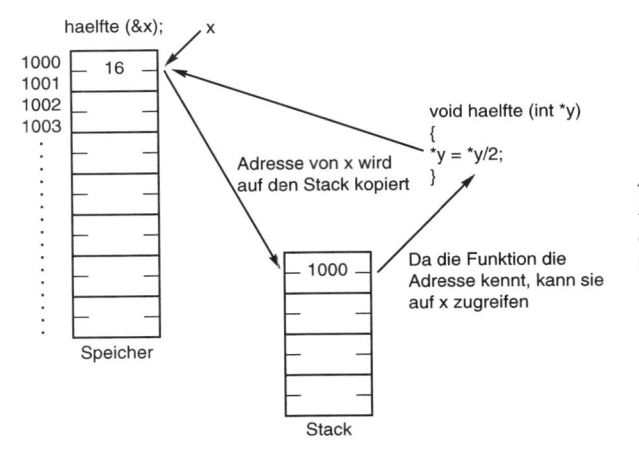

Abbildung 8.9:
Die Übergabe als Referenz ermöglicht der Funktion, die Originalvariable zu ändern.

Listing 8.6 demonstriert die Übergabe als Referenz sowie die Standardübergabe als Wert. Die Ausgabe zeigt deutlich, dass eine Variable, die als Wert übergeben wurde, nicht von der Funktion geändert werden kann, während bei einer Variablen, die als Referenz übergeben wurde, Änderungen möglich sind. Selbstverständlich muss eine Funktion eine Variable, die als Referenz übergeben wurde, nicht unbedingt ändern. In einem solchen Fall besteht aber auch keine Notwendigkeit, diese Variable als Referenz zu übergeben.

Listing 8.6: Übergabe als Wert und Übergabe als Referenz.

```
1: /* Argumente als Wert und als Referenz übergeben.
2:
3: */ #include <stdio.h>
4:
5: void als_wert(int a, int b, int c);
6: void als_ref(int *a, int *b, int *c);
7:
8: int main(void)
9: {
10:     int x = 2, y = 4, z = 6;
11:
12:     printf("Vor dem Aufruf von als_wert(), x = %d, y = %d, z = %d.\n",
13:         x, y, z);
14:
15:     als_wert(x, y, z);
16:
17:     printf("Nach dem Aufruf von als_wert(), x = %d, y = %d, z = %d.\n",
18:         x, y, z);
19:
```

```
20:     als_ref(&x, &y, &z);
21:
22:     printf("Nach dem Aufruf von als_ref(), x = %d, y = %d, z = %d.\n",
23:         x, y, z);
24:     return(0);
25: }
26:
27: void als_wert(int a, int b, int c)
28: {
29:     a = 0;
30:     b = 0;
31:     c = 0;
32: }
33:
34: void als_ref(int *a, int *b, int *c)
35: {
36:     *a = 0;
37:     *b = 0;
38:     *c = 0;
39: }
```

Ausgabe

```
Vor dem Aufruf von als_wert(), x = 2, y = 4, z = 6.
Nach dem Aufruf von als_wert(), x = 2, y = 4, z = 6.
Nach dem Aufruf von als_ref(), x = 0, y = 0, z = 0.
```

Analyse

Dieses Programm verdeutlicht den Unterschied zwischen der Übergabe von Variablen als Wert und als Referenz. Die Zeilen 5 und 6 enthalten Prototypen für zwei Funktionen, die in dem Programm aufgerufen werden. Die Funktion als_wert() aus Zeile 5 übernimmt drei Argumente vom Typ int. Im Gegensatz dazu definiert Zeile 6 die Funktion als_ref(), die drei Zeiger auf Variablen vom Typ int als Argumente übernimmt. Die Funktionsheader für diese zwei Funktionen (Zeilen 27 und 34) folgen dem gleichen Format wie die Prototypen. Die Rümpfe der beiden Funktionen sind ähnlich, aber nicht identisch. Beide Funktionen weisen den ihnen übergebenen drei Variablen den Wert 0 zu. In der Funktion als_wert() wird den Variablen der Wert 0 direkt zugewiesen. In der Funktion als_ref(), die mit Zeigern arbeitet, müssen die Variablen zuerst dereferenziert werden, bevor eine Zuweisung erfolgen kann.

Jede Funktion wird einmal von main() aufgerufen. Zuerst werden den drei zu übergebenden Variablen in Zeile 10 andere Werte als 0 zugewiesen. Zeile 12 gibt diese Werte auf dem Bildschirm aus. Zeile 15 ruft die erste der beiden Funktionen, `als_wert()`, auf. Zeile 17 gibt erneut die drei Variablen aus. Beachten Sie, dass diese nicht geändert wurden. Die Funktion `als_wert()` übernimmt die Variablen als Wert und kann deshalb ihren ursprünglichen Inhalt nicht antasten. Zeile 20 ruft `als_ref()` auf und Zeile 22 gibt wiederum die Werte aus. Diesmal werden alle Werte in 0 geändert. Durch die Übergabe als Referenz erhält `als_ref()` Zugriff auf die eigentlichen Inhalte der Variablen.

Sie können auch Funktionen schreiben, die einige Argumente als Referenz und andere als Wert übernimmt. Denken Sie jedoch daran, sie innerhalb der Funktion korrekt auseinander zu halten und die als Referenz übergebenen Argumente mit dem Indirektionsoperator (*) zu dereferenzieren.

Was Sie tun sollten	Was nicht
Übergeben Sie Variablen als Wert, wenn Sie den Originalwert nicht ändern wollen.	Übergeben Sie große Datenmengen nicht als Wert, wenn es nicht unbedingt nötig ist. Ihnen könnte der Speicherplatz für den Stack ausgehen.
	Vergessen Sie nicht, dass eine als Referenz übergebene Variable ein Zeiger sein sollte. Außerdem sollten Sie die Variable in der Funktion mit dem Indirektionsoperator dereferenzieren.

Zeiger vom Typ void

In den Funktionsdeklarationen ist Ihnen vielleicht schon das Schlüsselwort `void` aufgefallen, das anzeigt, dass die Funktion entweder keine Argumente übernimmt oder keinen Wert zurückliefert. Das Schlüsselwort `void` kann aber auch dazu genutzt werden, einen generischen Zeiger zu erzeugen, das heißt einen Zeiger auf ein Datenobjekt eines beliebigen Datentyps. So deklariert zum Beispiel die Anweisung

```
void *x;
```

x als einen generischen Zeiger. x zeigt auf etwas, was Sie noch nicht näher spezifiziert haben.

Zeiger vom Typ `void` werden hauptsächlich für die Deklaration von Funktionsparametern verwendet, für den Fall, dass Sie eine Funktion erzeugen wollen, die Argumente verschiedenen Typs akzeptiert. Dieser Funktion können Sie dann einmal ein Argument vom Typ `int` oder beim nächsten Mal eines vom Typ `float` und so weiter übergeben. Indem Sie für die Funktion einen void-Zeiger als Argument deklarieren, heben Sie die Beschränkung auf einen einzigen Datentyp auf und können der Funktion einen Zeiger auf alles übergeben.

Betrachten wir ein einfaches Beispiel: Sie wollen eine Funktion schreiben, die eine numerische Variable als Argument übernimmt, diese durch zwei teilt und die Antwort in der Argumentvariablen zurückliefert. Wenn also die Variable x den Wert 4 enthält, ist die Variable x nach dem Aufruf von haelfte(x) gleich 2. Da Sie das Argument ändern wollen, übergeben Sie es als Referenz. Und da Sie die Funktion mit jedem numerischen Datentyp in C verwenden wollen, deklarieren Sie einen void-Zeiger auf die Funktion

```
void haelfte(void *x);
```

Jetzt können Sie die Funktion aufrufen und ihr einen beliebigen Zeiger als Argument übergeben. Etwas müssen Sie in diesem Zusammenhang aber noch wissen. Sie können zwar einen void-Zeiger übergeben, ohne zu wissen, auf welchen Datentyp er zeigt, aber Sie können ihn nicht dereferenzieren. Bevor der Code in der Funktion irgendetwas mit dem Zeiger machen kann, muss der Datentyp bekannt sein. Dazu bedienen Sie sich der expliziten *Typumwandlung* (englisch *Typecasting*). Dahinter verbirgt sich nichts anderes als eine Möglichkeit, dem Programm mitzuteilen, den void-Zeiger als einen Zeiger auf einen bestimmten Typ zu behandeln. Wenn x ein void-Zeiger ist, lautet die Anweisung zur Typumwandlung wie folgt:

```
(typ *)x
```

In diesem Beispiel ist *typ* der gewünschte Datentyp. Um dem Programm mitzuteilen, dass x ein Zeiger auf den Datentyp int ist, schreiben Sie

```
(int *)x
```

Um den Zeiger zu dereferenzieren – das heißt auf den int-Wert zuzugreifen, auf den x zeigt –, schreiben Sie

```
*(int *)x
```

Typumwandlungen werden ausführlich am Tag 18 behandelt. Doch kommen wir zurück zu unserem eigentlichen Thema, der Übergabe eines void-Zeigers an eine Funktion. Sie werden feststellen, dass eine Funktion, die einen solchen Zeiger verwenden möchte, den Datentyp, auf den er zeigt, kennen muss. Für die Funktion, die Sie schreiben und die ihr Argument durch zwei teilt, gibt es vier Möglichkeiten für typ: int, long, float und double. Zusätzlich zu dem void-Zeiger auf die Variable, die durch zwei geteilt werden soll, müssen Sie der Funktion den Typ der Variablen mitteilen, auf den der void-Zeiger zeigt. Sie können die Funktionsdefinition dazu wie folgt ändern:

```
void haelfte(void *x, char typ);
```

Abhängig von dem Argument typ wandelt die Funktion den void-Zeiger x in den entsprechenden Typ um. Anschließend kann der Zeiger dereferenziert werden, und der

Tag 8 — Zeiger

Wert der Variablen, auf die gezeigt wird, steht zur Verwendung bereit. Die endgültige Version der Funktion haelfte() finden Sie in Listing 8.7.

Listing 8.7: Ein void-Zeiger zur Übergabe verschiedener Datentypen an eine Funktion.

```
1:  /* Beispiel für Zeiger vom Typ void. */
2:
3:  #include <stdio.h>
4:
5:  void haelfte(void *x, char typ);
6:
7:  int main(void)
8:  {
9:      /* Eine Variable von jedem Typ initialisieren. */
10:
11:     int i = 20;
12:     long l = 100000;
13:     float f = 12.456;
14:     double d = 123.044444;
15:
16:     /* Ihre Anfangswerte anzeigen. */
17:
18:     printf("%d\n", i);
19:     printf("%ld\n", l);
20:     printf("%f\n", f);
21:     printf("%f\n\n", d);
22:
23:     /* Für jede Variable haelfte() aufrufen. */
24:
25:     haelfte(&i, 'i');
26:     haelfte(&l, 'l');
27:     haelfte(&d, 'd');
28:     haelfte(&f, 'f');
29:
30:     /* Ihre neuen Werte anzeigen. */
31:     printf("%d\n", i);
32:     printf("%ld\n", l);
33:     printf("%f\n", f);
34:     printf("%f\n", d);
35:     return(0);
36: }
37:
38: void haelfte(void *x, char typ)
39: {
40:     /* Je nach Wert von typ wird der Zeiger x         */
```

```
41:        /* entsprechend umgewandelt und durch 2 geteilt. */
42:
43:        switch (typ)
44:        {
45:            case 'i':
46:                {
47:                    *((int *)x) /= 2;
48:                    break;
49:                }
50:            case 'l':
51:                {
52:                    *((long *)x) /= 2;
53:                    break;
54:                }
55:            case 'f':
56:                {
57:                    *((float *)x) /= 2;
58:                    break;
59:                }
60:            case 'd':
61:                {
62:                    *((double *)x) /= 2;
63:                    break;
64:                }
65:        }
66: }
20
```

Ausgabe

```
100000
12.456000
123.044444

10
50000
6.228000
61.522222
```

Analyse

Die Implementierung der Funktion haelfte() in den Zeilen 38 bis 66 in diesem Listing beinhaltet keine Fehlerprüfung (ob zum Beispiel ein Argument mit ungültigem

Typ übergeben wurde). Es wurde darauf verzichtet, weil Sie in einem wirklichen Programm keine Funktion verwenden würden, um so eine einfache Aufgabe wie Teilen durch einen Wert von zwei durchzuführen. Dieses Beispiel dient nur der Veranschaulichung.

Vielleicht denken Sie, dass durch die Notwendigkeit, den Typ einer Variablen, auf die gezeigt wird, zu übergeben, die Funktion an Flexibilität einbüßt, und dass sie allgemeiner wäre, wenn sie den Typ des Datenobjekts nicht wüsste, auf das gezeigt wird. Aber so funktioniert C nicht. Sie müssen immer einen void-Zeiger in einen bestimmten Typ umwandeln, bevor Sie ihn dereferenzieren können. Dieser Ansatz erfordert nur eine Funktion. Wenn Sie auf den void-Zeiger verzichten, müssen Sie vier separate Funktionen – eine für jeden Datentyp – schreiben.

In vielen Fällen, in denen man eine Funktion benötigt, die mit unterschiedlichen Datentypen umgehen soll, kann man sich dadurch behelfen, dass man statt der Funktion ein Makro schreibt. Das obige Beispiel – in dem die Aufgabe der Funktion relativ einfach ist – wäre ein guter Kandidat für ein Makro. (Tag 20, »Compiler für Fortgeschrittene«, behandelt Makros.)

Was Sie tun sollten	Was nicht
Wandeln Sie den Typ des void-Zeigers um, wenn Sie den Wert, auf den er zeigt, verwenden wollen.	Versuchen Sie nicht, einen Zeiger vom Typ void zu inkrementieren oder zu dekrementieren.

Zusammenfassung

Die heutige Lektion bot eine Einführung in Zeiger, ein wesentliches Konzept der C-Programmierung. Ein Zeiger ist eine Variable, die die Adresse einer anderen Variablen enthält. Ein Zeiger »zeigt« sozusagen auf die Variable, deren Adresse er enthält. Für die Arbeit mit Zeigern werden zwei Operatoren notwendig: der Adressoperator (&) und der Indirektionsoperator (*). Der Adressoperator vor einem Variablennamen liefert die Adresse der Variablen zurück. Der Indirektionsoperator vor einem Zeigernamen liefert den Inhalt der Variablen, auf die gezeigt wird, zurück.

Zeiger und Arrays haben eine besondere Beziehung. Ein Array-Name ohne eckige Klammern ist ein Zeiger auf das erste Element des Arrays. Die von C verwendete Zeigerarithmetik macht es einfach, mit Zeigern auf Array-Elemente zuzugreifen. Die Notation der Array-Indizes ist genau genommen eine besondere Form der Zeigernotation.

Arrays können als Argumente an Funktionen übergeben werden, indem man einen Zeiger auf das Array übergibt. Sind in der Funktion die Adresse und die Länge des Arrays bekannt, kann man mit Hilfe der Zeiger- oder der Indexnotation auf die Array-Elemente zugreifen.

Normalerweise können die Werte von Variablen, die den Funktionen übergeben wurden, in der aufrufenden Funktion nicht geändert werden. Diese Beschränkung lässt sich jedoch umgehen, wenn man der Funktion statt der Variablen selbst einen Zeiger auf die Variable übergibt.

Sie haben auch gesehen, wie man mit dem Typ void einen generischen Zeiger erzeugen kann, der auf ein C-Datenobjekt eines beliebigen Typs zeigen kann. Zeiger vom Typ void werden am häufigsten für Funktionen verwendet, denen Argumente übergeben werden, die nicht auf einen einzigen Datentyp beschränkt sind.

Fragen und Antworten

F Warum sind Zeiger so wichtig in C?

A *Zeiger geben Ihnen eine größere Kontrolle über den Computer und Ihre Daten. Als Parameter von Funktionen erlauben sie Ihnen, die Werte der übergebenen Variablen in der Funktion zu ändern. Am Tag 14 zeige ich Ihnen noch weitere Einsatzbereiche für Zeiger.*

F Wie erkennt der Compiler den Unterschied zwischen dem * für Multiplikation, für Dereferenzierung und für die Deklaration eines Zeigers?

A *Der Compiler interpretiert die verschiedenen Verwendungen des Sternchens anhand des Kontextes, in dem es verwendet wird. Wenn die ausgewertete Anweisung mit einem Variablentyp beginnt, kann davon ausgegangen werden, dass mit dem Sternchen ein Zeiger deklariert wird. Wenn das Sternchen in einer Anweisung zusammen mit einer Variablen verwendet wird, die als ein Zeiger deklariert wurde, wird mit dem Sternchen wahrscheinlich dereferenziert. Wird es hingegen in einem mathematischen Ausdruck ohne Zeigervariable verwendet, kann man davon ausgehen, dass das Sternchen ein Multiplikationsoperator ist.*

F Was passiert, wenn ich den Adressoperator auf einen Zeiger anwende?

A *Sie erhalten die Adresse der Zeigervariablen. Denken Sie daran, ein Zeiger ist nur eine weitere Variable, die die Adresse der Variablen enthält, auf die sie zeigt.*

F Werden Variablen immer an der gleichen Speicherstelle gespeichert?

A *Nein. Jedes Mal, wenn ein Programm ausgeführt wird, können die Variablen des Programms an anderen Adressen im Computer gespeichert werden. Sie sollten deshalb niemals einem Zeiger eine konstante Adresse zuweisen.*

F Werden in der C-Programmierung Zeiger häufig als Funktionsargumente übergeben?

A *Absolut! In vielen Fällen benötigt man Funktionen, die Werte von etlichen Variablen ändern müssen, und es gibt zwei Wege, dies zu realisieren. Der eine besteht darin, globale Variablen zu deklarieren und zu verwenden. Der zweite Weg besteht in der Übergabe von Zeigern, so dass die Funktion die Daten direkt ändern kann. Die erste Option ist nur zu empfehlen, wenn fast jede Funktion die Variable verwendet. Im anderen Fall sollten Sie globale Variablen vermeiden (siehe Tag 11, »Gültigkeitsbereiche von Variablen«).*

F Ist es besser, eine Variable zu ändern, indem man ihr den Rückgabewert einer Funktion zuweist oder indem man der Funktion einen Zeiger auf die Variable übergibt?

A *Wenn Sie mit einer Funktion nur eine Variable ändern müssen, ist es normalerweise besser, den Rückgabewert der Funktion zu verwenden als der Funktion einen Zeiger zu übergeben. Die Logik dahinter ist einfach. Wenn Sie keinen Zeiger übergeben, laufen Sie auch nicht Gefahr, irgendwelche Daten zu ändern, die nicht geändert werden sollen, und Sie halten die Funktion unabhängig vom Rest des Codes.*

Workshop

Der Workshop enthält Quizfragen, die Ihnen helfen sollen, Ihr Wissen zu festigen, sowie Übungen, die Sie anregen sollen, das Gelernte umzusetzen und eigene Erfahrungen zu sammeln. Die Lösungen zu den Fragen und den Übungen finden Sie in Anhang C.

Quiz

1. Wie heißt der Operator, mit dem die Adresse einer Variablen ermittelt wird?
2. Wie heißt der Operator, mit dem der Wert der Speicherstelle ermittelt wird, auf die der Zeiger zeigt?
3. Was ist ein Zeiger?

4. Was ist eine Indirektion?
5. Wie werden die Elemente eines Arrays im Speicher abgelegt?
6. Zeigen Sie zwei Möglichkeiten auf, die Adresse des ersten Elements des Arrays `daten[]` zu erhalten.
7. Angenommen ein Array wird einer Funktion übergeben. Welche zwei Möglichkeiten gibt es, um zu erfahren, wo das Ende des Arrays liegt?
8. Wie lauten die sechs Operationen, die mit einem Zeiger ausgeführt werden können und die in dieser Lektion beschrieben wurden?
9. Angenommen Sie haben zwei Zeiger. Wenn der erste auf das dritte Element in einem Array von `short`-Elementen zeigt und der zweite auf das vierte Element, welchen Wert erhalten Sie, wenn Sie den ersten Zeiger vom zweiten subtrahieren? (Denken Sie daran, dass die Größe von `short` 2 Byte beträgt.)
10. Angenommen das Array aus Übung 9 enthielte `float`-Werte. Welchen Wert erhält man, wenn man die zwei Zeiger voneinander subtrahiert? (Gehen Sie davon aus, dass die Größe von `float` 4 Byte beträgt).
11. Worin liegt bei der Übergabe von Argumenten an Funktionen der Unterschied zwischen der Übergabe als Wert und der Übergabe als Referenz?
12. Was versteht man unter einem Zeiger vom Typ `void`?
13. Nennen Sie einen Grund, warum Sie einen `void`-Zeiger verwenden sollten!
14. Was versteht man im Zusammenhang mit `void`-Zeigern unter einer Typumwandlung und wann muss man sie verwenden?

Übungen

1. Deklarieren Sie einen Zeiger auf eine Variable vom Typ `char`. Nennen Sie den Zeiger `char_zgr`.
2. Angenommen Sie haben eine Variable namens `kosten` vom Typ `int`. Deklarieren und initialisieren Sie einen Zeiger namens `z_kosten`, der auf diese Variable zeigt.
3. Lassen Sie uns Übung 2 ausbauen und der Variablen `kosten` den Wert 100 zuweisen. Verwenden Sie dazu sowohl den direkten als auch den indirekten Zugriff.
4. Fortsetzung der Übung 3: Wie würden Sie den Wert des Zeigers sowie den Wert, auf den der Zeiger verweist, ausgeben?
5. Geben Sie an, wie die Adresse eines `float`-Wertes namens `radius` einem Zeiger zugewiesen wird.
6. Zeigen Sie zwei Möglichkeiten auf, den Wert 100 dem dritten Element von `daten[]` zuzuweisen.

7. Schreiben Sie eine Funktion namens sumarrays(), die zwei Arrays als Argument übernimmt, alle Werte in beiden Arrays addiert und den Gesamtwert an das aufrufende Programm zurückgibt.

8. Verwenden Sie die in Übung 7 erzeugte Funktion in einem einfachen Programm.

9. Schreiben Sie eine Funktion namens addarrays(), die zwei Arrays gleicher Größe übernimmt. Die Funktion sollte die jeweiligen Elemente in den Arrays miteinander addieren und ihre Werte in einem dritten Array ablegen.

Zeichen und Strings

Woche 2

TAG 9: Zeichen und Strings

Ein *Zeichen* ist ein einzelner Buchstabe, eine Ziffer, ein Satzzeichen oder ein beliebiges anderes Symbol. Unter einem *String* versteht man eine beliebige Folge von Zeichen. Strings dienen dazu, Textdaten aufzunehmen, die aus Buchstaben, Ziffern, Satzzeichen und anderen Symbolen bestehen. Zweifelsohne können Zeichen und Strings in vielen Programmanwendungen extrem nützlich sein. Heute lernen Sie:

- wie man in C den Datentyp `char` zur Aufnahme einfacher Zeichen verwendet
- wie man Arrays vom Typ `char` erzeugt, die Zeichenketten enthalten
- wie man Zeichen und Strings initialisiert
- wie man Zeiger zusammen mit Strings verwendet
- wie man Zeichen und Strings einliest und ausgibt

Der Datentyp char

C verwendet für die Aufnahme von Zeichen den Datentyp `char`. Wie Sie am Tag 2, »Die Komponenten eines C-Programms: Quellcode und Daten«, gesehen haben, gehört `char` zu den numerischen Integer-Datentypen von C. Wenn aber `char` vom Typ her nummerisch ist, wie kann er dann dazu verwendet werden, Zeichen aufzunehmen?

Um diese Frage zu beantworten, muss man sich anschauen, wie in C Zeichen gespeichert werden. Im Speicher Ihres Computers sind alle Daten in numerischer Form abgelegt. Es gibt keinen direkten Weg, Zeichen zu speichern. Es gibt jedoch für jedes Zeichen einen numerischen Code. Dieser wird *ASCII-Code* oder *ASCII-Zeichensatz* genannt (ASCII steht für **A**merican **S**tandard **C**ode for **I**nformation **I**nterchange, auf gut Deutsch: »amerikanischer Standardcode für den Informationsaustausch«). Dieser Code weist den Groß- und Kleinbuchstaben, den Ziffern, Satzzeichen und anderen Symbolen die Werte von 0 bis 255 zu. Sie finden den ASCII-Zeichensatz in Anhang A.

So stellt zum Beispiel die Zahl 97 den ASCII-Code für den Buchstaben *a* dar. Wenn Sie also das Zeichen *a* in einer Variablen vom Typ `char` speichern, speichern Sie eigentlich den Wert 97. Da der zulässige Zahlenbereich für den Datentyp `char` mit dem Standard-ASCII-Zeichensatz übereinstimmt, ist `char` optimal zum Speichern von Zeichen geeignet.

Vielleicht sind Sie noch etwas verwirrt? Wenn C Zeichen als Zahlen speichert, woher weiß dann Ihr Programm, ob eine gegebene Variable vom Typ `char` ein Zeichen oder eine Zahl ist? Wie Sie später noch lernen werden, reicht es nicht, eine Variable vom Typ `char` zu deklarieren; es wird noch etwas mehr verlangt:

Zeichenvariablen

▶ Wenn eine char-Variable an einer Stelle im Programm auftaucht, wo ein Zeichen erwartet wird, wird diese Variable als Zeichen interpretiert.

▶ Wenn eine char-Variable an einer Stelle im Programm auftaucht, wo eine Zahl erwartet wird, wird diese Variable als Zahl interpretiert.

Damit konnten Sie einen kleinen Eindruck gewinnen, wie in C ein numerischer Datentyp Zeichen speichert. Jetzt können wir zu den Details übergehen.

Zeichenvariablen

char-Variablen müssen, wie andere Variablen auch, vor ihrer Verwendung deklariert werden. Sie können bei der Deklaration initialisiert werden. Hier einige Beispiele:

```
char a, b, c;          /* Deklariert 3 nicht-initialsierte char-Variablen */
char code = 'x';       /* Deklariert eine char-Variable namens code */
                       /* und speichert in ihr den Wert x */
code = '!';            /* Speichert ! in der Variablen namens code */
```

Um eine literale Zeichenkonstante zu erzeugen, setzen Sie das betreffende Zeichen in einfache Anführungszeichen. Der Compiler übersetzt literale Zeichenkonstanten automatisch in den entsprechenden ASCII-Code, so dass der Variablen der numerische Code zugewiesen wird.

Symbolische Zeichenkonstanten können Sie entweder mit Hilfe der #define-Direktive oder mit dem Schlüsselwort const einrichten:

```
#define EX 'x'
char code = EX;       /* Setzt code gleich 'x' */
const char A = 'Z';
```

Nachdem Sie jetzt wissen, wie man Zeichenvariablen deklariert und initialisiert, werde ich Ihnen ein Beispiel zeigen. Listing 9.1 veranschaulicht mit Hilfe der Funktion printf(), die Sie bereits am Tag 6, »Grundlagen der Ein- und Ausgabe«, kennen gelernt haben, wie »nummerisch« die Speicherung von Zeichen ist. Mit der Funktion printf() können sowohl Zeichen als auch Zahlen ausgegeben werden. Der Formatstring %c weist printf() an, ein Zeichen auszugeben, während mit %d ein Dezimalinteger ausgegeben wird. Listing 9.1 initialisiert zwei Variablen vom Typ char und gibt beide aus, einmal als Zeichen und einmal als Zahl.

Listing 9.1: Die numerische Natur der Variablen vom Typ char.

```
1:  /* Beispiel für die numerische Natur von char-Variablen */
2:
3:  #include <stdio.h>
```

Zeichen und Strings

```
 4:
 5: /* Deklariert und initialisiert zwei char-Variablen */
 6:
 7: char c1 = 'a';
 8: char c2 = 90;
 9:
10: int main(void)
11: {
12:     /* Gibt Variable c1 erst als Zeichen, dann als Zahl aus */
13:
14:     printf("\nAls Zeichen lautet Variable c1: %c", c1);
15:     printf("\nAls Zahl lautet Variable c1: %d", c1);
16:
17:     /* Das gleiche für Variable c2 */
18:
19:     printf("\nAls Zeichen lautet Variable c2: %c", c2);
20:     printf("\nAls Zahl lautet Variable c2: %d\n", c2);
21:
22:     return 0;
23: }
```

Ausgabe

```
Als Zeichen lautet Variable c1: a
Als Zahl lautet Variable c1: 97
Als Zeichen lautet Variable c2: Z
Als Zahl lautet Variable c2: 90
```

Was Sie tun sollten	Was nicht
Verwenden Sie %c , um den Zeichenwert einer Zahl auszugeben.	Verwenden Sie zur Initialisierung von Zeichenvariablen keine doppelten Anführungszeichen.
Verwenden Sie einfache Anführungszeichen, wenn Sie eine Zeichenvariable initialisieren.	

Warnung

Wenn Sie mit Zeichen arbeiten, können Sie in der Regel davon ausgehen, dass die Werte von 0 bis 127 immer die gleichen Zeichen codieren. Bei der Auswahl der Zeichen, die durch die Zahlen von 0 bis 127 codiert werden, wurden allerdings vor allem die Zeichen der englischen Sprache berücksichtig. Zur Unterstützung der Zeichen anderer Sprachen (beispielsweise auch der deutschen Umlaute) gibt es etliche Erweiterungen (Zeichenwerte größer als 128). Stellen Sie aber bitte keine Vermutungen darüber an, welche Zeichen durch die erweiterten Zeichenwerte codiert werden – diese variieren von Computer zu Computer, je nach installierter Zeichentabelle.

Strings verwenden

Variablen vom Typ `char` können nur ein einziges Zeichen aufnehmen. Deshalb sind sie auch nur begrenzt einsetzbar. Darüber hinaus benötigen Sie eine Möglichkeit, um Strings – das heißt, eine Folge von Zeichen – zu speichern. Name und Adresse einer Person sind zum Beispiel Strings. Da es keinen besonderen Datentyp für Strings gibt, behandelt C diese Art von Information als Arrays von Zeichen.

Arrays von Zeichen

Um zum Beispiel einen String von sechs Zeichen unterzubringen, müssen Sie ein Array vom Typ `char` mit sieben Elementen deklarieren. Arrays vom Typ `char` werden wie alle anderen Arrays auch deklariert. So deklariert zum Beispiel die Anweisung

```
char string[10];
```

ein Array vom Typ `char` mit zehn Elementen. Dieses Array kann einen String von neun oder weniger Zeichen aufnehmen.

»Warten Sie«, werden Sie sagen, »es ist ein Array mit zehn Elementen. Warum kann es nur neun Zeichen aufnehmen?« Ein C-String ist definiert als eine Sequenz von Zeichen, die mit einem Nullzeichen endet. Ein Nullzeichen ist ein besonderes Zeichen, das durch \0 dargestellt wird. Obwohl es im Code durch zwei Zeichen (Backslash und Null) dargestellt wird, ist das Nullzeichen ein einzelnes Zeichen, das den ASCII-Wert 0 hat. Es ist eines der Escape-Sequenzen von C, die bereits am Tag 6 besprochen wurden.

Wenn ein C-Programm zum Beispiel den String Alabama speichert, speichert es die sieben Zeichen A, l, a, b, a, m und a, gefolgt von dem Nullzeichen \0 – was insgesamt acht Zeichen macht. Demzufolge kann ein Zeichenarray nur Zeichenstrings aufnehmen, die um eins kleiner sind als die Gesamtzahl der Elemente im Array.

Zeichenarrays initialisieren

Wie andere Datentypen in C können Zeichenarrays bei ihrer Deklaration initialisiert werden. Den Zeichenarrays können wie folgt Element für Element Werte zugewiesen werden:

```
char string[10] = { 'A', 'l', 'a', 'b', 'a', 'm', 'a', '\0' };
```

> **Neuer Begriff**
>
> Es ist jedoch wesentlich bequemer, einen *literalen String* zu verwenden. Darunter verstehen wir eine Folge von Zeichen in doppelten Anführungszeichen:

```
char string[10] = "Alabama";
```

Wenn Sie einen literalen String in Ihrem Programm verwenden, hängt der Compiler automatisch das abschließende Nullzeichen an das Ende des Strings. Wenn Sie bei der Deklaration des Arrays die Anzahl der Indizes nicht angeben, errechnet der Compiler für Sie sogar noch die erforderliche Größe des Arrays. Die folgende Zeile erzeugt und initialisiert ein Array mit acht Elementen:

```
char string[] = "Alabama";
```

Denken Sie immer daran, dass Strings ein abschließendes Nullzeichen erfordern. Alle C-Funktionen zur Stringbearbeitung (die am Tag 16, »Stringmanipulation«, besprochen werden) ermitteln die Länge eines übergebenen Strings dadurch, dass sie nach dem Nullzeichen suchen. Diese Funktionen haben keine andere Möglichkeit, das Ende des Strings zu erkennen. Wenn das Nullzeichen fehlt, geht Ihr Programm davon aus, dass der String sich bis zum nächsten Nullzeichen im Speicher erstreckt. Wenn Sie das Nullzeichen vergessen, kann dies ziemlich eklige Programmfehler verursachen.

Strings und Zeiger

Sie haben gelernt, dass Strings in Arrays vom Typ char gespeichert werden und das Ende eines Strings (der nicht das gesamte Array belegen muss) durch ein Nullzeichen markiert ist. Da das Ende eines Strings bereits markiert ist, benötigt man zur vollständigen Definition eines Strings eigentlich nur noch etwas, das auf den Anfang des Strings zeigt. (Ist *zeigt* hier das richtige Wort? Ich glaube ja!)

Vielleicht ahnen Sie schon dank des obigen Hinweises, worauf dieser Abschnitt abzielt. Wie Sie von Tag 8, »Zeiger«, wissen, ist der Name eines Arrays ein Zeiger auf das erste Element im Array. Deshalb benötigen Sie für den Zugriff auf einen String, der in einem Array gespeichert ist, nur den Array-Namen. Diese Methode ist in C der übliche Weg, um auf einen String zuzugreifen.

So unterstützen beispielsweise auch die C-Bibliotheksfunktionen den Zugriff über den Array-Namen. Die C-Standardbibliothek enthält eine Reihe von Funktionen zur Manipulation von Strings. (Diese Funktionen werden am Tag 16 ausführlich behandelt.) Um einer dieser Funktionen einen String zu übergeben, übergeben Sie den Array-Namen. Dies gilt auch für die beiden Funktionen zur Ausgabe von Strings, printf() und puts(). Hierauf werden wir später in diesem Kapitel noch eingehen.

Strings ohne Arrays

Vielleicht ist Ihnen aufgefallen, dass ich oben von »Strings, die in einem Array gespeichert werden« gesprochen habe. Soll damit angedeutet werden, dass es Strings gibt, die nicht in Arrays gespeichert werden? Die Antwort lautet ja, und der nächste Abschnitt soll dies erläutern.

Strings ohne Arrays

Aus den vorangehenden Abschnitten wissen Sie, dass ein String durch den Namen eines Zeichenarrays und ein Nullzeichen definiert ist. Der Array-Name ist ein Zeiger vom Typ char auf den Anfang des Strings. Die Null markiert das Stringende. Der eigentliche Platz, der von dem String in einem Array belegt wird, ist nebensächlich. Ehrlich gesagt, dient das Array lediglich dazu, einen allokierten Speicherbereich für den String bereitzustellen.

Was wäre, wenn Sie, ohne ein Array zu allokieren, genügend Speicherbereich finden würden? Sie könnten dann in diesem Speicherbereich einen String mit seinem abschließenden Nullzeichen ablegen. Ein Zeiger auf das erste Zeichen würde – wie bei einem String in einem Array – dazu dienen, den Anfang des Strings zu kennzeichnen. Wie aber kann man feststellen, wo genügend Speicherplatz vorhanden ist? Es gibt zwei Möglichkeiten: Entweder man allokiert Speicher für einen literalen String (die Speicherreservierung erfolgt dann bei der Kompilation des Programms) oder man bedient sich der Funktion malloc(), um während der Programmausführung Speicher zu reservieren. Den letzteren Weg bezeichnet man auch als *dynamische Speicherreservierung*.

Stringspeicher zur Kompilierzeit zuweisen

Der Beginn eines Strings wird, wie bereits erwähnt, durch einen Zeiger auf eine Variable vom Typ char angezeigt. Vielleicht erinnern Sie sich noch, wie ein solcher Zeiger deklariert wird:

```
char *botschaft;
```

Diese Anweisung deklariert einen Zeiger namens botschaft, der auf Variablen vom Typ char zeigen kann. So deklariert, weist der Zeiger noch auf keinen definierten Speicherbereich. Was aber, wenn Sie die Zeigerdeklaration wie folgt ändern:

```
char *botschaft = "Der Geist des großen Cäsar!";
```

Wenn diese Anweisung kompiliert wird, wird der String »Der Geist des großen Cäsar!« (inklusive abschließenden Nullzeichens) irgendwo im Speicher abgelegt, und der Zeiger botschaft zeigt nach der Initialisierung auf das erste Zeichen des Strings. Kümmern Sie sich nicht darum, wo genau im Speicher der String liegt – dies ist Aufgabe des

Compilers. Nach seiner Definition ist `botschaft` ein Zeiger auf den String und kann als solcher verwendet werden.

Die obige Deklaration/Initialisierung entspricht der folgenden Deklaration. Auch die beiden Notationen `*botschaft` und `botschaft[]` sind äquivalent. Beide bedeuten »ein Zeiger auf«.

```
char botschaft[] = "Der Geist des großen Cäsar!";
```

Diese Methode, Speicher für die Aufnahme von Strings zu reservieren, ist praktisch, wenn Sie beim Schreiben des Programms wissen, was Sie benötigen. Was aber, wenn das Programm aufgrund von Benutzereingaben oder anderen Faktoren, die beim Erstellen des Programms noch unbekannt sind, unterschiedlichen Speicherplatz für seine Strings benötigt? In solchen Fällen verwendet man die Funktion `malloc()`, mit der man Speicherplatz zur Laufzeit reservieren kann.

Die Funktion malloc()

Die `malloc()`-Funktion ist eine der C-Funktionen zur *Speicherallokation*. Wenn Sie `malloc()` aufrufen, übergeben Sie der Funktion die Anzahl der benötigten Speicherbytes. `malloc()` sucht und reserviert einen Speicherblock der erforderlichen Größe und gibt die Adresse des ersten Byte im Block zurück. Wie der Speicher gefunden wird, braucht Sie nicht zu kümmern – das ist Aufgabe der Funktion `malloc()` und des Betriebssystems.

Die `malloc()`-Funktion liefert eine Adresse zurück, und zwar als Zeiger auf `void`. Warum `void`? Ein Zeiger vom Typ `void` ist zu allen Datentypen kompatibel. Da der von `malloc()` reservierte Speicher zur Speicherung von Daten beliebiger Datentypen verwendet wird, ist der Rückgabetyp `void` korrekt.

Die Funktion malloc()

```
#include <stdlib.h>
void *malloc(size_t groesse);
```

`malloc()` reserviert einen Speicherblock, der die in `groesse` angegebene Anzahl von Bytes umfasst. Wenn Sie Speicher mit Hilfe von `malloc()` bei Bedarf reservieren, anstatt gleich bei Programmbeginn großzügig Speicher für zukünftige Aufgaben zu reservieren, können Sie den Arbeitsspeicher des Rechners effizienter nutzen. Für die Verwendung von `malloc()` müssen Sie die Header-Datei `stdlib.h` einbinden.

malloc() liefert einen Zeiger auf den reservierten Speicherblock zurück. Wenn malloc() den erforderlichen Speicherplatz nicht reservieren kann, liefert die Funktion NULL zurück. Aus diesem Grund sollten Sie immer, wenn Sie Speicher zuweisen, den Rückgabewert testen, auch wenn der Speicher, der zugewiesen werden soll, klein ist. Wir werden NULL und seine Anwendung in Kürze diskutieren.

Beispiel 1

```
#include <stdlib.h>
#include <stdio.h>
int main(void)
{
   /* Speicher für einen String mit 100 Zeichen reservieren */
   char *str;
   if (( str = (char *) malloc(100)) == NULL)
   {
      printf( "Nicht genug Speicher, um den Puffer zu allokieren\n");
      exit(1);
   }
   printf( "Speicher für den String wurde reserviert!\n" );
   return 0;
}
```

Beispiel 2

```
/* Speicher für ein Array mit 50 Integer reservieren */
int *zahlen;
zahlen = (int *) malloc(50 * sizeof(int));
```

Beispiel 3

```
/* Speicher für ein Array mit 10 float-Werten reservieren */
float *zahlen;
zahlen = (float *) malloc(10 * sizeof(float));
```

Einsatz der malloc()-Funktion

Sie können mit malloc() einen Speicherplatz für ein einziges Zeichen vom Typ char reservieren. Deklarieren Sie dazu zuerst einen Zeiger auf den Typ char:

char *zgr;

Danach rufen Sie die Funktion malloc() auf und übergeben ihr die Größe des gewünschten Speicherblocks. Da ein Zeichen in der Regel nur ein Byte belegt, benötigen Sie lediglich einen Block von einem Byte. Der von `malloc()` zurückgelieferte Wert wird dann dem Zeiger zugewiesen:

```
zgr = malloc(1);
```

Diese Anweisung reserviert einen Speicherblock von einem Byte und weist dessen Adresse `zgr` zu. Im Gegensatz zu den Variablen, die in dem Programm deklariert sind, besitzt dieses Speicher-Byte keinen Namen – es bildet ein namenloses Speicherobjekt, auf das man nur über den Zeiger zugreifen kann. Um zum Beispiel in dem Speicherobjekt das Zeichen 'x' zu speichern, würde man schreiben:

```
*zgr = 'x';
```

In der gleichen Weise, in der man mit `malloc()` Speicher für eine Variable vom Typ `char` reserviert, kann man mit `malloc()` auch Speicher für einen String allokieren. Der Hauptunterschied liegt darin, dass Sie berechnen müssen, wie viel Speicher reserviert werden muss – das heißt, Sie müssen die maximale Anzahl der Zeichen im String kennen. Dies Maximum hängt von den Bedürfnissen Ihres Programms ab. Angenommen Sie wollten für dieses Beispiel einen Speicherbereich für einen String von 99 Zeichen plus dem abschließenden Nullzeichen (also insgesamt 100 Zeichen) zuweisen. Dann deklarieren Sie zuerst einen Zeiger auf den Typ `char` und rufen danach `malloc()` wie folgt auf:

```
char *zgr;
zgr = malloc(100);
```

Jetzt zeigt `zgr` auf einen reservierten Block von 100 Byte, der zur Speicherung und Manipulation eines Strings verwendet werden kann. Für die Arbeit mit `zgr` ist es unerheblich, ob der zugehörige Speicher mit `malloc()` oder im Zuge einer Array-Deklaration reserviert und zugewiesen wurde.

```
char zgr[100];
```

Mit Hilfe von `malloc()` können Sie Speicher nach Bedarf reservieren. Dabei versteht es sich von selbst, dass der verfügbare Speicherbereich nicht unbegrenzt ist. Wie viel Speicher zur Verfügung steht, hängt davon ab, wie viel Speicher Sie in Ihrem Rechner installiert haben und wie viel Platz vom Betriebssystem und den laufenden Programmen belegt wird. Wenn nicht genug Speicher verfügbar ist, liefert `malloc()` eine nicht initialisierte Adresse (das heißt NULL) zurück. Ihr Programm sollte den Rückgabewert von `malloc()` daher stets überprüfen, um sicherzustellen, dass der erforderliche Speicherbereich auch erfolgreich zugewiesen wurde. Vergleichen Sie den Rückgabewert von `malloc()` mit der symbolischen Konstanten NULL, die in `stdlib.h` definiert ist. Listing 9.2 veranschaulicht den Einsatz von `malloc()`. Jedes Programm, das von `malloc()` Gebrauch macht, muss die Header-Datei `stdlib.h` mit `#include` einbinden.

Strings ohne Arrays

Hinweis

Viele C-Programmierer weisen allen Zeigern, die nicht anderweitig initialisiert wurden, einen speziellen Wert zu. Dies ist der Wert NULL, der innerhalb des Systems tatsächlich eine Sonderstellung einnimmt. Indem Sie einem Zeiger NULL zuweisen, sorgen Sie dafür, dass der Zeiger nirgendwohin zeigt. In den meisten Betriebssystemen, einschließlich Linux, lautet dieser Wert Null und ist für die Benutzung durch das Betriebssystem reserviert, das heißt, er wäre normalerweise von keinem besonderen Nutzen.

Das Schöne an dieser Vorgehensweise ist, dass Sie feststellen können, ob ein Zeiger initialisiert wurde oder nicht, indem Sie prüfen, ob er gleich NULL ist. Der Wert NULL ist in stdio.h sowie in stdlib.h deklariert, so dass Sie eine dieser Header-Dateien einbinden müssen, wenn Sie NULL verwenden wollen.

Listing 9.2: Mit der malloc()-Funktion Speicher für String-Daten reservieren.

```
1:  /* Beispiel für die Verwendung von malloc() zur */
2:  /* Speicherreservierung für String-Daten. */
3:
4:  #include <stdio.h>
5:  #include <stdlib.h>
6:
7:  char count, *zgr, *z;
8:
9:  int main(void)
10: {
11:     /* Reserviert einen Block von 35 Bytes. Testet auf Erfolg. */
12:
13:
14:     zgr = malloc(35 * sizeof(char));
15:
16:     if (zgr == NULL)
17:     {
18:         puts("Fehler bei der Speicherzuweisung.");
19:         return 1;
20:     }
21:
22:     /* Füllt den String mit Werten von 65 bis 90, */
23:     /* was den ASCII-Codes von A-Z entspricht. */
24:
25:     /* z ist ein Zeiger, mit dem der String durchlaufen wird. */
26:     /* zgr soll weiterhin unverändert auf den Anfang */
27:     /* des Strings zeigen. */
28:
29:     z = zgr;
```

Zeichen und Strings

```
30:
31:     for (count = 65; count < 91 ; count++)
32:         *z++ = count;
33:
34:     /* Fügt das abschließende Nullzeichen ein. */
35:
36:     *z = '\0';
37:
38:     /* Zeigt den String auf dem Bildschirm an. */
39:
40:     puts(zgr);
41:
42:     return 0;
43: }
```

Ausgabe

ABCDEFGHIJKLMNOPQRSTUVWXYZ

Analyse

Dieses Programm zeigt ein einfaches Beispiel für den Einsatz von malloc(). Das Programm selbst scheint zwar lang, besteht aber zu einem großen Teil aus Kommentaren, die in den Zeilen 1, 2, 11, 22 bis 27, 34 und 38 detailliert darüber informieren, was das Programm macht. Zeile 5 bindet die für malloc() notwendige Header-Datei stdlib.h und Zeile 4 die für die puts()-Funktionen notwendige Header-Datei stdio.h ein. Zeile 7 deklariert zwei Zeiger und eine Zeichenvariable, die später im Listing eingesetzt werden. Keine dieser Variablen wird initialisiert. Deshalb sollten Sie (noch!) nicht verwendet werden.

Die malloc()-Funktion wird in Zeile 14 aufgerufen. Übergeben wird ihr der Wert 35 multipliziert mit der Größe eines char. Hätten Sie auch nur 35 übergeben können? Ja, doch dann würden Sie davon ausgehen, dass jeder Benutzer Ihres Programms einen Computer hat, der Variablen vom char-Typ in einem Byte abspeichert. Am Tag 2 wurde bereits erwähnt, dass verschiedene Compiler unterschiedliche Variablengrößen verwenden können. Mit dem sizeof-Operator können Sie Code schreiben, der portabel ist.

Gehen Sie nie davon aus, dass malloc() den von Ihnen gewünschten Speicher auch reservieren kann, denn im Grunde ist Ihr Allokations-*Befehl* lediglich eine *Anfrage*. Zeile 16 zeigt Ihnen, wie Sie am einfachsten überprüfen können, ob malloc() Speicher bereitstellen konnte. Wenn der Speicher zugewiesen wurde, zeigt zgr darauf, andernfalls ist zgr gleich NULL. Wenn es dem Programm nicht gelingt, Speicher zu finden, geben die Zeilen 18 und 19 eine Fehlermeldung aus und sorgen für einen würdigen Programmabbruch.

Zeile 29 initialisiert den anderen Zeiger, z, der in Zeile 7 deklariert wurde. Diesem wird der gleiche Adresswert zugewiesen wie zgr. Eine for-Schleife verwendet diesen neuen Zeiger, um in dem reservierten Speicher Werte abzulegen. Wenn Sie sich Zeile 31 anschauen, sehen Sie, dass count mit 65 initialisiert und dann in jedem Schleifendurchgang um 1 inkrementiert wird, bis der Wert 91 erreicht ist. Bei jedem Durchlauf der for-Schleife wird der Wert von count an der Adresse abgelegt, auf die z gerade zeigt. Beachten Sie, dass jede Inkrementierung von count mit einer Inkrementierung der Adresse, auf die z zeigt, einhergeht. Das bedeutet, dass alle Werte hintereinander im Speicher abgelegt werden.

Es sollte Ihnen aufgefallen sein, dass hier der Variablen count, die vom Typ char ist, Zahlen zugewiesen werden. Erinnern Sie sich noch an die Diskussion über die ASCII-Zeichen und ihre numerischen Entsprechungen? Die Zahl 65 entspricht A, 66 entspricht B, 67 entspricht C und so weiter. Die for-Schleife wird beendet, nachdem das gesamte Alphabet in dem reservierten Speicherbereich abgelegt wurde. Zeile 36 schließt das Schreiben der Zeichenwerte ab, indem eine Null in die letzte Adresse, auf die z zeigt, geschrieben wird. Durch das Anhängen der Null können Sie die Werte nun als String verwenden. Doch denken Sie daran, dass der Zeiger zgr immer noch auf den ersten Wert, A, verweist. Wenn Sie den Zeiger als String verwenden, werden alle Zeichen bis zur Null ausgegeben. Zeile 40 verwendet puts(), um diesen Punkt zu prüfen und das Ergebnis unserer Bemühungen auszugeben.

Was Sie nicht tun sollten

Reservieren Sie nicht mehr Speicher, als Sie benötigen. Nicht jeder verfügt über einen großzügigen Arbeitsspeicher. Sie sollten deshalb sparsam damit umgehen.

Versuchen Sie nicht, einem Zeichenarray, das lediglich mit Speicher für einen kleineren String verbunden wurde, einen neuen, längeren String zuzuweisen. So zeigt ein_string nach der folgenden Deklaration:

```
char ein_string[] = "JA";
```

auf "JA". Wenn Sie versuchen, diesem Array "NEIN" zuzuweisen, könnte das schwerwiegende Fehler nach sich ziehen. Das Array ist ursprünglich nur dafür gedacht, drei Zeichen aufzunehmen – 'J', 'A' und eine Null. "NEIN" ist fünf Zeichen lang – 'N', 'E', 'I','N' und eine Null. Und Sie wissen nicht, was mit dem vierten und fünften Zeichen überschrieben wird.

TAG 9 — Zeichen und Strings

Strings und Zeichen anzeigen

Wenn Ihr Programm mit Strings arbeitet, wird es diese wahrscheinlich irgendwann auf dem Bildschirm ausgeben müssen. Dies geschieht in der Regel mit den Funktionen `puts()` oder `printf()`.

Die Funktion puts()

Die Bibliotheksfunktion `puts()` ist Ihnen bereits in einigen Programmen dieses Buches begegnet. Mit dieser Funktion können Sie einen String auf dem Bildschirm ausgeben. `puts()` übernimmt als einziges Argument einen Zeiger auf den auszugebenden String. Da ein literaler String als ein Zeiger auf einen String zu betrachten ist, kann man mit `puts()` sowohl literale Strings als auch String-Variablen ausgeben. Die `puts()`-Funktion fügt automatisch am Ende jedes ausgegebenen Strings ein Neue-Zeile-Zeichen an, so dass jeder weitere mit `puts()` ausgegebene String in einer eigenen Zeile steht.

Listing 9.3 gibt ein Beispiel für die Verwendung von `puts()`.

Listing 9.3: Mit der Funktion puts() Text auf dem Bildschirm ausgeben.

```
1: /* Beispiel für die Ausgabe von Strings mit puts(). */
2:
3: #include <stdio.h>
4:
5: char *meldung1 = "C";
6: char *meldung2 = "ist ";
7: char *meldung3 = "die";
8: char *meldung4 = "beste";
9: char *meldung5 = "Programmiersprache!!";
10:
11: int main(void)
12: {
13:     puts(meldung1);
14:     puts(meldung2);
15:     puts(meldung3);
16:     puts(meldung4);
17:     puts(meldung5);
18:
19:     return 0;
20: }
```

Strings und Zeichen anzeigen

C
ist
die
beste
Programmiersprache!!

Dies Listing lässt sich ziemlich einfach nachvollziehen. Für die Standardausgabefunktion puts() muss die Header-Datei stdio.h eingebunden werden, was in Zeile 3 geschieht. Die Zeilen 5 bis 9 deklarieren und initialisieren fünf verschiedene Variablen. Jede dieser Variablen ist ein Zeichenzeiger, eine Stringvariable. Die Zeilen 13 bis 17 verwenden die puts()-Funktion, um jeden String auszugeben.

Die Funktion printf()

Sie können Strings aber auch mit der Bibliotheksfunktion printf() ausgeben. Am Tag 6 wurde bereits beschrieben, wie printf() seine Ausgabe mit Hilfe eines Formatstrings und verschiedener Konvertierungsspezifizierer in Form bringt. Für die Ausgabe von Strings verwendet man den Konvertierungsspezifizierer %s.

Wenn printf() in seinem Formatstring auf ein %s trifft, ersetzt sie %s durch das zugehörige Argument aus der Argumentliste. Für Strings muss dieses Argument ein Zeiger auf den auszugebenden String sein. Die printf()-Funktion gibt den String Zeichen für Zeichen auf dem Bildschirm aus und hört damit erst auf, wenn sie das abschließende Nullzeichen erreicht.

```
char *str = "Eine anzuzeigende Nachricht";
printf("%s", str);
```

Sie können auch mehrere Strings ausgeben oder die Strings zusammen mit literalem Text und/oder numerischen Variablen ausgeben:

```
char *bank = "Sparkasse";
char *name = "Hans Schmidt";
int konto = 1000;
printf("Das Konto von %s bei der %s steht auf %d DM.",name,bank,konto);
```

Die Ausgabe lautet:

```
Das Konto von Hans Schmidt bei der Sparkasse steht auf 1000 DM.
```

287

Damit haben Sie jetzt erst einmal ausreichend Informationen an der Hand, um Strings auszugeben. Eine vollständige Beschreibung der Funktion printf() finden Sie am Tag 13, »Mit Bildschirm und Tastatur arbeiten«.

Strings von der Tastatur einlesen

Oft müssen Programme Strings nicht nur ausgeben, sondern auch vom Benutzer über die Tastatur eingegebene Strings aufnehmen. In der C-Bibliothek stehen dafür drei Funktionen zur Verfügung – gets(), fgets() und scanf(). Hiermit habe ich alle erwähnt, doch möchte ich Ihnen von der Verwendung von gets() abraten, da diese Funktion einen schwerwiegenden Fehler enthält. Glücklicherweise können Sie ohne Bedenken fgets() anstelle von gets() verwenden.

Bevor Sie einen String von der Tastatur einlesen, müssen Sie einen Ort schaffen, wo Sie ihn ablegen können. Um Speicherplatz für einen String bereitzustellen, können Sie eine der beiden bereits beschriebenen Methoden verwenden – die Array-Deklaration oder die Verwendung der malloc()-Funktion.

Strings mit den Funktionen gets() und fgets() einlesen

Die Aufgabe von gets() und fgets() besteht darin, Zeichen von der Tastatur einzulesen und als String an das aufrufende Programm weiterzureichen. Es werden dabei alle Zeichen bis zum ersten Neue-Zeile-Zeichen (das durch die Eingabetaste erzeugt wird) eingelesen. Beide Funktionen schließen den String mit einem Nullzeichen ab, bevor Sie ihn an den Aufrufer zurückliefern. Der Unterschied zwischen beiden Funktionen ist, dass fgets() im Gegensatz zu gets() das Neue-Zeile-Zeichen mit aufnimmt.

Die Funktionsprototypen dieser zwei Funktionen sind in der Header-Datei stdio.h wie folgt definiert:

```
char *gets(char *s);
char *fgets(char *s, int size, FILE *stream);
```

Lassen Sie den letzten Parameter von fgets() einmal außer Acht und richten Sie Ihr Augenmerk auf den vorangehenden Parameter, in dem die Größe des Arrays s angegeben werden kann. Dieser Parameter fehlt der Funktion gets(), wodurch sie so gefährlich ist. Wenn Sie ein char-Array mit zehn Zeichen deklarieren und es an gets() übergeben, wird diese Funktion so viele Zeichen einlesen, wie der Anwender eingibt, bevor er die Eingabetaste betätigt. Das können auch mehr als zehn Zeichen sein. Folglich wird über das Ende Ihres Arrays hinausgeschrieben. Da die Funktion gets() eine potentielle Gefahrenquelle darstellt, werden wir sie in diesem Buch nicht benutzen. Wenn Sie sie aber trotzdem in einem Ihrer Programme verwenden, werden Sie wahrscheinlich feststellen, dass Sie auch vom GNU-C-Compiler vor dem Gebrauch der Funktion gewarnt werden.

In Listing 9.4 finden Sie ein Beispiel für `fgets()`. Der über die Tastatur eingegebene String wird an der Position gespeichert, auf die der an `fgets()` übergebene Zeiger auf `char` verweist. Die maximal zulässige Stringlänge (einschließlich des Nullzeichens), die `fgets()` einlesen darf, wird als zweiter Parameter übergeben. Die externe Variable `stdin` bildet den dritten Parameter. Diese Variable ist zusammen mit `fgets()` in der Header-Datei `stdio.h` definiert. Sie ist bereits initialisiert, und Sie sollten daran keine Änderung vornehmen, sondern die Variable einfach nur verwenden.

Listing 9.4: Stringdaten mit fgets() von der Tastatur einlesen.

```
1:   /* Beispiel für die Bibliotheksfunktion fgets(). */
2:
3:   #include <stdio.h>
4:
5:   /* Ein Zeichen-Array für die Aufnahme der Eingabe allokieren. */
6:
7:   char eingabe[40];
8:
9:   int main(void)
10:  {
11:      puts("Bitte Text eingeben und dann die Eingabetaste drücken: ");
12:      fgets(eingabe, 40, stdin);
13:      printf("Ihre Eingabe lautete: %s\n", eingabe);
14:
15:      return 0;
16:  }
```

Ausgabe

```
Bitte Text eingeben und dann die Eingabetaste drücken:
Dies ist ein Test
Ihre Eingabe lautete: Dies ist ein Test
```

Analyse

In diesem Beispiel lautet das erste Argument an `fgets()` `eingabe` und ist der Name eines Arrays vom Typ `char` und damit ein Zeiger auf das erste Array-Element. Das Array wird in Zeile 7 mit 40 Elementen deklariert, weshalb als zweites Argument der Wert 40 übergeben wird. Mit dem dritten Argument, `stdin`, werden wir uns am Tag 13 näher befassen.

fgets() hat auch einen Rückgabewert, der aber in dem obigen Beispiel ignoriert wurde. Dieser Rückgabewert ist ein Zeiger vom Typ char. Im Erfolgsfall weist dieser Zeiger auf die Adresse, an der der Eingabestring gespeichert ist; falls ein Fehler auftrat, wird ein NULL-Zeiger zurückgeliefert. Wenn von der Tastatur eingelesen wird, sind Fehler eher selten. In anderen Anwendungsbereichen hat der Rückgabewert von fgets() aber durchaus seine Berechtigung. Diese kommen allerdings erst in Kapitel 15, »Mit Dateien arbeiten«, zur Sprache.

Was Sie tun sollten	**Was nicht**
Verwenden Sie fgets() und übergeben Sie die Länge des Zeichen-Arrays als zweiten Parameter an die Funktion fgets().	Vermeiden Sie die Funktion gets(), da man nie wirklich sicher sein kann, wie viele Zeichen gets() einlesen wird, und da die Funktion gegebenenfalls über den Speicherbereich des ihr übergebenen Arrays hinaus schreibt.
Stellen Sie sicher, dass Sie als ersten Parameter einen gültigen, bereits initialisierten Zeiger an die Funktion fgets() übergeben.	

Strings mit der Funktion scanf() einlesen

Am Tag 6 haben Sie gelernt, dass die Bibliotheksfunktion scanf() numerische Daten von der Tastatur einliest. Die Funktion kann aber auch Strings einlesen. Denken Sie daran, dass scanf() einen Formatstring verwendet, der ihr mitteilt, wie die Eingabe zu lesen ist. Um einen String zu lesen, müssen Sie im Formatstring von scanf() den Spezifizierer %s verwenden. Wie schon bei gets() wird auch scanf() ein Zeiger auf den Speicherbereich für den Strings übergeben.

Wie stellt scanf() fest, wo der String anfängt und wo er aufhört? Der Anfang wird durch das erste Nicht-Whitespace-Zeichen gebildet. Das Ende kann auf zweifachem Weg angegeben werden. Wenn Sie %s im Formatstring verwenden, reicht der String bis zum nächsten Whitespace-Zeichen (Leerzeichen, Tabulator oder Neue-Zeile-Zeichen). Wenn Sie %ns verwenden (wobei n eine Integer-Konstante ist, die eine Feldbreite angibt), liest scanf() die nächsten n Zeichen oder bis zum nächsten Whitespace-Zeichen ein – je nachdem, was zuerst erreicht wird.

Sie können mit scanf() auch mehrere Strings einlesen. Dazu müssen Sie mehr als ein %s in den Formatstring einbauen. Für jedes %s im Formatstring folgt scanf() den nachstehenden Regeln, um die angeforderte Anzahl von Strings in der Eingabe zu finden. Betrachten wir das Beispiel

```
scanf("%s%s%s", s1, s2, s3);
```

Wenn Ihre Eingabe zu diesem Aufruf January Februar März lautet, wird Januar dem String s1, Februar s2 und März s3 zugeordnet.

Und wie sieht das mit dem Spezifizierer für die Feldbreite aus? Wenn Sie die Anweisung

```
scanf("%3s%3s%3s", s1, s2, s3);
```

ausführen und als Antwort September eingeben, wird Sep s1 zugewiesen, tem s2 und ber s3.

> **Hinweis:** Beachten Sie, dass bei Verwendung der Funktion scanf(), ebenso wie bei der Funktion gets(), die Gefahr besteht, über das Ende des Arrays hinauszuschreiben.

Was passiert, wenn Sie weniger oder mehr Strings eingeben, als die Funktion scanf() erwartet? Wenn Sie weniger Strings eingeben, wartet scanf() auf die fehlenden Strings und hält das Programm an, bis diese Strings eingegeben wurden. Wenn Sie zum Beispiel als Antwort auf die Anweisung

```
scanf("%s%s%s", s1, s2, s3);
```

Januar Februar eingegeben hätten, hätte das Programm auf den dritten String, der im scanf()-Formatstring spezifiziert wurde, gewartet. Haben Sie mehr Strings als erforderlich eingegeben, bleiben die nicht übernommenen Strings im Tastaturpuffer stehen. Sie werden dann von der nachfolgenden scanf()-Funktion oder von anderen Eingabeanweisungen eingelesen. Wenn Sie zum Beispiel als Antwort auf die Anweisung

```
scanf("%s%s", s1, s2);
scanf("%s", s3);
```

Januar Februar März eingegeben hätten, würde im ersten Aufruf von scanf() Januar dem String s1 und Februar dem String s2 zugewiesen. März wird automatisch übertragen und im zweiten Aufruf von scanf() s3 zugewiesen.

Die scanf()-Funktion hat als Rückgabewert einen Integer, der die Anzahl der erfolgreich eingelesenen Elemente angibt. Der Rückgabewert wird oft ignoriert. Wenn Sie reinen Text einlesen, werden Sie scanf() normalerweise die Funktion fgets() vorziehen. scanf() sollte man am besten nur dann verwenden, wenn eine Kombination aus Text und numerischen Daten einzulesen ist. Listing 9.5 soll dies illustrieren. Denken Sie daran, dass Sie den Adressoperator (&) verwenden müssen, wenn Sie mit scanf() numerische Variablen einlesen wollen (siehe Tag 6).

Zeichen und Strings

Listing 9.5: Mit scanf() numerische Daten und Text einlesen.

```
1:   /* Beispiel für scanf(). */
2:
3:   #include <stdio.h>
4:
5:   char nname[81], vname[81];
6:   int count, id_num;
7:
8:   int main(void)
9:   {
10:      /* Aufforderung an den Anwender. */
11:
12:      puts("Geben Sie, durch Leerzeichen getrennt, Nachnamen, Vornamen");
13:      puts("und Kennnummer ein. Dann die Eingabetaste drücken.");
14:
15:      /* Einlesen der drei Elemente. */
16:
17:      count = scanf("%s%s%d", nname, vname, &id_num);
18:
19:      /* Daten ausgeben. */
20:
21:      printf("%d Elemente wurden eingegeben: %s %s %d \n",
                 count, vname, nname, id_num);
22:
23:      return 0;
24:   }
```

Ausgabe

```
Geben Sie, durch Leerzeichen getrennt, Nachnamen, Vornamen
und Kennnummer ein. Dann die Eingabetaste drücken.
Meier Johann 12345
3 Elemente wurden eingegeben: Johann Meier 12345
```

Analyse

Wie Sie bereits wissen, muss man `scanf()` als Argumente Adressen übergeben. In Listing 9.5 sind `nname` und `vname` Zeiger (das heißt Adressen), so dass sie den Adressoperator nicht benötigen. Im Gegensatz dazu ist `id_num` ein regulärer Variablenname, so dass hier das & bei der Übergabe an `scanf()` erforderlich ist (Zeile 17).

Manche Programmierer sind der Meinung, dass das Einlesen von Daten mit `scanf()` fehleranfällig sei. Sie ziehen es vor, alle Daten – sowohl numerische Daten als auch Text – mit `fgets()` einzulesen und im Programm die Zahlenwerte herauszufiltern und in numerische Variablen zu konvertieren. Solche Techniken gehen weit über den Rahmen dieses Buches hinaus, sind jedoch eine gute Programmierübung. Sie benötigen dafür allerdings die Funktionen zur Stringmanipulation, die am Tag 17, »Die Bibliothek der C-Funktionen«, behandelt werden.

Zusammenfassung

In der heutigen Lektion haben wir uns ausführlich mit dem Datentyp `char` beschäftigt. Ein Einsatzgebiet für `char`-Variablen ist das Speichern einzelner Zeichen. Sie haben gelernt, dass Zeichen eigentlich als Zahlen gespeichert werden. Der ASCII-Code weist jedem Zeichen einen numerischen Code zu. Deshalb können Sie `char`-Variablen auch dazu nutzen, um kleine Integerwerte abzuspeichern. Variablen vom Typ `char` gibt es sowohl mit als auch ohne Vorzeichen.

Ein String ist eine Folge von Zeichen, die mit einem Nullzeichen abgeschlossen wird. Strings können für Textdaten verwendet werden. C speichert Strings in Arrays vom Typ `char`. Um einen String der Länge n zu speichern, benötigen Sie ein Array vom Typ `char` mit n+1 Elementen.

Sie können Ihre Programme mit Speicherzuweisungsfunktionen wie `malloc()` dynamischer machen. Die Funktion `malloc()` erlaubt es Ihnen, für Ihre Programme den benötigten Speicher zu reservieren. Ohne diese Funktionen müssten Sie raten, wie viel Speicherplatz Ihr Programm benötigt. Sicherheitshalber würden Sie diese Zahl sehr hoch ansetzen, so dass mehr Speicher als nötig reserviert wird.

Fragen und Antworten

F Was ist der Unterschied zwischen einem String und einem Zeichenarray?

A *Ein String wird als eine Folge von Zeichen definiert, die mit einem Nullzeichen endet. Ein Array ist eine Folge von Zeichen. Deshalb ist ein String ein Array von Zeichen, der mit einer Null abgeschlossen wird.*

Wenn Sie ein Array vom Typ `char` definieren, ergibt sich der eigentliche Speicherbereich, der für das Array reserviert wurde, aus der angegebenen Größe und nicht der Größe minus 1. Sie sind auf diese Größe festgelegt und können keine größeren Strings in dem Array ablegen. Sehen Sie ein Beispiel:

```
char land[10]="Philippinen";   /* Falsch! String länger als Array. */
```

Zeichen und Strings

```
char land2[10]="Polen";    /* OK, aber verschwendet Speicher, da */
                           /* String kürzer ist als das Array. */
```

Wenn Sie jedoch eine Zeigervariable auf den Typ `char` *definieren, gelten diese Beschränkungen nicht mehr. Die Variable ist lediglich ein Speicherplatz für den Zeiger. Die eigentlichen Strings sind anderswo im Speicher gespeichert (wo genau, braucht Sie nicht zu kümmern). Es gibt keine Längenbeschränkung und auch keinen verschwendeten Speicherplatz. Der eigentliche String ist ja woanders gespeichert. Ein Zeiger kann auf einen String beliebiger Länge zeigen.*

F Warum deklariere ich zum Ablegen der Werte nicht einfach große Arrays, anstatt eine Funktion zur Speicherallokation wie `malloc()` zu verwenden?

A *Auch wenn es vielleicht leichter scheint, große Arrays zu deklarieren, ist zu bedenken, dass dies nicht gerade eine effektive Nutzung des Speicherplatzes darstellt. Kleine Programme wie die der heutigen Lektion lassen die Verwendung einer Funktion wie* `malloc()` *anstelle von Arrays unter Umständen unnötig komplex erscheinen. Aber mit zunehmendem Programmumfang werden Sie Speicher sicher nur nach Bedarf reservieren wollen. Darüber hinaus können Sie dynamisch reservierten Speicher, den Sie nicht mehr benötigen, wieder zurückgeben, indem Sie ihn freigeben. Der freigegebene Speicher kann dann von einer anderen Variablen oder einem Array in einem anderen Teil des Programms belegt werden. (Tag 18, »Vom Umgang mit dem Speicher«, behandelt die Freigabe von dynamisch reserviertem Speicher.)*

F Was passiert, wenn Sie in einem Zeichenarray einen String ablegen, der länger als das Array ist?

A *Dies kann zu Fehlern führen, die nur sehr schwer aufzuspüren sind. Sie können das zwar in C machen, aber alles, was im Speicher direkt nach dem Zeichenarray steht, wird dann überschrieben. Wenn Sie Glück haben, wird der betreffende Speicherbereich nicht genutzt. Genauso gut können dort aber auch Daten liegen, die Ihr Programm benötigt. Was genau passiert, hängt davon ab, was Sie überschreiben. Oft passiert erst einmal eine ganze Weile gar nichts. Trotzdem sollten Sie nichts riskieren.*

F Warum sollten Sie `fgets()` anstelle von `gets()` verwenden?

A *Die Funktion* `gets()` *bietet keine Möglichkeit, die Länge des Zeichenarrays, in das eingelesen wird, anzugeben. Bei* `fgets()` *können Sie dagegen die Länge angeben und so verhindern, dass über das Ende des Arrays hinausgeschrieben wird.*

Workshop

Der Workshop enthält Quizfragen, die Ihnen helfen sollen, Ihr Wissen zu festigen, sowie Übungen, die Sie anregen sollen, das Gelernte umzusetzen und eigene Erfahrungen zu sammeln. Die Lösungen zu den Fragen und den Übungen finden Sie in Anhang C.

Quiz

1. Welchen Wertebereich umfasst der Standard-ASCII-Zeichensatz?
2. Wie interpretiert der C-Compiler ein einfaches Zeichen in einfachen Anführungszeichen?
3. Wie wird in C ein String definiert?
4. Was ist ein literaler String?
5. Um einen String von n Zeichen zu speichern, benötigen Sie ein Zeichenarray von n+1 Elementen. Wozu benötigen Sie das zusätzliche Element?
6. Wie interpretiert der C-Compiler literale Strings?
7. Bestimmen Sie mit Hilfe einer ASCII-Zeichensatz-Tabelle oder einem Programm die numerischen Werte für folgende Zeichen:

    a. a

    b. A

    c. 9

    d. das Leerzeichen

8. Übersetzen Sie mit Hilfe einer ASCII-Zeichensatz-Tabelle oder einem Programm die folgenden ASCII-Werte in die entsprechenden Zeichen:

    a. 73

    b. 32

    c. 99

    d. 0

    e. 2

9. Wie viele Byte Speicher werden für die folgenden Variablen reserviert? (Ein Zeichen soll ein Byte groß sein.)

    a. `char *str1 = { "String 1" };`

    b. `char str2[] = { "String 2" };`

Zeichen und Strings

c. `char string3;`

d. `char str4[20] = { "Dies ist String 4" };`

e. `char str5[20];`

10. Gegeben sei folgende Deklaration:

    `char *string = "Ein String!";`

    Welche Werte ergeben sich demnach für:

    a. `string[0]`

    b. `*string`

    c. `string[11]`

    d. `string[33]`

    e. `*(string+10)`

    f. `string`

Übungen

1. Deklarieren Sie in einer Zeile eine `char`-Variable namens buchstabe und initialisieren Sie sie mit dem Zeichen $.

2. Deklarieren Sie in einer Zeile ein Array vom Typ `char` und initialisieren Sie es mit »Zeiger machen Spass!«. Das Array soll gerade groß genug sein, um den String aufzunehmen.

3. Reservieren Sie in einer Zeile Speicher für String »Zeiger machen Spass!«, aber verwenden Sie diesmal kein Array.

4. Setzen Sie Code auf, der Speicher für einen String mit 80 Zeichen reserviert und dann einen String von der Tastatur einliest und im reservierten Speicher ablegt.

5. Schreiben Sie eine Funktion, die ein Array von Zeichen in ein anderes Array kopiert. (Hinweis: Gehen Sie dabei wie in den Programmen aus Tag 8 vor.)

6. Schreiben Sie eine Funktion, die zwei Strings übernimmt. Zählen Sie die Anzahl der Zeichen in jedem String und liefern Sie einen Zeiger auf den längeren String zurück.

7. OHNE LÖSUNG: Schreiben Sie eine Funktion, die zwei Strings übernimmt. Verwenden Sie die `malloc()`-Funktion, um ausreichend Speicher für die Verkettung der beiden Strings zu reservieren. Liefern Sie einen Zeiger auf diesen neuen String zurück.

Wenn Sie zum Beispiel »Hallo « und »Welt!« übergeben, soll die Funktion einen Zeiger auf »Hallo Welt!« zurückliefern. Den verketteten Wert als dritten String zu verwenden, ist dabei die geringste Schwierigkeit. (Möglicherweise können Sie Ihre Antworten zu den Übungen 5 und 6 verwenden.)

8. **FEHLERSUCHE:** Ist der folgende Code korrekt?

    ```
    char ein_string[10] = "Dies ist ein String";
    ```

9. **FEHLERSUCHE:** Ist der folgende Code korrekt?

    ```
    char *zitat[100] = { "Lächeln, bald ist Freitag!" };
    ```

10. **FEHLERSUCHE:** Ist der folgende Code korrekt?

    ```
    char *string1;
    char *string2 = "Zweiter";
    string1 = string2;
    ```

11. **FEHLERSUCHE:** Ist der folgende Code korrekt?

    ```
    char string1[];
    char string2[] = "Zweiter";
    string1 = string2;
    ```

12. **OHNE LÖSUNG:** Schreiben Sie mit Hilfe der ASCII-Tabelle aus dem Anhang ein Programm, das einen Kasten auf dem Bildschirm ausgibt, wobei Sie das Minus-Zeichen, den vertikalen Strich und für die Ecken das Pluszeichen verwenden.

In der heutigen Lektion haben Sie gelernt, wie man mit `malloc()` dynamisch Speicher reserviert. Nachdem Sie auf diese Weise Speicher reserviert haben, sollten Sie ihn, wenn Sie ihn nicht mehr benötigen, dem Computersystem wieder zur Verfügung stellen. Dies geschieht, indem Sie ihn freigeben. Am Tag 18, »Vom Umgang mit dem Speicher«, wird die Freigabe von reserviertem Speicher behandelt.

Strukturen

Woche 2

TAG 10 — Strukturen

Viele Programmieraufgaben lassen sich mit den so genannten *Strukturen*, einem speziellen Datenkonstrukt, leichter lösen. Eine Struktur ist ein von Ihnen definierter Datentyp, der direkt auf Ihre Programmierbedürfnisse zugeschnitten ist. Heute lernen Sie:

- was man unter einfachen und komplexen Strukturen versteht
- wie man Strukturen definiert und deklariert
- wie man auf Daten in Strukturen zugreift
- wie man Strukturen, die Arrays enthalten, und Arrays von Strukturen erzeugt
- wie man Zeiger in Strukturen und Zeiger auf Strukturen deklariert
- wie man Strukturen als Argumente an Funktionen übergibt
- wie man Unions definiert, deklariert und verwendet
- wie man Typendefinitionen mit Strukturen verwendet

Einfache Strukturen

Neuer Begriff: Eine *Struktur* ist eine Sammlung von einer oder mehreren Variablen, die zum Zwecke der leichteren Manipulation unter einem Namen zusammengefasst werden. Die Variablen in einer Struktur können im Gegensatz zu denen in einem Array unterschiedlichen Datentypen angehören. Eine Struktur kann jeden beliebigen C-Datentyp enthalten, einschließlich Arrays und andere Strukturen. Die Variablen einer Struktur werden auch als *Elemente* dieser Struktur bezeichnet. Im nächsten Abschnitt sehen Sie hierzu ein einfaches Beispiel.

Sie sollten mit einfachen Strukturen beginnen. Beachten Sie, dass C keinen Unterschied zwischen einfachen und komplexen Strukturen macht. Aber zum besseren Verständnis sollte man zuerst die einfachen Strukturen behandeln.

Strukturen definieren und deklarieren

Wenn Sie ein Grafikprogramm schreiben, wird Ihr Code mit den Koordinaten von Bildschirmpunkten arbeiten müssen. Bildschirmkoordinaten setzen sich aus einem x-Wert für die horizontale Position und einem y-Wert für die vertikale Position zusammen. Zum Abspeichern der Koordinaten lohnt es sich, eine Struktur – im nachfolgenden Code heißt sie koord – zu definieren, die sowohl die x- als auch die y-Werte einer Bildschirmposition einschließt:

```
struct koord {
    int x;
```

```
    int y;
};
```

Auf das Schlüsselwort `struct`, das eine Strukturdefinition einleitet, folgt direkt der Name des Strukturtyps. Die sich an den Strukturnamen anschließenden geschweiften Klammern umfassen die Liste der Elementvariablen der Struktur. Für jede Elementvariable müssen ein Datentyp und ein Name angegeben werden.

> **Hinweis:** Es ist zwar zulässig, Strukturen ohne Namen zu erzeugen, aber solche Strukturen sind nicht besonders nützlich.

Die obigen Anweisungen definieren einen Strukturtyp namens `koord`, der zwei Integervariablen, `x` und `y`, enthält. Die Anweisungen erzeugen allerdings noch keine Instanzen der Struktur `koord`. Mit anderen Worten, sie deklarieren keine Strukturenvariablen (es wird kein Speicher reserviert). Es gibt zwei Möglichkeiten, Strukturvariablen zu deklarieren. Eine Möglichkeit besteht darin, die Strukturdefinition um eine Liste von einem oder mehreren Variablennamen zu ergänzen:

```
struct koord {
    int x;
    int y;
} erste, zweite;
```

Diese Anweisungen definieren den Strukturtyp `koord` und deklarieren die zwei Strukturenvariablen `erste` und `zweite`. `erste` und `zweite` sind beides Instanzen vom Typ `koord` und enthalten zwei Integer-Elemente namens `x` und `y`.

Diese Art, eine Struktur zu deklarieren, kombiniert die Deklaration mit der Definition. Die zweite Möglichkeit besteht darin, die Deklaration der Strukturvariablen unabhängig von der Definition vorzunehmen. Die folgenden zwei Anweisungen deklarieren ebenfalls zwei Instanzen vom Typ `koord`:

```
struct koord {
    int x;
    int y;
};
/* Hier kann zusätzlicher Code stehen */
struct koord erste, zweite;
```

Zugriff auf Strukturelemente

Die einzelnen Strukturelemente können wie normale Variablen des gleichen Typs verwendet werden. Der Zugriff auf die Strukturelemente erfolgt über den *Strukturelement-Operator* (.), auch *Punktoperator* genannt, der zwischen den Strukturnamen und den Elementnamen gesetzt wird. Um die Bildschirmposition mit den Koordinaten x=50 und y=100 in einer Strukturvariablen namens erste abzuspeichern, könnten Sie schreiben:

```
erste.x = 50;
erste.y = 100;
```

Um die Bildschirmpositionen, die in der Strukturvariablen zweite gespeichert ist, anzuzeigen, könnten Sie schreiben:

```
printf("%d,%d", zweite.x, zweite.y);
```

Vielleicht fragen Sie sich inzwischen, worin der Vorteil der Strukturen gegenüber den einzelnen Variablen liegt. Ein großer Vorteil ist, dass man Daten, die in Strukturen des gleichen Typs abgelegt sind, mit einer einfachen Zuweisung kopieren kann[1]. So ist die Anweisung

```
erste = zweite;
```

äquivalent zu:

```
erste.x = zweite.x;
erste.y = zweite.y;
```

Wenn Ihr Programm komplexe Strukturen mit vielen Elementen enthält, kann Ihnen diese Notation viel Zeit sparen. Es gibt noch weitere Vorteile, die sich Ihnen im Laufe der Zeit und beim Erlernen weiter fortgeschrittener Programmiertechniken erschließen werden. Allgemein lässt sich sagen, dass Strukturen immer dann sinnvoll sind, wenn Informationen unterschiedlicher Variablentypen als Gruppe bearbeitet werden sollen. So könnten Sie zum Beispiel die Einträge in einer Adressdatenbank als Variablen einer Struktur betrachten, in der für jede einzelne Information (Name, Adresse, Stadt und so weiter) ein eigenes Strukturelement deklariert ist.

Das Schlüsselwort struct

```
struct name {
    struktur_element(e);
    /* Hier kann zusätzlicher Code stehen */
} instanz;
```

---

1. Beachten Sie, dass das Kopieren von Strukturen mit Zeigerelementen u.U. zu unerwarteten Ergebnissen führt, da die Adressen der Zeiger und nicht die Objekte, auf die die Zeiger verweisen, kopiert werden.

Einfache Strukturen

Das Schlüsselwort struct dient dazu, Strukturen zu deklarieren. Eine Struktur ist eine Sammlung von einer oder mehreren Variablen (*struktur_elemente*), die zur leichteren Bearbeitung unter einem Namen zusammengefasst wurden. Die Variablen müssen nicht vom gleichen Datentyp und auch keine einfachen Variablen sein. So können Strukturen auch Arrays, Zeiger und andere Strukturen enthalten.

Das Schlüsselwort struct kennzeichnet den Anfang einer Strukturdefinition. Es wird gefolgt von dem Namen der Struktur. An den Strukturnamen schließen sich in geschweiften Klammern die Strukturelemente an. Eine Instanz, die Deklaration einer Strukturvariablen, kann ebenfalls definiert werden. Wenn Sie die Struktur ohne die Instanz definieren, erhalten Sie lediglich eine Schablone, die dann später in dem Programm zur Deklaration von Strukturvariablen verwendet werden kann. Das Format einer Schablone sieht wie folgt aus:

```
struct name {
    struktur_element(e);
    /* Hier können zusätzliche Anweisungen stehen */
};
```

Um auf der Grundlage der Schablone Instanzen zu deklarieren, verwenden Sie folgende Syntax:

```
struct name instanz;
```

Voraussetzung ist, dass Sie zuvor eine Struktur mit dem angegebenen Namen deklariert haben.

Beispiel 1

```
/* Deklariert eine Strukturschablone namens kunden_nr */
struct kunden_nr {
    int zahl1;
    char bindestrich1;
    int zahl2;
    char bindestrich2;
    int zahl3;
};
/* Verwendet die Strukturschablone */
struct kunden_nr aktueller_kunde;
```

Beispiel 2

```
/* Deklariert gleichzeitig eine Struktur und eine Instanz */
struct datum {
    char monat[2];
    char tag[2];
```

```
    char jahr[4];
} aktuelles_datum;
```

Beispiel 3

```
/* Deklariert und initialisiert eine Strukturvariable */
struct zeit {
    int stunden;
    int minuten;
    int sekunden;
} zeitpunkt_der_geburt = { 8, 45, 0 };
```

Komplexere Strukturen

Nachdem Sie inzwischen die einfachen Strukturen kennen gelernt haben, kommen wir jetzt zu den interessanteren, weil komplexeren Strukturtypen. Dazu gehören Strukturen, die andere Strukturen oder auch Arrays als Elemente enthalten.

Strukturen, die Strukturen enthalten

Wie bereits erwähnt, kann eine Struktur jeden beliebigen C-Datentypen enthalten. So kann eine Struktur unter anderem auch andere Strukturen aufnehmen. Lassen Sie uns das veranschaulichen, indem wir das obige Beispiel etwas ausbauen.

Angenommen Ihr Grafikprogramm soll Rechtecke unterstützen. Ein Rechteck wird definiert durch die Koordinaten zweier gegenüberliegenden Ecken. Wie man eine Struktur zum Abspeichern von Koordinaten (x, y) definiert, haben Sie bereits gesehen. Zur Definition eines Rechtecks benötigen Sie zwei Instanzen dieser Struktur. Vorausgesetzt, Sie haben bereits eine Struktur vom Typ koord definiert, könnte die Definition einer Struktur für die Rechtecke dann wie folgt aussehen:

```
struct rechteck {
    struct koord obenlinks;
    struct koord untenrechts;
};
```

Diese Anweisung definiert eine Struktur vom Typ rechteck, die zwei Strukturen vom Typ koord enthält. Die beiden koord-Strukturen heißen obenlinks und untenrechts.

Die obige Anweisung definiert lediglich den Strukturtyp rechteck. Um eine Instanz der Struktur zu deklarieren, müssen Sie eine Anweisung wie die folgende hinzufügen:

```
struct rechteck meinfeld;
```

Sie hätten – wie bereits oben im Falle von `koord` – Definition und Deklaration auch kombinieren können:

```
struct rechteck {
    struct koord obenlinks;
    struct koord untenrechts;
} meinfeld;
```

Um auf die Speicherstellen der eigentlichen Daten (die Elemente vom Typ `int`) zuzugreifen, müssen Sie den Element-Operator (.) zweimal verwenden. So bezieht sich der Ausdruck

`meinfeld.obenlinks.x`

auf das Element `x` des Elements `obenlinks` der Strukturvariablen `meinfeld` vom Typ `rechteck`. Um ein Rechteck mit den Koordinaten (0,10) und (100,200) zu definieren, würden Sie schreiben:

```
meinfeld.obenlinks.x = 0;
meinfeld.obenlinks.y = 10;
meinfeld.untenrechts.x = 100;
meinfeld.untenrechts.y = 200;
```

Wenn Sie hierdurch etwas verwirrt sind, sollten Sie am besten einen Blick auf Abbildung 10.1 werfen, in der die Beziehung zwischen der Struktur vom Typ `rechteck`, den darin enthaltenen zwei Strukturen vom Typ `koord` sowie den darin jeweils enthaltenen zwei Variablen vom Typ `int` deutlich gemacht werden. Die Namen der Strukturen entsprechen dem obigen Beispiel.

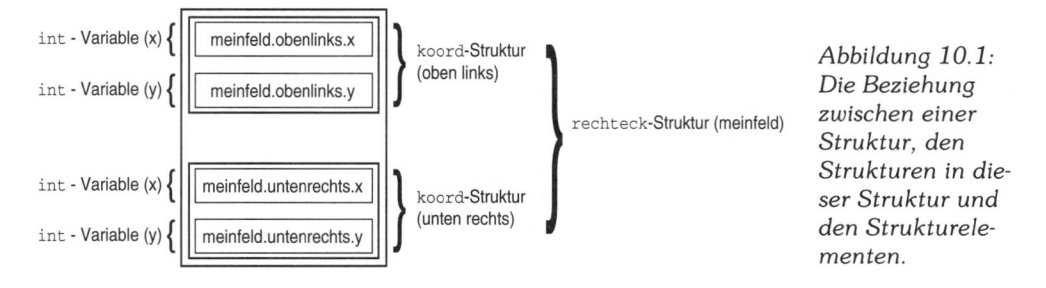

Abbildung 10.1: Die Beziehung zwischen einer Struktur, den Strukturen in dieser Struktur und den Strukturelementen.

Listing 10.1 demonstriert die Verwendung von Strukturen, die andere Strukturen enthalten. Das Programm nimmt vom Anwender die Koordinaten eines Rechtecks entgegen, berechnet daraus die Fläche des Rechtecks und gibt diesen Wert aus. Beachten Sie die Voraussetzungen für dieses Programm, die innerhalb eines Kommentars am Anfang des Programms stehen (Zeilen 3 bis 8).

Strukturen

Listing 10.1: Ein Beispiel für eine Struktur, die andere Strukturen enthält.

```
 1: /* Beispiel für Strukturen, die andere Strukturen enthalten. */
 2:
 3: /*  Übernimmt die Eingabe der Eck-Koordinaten eines Rechtecks
 4:     und berechnet die Fläche. Geht davon aus, dass die y-Koordinate
 5:     der unteren rechten Ecke größer ist als die y-Koordinate der
 6:     oberen linken Ecke, dass die x-Koordinate der unteren rechten
 7:     Ecke größer ist als die x-Koordinate der unteren linken Ecke
 8:     und dass alle Koordinaten positiv sind. */
 9:
10: #include <stdio.h>
11:
12: int laenge, hoehe;
13: long flaeche;
14:
15: struct koord{
16:     int x;
17:     int y;
18: };
19:
20: struct rechteck{
21:     struct koord obenlinks;
22:     struct koord untenrechts;
23: } meinfeld;
24:
25: int main(void)
26: {
27:     /* Eingabe der Koordinaten */
28:
29:     printf("\nGeben Sie die x-Koordinate von oben links ein: ");
30:     scanf("%d", &meinfeld.obenlinks.x);
31:
32:     printf("\nGeben Sie die y-Koordinate von oben links ein: ");
33:     scanf("%d", &meinfeld.obenlinks.y);
34:
35:     printf("\nGeben Sie die x-Koordinate von unten rechts ein: ");
36:     scanf("%d", &meinfeld.untenrechts.x);
37:
38:     printf("\nGeben Sie die y-Koordinate von unten rechts ein: ");
39:     scanf("%d", &meinfeld.untenrechts.y);
40:
41:     /* Länge und Höhe berechnen */
42:
43:     hoehe = meinfeld.untenrechts.x - meinfeld.obenlinks.x;
```

Komplexere Strukturen

```
44:     laenge = meinfeld.untenrechts.y - meinfeld.obenlinks.y;
45:
46:     /* Fläche berechnen und ausgeben */
47:
48:     flaeche = hoehe * laenge;
49:     printf("\nDie Fläche misst %ld Einheiten.\n", flaeche);
50:
51:     return 0;
52: }
```

Ausgabe

Geben Sie die x-Koordinate von oben links ein: 1

Geben Sie die y-Koordinate von oben links ein: 1

Geben Sie die x-Koordinate von unten rechts ein: 10

Geben Sie die y-Koordinate von unten rechts ein: 10

Die Fläche misst 81 Einheiten.

Analyse

Die Struktur koord mit ihren zwei Elementen x und y ist in den Zeilen 15 bis 18 definiert. Die Zeilen 20 bis 23 deklarieren und definieren eine Instanz (meinfeld) der Struktur rechteck. Die zwei Elemente dieser Rechteckstruktur lauten obenlinks und untenrechts und sind beides Strukturen vom Typ koord.

Die Zeilen 29 bis 39 fordern zur Eingabe der Werte für die Struktur meinfeld auf. Da meinfeld nur zwei Elemente enthält, könnten Sie fälschlicherweise annehmen, dass auch nur zwei Werte benötigt werden. Jedes Element von meinfeld verfügt jedoch wieder über eigene Elemente (die Elemente x und y der koord-Struktur). Dadurch ergeben sich insgesamt vier Elemente, für die Werte eingegeben werden müssen. Nachdem diese Werte eingelesen wurden, wird mit Hilfe der Struktur und ihrer Elemente die Fläche berechnet. Beachten Sie, dass Sie für den Zugriff auf die x- und y-Werte über den Instanznamen der Struktur gehen müssen. Da x und y in einer Struktur innerhalb einer Struktur verborgen sind, müssen Sie für die Berechnung der Fläche sogar über die Instanznamen beider Strukturen auf die x- und y-Werte zugreifen – meinfeld.untenrechts.x, meinfeld.untenrechts.y, meinfeld.obenlinks.x und meinfeld.obenlinks.y.

Die Verschachtelungstiefe für Strukturen ist in C praktisch unbegrenzt. Solange es Ihr Speicher erlaubt, können Sie Strukturen definieren, die Strukturen enthalten, die

Strukturen enthalten, die wiederum Strukturen enthalten und so weiter – ich glaube, Sie verstehen, was ich meine! Selbstverständlich gibt es einen Punkt, ab dem eine weitere Verschachtelung keine Vorteile mehr bringt. In der Praxis werden in C-Programmen selten mehr als drei Verschachtelungsebenen verwendet.

Strukturen, die Arrays enthalten

In C ist es möglich, Strukturen zu definieren, die ein oder mehrere Arrays als Elemente enthält. Die Arrays können Elemente eines beliebigen C-Datentyps enthalten (int, char und so weiter). So definieren die Anweisungen

```
struct daten{
    int  x[4];
    char y[10];
};
```

eine Struktur vom Typ daten, die zwei Arrays enthält – eines mit vier Integer-Elementen namens x und eines mit zehn Zeichen namens y. Nach der Definition der Struktur daten können Sie eine Strukturvariable (datensatz) vom Typ der Struktur deklarieren:

```
struct daten datensatz;
```

Den Aufbau dieser Struktur sehen Sie in Abbildung 10.2. Beachten Sie, dass in dieser Abbildung die Elemente des Arrays x wesentlich mehr Platz beanspruchen als die Elemente des Arrays y. Dies liegt daran, dass der Datentyp int in der Regel 4 Byte Speicher belegt, während char nur 1 Byte beansprucht (dies dürfte Ihnen bereits von Tag 2, »Die Komponenten eine C-Programms: Quellcode und Daten«, her bekannt sein).

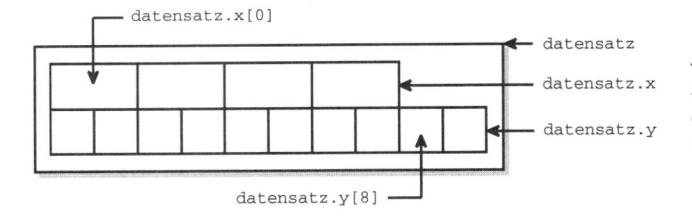

Abbildung 10.2: Der Aufbau einer Struktur, die Arrays als Elemente enthält.

Der Zugriff auf die einzelnen Elemente eines Arrays, das Element einer Struktur ist, erfolgt über Element-Operatoren und Array-Index:

```
datensatz.x[2] = 100;
datensatz.y[1] = 'x';
```

Sie erinnern sich wahrscheinlich, dass Zeichenarrays meistens dazu dienen, Strings zu speichern. Sie sollten auch daran denken (siehe Tag 8, »Zeiger«), dass der Name eines Arrays ohne eckige Klammern ein Zeiger auf das Array ist. Da dies auch für Arrays gilt, die Element einer Struktur sind, ist der Ausdruck datensatz.y

ein Zeiger auf das erste Element im Array y[] der Struktur datensatz. Deshalb können Sie den Inhalt von y[] mit folgender Anweisung auf dem Bildschirm ausgeben:

puts(datensatz.y);

Betrachten wir ein weiteres Beispiel. Listing 10.2 verwendet eine Struktur, die eine Variable vom Typ float und zwei Arrays vom Typ char enthält.

Listing 10.2: Eine Struktur, die Arrays als Elemente enthält.

```
1:  /* Eine Struktur, die Arrays als Elemente enthält. */
2:
3:  #include <stdio.h>
4:
5:  /* Definiert und deklariert eine Struktur für die Aufnahme der Daten. */
6:  /* Die Struktur enthält eine float-Variable und zwei char-Arrays. */
7:
8:  struct daten{
9:      float betrag;
10:     char vname[30];
11:     char nname[30];
12: } rec;
13:
14: int main(void)
15: {
16:     /* Eingabe der Daten über die Tastatur. */
17:
18:     printf("Geben Sie den Vor- und Nachnamen des Spenders,\n");
19:     printf("getrennt durch ein Leerzeichen, ein: ");
20:     scanf("%s %s", rec.vname, rec.nname);
21:
22:     printf("\nGeben Sie die Höhe der Spende ein: ");
23:     scanf("%f", &rec.betrag);
24:
25:     /* Zeigt die Informationen an. */
26:     /* Achtung: %.2f gibt einen Fließkommawert aus, */
27:     /* der mit zwei Stellen hinter dem Dezimalpunkt */
28:     /* angegeben wird. */
29:
30:     /* Gibt die Daten auf dem Bildschirm aus. */
31:
32:     printf("\nDer Spender %s %s gab %.2f DM.\n", rec.vname,
33:             rec.nname, rec.betrag);
34:
35:     return 0;
36: }
```

Strukturen

Ausgabe

```
Geben Sie den Vor- und Nachnamen des Spenders,
getrennt durch ein Leerzeichen, ein: Bradley Jones

Geben Sie die Höhe der Spende ein: 1000.00

Der Spender Bradley Jones gab 1000.00 DM.
```

Analyse

Dieses Programm weist eine Struktur auf, die zwei Arrays enthält – vname[30] und nname[30]. Beides sind Zeichenarrays und nehmen den Vor- beziehungsweise den Nachnamen einer Person auf. Die in den Zeilen 8 bis 12 deklarierte Struktur erhält den Namen daten. Sie enthält neben den Zeichenarrays vname und nname die float-Variable betrag. Eine Struktur wie diese eignet sich hervorragend, um (in zwei Arrays) den Vor- und Nachnamen einer Person sowie einen Wert aufzunehmen wie zum Beispiel den Betrag, den eine Person für einen sozialen Zweck gespendet hat.

In Zeile 12 wird eine Instanz der Struktur, rec[1], deklariert. Der Rest des Programms verwendet rec, um Werte vom Anwender einzulesen (Zeilen 18 bis 23) und diese dann auszugeben (Zeilen 32 und 33).

Arrays von Strukturen

Wenn es Strukturen gibt, die Arrays enthalten, gibt es dann auch Arrays von Strukturen? Aber natürlich! Arrays von Strukturen stellen sogar ein besonders mächtiges und wichtiges Programmkonstrukt dar. Wie man dieses Konstrukt nutzt, wird im Folgenden erläutert.

Sie haben bereits gesehen, wie die Definition einer Struktur auf die Daten, mit denen ein Programm arbeitet, zugeschnitten werden kann. In der Regel muss ein Programm allerdings mit mehr als einer Instanz dieser Daten arbeiten. So könnten Sie zum Beispiel in einem Programm zur Verwaltung einer Telefonnummerliste eine Struktur definieren, die für jeden Eintrag in der Telefonliste den Namen der zugehörigen Person und die Telefonnummer enthält:

```
struct eintrag{
    char vname[10];
```

---

1. Abkürzung für record, das englische Wort für Datensatz.

```
    char nname[12];
    char telefon[8];
};
```

Eine Telefonliste besteht aus vielen Einträgen. Deshalb wäre eine einzige Instanz der Struktur nicht besonders nützlich. Was Sie hier benötigen, ist ein Array von Strukturvariablen des Typs eintrag. Nachdem die Struktur definiert ist, können Sie das Array wie folgt deklarieren.

```
struct eintrag liste[1000];
```

Diese Anweisung deklariert ein Array namens liste mit 1.000 Elementen. Jedes Element ist eine Struktur vom Typ eintrag und wird, wie bei anderen Array-Elementtypen, durch einen Index identifiziert. Jede der Strukturvariablen im Array besteht aus drei Elementen, bei denen es sich um Arrays vom Typ char handelt. Dieses ziemlich komplexe Gebilde ist in Abbildung 10.3 grafisch veranschaulicht.

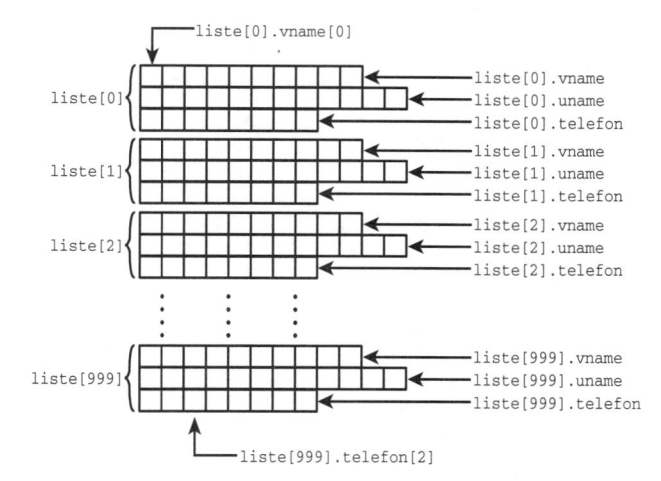

Abbildung 10.3:
Der Aufbau des im Text definierten Arrays von Strukturen.

Wenn Sie das Array für die Strukturvariablen deklariert haben, können Sie die Daten in vielfältiger Weise manipulieren. Um zum Beispiel die Daten in einem Array-Element einem anderen Array-Element zuzuweisen, können Sie schreiben:

```
liste[1] = liste[5];
```

Diese Anweisung weist jedem Element der Struktur liste[1] die Werte der entsprechenden Elemente von liste[5] zu. Sie können aber auch Daten zwischen den einzelnen Strukturelementen hin- und herschieben. Die Anweisung

```
strcpy(liste[1].telefon, liste[5].telefon);
```

kopiert den String in list[5].telefon in liste[1].telefon. (Die Bibliotheksfunktion strcpy() kopiert einen String in einen anderen String. Näheres dazu erfahren Sie am

Strukturen

Tag 16, »Stringmanipulation«.) Wenn Sie wollen, können Sie sogar Daten zwischen den einzelnen Element-Arrays der Strukturelemente verschieben:

liste[5].telefon[1] = liste[2].telefon[3];

Diese Anweisung verschiebt das zweite Zeichen der Telefonnummer in liste[5] an die vierte Position der Telefonnummer in liste[2]. (Zur Erinnerung, die Indexzählung beginnt mit der 0.)

Listing 10.3 demonstriert die Verwendung von Arrays von Strukturen (sogar von Arrays von Strukturen, die selbst wieder Arrays als Elemente enthalten).

Listing 10.3: Arrays von Strukturen.

```
1:  /* Beispiel für Arrays von Strukturen. */
2:
3:  #include <stdio.h>
4:
5:  /* Definiert eine Struktur zur Aufnahme von Einträgen. */
6:
7:  struct eintrag {
8:      char vname[20];
9:      char nname[20];
10:     char telefon[10];
11: };
12:
13: /* Deklariert ein Array von Strukturen. */
14:
15: struct eintrag liste[4];
16:
17: int i;
18:
19: int main(void)
20: {
21:
22:     /* Durchläuft eine Schleife für die Eingabe der Daten von 4
23:        Personen. */
24:     for (i = 0; i < 4; i++)
25:     {
26:         printf("\nBitte Vornamen eingeben: ");
27:         scanf("%s", liste[i].vname);
28:         printf("Bitte Nachnamen eingeben: ");
29:         scanf("%s", liste[i].nname);
30:         printf("Bitte Telefonnummer im Format 123-4567 eingeben: ");
31:         scanf("%s", liste[i].telefon);
32:     }
33:
34:     /* Zwei leere Zeilen ausgeben. */
35:
```

```
36:        printf("\n\n");
37:
38:        /* Durchläuft eine Schleife zur Anzeige der Daten. */
39:
40:        for (i = 0; i < 4; i++)
41:        {
42:            printf("Name: %s %s", liste[i].vname, liste[i].nname);
43:            printf("\t\tTelefon: %s\n", liste[i].telefon);
44:        }
45:
46:        return 0;
47: }
```

Ausgabe

```
Bitte Vornamen eingeben: Bradley
Bitte Nachnamen eingeben: Jones
Bitte Telefonnummer im Format 123-4567 eingeben: 555-1212

Bitte Vornamen eingeben: Peter
Bitte Nachnamen eingeben: Aitken
Bitte Telefonnummer im Format 123-4567 eingeben: 555-3434

Bitte Vornamen eingeben: Melissa
Bitte Nachnamen eingeben: Jones
Bitte Telefonnummer im Format 123-4567 eingeben: 555-1212

Bitte Vornamen eingeben: Deanna
Bitte Nachnamen eingeben: Townsend
Bitte Telefonnummer im Format 123-4567 eingeben: 555-1234

Name: Bradley Jones         Telefon: 555-1212
Name: Peter Aitken          Telefon: 555-3434
Name: Melissa Jones         Telefon: 555-1212
Name: Deanna Townsend       Telefon: 555-1234
```

Analyse

Dieses Listing hat den gleichen allgemeinen Aufbau wie die vorangehenden Listings. Es beginnt mit dem Kommentar in Zeile 1, gefolgt von der Einbindung der Header-Datei stdio.h für die Ein-/Ausgabefunktionen (#include in Zeile 3). In den Zeilen 7 bis 11 wird eine Strukturschablone namens eintrag definiert, die drei Zeichenarrays enthält: vname, nname und telefon. Zeile 15 verwendet diese Schablone, um ein Array liste für vier Strukturvariablen vom Typ eintrag zu definieren. Zeile 17 definiert eine Variable vom Typ int, die im weiteren Verlauf des Programms als Zähler dient. In Zeile 19 beginnt main(). Die erste Aufgabe von main() besteht darin, eine for-Schleife viermal zu durchlaufen, um das Array der Strukturelemente mit Informationen zu »füttern«. Diese Schleife befindet sich in den Zeilen 24 bis 32. Beachten Sie, dass sich die Indizierung von liste nicht von der Indizierung der Array-Variablen von Tag 7, »Numerische Arrays«, unterscheidet.

Zeile 36 schafft einen Abstand zwischen den Eingabeaufforderungen und der Ausgabe. Die Zeile gibt zwei Zeilenumbrüche aus, was Ihnen sicherlich nicht neu sein dürfte. Die Zeilen 40 bis 44 geben die Daten aus, die der Anwender in dem vorherigen Schritt eingegeben hat. Die Werte in dem Array der Strukturelemente werden über den indizierten Array-Namen gefolgt von dem Elementoperator (.) und dem Namen des Strukturelements ausgegeben.

Machen Sie sich mit den Techniken aus Listing 10.3 vertraut. Viele reale Programmieraufgaben lassen sich mit Arrays von Strukturen (deren Elemente wiederum Arrays sein können) am besten lösen.

Was Sie tun sollten	Was nicht
Deklarieren Sie Strukturinstanzen nach den gleichen Gültigkeitsbereichregeln, die auch für andere Variablen gelten. (Am Tag 11, »Gültigkeitsbereiche von Variablen«, wird dieses Thema erschöpfend behandelt.)	Vergessen Sie nicht den Instanznamen der Struktur und den Elementoperator (.), wenn Sie auf die Elemente einer Struktur zugreifen.
	Verwechseln Sie nicht den Strukturnamen mit einer Instanz der Struktur! Der Name dient dazu, die Schablone beziehungsweise das Format der Struktur zu deklarieren. Bei der Instanz handelt es sich um eine Variable, die mit Hilfe des Strukturnamens deklariert wird.
	Vergessen Sie nicht das Schlüsselwort struct, wenn Sie eine Instanz einer zuvor definierten Struktur deklarieren.

Strukturen initialisieren

Strukturen können wie andere Variablentypen auch bei ihrer Deklaration initialisiert werden. Die Verfahrensweise ähnelt der zum Initialisieren von Arrays. Die Strukturdeklaration wird gefolgt von einem Gleichheitszeichen und einer Liste von initialisierten Werten, die – durch Kommata getrennt – in geschweiften Klammern stehen. Betrachten Sie dazu folgende Anweisungen:

Strukturen initialisieren

```
1: struct verkauf {
2:     char   kunde[20];
3:     char   artikel[20];
4:     float  betrag;
5: } meinverkauf = { "Acme Industries",
6:                   "Einspritzpumpe",
7:                   1000.00
8:                 };
```

Bei Ausführung dieser Anweisungen werden folgende Aktionen ausgelöst:

1. Es wird ein Strukturtyp namens verkauf definiert (Zeilen 1 bis 5).

2. Es wird eine Instanz des Strukturtyps verkauf namens meinverkauf deklariert (Zeile 5).

3. Es wird das Strukturelement meinverkauf.kunde mit dem String »Acme Industries« initialisiert (Zeile 5).

4. Es wird das Strukturelement meinverkauf.artikel mit dem String »Einspritzpumpe« initialisiert (Zeile 6).

5. Es wird das Strukturelement meinverkauf.betrag mit dem Wert 1000.00 initialisiert (Zeile 7).

Für eine Struktur, die Strukturen als Elemente enthält, werden die Strukturelemente in der Reihenfolge initialisiert, in der sie in der Strukturdefinition aufgelistet wurden. Sehen Sie dazu eine Erweiterung des oberen Beispiels:

```
 1: struct kunde {
 2:     char   firma[20];
 3:     char   kontakt[25];
 4: }
 5:
 6: struct verkauf {
 7:     struct kunde kaeufer;
 8:     char   artikel[20];
 9:     float  betrag;
10: } meinverkauf = { { "Acme Industries", "George Adams"},
11:                   "Einspritzpumpe",
12:                   1000.00
13:                 };
```

Mit diesen Anweisungen werden folgende Initialisierungen vorgenommen:

1. Das Strukturelement meinverkauf.kaeufer.firma wird mit dem String »Acme Industries« initialisiert (Zeile 10).

2. Das Strukturelement meinverkauf.kaeufer.kontakt wird mit dem String »George Adams« initialisiert (Zeile 10).

3. Das Strukturelement `meinverkauf.artikel` wird mit dem String »Einspritzpumpe« initialisiert (Zeile 11).

4. Das Strukturelement `meinverkauf.betrag` wird mit dem Betrag 1000.00 initialisiert (Zeile 12).

Sie können auch Arrays von Strukturen initialisieren. Die von Ihnen angegebenen Initialisierungsdaten werden dabei der Reihenfolge nach auf die Strukturen im Array angewendet. Um zum Beispiel ein Array von Strukturen vom Typ `verkauf` zu deklarieren und die ersten zwei Array-Elemente (das heißt die ersten zwei Strukturen) zu initialisieren, würden Sie schreiben:

```
1:  struct kunde {
2:      char firma[20];
3:      char kontakt[25];
4:  };
5:
6:  struct verkauf {
7:      struct kunde kaeufer;
8:      char    artikel[20];
9:      float   betrag;
10: };
11:
12:
13: struct verkauf j1990[100] = {
14:     { { "Acme Industries", "George Adams"},
15:         "Einspritzpumpe",
16:         1000.00
17:     },
18:     { { "Wilson & Co.", "Ed Wilson"},
19:         "Typ 12",
20:         290.00
21:     }
22: };
```

Folgendes passiert in diesem Code:

1. Das Strukturelement `j1990[0].kaeufer.firma` wird mit dem String »Acme Industries« initialisiert (Zeile 14).

2. Das Strukturelement `j1990[0].kaeufer.kontakt` wird mit dem String »George Adams« initialisiert (Zeile 14).

3. Das Strukturelement `j1990[0].artikel` wird mit dem String »Einspritzpumpe« initialisiert (Zeile 15).

4. Das Strukturelement `j1990[0].betrag` wird mit dem Betrag 1000.00 initialisiert (Zeile 16).

5. Das Strukturelement `j1990[1].kaeufer.firma` wird mit dem String »Wilson & Co.« initialisiert (Zeile 18).

6. Das Strukturelement `j1990[1].kaeufer.kontakt` wird mit dem String »`Ed Wilson`« initialisiert (Zeile 18).
7. Das Strukturelement `j1990[1].artikel` wird mit dem String »`Typ 12`« initialisiert (Zeile 19).
8. Das Strukturelement `j1990[1].betrag` wird mit dem Betrag `290.00` initialisiert (Zeile 20).

Strukturen und Zeiger

Angesichts der Tatsache, dass Zeiger in C eine wichtige Stellung einnehmen, sollte es Sie nicht überraschen, dass man sie auch zusammen mit Strukturen verwenden kann. Sie können Zeiger sowohl als Strukturelemente verwenden als auch als Zeiger auf Strukturen deklarieren. Diese beiden Anwendungsbereiche sind Thema der folgenden Abschnitte.

Zeiger als Strukturelemente

Was die Verwendung von Zeigern als Strukturelemente angeht, haben Sie sämtliche Freiheiten. Zeigerelemente werden genauso deklariert wie normale Zeiger, die nicht Elemente von Strukturen sind – und zwar mit Hilfe des Indirektionsoperators (*). Sehen Sie dazu ein Beispiel:

```
struct daten {
    int *wert;
    int *rate;
} erste;
```

Diese Anweisungen definieren und deklarieren eine Struktur, deren beide Elemente Zeiger auf den Datentyp `int` sind. Wie bei anderen Zeigern auch reicht die Deklaration allein nicht aus. Sie müssen diese Zeiger auch initialisieren, damit sie auf etwas zeigen. Denken Sie daran, dass Sie ihnen dazu auch die Adresse einer Variablen zuweisen können. Wenn Sie bereits `kosten` und `zinsen` als Variablen vom Typ `int` deklariert haben, könnten Sie schreiben:

```
erste.wert = &kosten;
erste.rate = &zinsen;
```

Nachdem die Zeiger initialisiert sind, können Sie den Indirektionsoperator (*), wie am Tag 8 erläutert, verwenden, um auf die referenzierten Werte zuzugreifen. Der Ausdruck `*erste.wert` greift auf den Wert von `kosten` zu und der Ausdruck `*erste.rate` auf den Wert von `zinsen`.

Strukturen

Der wahrscheinlich am häufigsten für Strukturelemente verwendete Zeigertyp ist ein Zeiger auf den Typ char. Zur Erinnerung: Am Tag 9, »Zeichen und Strings«, haben Sie gelernt, dass ein String eine Folge von Zeichen ist, die durch einen Zeiger auf das erste Zeichen des Strings und einem Nullzeichen für das Stringende genau umrissen ist. Frischen wir Ihr Gedächtnis noch ein wenig weiter auf. Um einen Zeiger auf char zu deklarieren und auf einen String zu richten, schreiben Sie:

```
char *z_nachricht;
z_nachricht = "C-Programmierung in 21 Tagen";
```

Und genauso können Sie auch mit Zeigern auf den Typ char verfahren; die Strukturelemente sind:

```
struct nrt {
    char *z1;
    char *z2;
} meinezgr;
meinezgr.z1 = "C-Programmierung in 21 Tagen";
meinezgr.z2 = "Markt & Technik-Verlag";
```

Abbildung 10.4 illustriert das Ergebnis dieser Anweisungen. Jedes Zeigerelement der Struktur zeigt auf das erste Byte eines Strings, der irgendwo im Speicher abgelegt ist. Vergleichen Sie dies mit Abbildung 10.2, wo gezeigt wurde, wie Daten in einer Struktur gespeichert werden, die Arrays vom Typ char enthält.

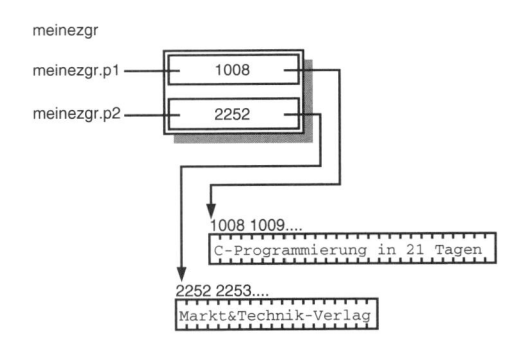

Abbildung 10.4:
Eine Struktur mit Zeigern auf char.

Sie können Strukturelement-Zeiger überall dort verwenden, wo Sie auch einen normalen Zeiger verwenden würden. Um zum Beispiel den String, auf den gezeigt wird, auszugeben, würden Sie schreiben:

```
printf("%s %s", meinezgr.z1, meinezgr.z2);
```

Was ist der Unterschied zwischen einem Strukturelement, das als Array vom Typ char beziehungsweise als Zeiger auf den Typ char deklariert ist? Beide Deklarationen stellen eine Möglichkeit dar, wie man Strings in Strukturen »speichern« kann. Die nachfolgend definierte Struktur nrt demonstriert beide Methoden:

Strukturen und Zeiger

```
struct nrt {
    char z1[30];
    char *z2;      /* Achtung: nicht initialisiert */
} meinezgr;
```

Denken Sie daran, dass ein Array-Name ohne eckige Klammern ein Zeiger auf das erste Array-Element darstellt. Deshalb können Sie diese zwei Strukturelemente in gleicher Weise verwenden (beachten Sie, dass z2 initialisiert sein sollte, bevor Sie einen Wert in z2 kopieren):

```
strcpy(meinezgr.z1, "C-Programmierung in 21 Tagen");
strcpy(meinezgr.z2, "Markt & Technik-Verlag");
/* hier steht sonstiger Code */
puts(meinezgr.z1);
puts(meinezgr.z2);
```

Worin aber unterscheiden sich diese beiden Methoden? Der Unterschied ist folgender: Wenn Sie eine Struktur definieren, die ein Array vom Typ char enthält, belegt jede Instanz dieses Strukturtyps einen Speicherbereich für ein Array der angegebenen Größe. Außerdem sind Sie auf die angegebene Größe beschränkt. Sie können keinen größeren String in der Struktur speichern. Sehen Sie dazu folgendes Beispiel:

```
struct nrt {
    char z1[10];
    char z2[10];
} meinezgr;
...
strcpy(z1, "Minneapolis"); /* Falsch! String länger als Array.    */
strcpy(z2, "MN");          /* OK, aber verschwendet Speicherplatz, */
                           /* da der String kürzer als das Array ist. */
```

Wenn Sie dagegen eine Struktur definieren, die Zeiger auf den Typ char enthält, gelten diese Beschränkungen nicht mehr. Die einzelnen Instanzen der Struktur belegen lediglich Speicherbereich für die Zeiger. Die eigentlichen Strings sind irgendwo sonst im Speicher abgelegt (wo genau, braucht Sie nicht zu kümmern). Es gibt weder Längenbeschränkungen noch verschwendeten Speicherplatz. Die eigentlichen Strings werden nicht als Teil der Struktur gespeichert. Jeder Zeiger in der Struktur kann auf einen String einer beliebigen Länge zeigen. Damit wird der String Teil der Struktur, ohne in der Struktur selbst gespeichert zu sein.

> **Hinweis**
> Wenn Sie die Zeiger nicht initialisieren, laufen Sie Gefahr, unabsichtlich Speicher zu überschreiben, der bereits anderweitig verwendet wird. Wenn Sie einen Zeiger statt eines Arrays verwenden, müssen Sie vor allem daran denken, den Zeiger zu initialisieren. Dazu können Sie dem Zeiger die Adresse einer anderen Variablen zuweisen oder dynamisch Speicher für den Zeiger reservieren.

Zeiger auf Strukturen

Zeiger auf Strukturen werden genauso deklariert und verwendet wie Zeiger auf jeden anderen Datentyp. Weiter hinten in dieser Lektion werden Sie lernen, dass Zeiger auf Strukturen vornehmlich dann verwendet werden, wenn Strukturen als Argumente an Funktionen übergeben werden sollen. Zeiger auf Strukturen werden darüber hinaus auch in einem sehr mächtigen Konstrukt zur Datenspeicherung, den so genannten *verketteten Listen*, eingesetzt. Verkettete Listen werden am Tag 14, »Zeiger für Fortgeschrittene«, genauer beschrieben.

An dieser Stelle wollen wir uns anschauen, wie Sie in einem Programm Zeiger auf Strukturen erzeugen und verwenden. Dazu müssen Sie zuerst eine Struktur definieren:

```
struct teil {
    int zahl;
    char name[10];
};
```

Deklarieren Sie jetzt einen Zeiger auf den Typ teil:

```
struct teil *z_teil;
```

Denken Sie daran, dass der Indirektionsoperator (*) in der Deklaration besagt, dass z_teil ein Zeiger auf den Typ teil und keine Instanz des Typs teil ist.

Kann der Zeiger jetzt initialisiert werden? Nein, denn auch wenn die Struktur teil bereits definiert ist, wurden noch keine Instanzen der Struktur deklariert. Denken Sie daran, dass Speicherplatz für Datenobjekte nur durch eine Deklaration und nicht durch eine Definition reserviert werden kann. Da ein Zeiger eine Speicheradresse benötigt, auf die er zeigen kann, müssen Sie zuerst eine Instanz vom Typ teil deklarieren, auf die Sie verweisen können. Die Deklaration der Strukturvariablen sieht folgendermaßen aus:

```
struct teil gizmo;
```

Jetzt können Sie den Zeiger initialisieren:

```
z_teil = &gizmo;
```

Diese Anweisung weist dem Zeiger z_teil die Adresse von gizmo zu. (Vergessen Sie dabei nicht den Adressoperator &.) Abbildung 10.5 veranschaulicht die Beziehung zwischen einer Struktur und einem Zeiger auf eine Struktur.

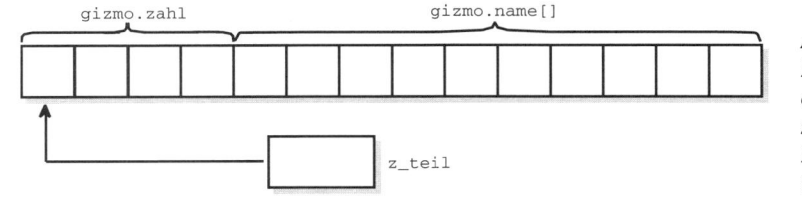

Abbildung 10.5: Ein Zeiger auf eine Struktur zeigt auf das erste Byte der Struktur.

Strukturen und Zeiger

Was machen Sie jetzt mit diesem Zeiger auf die Struktur `gizmo`? Eine Möglichkeit bestünde darin, den Indirektionsoperator (*) zu verwenden. Wenn `zgr` ein Zeiger auf ein Datenobjekt ist, dann bezieht sich der Ausdruck `*zgr` auf das Objekt, auf das gezeigt wird.

Übertragen wir dies auf unser Beispiel. Wir wissen, dass `z_teil` ein Zeiger auf die Strukturvariable `gizmo` ist. Demzufolge verweist `*z_teil` auf `gizmo`. Mit dem Punktoperator (.) können Sie auf die einzelnen Elemente von `gizmo` zugreifen. Um `gizmo.zahl` den Wert 100 zuzuweisen, könnten Sie schreiben:

```
(*z_teil).zahl = 100;
```

`*z_teil` muss in Klammern stehen, da der Punktoperator (.) eine höhere Priorität hat als der Indirektionsoperator (*).

Der zweite Weg, um über einen Zeiger auf eine Struktur auf die Elemente der Struktur zuzugreifen, verwendet den *Elementverweis-Operator*, der aus den Zeichen -> (einem Bindestrich gefolgt von einem Größer-Zeichen) besteht. Beachten Sie, dass diese Zeichen in der Kombination als ein einziger Operator und nicht als zwei Operatoren betrachtet werden.) Dieses Symbol wird zwischen den Zeigernamen und den Elementnamen gesetzt. Um zum Beispiel mit Hilfe des Zeigers `z_teil` auf das `gizmo`-Element `zahl` zuzugreifen, schreiben Sie:

```
z_teil->zahl
```

Betrachten wir ein weiteres Beispiel: Wenn `str` eine Struktur, `z_str` ein Zeiger auf `str` und `elem` ein Element von `str` ist, können Sie auf `str.elem` auch auf folgendem Wege zugreifen:

```
z_str->elem
```

Demzufolge gibt es drei Wege, um auf die Elemente einer Struktur zuzugreifen:

- über den Strukturnamen
- über einen Zeiger auf die Struktur in Kombination mit dem Indirektionsoperator (*)
- über einen Zeiger auf die Struktur in Kombination mit dem Elementverweis-Operator (->)

Wenn `z_str` ein Zeiger auf die Struktur `str` ist, das sind die folgenden drei Ausdrücke alle äquivalent:

```
str.elem
(*z_str).elem
z_str->elem
```

Strukturen

Zeiger und Arrays von Strukturen

Sie haben gesehen, dass Arrays von Strukturen genauso wie Zeiger auf Strukturen sehr mächtige Programmkonstrukte darstellen. Sie können beide Konstrukte auch kombinieren und mit Zeigern auf Strukturen zugreifen, die Elemente eines Arrays sind.

Zur Veranschaulichung erst einmal die Definition einer Struktur aus einem früheren Beispiel:

```
struct teil {
    int zahl;
    char name[10];
};
```

Nachdem die Struktur `teil` definiert ist, können Sie ein Array mit Elementen vom Typ `teil` deklarieren:

```
struct teil daten[100];
```

Als Nächstes können Sie einen Zeiger auf eine Variable vom Typ `teil` deklarieren und so initialisieren, dass er auf die erste Struktur im Array `daten` zeigt:

```
struct teil *z_teil;
z_teil = &daten[0];
```

Denken Sie daran, dass der Name eines Arrays ohne eckige Klammern ein Zeiger auf das erste Array-Element ist, so dass die zweite Zeile auch folgendermaßen hätte geschrieben werden können:

```
z_teil = daten;
```

Damit haben Sie jetzt ein Array mit Strukturelementen des Typs `teil` und einen Zeiger auf das erste Array-Element (das heißt, die erste Struktur in dem Array). Sie könnten jetzt zum Beispiel den Inhalt des ersten Elements mit der folgenden Anweisung ausgeben:

```
printf("%d %s", z_teil->zahl, z_teil->name);
```

Und wie gehen Sie vor, wenn Sie alle Array-Elemente ausgeben wollen? Wahrscheinlich würden Sie eine `for`-Schleife verwenden und bei jedem Durchgang der Schleife ein Array-Element ausgeben. Um mit Hilfe der Zeigernotation auf die Elemente zuzugreifen, müssen Sie den Zeiger `z_teil` so inkrementieren, dass er bei jedem Durchlauf der Schleife auf das nächste Array-Element zeigt (das heißt, die nächste Struktur in dem Array). Die Frage ist nur, wie?

Abhilfe schafft in diesem Falle die Zeigerarithmetik von C. Der unäre Inkrementoperator (++) hat in Kombination mit einem Zeiger – dank der Regeln der Zeigerarithmetik – eine besondere Bedeutung. Diese besagt: »Inkrementiere den Zeiger um die Größe des

Objekts, auf das der Zeiger zeigt.« Anders ausgedrückt: Wenn Sie einen Zeiger zgr haben, der auf ein Datenobjekt vom Typ obj zeigt, hat die Anweisung

```
zgr++;
```

die gleiche Wirkung wie

```
zgr += sizeof(obj);
```

Dieser Aspekt der Zeigerarithmetik ist besonders für Arrays wichtig, da Array-Elemente sequentiell im Speicher abgelegt werden. Wenn ein Zeiger auf das Array-Element n zeigt, dann zeigt der Zeiger nach der Inkrementierung mittels des (++)-Operators auf das Element n+1. Schauen Sie sich dazu Abbildung 10.6 an, in der ein Array namens x[] zu sehen ist, das aus Elementen besteht, die 4 Byte lang sind (beispielsweise Strukturen, die zwei Elemente vom Typ short, der üblicherweise 2 Byte umfasst, enthalten). Nach der Initialisierung zeigt der Zeiger zgr auf x[0] und nach jeder Inkrementierung auf das jeweils nächste Array-Element.

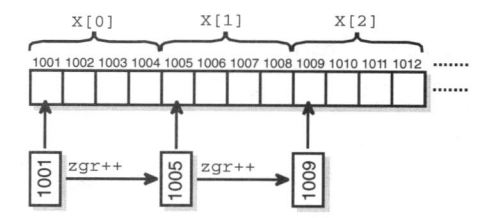

Abbildung 10.6:
Mit jeder Inkrementierung rückt der Zeiger um ein Array-Element weiter.

Dies bedeutet, dass Ihr Programm ein Array von Strukturen (oder ein Array eines beliebigen anderen Datentyps) durchlaufen kann, indem es einen Zeiger inkrementiert. Diese Art der Notation ist normalerweise leichter und kürzer als die Verwendung von Array-Indizes für die gleiche Aufgabe. Listing 10.4 demonstriert, wie das geht.

Listing 10.4: Zugriff auf sequentielle Array-Elemente durch Inkrementierung eines Zeigers.

```
1 : /* Beispiel für den Durchlauf eines Arrays von Strukturen   */
2 : /* mit Hilfe der Zeiger-Notation. */
3 :
4 : #include <stdio.h>
5 :
6 : #define MAX 4
7 :
8 : /* Definiert eine Struktur und deklariert und initialisiert */
9 : /* dann ein Array mit 4 Elementen der Strukturen. */
10:
11: struct teil {
12:     int zahl;
```

```
13:         char name[10];
14: } daten[MAX] = { {1, "Schmidt"},
15:                  {2, "Meier"},
16:                  {3, "Adams"},
17:                  {4, "Walter"}
18:                };
19:
20: /* Deklariert einen Zeiger auf den Typ teil und eine Zähler-Variable. */
21:
22: struct teil *z_teil;
23: int count;
24:
25: int main()
26: {
27:     /* Initialisiert den Zeiger mit dem ersten Array-Element. */
28:
29:     z_teil = daten;
30:
31:     /* Durchläuft das Array und inkrementiert den Zeiger */
32:     /* mit jeder Iteration */
33:
34:     for (count = 0; count < MAX; count++)
35:     {
36:         printf("An Adresse %lu: %d %s\n",
37:                 (unsigned long)z_teil, z_teil->zahl,
38:                  z_teil->name);
39:         z_teil++;
40:     }
41:
42:     return 0;
43: }
```

Ausgabe

```
An Adresse 134517984: 1 Brand
An Adresse 134518000: 2 Meier
An Adresse 134518016: 3 Adams
An Adresse 134518032: 4 Walter
```

Analyse

Zuerst deklariert und initialisiert dieses Programm ein Array von teil-Strukturen, das den Namen daten erhält (Zeilen 11 bis 18). Achten Sie darauf, dass jede Struktur in der Array-Initialisierung von einem Paar geschweifter Klammern umschlossen sein muss. Danach wird in Zeile 22 ein Zeiger namens z_teil definiert, der auf die Struktur daten zeigen soll. Die erste Aufgabe der Funktion main() besteht darin, in Zeile 29 den Zeiger z_teil auf das erste teil -Strukturelement in daten zu setzen. Anschließend werden mit Hilfe der for-Schleife in den Zeilen 34 bis 39 alle Elemente ausgegeben, indem der Zeiger auf das Array bei jedem Durchlauf inkrementiert wird. Gleichzeitig gibt das Programm zu jedem Element die Adresse aus.

Schauen Sie sich die Adressen einmal genauer an. Die tatsächlichen Werte werden auf Ihrem System anders aussehen, aber die Inkrementierung sollte in der gleichen Schrittweite erfolgen. In diesem Fall besteht die Struktur aus einem int (4 Byte) und einem Array von zehn Zeichen namens char, was zusammen 14 Byte macht. Wo kommen die zusätzlichen 2 Byte her? Der C-Compiler versucht den Speicher so aufzuteilen, dass die CPU schnell und möglichst effizient auf die Daten zugreifen kann. Die CPU bevorzugt für die Speicherung von int-Variablen von 4 Byte Länge Speicheradressen, die durch vier teilbar sind. Deshalb werden zwischen Strukturen von 14 Byte zwei Füllbyte untergebracht, so dass die nachfolgenden Strukturelemente wieder an 4-Byte-Grenzen ausgerichtet sind.

Strukturen als Argumente an Funktionen übergeben

Wie Variablen anderer Datentypen kann man auch Strukturen als Funktionsargumente übergeben. Listing 10.5 zeigt Ihnen, wie das geht. Das Programm ist eine Neufassung des Programms aus Listing 10.2. In Listing 10.5 werden die Daten mit Hilfe einer eigenen Funktion auf den Bildschirm ausgegeben, während in Listing 10.2 dazu Anweisungen verwendet werden, die Teil von main() sind.

Listing 10.5: Eine Struktur als Funktionsargument übergeben.

```
1:  /* Beispiel für die Übergabe einer Struktur als Argument. */
2:
3:  #include <stdio.h>
4:
5:  /* Deklariert und definiert eine Struktur zur Aufnahme der Daten. */
6:
7:  struct daten {
8:      float betrag;
9:      char vname[30];
10:     char nname[30];
11: } rec;
12:
13: /* Der Funktionsprototyp. Die Funktion hat keinen Rückgabewert */
14: /* und übernimmt eine Struktur vom Typ daten als einziges Argument. */
```

Strukturen

```
15:
16: void ausgabe(struct daten x);
17:
18: int main(void)
19: {
20:     /* Eingabe der Daten über die Tastatur. */
21:
22:     printf("Geben Sie den Vor- und Nachnamen des Spenders,\n");
23:     printf("getrennt durch ein Leerzeichen, ein: ");
24:     scanf("%s %s", rec.vname, rec.nname);
25:
26:     printf("\nGeben Sie die Höhe der Spende ein: ");
27:     scanf("%f", &rec.betrag);
28:
29:     /* Aufruf der Funktion zur Ausgabe. */
30:     ausgabe( rec );
31:
32:     return 0;
33: }
34: void ausgabe(struct daten x)
35: {
36:     printf("\nSpender %s %s gab %.2f DM.\n", x.vname, x.nname,
37:             x.betrag);
38: }
```

Ausgabe

```
Geben Sie den Vor- und Nachnamen des Spenders,
getrennt durch ein Leerzeichen, ein: Bradley Jones

Geben Sie die Höhe der Spende ein: 1000.00

Spender Bradley Jones gab 1000.00 DM.
```

Analyse

In Zeile 16 finden Sie den Funktionsprototyp für die Funktion, die die Struktur als Argument übernehmen soll. Wie bei allen anderen Datentypen auch müssen Sie die korrekten Parameter deklarieren. In diesem Fall ist es eine Struktur des Typs daten. Zeile 34 wiederholt dies im Funktionsheader. Wenn Sie die Funktion aufrufen, müssen Sie nur den Namen der Strukturinstanz – hier rec (Zeile 30) – übergeben. Das ist schon alles. Die Übergabe einer Struktur an eine Funktion unterscheidet sich nicht sehr von der einer einfachen Variablen.

Sie können eine Struktur einer Funktion auch übergeben, indem Sie die Adresse der Struktur übergeben (das heißt einen Zeiger auf die Struktur). Tatsächlich war dies in älteren Versionen von C die einzige Möglichkeit, um eine Struktur als Argument zu übergeben. Heutzutage ist das nicht mehr nötig, aber Sie können immer noch auf ältere Programme stoßen, die diese Methode verwenden. Wenn Sie einen Zeiger auf eine Struktur als Argument übergeben, müssen Sie allerdings daran denken, den Elementverweis-Operator (->) zu verwenden, um auf die Elemente der Struktur in der Funktion zuzugreifen.

Was Sie tun sollten	Was nicht
Nutzen Sie die Vorteile, die die Deklaration von Zeigern auf Strukturen bietet – besonders wenn Sie Arrays von Strukturen verwenden.	Verwechseln Sie Arrays nicht mit Strukturen!
Verwenden Sie den Elementverweis-Operator (->), wenn Sie mit Zeigern auf Strukturen arbeiten.	Vergessen Sie bei der Inkrementierung eines Zeigers nicht, dass er dadurch um einen Betrag verschoben wird, der der Größe der Daten entspricht, auf die er gerade zeigt. Im Falle eines Zeiger auf eine Struktur ist dies die Größe der Struktur.

Unions

Unions sind den Strukturen sehr ähnlich. Eine Union wird genauso deklariert und verwendet wie eine Struktur. Der einzige Unterschied liegt darin, dass in einer Union immer nur eines der deklarierten Elemente zur Zeit verwendet werden kann. Der Grund dafür ist einfach. Alle Elemente einer Union belegen den gleichen Speicherbereich – sie liegen quasi übereinander.

Unions definieren, deklarieren und intialisieren

Unions werden auf die gleiche Art und Weise definiert und deklariert wie Strukturen. Der einzige Unterschied in den Deklarationen besteht darin, dass anstelle des Schlüsselwortes `struct` das Schlüsselwort `union` verwendet wird. Um eine einfache Union zu definieren, die eine `char`-Variable und eine Integer-Variable enthält, würden Sie schreiben:

```
union shared {
    char c;
    int i;
};
```

Diese Union namens shared kann dazu verwendet werden, Instanzen einer Union zu erzeugen, die entweder einen Zeichenwert c oder einen Integerwert i aufnehmen. Dabei handelt es sich um eine ODER-Bedingung. Im Gegensatz zu einer Struktur, die beide Werte aufnehmen könnte, kann die Union nur einen Wert zur Zeit enthalten. Abbildung 10.7 demonstriert, wie die Union shared im Speicher angelegt würde.

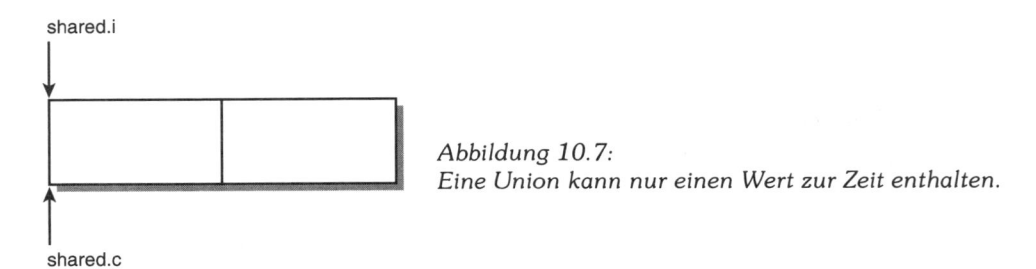

Abbildung 10.7:
Eine Union kann nur einen Wert zur Zeit enthalten.

Unions können bei ihrer Deklaration initialisiert werden. Da nur immer eines ihrer Elemente zur Zeit verwendet werden kann, kann auch nur eines initialisiert werden. Um Verwirrung zu vermeiden, kann nur das erste Element der Union initialisiert werden. Der folgende Code zeigt die Deklaration und Initialisierung einer Instanz der Union shared:

```
union shared generische_variable = {'@'};
```

Beachten Sie, dass die Union generische_variable genauso initialisiert wurde wie das erste Element einer Struktur.

Zugriff auf Unionelemente

Einzelne Unionelemente können genauso verwendet werden wie die Elemente einer Struktur – mit Hilfe des Punktoperators (.). Beim Zugriff auf die Unionelemente gibt es jedoch einen wichtigen Unterschied: Da eine Union ihre Elemente übereinander speichert, ist es wichtig, immer nur auf ein Element zur Zeit zuzugreifen.

Listing 10.6: Ein Beispiel für die falsche Anwendung von Unions.

```
1:   /* Beispiel für den Zugriff auf mehr als ein Unionelement zur Zeit */
2:   #include <stdio.h>
3:
4:   int main(void)
5:   {
6:       union u_shared {
7:           char    c;
8:           int     i;
```

```
 9:            long    l;
10:            float   f;
11:            double  d;
12:        } shared;
13:
14:        shared.c = '$';
15:
16:        printf("\nchar   c = %c",  shared.c);
17:        printf("\nint    i = %d",  shared.i);
18:        printf("\nlong   l = %ld", shared.l);
19:        printf("\nfloat  f = %f",  shared.f);
20:        printf("\ndouble d = %f",  shared.d);
21:
22:        shared.d = 123456789.8765;
23:
24:        printf("\n\nchar   c = %c",  shared.c);
25:        printf("\nint    i = %d",   shared.i);
26:        printf("\nlong   l = %ld",  shared.l);
27:        printf("\nfloat  f = %f",   shared.f);
28:        printf("\ndouble d = %f\n", shared.d);
29:
30:        return 0;
31: }
```

Ausgabe

```
char   c = $
int    i = 36
long   l = 36
float  f = 0.000000
double d = -1.998047

char   c = 7
int    i = 1468107063
long   l = 1468107063
float  f = 284852666499072.000000
double d = 123456789.876500
```

Analyse

In diesem Listing sehen Sie wie in den Zeilen 6 bis 12 eine Union definiert und eine Unionvariable namens shared deklariert wird. shared enthält fünf Elemente von jeweils unterschiedlichem Datentyp. Die Zeilen 14 und 22 weisen verschiedenen Elementen von shared Werte zu. Die Zeilen 16 bis 20 und 24 bis 28 geben dann die Werte der einzelnen Elemente mit printf()-Anweisungen aus.

Beachten Sie, dass mit Ausnahme von char c = $ und double d = 123456789.876500 die Ausgabe auf Ihrem Computer nicht gleichlautend sein muss. Da die Zeichenvariable c in Zeile 14 initialisiert wurde, ist dies der einzige Wert, der verwendet werden sollte, bis ein anderes Element initialisiert wird. Die Ausgabe der anderen Unionelement-Variablen (i, l, f und d) kann zu unvorhersehbaren Ergebnissen führen (Zeile 16 bis 20). Zeile 22 legt einen Wert in der double-Variablen d ab. Beachten Sie, dass auch hier wieder die Ausgabe der anderen Unionelemente zu unvorhersehbaren Ergebnissen führen kann. Der Wert, mit dem c in Zeile 14 initialisiert wurde, ist jetzt verloren, da er mit der Zuweisung an d überschrieben wurde (Zeile 22). Dies beweist, dass die Elemente alle den gleichen Speicherplatz belegen.

Das Schlüsselwort union

```
union name {
    union_element(e);
    /* hier stehen weitere Anweisungen */
} instanz;
```

Unions werden mit dem Schlüsselwort union deklariert. Eine Union ist eine Sammlung von einer oder mehreren Variablen (union_elemente), die unter einem Namen zusammengefasst wurden. Darüber hinaus belegen alle Unionelemente den gleichen Speicherplatz.

Das Schlüsselwort union markiert den Anfang einer Uniondefinition. Es wird gefolgt von dem Namen der Union. Auf den Namen folgen in geschweiften Klammern die Unionelemente. Gleichzeitig kann eine *Instanz*, eine Unionvariable, deklariert werden. Wenn Sie eine Union ohne eine Instanz definieren, erhalten Sie nur eine Schablone, die Sie später in einem Programm verwenden können, um Unionvariablen zu deklarieren. Das Format einer Schablone sieht folgendermaßen aus:

```
union name {
    union_element(e);
    /* stehen weitere Anweisungen. */
};
```

Um auf der Grundlage der Schablone Instanzen zu deklarieren, verwenden Sie folgende Syntax:

```
union name instanz;
```

Dies Format setzt allerdings voraus, dass Sie bereits vorher eine Union mit dem angegebenen Namen definiert haben.

Beispiel 1

```
/* Deklariert eine Unionschablone namens meine_union. */
union meine_union {
    int nbr;
    char zeichen;
};
/* Nutzen der Unionschablone */
union meine_union beliebig_variable;
```

Beispiel 2

```
/* Deklariert eine Union zusammen mit einer Instanz. */
union generischer_typ {
    char c;
    int i;
    float f;
    double d;
} generisch;
```

Beispiel 3

```
/* Initialisiert eine Union. */
union u_datum {
    char volles_datum[9];
    struct s_datum {
        char monat[2];
        char trennwert1;
        char tag[2];
        char trennwert2;
        char jahr[2];
    } teil_datum;
}datum = {"01.01.00"};
```

Listing 10.7 gibt Ihnen ein etwas praxisnäheres Beispiel für den Einsatz einer Union. Das Beispiel ist zwar noch sehr einfach, beschreibt aber einen typischen Einsatzbereich einer Union.

Listing 10.7: Praxisnaher Einsatz einer Union.

```
1:    /* Typische Verwendung einer Union. */
2:
3:    #include <stdio.h>
4:
5:    #define CHARACTER   'C'
6:    #define INTEGER     'I'
7:    #define FLOAT       'F'
8:
9:    struct s_generisch{
10:       char typ;
11:       union u_shared {
12:          char   c;
13:          int    i;
14:          float  f;
15:       } shared;
16:   };
17:
18:   void ausgabe( struct s_generisch generisch );
19:
20:   int main(void)
21:   {
22:       struct s_generisch var;
23:
24:       var.typ = CHARACTER;
25:       var.shared.c = '$';
26:       ausgabe( var );
27:
28:       var.typ = FLOAT;
29:       var.shared.f = (float) 12345.67890;
30:       ausgabe( var );
31:
32:       var.typ = 'x';
33:       var.shared.i = 111;
34:       ausgabe( var );
35:       return 0;
36:   }
37:   void ausgabe( struct s_generisch generisch )
38:   {
39:       printf("\nDer generische Wert ist...");
40:       switch( generisch.typ )
41:       {
42:          case CHARACTER: printf("%c\n", generisch.shared.c);
43:                          break;
```

Unions

```
44:            case INTEGER:    printf("%d\n", generisch.shared.i);
45:                             break;
46:            case FLOAT:      printf("%f\n", generisch.shared.f);
47:                             break;
48:            default:         printf("Typ unbekannt: %c\n",
49:                                     generisch.typ);
50:                             break;
51:        }
52: }
```

Ausgabe

Der generische Wert ist...$

Der generische Wert ist...12345.678711

Der generische Wert ist...Typ unbekannt: x

Analyse

Dieses Programm gibt ein einfaches Beispiel für den Einsatz einer Union. Das Programm ist in der Lage, Variablen unterschiedlicher Datentypen an einer Speicherstelle abzulegen. Die Struktur s_generisch ermöglicht es, ein Zeichen, einen Integer oder eine Fließkommazahl in dem gleichen Bereich zu speichern. Dieser Bereich ist eine Union, die den Namen u_shared trägt und sich genauso verhält wie die Union in Listing 10.6. Beachten Sie, dass die Struktur s_generisch ein zusätzliches Element namens typ deklariert. Dieses Element wird verwendet, um Informationen zu dem Typ der in u_shared enthaltenen Variablen aufzunehmen. Mit typ wird verhindert, dass shared falsch verwendet wird und fehlerhafte Daten wie in Listing 10.6 ausgegeben werden.

Ein kurzer Blick auf das Programm zeigt, dass in den Zeilen 5, 6 und 7 die Konstanten CHARACTER, INTEGER und FLOAT definiert werden. Diese sollen später das Programm lesbarer machen. Die Zeilen 9 bis 16 definieren die Struktur s_generisch, die später verwendet wird. Zeile 18 enthält den Prototyp der Funktion ausgabe(). In Zeile 22 wird die Strukturvariable var deklariert und in den Zeilen 24 und 25 mit einem Zeichenwert initialisiert. Ein Aufruf von ausgabe() in Zeile 26 gibt den Wert aus. Die Zeilen 28 bis 30 und 32 bis 34 wiederholen diesen Vorgang für andere Werte.

Die Funktion ausgabe() ist das Kernstück dieses Listings. Im Programm wird diese Funktion dazu verwendet, den Wert einer s_generisch-Variablen auszugeben. Eine ähnliche konstruierte Funktion hätte auch zur Initialisierung verwendet werden können. Die Funktion ausgabe() prüft den Inhalt des Elements typ und gibt dann den Inhalt der Union als Wert des gefundenen Variablentyps aus. Damit werden fehlerhafte Ausgaben wie in Listing 10.6 vermieden.

Was Sie tun sollten	Was nicht
Merken Sie sich, welches Unionelement gerade verwendet wird. Wenn Sie ein Element eines Typs aufnehmen und dann versuchen, einen anderen Typ auszulesen, kann es zu unvorhergesehenen Ergebnissen kommen.	Versuchen Sie nicht, mehr als das erste Unionelement zu initialisieren.
	Vergessen Sie nicht, dass die Größe einer Union gleich dem größten Element ist.
Beachten Sie, dass Unions zu den fortgeschrittenen C-Themen gehören.	

Mit typedef Synonyme für Strukturen definieren

Sie können mit dem Schlüsselwort `typedef` ein Synonym für eine Struktur oder einen Uniontyp erzeugen. Zum Beispiel definiert folgende Anweisung `koord` als ein Synonym für die angegebene Struktur:

```
typedef struct {
    int x;
    int y;
} koord;
```

Instanzen dieser Struktur können dann mit dem `koord`-Bezeichner deklariert werden:

```
koord obenlinks, untenrechts;
```

Beachten Sie, dass sich `typedef` von einem Strukturnamen, wie er weiter vorn in dieser Lektion beschrieben wurde, unterscheidet. Wenn Sie schreiben:

```
struct koord {
    int x;
    int y;
};
```

ist der Bezeichner `koord` der Name der Struktur. Sie können den Namen zur Deklaration von Instanzen der Struktur verwenden, müssen aber im Gegensatz zu `typedef` das Schlüsselwort `struct` voranstellen:

```
struct koord obenlinks, untenrechts;
```

Es macht eigentlich keinen großen Unterschied, ob Sie `typedef` oder den Strukturnamen zur Deklaration von Strukturenvariablen verwenden. Mit `typedef` erhalten Sie etwas kürzeren Code, da Sie auf das Schlüsselwort `struct` verzichten können. Andererseits ist es vielleicht gerade das Schlüsselwort `struct` im Zusammenspiel mit dem Strukturnamen, das deutlich macht, dass hier eine Strukturvariable deklariert wird.

Zusammenfassung

Die heutige Lektion hat Ihnen gezeigt, wie sich Strukturen einsetzen lassen – ein Datentyp, den Sie individuell den Bedürfnissen Ihres Programms anpassen können. Strukturen können Elemente jeden beliebigen C-Datentyps enthalten, einschließlich anderer Strukturen, Zeiger und Arrays. Der Zugriff auf die einzelnen Datenelemente einer Struktur erfolgt über den Punktoperator (.), der zwischen den Strukturnamen und den Elementnamen gesetzt wird. Strukturen können einzeln, aber auch in Arrays verwendet werden.

Unions sind den Strukturen sehr ähnlich. Der Hauptunterschied besteht darin, dass eine Union alle ihre Elemente im gleichen Speicherbereich ablegt. Dies hat zur Folge, dass immer nur ein Element einer Union zur Zeit genutzt werden kann.

Fragen und Antworten

F Gibt es Gründe, eine Struktur ohne eine Instanz zu deklarieren?

A *Heute haben Sie drei Wege kennen gelernt, eine Struktur zu deklarieren. Zum einen können Sie Strukturrumpf, Namen und Instanz alle gleichzeitig deklarieren, oder Sie deklarieren einen Strukturrumpf und eine Instanz, aber keinen Strukturnamen. Die dritte Möglichkeit besteht darin, die Struktur und den Namen ohne eine Instanz zu deklarieren. Die Instanz kann dann später mit dem Schlüsselwort* `struct`*, dem Strukturnamen und einem Namen für die Instanz »nachdeklariert« werden. Unter Programmierern ist es allgemein üblich, entweder die zweite oder dritte Variante anzuwenden. Viele Programmierer deklarieren den Strukturrumpf und den Namen ohne irgendwelche Instanzen. Diese werden dann bei Bedarf später im Programm nachgeholt. Am Tag 11 widmen wir uns dem Gültigkeitsbereich von Variablen. Gültigkeitsbereiche gelten auch für Instanzen, hingegen nicht für den Strukturnamen oder den Strukturrumpf.*

Strukturen

F Was wird in der Praxis häufiger verwendet: typedef oder der Strukturname?

A Viele Programmierer verwenden typedef, um ihren Code leichter lesbar zu machen. In der Praxis ist der Unterschied allerdings gering. Viele der mit Linux ausgelieferten Bibliotheken verwenden hauptsächlich typedef, um dem Bibliotheksverwalter die Arbeit zu erleichtern.

F Kann ich eine Strukturvariable mit Hilfe des Zuweisungsoperators einer anderen Strukturvariablen zuweisen?

A Ja und nein. Neuere C-Compiler, einschließlich des GNU-C-Compilers, erlauben die Zuweisung einer Strukturvariablen (oder einer Unionvariablen) an eine des gleichen Typs. In älteren C-Versionen kann es passieren, dass Sie jedes Element der Struktur einzeln zuweisen müssen! Wenn Sie wollen, dass Ihr Code auch auf ältere Compiler portierbar ist, sollten Sie lieber zweimal überlegen, bevor Sie von dieser Möglichkeit Gebrauch machen.

F Wie groß ist eine Union?

A Da jedes Element einer Union an ein und derselben Speicherstelle steht, ist der Speicherplatz, der von der Union belegt wird, gleich dem Platz, der von ihrem größten Element eingenommen wird.

Workshop

Der Workshop enthält Quizfragen, die Ihnen helfen sollen, Ihr Wissen zu festigen, sowie Übungen, die Sie anregen sollen, das Gelernte umzusetzen und eigene Erfahrungen zu sammeln. Die Lösungen zu den Fragen und den Übungen finden Sie in Anhang C.

Quiz

1. Worin unterscheidet sich eine Struktur von einem Array?
2. Was versteht man unter einem Punktoperator und wozu dient er?
3. Wie lautet das Schlüsselwort, mit dem man in C eine Struktur erzeugt?
4. Was ist der Unterschied zwischen einem Strukturnamen und einer Strukturinstanz?
5. Was geschieht in dem folgenden Codefragment?

   ```
   struct adresse {
       char name[31];
       char adr1[31];
   ```

```
        char adr2[31];
        char stadt[11];
        char staat[3];
        char plz[11];
} meineadresse = { "Bradley Jones",
                   "RTSoftware",
                   "P.O. Box 1213",
                   "Carmel", "IN", "46082-1213"};
```

6. Angenommen Sie haben ein Array von Strukturen deklariert und einen Zeiger `zgr` auf das erste Array-Element (das heißt das erste Strukturelement in dem Array) gesetzt. Wie richten Sie `zgr` auf das zweite Array-Element?

Übungen

1. Schreiben Sie Code, der eine Struktur namens `zeit` definiert, die drei `int`-Elemente enthält.
2. Schreiben Sie Code, der zwei Aufgaben ausführt: Er soll eine Struktur namens `daten` definieren, die ein Element vom Typ `int` und zwei Elemente vom Typ `float` enthält, und er soll eine Instanz namens `info` vom Typ `daten` deklarieren.
3. Fahren Sie mit Übung 2 fort und weisen Sie dem Integer-Element der Struktur `info` den Wert 100 zu.
4. Deklarieren und initialisieren Sie einen Zeiger auf `info`.
5. Fahren Sie mit Übung 4 fort und demonstrieren Sie zwei Möglichkeiten, wie man dem ersten `float`-Element von `info` mit Hilfe der Zeigernotation den Wert 5.5 zuweisen kann.
6. Definieren Sie einen Strukturtyp namens `daten`, der einen einzigen String von bis zu 20 Zeichen enthalten kann.
7. Erzeugen Sie eine Struktur, die fünf Strings enthält: `adresse1`, `adresse2`, `stadt`, `staat` und `plz`. Erzeugen Sie mit `typedef` ein Synonym namens `DATENSATZ`, das zur Erzeugung von Instanzen dieser Struktur verwendet werden kann.
8. Verwenden Sie das `typedef`-Synonym aus Übung 7 und initialisieren Sie ein Element namens `meineadresse`.
9. **FEHLERSUCHE:** Was ist falsch an folgendem Code?

```
struct {
    char tierkreiszeichen[21];
    int monat;
} zeichen = "Löwe", 8;
```

Strukturen

10. **FEHLERSUCHE:** Was ist falsch an folgendem Code?

```
/* eine Union einrichten */
union daten{
    char ein_wort[4];
    long eine_zahl;
}generische_variable = { "WOW", 1000 };
```

Gültigkeitsbereiche von Variablen

Woche 2

Gültigkeitsbereiche von Variablen

Am Tag 4, »Funktionen«, haben Sie gelernt, dass es einen Unterschied macht, ob eine Variable innerhalb oder außerhalb einer Funktion definiert wird. So haben Sie, ohne es zu wissen, bereits in diesem Kapitel mit dem Konzept des *Gültigkeitsbereichs von Variablen* Bekanntschaft gemacht – einem Konzept, das bei der Programmierung in C eine wichtige Rolle spielt. Heute lernen Sie:

- was man unter dem Gültigkeitsbereich von Variablen versteht und warum er so wichtig ist
- was globale Variablen sind und warum man sie vermeiden sollte
- die Feinheiten der lokalen Variablen kennen
- den Unterschied zwischen statischen und automatischen Variablen kennen
- alles über lokale Variablen und Blöcke
- wie man eine Speicherklasse auswählt

Was ist ein Gültigkeitsbereich?

Als *Gültigkeitsbereich* einer Variablen bezeichnet man den Codeabschnitt, in dem man auf die Variable zugreifen kann – anders ausgedrückt, ein Abschnitt, in dem die Variable *sichtbar* ist. In C sind die Formulierungen »*die Variable ist sichtbar*« und »*auf die Variable kann zugegriffen werden*« austauschbar. Das Konzept der Gültigkeitsbereiche gilt für alle Arten von Variablen: einfache Variablen, Arrays, Strukturen, Zeiger etc. sowie für die symbolischen Konstanten, die mit dem Schlüsselwort `const` definiert wurden.

Der Gültigkeitsbereich legt auch die *Lebensdauer* einer Variablen fest: also wie lange eine Variable im Speicher existiert oder, anders ausgedrückt, wann der Speicher für eine Variable reserviert und freigegeben wird. Bevor wir uns ausführlicher mit Sichtbarkeit und Gültigkeitsbereichen beschäftigen, wollen wir uns ein kleines einführendes Beispiel anschauen.

Den Gültigkeitsbereichen nachgespürt

Betrachten Sie das Programm in Listing 11.1. Es definiert in Zeile 5 die Variable x, gibt in Zeile 11 mit `printf()` den Wert von x aus und ruft dann die Funktion `wert_ausgeben()` auf, um den Wert von x erneut auszugeben. Beachten Sie, dass der Funktion `wert_ausgeben()` der Wert von x *nicht* als Argument übergeben wurde. Die Funktion verwendet x einfach und übergibt die Variable an `printf()`(Zeile 19).

Was ist ein Gültigkeitsbereich?

Listing 11.1: Innerhalb der Funktion wert_ausgeben() kann man auf die Variable x zugreifen.

```
1:  /* Beispiel zur Illustration von Gültigkeitsbereichen. */
2:
3:  #include <stdio.h>
4:
5:  int x = 999;
6:
7:  void wert_ausgeben(void);
8:
9:  int main(void)
10: {
11:     printf("%d\n", x);
12:     wert_ausgeben();
13:
14:     return 0;
15: }
16:
17: void wert_ausgeben(void)
18: {
19:     printf("%d\n", x);
20: }
```

Ausgabe

999
999

Dies Programm lässt sich ohne Probleme kompilieren und ausführen. Im Folgenden nehmen wir eine kleine Änderung an dem Programm vor und verschieben die Definition der Variablen x in die main()-Funktion. Den abgeänderten Quellcode mit der Definition von x in Zeile 9 sehen Sie in Listing 11.2.

Listing 11.2: Innerhalb der Funktion wert_ausgeben() kann nicht auf die Variable x zugegriffen werden.

```
1:  /* Beispiel zur Illustration von Gültigkeitsbereichen. */
2:
3:  #include <stdio.h>
4:
5:  void wert_ausgeben(void);
6:
7:  int main(void)
```

341

```
 8: {
 9:     int x = 999;
10:
11:     printf("%d\n", x);
12:     wert_ausgeben();
13:
14:     return 0;
15: }
16:
17: void wert_ausgeben(void)
18: {
19:     printf("%d\n", x);
20: }
```

Wenn Sie versuchen, Listing 11.2 zu kompilieren, erzeugt der Compiler eine Fehlermeldung, die ungefähr folgenden Wortlaut hat:

```
list1102.c: In function 'wert_ausgeben':
list1102.c:19: 'x' undeclared (first use in this function)
list1102.c:19: (Each undeclared identifier is reported only once
list1102.c:19: for each function it appears in.)[1]
```

In einer Fehlermeldung gibt die Zahl nach dem ersten Doppelpunkt die Programmzeile an, in der der Fehler aufgetreten ist. In unserem Beispiel ist dies die Zeile 19 mit dem `printf()`-Aufruf in der Funktion `wert_ausgeben()`.

Diese Fehlermeldung teilt Ihnen mit, dass die Variable `x` in der Funktion `wert_ausgeben()` in Zeile 19 nicht deklariert oder, mit anderen Worten, nicht sichtbar ist. Beachten Sie jedoch, dass der Aufruf von `printf()` in Zeile 11 keine Fehlermeldung ausgelöst hat. In diesem Teil des Programms, außerhalb von `wert_ausgeben()`, ist die Variable `x` sichtbar.

Der einzige Unterschied zwischen den Listings 11.1 und 11.2 ist die Position, an der die Variable `x` definiert wird. Durch die Verschiebung der Definition von `x` ändern Sie den Gültigkeitsbereich der Variablen. In Listing 11.1 wird `x` außerhalb von `main()` definiert und ist deshalb eine *globale Variable*, deren Gültigkeitsbereich das gesamte Programm ist. Auf diese Variable kann man sowohl in der Funktion `main()` als auch in der Funktion `wert_ausgeben()` zugreifen. In Listing 11.2 wird `x` innerhalb einer Funkti-

---

1. In Funktion `wert_ausgeben`:
   x ist nicht deklariert (erste Verwendung in dieser Funktion).
   (Auf jeden nicht deklarierten Identifizierer wird für jede Funktion, in der er erscheint, nur einmal hingewiesen.)

on, hier `main()`, definiert und ist deshalb eine *lokale Variable*, deren Gültigkeitsbereich auf die Funktion beschränkt ist, in der sie deklariert wurde (in unserem Beispiel `main()`). Aus diesem Grund existiert x für `wert_ausgeben()` nicht und der Compiler erzeugt eine Fehlermeldung. Wir werden uns gleich noch näher mit den globalen und lokalen Variablen beschäftigen, aber zuerst sollten Sie verstehen, warum Gültigkeitsbereiche so wichtig sind.

Warum sind Gültigkeitsbereiche so wichtig?

Um zu verstehen, wie wichtig die Gültigkeitsbereiche von Variablen sind, rufen Sie sich bitte noch einmal die Diskussion über die strukturierte Programmierung von Tag 4 ins Gedächtnis. Der strukturierte Ansatz teilt das Programm, wie Sie sich vielleicht noch erinnern, in unabhängige Funktionen, die jeweils bestimmte Aufgaben ausführen. Dabei liegt die Betonung auf *unabhängig*. Wahre Unabhängigkeit setzt allerdings voraus, dass die Variablen einer jeden Funktion nicht durch den Code anderer Funktionen beeinflusst werden. Nur dadurch, dass Sie die Daten der einzelnen Funktionen voneinander getrennt halten, können Sie sicherstellen, dass die Funktionen ihre jeweiligen Aufgaben bewältigen, ohne von anderen Teilen des Programms Knüppel in den Weg gelegt zu bekommen. Indem Sie Variablen innerhalb von Funktionen definieren, können Sie, wie Sie bald lernen werden, die Variablen vor den anderen Teilen des Programms »verstecken«.

Eine vollständige Datenisolation zwischen den Funktionen ist allerdings auch nicht immer erstrebenswert. Der Programmierer hat aber – wie Sie schnell erkennen werden – die Möglichkeit, durch Festlegung der Gültigkeitsbereiche den Grad der Isolierung selbst zu bestimmen.

Globale Variablen

Eine *globale Variable* ist eine Variable, die außerhalb aller Funktionen definiert wurde; das bedeutet auch außerhalb von `main()`. Bis jetzt waren die meisten Variablendefinitionen in diesem Buch globaler Natur und standen im Quellcode vor der Funktion `main()`. Globale Variablen werden manchmal auch als *externe Variablen* bezeichnet.

Globale Variablen, die Sie bei der Definition nicht explizit initialisieren (der Variablen einen Wert zuweisen), werden vom Compiler mit dem Wert 0 initialisiert.

Der Gültigkeitsbereich globaler Variablen

Der Gültigkeitsbereich einer globalen Variablen erstreckt sich über das ganze Programm. Das bedeutet, dass eine globale Variable für jede Funktion – einschließlich main() – sichtbar ist. So ist zum Beispiel die Variable x in Listing 11.1 eine globale Variable. Wie Sie nach Kompilation und Ausführung des Programms sehen konnten, ist x in beiden Funktionen des Programms (main() und wert_ausgeben()) sichtbar und wäre es auch für alle weiteren Funktionen, die Sie dem Programm hinzufügen würden.

Genau genommen ist es nicht ganz korrekt, zu behaupten, dass der Gültigkeitsbereich globaler Variablen das ganze Programm umfasst. Vielmehr besteht der Gültigkeitsbereich aus der Quelltextdatei, in der die Variablendefinition steht. Viele kleine bis mittlere C-Programme – und insbesondere die Programme, die wir zur Zeit aufsetzen – bestehen aber nur aus einer einzelnen Datei. In diesem Fall sind die beiden Definitionen für den Gültigkeitsbereich identisch.

Es ist aber auch möglich, den Quellcode eines Programms auf zwei oder mehr eigenständige Dateien zu verteilen. Wie dies geht und warum man das macht, erfahren Sie am Tag 20, »Compiler für Fortgeschrittene«. Dort lernen Sie, welcher Sonderbehandlung globale Variablen in diesen Situationen bedürfen.

Einsatzbereiche für globale Variablen

Bisher wurden in den Beispielprogrammen meist globale Variablen verwendet. In der Praxis sollte man den Einsatz von globalen Variablen jedoch möglichst vermeiden. Warum? Weil die Verwendung externer Variablen das Prinzip der *modularen Unabhängigkeit* verletzt, das Dreh- und Angelpunkt der strukturierten Programmierung ist. Hinter der modularen Unabhängigkeit steht der Gedanke, dass jede Funktion (und jedes Modul) eines Programms allen Code und Daten enthalten sollte, die sie für die Erledigung ihrer Aufgabe benötigt. Bei den relativ kleinen Programmen, die Sie bisher geschrieben haben, mag das vielleicht noch nicht so ins Gewicht fallen, aber mit zunehmend längeren und komplexeren Programmen kann ein übermäßiger Gebrauch von globalen Variablen zu Problemen führen.

Wann sollte man globale Variablen verwenden? Definieren Sie eine Variable nur dann als global, wenn alle oder zumindest die meisten Funktionen Ihres Programms auf die Variable zugreifen müssen. Symbolische Konstanten, die mit dem Schlüsselwort const definiert werden, sind häufig gute Kandidaten für den globalen Status. Wenn nur einige Ihrer Funktionen Zugriff auf eine Variable benötigen, übergeben Sie die Variable der Funktion als Argument, anstatt Sie global zu definieren.

Das Schlüsselwort extern

Wenn eine Funktion eine globale Variable verwendet, ist es guter Programmierstil, die Variable innerhalb der Funktion mit dem Schlüsselwort extern zu deklarieren. Die Deklaration hat dann folgende Form:

extern *typ name*;

Dabei steht *typ* für den Variablentyp und *name* für den Variablennamen. So würden Sie zum Beispiel in Listing 11.1 die Deklaration von x in die Funktionen main() und wert_ausgeben() mit aufnehmen. Das resultierende Programm sehen Sie in Listing 11.3.

Listing 11.3: Die globale Variable x wird in den Funktionen main() und wert_ausgeben() als extern deklariert.

```
1:   /* Beispiel für die Deklaration externer Variablen. */
2:
3:   #include <stdio.h>
4:
5:   int x = 999;
6:
7:   void wert_ausgeben(void);
8:
9:   int main(void)
10:  {
11:      extern int x;
12:
13:      printf("%d\n", x);
14:      wert_ausgeben();
15:
16:      return 0;
17:  }
18:
19:  void wert_ausgeben(void)
20:  {
21:      extern int x;
22:      printf("%d\n", x);
23:  }
```

Ausgabe

999
999

Analyse

Dieses Programm gibt den Wert von x zweimal aus. Zuerst in Zeile 13 als Teil von `main()` und dann in Zeile 22 als Teil von `wert_ausgeben()`. Zeile 5 definiert x als eine Variable vom Typ `int` mit dem Wert 999. Die Zeilen 11 und 21 deklarieren x als `extern int`. Beachten Sie den Unterschied zwischen einer Variablendefinition, die Speicher für die Variable reserviert, und einer Deklaration als `extern`. Letztere besagt: »Diese Funktion verwendet eine globale Variable, deren Typ und Name woanders definiert sind.« In diesem Fall wird die `extern`-Deklaration eigentlich nicht benötigt – das Programm würde sich genauso gut ohne die Zeilen 11 und 21 ausführen lassen. Wäre jedoch die Funktion `wert_ausgeben()` in einem anderem Code-Modul (einer anderen Quelltextdatei) untergebracht als die globale Deklaration der Variablen x (in Zeile 5), dann wäre die Deklaration mit `extern` erforderlich.

Lokale Variablen

Eine *lokale Variable* ist eine Variable, die innerhalb einer Funktion definiert ist. Der Gültigkeitsbereich einer lokalen Variablen ist auf die Funktion, in der sie definiert wurde, beschränkt. Am Tag 4 wurden bereits lokale Variablen beschrieben – einschließlich ihrer Definition und ihrer Vorteile. Lokale Variablen werden nicht automatisch vom Compiler mit 0 initialisiert. Wenn Sie lokale Variablen nicht bei der Definition initialisieren, erhalten Sie einen undefinierten oder »unbrauchbaren« Wert. Sie müssen lokalen Variablen also explizit einen Wert zuweisen, bevor Sie sie das erste Mal verwenden.

Variablen können auch lokal zu der Funktion `main()` sein. Dies ist für x in Listing 11.2 der Fall. Dort ist die Variable x innerhalb von `main()` definiert, und beim Kompilieren und Ausführen des Programms können Sie feststellen, dass sie auch nur innerhalb von `main()` sichtbar ist.

Lokale Variablen

Was Sie tun sollten	Was nicht
Verwenden Sie möglichst lokale Variablen, vor allem für Schleifenzähler und ähnliche Aufgaben.	Deklarieren Sie Variablen, die nicht von der Mehrzahl der Programmfunktionen benötigt werden, nicht als global.
Verwenden Sie lokale Variablen, um die Werte, die den Variablen zugewiesen werden, vom Rest des Programms getrennt zu halten.	

Statische kontra automatische Variablen

Lokale Variablen sind standardmäßig *auto*.[1] Das bedeutet, dass lokale Variablen jedes Mal neu erzeugt werden, wenn die Funktion aufgerufen wird, und beim Verlassen der Funktion wieder zerstört werden. Mit anderen Worten: Eine automatische Variable verliert ihren Wert zwischen den Aufrufen an die Funktion, in der sie definiert ist.

Angenommen Ihr Programm enthält eine Funktion mit einer lokalen Variablen x. Weiterhin angenommen, die Funktion weist der Variablen x beim ersten Aufruf den Wert 100 zu. Jetzt geht die Ausführung wieder zurück zum aufrufenden Programm und die Funktion wird später wieder aufgerufen. Ist in der Variablen x immer noch der Wert 100 abgelegt? Nein. Die erste Instanz der Variablen x wurde zerstört, als die Programmausführung die Funktion nach dem ersten Aufruf wieder verlassen hat. Als dann die Funktion erneut aufgerufen wurde, wurde eine neue Instanz von x erzeugt. Das x in seiner alten Form existiert nicht mehr.

Wie ist zu verfahren, wenn die Funktion den Wert einer lokalen Variablen zwischen ihren Aufrufen beibehalten soll? Nehmen Sie an, Sie hätten eine Druckfunktion, die sich die bereits an den Drucker gesendete Zeilenzahl merken soll, weil sie daran erkennen kann, wann es notwendig ist, einen neue Seite zu starten. Damit eine lokale Variable ihren Wert zwischen den Aufrufen behält, müssen Sie sie mit dem Schlüsselwort static als *statisch* definieren. Zum Beispiel:

```
void funk1(int x)
{
    static int a;
    /* hier steht weiterer Code */
}
```

Listing 11.4 verdeutlicht den Unterschied zwischen automatischen und statischen lokalen Variablen.

---

1. *auto* ist ein Schlüsselwort der Sprache, das den Speichermodus für Variablen festlegt.

Gültigkeitsbereiche von Variablen

Listing 11.4: Der Unterschied zwischen automatischen und statischen lokalen Variablen.

```
1:  /* Beispiel für automatische und statische Variablen. */
2:  #include <stdio.h>
3:  void funk1(void);
4:  int main(void)
5:  {
6:      int count;
7:
8:      for (count = 0; count < 20; count++)
9:      {
10:         printf("In Durchlauf %d: ", count);
11:         funk1();
12:     }
13:
14:     return 0;
15: }
16:
17: void funk1(void)
18: {
19:     static int x = 0;
20:     int y = 0;
21:
22:     printf("x = %d, y = %d\n", x++, y++);
23: }
```

Ausgabe

```
In Durchlauf 0: x = 0, y = 0
In Durchlauf 1: x = 1, y = 0
In Durchlauf 2: x = 2, y = 0
In Durchlauf 3: x = 3, y = 0
In Durchlauf 4: x = 4, y = 0
In Durchlauf 5: x = 5, y = 0
In Durchlauf 6: x = 6, y = 0
In Durchlauf 7: x = 7, y = 0
In Durchlauf 8: x = 8, y = 0
In Durchlauf 9: x = 9, y = 0
In Durchlauf 10: x = 10, y = 0
In Durchlauf 11: x = 11, y = 0
In Durchlauf 12: x = 12, y = 0
In Durchlauf 13: x = 13, y = 0
In Durchlauf 14: x = 14, y = 0
In Durchlauf 15: x = 15, y = 0
```

```
In Durchlauf 16: x = 16, y = 0
In Durchlauf 17: x = 17, y = 0
In Durchlauf 18: x = 18, y = 0
In Durchlauf 19: x = 19, y = 0
```

Analyse

Dieses Programm enthält eine Funktion, funk1(), die eine statische und eine automatische lokale Variable definiert und initialisiert. Diese Funktion befindet sich in den Zeilen 17 bis 23. Bei jedem Funktionsaufruf werden beide Variablen auf dem Bildschirm ausgegeben und inkrementiert (Zeile 22). Die main()-Funktion in den Zeilen 4 bis 15 enthält eine for-Schleife (Zeilen 8 bis 12), die eine Nachricht ausgibt (Zeile 10) und dann funk1() aufruft (Zeile 11). Die for-Schleife wird 20-mal durchlaufen.

Schauen Sie sich die Ausgabe an. Wie Sie sehen, erhöht sich der Wert der statischen Variablen x bei jedem Durchlauf, da sie ihren Wert zwischen den Aufrufen beibehält. Die automatische Variable y dagegen wird mit jedem Aufruf wieder zu 0 initialisiert, so dass sich ihr Wert nicht erhöhen kann.

Dieses Programm zeigt auch, wie unterschiedlich die explizite Variableninitialisierung gehandhabt wird (das heißt, wenn eine Variable bei der Definition initialisiert wird). Eine statische Variable wird nur beim ersten Aufruf der Funktion initialisiert. Danach merkt sich das Programm diesen Wert für die weiteren Aufrufe und initialisiert sie nicht noch einmal. Statt dessen behält die Variable den Wert, den Sie beim Verlassen der Funktion hatte. Eine automatische Variable hingegen wird bei jedem Funktionsaufruf mit dem spezifizierten Wert initialisiert.

Wenn Sie selbst ein wenig mit automatischen Variablen experimentieren, erhalten Sie unter Umständen Ergebnisse, die den hier ausgeführten Regeln widersprechen. Wenn Sie zum Beispiel Listing 11.4 so ändern, dass die zwei lokalen Variablen nicht bei der Definition initialisiert werden, lautet die Funktion funk1() in den Zeilen 17 bis 23:

```
17: void funk1(void)
18: {
19:     static int x;
20:     int y;
21:
22:     printf("x = %d, y = %d\n", x++, y++);
23: }
```

Wenn Sie dieses geänderte Programm ausführen, kann es durchaus sein, dass der Wert von y mit jedem Durchlauf um eins erhöht wird. Bedeutet dies, dass y seinen Wert zwischen den Funktionsaufrufen beibehält, obwohl es eine automatische lokale Variable ist? Ist alles, was Sie bisher über automatische Variablen und den Verlust ihrer Werte gelesen haben, nur »Käse«?

Nein, alles was Sie bisher gelernt haben, ist wahr (glauben Sie mir!). Wenn Sie feststellen, dass eine automatische Variable ihren Wert über wiederholte Funktionsaufrufe hinweg beibehält, ist das reiner Zufall. Folgendes könnte passiert sein: Jedes Mal, wenn die Funktion aufgerufen wird, wird ein neues y erzeugt. Der Compiler kann allerdings unter Umständen für das neue y die gleiche Speicherstelle verwenden, wie für das y im alten Funktionsaufruf. Wenn y nicht explizit von der Funktion initialisiert wird, kann diese Speicherstelle noch den Wert enthalten, den y während des vorherigen Aufrufs hatte. Man hat dadurch den Eindruck, als ob die Variable ihren alten Wert behalten hätte, aber es ist eigentlich nur Zufall. Sie können sich aber definitiv nicht darauf verlassen, dass dies jedes Mal der Fall ist.

Da lokale Variablen standardmäßig auto sind, braucht dies nicht in der Variablendefinition angegeben zu werden. Wenn Sie möchten, können Sie das Schlüsselwort auto in der Definition vor die Typangabe setzen:

```
void funk1(int y)
{
    auto int count;
    /* Hier steht weiterer Code */
}
```

Der Gültigkeitsbereich von Funktionsparametern

Variablen, die in der Parameterliste des Funktions-Headers deklariert werden, haben einen *lokalen Gültigkeitsbereich*. Betrachten wir dazu folgendes Beispiel:

```
void funk1(int x)
{
    int y;
    /* Hier steht weiterer Code */
}
```

Sowohl x als auch y sind lokale Variablen, deren Gültigkeitsbereich sich über die ganze Funktion funk1() erstreckt. Der Anfangswert von x ist der Wert, der der Funktion vom aufrufenden Programm übergeben wurde. In der Funktion können Sie x wie jede andere beliebige Variable verwenden.

Da Parametervariablen immer mit dem Wert initialisiert werden, der ihnen als Argument übergeben wird, macht es keinen Sinn, Begriffe wie »statisch« oder »automatisch« auf sie anzuwenden.

Statische globale Variablen

Sie können auch globale Variablen als statisch definieren. Dazu müssen Sie das Schlüsselwort `static` in die Definition mit aufnehmen:

```
static float rate;

int main(void)
{
    /* Hier steht weiterer Code */
}
```

Der Unterschied zwischen einer normalen und einer statischen globalen Variablen liegt in ihrem Gültigkeitsbereich. Eine normale globale Variable ist für alle Funktionen in der Datei sichtbar und kann von den Funktionen anderer Dateien verwendet werden. Eine statische globale Variable ist hingegen nur für die Funktionen in der eigenen Datei sichtbar, und das auch nur ab dem Punkt ihrer Definition.

Diese Unterschiede betreffen verständlicherweise hauptsächlich Programme, deren Quellcode auf zwei oder mehr Dateien verteilt ist. Doch auf dieses Thema gehen wir noch ausführlich am Tag 20 ein.

Registervariablen

Mit dem Schlüsselwort `register` können Sie den Compiler auffordern, eine automatische lokale Variable in einem Prozessorregister anstatt im Arbeitsspeicher abzulegen. Was aber ist ein Prozessorregister und welche Vorteile ergeben sich, wenn man dort Variablen ablegt?

Die CPU (Central Processing Unit) Ihres Computers verfügt über wenige eigene Speicherstellen, so genannte *Register*. In diesen CPU-Registern finden die eigentlichen Datenoperationen, wie Addition und Division, statt. Um Daten zu manipulieren, muss die CPU die Daten aus dem Speicher in seine Register laden, die Manipulationen vornehmen und dann die Daten wieder zurück in den Speicher schreiben. Das Verschieben der Daten von und in den Speicher bedarf einer bestimmten Zeit. Wenn Sie eine bestimmte Variable im Register selbst ablegen, könnten die Manipulationen mit dieser Variablen viel schneller ablaufen.

Wenn Sie in der Definition einer automatischen Variablen das Schlüsselwort `register` verwenden, bitten Sie den Compiler, diese Variable in einem Register zu speichern. Sehen Sie dazu folgendes Beispiel:

```
void funk1(void)
{
    register int x;
    /* Hier steht weiterer Code */
}
```

Achten Sie auf meine Wortwahl. Ich sagte *bitten* und nicht *befehlen*. In Abhängigkeit von dem restlichen Code des Programms ist unter Umständen kein Register für die Variable verfügbar. Wenn kein Register zur Verfügung steht, behandelt der Compiler die Variable wie eine normale automatische Variable. Mit anderen Worten, das Schlüsselwort register ist ein Vorschlag und kein Befehl. Der Nutzen der register-Speicherklasse ist am größten für Variablen, die von der Funktion häufig verwendet werden – wie zum Beispiel Zählervariablen für Schleifen.

Das Schlüsselwort register kann nur mit einfachen numerischen Variablen verwendet werden und nicht mit Arrays oder Strukturen. Auch ist es nicht möglich, es zusammen mit statischen oder externen Speicherklassen zu verwenden. Sie können keinen Zeiger auf eine Registervariable definieren.

Was Sie tun sollten	Was nicht
Initialisieren Sie lokale Variablen, oder Sie können nicht sicher sein, welchen Wert die Variablen anfänglich haben.	Verwenden Sie keine Registervariablen für nichtnumerische Werte, Strukturen oder Arrays.
Initialisieren Sie globale Variablen, obwohl diese standardmäßig mit 0 initialisiert werden. Wenn Sie sich angewöhnen, Ihre Variablen stets zu initialisieren, vermeiden Sie Probleme, wie sie beispielsweise entstehen, wenn die Initialisierung lokaler Variablen vergessen wird.	
Übergeben Sie Daten, die nur in einigen wenigen Funktionen benötigt werden, als Funktionsparameter, anstatt sie global zu deklarieren.	

Lokale Variablen und die Funktion main()

Alles, was bisher über lokale Variablen gesagt wurde, gilt für main() genauso wie für alle anderen Funktionen. Genau genommen ist main() eine Funktion wie jede andere. Die Funktion main() wird aufgerufen, wenn das Programm von Ihrem Betriebssystem gestartet wird. Nach Programmende geht die Steuerung wieder von main() auf das Betriebssystem über.

Das bedeutet, dass lokale Variablen, die in main() definiert sind, zu Beginn des Programms mit einer Lebensdauer erzeugt werden, die endet, wenn auch das Programm zu Ende ist. Die Vorstellung einer statischen lokalen Variablen, die ihren Wert zwischen den Aufrufen von `main()` behält, ergibt hier keinen Sinn: Eine Variable kann nicht zwischen Programmausführungen existent bleiben. Deshalb gibt es in `main()` keinen Unterschied zwischen automatischen und statischen lokalen Variablen. Sie können eine lokale Variable in `main()` als statisch definieren, aber es hat keine Auswirkung.

Was Sie tun sollten	Was nicht
Merken Sie sich, dass die Funktion `main()` in vielerlei Hinsicht den anderen Funktionen gleichgestellt ist.	Deklarieren Sie keine statischen Variablen in `main()`, da Sie damit nichts gewinnen.

Welche Speicherklassen sollten Sie verwenden?

Wenn Sie vor der Entscheidung stehen, welche Speicherklasse Sie für bestimmte Variablen in Ihren Programmen verwenden sollen, könnte Tabelle 11.1 eine Hilfe sein. Dort finden Sie eine Übersicht über die fünf in C zur Verfügung stehenden Speicherklassen.

Speicherklasse	Schlüsselwort	Lebensdauer	Definitionsort	Gültigkeitsbereich
Automatisch	_[a]	temporär	in einer Funktion	lokal
Statisch	`static`	temporär	in einer Funktion	lokal
Register	`register`	temporär	in einer Funktion	lokal
Extern	_[b]	permanent	außerhalb der Funktionen	global (alle Dateien)
Extern	`static`	permanent	außerhalb der Funktionen	global (eine Datei)

Tabelle 11.1: Die fünf Speicherklassen für Variablen.

a. Das Schlüsselwort `auto` ist optional.
b. Das Schlüsselwort `extern` wird in Funktionen dazu verwendet, eine statische globale Variable zu deklarieren, die woanders definiert ist.

Wenn Sie eine Speicherklasse wählen müssen, sollten Sie sich wann immer möglich für die automatische Speicherklasse entscheiden und andere Speicherklassen nur bei Bedarf verwenden. Am besten halten Sie sich an die folgenden Regeln:

▶ Grundsätzlich sollten Variablen eine automatische lokale Speicherklasse haben.

▶ Wird eine Variable häufig benutzt, wie zum Beispiel ein Schleifenzähler, ergänzen Sie die Variablendefinition um das Schlüsselwort `register`.

▶ Variablen, deren Wert zwischen den Aufrufen der Funktion erhalten bleiben sollen, deklarieren Sie als statisch (in main() ist dies nicht nötig).

▶ Wenn eine Variable von den meisten Funktionen eines Programms benötigt wird, definieren Sie sie als global.

Lokale Variablen und Blöcke

Bis jetzt war die heutige Lektion auf die Diskussion von Variablen beschränkt, die lokal zu einer Funktion sind. So werden lokale Variablen normalerweise auch verwendet. Es gibt auch die Möglichkeit, Variablen lokal zu einem beliebigen Programmblock (das heißt einem beliebigem Programmabschnitt in geschweiften Klammern) zu deklarieren. Wenn Sie Variablen innerhalb eines Blocks deklarieren, müssen Sie daran denken, dass die Deklarationen vor den Anweisungen des Blocks stehen müssen. Listing 11.5 zeigt hierzu ein Beispiel.

Listing 11.5: Definition lokaler Variablen in einem Programmblock.

```
1:  /* Beispiel für lokale Variablen innerhalb eines Blocks. */
2:
3:  #include <stdio.h>
4:
5:  int main(void)
6:  {
7:      /* Definiert eine Variable lokal zu main(). */
8:
9:      int count = 0;
10:
11:     printf("\nAußerhalb des Blocks, count = %d", count);
12:
13:     /* Anfang eines Blocks. */
14:     {
15:       /* Definiert eine Variable lokal zum Block. */
16:
17:       int count = 999;
18:       printf("\nInnerhalb des Blocks, count = %d", count);
19:     }
20:
21:     printf("\nErneut außerhalb des Blocks, count = %d\n", count);
22:     return 0;
23: }
```

Lokale Variablen und Blöcke

Ausgabe

```
Außerhalb des Blocks, count = 0
Innerhalb des Blocks, count = 999
Erneut außerhalb des Blocks, count = 0
```

Analyse

Dieses Programm zeigt deutlich, dass die Variable count, die innerhalb des Blocks definiert wurde, unabhängig von der Variablen count ist, die außerhalb des Blocks definiert wurde. Zeile 9 definiert count als eine Variable vom Typ int und initialisiert sie mit 0. Da die Variable zu Beginn von main() deklariert wurde, kann sie die ganze main()-Funktion hindurch verwendet werden. Die Ausgabe in Zeile 11 bestätigt, dass die Variable count mit 0 initialisiert wurde. Die Zeilen 14 bis 19 deklarieren einen Block und innerhalb des Blocks eine neue Variable count vom Typ int. Diese count-Variable wird in Zeile 17 mit 999 initialisiert. Zeile 18 gibt den Wert der count-Variablen des Blocks aus. Da der Block in Zeile 19 endet, gibt die printf()-Anweisung in Zeile 21 die originale count-Variable aus, die in Zeile 9 von main() deklariert wurde.

Variablen, die lokal zu einem Block sind, werden in der C-Programmierung nicht allzu häufig verwendet, und vielleicht werden Sie sie nie benötigen. Vermutlich werden sie vor allem von Programmierern eingesetzt, die versuchen, ein Problem in einem Programm zu isolieren. Sie können verdächtige Codeabschnitte mit Hilfe von geschweiften Klammern vorübergehend isolieren und in dem Block dann lokale Variablen definieren, die Ihnen helfen, das Problem aufzuspüren. Ein weiterer Vorteil ist der, dass Sie die Variablendeklaration/-initialisierung näher an den Ort stellen können, wo die Variablen benötigt werden, so dass das Programm transparenter wird.

Was Sie tun sollten	**Was nicht**
Wenn Sie Hilfsvariablen zum Aufspüren eines Problems benötigen, deklarieren Sie diese als (temporäre) Variablen zu Beginn eines Blocks.	Versuchen Sie nicht, Variablendefinitionen irgendwo anders als zu Beginn einer Funktion oder zu Beginn eines Blocks aufzusetzen.
	Definieren Sie keine Variablen am Anfang eines Blocks, es sei denn, es macht das Programm klarer.

Zusammenfassung

Das heutige Kapitel behandelte die Begriffe *Gültigkeitsbereich* und *Lebensdauer* im Zusammenhang mit den Speicherklassen der C-Variablen. Jede C-Variable – egal ob es sich dabei um eine einfache Variable, ein Array, eine Struktur oder etwas anderes handelt – verfügt über eine bestimmte Speicherklasse, die zwei Dinge festlegt: ihren Gültigkeitsbereich (wo im Programm die Variable sichtbar ist) und ihre Lebensdauer (wie lange die Variable im Speicher verbleibt).

Die korrekte Verwendung der Speicherklassen ist ein wichtiger Aspekt der strukturierten Programmierung. Indem Sie Variablen so weit es geht lokal in den Funktionen definieren, in denen sie verwendet werden, fördern Sie das Prinzip der Unabhängigkeit der Funktionen untereinander. Variablen sollten grundsätzlich der automatischen Speicherklasse angehören, es sei denn, es gibt einen besonderen Grund, um sie als global oder statisch zu definieren.

Fragen und Antworten

F Wenn man globale Variablen überall im Programm verwenden kann, warum sind dann nicht einfach alle Variablen global?

A *Mit zunehmender Größe werden Ihre Programme immer mehr Variablen enthalten. Globale Variablen belegen während der ganzen Ausführung des Programms Speicher, wohingegen automatische lokale Variablen nur so lange Speicher belegen, wie die Funktion, in der sie definiert sind, ausgeführt wird. Demzufolge können Sie durch die Verwendung von lokalen Variablen Speicher sparen. Wichtiger jedoch ist, dass Sie mit lokalen Variablen die Möglichkeiten ungewollter Interaktionen zwischen den verschiedenen Teilen des Programms stark reduzieren. Damit reduzieren Sie gleichzeitig die Zahl der Programmfehler und halten sich an das Prinzip der strukturierten Programmierung.*

F Am Tag 10, »Strukturen,« wurde behauptet, dass der Gültigkeitsbereich einen Einfluss auf eine Strukturinstanz aber nicht auf einen Strukturnamen oder -rumpf hat. Warum hat der Gültigkeitsbereich keinen Einfluss auf Strukturnamen oder -rümpfe?

A *Wenn Sie eine Struktur ohne Instanzen deklarieren, erzeugen Sie eine Schablone, aber deklarieren keine Variablen. Erst wenn Sie eine Instanz dieser Struktur erzeugen, deklarieren Sie eine Variable, die Speicher belegt und einen Gültigkeitsbereich hat. Aus diesem Grund können Sie eine Struktur außerhalb aller Funktionen deklarieren, ohne dass dies Auswirkung auf den*

Speicher hat. Viele Programmierer legen häufig verwendete Strukturdefinitionen (Name und Rumpf) in den Header-Dateien ab und binden diese Header-Dateien dann ein, wenn Sie eine Instanz der Struktur erzeugen müssen. (Header-Dateien werden am Tag 20 behandelt).

F Woran erkennt der Computer den Unterschied zwischen einer globalen und einer lokalen Variable, die beide den gleichen Namen tragen?

A Die Antwort auf diese Frage geht über den Rahmen dieses Kapitels hinaus. Wichtig dabei ist eins: Wenn eine lokale Variable mit dem gleichen Namen wie eine globale Variable deklariert wird, ignoriert das Programm die globale Variable so lang wie die lokale Variable gültig ist (üblicherweise also innerhalb der Funktion, in der die Variable definiert ist).

F Kann ich eine lokale und eine globale Variable mit dem gleichen Namen, aber mit unterschiedlichen Variablentypen deklarieren?

A Ja. Wenn Sie eine lokale Variable mit dem gleichen Namen wie eine globale Variable deklarieren, erhalten Sie dadurch eine vollständig neue Variable. Das bedeutet, dass Sie für die Variable einen beliebigen Typ verwenden können. Sie sollten jedoch sorgfältig sein, wenn Sie globale und lokale Variablen mit gleichem Namen deklarieren. Einige Programmierer versehen alle globalen Variablennamen mit einem »g« für global (zum Beispiel gCount anstelle von Count). Damit wird aus dem Quelltext gleich ersichtlich, welche Variablen global und welche lokal sind.

Workshop

Der Workshop enthält Quizfragen, die Ihnen helfen sollen, Ihr Wissen zu festigen, sowie Übungen, die Sie anregen sollen, das Gelernte umzusetzen und eigene Erfahrungen zu sammeln. Die Lösungen zu den Fragen und den Übungen finden Sie in Anhang C.

Quiz

1. Was versteht man unter einem Gültigkeitsbereich?
2. Was ist der wichtigste Unterschied zwischen einer lokalen Speicherklasse und einer globalen Speicherklasse?
3. Inwiefern beeinflusst die Position der Variablendefinition deren Speicherklasse?
4. Wie lauten bei der Definition einer lokalen Variablen die zwei Optionen für die Lebensdauer der Variablen?

5. Sowohl automatische als auch statische lokale Variablen können bei der Definition initialisiert werden. Wann werden die Initialisierungen ausgeführt?
6. Wahr oder falsch: Eine Registervariable wird immer in einem Register abgelegt.
7. Welchen Wert enthält eine nicht initialisierte globale Variable?
8. Welchen Wert enthält eine nicht initialisierte lokale Variable?
9. Was gibt Zeile 21 aus Listing 11.5 aus, wenn die Zeilen 9 und 11 entfernt werden? Denken Sie erst darüber nach und führen Sie dann das geänderte Programm aus, um festzustellen, was passiert.
10. Wenn sich eine Funktion den Wert einer lokalen Variablen vom Typ `int` zwischen den Aufrufen merken soll, wie muss dann die Variable deklariert werden?
11. Was bewirkt das Schlüsselwort `extern`?
12. Was bewirkt das Schlüsselwort `static`?

Übungen

1. Deklarieren Sie eine Variable, die in einem CPU-Register abgelegt werden soll.
2. Korrigieren Sie Listing 11.2, so dass keine Fehlermeldung mehr auftritt. Verwenden Sie keine globalen Variablen.
3. Schreiben Sie ein Programm, das eine globale Variable `var` vom Typ `int` deklariert. Initialisieren Sie `var` mit einem beliebigen Wert. Das Programm soll den Wert von `var` in einer Funktion (nicht `main()`) ausgeben. Müssen Sie der Funktion `var` als Parameter übergeben?
4. Ändern Sie das Programm aus Übung 3. Anstatt `var` als globale Variable zu deklarieren, deklarieren Sie `var` als lokale Variable in `main()`. Das Programm soll `var` jedoch immer noch in einer separaten Funktion ausgeben. Müssen Sie der Funktion `var` als Parameter übergeben?
5. Kann ein Programm eine globale und eine lokale Variable mit gleichem Namen enthalten? Schreiben Sie ein Programm, das eine globale und eine lokale Variable mit dem gleichen Namen verwendet, um Ihre Antwort zu bestätigen.
6. **FEHLERSUCHE:** Was stimmt nicht mit dem folgenden Code? (Hinweis: Achten Sie darauf, wo die Variablen deklariert sind.)

```
void eine_beispiel_funktion( void )
{
   int ctrl;

   for ( ctrl = 0; ctrl < 25; ctrl++ )
      printf( "*" );
```

```
       puts( "\nDies ist eine Beispielfunktion" );
       {
          char sternchen = '*';
          puts( "\nEs gibt ein Problem\n" );
          for ( int ctr2 = 0; ctr2 < 25; ctr2++ )
          {
             printf( "%c", sternchen);
          }
       }
    }
```

7. **FEHLERSUCHE:** Was ist falsch an folgendem Code?

```
/*Zählt die Anzahl der geraden Zahlen zwischen 0 und 100. */

#include <stdio.h>

int main(void)
{
   int x = 1;
   static int anzahl = 0;

   for (x = 0; x < 101; x++)
   {
      if (x % 2 == 0)   /* wenn x gerade ist...*/
      anzahl++;..   /*addiere 1 zu anzahl.*/

   }

   printf("Es gibt %d gerade Zahlen.\n", anzahl);
   return 0;
}
```

8. **FEHLERSUCHE:** Ist in dem folgendem Programm irgendetwas falsch?

```
#include <stdio.h>

void funktion_ausgeben( char sternchen );

int ctr;

int main(void)
{
   char sternchen;

   funktion_ausgeben( sternchen );
   return 0;
}
```

```
void funktion_ausgeben( char sternchen )
{
   char strich;

   for ( ctr = 0; ctr < 25; ctr++ )
   {
      printf( "%c%c", sternchen, strich );
   }
}
```

9. Was gibt das folgende Programm aus? Führen Sie das Programm nicht aus – versuchen Sie durch Lesen des Codes dahinter zu kommen.

```
#include <stdio.h>
void buchstabe2_ausgeben(void);          /* Funktionsprototyp */

int ctr;
char buchstabe1 = 'X';
char buchstabe2 = '=';

int main(void)
{
   for( ctr = 0; ctr < 10; ctr++ )
   {
      printf( "%c", buchstabe1 );
      buchstabe2_ausgeben();
   }
   return 0;
}

void buchstabe2_ausgeben(void)
{
   for( ctr = 0; ctr < 2; ctr++ )
      printf( "%c", buchstabe2 );
}
```

10. **FEHLERSUCHE:** Lässt sich das obige Programm ausführen? Wenn nicht – wo liegt das Problem? Ändern Sie das Programm so, dass es korrekt ist.

Fortgeschrittene Programmsteuerung

Woche 2

Fortgeschrittene Programmsteuerung

Am Tag 5, »Grundlagen der Programmsteuerung,« haben Sie bereits einige Kontrollanweisungen von C kennen gelernt, mit deren Hilfe die Ausführung anderer Anweisungen im Programm gesteuert werden kann. Heute werden wir uns mit weiter fortgeschrittenen Aspekten der Programmsteuerung, einschließlich der goto-Anweisung und einiger interessanterer Anwendungen von Schleifen, beschäftigen. Heute lernen Sie:

- wie man die break- und continue-Anweisungen verwendet
- was Endlosschleifen sind und wann sie sich sinnvoll einsetzen lassen
- was sich hinter der goto-Anweisung verbirgt und warum Sie sie vermeiden sollten
- wie man die switch-Anweisung verwendet
- wie man Programme beendet
- wie man Funktionen automatisch bei Beendigung des Programms ausführen lassen kann
- wie Sie in Ihren Programmen Systembefehle ausführen

Schleifen vorzeitig beenden

Am Tag 5 haben Sie gelernt, wie Sie mit der for-, der while- und der do...while-Schleife die Programmausführung kontrollieren können. Diese Schleifenkonstruktionen führen einen Block von C-Anweisungen nie, einmal oder mehr als einmal aus, je nachdem ob bestimmte Bedingungen in dem Programm erfüllt werden. In allen drei Fällen wird die Schleife nur beendet oder verlassen, wenn eine bestimmte Bedingung zutrifft.

Es kann jedoch vorkommen, dass Sie mehr Einfluss auf die Ausführung der Schleife nehmen wollen. Die Anweisungen break und continue bieten diese Möglichkeit der Einflussnahme.

Die break-Anweisung

Die break-Anweisung kann nur in dem Rumpf einer for-, while- oder do...while-Schleife verwendet werden. (Sie kann darüber hinaus auch in switch-Anweisungen verwendet werden, doch dazu komme ich erst weiter hinten in diesem Kapitel.) Wenn das Programm auf eine break-Anweisung trifft, wird die Ausführung der Schleife sofort abgebrochen. Sehen Sie dazu folgendes Beispiel:

```
for ( count = 0; count < 10; count++ )
{
   if ( count == 5 )
      break;
}
```

Die for-Schleife ohne die break-Anweisung würde 10-Mal ausgeführt. Beim sechsten Durchlauf ist jedoch count gleich 5, und die break-Anweisung wird ausgeführt. Sie bewirkt, dass die for-Schleife abgebrochen wird. Die Ausführung geht damit an die Anweisung über, die direkt auf die schließende geschweifte Klammer der for-Schleife folgt. Wenn eine break-Anweisung innerhalb einer verschachtelten Schleife steht, tritt das Programm lediglich aus der innersten Schleife aus.

Listing 12.1 veranschaulicht die Verwendung einer break-Anweisung.

Listing 12.1: *Beispiel für eine break-Anweisung.*

```
1:  /* Beispiel für eine break-Anweisung. */
2:
3:  #include <stdio.h>
4:
5:  char s[] = "Dies ist ein Test-String. Er enthält zwei Sätze.";
6:
7:  int main(void)
8:  {
9:     int count;
10:
11:    printf("\nOriginal-String: %s", s);
12:
13:    for (count = 0; s[count]!='\0'; count++)
14:    {
15:        if (s[count] == '.')
16:        {
17:            s[count+1] = '\0';
18:            break;
19:        }
20:    }
21:    printf("\nGeänderter String: %s\n", s);
22:
23:    return 0;
24: }
```

Original-String: Dies ist ein Test-String. Er enthält zwei Sätze.
Geänderter String: Dies ist ein Test-String.

TAG 12 Fortgeschrittene Programmsteuerung

Analyse

Dieses Programm extrahiert den ersten Satz aus einem String. Es durchsucht den String zeichenweise nach dem ersten Punkt (der das Satzende markieren sollte). Dies geschieht in der `for`-Schleife in den Zeilen 13 bis 20. Zeile 13 startet die `for`-Schleife und inkrementiert count, so dass count als Index auf die Zeichen in dem String s fungieren kann. Zeile 15 überprüft, ob das aktuelle Zeichen in dem String ein Punkt ist. Wenn ja, wird direkt nach dem Punkt ein Nullzeichen eingefügt (Zeile 17). Damit wird der String abgeschnitten. Nachdem Sie den String abgeschnitten haben, benötigen Sie keinen weiteren Schleifendurchlauf mehr, wird die Schleife mit einer `break`-Anweisung (Zeile 18) schnell beendet und die Programmausführung mit der ersten Zeile nach der Schleife fortgesetzt (Zeile 21). Wird kein Punkt gefunden, bleibt der String unverändert.

Eine Schleife kann mehrere `break`-Anweisungen enthalten, von denen aber immer nur eine `break`-Anweisung ausgeführt wird (falls überhaupt). Wenn kein `break` ausgeführt wird, endet die Schleife normal (entsprechend ihrer Testbedingung). Abbildung 12.1 zeigt den Ablauf der `break`-Anweisung.

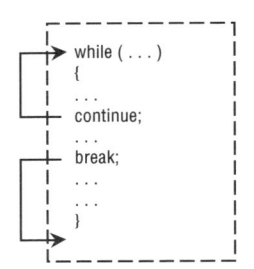

```
  ┌──► while ( ... )
  │    {
  │    ...
  ├── continue;
  │    ...
  ├── break;
  │    ...
  │    }
  └──►
```

Abbildung 12.1:
Der Ablauf der break- und continue-Anweisung.

Die break-Anweisung

Syntax

`break;`

`break` wird innerhalb einer Schleife oder einer `switch`-Anweisung verwendet. Die `break`-Anweisung bewirkt, dass die aktuelle Schleife (`for`, `while` oder `do...while`) oder `switch`-Anweisung unmittelbar verlassen wird, d.h. es gibt keine weiteren Schleifendurchläufe, und das Programm wird mit der ersten Anweisung nach der Schleife oder der `switch`-Anweisung fortgesetzt.

Beispiel

```
int x;
printf ( "Zählt von 1 bis 10\n" );

/* ohne Abbruchbedingung in der Schleife würde diese endlos durchlaufen */
for( x = 1; ; x++ )
{
   if( x == 10 )    /* Prüft, ob der Wert gleich 10 ist */
      break;        /* Beendet die Schleife */
   printf( "\n%d", x );
}
```

Die continue-Anweisung

Wie die break-Anweisung kann auch die continue-Anweisung nur in dem Rumpf einer for-, einer while- oder einer do...while-Schleife verwendet werden. Die Ausführung einer continue-Anweisung bewirkt, dass der aktuelle Schleifendurchlauf abgebrochen und direkt der nächste Durchlauf der umschließenden Schleife begonnen wird. Die Anweisungen zwischen der continue-Anweisung und dem Ende der Schleife werden dabei übersprungen. Wie continue den Programmablauf verändert, ist in Listing 12.2 dargestellt. Achten Sie dabei auf die Unterschiede zu der break-Anweisung.

Das Programmbeispiel in Listing 12.2 liest eine über die Tastatur eingegebene Zeile ein und zeigt sie an, nachdem alle kleingeschriebenen Vokale entfernt wurden.

Listing 12.2: Beispiel für eine continue-Anweisung.

```
1:   /* Beispiel für eine continue-Anweisung. */
2:
3:   #include <stdio.h>
4:
5:   int main(void)
6:   {
7:      /* Deklariert den Puffer für die Eingabe und eine Zählervariable. */
8:
9:      char puffer[81];
10:     int ctr;
11:
12:     /* Einlesen einer Textzeile. */
13:
14:     puts("Geben Sie eine Textzeile ein:");
15:     fgets(puffer,81,stdin);
```

Tag 12 — Fortgeschrittene Programmsteuerung

```
16:
17:     /* Durchläuft den String und zeigt nur die Zeichen an, */
18:     /* die keine kleingeschriebenen Vokale sind. */
19:
20:     for (ctr = 0; puffer[ctr] !='\0'; ctr++)
21:     {
22:
23:         /* Ist das Zeichen ein kleingeschriebener Vokal, gehe zurück */
24:         /* an den Anfang der Schleife, ohne ihn anzuzeigen. */
25:
26:         if (puffer[ctr] == 'a' || puffer[ctr] == 'e'
27:            || puffer[ctr] == 'i' || puffer[ctr] == 'o'
28:            || puffer[ctr] == 'u')
29:               continue;
30:
31:         /* Nur Nichtvokale anzeigen. */
32:
33:         putchar(puffer[ctr]);
34:     }
35:     return 0;
36: }
```

Ausgabe

```
Geben Sie eine Textzeile ein:
Dies ist eine Textzeile
Ds st n Txtzl
```

Analyse

Auch wenn dieses Programm keinen besonderen praktischen Nutzen hat, zeigt es doch sehr wirkungsvoll den Einsatz der continue-Anweisung. Die Zeilen 9 und 10 deklarieren die Variablen des Programms. puffer[] nimmt den String auf, den der Anwender in Zeile 15 eingibt. Die andere Variable, ctr, inkrementiert durch die Elemente des Arrays puffer[], während die for-Schleife in den Zeilen 20 bis 34 nach Vokalen sucht. Eine if-Anweisung in den Zeilen 26 bis 28 prüft für jeden Buchstaben, ob es sich um einen kleingeschriebenen Vokal handelt. Ist dies der Fall, kommt es zur Ausführung der continue-Anweisung, die die Programmausführung zurück zu Zeile 20, der for-Schleife, schickt. Ist der Buchstabe kein Vokal, wird mit Zeile 33 fortgefahren. Zeile 33 enthält eine neue Bibliotheksfunktion, putchar(), die ein einzelnes Zeichen auf dem Bildschirm ausgibt.

Die continue-Anweisung

```
continue;
```

continue wird innerhalb von Schleifen verwendet. Diese Anweisung veranlasst, dass der Rest des aktuellen Schleifendurchlaufs übersprungen und das Programm mit dem nächsten Durchlauf fortgesetzt wird.

Beispiel:

```
int x;
printf("Gibt nur die geraden Zahlen von 1 bis 10 aus\n");
for( x = 1; x <= 10; x++ )
{
   if( x % 2 != 0 )     /* Prüft, ob die Zahl nicht gerade ist */
      continue;         /* Springt zum nächsten Wert für x */
   printf( "\n%d", x );
}
```

Die goto-Anweisung

Die goto-Anweisung ist eine der *Sprung-* oder *Verzweigungsanweisungen* in C, die nicht mit einer Bedingung verknüpft sind. Wenn ein Programm auf eine goto-Anweisung trifft, springt beziehungsweise verzweigt die Programmausführung direkt zu der Stelle, die in der goto-Anweisung spezifiziert wurde. Diese Anweisung bedarf keiner Bedingung, da die Ausführung immer verzweigt, wenn sie auf eine goto-Anweisung trifft. Die Verzweigung hängt nicht von der Erfüllung irgendwelcher Programmbedingungen ab (wie das zum Beispiel bei if-Anweisungen der Fall ist).

Das Ziel einer goto-Anweisung wird mit einer Sprungmarke (Label) gefolgt von einem Doppelpunkt angegeben. Eine Sprungmarke kann allein in einer Zeile stehen oder am Anfang einer Zeile, die eine C-Anweisung enthält. Die Sprungmarken eines Programms müssen eindeutig sein.

Das Ziel einer goto-Anweisung muss in der gleichen Funktion wie die goto-Anweisung stehen, aber nicht notwendigerweise im gleichen Block. Listing 12.3 zeigt ein einfaches Programm, in dem eine goto-Anweisung verwendet wird.

Fortgeschrittene Programmsteuerung

Listing 12.3: Beispiel für eine goto-Anweisung.

```
 1: /* Beispiel für eine goto-Anweisung */
 2:
 3: #include <stdio.h>
 4:
 5: int main(void)
 6: {
 7:     int n;
 8:
 9: start:
10:
11:     puts("Geben Sie eine Zahl zwischen 0 und 10 ein: ");
12:     scanf("%d", &n);
13:
14:     if (n < 0 ||n > 10 )
15:         goto start;
16:     else if (n == 0)
17:         goto location0;
18:     else if (n == 1)
19:         goto location1;
20:     else
21:         goto location2;
22:
23: location0:
24:     puts("Ihre Eingabe lautete 0.\n");
25:     goto ende;
26:
27: location1:
28:     puts("Ihre Eingabe lautete 1.\n");
29:     goto ende;
30:
31: location2:
32:     puts("Sie haben einen Wert zwischen 2 und 10 eingegeben.\n");
33:
34: ende:
35:     return 0;
36: }
```

Ausgabe

```
Geben Sie eine Zahl zwischen 0 und 10 ein:
1
Ihre Eingabe lautete 1.
```

```
Geben Sie eine Zahl zwischen 0 und 10 ein:
9
Sie haben einen Wert zwischen 2 und 10 eingegeben.
```

Analyse

Dies ist ein einfaches Programm, das eine Zahl zwischen 0 und 10 einliest. Wenn die eingegebene Zahl nicht zwischen 0 und 10 liegt, springt das Programm mit einer `goto`-Anweisung zurück zu `start` in Zeile 9. Andernfalls prüft das Programm in Zeile 16, ob die Zahl gleich 0 ist. Wenn ja, lässt eine `goto`-Anweisung in Zeile 17 die Ausführung mit `location0` (Zeile 23) fortfahren, woraufhin in Zeile 24 ein Text ausgegeben und anschließend eine weitere `goto`-Anweisung ausgeführt wird. Die `goto`-Anweisung in Zeile 25 bewirkt, dass die Programmausführung zu dem Label `ende`, dem Ende des Programms, springt. Das Programm verfährt für die Eingabe des Wertes 1 und für alle Werte zwischen 2 und 10 nach den gleichen Regeln.

Die Sprungmarke einer `goto`-Anweisung kann entweder vor oder nach der Anweisung stehen. Die einzige, bereits erwähnte Einschränkung ist, dass `goto` und die Sprungmarke in der gleichen Funktion stehen müssen. Sie können jedoch unterschiedlichen Blöcken angehören. Mit `goto`-Anweisungen können Sie in Schleifen (beispielsweise `for`-Anweisungen) einsteigen oder aus ihnen aussteigen, aber Sie sollten das möglichst vermeiden. Um ehrlich zu sein, möchte ich Ihnen sogar davon abraten, je eine `goto`-Anweisung irgendwo in Ihren Programmen zu verwenden. Dafür gibt es zwei Gründe:

- `goto` ist überflüssig – keine Programmieraufgabe erfordert eine `goto`-Anweisung. Es besteht immer die Möglichkeit, den benötigten Code mit einer der anderen Verzweigungsanweisungen von C aufzusetzen.

- Es ist gefährlich – die `goto`-Anweisung scheint auf den ersten Blick eine optimale Lösung für bestimmte Programmierprobleme zu sein, aber man kann dabei unbemerkt auf Abwege geraten. Schnell hat man Code geschrieben, bei dem die Programmausführung dank `goto` wild hin- und herspringt. Das Ergebnis dieser Art der Programmierung bezeichnet man auch als Spaghetti-Code.

Es gibt Programmierer, die `goto` verwenden und dennoch perfekte Programme schreiben. Es kann auch immer mal Situationen geben, in denen der wohlüberlegte Einsatz von `goto` die einfachste Lösung eines Programmierproblems darstellt. Es ist jedoch nie die einzige Lösung. Wenn Sie diese Warnung schon ignorieren, sollten Sie zumindest Vorsicht walten lassen!

●TAG● 12 Fortgeschrittene Programmsteuerung

Was Sie tun sollten	Was nicht
Vermeiden Sie goto, wenn möglich (und es ist immer möglich!).	Verwechseln Sie nicht break und continue. break beendet eine Schleife, wohingegen continue den nächsten Durchlauf der Schleife startet.

Die goto-Anweisung

Syntax

goto Ziel;

Ziel ist eine Label-Anweisung, die die Stelle im Programm identifiziert, zu der die Ausführung verzweigt. Eine *Label-Anweisung* besteht aus einem Bezeichner gefolgt von einem Doppelpunkt und, optional, einer C-Anweisung:

Ziel: eine C Anweisung;

Sie können das Label (die Sprungmarke) auch allein in eine Zeile setzen. Manche Programmierer lassen in einem solchen Fall eine Leeranweisung folgen (ein Semikolon). Dies ist aber nicht notwendig.

Ziel: ;

Endlosschleifen

Was ist eine Endlosschleife und wann bietet es sich an, eine solche Schleife in einem Programm zu verwenden? Unter Endlosschleifen versteht man Schleifen, die – für sich genommen – ohne Ende durchlaufen werden. Es kann sich dabei um eine for-, eine while- oder eine do...while-Schleife handeln. Wenn Sie zum Beispiel

```
while (1)
{
    /* hier steht weiterer Code */
}
```

schreiben, erzeugen Sie eine Endlosschleife. Die Bedingung, die in der while-Schleife getestet wird, ist die Konstante 1, die immer wahr ist und nicht von dem Programm geändert werden kann. Da die Bedingung immer erfüllt ist, wird die Schleife nie beendet.

Im vorigen Abschnitt haben Sie gelernt, dass Sie mit der break-Anweisung eine Schleife verlassen können. Ohne break-Anweisung wäre eine Endlosschleife nutzlos. Mit break jedoch können Sie Endlosschleifen zu Ihrem Vorteil nutzen.

Endlosschleifen mit for oder do...while werden wie folgt erzeugt:

```
for (;;)
{
    /* hier steht weiterer Code */
}
do
{
    /* hier steht weiterer Code */
} while (1);
```

Das Prinzip ist für alle drei Schleifentypen das Gleiche. Für die Beispiele in diesem Abschnitt verwenden wir eine while-Schleife.

Endlosschleifen können beispielsweise verwendet werden, wenn man viele Abbruchbedingungen zu testen hat. Dabei kann es sich als kompliziert erweisen, alle Testbedingungen in Klammern nach der while-Anweisung anzugeben. Unter Umständen ist es einfacher, die Bedingungen einzeln im Rumpf der Schleife zu testen und dann bei Bedarf die Schleife mit einem break zu verlassen.

Eine Endlosschleife kann auch ein Menüsystem erzeugen, das den Ablauf Ihres Programms steuert. Erinnern wir uns an Tag 4, »Funktionen«, wo wir darüber gesprochen haben, dass die main()-Funktion oft als eine Art »Verkehrspolizist« fungiert, der die Ausführung der verschiedenen Funktionen, die die eigentliche Arbeit des Programms erledigen, dirigiert. Häufig wird dies durch Menüs unterstützt: Das Programm präsentiert dem Anwender eine Liste von Optionen, aus denen er eine auswählen muss (eine der verfügbaren Optionen sollte das Programm beenden). Nachdem eine Wahl getroffen wurde, sorgt eine geeignete Entscheidungsanweisung im Programm dafür, dass das Programm entsprechend der Benutzerauswahl fortgesetzt wird.

Listing 12.4 demonstriert die Verwendung eines Menüsystems.

Listing 12.4: Ein Menüsystem mit einer Endlosschleife implementieren.

```
1:  /* Beispiel für ein Menüsystem, das mit einer */
2:  /* Endlosschleife implementiert wird. */
3:  #include <stdio.h>
4:  #define DELAY   1500000         /* Für Warteschleife. */
5:
6:  int menue(void);
7:  void warten(void);
8:
9:  int main(void)
```

```
10: {
11:     int option;
12:
13:     while (1)
14:     {
15:
16:         /* Übernimmt die Auswahl des Anwenders. */
17:
18:         option = menue();
19:
20:         /* Verzweigt auf Basis der Eingabe. */
21:
22:         if (option == 1)
23:         {
24:             puts("\nAufgabe A wird ausgeführt.");
25:             warten();
26:         }
27:         else if (option == 2)
28:             {
29:                 puts("\nAufgabe B wird ausgeführt.");
30:                 warten();
31:             }
32:         else if (option == 3)
33:             {
34:                 puts("\nAufgabe C wird ausgeführt.");
35:                 warten();
36:             }
37:         else if (option == 4)
38:             {
39:                 puts("\nAufgabe D wird ausgeführt.");
40:                 warten();
41:             }
42:         else if (option == 5)      /* Ende des Programms. */
43:             {
44:                 puts("\nSie verlassen das Programm...\n");
45:                 warten();
46:                 break;
47:             }
48:         else
49:             {
50:                 puts("\nUngültige Option, versuchen Sie es noch einmal.");
51:                 warten();
52:             }
53:     }
54:     return 0;
55: }
```

Endlosschleifen

```
56:
57: /* Gibt ein Menü aus und liest die Auswahl des Anwenders ein. */
58: int menue(void)
59: {
60:     int antwort;
61:
62:     puts("\nGeben Sie 1 für Aufgabe A ein.");
63:     puts("Geben Sie 2 für Aufgabe B ein.");
64:     puts("Geben Sie 3 für Aufgabe C ein.");
65:     puts("Geben Sie 4 für Aufgabe D ein.");
66:     puts("Geben Sie 5 zum Verlassen des Programms ein.");
67:
68:     scanf("%d", &antwort);
69:
70:     return antwort;
71: }
72:
73: void warten( void )
74: {
75:     long x;
76:     for ( x = 0; x < DELAY; x++ )
77:         ;
78: }
```

Ausgabe

```
Geben Sie 1 für Aufgabe A ein.
Geben Sie 2 für Aufgabe B ein.
Geben Sie 3 für Aufgabe C ein.
Geben Sie 4 für Aufgabe D ein.
Geben Sie 5 zum Verlassen des Programms ein.
1

Aufgabe A wird ausgeführt.

Geben Sie 1 für Aufgabe A ein.
Geben Sie 2 für Aufgabe B ein.
Geben Sie 3 für Aufgabe C ein.
Geben Sie 4 für Aufgabe D ein.
Geben Sie 5 zum Verlassen des Programms ein.
6

Ungültige Option, versuchen Sie es noch einmal.

Geben Sie 1 für Aufgabe A ein.
```

TAG 12 Fortgeschrittene Programmsteuerung

```
Geben Sie 2 für Aufgabe B ein.
Geben Sie 3 für Aufgabe C ein.
Geben Sie 4 für Aufgabe D ein.
Geben Sie 5 zum Verlassen des Programms ein.
5

Sie verlassen das Programm...
```

Analyse

In Zeile 18 wird eine Funktion namens `menue()` aufgerufen, die in den Zeilen 58 bis 71 definiert ist. `menue()` gibt ein Menü auf den Bildschirm aus, liest die Eingabe des Anwenders ein und übergibt sie an das Hauptprogramm. In `main()` wird der Rückgabewert von einer Reihe von verschachtelten `if`-Anweisungen getestet und die Programmausführung entsprechend verzweigt. In unserem Beispielprogramm werden nur Meldungen auf dem Bildschirm ausgegeben. In einem echten, praxisorientierten Programm würde der Code zur Lösung der jeweiligen Aufgabe wahrscheinlich eine passende Funktion aufrufen.

Das Programm enthält noch eine zweite Funktion mit Namen `warten()`. `warten()` wird in den Zeilen 73 bis 78 definiert und macht eigentlich nicht allzu viel, außer dass die `for`-Anweisung aus Zeile 76 ausgeführt wird. Die `for`-Schleife selbst tut auch nichts. Da sie aber `DELAY`-mal ausgeführt wird, sorgt sie für eine gewisse Verzögerung im Programmablauf.

Hinweis

Diese Art der Verzögerung wird auch als »busy-wait« bezeichnet, da die CPU des Computers für die Dauer der Verzögerung beschäftigt und besetzt ist. Auf einem Multiuser-Betriebssystem mit Multitasking wie Linux wäre es dumm die CPU damit zu beschäftigen, nichts zu tun, wenn sie eigentlich sinnvollere Arbeit erledigen könnte.

Besser ist es daher, unter Linux und anderen Unix-ähnlichen Betriebssystemen die `sleep()`-Funktion zu verwenden. Diese Funktion übergibt die Kontrolle über die CPU für eine bestimmte Zeit (die in Sekunden gemessen und als Argument an die Funktion übergeben wird) zurück an das Betriebssystem. Um `sleep()` verwenden zu können, muss Ihr Programm die Header-Datei `unistd.h` einbinden.

Die switch-Anweisung

Die wohl flexibelste Anweisung zur Steuerung des Programmflusses ist die `switch`-Anweisung. Mit ihr können Sie die weitere Programmausführung von Ausdrücken ab-

Die switch-Anweisung

hängig machen, die mehr als zwei Werte annehmen können. Frühere Programmsteueranweisungen, wie zum Beispiel if, waren auf boolesche Ausdrücke beschränkt, die nur einen von zwei Werten annehmen konnten: wahr oder falsch. Um den Programmfluss auf der Basis von mehr als zwei Werten zu steuern, mussten Sie, wie in Listing 12.4, mehrere verschachtelte if-Anweisungen verwenden. Mit der switch-Anweisung werden solche Verschachtelungen überflüssig.

Die allgemeine Form der switch-Anweisung lautet:

```
switch (Ausdruck)
{
    case    Konstante_1: Anweisung(en);
    case    Konstante_2: Anweisung(en);
    ...
    case    Konstante_n: Anweisung(en);
    default: Anweisung(en);
}
```

In dieser Anweisung ist *Ausdruck* ein beliebiger Ausdruck, der zu einem Integer-Wert des Typs long, int oder char ausgewertet wird. Die switch-Anweisung wertet *Ausdruck* aus und vergleicht den Wert mit den Konstanten, die auf die case-Marken folgen. Diese drei Möglichkeiten ergeben sich:

▶ Wird eine Übereinstimmung zwischen *Ausdruck* und einer der Konstanten gefunden, springt die Programmausführung zu der Anweisung, die auf die case-Marke folgt.

▶ Wird keine Übereinstimmung gefunden, springt die Programmausführung zu der Anweisung, die auf die optionale default-Marke folgt.

▶ Wird keine Übereinstimmung gefunden und gibt es auch keine default-Marke, wird das Programm mit der ersten Anweisung nach der schließenden Klammer der switch-Anweisung fortgesetzt.

In Listing 12.5 finden Sie ein Beispiel für eine switch-Anweisung, die eine Meldung auf der Basis der Benutzereingabe ausgibt.

Listing 12.5: Beispiel für eine switch-Anweisung.

```
1:  /* Beispiel für eine switch-Anweisung. */
2:
3:  #include <stdio.h>
4:
5:  int main(void)
6:  {
7:      int antwort;
8:
```

TAG 12 Fortgeschrittene Programmsteuerung

```
 9:     puts("Geben Sie eine Zahl zwischen 1 und 5 ein:");
10:     scanf("%d", &antwort);
11:
12:     switch (antwort)
13:     {
14:         case 1:
15:             puts("Ihre Eingabe lautete 1.");
16:         case 2:
17:             puts("Ihre Eingabe lautete 2.");
18:         case 3:
19:             puts("Ihre Eingabe lautete 3.");
20:         case 4:
21:             puts("Ihre Eingabe lautete 4.");
22:         case 5:
23:             puts("Ihre Eingabe lautete 5.");
24:         default:
25:             puts("Nicht gültig, versuchen Sie es noch einmal.");
26:     }
27:
28:     return 0;
29: }
```

Ausgabe

```
Geben Sie eine Zahl zwischen 1 und 5 ein:
2
Ihre Eingabe lautete 2.
Ihre Eingabe lautete 3.
Ihre Eingabe lautete 4.
Ihre Eingabe lautete 5.
Nicht gültig, versuchen Sie es noch einmal.
```

Analyse

Hier liegt doch sicherlich ein Fehler vor? Es scheint, als ob die switch-Anweisung die erste übereinstimmende case-Marke findet und dann alle folgenden Anweisungen ausführt (und nicht nur die Anweisungen, die mit der case-Marke verbunden sind). Und genau das ist hier passiert, denn genau so soll switch arbeiten (als ob man mit goto-Anweisungen zu den übereinstimmenden case-Marken springen würde). Um sicherzustellen, dass nur die mit der übereinstimmenden case-Marke verbundenen Anweisungen ausgeführt werden, müssen Sie überall wo nötig eine break-Anweisung hinzufügen. Listing 12.6 enthält eine Neufassung des Programms mit den hinzugefügten break-Anweisungen. Damit funktioniert das Programm ordnungsgemäß.

Listing 12.6: Korrekte Verwendung von switch einschließlich aller benötigten break-Anweisungen.

```
1:  /* Korrektes Beispiel für eine switch-Anweisung. */
2:
3:  #include <stdio.h>
4:
5:  int main(void)
6:  {
7:      int antwort;
8:
9:      puts("\nGeben Sie eine Zahl zwischen 1 und 5 ein:");
10:     scanf("%d", &antwort);
11:
12:     switch (antwort)
13:     {
14:       case 0:
15:           break;
16:       case 1:
17:         {
18:            puts("Ihre Eingabe lautete 1.\n");
19:            break;
20:         }
21:       case 2:
22:         {
23:            puts("Ihre Eingabe lautete 2.\n");
24:            break;
25:         }
26:       case 3:
27:         {
28:            puts("Ihre Eingabe lautete 3.\n");
29:            break;
30:         }
31:       case 4:
32:         {
33:            puts("Ihre Eingabe lautete 4.\n");
34:            break;
35:         }
36:       case 5:
37:         {
38:            puts("Ihre Eingabe lautete 5.\n");
39:            break;
40:         }
41:       default:
42:         {
```

Tag 12: Fortgeschrittene Programmsteuerung

```
43:            puts("Nicht gültig, versuchen Sie es noch einmal.\n");
44:        }
45:    }              /* Ende der switch-Anweisung */
46:    return 0;
47: }
```

Ausgabe

```
Geben Sie eine Zahl zwischen 1 und 5 ein:
1
Ihre Eingabe lautete 1.
Geben Sie eine Zahl zwischen 1 und 5 ein:
6
Nicht gültig, versuchen Sie es noch einmal.
```

Kompilieren Sie diese Version und führen Sie sie aus. Jetzt hat alles seine Ordnung.

Häufig wird die switch-Anweisung dazu verwendet, Menüs wie in Listing 12.4 zu implementieren. Listing 12.7 verwendet switch anstelle von if zur Unterstützung des Menüs. switch-Anweisungen eignen sich dazu viel besser als verschachtelte if-Anweisungen, wie wir sie in der früheren Version des Menü-Programms (Listing 12.4) verwendet haben.

Listing 12.7: Realisierung eines Menüs mit Hilfe einer switch-Anweisung.

```
1 : /* Beispiel für die Implementierung eines Menüsystems mit */
2 : /* einer Endlosschleife und einer switch-Anweisung. */
3 : #include <stdio.h>
4 : #include <stdlib.h>
5 : #include <unistd.h>
6 :
7 : int menue(void);
8 :
9 : int main(void)
10: {
11:
12:    while (1)
13:    {
14:    /*Liest die Anwendereingabe ein und verzweigt auf Basis der Eingabe.*/
15:
16:       switch(menue())
17:       {
18:          case 1:
19:          {
20:                 puts("\nAufgabe A wird ausgeführt.");
```

Die switch-Anweisung

```
21:            sleep(1);
22:            break;
23:        }
24:        case 2:
25:        {
26:                puts("\nAufgabe B wird ausgeführt.");
27:            sleep(1);
28:            break;
29:        }
30:        case 3:
31:        {
32:                puts("\nAufgabe C wird ausgeführt.");
33:            sleep(1);
34:            break;
35:        }
36:        case 4:
37:        {
38:                puts("\nAufgabe D wird ausgeführt.");
39:            sleep(1);
40:            break;
41:        }
42:        case 5:    /* Ende des Programms. */
43:        {
44:            puts("\nSie verlassen das Programm...\n");
45:            sleep(1);
46:            exit(0);
47:        }
48:        default:
49:        {
50:            puts("\nUngültige Option, versuchen Sie es noch einmal.");
51:            sleep(1);
52:        }
53:        } /* Ende der switch-Anweisung */
54:        }    /* Ende der while-Schleife  */
55:    return 0;
56: }
57:
58: /* Gibt ein Menü aus und liest die Auswahl des Anwenders ein. */
59: int menue(void)
60: {
61:    int antwort;
62:
63:    puts("\nGeben Sie 1 für Aufgabe A ein.");
64:    puts("Geben Sie 2 für Aufgabe B ein.");
65:    puts("Geben Sie 3 für Aufgabe C ein.");
66:    puts("Geben Sie 4 für Aufgabe D ein.");
```

```
67:     puts("Geben Sie 5 zum Verlassen des Programms ein.");
68:
69:     scanf("%d", &antwort);
70:
71:     return antwort;
72: }
```

Ausgabe

```
Geben Sie 1 für Aufgabe A ein.
Geben Sie 2 für Aufgabe B ein.
Geben Sie 3 für Aufgabe C ein.
Geben Sie 4 für Aufgabe D ein.
Geben Sie 5 zum Verlassen des Programms ein.
1

Aufgabe A wird ausgeführt.

Geben Sie 1 für Aufgabe A ein.
Geben Sie 2 für Aufgabe B ein.
Geben Sie 3 für Aufgabe C ein.
Geben Sie 4 für Aufgabe D ein.
Geben Sie 5 zum Verlassen des Programms ein.
6

Ungültige Option, versuchen Sie es noch einmal.

Geben Sie 1 für Aufgabe A ein.
Geben Sie 2 für Aufgabe B ein.
Geben Sie 3 für Aufgabe C ein.
Geben Sie 4 für Aufgabe D ein.
Geben Sie 5 zum Verlassen des Programms ein.
5

Sie verlassen das Programm...
```

Analyse

In diesem Programm taucht eine neue Anweisung auf: der Aufruf der Bibliotheksfunktion exit() (Zeile 46), die in der case 5-Klausel zum Beenden des Programms verwendet wird. Sie können hier nicht wie in Listing 12.4 break verwenden. Mit break würden Sie lediglich die switch-Anweisung verlassen, aber nicht die umgebende while-Schleife. Im nächsten Abschnitt gehen wir ausführlicher auf die exit()-Funktion ein.

Die switch-Anweisung

Manchmal kann es nützlich sein, die Ausführung durch mehrere case-Klauseln einer switch-Konstruktion »hindurchrutschen« zu lassen. Angenommen Sie wollten für mehrere mögliche Werte des Kontrollausdrucks den gleichen Anweisungsblock ausführen. Lassen Sie einfach die break-Anweisungen fort und listen Sie die case-Marken vor den Anweisungen auf. Wenn der Kontrollausdruck mit einer der case-Konstanten übereinstimmt, »rutscht« die Ausführung durch die folgenden case-Anweisungen, bis sie auf den Code-Block trifft, der ausgeführt werden soll. Ein Beispiel dafür finden Sie in Listing 12.8.

Listing 12.8: Eine weitere Möglichkeit für den Einsatz einer switch-Anweisung.

```
1:  /* Eine weitere Möglichkeit für den Einsatz einer switch-Anweisung. */
2:
3:  #include <stdio.h>
4:  #include <stdlib.h>
5:
6:  int main(void)
7:  {
8:      int antwort;
9:
10:     while (1)
11:     {
12:         puts("\nGeben Sie einen Wert zwischen 1 und 10 ein, 0 für Ende:");
13:         scanf("%d", &antwort);
14:
15:         switch (antwort)
16:         {
17:             case 0:
18:                 exit(0);
19:             case 1:
20:             case 2:
21:             case 3:
22:             case 4:
23:             case 5:
24:                 {
25:                     puts("Ihre Eingabe lautete 5 oder kleiner.\n");
26:                     break;
27:                 }
28:             case 6:
29:             case 7:
30:             case 8:
31:             case 9:
32:             case 10:
33:                 {
34:                     puts("Ihre Eingabe lautete 6 oder größer.\n");
```

```
35:                 break;
36:             }
37:         default:
38:             puts("Zwischen 1 und 10 bitte!\n");
39:     } /* Ende der switch-Anweisung */
40:   } /* Ende der while-Schleife */
41:   return 0;
42: }
```

Ausgabe

```
Geben Sie einen Wert zwischen 1 und 10 ein, 0 für Ende:
11
Zwischen 1 und 10 bitte!

Geben Sie einen Wert zwischen 1 und 10 ein, 0 für Ende:
1
Ihre Eingabe lautete 5 oder kleiner.

Geben Sie einen Wert zwischen 1 und 10 ein, 0 für Ende:
6
Ihre Eingabe lautete 6 oder größer.

Geben Sie einen Wert zwischen 1 und 10 ein, 0 für Ende:
0
```

Analyse

Dieses Programm liest einen Wert von der Tastatur ein und teilt Ihnen dann mit, ob der Wert bei 5 oder kleiner, bei 6 oder größer oder überhaupt nicht zwischen 1 und 10 liegt. Wenn der Wert 0 beträgt, wird in Zeile 18 ein Aufruf an die exit()-Funktion ausgeführt und das Programm damit beendet.

Die switch-Anweisung

Syntax

```
switch (Ausdruck)
{
    case  Konstante_1: Anweisung(en);
    case  Konstante_2: Anweisung(en);
```

```
   ...
   case Konstante_n: Anweisung(en);
   default: Anweisung(en);
}
```

Mit der `switch`-Anweisung können Sie in Abhängigkeit vom Wert eines Ausdrucks in mehrere Anweisungsblöcke verzweigen. Diese Vorgehensweise ist effizienter und leichter nachzuvollziehen als eine tiefverschachtelte `if`-Anweisung. Eine `switch`-Anweisung wertet einen Ausdruck aus und verzweigt dann zu der `case`-Anweisung, deren Konstante mit dem Ergebnis des Ausdrucks übereinstimmt. Gibt es keine übereinstimmende `case`-Marke, springt die Programmsteuerung zu der Auffanganweisung `default`. Wenn keine `default`-Anweisung vorgesehen ist, springt die Programmsteuerung an das Ende der `switch`-Anweisung.

Der Programmfluss bewegt sich von der `case`-Anweisung kontinuierlich nach unten, es sei denn, eine `break`-Anweisung zwingt das Programm, an das Ende der `switch`-Anweisung zu springen.

Beispiel 1

```
switch( buchstabe )
{
   case 'A':
   case 'a':
      printf( "Ihre Eingabe lautete A" );
      break;
   case 'B':
   case 'b':
      printf( "Ihre Eingabe lautete B");
      break;
   ...
   ...
   default:
      printf( "Ich habe keine case-Anweisung für %c", buchstabe );
}
```

Beispiel 2

```
switch( zahl )
{
   case 0:    puts( "Ihre Zahl ist 0 oder kleiner.");
   case 1:    puts( "Ihre Zahl ist 1 oder kleiner.");
   case 2:    puts( "Ihre Zahl ist 2 oder kleiner.");
   case 3:    puts( "Ihre Zahl ist 3 oder kleiner.");
   ...
   ...
   case 99:   puts( "Ihre Zahl ist 99 oder kleiner.");
              break;
   default:   puts( "Ihre Zahl ist größer als 99.");
}
```

Da es in diesem Beispiel für die ersten case-Anweisungen keine break-Anweisungen gibt, werden hier nach dem Sprung zu der übereinstimmenden case-Marke alle nachfolgenden Ausgaben ausgeführt, bis die Programmausführung auf das break der case 99-Klausel stößt. Wenn die Zahl beispielsweise 3 wäre, würde das Programm Ihnen mitteilen, dass Ihre Zahl gleich 3 oder kleiner, 4 oder kleiner, 5 oder kleiner bis hin zu 99 oder kleiner ist. Das Programm fährt mit der Ausgabe fort, bis es auf die break-Anweisung in case 99 trifft.

Was Sie tun sollten	Was nicht
Versehen Sie Ihre switch-Anweisungen mit default-Klauseln – auch wenn Sie davon überzeugt sind, dass Sie alle möglichen Fälle abgedeckt haben.	Vergessen Sie nicht, wo nötig break-Anweisungen in Ihre switch-Anweisungen einzubauen.
Verwenden Sie eine switch-Anweisung anstelle einer if-Anweisung, wenn mehr als zwei Bedingungen für die gleiche Variable ausgewertet werden.	
Schreiben Sie die case-Anweisungen untereinander, so dass sie leicht zu lesen sind.	
Verwenden Sie die sleep()-Funktion anstelle selbst implementierter Warteschleifen, wenn Sie vorübergehend die Ausführung Ihres Programms anhalten möchten.	

Das Programm verlassen

Ein C-Programm ist normalerweise zu Ende, wenn die Ausführung auf die schließende geschweifte Klammer der main()-Funktion trifft. Sie können ein Programm jedoch jederzeit durch Aufruf der Bibliotheksfunktion exit() beenden. Sie können auch eine oder mehrere Funktionen angeben, die bei Programmende automatisch ausgeführt werden sollen.

Die Funktion exit()

Die Funktion `exit()` beendet die Programmausführung und gibt die Steuerung zurück an das Betriebssystem. Diese Funktion übernimmt ein einziges Argument vom Typ `int`, das sie an das Betriebssystem weiterreicht. Über dieses Argument kann man anzeigen, ob das Programm erfolgreich war oder nicht. Die Syntax der `exit()`-Funktion lautet:

```
exit(status);
```

Wenn *status* den Wert 0 hat, ist das ein Zeichen dafür, dass das Programm normal beendet wurde. Jeder andere Wert ungleich 0 bedeutet, dass das Programm mit irgendeinem Fehler beendet wurde. Dies kann sinnvoll sein, wenn Ihr C-Programm von einem anderen Programm ausgeführt wird, beispielsweise mit Hilfe der `system()`-Funktion, die wir im nächsten Abschnitt behandeln werden.

Um die Funktion `exit()` verwenden zu können, muss die Header-Datei `stdlib.h` eingebunden werden. Diese Header-Datei definiert zusätzlich zwei symbolische Konstanten, die als Argumente für die `exit()`-Funktion verwendet werden können:

```
#define EXIT_SUCCESS   0
#define EXIT_FAILURE   1
```

Um das Programm mit einem Rückgabewert von 0 zu verlassen, müssen Sie `exit(EXIT_SUCCESS)` aufrufen, für einen Rückgabewert von 1 `exit(EXIT_FAILURE)`.

Was Sie tun sollten

Verwenden Sie den Befehl `exit()`, um das Programm zu verlassen, wenn ein Problem auftaucht.

Übergeben Sie der `exit()`-Funktion sinnvolle Werte.

Befehle aus einem Programm heraus ausführen

Die C-Standardbibliothek enthält eine Funktion namens `system()`, mit der Sie Befehle des Betriebssystems in einem laufenden C-Programm ausführen können. Dies kann nützlich sein, wenn Sie das Verzeichnis einer Platte lesen oder eine Diskette formatieren wollen. Um die Funktion `system()` zu verwenden, müssen Sie die Header-Datei `stdlib.h` in das Programm mit einbinden. Das Format von `system()` lautet:

```
system(befehl);
```

Fortgeschrittene Programmsteuerung

Das Argument *befehl* kann entweder eine String-Konstante oder ein Zeiger auf einen String sein. Um beispielsweise unter Linux den Inhalt eines Verzeichnisses auflisten zu lassen, können Sie schreiben:

system("ls");

oder

char *befehl = "ls";
system(befehl);

Nachdem der Betriebssystembefehl ausgeführt wurde, wird das Programm mit der Anweisung fortgesetzt, die auf den Aufruf von system() folgt. Wenn der Befehl, den Sie system() übergeben, kein gültiger Betriebssystembefehl ist, erhalten Sie die Fehlermeldung command not found (»Befehl nicht gefunden«). Ein Beispiel für die system()-Funktion finden Sie in Listing 12.9.

Listing 12.9: Mit der Funktion system() Systembefehle ausführen.

```
1:   /* Beispiel für den Einsatz der system()-Funktion. */
2:   #include <stdio.h>
3:   #include <stdlib.h>
4:
5:   int main(void)
6:   {
7:       /* Deklariert einen Puffer für die Aufnahme der Eingabe. */
8:
9:       char eingabe[40];
10:
11:      while (1)
12:      {
13:          /* Liest den Befehl des Anwenders ein. */
14:
15:          puts("\nSystembefehl eingeben (Eingabetaste für Ende)");
16:          fgets(eingabe, 40, stdin);
17:
18:          /* Ende, wenn eine Leerzeile eingegeben wurde. */
19:
20:          if (eingabe[0] == '\n')
21:              exit(0);
22:
23:          /* Führt den Befehl aus. */
24:
25:          system(eingabe);
26:      }
27:      return 0;
28:  }
```

Ausgabe

```
Systembefehl eingeben (Eingabetaste für Ende):
ls *.c

list1201.c   list1203.c   list1205.c   list1207.c   list1209.c
list1202.c   list1204.c   list1206.c   list1208.c

Systembefehl eingeben (Eingabetaste für Ende):
```

Analyse

Listing 12.9 veranschaulicht, wie man system() verwenden kann. Die while-Schleife in den Zeilen 11 bis 26 ermöglicht dem Programm die Ausführung von Betriebssystembefehlen. Die Zeilen 15 und 16 fordern den Anwender auf, einen Betriebssystembefehl einzugeben. Wenn der Anwender die Eingabetaste betätigt, ohne einen Befehl einzugeben, wird die Funktion exit() aufgerufen, die das Programm beendet (Zeilen 20 und 21). Zeile 25 ruft system() mit dem vom Anwender eingegebenen Befehl auf. Wenn Sie das Programm auf Ihrem System laufen lassen, wird Ihre Ausgabe selbstverständlich etwas anders aussehen.

Die Befehle, die Sie system() übergeben können, sind nicht nur auf einfache Betriebssystembefehle, wie Verzeichnisse ausgeben oder Platten formatieren, beschränkt. Sie können genauso gut den Namen einer x-beliebigen ausführbaren Datei oder Batch-Datei übergeben – und das Programm wird ganz normal ausgeführt. Wenn Sie zum Beispiel das Argument list1208 übergeben, würden Sie damit das Programm *list1208* ausführen. Nach Beendigung dieses Programms kehrt die Ausführung dorthin zurück, von wo der system()-Aufruf erfolgt ist.

Die einzigen Beschränkungen, die es bei der Verwendung von system() gibt, betreffen den Speicher. Wenn system() ausgeführt wird, bleibt das ursprüngliche Programm im RAM und das Betriebssystem versucht, eine neue Kopie der Befehls-Shell (auf Linux-Systemen normalerweise *bash*) oder das Programm, das Sie ausführen, in den Arbeitsspeicher zu laden. Verständlicherweise ist dies nur möglich, wenn Ihr Computer über genug Speicherkapazität verfügt. Wenn nicht, erhalten Sie eine Fehlermeldung.

TAG 12 — Fortgeschrittene Programmsteuerung

Zusammenfassung

Unser heutiges Kapitel behandelte eine Reihe von Themen, die mit der Programmsteuerung zu tun hatten. Sie haben die goto-Anweisung kennen gelernt und wissen jetzt, warum Sie sie in Ihren Programmen besser vermeiden sollten. Es wurden Ihnen die break- und die continue-Anweisung vorgestellt, mit denen Sie größeren Einfluss auf die Ausführung von Schleifen nehmen können. In Verbindung mit Endlosschleifen können diese Anweisungen schwierige Programmierprobleme lösen. Außerdem haben Sie gesehen, wie Sie mit der exit()-Funktion ein Programm beenden können. Abschließend wurde Ihnen gezeigt, wie Sie mit der system()-Funktion Systembefehle aus Ihrem Programm heraus ausführen können.

Fragen und Antworten

F   Was ist besser, eine switch-Anweisung oder eine verschachtelte if-Anweisung?

A   *Wenn Sie eine Variable prüfen, die mehr als zwei Werte annehmen kann, ist die switch-Anweisung fast immer die bessere Alternative. Der resultierende Code ist einfacher zu lesen. Wenn Sie eine wahr/falsch-Bedingung testen, ist die if-Anweisung vorzuziehen.*

F   Warum sollte man goto-Anweisungen vermeiden?

A   *Auf den ersten Blick scheint es, als ob die goto-Anweisung eine recht nützliche Anweisung sei. goto kann jedoch mehr Probleme verursachen, als es behebt. Eine goto-Anweisung ist ein unstrukturierter Befehl, der Sie zu einem anderen Punkt in einem Programm springen lässt. Viele Debugger (Software, die Ihnen hilft, Probleme aufzuspüren) können goto-Anweisungen nicht ordentlich zurückverfolgen. Außerdem führen goto-Anweisungen zu Spaghetti-Code – Code ohne strukturieren Programmfluss.*

F   Ist es ratsam, mit der system()-Funktion Systemfunktionen auszuführen?

A   *Die Funktion system() scheint auf den ersten Blick gut dafür geeignet, so etwas wie Dateien in einem Verzeichnis auszugeben. Aber Sie sollten vorsichtig damit sein. Die meisten Befehle eines Betriebssystems sind betriebssystemspezifisch. Wenn Sie diese Befehle zusammen mit einem Aufruf von system() verwenden, ist Ihr Code unter Umständen nicht mehr portierbar. Wenn Sie ein anderes Programm (statt eines Betriebssystembefehls) ausführen wollen, dürften Sie keine Schwierigkeiten mit der Portierung haben.*

Workshop

Der Workshop enthält Quizfragen, die Ihnen helfen sollen, Ihr Wissen zu festigen, sowie Übungen, die Sie anregen sollen, das Gelernte umzusetzen und eigene Erfahrungen zu sammeln. Die Lösungen zu den Fragen und den Übungen finden Sie in Anhang C.

Quiz

1. Wann ist es empfehlenswert, die goto-Anweisung zu verwenden?
2. Worin besteht der Unterschied zwischen einer break- und einer continue-Anweisung?
3. Was ist eine Endlosschleife und wie erzeugt man sie?
4. Welche zwei Ereignisse beenden die Programmausführung?
5. Zu welchen Variablentypen kann eine switch-Anweisung ausgewertet werden?
6. Was bewirkt die default-Anweisung?
7. Was bewirkt die exit()-Funktion?
8. Was bewirkt die system()-Funktion?

Übungen

1. Schreiben Sie eine Anweisung, die die Programmausführung veranlasst, zum nächsten Schleifendurchlauf zu springen.
2. Schreiben Sie eine Anweisung, die die Programmausführung veranlasst, an das Ende der Schleife zu springen.
3. Schreiben Sie eine Codezeile, die alle Dateien im aktuellen Verzeichnis auflistet.
4. **FEHLERSUCHE:** Enthält der folgende Code einen Fehler?

   ```
   switch( antwort )
   {
       case 'J': printf("Ihre Antwort lautete Ja");
               break;
       case 'N': printf( "Ihre Antwort lautete Nein");
   }
   ```

5. **FEHLERSUCHE:** Enthält der folgende Code einen Fehler?

   ```
   switch( option )
   {
   ```

```
        default:
            printf("Sie haben weder 1 noch 2 gewählt");
        case 1:
            printf("Ihre Antwort lautete 1");
            break;
        case 2:
            printf( "Ihre Antwort lautete 2");
            break;
    }
```

6. Bilden Sie die `switch`-Anweisung aus Übung 5 mit `if`-Anweisungen nach.

7. Implementieren Sie eine Endlosschleife mit `do...while`.

   Aufgrund der vielen möglichen Antworten gibt es zu den folgenden Übungen im Anhang keine Lösungen. Bearbeiten Sie diese Übungen für sich alleine.

8. **OHNE LÖSUNG:** Schreiben Sie ein Programm, das wie ein Rechner arbeitet. Das Programm sollte Addition, Subtraktion, Multiplikation und Division beherrschen.

9. **OHNE LÖSUNG:** Schreiben Sie ein Programm, das ein Menü mit fünf verschiedenen Optionen bereitstellt. Die fünfte Option soll zum Verlassen des Programms dienen. Die anderen vier Optionen sollen mit Hilfe der `system()`-Funktion verschiedene Systembefehle ausführen.

Mit Bildschirm und Tastatur arbeiten

Woche 2

TAG 13: Mit Bildschirm und Tastatur arbeiten

Fast jedes Programm muss Daten einlesen und ausgeben. Wie gut ein Programm diese Ein- und Ausgabe handhabt, ist oft der beste Indikator für die Zweckmäßigkeit des Programms. Die grundlegende Vorgehensweise bei der Ein- und Ausgabe haben Sie bereits kennen gelernt. Heute lernen Sie:

- wie C Streams für die Ein- und Ausgabe verwendet
- welche verschiedenen Möglichkeiten es gibt, um Eingaben von der Tastatur einzulesen
- wie man Text und numerische Daten auf den Bildschirm ausgibt
- wie man die Ein- und Ausgabe eines Programms umleitet

Streams in C

Bevor wir uns mit den Feinheiten der Ein- und Ausgabe befassen, müssen wir klären, was ein Stream ist. In C erfolgt die gesamte Ein- und Ausgabe über Streams, egal woher die Eingabe kommt oder wohin die Ausgabe geht. Wie Sie später noch sehen werden, hat dieser standardisierte Umgang mit der Ein- und Ausgabe unbestreitbar Vorzüge für den Programmierer, setzt aber natürlich voraus, dass Sie wissen, was Streams sind und wie sie arbeiten. Erst einmal jedoch soll genau definiert werden, was man unter den Begriffen *Eingabe* und *Ausgabe* versteht.

Was genau versteht man unter Programmeingabe und -ausgabe?

Weiter vorn in diesem Buch wurde bereits darauf hingewiesen, dass ein C-Programm während der Ausführung die Daten im RAM (Speicher mit wahlfreiem Zugriff) ablegt. Diese Daten haben die Form von Variablen, Strukturen und Arrays, die von dem Programm deklariert wurden. Woher aber kommen diese Daten und was kann das Programm damit machen?

- Viele Daten kommen aus externen Quellen. Daten, die aus einer externen Quelle in den Arbeitsspeicher geladen werden, so dass das Programm darauf zugreifen kann, nennt man auch *Eingaben*. Tastatur und Dateien sind die häufigsten Quellen für Programmeingaben.
- Daten können auch an Ziele gesendet werden, die außerhalb des Programms liegen. Dies bezeichnet man als *Ausgabe*. Die häufigsten Ziele für die Ausgabe sind der Bildschirm, ein Drucker oder irgendwelche Dateien.

Eingabequellen und Ausgabeziele werden zusammengefasst als *Geräte* bezeichnet. Die Tastatur ist ein Gerät, der Bildschirm ist ein Gerät und so weiter. Einige Geräte (die Tastatur) dienen nur der Eingabe, andere (der Bildschirm) nur der Ausgabe und wiederum andere (Dateien) sind für Ein- und Ausgabe geeignet (siehe Abbildung 13.1).

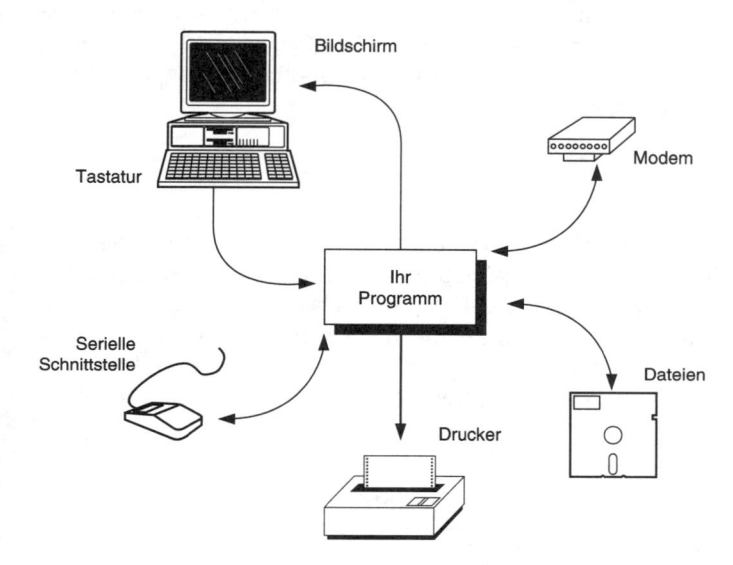

Abbildung 13.1: Ein- und Ausgabe kann zwischen Ihrem Programm und einer Vielzahl von externen Geräten stattfinden.

Welches Gerät auch immer betroffen ist – sei es für Eingabe oder Ausgabe –, C führt alle Operationen mit Hilfe von Streams aus.

Was ist ein Stream?

Ein *Stream* (zu Deutsch »Strom«) ist eine Folge von Zeichen oder genauer gesagt eine Folge von Daten-Bytes. Eine Folge von Bytes, die in ein Programm fließt, ist ein Eingabe-Stream, und eine Folge von Bytes, die aus einem Programm herausfließt, ist ein Ausgabe-Stream. Indem man sich bei der Programmierung auf das allgemeine Konzept des Streams konzentriert, braucht man sich weniger Gedanken darüber zu machen, wohin die Daten gehen oder woher sie kommen. Der größte Vorteil von Streams ist daher, dass die Ein- und Ausgabeprogrammierung *geräteunabhängig* wird. Programmierer müssen keine speziellen Ein- und Ausgabefunktionen für jedes Gerät (Tastatur, Festplatte und so weiter) schreiben. Das Programm behandelt die Ein- und Ausgabe einfach als einen kontinuierlichen Strom von Byte, egal woher die Eingabe kommt oder wohin die Ausgabe geht.

Mit Bildschirm und Tastatur arbeiten

Neuer Begriff
In C ist jeder Stream mit einer Datei verbunden. Der Begriff *Datei* bezieht sich dabei nicht auf die auf Festplatte gespeicherten Dateien, sondern steht vielmehr für eine Schnittstelle, die zwischen dem Stream, mit dem sich Ihr Programm befasst, und dem eigentlichen physikalischen Gerät, das für die Ein- und Ausgabe verwendet wird, vermittelt. Als C-Anfänger brauchen Sie sich um diese Dateien kaum zu kümmern, da die C-Bibliotheksfunktionen und das Betriebssystem die Wechselwirkungen zwischen Streams, Dateien und Geräten automatisch regeln.

Vordefinierte Streams

In ANSI C gibt es drei vordefinierte Streams, die auch als *Standard-E/A-Dateien* bezeichnet werden und alle drei unter Linux verfügbar sind. Diese Streams werden automatisch geöffnet, wenn die Ausführung eines C-Programms beginnt, und geschlossen, wenn das Programm zu Ende ist. Der Programmierer muss keine besonderen Schritte unternehmen, um diese Streams verfügbar zu machen. Tabelle 13.1 enthält eine Übersicht über die Standard-Streams und zeigt, mit welchen Geräten sie normalerweise verbunden sind.

Name	Streams	Geräte
stdin	Standardeingabe	Tastatur
stdout	Standardausgabe	Bildschirm
stderr	Standardfehlerausgabe	Bildschirm

Tabelle 13.1: Die drei Standard-Streams.

Immer wenn Sie die Funktionen printf() oder puts() verwenden, um Text auf dem Bildschirm auszugeben, verwenden Sie den stdout-Stream. Entsprechend verwenden Sie den stdin-Stream, wenn Sie mit gets() oder scanf() Eingaben von der Tastatur einlesen. (Vielleicht erinnern Sie sich noch an Tag 9, »Zeichen und Strings«, als Sie der Funktion fgets() als drittes Argument stdin übergeben haben.)

Die Standard-Streams werden automatisch geöffnet, andere Streams jedoch – beispielsweise Streams zur Bearbeitung von Daten, die auf der Platte gespeichert sind – müssen explizit geöffnet werden. Wie man dabei vorgeht, erfahren Sie am Tag 15, »Mit Dateien arbeiten«. Der Rest der heutigen Diskussion behandelt ausschließlich die Standard-Streams.

Die Stream-Funktionen von C

In der Standardbibliothek von C gibt es eine Vielzahl von Funktionen, die für die Streameingabe und -ausgabe zuständig sind. Die meisten dieser Funktionen gibt es in zwei Ausprägungen: eine, die immer die Standard-Streams verwendet, und eine, für die der Programmierer den Stream angeben muss. Eine Liste dieser Funktionen finden Sie in Tabelle 13.2. Diese Tabelle enthält allerdings nicht alle Ein- und Ausgabefunktionen von C, auch werden nicht alle Funktionen in der Tabelle heute behandelt.

Verwendet einen der Standard-Streams	Erfordert einen Stream-Namen	Beschreibung
printf()	fprintf()	Formatierte Ausgabe
puts()	fputs()	String-Ausgabe
putchar()	putc(), fputc()	Zeichenausgabe
scanf()	fscanf()	Formatierte Eingabe
gets()	fgets()	String-Eingabe
getchar()	getc(), fgetc()	Zeicheneingabe
perror()		String-Ausgabe nur an stderr

Tabelle 13.2: Die Stream-Funktionen der Standardbibliothek für die Ein- und Ausgabe.

Um diese Funktionen verwenden zu können, müssen Sie die Header-Datei stdio.h einbinden. Die Funktionen vprintf() und vfprintf() erfordern außerdem die Datei stdargs.h. Auf einigen Nicht-Linux-Systemen benötigt man für perror() die Header-Datei stdlib.h und für vprintf() und vfprintf() die Header-Datei varargs.h. Schauen Sie in der Bibliotheksreferenz Ihres Compilers oder in Ihren Manpages nach, ob Sie weitere oder andere Header-Dateien benötigen.

Ein Beispiel

Das kleine Programm aus Listing 13.1 demonstriert die Verwendung von Streams.

Listing 13.1: Die Gleichwertigkeit von Streams.

```
1:  /* Beispiel für die Gleichwertigkeit von Stream-Eingabe und -Ausgabe. */
2:  #include <stdio.h>
3:
4:  int main(void)
5:  {
6:      char puffer[256];
7:
8:      /* Liest eine Zeile ein und gibt sie sofort wieder aus. */
```

```
 9:
10:    puts(fgets(puffer, 256, stdin));
11:
12:    return 0;
13: }
```

In Zeile 10 wird mit Hilfe der Funktion `fgets()` eine Textzeile von der Tastatur (`stdin`) eingelesen. Da `fgets()` einen Zeiger auf den eingelesenen String zurückliefert, kann dieser als Argument an die Funktion `puts()` verwendet werden, die den String auf dem Bildschirm (`stdout`) ausgibt. Wenn das Programm ausgeführt wird, liest es eine Textzeile vom Anwender ein und gibt diesen String dann sofort auf dem Bildschirm aus.

Was Sie tun sollten	**Was nicht**
Nutzen Sie die Vorteile der Standardein- und -ausgabe-Streams von C.	Vermeiden Sie es, die Standard-Streams unnötig umzubenennen oder zu ändern.
	Versuchen Sie nicht, einen Eingabe-Stream wie `stdin` für eine Ausgabefunktion wie `fprintf()` zu verwenden.

Tastatureingaben einlesen

Die meisten C-Programme sind darauf angewiesen, in irgendeiner Form Daten von der Tastatur (das heißt, von `stdin`) einzulesen. Die zur Verfügung stehenden Eingabefunktionen kann man in eine Hierarchie von drei Ebenen einordnen: Zeicheneingabe, Zeileneingabe und formatierte Eingabe.

Zeicheneingabe

Die Zeicheneingabefunktionen lesen die Eingaben zeichenweise aus dem Stream ein. Wenn aufgerufen, liefern die Zeicheneingabefunktionen das nächste Zeichen im Stream zurück oder `EOF`, falls das Ende der Datei erreicht wurde oder ein Fehler aufgetreten ist. `EOF` ist eine symbolische Konstante, die in `stdio.h` als -1 definiert ist. Die Zeicheneingabefunktionen unterscheiden sich hinsichtlich der Pufferung und dem Bildschirmecho.

> Einige Zeicheneingabefunktionen sind *gepuffert*. Das bedeutet, dass das Betriebssystem so lange alle eingegebenen Zeichen in einem temporären Speicher zwischenspeichert, bis der Anwender die Eingabetaste drückt. Erst dann schickt das System die Zeichen an den `stdin`-Stream. Andere Funktionen sind *ungepuffert*, was bedeutet, dass die Zeichen direkt, d.h. sowie die entsprechende Taste gedrückt wird, an `stdin` geschickt werden.

▶ Einige Eingabefunktionen geben die eingelesenen Zeichen direkt als *Echo* an stdout aus. Da stdout dem Bildschirm zugewiesen ist, erscheint die Eingabe dort als Echo, und der Anwender kann sehen, was er eintippt. Andere Eingabefunktionen machen das nicht: Das Zeichen wird nur an stdin und nicht an stdout geschickt.

stdin und stdout sind unter Linux und anderen Unix-ähnlichen Betriebssystemen standardmäßig gepufferte Streams. Der Standardfehler-Stream ist ungepuffert. Es gibt zwar die Möglichkeit, das Standardverhalten von stdin und stdout zu ändern, aber das würde den Rahmen dieses Buches sprengen. Lassen Sie uns deshalb in der heutigen Lektion einmal davon ausgehen, dass stdin und stdout gepufferte Streams sind.

Die Funktion getchar()

Die Funktion getchar() liest das nächste Zeichen aus dem Stream stdin ein. Die Funktion unterstützt die gepufferte Zeicheneingabe mit Echoverhalten, und ihr Prototyp lautet:

int getchar(void);

In Listing 13.2 sehen Sie ein Beispiel für die Verwendung von getchar(). Die Funktion putchar(), die später noch besprochen wird, gibt einfach ein einzelnes Zeichen auf dem Bildschirm aus.

Listing 13.2: Die Funktion getchar().

```
1:  /* Beispiel für die Funktion getchar(). */
2:
3:  #include <stdio.h>
4:
5:  int main(void)
6:  {
7:      int ch;
8:
9:      while ((ch = getchar()) != '\n')
10:         putchar(ch);
11:
12:     return 0;
13: }
```

Ausgabe

Dies wurde eingegeben.
Dies wurde eingegeben.

Mit Bildschirm und Tastatur arbeiten

Analyse

In Zeile 9 wird die Funktion getchar() aufgerufen. Sie wartet auf den Empfang eines Zeichens von stdin. Da getchar() eine gepufferte Eingabefunktion ist, werden die Zeichen erst empfangen, wenn Sie die Eingabetaste drücken. Jede Taste, die Sie drücken, wird jedoch direkt als Echo auf dem Bildschirm ausgegeben.

Wenn Sie die Eingabetaste drücken, werden alle Zeichen einschließlich des Neue-Zeile-Zeichens vom Betriebssystem an stdin geschickt. Die Funktion getchar() liefert diese Zeichen zeichenweise zurück und weist sie jeweils ch zu.

Jedes eingelesene Zeichen wird mit dem Neue-Zeile-Zeichen '\n' verglichen und bei Nichtgleichheit mit putchar() auf den Bildschirm ausgegeben. Wenn getchar() ein Neue-Zeile-Zeichen zurückliefert, wird die while-Schleife beendet.

Die getchar()-Funktion kann auch dazu verwendet werden, ganze Textzeilen einzulesen (siehe Listing 13.3). Allerdings sind andere Eingabefunktionen für diese Aufgabe besser geeignet, wie Sie später noch sehen werden.

Listing 13.3: Mit der getchar()-Funktion eine ganze Textzeile einlesen.

```
1:  /* Mit getchar() Strings einlesen. */
2:
3:  #include <stdio.h>
4:
5:  #define MAX 80
6:
7:  int main(void)
8:  {
9:      char ch, puffer[MAX+1];
10:     int x = 0;
11:
12:     while ((ch = getchar()) != '\n' && x < MAX)
13:         puffer[x++] = ch;
14:
15:     puffer[x] = '\0';
16:
17:     printf("%s\n", puffer);
18:
19:     return 0;
20: }
```

Ausgabe

```
Dies ist ein String
Dies ist ein String
```

Analyse

Dieses Programm ist dem Programm in Listing 13.2 hinsichtlich der Verwendung von `getchar()` sehr ähnlich. Die Schleife wurde um eine weitere Bedingung erweitert. Dieses Mal akzeptiert die `while`-Schleife so lange Zeichen von `getchar()`, bis die Funktion entweder auf ein Neue-Zeile-Zeichen stößt oder 80 Zeichen eingelesen wurden. Die einzelnen Zeichen werden in dem Array `puffer` abgelegt. Nachdem die Zeichen eingelesen sind, hängt Zeile 15 ein Nullzeichen an das Ende des Arrays, so dass die `printf()`-Funktion in Zeile 17 den eingegebenen String ausgeben kann.

Warum wurde `puffer` in Zeile 9 mit einer Größe von `MAX+1` und nicht einfach mit `MAX` deklariert? Wenn Sie den Puffer mit einer Größe von `MAX+1` deklarieren, kann der String 80 Zeichen lang sein plus dem abschließenden Nullzeichen. Vergessen Sie nicht, am Ende Ihrer Strings Platz für das abschließenden Nullzeichen einzuplanen!

Die Funktionen getc() und fgetc()

Die Zeicheneingabefunktionen `getc()` und `fgetc()` arbeiten nicht automatisch mit `stdin`. Statt dessen kann das Programm selbst den zu verwendenden Eingabe-Stream angeben. Im Übrigen entspricht die Funktion `getchar()` unter Linux und den meisten anderen Unix-ähnlichen Systemen dem Aufruf `getc(stdin)`. Die Funktionen `getc()` und `fgetc()` werden hauptsächlich dazu verwendet, Zeichen aus Dateien zu lesen. Doch mehr dazu am Tag 15.

Was Sie tun sollten	Was nicht
Machen Sie sich den Unterschied zwischen Eingaben mit automatischem Bildschirmecho und ohne automatisches Bildschirmecho klar.	Verwenden Sie keine Nicht-ANSI-Funktionen, wenn Ihnen an der Portierbarkeit Ihres Codes gelegen ist.
Machen Sie sich den Unterschied zwischen gepufferter und ungepufferter Eingabe klar.	

Ein Zeichen mit ungetc() »zurückstellen«

Was bedeutet es, ein Zeichen »zurückzustellen«? Lassen Sie mich dies anhand eines Beispiels erläutern. Angenommen Ihr Programm liest Zeichen von einem Eingabe-Stream und kann das Ende der Eingabe nur feststellen, indem es ein Zeichen mehr als nötig einliest. Wenn beispielsweise nur Ziffern eingelesen werden sollen, wissen Sie, dass das Ende der Eingabe erreicht ist, wenn Sie beim Einlesen auf die erste Nichtziffer treffen. Es kann aber gut sein, dass gerade dieses Zeichen ein wichtiger Bestandteil der nachfolgenden Daten ist und leider durch das Einlesen aus dem Eingabe-Stream entfernt wurde. Heißt das, es ist für immer verloren? Nein. Es kann dem Eingabe-Stream wieder zugeführt werden, so dass es bei der nächsten Einleseoperation für diesen Stream als Erstes ausgelesen wird.

Um ein Zeichen »zurückzustellen«, rufen Sie die Bibliotheksfunktion ungetc() auf. Ihr Prototyp lautet:

```
int ungetc(int ch, FILE *fp);
```

Das Argument ch ist das Zeichen, das zurückgegeben werden soll. Das Argument *fp gibt den Stream an, dem das Zeichen zugeführt werden soll. Dabei kann es sich um einen beliebigen Eingabe-Stream handeln. Im Moment begnügen wir uns damit, als zweites Argument stdin zu übergeben: ungetc(ch, stdin);. Die Notation FILE *fp wird für Streams verwendet, die mit Dateien verbunden sind (mehr dazu am Tag 15).

Zwischen den einzelnen Einleseoperationen können Sie jeweils nur ein Zeichen zurückstellen. EOF lässt sich überhaupt nicht zurückstellen. Die Funktion ungetc() liefert im Erfolgsfall ch zurück oder EOF, wenn das Zeichen dem Stream nicht wieder zugeführt werden kann.

Zeileneingabe

Die Zeileneingabefunktionen lesen ganze Zeilen aus einem Eingabe-Stream ein – d.h. sie lesen alle Zeichen bis zum nächsten Neue-Zeile-Zeichen. In der Standardbibliothek stehen zwei Funktionen für das Einlesen von ganzen Zeilen zur Verfügung: gets() und fgets().

Die Funktion gets()

Die Funktion gets() wurde Ihnen bereits am Tag 9 vorgestellt, einschließlich aller Gefahren, die mit ihrer Verwendung verbunden sind. Mehr gibt es zu dieser Funktion nicht zu sagen.

Die Funktion fgets()

Die Bibliotheksfunktion fgets() ähnelt stark der Funktion gets(), und zwar insofern, als sie ebenfalls eine Textzeile aus einem Eingabe-Stream ausliest. Die Funktion fgets() ist allerdings wesentlich vielseitiger einsetzbar, weil der Programmierer den zu verwendenden Eingabe-Stream sowie die maximale Anzahl der einzulesenden Zeichen selbst angeben kann. fgets() wird häufig für das Einlesen von Text aus Dateien verwendet (wird am Tag 15 besprochen). Um die Funktion für das Einlesen aus stdin zu verwenden, müssen Sie stdin als Eingabe-Stream angeben. Der Prototyp von fgets() lautet:

char *fgets(char *str, int n, FILE *fp);

Der letzte Parameter, FILE *fp, dient zur Angabe des Eingabe-Streams. Geben Sie einfach den Standardeingabe-Stream stdin an, wie Sie es bereits seit seiner Einführung am Tag 9 gemacht haben.

Der Zeiger str verweist auf den Speicherplatz, an dem der Eingabestring abgelegt werden soll. Das Argument n gibt die maximale Anzahl der einzulesenden Zeichen an. Die Funktion fgets() liest so lange Zeichen aus dem Eingabe-Stream ein, bis sie auf ein Neue-Zeile-Zeichen trifft oder n-1 Zeichen eingelesen worden sind. Das Neue-Zeile-Zeichen wird in den String mit aufgenommen, der mit einem \0 abgeschlossen und gespeichert wird. fgets() liefert einen Zeiger vom Typ char zurück. Im Erfolgsfall weist dieser Zeiger auf die Adresse, an der der Eingabestring gespeichert ist; falls ein Fehler aufgetreten ist, wird ein NULL-Zeiger zurückgeliefert.

Beachten Sie, dass fgets() nicht zwangsweise eine ganze Textzeile einliest (wobei wir unter einer Textzeile eine Folge von Zeichen verstehen, die mit einem Neue-Zeile-Zeichen endet). Sie kann weniger als eine ganze Zeile einlesen, wenn die Zeile mehr als n-1 Zeichen enthält. Wenn Sie die Funktion zusammen mit stdin verwenden, kehrt die Programmausführung allerdings nicht automatisch nach n-1 Zeichen aus fgets() zurück, sondern erst dann, wenn der Anwender die Eingabetaste drückt. Es werden jedoch trotzdem nur die ersten n-1 Zeichen in dem String gespeichert. Listing 13.4 veranschaulicht die Verwendung von fgets().

Listing 13.4: Die Funktion fgets() für Tastatureingaben.

```
1:   /* Beispiel für die Funktion fgets(). */
2:
3:   #include <stdio.h>
4:
5:   #define MAXLAEN 10
6:
7:   int main(void)
8:   {
```

Mit Bildschirm und Tastatur arbeiten

```
 9:     char puffer[MAXLAEN];
10:
11:     puts("Geben Sie ganze Textzeilen ein. Ende mit Eingabetaste.");
12:
13:     while (1)
14:     {
15:         fgets(puffer, MAXLAEN, stdin);
16:
17:         if (puffer[0] == '\n')
18:             break;
19:
20:         puts(puffer);
21:     }
22:     return 0;
23: }
```

Ausgabe

Geben Sie ganze Textzeilen ein. Ende mit der Eingabetaste.
Rosen sind rot
Rosen sin
d rot
Veilchen sind blau
Veilchen
sind blau

Programmierung in C
Programmi
erung in
C

Für Leute wie Dich!
Für Leute
 wie Dich
!

Die fgets()-Funktion wird in Zeile 15 aufgerufen. Wenn Sie das Programm ausführen, geben Sie Zeilen ein, die länger oder kürzer sind, als in MAXLAEN definiert, und beobachten Sie was passiert. Wenn eine Zeile eingegeben wird, die länger als MAXLAEN ist, werden beim ersten Aufruf von fgets() die ersten MAXLAEN-1 Zeichen gelesen. Die restlichen Zeichen verbleiben im Tastaturpuffer und werden beim nächsten Aufruf von fgets() oder einer anderen Funktion, die aus stdin liest, ausgelesen. Das Programm wird verlassen, wenn eine Leerzeile eingegeben wird (Zeilen 17 und 18).

Formatierte Eingabe

Die bisher beschriebenen Eingabefunktionen haben einfach ein oder mehrere Zeichen aus einem Eingabe-Stream ausgelesen und irgendwo im Speicher abgelegt. Die Eingabe wurde weder interpretiert noch formatiert, und außerdem wissen Sie immer noch nicht, wie man numerische Variablen einliest. Wie würden Sie zum Beispiel den Wert 12.86 von der Tastatur einlesen und ihn einer Variablen vom Typ float zuweisen? Dazu stehen Ihnen die Funktion scanf() und fscanf() zur Verfügung. scanf() haben Sie bereits am Tag 6, »Grundlagen der Ein- und Ausgabe«, kennen gelernt. In diesem Abschnitt werden wir uns intensiver mit scanf() beschäftigen.

Die beiden Funktionen scanf() und fscanf() sind fast identisch. scanf() verwendet immer stdin, während Sie bei fscanf() den Eingabe-Stream angeben können. Dieser Abschnitt behandelt vornehmlich scanf(). fscanf() wird im Allgemeinen für das Einlesen aus Dateien verwendet und am Tag 15 besprochen.

Die Argumente der Funktion scanf()

Die Funktion scanf() kann eine beliebige Zahl von Argumenten übernehmen, erwartet allerdings mindestens zwei Argumente. Das erste Argument ist stets ein Formatstring, der scanf() mit Hilfe spezieller Zeichen mitteilt, wie die Eingabe zu interpretieren ist. Das zweite und alle weiteren Argumente sind die Adressen der Variablen, in denen die Eingabedaten abgespeichert werden. Sehen Sie dazu folgendes Beispiel:

```
scanf("%d", &x);
```

Das erste Argument, "%d", ist der Formatstring. Hier teilt %d der Funktion scanf() mit, nach einem vorzeichenbehafteten Integer-Wert Ausschau zu halten. Das zweite Argument verwendet den Adressoperator (&), damit scanf()den Eingabewert in der Variablen x speichern kann. Schauen wir uns den Formatstring jetzt einmal genauer an.

Der Formatstring von scanf() kann folgende Elemente enthalten:

▷ Leerzeichen und Tabulatoren, die ignoriert werden (sie können dazu verwendet werden, den Formatstring lesbarer zu machen).

▷ Zeichen (aber nicht %), die mit den Nicht-Whitespaces aus der Eingabe abgeglichen werden.

▷ Eine oder mehrere *Konvertierungsspezifizierer*, die aus einem %-Zeichen gefolgt von einem Sonderzeichen bestehen. Für jede Variable gibt man im Formatierungsstring einen eigenen Konvertierungsspezifizierer an.

> **Neuer Begriff** Der einzige obligatorische Teil des Formatstrings sind die Konvertierungsspezifizierer. Jeder Konvertierungsspezifizierer beginnt mit einem %-Zeichen, gefolgt von optionalen und obligatorischen Komponenten, die in einer bestimmten Reihenfolge stehen müsen. Die scanf()-Funktion wendet

die Konvertierungsspezifizierer im Formatstring der Reihe nach auf die Eingabefelder an. Ein *Eingabefeld* ist eine Folge von Nicht-Whitespace-Zeichen, das endet, wenn in der Eingabe das nächste Whitespace-Zeichen folgt oder die im Konvertierungsspezifizierer angegebene Feldlänge erreicht ist (falls der Spezifizierer eine Angabe für die Feldlänge enthält). Zu den Komponenten der Konvertierungsspezifizierer gehören:

- Das optionale Zuweisungsunterdrückungs-Flag (*) folgt direkt auf das %-Zeichen. Falls vorhanden, teilt dieses Zeichen scanf() mit, dass die Eingabe entsprechend dem aktuellen Konvertierungsspezifizierer durchzuführen, aber das Ergebnis zu ignorieren ist (das heißt, die Eingabe wird nicht in der Variablen gespeichert).

- Die nächste Komponente, die Feldlänge, ist ebenfalls optional. Die Feldlänge ist eine Dezimalzahl, die die Länge des Eingabefeldes in Zeichen angibt. Die Feldlänge gibt also an, wie viele Zeichen aus stdin von scanf() in die aktuelle Konvertierung einbezogen werden sollen. Wenn keine Feldlänge angegeben wird, erstreckt sich das Eingabefeld bis zum nächsten Whitespace-Zeichen.

- Die nächste Komponente ist der optionale Genauigkeitsmodifizierer: ein einzelnes Zeichen, das entweder h, l oder L lauten kann. Falls vorhanden, ändert der Genauigkeitsmodifizierer die Bedeutung des darauf folgenden Typspezifizierers (später mehr dazu).

- Die einzige erforderliche Komponente des Konvertierungsspezifizierers (abgesehen von %) ist der Typspezifizierer. Der Typspezifizierer besteht aus einem oder mehreren Zeichen und teilt scanf() mit, wie die Eingabe zu interpretieren ist. Eine Liste dieser Zeichen finden Sie in Tabelle 13.3. In der »Argument«-Spalte sind die entsprechenden Typen der zugehörigen Variablen angegeben. So benötigt zum Beispiel der Typspezifizierer d ein int*-Argument (ein Zeiger auf den Typ int).

Typ	Argument	Bedeutung des Typs
d	int *	Eine Dezimalzahl.
i	int *	Ein Integer in Dezimal-, Oktal- (mit führender 0) oder Hexadezimalnotation (mit führendem 0X oder 0x).
o	int *	Ein Integer in Oktalnotation mit oder ohne führende 0.
u	unsigned int *	Eine vorzeichenlose Dezimalzahl.
x	int *	Ein hexadezimaler Integer mit oder ohne führendes 0X oder 0x.

Tabelle 13.3: Zeichen für die Typspezifizierer, wie sie in den scanf()-Konvertierungsspezifizierern verwendet werden.

Tastatureingaben einlesen

Typ	Argument	Bedeutung des Typs
c	char *	Ein oder mehr Zeichen werden gelesen und hintereinander an der Speicherstelle abgelegt, die durch das Argument zu dem Spezifizierer vorgegeben ist. Es wird kein abschließendes \0 hinzugefügt. Wenn kein Argument für die Feldlänge angegeben wurde, wird nur ein Zeichen gelesen. Bei Angabe der Feldlänge wird die vorgegebene Anzahl an Zeichen, einschließlich Whitespace-Zeichen (soweit vorhanden), gelesen.
s	char *	Es wird ein String von Nicht-Whitespaces in die angegebene Speicherstelle eingelesen und ein abschließendes \0 hinzugefügt.
e,f,g	float *	Eine Fließkommazahl. Zahlen können in Dezimalschreibweise oder wissenschaftlicher Notation eingegeben werden.
[...]	char *	Ein String. Nur die Zeichen, die innerhalb der eckigen Klammern aufgelistet werden, werden akzeptiert. Die Eingabe endet, sobald scanf() auf ein nicht übereinstimmendes Zeichen trifft, die angegebene Feldlänge erreicht ist oder die Eingabetaste gedrückt wurde. Um das]-Zeichen zu akzeptieren, geben Sie es als Erstes an: []...]. Am Ende des Strings wird \0 hinzugefügt.
[^...]	char *	Das Gleiche wie [...], außer dass nur Zeichen akzeptiert werden, die nicht in eckigen Klammern stehen.
%	-	Literal %. Liest das %-Zeichen. Es erfolgt keine Zuweisung.

Tabelle 13.3: Zeichen für die Typspezifizierer, wie sie in den scanf()-Konvertierungsspezifizierern verwendet werden.

Bevor wir uns einige Beispiele zu scanf() anschauen, möchte ich Ihnen noch die Genauigkeitsmodifizierer etwas näher vorstellen:

Genauigkeitsmodifizierer	Bedeutung
h	Vor den Typspezifizierern d, i, o, u oder x gibt der Modifizierer h an, dass das Argument ein Zeiger auf den Typ short und nicht int ist.
l	Vor den Typspezifizierern d, i, o, u oder x gibt der Modifizierer l an, dass das Argument ein Zeiger auf den Typ long ist. Vor den Typspezifizierern e, f oder g gibt der Modifizierer l an, dass das Argument ein Zeiger auf den Typ double ist.
L	Vor den Typspezifizierern e, f oder g gibt der Modifizierer L an, dass das Argument ein Zeiger auf den Typ long double ist.

Tabelle 13.4: Genauigkeitsmodifizierer.

Handhabung übrig gebliebener Zeichen

Die Eingabe für `scanf()` ist gepuffert. Erst wenn der Anwender die Eingabetaste drückt, schickt `stdin` die Zeichen. Dann kommt die ganze Zeichenkette von `stdin` bei `scanf()` an und wird Zeichen für Zeichen verarbeitet. Die Funktion `scanf()` gibt die Programmausführung erst wieder ab, wenn sie so viele Zeichen empfangen hat, wie gemäß den Angaben im Formatstring benötigt werden. Werden mehr Zeichen als benötigt von `stdin` geschickt, verarbeitet `scanf()` nur so viele Zeichen, wie im Formatstring angegeben. Etwaige übrig gebliebene, nicht benötigte Zeichen verbleiben in `stdin`. Diese Zeichen können Probleme verursachen. Betrachten wir die Funktionsweise von `scanf()` einmal näher, um zu sehen, wo Probleme bestehen.

Nehmen wir an, `scanf()` wird mit den folgenden Argumenten aufgerufen: `scanf("%d %d", &x, &y)`, d.h. `scanf()` erwartet zwei Dezimalwerte. Nachdem der Anwender als Antwort eine Zeile über die Tastatur eingegeben hat, gibt es drei Möglichkeiten:

▸ Die Zeile, die der Anwender eingibt, stimmt mit dem Formatstring überein. Angenommen, der Anwender gibt 12 14 gefolgt von der Eingabetaste ein. In diesem Fall gibt es keine Probleme. Der Funktion `scanf()` ist Genüge getan, und es verbleiben keine Zeichen in `stdin`.

▸ Die Zeile, die der Anwender eingibt, hat zu wenig Elemente, um mit dem Formatstring übereinzustimmen. Angenommen, der Anwender gibt 12 gefolgt von der Eingabetaste ein. In diesem Fall wartet `scanf()` auf die noch fehlende Eingabe. Erst nachdem diese Eingabe nachgeholt und von `scanf()` empfangen wurde, wird das Programm fortgesetzt. Es verbleiben keine Zeichen in `stdin`.

▸ Die Zeile, die der Anwender eingibt, hat mehr Elemente, als vom Formatstring vorgegeben. Angenommen, der Anwender gibt 12 14 16 gefolgt von der Eingabetaste ein. In diesem Fall liest `scanf()` 12 und 14 ein und kehrt dann zurück. Die übrig gebliebenen Zeichen, 1 und 6, verbleiben in `stdin`.

Es ist diese dritte Situation – die übrig gebliebenen Zeichen –, die Probleme verursachen kann. Solange Ihr Programm läuft, bleiben diese Zeichen in `stdin` – bis das Programm erneut Eingaben aus `stdin` ausliest. Dann werden die in `stdin` verbliebenen Zeichen als Erstes ausgelesen, sogar noch vor der Eingabe, die der Anwender diesmal vornimmt. Es sollte klar sein, dass es dabei zu Fehlern kommen kann. Beispielsweise fordert der folgende Code den Anwender auf, erst einen Integer und dann einen String einzugeben:

```
puts("Geben Sie Ihr Alter ein.");
scanf("%d", &alter);
puts("Geben Sie Ihren Vornamen ein.");
scanf("%s", name);
```

Angenommen der Anwender ist übergenau und gibt als Antwort auf die erste Eingabeaufforderung 29.00 ein und drückt dann die Eingabetaste. Der erste Aufruf an `scanf()`

hält Ausschau nach einem Integer. Deshalb liest er die Zeichen 29 von stdin ein und weist diesen Wert der Variablen alter zu. Die Zeichen .00 verbleiben in stdin. Der nächste Aufruf an scanf() hält Ausschau nach einem String. Auf der Suche nach einer Eingabe in stdin findet er dort .00. Folglich wird der String .00 der Variablen name zugewiesen.

Wie können Sie solche Fehler vermeiden? Eine Lösung wäre, dass alle, die Ihre Programme ausführen, nie einen Fehler machen – allerdings ist das äußerst unwahrscheinlich.

Eine bessere Lösung wäre es, sicherzustellen, dass keine Zeichen in stdin sind, wenn man den Anwender um eine Eingabe bittet. Das lässt sich mit einem Aufruf von fgets() bewerkstelligen – einer Funktion, die alle verbliebenen Zeichen von stdin bis einschließlich dem Zeilenende einliest. Statt fgets() direkt aufzurufen, können Sie diesen Aufruf auch in einer separaten Funktion mit dem anschaulichen Namen tastatur_loeschen() unterbringen – wie in Listing 13.5 zu sehen.

Listing 13.5: Übrig gebliebene Zeichen aus stdin löschen, um Fehler zu vermeiden.

```
1:  /* Übrig gebliebene Zeichen in stdin löschen. */
2:
3:  #include <stdio.h>
4:
5:  void tastatur_loeschen(void);
6:
7:  int main(void)
8:  {
9:      int alter;
10:     char name[20];
11:
12:     /* Fragt nach dem Alter des Anwenders. */
13:
14:     puts("Geben Sie Ihr Alter ein.");
15:     scanf("%d", &alter);
16:
17:     /* Löscht alle übrig gebliebenen Zeichen in stdin. */
18:
19:     tastatur_loeschen();
20:
21:     /* Fragt nach dem Namen des Anwenders. */
22:
23:     puts("Geben Sie Ihren Vornamen ein.");
24:     scanf("%s", name);
25:     /* Gibt die Daten aus. */
```

```
26:
27:     printf("Ihr Alter ist %d.\n", alter);
28:     printf("Ihr Name lautet %s.\n", name);
29:
30:     return 0;
31: }
32:
33: void tastatur_loeschen(void)
34:
35: /* Löscht alle in stdin verbliebenen Zeichen. */
36: {
37:     char muell[80];
38:     fgets(muell,80,stdin);
39: }
```

Ausgabe

```
Geben Sie Ihr Alter ein.
29 und keinen Tag älter!
Geben Sie Ihren Vornamen ein.
Bradley
Ihr Alter ist 29.
Ihr Name lautet Bradley.
```

Analyse

Wenn Sie das Programm aus Listing 13.5 ausführen, sollten Sie einige zusätzliche Zeichen eingeben, wenn Sie nach Ihrem Alter gefragt werden. Vergewissern Sie sich, dass das Programm diese Zeichen ignoriert und Sie korrekt nach Ihrem Namen fragt. Ändern Sie anschließend das Programm, indem Sie den Aufruf von tastatur_loeschen() entfernen, und starten Sie es dann erneut. Alle zusätzlichen Zeichen, die zusammen mit Ihrem Alter eingegeben wurden, werden jetzt name zugewiesen.

Übrig gebliebene Zeichen mit fflush() entfernen

Es gibt noch einen zweiten Weg, die zu viel eingegebenen Zeichen zu löschen. Mit der Funktion fflush() können die Daten in einem Stream – auch im Standardeingabe-Stream – gelöscht werden. fflush() wird im Allgemeinen zusammen mit Dateien verwendet (die am Tag 15 behandelt werden). Sie können die Funktion jedoch auch zur Vereinfachung des Listings 13.5 verwenden. Listing 13.6 verwendet fflush() anstelle der Funktion tastatur_loeschen(), die in Listing 13.5 benutzt wurde.

Listing 13.6: Übrig gebliebene Zeichen mit fflush() aus stdin löschen.

```
1:   /* Löscht alle übrig gebliebenen Zeichen in stdin */
2:   /* mit Hilfe der Funktion fflush().                */
3:   #include <stdio.h>
4:
5:   int main(void)
6:   {
7:       int alter;
8:       char name[20];
9:
10:      /* Fragt nach dem Alter des Anwenders. */
11:      puts("Geben Sie Ihr Alter ein.");
12:      scanf("%d", &alter);
13:
14:      /* Löscht alle in stdin verbliebenen Zeichen. */
15:      fflush(stdin);
16:
17:      /* Fragt nach dem Namen des Anwenders. */
18:      puts("Geben Sie Ihren Vornamen ein.");
19:      scanf("%s", name);
20:
21:      /* Gibt die Daten aus. */
22:      printf("Ihr Alter ist %d.\n", alter);
23:      printf("Ihr Name lautet %s.\n", name);
24:
25:      return 0;
26:  }
```

Ausgabe

```
Geben Sie Ihr Alter ein.
29 und keinen Tag älter!
Geben Sie Ihren Vornamen ein.
Bradley
Ihr Alter ist 29.
Ihr Name lautet Bradley.
```

Analyse

Wie Sie in Zeile 15 sehen können, wird hier die Funktion fflush() verwendet. Der Prototyp für fflush() lautet:

int fflush(FILE *stream);

Mit Bildschirm und Tastatur arbeiten

stream ist der Stream, dessen Inhalt gelöscht werden soll. In Listing 13.6 wird der Standardeingabe-Stream stdin als Wert für stream übergeben.

Beispiele für scanf()

Der beste Weg, sich mit der Funktionsweise von scanf() vertraut zu machen, ist die praktische Anwendung. scanf() ist eine mächtige Funktion, die manchmal auch ziemlich verwirrend sein kann. Experimentieren Sie mit der Funktion und schauen Sie, was passiert. Listing 13.7 demonstriert einige der eher ungewöhnlichen Einsatzmöglichkeiten von scanf(). Sie sollten dieses Programm kompilieren und ausführen und dann zur Übung kleine Änderungen an den Formatstrings von scanf() vornehmen.

Listing 13.7: Einige Beispiele für den Einsatz von scanf() zur Tastatureingabe.

```
1:  /* Beispiele für den Einsatz von scanf(). */
2:
3:  #include <stdio.h>
4:
5:
6:
7:  int main(void)
8:  {
9:      int i1, i2;
10:     long l1;
11:
12:     double d1;
13:     char puffer1[80], puffer2[80];
14:
15:     /* Mit dem Modifizierer l long-Integer und double-Werte einlesen */
16:
17:     puts("Geben Sie einen Integer und eine Fließkommazahl ein.");
18:     scanf("%ld %lf", &l1, &d1);
19:     printf("\nIhre Eingabe lautete %ld und %f.\n",l1, d1);
20:     puts("Der Formatstring von scanf() verwendete den Modifizierer l,");
21:     puts("um die Eingabe in long- und double-Werten zu speichern.\n");
22:
23:     fflush(stdin);
24:
25:     /* Aufsplittung der Eingabe durch Angabe von Feldlängen. */
26:
27:     puts("Geben Sie einen Integer aus 5 Ziffern ein (z.B. 54321).");
28:     scanf("%2d%3d", &i1, &i2);
29:
30:     printf("\nIhre Eingabe lautete %d und %d.\n", i1, i2);
31:     puts("Der Feldlängenspezifizierer in dem Formatstring von scanf()");
```

Tastatureingaben einlesen

```
32:     puts("splittete Ihre Eingabe in zwei Werte auf.\n");
33:
34:     fflush(stdin);
35:
36:     /* Verwendet ein ausgeschlossenes Leerzeichen, um eine */
37:     /* Eingabezeile beim Leerzeichen in zwei Strings aufzuteilen. */
38:
39:     puts("Geben Sie Vor- u. Nachnamen getrennt durch Leerzeichen ein.");
40:     scanf("%[^ ]%s", puffer1, puffer2);
41:     printf("\nIhr Vorname lautet %s\n", puffer1);
42:     printf("Ihr Nachname lautet %s\n", puffer2);
43:     puts("[^ ] in dem Formatstring von scanf() hat durch Ausschließen");
44:     puts("des Leerzeichens die Aufsplittung der Eingabe bewirkt.");
45:
46:     return 0;
47: }
```

Ausgabe

Geben Sie einen Integer und eine Fließkommazahl ein.
123 45.6789

Ihre Eingabe lautete 123 und 45.678900.
Der Formatstring von scanf() verwendete den Modifizierer l,
um die Eingabe in long- und double-Werten zu speichern.

Geben Sie einen Integer aus 5 Ziffern ein (z.B. 54321).
54321

Ihre Eingabe lautete 54 und 321.
Der Feldlängenspezifizierer in dem Formatstring von scanf()
splittete Ihre Eingabe in zwei Werte auf.

Geben Sie Vor- u. Nachnamen getrennt durch Leerzeichen ein.
Gayle Johnson

Ihr Vorname lautet Gayle
Ihr Nachname lautet Johnson
[^] in dem Formatstring von scanf() hat durch Ausschließen
des Leerzeichens die Aufsplittung der Eingabe bewirkt.

Analyse

Dieses Listing beginnt mit der Definition einiger Variablen für die Dateneingabe (Zeilen 9 bis 13). Anschließend führt Sie das Programm schrittweise durch die Eingabe verschiedener Daten. Die Zeilen 17 bis 21 fordern Sie auf, einen Integer vom Typ `long` und eine Fließkommazahl vom Typ `double` einzugeben, die dann ausgegeben werden. Zeile 23 ruft die Funktion `fflush()` auf, um unerwünschte Zeichen aus dem Standardeingabe-Stream zu löschen. Die Zeilen 27 und 28 lesen den nächsten Wert ein, einen Integer aus fünf Ziffern. Da in dem zugehörigen `scanf()`-Aufruf Längenspezifizierer verwendet wurden, wird der fünfteilige Integer in zwei Integer getrennt – einen, der aus zwei Ziffern besteht, und einen weiteren, der aus drei Ziffern besteht. Zeile 34 ruft erneut `fflush()` auf, um den Tastaturpuffer zu löschen. Das letzte Beispiel in den Zeilen 36 bis 44 verwendet ein Ausschlusszeichen. In Zeile 40 wird `scanf()` durch den Konvertierungsspezifizierer `%[^ ]` aufgefordert, einen String einzulesen, aber bei Leerzeichen anzuhalten. Dies stellt eine weitere Möglichkeit dar, die Eingabe aufzusplitten.

Nehmen Sie sich die Zeit, das Listing abzuwandeln und es mit anderen Eingaben auszuprobieren, und begutachten Sie die erzielten Ergebnisse.

Mit der Funktion `scanf()` kann man sich praktisch in jeder Situation, in der Benutzereingaben benötigt werden, behelfen. Insbesondere beim Einlesen von Zahlenwerten verwendet man `scanf()`, während man Strings einfacher mit `fgets()` einliest. Gelegentlich ist es aber auch lohnenswert, eigene Eingabefunktionen zu schreiben.

Was Sie tun sollten	Was nicht
Verwenden Sie den Längenspezifizierer, wenn Sie mit `scanf()` Strings einlesen. So verhindern Sie, dass mehr Zeichen eingelesen werden, als in den zur Verfügung stehenden Speicher passen.	Vermeiden Sie `gets()`. Vergessen Sie nicht, den Eingabe-Stream auf übrig gebliebene Zeichen zu checken.
Verwenden Sie die `scanf()`-Funktionen anstelle der `fscanf()`-Funktionen, wenn Sie mit der Standardeingabedatei (`stdin`) arbeiten.	

Bildschirmausgabe

Die Funktionen für die Bildschirmausgabe fallen in die gleichen drei allgemeinen Kategorien wie die Eingabefunktionen: Zeichenausgabe, Zeilenausgabe und formatierte Ausgabe. Einige davon kennen Sie bereits von früheren Kapiteln. In diesem Abschnitt werden alle Funktionen ausführlich behandelt.

Zeichenausgabe mit putchar(), putc() und fputc()

Die Zeichenausgabefunktionen der C-Bibliothek schicken ein einzelnes Zeichen an einen Stream. Die Funktion putchar() sendet die Ausgabe an stdout (normalerweise der Bildschirm). Die Funktionen fputc() und putc() senden ihre Ausgabe an den Stream, der Ihnen als Argument übergeben wird.

Die Funktion putchar()

Der Prototyp für putchar(), der in stdio.h deklariert ist, lautet:

```
int putchar(int c);
```

Diese Funktion schreibt das Zeichen, das in c gespeichert ist, in den Standardausgabe-Stream stdout. Auch wenn der Prototyp ein Argument vom Typ int angibt, übergeben Sie putchar() ein Argument vom Typ char. Sie können ihr aber auch eines vom Typ int übergeben, solange der Wert des Arguments einem Zeichen entspricht (das heißt im Bereich von 0 bis 255 liegt). Die Funktion liefert das Zeichen zurück, das gerade geschrieben wurde, oder EOF, wenn ein Fehler aufgetreten ist.

Ein Beispiel für putchar() konnten Sie schon in Listing 13.2 sehen. Listing 13.8 gibt die Zeichen mit den ASCII-Werten zwischen 14 und 127 aus.

Listing 13.8: Die Funktion putchar().

```
 1: /* Beispiel für putchar(). */
 2:
 3: #include <stdio.h>
 4: int main(void)
 5: {
 6:     int count;
 7:
 8:     for (count = 14; count < 128; )
 9:         putchar(count++);
10:
11:     return 0;
12: }
```

Sie können mit der putchar()-Funktion ebenso Strings ausgeben (Listing 13.9), auch wenn andere Funktionen für diesen Zweck besser geeignet sind.

Listing 13.9: Einen String mit putchar() ausgeben.

```
 1: /* Mit putchar() Strings ausgeben. */
 2:
 3: #include <stdio.h>
 4:
 5: #define MAXSTRING 80
 6:
 7: char nachricht[] = "Ausgegeben mit putchar().";
 8: int main(void)
 9: {
10:     int count;
11:
12:     for (count = 0; count < MAXSTRING; count++)
13:     {
14:
15:         /* Sucht das Ende des Strings. Ist es gefunden, wird ein */
16:         /* Neue-Zeile-Zeichen geschrieben und die Schleife verlassen. */
17:
18:         if (nachricht[count] == '\0')
19:         {
20:             putchar('\n');
21:             break;
22:         }
23:         else
24:
25:         /* Wird kein Stringende gefunden, nächstes Zeichen schreiben. */
26:
27:             putchar(nachricht[count]);
28:     }
29:     return 0;
30: }
```

Ausgegeben mit putchar().

Die Funktionen putc() und fputc()

Diese beiden Funktionen führen die gleiche Aufgabe aus – sie senden jeweils ein Zeichen an einen angegebenen Stream. putc() ist eine Makro-Implementierung von fputc(). Am Tag 20, »Compiler für Fortgeschrittene«, erfahren Sie mehr über Makros. Im Moment halten Sie sich am besten an fputc(). Ihr Prototyp lautet:

```
int fputc(int c, FILE *fp);
```

Der Parameter FILE *fp mag Sie vielleicht etwas verwirren. Über das Argument zu diesem Parameter übergeben Sie fputc() den Ausgabe-Stream (mehr dazu am Tag 15). Wenn Sie stdout als Stream übergeben, verhält sich fputc() genauso wie putchar(). Demzufolge sind die beiden folgenden Anweisungen bedeutungsgleich:

```
putchar('x');
fputc('x', stdout);
```

Stringausgabe mit puts() und fputs()

Ihre Programme werden wesentlich häufiger Strings als einfache Zeichen auf dem Bildschirm ausgeben. Strings können mit einer der Bibliotheksfunktionen puts() oder mit fputs() ausgeben werden. Die Funktion fputs() entspricht puts(), erlaubt aber die Angabe des Ausgabe-Streams. Der Prototyp für puts() lautet:

```
int puts(char *cp);
```

*cp ist ein Zeiger auf das erste Zeichen des Strings, den Sie ausgeben wollen. Die Funktion puts() gibt den ganzen String (ohne das abschließende Nullzeichen) aus und schließt die Ausgabe mit einem Neue-Zeile-Zeichen ab. Im Erfolgsfall liefert puts() einen positiven Wert zurück, im Falle eines Fehlers EOF. (Zur Erinnerung: EOF ist eine symbolische Konstante mit dem Wert -1, die in stdio.h definiert ist.)

Die puts()-Funktion kann für die Ausgabe eines beliebigen Strings benutzt werden, wie das Beispiel in Listing 13.10 zeigt.

Listing 13.10: Mit der Funktion puts() Strings ausgeben.

```
1:  /* Beispiel für puts(). */
2:
3:  #include <stdio.h>
4:
5:  /* Deklariert und initialisiert ein Array von Zeigern. */
6:
7:  char *nachrichten[5] = { "Dies", "ist", "eine", "kurze", "Nachricht." };
8:
9:  int main(void)
10: {
11:     int x;
12:
13:     for (x=0; x<5; x++)
```

```
14:        puts(nachrichten[x]);
15:
16:    puts("Und dies ist das Ende!");
17:
18:    return 0;
19: }
```

Ausgabe

Dies
ist
eine
kurze
Nachricht.
Und dies ist das Ende!

Analyse

In dem Listing wird ein Array von Zeigern deklariert – eine Konstruktion, die bisher noch nicht behandelt wurde, aber zu der wir morgen kommen werden. Die Zeilen 13 und 14 geben die Strings, die in dem nachrichten-Array gespeichert sind, der Reihe nach aus.

Formatierte Ausgabe mit printf() und fprintf()

Bis jetzt konnte man mit den Ausgabefunktionen nur Zeichen und Strings ausgeben. Wie aber steht es mit Zahlen? Um Zahlen auszugeben, müssen Sie die C-Bibliotheksfunktionen für die formatierte Ausgabe, printf() und fprintf(), verwenden. (Dass man mit diesen Funktionen natürlich auch Strings und Zeichen ausgeben kann, muss wohl nicht mehr erwähnt werden.) Offiziell haben Sie printf() bereits am Tag 6 kennen gelernt und seitdem fast in jedem Kapitel verwendet. Dieser Abschnitt soll die noch fehlenden Details nachtragen.

Die beiden Funktionen printf() und fprintf() sind praktisch identisch, bis auf den kleinen Unterschied, dass printf() die Ausgabe immer an stdout schickt, während man fprintf() den gewünschten Ausgabe-Stream als Argument übergibt. fprintf() wird in der Regel für das Schreiben in Dateien verwendet. Darauf werden wir in Kapitel 15 eingehen.

Die printf()-Funktion übernimmt eine beliebige Anzahl an Argumenten, mindestens jedoch eines. Dieses Argument ist der Formatstring, der printf() mitteilt, wie die Ausgabe formatiert werden soll. Die optionalen Argumente sind die Variablen und Ausdrücke, deren Werte Sie ausgeben wollen. Betrachten wir einige einfache Beispiele, die Ihnen ein Gefühl für die Verwendung von `printf()` geben sollen:

- Die Anweisung `printf("Hallo, Welt.");` gibt die Nachricht `Hallo, Welt.` auf dem Bildschirm aus. In diesem Beispiel wird nur ein Argument, der Formatstring, verwendet. Der Formatstring enthält in diesem Fall lediglich einen einfachen literalen String, der auf dem Bildschirm ausgegeben werden soll.

- Die Anweisung `printf("%d", i);` gibt den Wert der Integer-Variablen `i` auf dem Bildschirm aus. Der Formatstring enthält nur den Formatspezifizierer `%d`, der `printf()` mitteilt, eine Dezimalzahl auszugeben. Das zweite Argument, `i`, ist der Name der Variablen, deren Wert ausgegeben werden soll.

- Die Anweisung `printf("%d plus %d gleich %d", a, b, a+b);` gibt `2 plus 3 gleich 5` auf dem Bildschirm aus (unter der Voraussetzung, dass `a` und `b` Integer-Variablen mit den Werten 2 und 3 sind). Hier übernimmt `printf()` vier Argumente: einen Formatstring, der literalen Text und Formatspezifizierer enthält, sowie zwei Variablen und einen Ausdruck, deren Werte ausgegeben werden sollen.

Betrachten wir den Formatstring von `printf()` etwas eingehender. Er kann folgende Elemente haben:

- Keinen, einen oder mehrere Konvertierungsbefehle, die `printf()` angeben, wie die zugehörigen Werte aus der Argumentenliste ausgegeben werden sollen. Ein Konvertierungsbefehl besteht aus einem `%` gefolgt von einem oder mehreren Zeichen.

- Zeichen, die nicht Teil eines Konvertierungsbefehls sind und unverändert ausgegeben werden.

Der Formatstring des dritten Beispiels lautete: `%d plus %d gleich %d`. In diesem Fall sind die drei `%d` Konvertierungsbefehle und der Rest des Strings, einschließlich der Leerzeichen, literale Zeichen, die unverändert ausgegeben werden.

Jetzt sind wir soweit, dass wir den Konvertierungsbefehl zerlegen können. Die folgende Zeile gibt Ihnen eine Übersicht über die einzelnen Komponenten des Befehls, die anschließend erklärt werden. Die Komponenten in eckigen Klammern sind optional.

`%[flag][feld_laenge][.[genauigkeit]][l]konvertierungszeichen`

Dabei ist `konvertierungszeichen` der einzige erforderliche Teil eines Konvertierungsbefehls (abgesehen von %). Tabelle 13.5 bietet eine Übersicht über die Konvertierungszeichen und ihre Bedeutung.

Konvertierungszeichen	Bedeutung
d, i	Gibt einen vorzeichenbehafteten Integer in Dezimalschreibweise aus.
u	Gibt einen vorzeichenlosen Integer in Dezimalschreibweise aus.
o	Gibt einen Integer in vorzeichenloser Oktalschreibweise aus.
x, X	Gibt einen Integer in vorzeichenloser Hexadezimalschreibweise aus. Verwendet x für die Ausgabe in Kleinbuchstaben und X für Großbuchstaben.
c	Gibt ein einzelnes Zeichen aus (das Argument enthält den ASCII-Code des Zeichens).
e, E	Gibt einen float- oder double-Wert in wissenschaftlicher Notation aus (zum Beispiel wird 123.45 als 1.234500e+002 ausgegeben). Rechts des Dezimalpunktes werden sechs Ziffern angezeigt, es sei denn, es wird mit dem Spezifizierer f eine andere Genauigkeit angegeben. Verwenden Sie e oder E, um die Groß- und Kleinschreibung der Ausgabe zu steuern.
f	Gibt einen float- oder double-Wert in Dezimalschreibweise aus (zum Beispiel wird 123.45 als 123.450000 ausgegeben). Rechts des Dezimalpunktes werden sechs Ziffern angezeigt, es sei denn, es wird eine andere Genauigkeit angegeben.
g, G	Verwendet das Format e, E oder f. Das Format e oder E wird verwendet, wenn der Exponent kleiner als -3 oder größer als die Genauigkeit ist (standardmäßig 6). Ansonsten wird das Format f verwendet. Nullen am Ende werden abgeschnitten.
n	Nichts wird angezeigt. Das Argument, das einem n-Konvertierungsbefehl entspricht, ist ein Zeiger auf den Typ int. Die Funktion printf() weist dieser Variablen die Zahl der bis dahin ausgegebenen Zeichen zu.
s	Gibt einen String aus. Das Argument ist ein Zeiger auf char. Es wird eine Folge von Zeichen ausgegeben, bis ein Nullzeichen auftritt oder die von der Genauigkeit angegebene Zahl an Zeichen (standardmäßig 32767) ausgegeben wurde. Das abschließende Nullzeichen wird nicht ausgegeben.
%	Gibt das %-Zeichen aus.

Tabelle 13.5: *Die Konvertierungszeichen von printf() und fprintf()*.

Vor das Konvertierungszeichen können Sie den Modifizierer l setzen. Wenn Sie den Modifizierer auf die Konvertierungszeichen o, u, x, X, i, d und b anwenden, gibt er an, dass das Argument statt vom Typ int vom Typ long ist. Für die Konvertierungszeichen e, E, f, g oder G gibt der Modifizierer an, dass das Argument vom Typ double ist. Vor allen anderen Konvertierungszeichen wird der l-Modifizierer ignoriert.

Der Genauigkeitsspezifizierer besteht aus einem Dezimalpunkt (.), der entweder allein steht oder von einer Zahl gefolgt wird. Ein Genauigkeitsspezifizierer kann nur zusammen mit den Konvertierungszeichen e, E, f, g, G und s verwendet werden. Er gibt die Anzahl der Ziffern an, die rechts vom Dezimalpunkt ausgegeben werden sollen. Zusammen mit s gibt der Genauigkeitsspezifizierer an, wie viele Zeichen ausgegeben werden sollen. Der Dezimalpunkt allein bedeutet eine Genauigkeit von 0.

Der Feldlängen-Spezifizierer legt die minimale Anzahl der auszugebenden Zeichen fest. Er kann folgende Formen annehmen:

- Eine Dezimalzahl, die nicht mit 0 beginnt. Die Ausgabe wird links mit Leerzeichen aufgefüllt, um der geforderten Feldlänge zu entsprechen.
- Eine Dezimalzahl, die mit 0 beginnt. Die Ausgabe wird links mit Nullen aufgefüllt, um der geforderten Feldlänge zu entsprechen.
- Das *-Zeichen. Der Wert des nächsten Arguments (der vom Typ int sein muss) wird als Feldlänge verwendet. Wenn zum Beispiel w vom Typ int mit einem Wert von 10 ist, dann gibt die Anweisung printf("%*d", w, a); den Wert von a mit einer Feldlänge von 10 aus.

Wenn keine Feldlänge angegeben wird oder die angegebene Feldlänge kürzer als die Ausgabe ist, wird das Ausgabefeld gerade so lang wie nötig.

Der letzte optionale Teil des Formatstrings von printf() ist das Flag, das direkt auf das %-Zeichen folgt. Es gibt genau vier Flags:

-	Bewirkt, dass die Ausgabe im Feld linksbündig anstatt rechtsbündig (der Standard) erfolgt.
+	Bewirkt, dass vorzeichenbehaftete Zahlen immer mit einem führenden + oder – ausgegeben werden.
' '	Ein Leerzeichen bewirkt, dass vor positiven Zahlen ein Leerzeichen ausgegeben wird.
#	Dieses Flag gilt nur für die Konvertierungszeichen x, X und o. Es gibt an, dass Zahlen ungleich Null mit einem führenden 0X oder 0x (für x und X) oder einer führenden 0 (für o) ausgegeben werden.

Bei Aufruf von printf() können Sie den Formatstring als Stringliteral in doppelten Anführungszeichen, aber auch als im RAM gespeicherten String mit abschließendem Nullzeichen übergeben. In letzterem Fall übergeben Sie printf() einfach einen Zeiger auf den String. So entspricht zum Beispiel die Anweisung

```
char *fmt = "Die Antwort lautet %f.";
printf(fmt, x);
```

der Anweisung

```
printf("Die Antwort lautet %f.", x);
```

Wie bereits am Tag 6 erklärt, kann der Formatstring von `printf()` Escape-Sequenzen enthalten. In Tabelle 13.6 sind die gängigsten Escape-Sequenzen aufgeführt. Wenn Sie zum Beispiel die Sequenz für »Neue Zeile« (\n) in den Formatstring mit aufnehmen, wird die nachfolgende Ausgabe auf dem Bildschirm in eine neue Zeile gesetzt.

Sequenz	Bedeutung
\a	Beep (akustisches Signal)
\b	Backspace
\n	Neue Zeile
\t	Horizontaler Tabulator
\\	Backslash
\?	Fragezeichen
\'	Einfaches Anführungszeichen
\"	Doppeltes Anführungszeichen

Tabelle 13.6: Die gängigsten Escape-Sequenzen.

Die Funktion `printf()` ist etwas kompliziert. Den Umgang mit `printf()` lernen Sie am besten, indem Sie Beispiele betrachten und dann selbst mit der Funktion experimentieren. In Listing 13.11 finden Sie viele Möglichkeiten für den Einsatz von `printf()`.

Listing 13.11: Einige Möglichkeiten für den Einsatz von printf().

```
1:  /* Beispiele für printf(). */
2:
3:  #include <stdio.h>
4:
5:  char *m1 = "Binaer";
6:  char *m2 = "Dezimal";
7:  char *m3 = "Oktal";
8:  char *m4 = "Hexadezimal";
9:
10: int main(void)
11: {
12:     float d1 = 10000.123;
13:     int n, f;
14:
15:
16:     puts("Eine Zahl mit unterschiedlichen Feldlängen ausgeben.\n");
17:
18:     printf("%5f\n", d1);
19:     printf("%10f\n", d1);
```

Bildschirmausgabe

TAG 13

```
20:        printf("%15f\n", d1);
21:        printf("%20f\n", d1);
22:        printf("%25f\n", d1);
23:
24:        puts("\n Weiter mit der Eingabetaste...");
25:        fflush(stdin);
26:        getchar();
27:
28:        puts("\nVerwendet den Feldlängenspezifizierer *, um");
29:        puts("die Feldlänge aus der Argumentenliste zu übernehmen.\n");
30:
31:        for (n=5;n<=25; n+=5)
32:           printf("%*f\n", n, d1);
33:
34:        puts("\n Weiter mit der Eingabetaste...");
35:        fflush(stdin);
36:        getchar();
37:
38:        puts("\nNimmt führende Nullen mit auf.\n");
39:
40:        printf("%05f\n", d1);
41:        printf("%010f\n", d1);
42:        printf("%015f\n", d1);
43:        printf("%020f\n", d1);
44:        printf("%025f\n", d1);
45:
46:        puts("\n Weiter mit der Eingabetaste...");
47:        fflush(stdin);
48:        getchar();
49:
50:        puts("\nAnzeige in oktaler, dezimaler und hexadezimaler Notation.");
51:        puts("# stellt oktalen und HEX-Ausgaben 0 oder 0X voran.");
52:        puts("- richtet Werte in Feldern linksbündig aus.");
53:        puts("Zuerst Spaltenüberschriften ausgeben.\n");
54:
55:        printf("%-15s%-15s%-15s", m2, m3, m4);
56:
57:        for (n = 1;n< 20; n++)
58:           printf("\n%-15d%-#15o%-#15X", n, n, n);
59:
60:        puts("\n\n Weiter mit der Eingabetaste...");
61:        fflush(stdin);
62:        getchar();
63:
64:        puts("\n\nMit dem Konvertierungsbefehl %n Zeichen zählen.\n");
65:
66:        printf("%s%s%s%s%n", m1, m2, m3, m4, &n);
```

Tag 13 — Mit Bildschirm und Tastatur arbeiten

```
67:
68:     printf("\n\nDer letzte printf()-Aufruf gab %d Zeichen aus.\n", n);
69:
70:     return 0;
71: }
```

Ausgabe

Eine Zahl mit unterschiedlichen Feldlängen ausgeben.

10000.123047
10000.123047
   10000.123047
       10000.123047
           10000.123047

Weiter mit der Eingabetaste...

Verwendet den Feldlängenspezifizierer *, um
die Feldlänge aus der Argumentenliste zu übernehmen.

10000.123047
10000.123047
   10000.123047
       10000.123047
           10000.123047

Weiter mit der Eingabetaste...

Nimmt führende Nullen mit auf.

10000.123047
10000.123047
00010000.123047
0000000010000.123047
000000000000010000.123047

Weiter mit der Eingabetaste...

Anzeige in oktaler, dezimaler und hexadezimaler Notation.
stellt oktalen und HEX-Ausgaben 0 oder 0X voran.
- richtet Werte in Feldern linksbündig aus.

```
Zuerst Spaltenüberschriften ausgeben.

Dezimal        Oktal          Hexadezimal
1              01             0X1
2              02             0X2
3              03             0X3
4              04             0X4
5              05             0X5
6              06             0X6
7              07             0X7
8              010            0X8
9              011            0X9
10             012            0XA
11             013            0XB
12             014            0XC
13             015            0XD
14             016            0XE
15             017            0XF
16             020            0X10
17             021            0X11
18             022            0X12
19             023            0X13

Weiter mit der Eingabetaste...

Mit dem Konvertierungsbefehl %n Zeichen zählen.

BinaerDezimalOktalHexadezimal

Der letzte printf()-Aufruf gab 29 Zeichen aus.
```

Ein- und Ausgabe umleiten

Wenn Sie mit `stdin` und `stdout` arbeiten, können Sie von einem besonderen Feature des Betriebssystems, der so genannten *Umleitung*, Gebrauch machen. Die Umleitung ermöglicht Ihnen Folgendes:

▶ Die an `stdout` gesendete Ausgabe statt zum Bildschirm zu einer Datei oder dem `stdin`-Stream eines anderen Programms zu schicken

▶ Die Programmeingabe von `stdin` von einer Datei oder dem `stdout`-Stream eines anderen Programms anstatt von der Tastatur einzulesen

Mit Bildschirm und Tastatur arbeiten

Für die Umleitung müssen Sie keinen Code in Ihren Programmen aufsetzen. Sie geben die Umleitung in der Befehlszeile an, wenn Sie das Programm ausführen. Unter Linux (und den meisten anderen Unix-ähnlichen Betriebssystemen) lauten die Symbole für Dateiumleitung < und >. Für das Umleiten der Ausgabe in den stdin-Stream eines anderen Programms (Piping) wird das Symbol | verwendet. Doch betrachten wir zuerst die Umleitung für Dateien.

Erinnern Sie sich noch an Ihr erstes C-Programm, *hallo.c*? Wir benutzten damals die Bibliotheksfunktion printf(), um die Nachricht Hallo, Welt auf dem Bildschirm auszugeben. Jetzt wissen Sie, dass printf() die Ausgabe an stdout sendet, was bedeutet, dass die Ausgabe umgeleitet werden kann. Wenn Sie das Programm über die Befehlszeile starten, setzen Sie direkt hinter den Programmnamen das >-Symbol und den Namen des neuen Ziels:

hallo > *ziel*

Wenn Sie also hallo > hallo.txt eingeben, wird die Ausgabe in eine Datei namens hallo.txt geschrieben.

Seien Sie vorsichtig, wenn Sie die Ausgabe in eine Datei umleiten. Wenn die Datei bereits existiert, wird die alte Kopie gelöscht und durch eine neue Datei ersetzt. Existiert die Datei nicht, wird sie erzeugt. Für die Umleitung der Ausgabe in eine Datei können Sie auch das Symbol >> verwenden. In diesem Fall wird die Programmausgabe an die Zieldatei angehängt. Listing 13.12 zeigt ein Beispiel für die Umleitung.

Listing 13.12: Umleitung von Ein- und Ausgabe.

```
1: /* Beispiel für die Umleitung von stdin und stdout. */
2:
3: #include <stdio.h>
4:
5: int main(void)
6: {
7:    char puffer[80];
8:
9:    fgets(puffer,80,stdin);
10:   printf("Die Eingabe lautete: %s\n", puffer);
11:   return 0;
12: }
```

Analyse

Dieses Programm übernimmt von stdin eine Eingabezeile und sendet sie an stdout, wobei der Eingabezeile die Worte Die Eingabe lautete: vorangestellt werden. Führen Sie das Programm nach dem Kompilieren und Linken ohne Umleitung aus, indem Sie (in der Annahme, das Programm heißt *list1312*) in der Befehlszeile ./list1312 eingeben. Wenn Sie dann »Ich kann Linux mit C programmieren« eingeben, gibt das Programm Folgendes auf dem Bildschirm aus:

`Die Eingabe lautete: Ich kann Linux mit C programmieren`

Wenn Sie das Programm mit ./list1312 > test.txt starten und den gleichen Text eingeben, bleibt der Bildschirm leer. Statt dessen wird im aktuellen Verzeichnis eine Datei namens *test.txt* angelegt. Wenn Sie sich den Inhalt der Datei mit Hilfe des cat-Befehls anzeigen lassen,

`cat test.txt`

sehen Sie, dass die Datei die Zeile »Die Eingabe lautete: Ich kann Linux mit C programmieren« enthält.

Führen Sie das Programm noch einmal aus und leiten Sie die Ausgabe diesmal mit dem >>-Symbol an test.txt um. Statt dass die Datei ersetzt wird, wird die neue Ausgabe an das Ende von *test.txt* angehängt.

Eingaben umleiten

Kommen wir jetzt zu dem Umleiten von Eingaben. Dazu brauchen Sie zuerst eine Quelldatei. Verwenden Sie Ihren Editor, um eine Datei namens *eingabe.txt* zu erzeugen, die als einzige Zeile »William Shakespeare« enthalten soll. Starten Sie jetzt das Programm aus Listing 13.12 wie folgt:

`./list1312 < eingabe.txt`

Das Programm wartet nicht, bis Sie eine Eingabe über die Tastatur vornehmen, sondern zeigt direkt die folgende Nachricht auf dem Bildschirm an:

`Die Eingabe lautete: William Shakespeare`

Der Stream stdin wurde zu der Datei *eingabe.txt* umgeleitet, so dass der Aufruf von fgets() eine Textzeile aus der Datei statt von der Tastatur einliest.

Sie können Ein- und Ausgabe gleichzeitig umleiten. Versuchen Sie, das Programm mit dem folgenden Befehl auszuführen, um stdin zu der Datei *eingabe.txt* und stdout in die Datei *muell.txt* umzuleiten:

`./list1312 < eingabe.txt > muell.txt`

Die Umleitung von stdin und stdout kann in bestimmten Situationen sehr nützlich sein. Ein Sortierprogramm kann dank der Umleitung sowohl Tastatureingaben als auch den Inhalt einer Datei sortieren. Ein weiteres Beispiel wäre ein Mailinglisten-Programm, das seine Adressen alternativ auf den Bildschirm ausgeben, zur Etikettenerstellung an den Drucker schicken oder in einer Datei speichern kann.

Piping zwischen Programmen

Kommen wir jetzt zum Piping von Daten aus dem stdout-Stream eines Programms in den stdin-Stream eines anderen Programms. Wir bedienen uns dabei immer noch des Programms in Listing 13.12. Geben Sie folgende Befehlszeile ein:

./list1312 | ./list1312

Das Programm wartet auf Ihre Eingabe. Wenn Sie jetzt Hallo Ihr da! eingeben, erhalten Sie folgende Ausgabe:

Die Eingabe lautete: Die Eingabe lautete: Hallo Ihr da!.

Beachten Sie das zweimalige Auftreten von »Die Eingabe lautete:«. Folgendes ist passiert: Das erste Programm aus der Befehlszeile schickt den String »Die Eingabe lautete: Hallo Ihr da!« an seinen stdout-Stream, der mit dem stdin des zweiten Programms aus der Befehlszeile verknüpft ist. Das zweite Programm erhält den vollen String »Die Eingabe lautete: Hallo Ihr da!« als Eingabe und gibt deshalb »Die Eingabe lautete: » gefolgt von dem String aus, den es als Eingabe erhalten hat.

Pipes ermöglichen es Ihnen, Befehle und Programme miteinander zu verbinden, wobei jedes Programm aus seinem eigenen stdin-Stream liest und zu seinem eigenen stdout-Stream schreibt. Und nur die Ausgabe des letzten Programms wird dann tatsächlich auf dem Bildschirm ausgegeben.

> **Hinweis:** Merken Sie sich, dass das Umleiten und Piping von stdin und stdout Features des Betriebssystems und nicht von C sind. Sie sind ein weiterer Beleg für die Flexibilität des Stream-Konzepts.

Einsatzmöglichkeiten von fprintf()

Wie bereits erwähnt, ist die Bibliotheksfunktion fprintf() – bis auf das zusätzliche Argument für den Ausgabe-Stream – identisch mit printf(). fprintf() wird hauptsächlich zusammen mit Dateien eingesetzt, worauf am Tag 15 noch näher eingegangen wird. Es gibt jedoch noch zwei andere Einsatzbereiche, die hier erläutert werden sollen.

stderr verwenden

Einer der vordefinierten Streams von C ist stderr (Standardfehlerausgabe). Die Fehlermeldungen eines Programms werden üblicherweise an den Stream stderr und nicht an stdout geschickt. Warum?

Wie Sie gelernt haben, kann die Ausgabe an stdout an ein anderes Ziel als den Bildschirm umgeleitet werden. Wenn stdout umgeleitet wird, fallen dem Anwender unter Umständen eventuell vorhandene Fehlermeldungen, die das Programm an stdout ausgibt, nicht auf. Unter Linux und anderen Unix-ähnlichen Systemen kann stderr ebenfalls umgeleitet werden, doch ist das nicht allgemein üblich. Indem sie die Fehlermeldungen an stderr umleiten, können Sie sicherstellen, dass der Anwender sie immer zu sehen bekommt. Dazu benötigen Sie fprintf():

```
fprintf(stderr, "Ein Fehler ist aufgetreten.");
```

Sie können eine Funktion schreiben, die Fehlermeldungen behandelt, und dann anstatt fprintf() diese Funktion aufrufen, wenn ein Fehler auftritt.

```
fehlermeldung("Ein Fehler ist aufgetreten.");

void fehlermeldung(char *msg)
{
    fprintf(stderr, msg);
}
```

Wenn Sie Ihre eigene Funktion verwenden, anstatt fprintf() direkt aufzurufen, erzielen Sie eine höhere Flexibilität (einer der Vorteile der strukturierten Programmierung). Wenn Sie zum Beispiel unter bestimmten Umständen die Fehlermeldungen eines Programms auf dem Drucker ausgeben oder in eine Datei umleiten wollen, müssen Sie nur die Funktion fehlermeldung() ändern – und nicht unzählige fprintf()-Aufrufe.

Was Sie tun sollten	**Was nicht**
Verwenden Sie fprintf() für Programme, die Ausgaben an stdout, stderr oder beliebige andere Streams senden.	Verwenden Sie stderr nicht für Ausgaben, bei denen es sich weder um Fehlermeldungen noch um Warnungen handelt.
Verwenden Sie fprintf() mit stderr, um Fehlermeldungen auf dem Bildschirm auszugeben.	
Schreiben Sie Funktionen wie fehlermeldung(), um Ihren Code strukturierter und leichter wartbar zu machen.	

TAG 13 — Mit Bildschirm und Tastatur arbeiten

Zusammenfassung

Heute war ein langer Tag, vollgestopft mit Informationen zur Programmein- und -ausgabe. Sie haben gelernt, dass C Streams verwendet, die die gesamte Ein- und Ausgabe als eine Folge von Bytes behandeln. Drei dieser Streams sind in C vordefiniert:

stdin	Die Tastatur
stdout	Der Bildschirm
stderr	Der Bildschirm

Die Eingabe von der Tastatur kommt über den Stream stdin. Mit den Funktionen aus der C-Standardbibliothek können Sie die Tastatureingaben zeichenweise, zeilenweise oder als formatierte Zahlen und Strings übernehmen. Die Zeicheneingabe kann gepuffert oder ungepuffert sein und direkt auf dem Bildschirm angezeigt werden oder nicht.

Die Ausgabe auf dem Bildschirm erfolgt normalerweise über den Stream stdout. Wie die Eingabe kann auch die Ausgabe zeichenweise, zeilenweise oder als formatierte Zahlen und Strings erfolgen.

Wenn Sie stdin und stdout verwenden, können Sie die Programmein- und -ausgabe umleiten. Die Eingabe kann dann statt von der Tastatur von einer Datei kommen und die Ausgabe kann, statt auf dem Bildschirm zu erfolgen, an den Drucker oder an eine Datei gesendet werden.

Abschließend haben Sie erfahren, warum Fehlermeldungen statt an stdout an einen eigenen Stream namens stderr gesendet werden. Da stderr normalerweise mit dem Bildschirm verbunden ist, können Sie sicher sein, dass Sie alle Fehlermeldungen sehen, auch wenn die Programmausgabe umgeleitet wird.

Fragen und Antworten

F Was passiert, wenn ich versuche, eine Eingabe von einem Ausgabe-Stream zu erhalten?

A *Sie können ein solches C-Programm schreiben, aber es wird nicht funktionieren. Wenn Sie zum Beispiel versuchen,* stderr *mit* fscanf() *zu verwenden, lässt sich das Programm in eine ausführbare Datei kompilieren, aber* stderr *ist nicht fähig, Eingaben zu senden. Deshalb funktioniert Ihr Programm nicht wie vorgesehen.*

F Was passiert, wenn ich einen der Standard-Streams umdefiniere?

A Dies kann zu Problemen im weiteren Verlauf des Programms führen. Wenn Sie einen Stream umdefinieren, müssen Sie dies wieder rückgängig machen, wenn Sie ihn später im gleichen Programm noch einmal benötigen. Viele der in diesem Kapitel beschriebenen Funktionen verwenden die Standard-Streams. Sie alle verwenden die gleichen Streams. Wenn Sie also den Stream an einer Stelle im Programm ändern, bedeutet dies, dass Sie ihn auch für alle anderen Funktionen ändern. Probieren Sie es selbst einmal aus. Weisen Sie in einem der heute vorgestellten Programme stdout den Stream stderr zu und schauen Sie was passiert.

F Warum verwendet man nicht immer fprintf() anstelle von printf()? Oder fscanf() anstelle von scanf()?

A Wenn Sie die Standardausgabe-/-eingabe-Streams verwenden, sollten Sie printf() und scanf() verwenden. Wenn Sie mit diesen einfacheren Funktionen arbeiten, brauchen Sie sich nicht um die zu verwendenden Streams zu kümmern.

Workshop

Der Workshop enthält Quizfragen, die Ihnen helfen sollen, Ihr Wissen zu festigen, sowie Übungen, die Sie anregen sollen, das Gelernte umzusetzen und eigene Erfahrungen zu sammeln. Die Lösungen zu den Fragen und den Übungen finden Sie in Anhang C.

Quiz

1. Was ist ein Stream und wozu benötigt ein C-Programm Streams?
2. Sind die nachfolgend aufgeführten Geräte Eingabe- oder Ausgabegeräte?

    a. Drucker

    b Tastatur

    c. Modem

    d. Monitor

    e. Laufwerk

3. Geben Sie die drei vordefinierten Streams an sowie die Geräte, mit denen sie verbunden sind.

4. Welche Streams verwenden die folgenden Funktionen?

   a. `printf()`

   b. `puts()`

   c. `scanf()`

   d. `fgets()`

   e. `fprintf()`

5. Worin besteht der Unterschied zwischen gepufferter und ungepufferter Zeicheneingabe über `stdin`?

6. Können Sie mit `ungetc()` mehr als ein Zeichen gleichzeitig »zurückstellen«?

7. Wie markieren die Zeileneingabefunktionen von C das Ende der Zeile?

8. Welche der folgenden Formatstrings enthalten gültige Typspezifizierer?

   a. `"%d"`

   b. `"%4d"`

   c. `"%3i%c"`

   d. `"%q%d"`

   e. `"%%%I"`

   f. `"%9ld"`

9. Was ist der Unterschied zwischen `stderr` und `stdout`?

Übungen

1. Schreiben Sie eine Anweisung, die »Hallo Welt« auf dem Bildschirm ausgibt.

2. Realisieren Sie die Aufgabe aus Übung 1 mit zwei anderen C-Funktionen.

3. Schreiben Sie eine Anweisung, die »Hallo Standardfehlerausgabe« an `stderr` ausgibt.

4. Schreiben Sie eine Anweisung, die einen String von 30 Zeichen oder kürzer einliest. Trifft die Anweisung auf ein Sternchen, soll der String abgeschnitten werden.

5. Schreiben Sie eine einfache Anweisung, die Folgendes ausgibt:

   ```
   Hans fragte, "Was ist ein Backslash?"
   Grete sagte, "Ein '\'-Zeichen"
   ```

Wegen der vielen denkbaren Lösungen gibt es zu den nachfolgenden Übungen keine Lösungen. Versuchen Sie, die Übungen trotzdem zu lösen.

6. **OHNE LÖSUNG:** Schreiben Sie ein Programm, das via Umleitung den Inhalt einer Datei einliest und zählt, wie oft jeder Buchstabe in der Datei vorkommt. Als Ergebnis soll das Programm eine Statistik auf den Bildschirm ausgeben.

Zeiger für Fortgeschrittene

Woche 2

TAG 14 — Zeiger für Fortgeschrittene

Am Tag 8, »Zeiger«, wurden Ihnen bereits die Grundlagen der Programmierung mit Zeigern, die einen ganz wichtigen Teil von C ausmachen, vorgestellt. Heute werden wir dieses Wissen vertiefen und einige fortgeschrittene Techniken zum Umgang mit Zeigern ansprechen, die Ihnen größere Flexibilität bei der Gestaltung Ihrer Programme gestatten. Heute lernen Sie:

- wie man Zeiger auf Zeiger deklariert
- wie man Zeiger auf mehrdimensionale Arrays nutzt
- wie man Arrays von Zeigern deklariert
- wie man Zeiger auf Funktionen deklariert
- wie man mit Hilfe von Zeigern verknüpfte Listen zur Datenspeicherung realisiert
- wie man Zeiger als Rückgabewerte von Funktionen zurückliefert

Zeiger auf Zeiger

Wie Sie am Tag 8 erfahren haben, ist ein *Zeiger* eine numerische Variable, deren Wert die Adresse einer anderen Variablen ist. Zur Deklaration eines Zeigers verwendet man den Indirektionsoperator (*). Beispielsweise deklariert die folgende Zeile:

```
int *zgr;
```

einen Zeiger namens zgr, der auf eine Variable vom Typ int verweist. Mit Hilfe des Adressoperators (&) können Sie den Zeiger danach auf eine bestimmte Variable des entsprechenden Typs richten. Unter der Voraussetzung, dass x als eine Variable vom Typ int deklariert wurde, weist die Anweisung

```
zgr = &x;
```

dem Zeiger zgr die Adresse von x zu, so dass zgr danach auf x zeigt. Wiederum unter Verwendung des Indirektionsoperators können Sie über den Zeiger auf die Variable, auf die der Zeiger verweist, zugreifen. Die beiden folgenden Anweisungen weisen x den Wert 12 zu:

```
x = 12;
*zgr = 12;
```

Da ein Zeiger selbst auch eine numerische Variable ist, wird er im Arbeitsspeicher des Computers unter einer bestimmten Adresse abgespeichert. Folglich ist es möglich, einen Zeiger auf einen Zeiger zu erzeugen, also eine Variable, deren Wert die Adresse eines Zeigers ist. So geht's:

```
int x = 12;              /* x ist eine int-Variable. */
int *zgr = &x;           /* zgr ist ein Zeiger auf x. */
```

```
int **zgr_auf_zgr = &zgr;    /* zgr_auf_zgr ist ein Zeiger auf einen */
                             /* Zeiger auf int. */
```

Beachten Sie die Deklaration des doppelten Indirektionsoperators (**) bei der Deklaration eines Zeigers auf einen Zeiger. Der doppelte Indirektionsoperator kommt auch zum Einsatz, wenn man einen Zeiger auf einen Zeiger verwendet, um auf eine Variable zuzugreifen. Die folgende Anweisung

```
**zgr_auf_zgr = 12;
```

weist somit der Variablen x den Wert 12 zu und die Anweisung

```
printf("%d", **zgr_auf_zgr);
```

gibt den Wert von x auf den Bildschirm aus. Wenn Sie versehentlich nur einen einzigen Indirektionsoperator verwenden, kommt es zu Fehlern. Die Anweisung

```
*zgr_auf_zgr = 12;
```

weist zgr den Wert 12 zu, das heißt, zgr verweist danach auf die Speicheradresse 12 und das, was auch immer unter dieser Adresse abgelegt ist. Dies ist natürlich ein grober Fehler.

Deklaration und Verwendung eines Zeigers auf einen Zeiger bezeichnet man auch als *mehrfache Indirektion*. Abbildung 14.1 verdeutlicht die Beziehung zwischen Variable, Zeiger und Zeiger auf Zeiger. Für die mehrfache Indirektion gibt es im Übrigen keine Grenze – Sie können ohne Probleme einen Zeiger auf einen Zeiger auf einen Zeiger und so fort deklarieren, doch gibt es nur wenige Einsatzbereiche, wo es lohnt, über zwei Ebenen hinauszugehen. Zudem wirkt die mit jeder Ebene zunehmende Komplexität wie eine Einladung, Fehler zu machen.

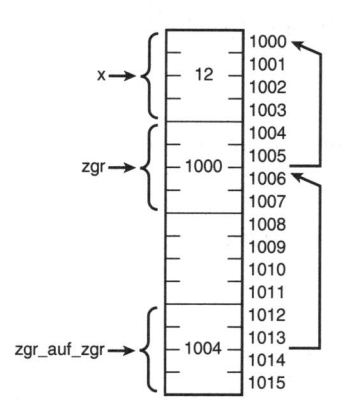

Abbildung 14.1:
Ein Zeiger auf einen Zeiger.

Wie setzt man Zeiger auf Zeiger sinnvoll ein? Am häufigsten werden Zeiger auf Zeiger in Zusammenhang mit Arrays von Zeigern eingesetzt. Mit Arrays von Zeigern werden wir uns noch weiter hinten in diesem Kapitel beschäftigen. In Listing 17.5 aus dem

Kapitel zu Tag 17, »Die Bibliothek der C-Funktionen«, finden Sie ein Beispiel für den Einsatz der mehrfachen Indirektion.

Zeiger und mehrdimensionale Arrays

Am Tag 7, »Numerische Arrays«, wurde bereits auf das besondere Verhältnis zwischen Zeigern und Arrays hingewiesen. Dort haben wir auch schon festgestellt, dass der Name eines Arrays ohne nachfolgende Klammern gleichbedeutend mit einem Zeiger auf das erste Element des Arrays ist. Aus diesem Grund ist es für den Zugriff auf bestimmte Array-Typen einfacher, die Zeigernotation zu verwenden. Die Beispiele aus Kapitel 7 beschränkten sich allerdings noch auf eindimensionale Arrays. Wie sieht es mit den mehrdimensionalen Arrays aus?

Mehrdimensionale Arrays werden, wie Sie bereits wissen, mit einem eigenen Klammernpaar für jede Dimension deklariert. So deklariert beispielsweise die folgende Anweisung ein zweidimensionales Array, das acht Variablen vom Typ `int` enthält:

```
int multi[2][4];
```

Zweidimensionale Arrays kann man sich als eine Struktur aus Zeilen und Spalten vorstellen – in unserem Beispiel also zwei Zeilen und vier Spalten. Es gibt aber noch eine andere Möglichkeit, sich mehrdimensionale Arrays vorzustellen, und diese ist näher an der Art und Weise, wie C die Arrays organisiert. Betrachten Sie `multi` einfach als ein Array mit zwei Elementen, wobei jedes Element aus einem Array von vier Integer-Werten besteht.

Sollte Ihnen dies nicht ganz klar sein, betrachten Sie Abbildung 14.2, in der die Array-Deklaration in ihre Bestandteile zerlegt wurde.

```
      4   1   2 3
      ↓   ↓   ↓ ↓
      int multi[2][4];
```

Abbildung 14.2:
Bestandteile der Deklaration eines mehrdimensionalen Arrays.

Die einzelnen Teile der Deklaration sind wie folgt zu interpretieren:

1. Deklariere ein Array namens `multi`.
2. Das Array `multi` enthält zwei Elemente.
3. Jedes dieser zwei Element enthält selbst wieder vier Elemente.
4. Jedes der untergeordneten Elemente ist vom Typ `int`.

Eine Deklaration eines mehrdimensionalen Arrays liest man, indem man beim Array-Namen beginnt und von dort Klammer für Klammer nach rechts vorrückt. Nachdem das letzte Klammernpaar (die letzte Dimension) gelesen wurde, springt man zum Anfang der Deklaration, um den zugrunde liegenden Datentyp des Arrays zu ermitteln.

Gemäß dem Array-von-Arrays-Schema kann man sich ein mehrdimensionales Array wie in Abbildung 14.3 vorstellen.

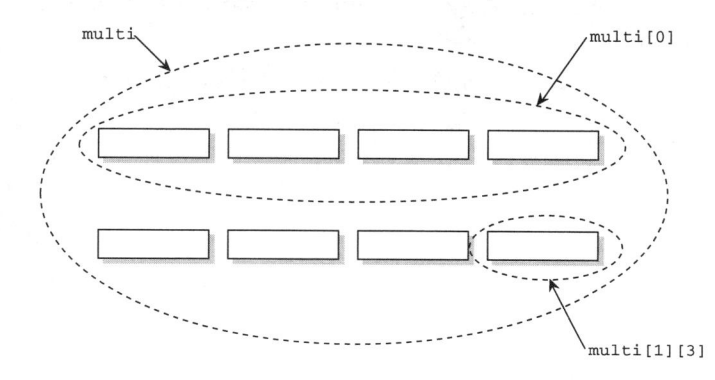

Abbildung 14.3: Ein zweidimensionales Array kann man sich als Array von Arrays vorstellen.

Kommen wir noch einmal zurück auf die Verwendung von Array-Namen als Zeiger (schließlich geht es in diesem Kapitel ja um Zeiger). Wie im Falle der eindimensionalen Arrays gilt auch für die mehrdimensionalen Arrays, dass der Name des Arrays auf das erste Element des Arrays verweist. Für unser obiges Beispiel bedeutet dies, dass `multi` ein Zeiger auf das erste Element des als `int multi[2][4]` deklarierten zweidimensionalen Arrays ist. Was aber genau ist das erste Element von `multi`? Vielleicht wird es Sie verwundern, aber es ist nicht die `int`-Variable `multi[0][0]`. Denken Sie daran, dass `multi` ein Array von Arrays ist. Das erste Element ist daher `multi[0]` – ein Array von vier `int`-Variablen (und eines der zwei untergeordneten Arrays aus `multi`).

Wenn aber `multi[0]` ein Array ist, stellt sich die Frage, ob `multi[0]` selbst wieder auf etwas verweist? Und tatsächlich, `multi[0]` zeigt auf das erste Element, `multi[0][0]`. Vielleicht verwundert es Sie, dass `multi[0]` ein Zeiger sein soll. Denken Sie daran, dass der Name eines Arrays ohne Klammern ein Zeiger auf das erste Array-Element darstellt. Der Ausdruck `multi[0]` ist der Name des Arrays `multi[0][0]` ohne das letzte Klammernpaar und damit ein Zeiger.

Sorgen Sie sich nicht, wenn Sie jetzt ein bisschen verwirrt sind. Das Thema ist nicht einfach zu durchschauen. Vielleicht helfen Ihnen die folgenden Regeln, die für alle n-dimensionalen Arrays gelten:

▷ Der Array-Name gefolgt von n Klammernpaaren (wobei jedes Paar einen passenden Index einschließt) wird zu Array-Daten (genauer gesagt, zu den Daten aus dem spezifizierten Array-Element) ausgewertet.

▷ Der Array-Name gefolgt von weniger als n Klammernpaaren wird zu einem Zeiger auf ein Array-Element ausgewertet.

Zeiger für Fortgeschrittene

Die Anwendung dieser Regeln auf das obige Beispiel ergibt, dass multi und multi[0] als Zeiger interpretiert werden, während multi[0][0] zu Array-Daten ausgewertet wird.

Schauen wir uns jetzt einmal an, worauf alle diese Zeiger verweisen. Listing 14.1 deklariert ein zweidimensionales Array, wie wir es von den obigen Ausführungen her kennen, und gibt die Werte der zugehörigen Zeiger auf den Bildschirm aus. Auch die Adresse des ersten Array-Elements wird ausgegeben.

Listing 14.1: Beziehung zwischen mehrdimensionalen Arrays und Zeigern.

```
1: /* Beispiel für Zeiger und mehrdimensionale Arrays. */
2:
3: #include <stdio.h>
4:
5: int multi[2][4];
6:
7: int main(void)
8: {
9:     printf("multi = %lu\n", (unsigned long)multi);
10:    printf("multi[0] = %lu\n", (unsigned long)multi[0]);
11:    printf("&multi[0][0] = %lu\n",
12:                (unsigned long)&multi[0][0]);
13:    return(0);
14: }
```

Ausgabe

```
multi = 134518272
multi[0] = 134518272
&multi[0][0] = 134518272
```

Analyse

Auf Ihrem System wird als Wert vermutlich nicht 134518272 angezeigt werden, aber es werden auf jeden Fall alle drei Werte gleich sein. Die Adresse des Arrays multi ist die gleiche wie die Adresse des Arrays multi[0], und beide Adressen sind wiederum identisch mit der Adresse des ersten Integer-Werts im Array, zu multi[0][0].

Wenn aber alle drei Zeiger den gleichen Wert haben, gibt es dann überhaupt aus Sicht eines Programms einen verwertbaren Unterschied zwischen den Zeigern? Denken Sie zurück an Tag 8, wo ausgeführt wurde, dass der Compiler weiß, worauf ein Zeiger verweist. Um ganz genau zu sein: der Compiler kennt die Größe der Elemente, auf die ein Zeiger verweist.

Zeiger und mehrdimensionale Arrays

Wie groß sind die Elemente, die wir verwendet haben? Listing 14.2 verwendet den `sizeof()`-Operator, um die Größe der Elemente in Byte auszugeben.

Listing 14.2: Die Größe der Elemente bestimmen.

```
1:  /* Größe der Elemente eines mehrdimensionalen Arrays. */
2:
3:  #include <stdio.h>
4:
5:  int multi[2][4];
6:
7:  int main(void)
8:  {
9:      printf("Die Größe von multi = %u\n", sizeof(multi));
10:     printf("Die Größe von multi[0] = %u\n", sizeof(multi[0]));
11:     printf("Die Größe von multi[0][0] = %u\n", sizeof(multi[0][0]));
12:     return(0);
13: }
```

Die Ausgabe dieses Programms (auf einer Linux-Maschine mit 4-Byte-Integern) sieht wie folgt aus:

Ausgabe

```
Die Größe von multi = 32
Die Größe von multi[0] = 16
Die Größe von multi[0][0] = 4
```

Analyse

Denken Sie daran, dass der Datentyp `int` unter Linux und auf einem Rechner mit Intel-kompatiblem Prozessor vier Byte belegt. Auf Linux-Maschinen mit DEC/Compaq-Alpha-Prozessor oder irgendeinem anderen 64-Bit-Prozessor wird die Ausgabe vermutlich etwas anders aussehen.

Wie kann man diese Größenangaben erklären? Das Array `multi` enthält zwei Arrays, die jedes aus vier Integern bestehen. Jeder Integer belegt im Speicher vier Byte. Für insgesamt acht Integer mit je vier Byte kommt man auf eine Gesamtgröße von 32 Byte.

`multi[0]` ist ein Array mit vier Integern. Jeder Integer belegt 4 Byte, so dass eine Größenangabe von 16 Byte für `multi[0]` einen Sinn ergibt.

`multi[0][0]` schließlich ist ein Integer, so dass seine Größe natürlich 4 Byte beträgt.

Zeiger für Fortgeschrittene

Was bedeuten diese Größen für die Zeigerarithmetik, die an Tag 8 besprochen wurde? Der Compiler kennt die Größe des Objekts, auf das verwiesen wird, und die Zeigerarithmetik berücksichtigt diese Größe. Wenn Sie einen Zeiger inkrementieren, wird der Wert des Zeigers um den Betrag erhöht, der den Zeiger auf das nächste Element richtet – unabhängig davon, auf welche Art von Element der Zeiger verweist. Mit anderen Worten, der Zeiger wird um die Größe der Objekte, auf die er verweist, inkrementiert.

Was bedeutet dies für unser Beispiel. multi ist ein Zeiger auf ein 4-elementiges Integer-Array mit einer Größe von 16 Byte. Wenn Sie multi inkrementieren, sollte sein Wert um 16 (die Größe eines 4-elementigen Integer-Arrays) erhöht werden. Wenn multi auf multi[0] verweist, sollte demnach (multi + 1) auf multi[1] zeigen. Listing 14.3 testet diese Theorie für uns.

Listing 14.3: Zeigerarithmetik mit mehrdimensionalen Arrays.

```
1: /* Wendet die Zeigerarithmetik auf Zeiger an, die auf */
2: /* mehrdimensionale Arrays verweisen. */
3:
4: #include <stdio.h>
5:
6: int multi[2][4];
7:
8: int main(void)
9: {
10:     printf("Wert von (multi) = %lu\n",
11:             (unsigned long)multi);
12:     printf("Wert von (multi + 1) = %lu\n",
13:             (unsigned long)(multi+1));
14:     printf("Adresse von multi[1] = %lu\n",
15:             (unsigned long)&multi[1]);
16:     return(0);
17: }
```

Ausgabe

```
Wert von (multi) = 134518304
Wert von (multi + 1) = 134518320
Adresse von multi[1] = 134518320
```

Analyse

Die genauen Werte werden auf Ihrem System anders aussehen, aber die Relation wird die gleiche sein. Wenn der Zeiger multi um 1 inkrementiert wird, erhöht sich sein

Zeiger und mehrdimensionale Arrays

Wert (auf einem 32-Bit-System) um 16 und der Zeiger weist auf das nächste Element im Array, `multi[1]`.

Sie haben nun gesehen, dass `multi` ein Zeiger auf `multi[0]` ist. Sie haben auch gesehen, dass `multi[0]` ebenfalls ein Zeiger ist (auf `multi[0][0]`). `multi` ist folglich ein Zeiger auf einen Zeiger. Um über den Ausdruck `multi` auf einzelne Array-Daten zuzugreifen, muss man sich daher der doppelten Indirektion bedienen. Um beispielsweise den Wert von `multi[0][0]` auszugeben, könnten Sie jede der drei folgenden Anweisungen verwenden:

```
printf("%d", multi[0][0]);
printf("%d", *multi[0]);
printf("%d", **multi);
```

Die gleichen Betrachtungen gelten auch für drei oder mehrere Dimensionen. So ist ein dreidimensionales Array nichts anderes als ein Array, dessen Elemente zweidimensionale Arrays sind; jedes dieser Elemente ist wiederum ein Array von eindimensionalen Arrays.

Das Thema mehrdimensionale Arrays und Zeiger ist zweifelsohne etwas verwirrend. Wenn Sie mit mehrdimensionalen Arrays arbeiten, behalten Sie folgende Regel im Hinterkopf: Die Elemente eines Arrays mit n Dimensionen sind selbst Arrays mit n-1 Dimensionen. Wenn n gleich 1 ist, sind die Elemente des Arrays Variablen des Datentyps, der bei der Deklaration des Arrays angegeben wurde.

Bis jetzt hatten wir es nur mit Array-Namen zu tun, die Zeigerkonstanten darstellen, deren Wert nicht geändert werden kann. Wie würde man eine Zeigervariable deklarieren, die auf ein Element eines mehrdimensionalen Arrays verweist? Wir führen zu diesem Zwecke das obige Beispiel mit dem Array `multi` fort.

```
int multi[2][4];
```

Um eine Zeigervariable `zgr` zu deklarieren, die auf ein Element von `multi` verweisen kann (also auf ein vierelementiges Integer-Array zeigt), schreiben Sie

```
int (*zgr)[4];
```

Der nächste Schritt besteht darin, `zgr` auf das erste Element in `multi` zu richten:

```
zgr = multi;
```

Vielleicht fragen Sie sich, wozu die runden Klammern in der Zeigerdeklaration nötig sind. Die eckigen Klammern ([ ]) haben eine höhere Priorität als das Sternchen *. Wenn Sie schreiben

```
int *zgr[4];
```

deklarieren Sie ein Array von vier Zeigern auf den Typ `int`. Man kann zwar Arrays von Zeigern deklarieren und verwenden, doch ist dies nicht das, worum es uns hier geht.

Zeiger für Fortgeschrittene

Was kann man mit Zeigern auf Elemente von mehrdimensionalen Arrays anfangen? Wie für die eindimensionalen Arrays gilt, dass man zur Übergabe von Arrays an Funktionen Zeiger benötigt. Listing 14.4 stellt Ihnen zwei Methoden vor, wie man mehrdimensionale Arrays an Funktionen übergeben kann.

Listing 14.4: Übergabe eines mehrdimensionalen Arrays an eine Funktion.

```
1: /* Demonstriert die Übergabe eines Zeigers auf ein   */
2: /* mehrdimensionales Array an eine Funktion. */
3:
4: #include <stdio.h>
5:
6: void printarray_1(int (*zgr)[4]);
7: void printarray_2(int (*zgr)[4], int n);
8:
9: int main(void)
10: {
11:    int  multi[3][4] = { { 1, 2, 3, 4 },
12:                         { 5, 6, 7, 8 },
13:                         { 9, 10, 11, 12 } };
14:
15:    /* zgr ist ein Zeiger auf ein Array von 4 Integern. */
16:
17:    int (*zgr)[4], count;
18:
19:    /* Richte zgr auf das erste Element von multi. */
20:
21:    zgr = multi;
22:
23:    /* Mit jedem Schleifendurchlauf wird zgr inkrementiert und auf */
24:    /* das nächste Element (das nächste 4-Element-Integer-Array)   */
25:    /* von multi gerichtet */
26:    for (count = 0; count < 3; count++)
27:        printarray_1(zgr++);
28:
29:    puts("\n\nEingabetaste drücken...");
30:    getchar();
31:    printarray_2(multi, 3);
32:    printf("\n");
33:    return(0);
34: }
35:
36: void printarray_1(int (*zgr)[4])
37: {
38: /* Gibt die Elemente eines einzelnen 4-elementigen Integer-Arrays */
```

Zeiger und mehrdimensionale Arrays

```
39: /* aus. p ist ein Zeiger auf int. Um p die Adresse in zgr */
40: /* zuzuweisen, ist eine Typumwandlung nötig */
41:
42:     int *p, count;
43:     p = (int *)zgr;
44:
45:     for (count = 0; count < 4; count++)
46:         printf("\n%d", *p++);
47: }
48:
49: void printarray_2(int (*zgr)[4], int n)
50: {
51: /* Gibt die Elemente eines n x 4-elementigen Integer-Arrays aus */
52:
53:     int *p, count;
54:     p = (int *)zgr;
55:
56:     for (count = 0; count < (4 * n); count++)
57:         printf("\n%d", *p++);
58: }
```

Ausgabe

1
2
3
4
5
6
7
8
9
10
11
12

Eingabetaste drücken...

1
2
3
4
5
6
7

```
8
9
10
11
12
```

Analyse

In den Zeilen 11 bis 13 wird ein Array von Integern, `multi[3][4]`, deklariert und initialisiert. Die Zeilen 6 und 7 enthalten die Prototypen für die Funktionen `printarray_1()` and `printarray_2()`, die zum Ausgeben der Daten aus dem Array verwendet werden.

Die Funktion `printarray_1()` erwartet nur ein einziges Argument, einen Zeiger auf ein Array von vier Integern. Diese Funktion gibt alle vier Elemente des Arrays aus. Wenn `main()` in Zeile 27 die Funktion `printarray_1()` das erste Mal aufruft, übergibt sie einen Zeiger auf das erste Element (das erste 4-Element-Integer-Array) von `multi`. Danach wird die Funktion noch zweimal aufgerufen, wobei der Zeiger jedes Mal zuvor inkrementiert wurde, so dass er auf das zweite und danach auf das dritte Element von `multi` zeigt. Nach Abarbeitung der drei Aufrufe werden die zwölf Integer aus `multi` auf den Bildschirm ausgegeben.

Die zweite Funktion, `printarray_2()`, verfolgt einen anderen Ansatz. Die Funktion übernimmt ebenfalls einen Zeiger auf ein Array von vier Integern. Zusätzlich erwartet die Funktion jedoch noch eine Integer-Variable, die die Anzahl der Elemente (die Anzahl der Arrays von vier Integern) des mehrdimensionalen Arrays angibt. Ein einziger Aufruf von `printarray_2()`, Zeile 31, gibt den gesamten Inhalt von `multi` auf den Bildschirm aus.

Beide Funktionen bedienen sich der Zeigernotation, um die einzelnen Integer im Array durchzugehen. Die Syntax `(int *)zgr`, die in beiden Funktionen Verwendung findet (Zeilen 43 und 54) sind vielleicht nicht ganz klar. Der Ausdruck `(int *)` ist eine Typumwandlung, die den Datentyp der Variablen vorübergehend vom deklarierten Datentyp in einen anderen Datentyp umwandelt. Für die Zuweisung des Wertes von `zgr` an `p` ist die Typumwandlung unabdingbar, da beide Zeiger unterschiedliche Typen haben (`p` ist ein Zeiger auf den Typ `int`, während `zgr` ein Zeiger auf ein Array von vier Integern ist). C erlaubt keine Zuweisungen zwischen Zeigern, die unterschiedlichen Datentypen angehören. Die Typumwandlung teilt dem Compiler mit: »Für die aktuelle Anweisung behandle den Zeiger `zgr` so, als ob es sich um einen Zeiger auf `int` handele.« Am Tag 18, »Vom Umgang mit dem Speicher«, werden wir uns noch eingehender mit den Typumwandlungen beschäftigen.

Was Sie tun sollten	Was nicht

Denken Sie daran, bei der Deklaration von Zeigern auf Arrays Klammern zu setzen.
 	
Verwenden Sie folgende Syntax, um einen Zeiger auf ein Array von Zeichen zu deklarieren:
 	
`char (*zeichen)[26];`
 	
Verwenden Sie folgende Syntax, um ein Array von Zeigern auf Zeichen zu deklarieren:
 	
`char *zeichen[26];`
	Vergessen Sie nicht den doppelten Indirektionsoperator (**), wenn Sie einen Zeiger auf einen Zeiger deklarieren.
	
	Vergessen Sie nicht, dass Zeiger um die Größe ihres deklarierten Typs inkrementiert werden (üblicherweise die Größe der Objekte, auf die der Zeiger verweist).

Arrays von Zeigern

Am Tag 7 haben Sie erfahren, dass ein Array ein zusammenhängender Block von Datenspeicherstellen ist, die dem gleichen Datentyp angehören und über denselben Namen angesprochen werden. Da Zeiger ebenfalls zu den Datentypen von C gehören, können Sie auch Arrays von Zeigern deklarieren und verwenden. Arrays von Zeigern stellen eine leistungsfähige und in bestimmten Situationen sehr nützliche Konstruktion dar.

Am häufigsten werden Arrays von Zeigern zusammen mit Strings eingesetzt. Ein String ist, wie Sie am Tag 9, »Zeichen und Strings«, gelernt haben, eine Folge von Zeichen, die im Speicher abgelegt sind. Der Beginn eines Strings wird durch einen Zeiger auf das erste Zeichen (einen Zeiger vom Typ `char`) angezeigt. Das Ende des Strings wird durch ein Nullzeichen markiert. Indem Sie ein Array von Zeigern auf `char` deklarieren und initialisieren, können Sie auf elegante Weise eine große Anzahl von Strings verwalten und manipulieren. Jedes Element in dem Array zeigt auf einen anderen String, und durch Iteration über das Array können Sie auf die einzelnen Strings zugreifen.

Strings und Zeiger: ein Rückblick

Ich denke, dies ist ein günstiger Zeitpunkt, um noch einmal aufzufrischen, was Sie am Tag 9 über String-Allokation und -Initialisierung gelernt haben. Eine Möglichkeit, Speicher für einen String zu reservieren und diesen zu initialisieren, besteht darin, ein Array vom Typ `char` zu deklarieren:

```
char meldung[] = "Dies ist eine Meldung.";
```

Die andere Möglichkeit besteht darin, einen Zeiger auf char zu deklarieren:

```
char *meldung = "Dies ist eine Meldung.";
```

Beide Deklarationen sind äquivalent. In beiden Fällen reserviert der Compiler Speicher, der groß genug ist, den String mit seinem abschließenden Nullzeichen aufzunehmen. Der Bezeichner meldung weist jeweils auf den Beginn des Strings. Wie sieht es mit den folgenden zwei Deklarationen aus?

```
char meldung1[20];
char *meldung2;
```

Die erste Zeile deklariert ein Array vom Typ char, das 20 Zeichen lang ist; meldung1 stellt einen Zeiger auf die erste Position im Array dar. Beachten Sie, dass der Speicher für das Array zwar reserviert, nicht aber initialisiert ist. Der Inhalt des Arrays ist unbestimmt. Die zweite Zeile deklariert meldung2, einen Zeiger auf char. Diese Anweisung reserviert keinen Speicher – abgesehen von dem Speicher für den Zeiger. Wenn Sie einen String erzeugen wollen, auf dessen Beginn meldung2 zeigen soll, müssen Sie zuerst Speicher für den String reservieren. Am Tag 9 haben Sie gelernt, wie man sich zu diesem Zweck der Speicherallokationsfunktion malloc() bedient. Denken Sie daran, dass für jeden String Speicher allokiert werden muss: entweder zur Kompilierzeit in Form einer Deklaration oder zur Laufzeit mittels malloc() oder einer anderen Speicherallokationsfunktion.

Arrays von Zeigern auf char

Nach diesem kurzen Rückblick wollen wir uns anschauen, wie man ein Array von Zeigern deklariert. Die folgende Anweisung deklariert ein Array von zehn Zeigern auf char:

```
char *meldung[10];
```

Jedes Element im Array meldung[] ist ein individueller Zeiger auf char. Wie Sie sicherlich schon vermuten, können Sie die Deklaration mit der Initialisierung und Speicherallokation der Strings kombinieren:

```
char *meldung[10] = { "eins", "zwei", "drei" };
```

Diese Deklaration bewirkt Folgendes:

▸ Ein 10-elementiges Array namens meldung wird allokiert. Die Elemente von meldung sind Zeiger auf char.

▸ Irgendwo im Arbeitsspeicher (wo, ist für uns unerheblich) wird Platz für das Array reserviert. Die drei Initialisierungsstrings, zusammen mit ihren abschließenden Nullzeichen, werden an diesem Ort abgespeichert.

Arrays von Zeigern

▷ meldung[0] wird auf das erste Zeichen im String "eins" gerichtet. meldung[1] weist auf das erste Zeichen im String "zwei" und meldung[2] weist auf das erste Zeichen im String "drei".

Abbildung 14.4 veranschaulicht den Zusammenhang zwischen dem Array von Zeigern und den Strings. Die Array-Elemente von meldung[3] bis meldung[9] sind in diesem Beispiel nicht initialisiert und weisen folglich auf nichts Bestimmtes.

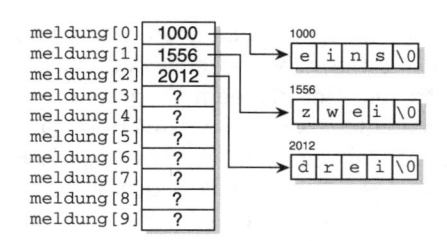

```
meldung[0]  1000         1000
meldung[1]  1556    ┌──→ e  i  n  s  \0
meldung[2]  2012    │    1556
meldung[3]   ?      └──→ z  w  e  i  \0
meldung[4]   ?
meldung[5]   ?           2012
meldung[6]   ?      ┌──→ d  r  e  i  \0
meldung[7]   ?
meldung[8]   ?
meldung[9]   ?
```

Abbildung 14.4:
Ein Array von Zeigern auf char.

Schauen Sie sich nun Listing 14.5 an, das ein Beispiel für die Verwendung eines Arrays von Zeigern enthält.

Listing 14.5: Ein Array von Zeigern auf char initialisieren und verwenden.

```
1: /* Ein Array von Zeigern auf char initialisieren. */
2:
3: #include <stdio.h>
4:
5: int main(void)
6: {
7:     char *meldung[6] = { "Vor", "vier", "Generationen",
8:                          "begannen", "unsere", "Vorväter" };
9:    int count;
10:
11:     for (count = 0; count < 6; count++)
12:         printf("%s ", meldung[count]);
13:     printf("\n");
14:     return(0);
15: }
```

Ausgabe

Vor vier Generationen begannen unsere Vorväter

Zeiger für Fortgeschrittene

Analyse

Das Programm deklariert ein Array von sechs Zeigern auf char und initialisiert diese so, dass sie auf sechs Strings verweisen (Zeilen 7 und 8). Danach werden in den Zeilen 11 und 12 die einzelnen Elemente des Arrays mit Hilfe einer for-Schleife auf den Bildschirm ausgegeben.

Bereits dieses kleine Programm macht deutlich, dass die Arbeit mit einem Array von Zeigern einfacher ist als die Manipulation einzelner Strings. Noch deutlicher tritt der Vorteil in komplexeren Programmen zutage – wie zum Beispiel dem Programm aus Listing 14.7. Wie Sie in diesem Programm sehen werden, wird der Vorteil noch größer, wenn Funktionen ins Spiel kommen, denn es ist viel einfacher, ein Array von Zeigern an eine Funktion zu übergeben als einzelne Strings. Man kann dies auch demonstrieren, indem man das Programm aus Listing 14.5 so umschreibt, dass es zur Ausgabe der Strings eine Funktion verwendet. Das umgeschriebene Programm steht in Listing 14.6.

Listing 14.6: Ein Array von Zeigern an eine Funktion übergeben.

```
1: /* Ein Array von Zeigern an eine Funktion übergeben. */
2:
3: #include <stdio.h>
4:
5: void strings_ausgeben(char *p[], int n);
6:
7: int main(void)
8: {
9:     char *meldung[6] = { "Vor", "vier", "Generationen",
10:                         "begannen", "unsere", "Vorväter" };
11:
12:    strings_ausgeben(meldung, 6);
13:    printf ("\n");
14:    return(0);
15: }
16:
17: void strings_ausgeben(char *p[], int n)
18: {
19:    int count;
20:
21:    for (count = 0; count < n; count++)
22:        printf("%s ", p[count]);
23: }
```

Ausgabe

Vor vier Generationen begannen unsere Vorväter

Analyse

Die Funktion `strings_ausgeben()` übernimmt zwei Argumente (siehe Zeile 17). Das erste Argument ist ein Array von Zeigern auf `char`, das zweite ist die Anzahl der Elemente im Array. Die Funktion `strings_ausgeben()` ist daher geeignet, Strings, auf die die Zeiger eines beliebigen Arrays von Zeigern auf `char` verweisen, auszugeben.

Vielleicht erinnern Sie sich, dass ich Ihnen weiter oben im Abschnitt »Zeiger auf Zeiger« ein Beispiel versprochen habe. Sie haben das Beispiel gerade gesehen! Listing 14.6 deklariert ein Array von Zeigern. Der Name dieses Arrays ist ein Zeiger auf das erste Element des Arrays. Wenn Sie das Array an eine Funktion übergeben, übergeben Sie einen Zeiger (den Array-Namen) auf einen Zeiger (das erste Array-Element).

Ein Beispiel

Es ist an der Zeit, dass wir ein komplexeres Beispiel angehen. Listing 14.7 verwendet viele der Programmiertechniken, die Sie bereits kennen gelernt haben – unter anderem auch Arrays von Zeigern. Das Programm liest ganze Zeilen von der Tastatur ein. Während des Einlesens wird für jede eingegebene Zeile Speicher allokiert. Für die Verwaltung der Zeilen wird ein Array von Zeigern auf `char` eingesetzt. Durch Eingabe einer Leerzeile signalisieren Sie dem Programm, dass die Eingabe beendet ist, woraufhin das Programm die Strings alphabetisch sortiert und auf den Bildschirm ausgibt.

Wenn Sie Programme wie dieses neu erstellen, sollten Sie bei der Planung einen Ansatz verfolgen, der der strukturierten Programmierung Rechnung trägt. Legen Sie als Erstes eine Liste der Aufgaben an, die das Programm erledigen soll:

1. Lies so lange einzelne Zeilen von der Tastatur ein, bis eine Leerzeile eingegeben wird.
2. Sortiere die Textzeilen in alphabetischer Reihenfolge.
3. Gib die einzelnen Zeilen auf den Bildschirm aus.

Diese Liste legt es nahe, dass das Programm zumindest drei Funktionen enthalten sollte: eine zum Einlesen der Zeilen, eine zum Sortieren der Zeilen und eine zum Ausgeben der Zeilen. Danach planen Sie jede der Funktionen für sich. Was muss die Eingabefunktion, wir nennen sie `zeilen_einlesen()`, tun?

1. Halte fest, wie viele Zeilen eingegeben wurden, und liefere diesen Wert nach Beendigung der Eingabe an das aufrufende Programm zurück.
2. Erlaube nur eine bestimmte, maximale Zahl von Eingabezeilen.
3. Reserviere für jede Zeile Speicher.
4. Verwalte die Zeilen mit Hilfe von Zeigern auf Strings, die in einem Array zu speichern sind.
5. Kehre nach Eingabe einer Leerzeile zum aufrufenden Programm zurück.

Wenden wir uns nun der zweiten Funktion zu, die für das Sortieren der Zeilen verantwortlich sein soll. Nennen wir sie sortieren(). (Originell, nicht wahr?) Das in dieser Funktion verwendete Sortierverfahren ist ebenso einfach wie primitiv. Aufeinander folgende Strings werden verglichen und vertauscht, wenn der zweite String kleiner als der erste String ist. Streng genommen werden allerdings nicht benachbarte Strings verglichen, sondern Strings, deren Zeiger im Array nebeneinander abgelegt sind und ausgetauscht werden – wo erforderlich –, und zwar ebenfalls die Zeiger auf die Strings und nicht die Strings selbst.

Um sicherzustellen, dass das Array vollständig sortiert wird, müssen Sie das Array von Anfang bis zum Ende durchgehen und bei jedem Durchgang alle benachbarten String-Paare vergleichen und gegebenenfalls vertauschen. Für ein Array von *n* Elementen bedeutet dies, dass das Array *n-1* Male durchlaufen werden muss. Warum ist dies notwendig?

Bei jedem Durchlaufen des Arrays kann ein gegebenes Element bestenfalls um eine Position verschoben werden. Was bedeutet dies für einen String, der an einer falschen Position steht? Nehmen wir an, der String, der an der ersten Position stehen sollte, ist im unsortierten Array auf der letzten Position abgespeichert. Beim ersten Durchlaufen des Arrays rückt der String auf die vorletzte Position, beim zweiten Durchgang rückt er um eine weitere Position nach vorne und so weiter. Insgesamt werden *n-1* Durchgänge benötigt, um den String an die erste Position zu verschieben.

Das hier vorgestellte Sortierverfahren ist äußerst ineffizient und unelegant. Es ist allerdings einfach zu implementieren und zu verstehen, und für die kurze Liste, die in dem Beispielprogramm zu sortieren ist, ist das Verfahren absolut ausreichend.

Die letzte Funktion gibt die sortierten Zeilen auf den Bildschirm aus. Im Grunde haben wir diese Funktion bereits in Listing 14.6 aufgesetzt. Für die Verwendung in Listing 14.7 bedarf es nur geringfügiger Anpassungen.

Listing 14.7: *Programm, das Textzeilen von der Tastatur einliest, diese alphabetisch sortiert und die sortierte Liste ausgibt.*

```
1:  /* Liest Strings von der Tastatur ein, sortiert diese */
2:  /* und gibt sie auf den Bildschirm aus. */
3:  #include <stdlib.h>
4:  #include <stdio.h>
5:  #include <string.h>
6:
7:  #define MAXZEILEN 25
8:
9:  int zeilen_einlesen(char *zeilen[]);
10: void sortieren(char *p[], int n);
11: void strings_ausgeben(char *p[], int n);
12:
13: char *zeilen[MAXZEILEN];
14:
15: int main(void)
16: {
17:     int anzahl_zeilen;
18:
19:     /* Lese die Zeilen von der Tastatur ein. */
20:
21:     anzahl_zeilen = zeilen_einlesen(zeilen);
22:
23:     if ( anzahl_zeilen < 0 )
24:     {
25:         puts("Fehler bei Speicherreservierung");
26:         exit(-1);
27:     }
28:
29:     sortieren(zeilen, anzahl_zeilen);
30:     strings_ausgeben(zeilen, anzahl_zeilen);
31:     return(0);
32: }
33:
34: int zeilen_einlesen(char *zeilen[])
35: {
36:     int n = 0, slen;
37:     char puffer[80];    /* Temporärer Speicher für die Zeilen. */
38:
39:     puts("Geben Sie einzelne Zeilen ein; Leerzeile zum Beenden.");
40:
41:     while ((n < MAXZEILEN) && (fgets(puffer,80,stdin) != 0))
42:     {
```

```
43:          slen = strlen (puffer);
44:          if (slen < 2)
45:              break;
46:          puffer [slen-1] = 0;
47:          if ((zeilen[n] = (char *)malloc(strlen(puffer)+1)) == NULL)
48:              return -1;
49:          strcpy( zeilen[n++], puffer );
50:      }
51:      return n;
52:
53: } /* Ende von zeilen_einlesen() */
54:
55: void sortieren(char *p[], int n)
56: {
57:      int a, b;
58:      char *x;
59:
60:      for (a = 1; a < n; a++)
61:      {
62:          for (b = 0; b < n-1; b++)
63:          {
64:              if (strcmp(p[b], p[b+1]) > 0)
65:              {
66:                  x = p[b];
67:                  p[b] = p[b+1];
68:                  p[b+1] = x;
69:              }
70:          }
71:      }
72: }
73:
74: void strings_ausgeben(char *p[], int n)
75: {
76:      int count;
77:
78:      for (count = 0; count < n; count++)
79:          printf("%s\n", p[count]);
80: }
```

Ausgabe

```
Geben Sie einzelne Zeilen ein; Leerzeile zum Beenden.
Hund
Apfel
Zoo
```

```
Programm
Mut

Apfel
Hund
Mut
Programm
Zoo
```

Es lohnt sich, bestimmte Details des Programms gründlicher zu untersuchen. Das Programm verwendet etliche neue Bibliotheksfunktionen zur Bearbeitung der Strings, die hier nur kurz erklärt werden. Am Tag 16, »Stringmanipulation«, werde ich auf diese Funktionen näher eingehen. Damit die Funktionen im Programm verwendet werden können, muss die Header-Datei `string.h` eingebunden werden.

In der Funktion `zeilen_einlesen()` wird die Eingabe von der `while`-Anweisung in Zeile 41 kontrolliert:

```
while ((n < MAXZEILEN) && (fgets(puffer,80,stdin) != 0))
```

Die Bedingung, die von `while` getestet wird, besteht aus zwei Teilen. Der erste Teil, `n < MAXZEILEN`, stellt sicher, dass die maximale Anzahl an einzulesenden Zeilen noch nicht erreicht wurde. Der zweite Teil, `fgets(puffer,80,stdin) != 0`, ruft die Bibliotheksfunktion `fgets()` auf, um eine einzelne Zeile von der Tastatur in `puffer` einzulesen, und stellt sicher, dass kein End-of-File- oder irgendein anderer Fehler aufgetreten ist. Von Tag 9 her wissen Sie, dass `fgets()` die von der Tastatur eingelesene Zeile, einschließlich des Neue-Zeile-Zeichens, zurückliefert. In Zeile 43 liefert die Bibliotheksfunktion `strlen()` (aus `string.h`) die Länge des Strings zurück (ohne das abschließende Nullzeichen) und weist diesen Wert der Variablen `slen` zu. Die Variable `slen` wird in Zeile 44 kontrolliert. Wenn die Länge des Strings kleiner als 2 ist (also nur aus einer Leerzeile besteht), verlässt das Programm mit Hilfe von `break` die `while`-Schleife (Zeile 45). In Zeile 46 wird das Neue-Zeile-Zeichen am Stringende mit dem Nullzeichen überschrieben. Denken Sie daran, dass Array-Indizes mit 0 beginnen, so dass der Index des letzten Zeichens `length-1` lautet.

Wenn eine der beiden Testbedingungen der `while`-Schleife als unwahr ausgewertet wird oder die Länge des Eingabestrings kleiner als 2 wird, bricht die Schleife ab und die Programmausführung springt zu dem aufrufenden Programm zurück – mit der Anzahl der eingegebenen Zeilen als Rückgabewert der Funktion. Andernfalls wird die `if`-Anweisung aus Zeile 47 ausgeführt:

```
if ((zeilen[n] = (char *)malloc(strlen(puffer)+1)) == NULL)
```

Diese Anweisung ruft `malloc()` auf, um Speicher für den gerade eingegebenen String zu reservieren. Die Funktion `strlen()` liefert die Länge des an sie übergebenen Strings zurück. Dieser Wert wird um 1 inkrementiert, so dass `malloc()` Speicher für den String plus dem abschließenden Nullzeichen reserviert. Der Ausdruck `(char *)` direkt vor `malloc()` ist eine Typumwandlung, die den Datentyp des von `malloc()` zurückgelieferten Zeigers in einen Zeiger auf `char` zurückliefert (mehr zu Typumwandlungen an Tag 18).

Die Bibliotheksfunktion `malloc()` liefert, wie Sie sich vielleicht erinnern, einen Zeiger zurück. Die Anweisung speichert den Wert des Zeigers, der von `malloc()` zurückgeliefert wird, in dem nächsten freien Element des Zeiger-Arrays. Wenn `malloc()` den Wert `NULL` zurückliefert, sorgt die `if`-Bedingung dafür, dass die Programmausführung mit dem Rückgabewert -1 an das aufrufende Programm zurückgeht. Der Code in `main()` prüft den Rückgabewert von `zeilen_einlesen()` und stellt fest, ob ein Wert kleiner Null zurückgeliefert wurde. Falls ja, wird in den Zeilen 23 bis 27 eine Fehlermeldung bezüglich der missglückten Speicherreservierung ausgegeben und das Programm beendet.

Wenn die Speicherallokation erfolgreich war, ruft das Programm in Zeile 48 die Funktion `strcpy()` auf, um den String aus dem temporären Speicher `puffer` in den gerade mit `malloc()` reservierten Speicher zu kopieren. Danach beginnt ein neuer Schleifendurchgang, und eine weitere Eingabezeile wird eingelesen.

Wenn die Programmausführung von `zeilen_einlesen()` nach `main()` zurückkehrt, sind folgende Aufgaben erledigt (immer vorausgesetzt, dass bei der Speicherallokation kein Fehler aufgetreten ist):

▷ Textzeilen wurden von der Tastatur eingelesen und als nullterminierte Strings im Speicher abgelegt.

▷ Das Array `zeilen[]` enthält Zeiger auf die eingelesenen Strings. Die Reihenfolge der Zeiger in dem Array entspricht der Reihenfolge, in der die Strings eingelesen wurden.

▷ Die Anzahl der eingegebenen Zeilen ist in der Variablen `anzahl_zeilen` festgehalten.

Jetzt kommen wir zum Sortieren. Denken Sie daran, dass wir dazu nicht die Strings selbst, sondern nur die Zeiger aus dem Array `zeilen[]` umordnen. Schauen Sie sich den Code der Funktion `sortieren()` an. Er enthält zwei ineinander geschachtelte `for`-Schleifen (Zeilen 60 bis 71). Die äußere Schleife wird `anzahl_zeilen` - 1 Male ausgeführt. Jedes Mal, wenn die äußere Schleife ausgeführt wird, durchläuft die innere Schleife das Zeiger-Array und vergleicht für alle n von 0 bis `anzahl_zeilen` - 1 den n-ten String mit dem n+1-ten String. Den eigentlichen Vergleich führt die Bibliotheksfunktion `strcmp()` aus (Zeile 64), der die Zeiger auf die beiden Strings übergeben werden. Die Funktion `strcmp()` liefert einen der folgenden Werte zurück:

▷ Ein Wert größer Null, wenn der erste String größer als der zweite ist.
▷ Null, wenn beide Strings identisch sind.
▷ Ein Wert kleiner Null, wenn der zweite String größer als der erste ist.

Wenn `strcmp()` einen Wert größer Null zurückliefert, bedeutet dies für unser Programm, dass der erste String größer als der zweite ist und die Strings (d.h. die Zeiger auf die Strings) vertauscht werden müssen. Dazu wird die temporäre Variable x benötigt (Zeilen 66 bis 68).

Wenn die Programmausführung aus `sortieren()` zurückkehrt, sind die Zeiger in `zeilen[]` in die gewünschte Reihenfolge gebracht: Der Zeiger auf den »kleinsten« Strings ist in `zeilen[0]` abgelegt, der Zeiger auf den »nächstkleineren« String steht in `zeilen[1]` und so weiter. Nehmen wir beispielsweise an, Sie hätten die folgenden fünf Zeilen eingegeben:

```
Hund
Apfel
Zoo
Programm
Mut
```

Abbildung 14.5 veranschaulicht die Situation vor dem Aufruf von `sortieren()`. Wie das Array nach dem Aufruf von `sortieren()` aussieht, können Sie Abbildung 14.6 entnehmen.

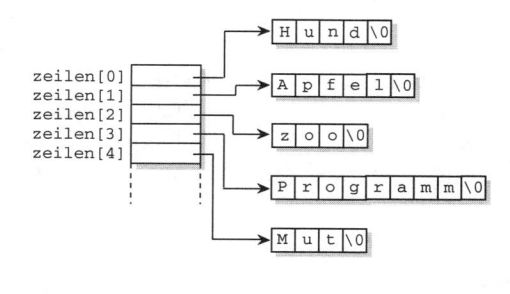

Abbildung 14.5:
Vor dem Sortieren sind die Zeiger in der gleichen Reihenfolge im Array abgelegt, in der die Strings eingegeben wurden.

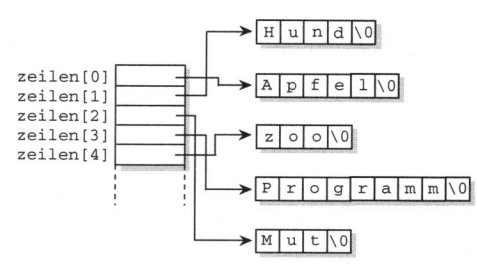

Abbildung 14.6:
Nach dem Sortieren sind die Zeiger nach der alphabetischen Reihenfolge der Strings angeordnet.

455

Zu guter Letzt ruft das Programm die Funktion `strings_ausgeben()` auf, die die Liste der sortierten Strings auf dem Bildschirm anzeigt. Diese Funktion dürfte Ihnen noch von dem vorangegangenen Beispiel vertraut sein.

Das Programm aus Listings 14.7 ist das komplexeste Programm, dem Sie bisher in diesem Buch begegnet sind. Es nutzt viele der C-Programmiertechniken, die wir in den zurückliegenden Tagen behandelt haben. Mit Hilfe der obigen Erläuterungen sollten Sie in der Lage sein, dem Programmablauf zu folgen und die einzelnen Schritte zu verstehen. Sollten Sie auf Code-Abschnitte stoßen, die Ihnen unverständlich sind, lesen Sie bitte noch einmal die Passagen im Buch, an denen die betreffenden Techniken erklärt werden.

Zeiger auf Funktionen

Zeiger auf Funktionen stellen eine weitere Möglichkeit dar, wie man Funktionen aufrufen kann. »Stopp!«, werden Sie sagen. »Wie kann es Zeiger auf Funktionen geben? Zeiger enthalten doch Adressen, in denen Variablen abgespeichert sind.«

Ja und nein. Es ist richtig, dass Zeiger Adressen beinhalten, doch muss dies nicht notwendigerweise die Adresse einer Variablen sein. Wenn ein Programm ausgeführt wird, wird der Code der Funktionen in den Speicher geladen. Dadurch wird jeder Funktion eine Startadresse zugeordnet, an der ihr Code beginnt. Ein Zeiger auf eine Funktion enthält eine solche Startadresse einer Funktion – den Eintrittspunkt der Funktion, mit dem ihre Ausführung beginnt.

Wofür braucht man Zeiger auf Funktionen? Wie schon erwähnt, bieten Zeiger auf Funktionen mehr Möglichkeiten, Funktionen aufzurufen. Zeiger auf Funktionen ermöglichen einem Programm, zwischen mehreren Funktionen auszuwählen und sich für die Funktion zu entscheiden, die unter den gegebenen Umständen am geeignetsten ist.

Zeiger auf Funktionen deklarieren

Wie für alle Variablen in C gilt auch für Zeiger auf Funktionen, dass man sie vor der Verwendung deklarieren muss. Die allgemeine Syntax einer solchen Deklaration sieht wie folgt aus:

```
typ (*zgr_auf_funk)(parameter_liste);
```

Obige Anweisung deklariert `zgr_auf_funk` als Zeiger auf eine Funktion die den Rückgabetyp *typ* hat und der die Parameter aus *parameter_liste* übergeben werden. Schauen wir uns einige konkrete Beispiele an:

Zeiger auf Funktionen

```
int (*funk1)(int x);
void (*funk2)(double y, double z);
char (*funk3)(char *p[]);
void (*funk4)();
```

Die erste Zeile deklariert funk1 als Zeiger auf eine Funktion, die ein Argument vom Typ int übernimmt und einen Wert vom Typ int zurückliefert. Die zweite Zeile deklariert funk2 als Zeiger auf eine Funktion, die zwei double-Argumente übernimmt und void als Rückgabetyp hat (also keinen Wert zurückliefert). Die dritte Zeile deklariert funk3 als Zeiger auf eine Funktion, die ein Array von Zeigern auf char als Argument übernimmt und einen Wert vom Typ char zurückliefert. Die letzte Zeile deklariert funk4 als Zeiger auf eine Funktion, die kein Argument übernimmt und void als Rückgabetyp hat.

Wozu sind die Klammern um den Zeigernamen? Warum kann man das erste Beispiel nicht einfach wie folgt schreiben:

```
int *funk1(int x);
```

Der Grund für die Klammern ist die relativ niedrige Priorität des Indirektionsoperators *. Die Priorität des Indirektionsoperators liegt noch unter der Priorität der Klammern für die Parameterliste. Obige Deklaration ohne Klammern um den Zeigernamen deklariert daher funk1 als eine Funktion, die einen Zeiger auf int zurückliefert. (Zu Funktionen, die einen Zeiger zurückliefern, kommen wir noch weiter unten in dieser Lektion.) Wenn Sie einen Zeiger auf eine Funktion deklarieren, vergessen Sie also nicht, den Zeigernamen und den Indirektionsoperator in Klammern zu setzen, oder Sie handeln sich eine Menge Ärger ein.

Zeiger auf Funktionen initialisieren und verwenden

Es genügt nicht, einen Zeiger auf eine Funktion zu deklarieren, man muss den Zeiger auch initialisieren, damit er auf etwas verweist. Dieses »Etwas« ist natürlich eine Funktion. Für Funktionen, auf die verwiesen wird, gelten keine besonderen Regeln. Wichtig ist nur, dass Rückgabetyp und Parameterliste der Funktion mit dem Rückgabetyp und der Parameterliste aus der Zeigerdeklaration übereinstimmen. Der folgende Code deklariert und definiert eine Funktion und einen Zeiger auf diese Funktion:

```
float quadrat(float x);      /* Der Funktionsprototyp. */
float (*p)(float x);         /* Die Zeigerdeklaration. */
float quadrat(float x)       /* Die Funktionsdefinition. */
{
return x * x;
}
```

Da die Funktion quadrat() und der Zeiger p die gleichen Parameter und Rückgabetypen haben, können Sie p so initialisieren, dass er auf quadrat zeigt:

Zeiger für Fortgeschrittene

```
p = quadrat;
```

Danach können Sie die Funktion über den Zeiger aufrufen:

```
antwort = p(x);
```

So einfach ist das. Für ein echtes Beispiel kompilieren Sie Listing 14.8 und führen es aus. Das Programm deklariert und initialisiert einen Zeiger auf eine Funktion. Die Funktion wird zweimal aufgerufen, einmal über den Funktionsnamen und beim zweiten Mal über den Zeiger. Beide Aufrufe führen zu demselben Ergebnis.

Listing 14.8: Eine Funktion über einen Funktionszeiger aufrufen.

```
1: /* Beispiel für Deklaration und Einsatz eines Funktionszeigers.*/
2:
3: #include <stdio.h>
4:
5: /* Der Funktionsprototyp. */
6:
7: double quadrat(double x);
8:
9: /* Die Zeigerdeklaration. */
10:
11: double (*p)(double x);
12:
13: int main(void)
14: {
15:     /* p wird mit quadrat initialisiert. */
16:
17:      p = quadrat;
18:
19:     /* quadrat() wird auf zwei Wegen aufgerufen. */
20:     printf("%f   %f\n", quadrat(6.6), p(6.6));
21:     return(0);
22: }
23:
24: double quadrat(double x)
25: {
26:     return x * x;
27: }
```

Ausgabe

43.560000   43.560000

Analyse

Zeile 7 deklariert die Funktion quadrat(), und Zeile 11 deklariert den Zeiger p auf eine Funktion mit einem double-Argument und einem double-Rückgabetyp, in Übereinstimmung mit der Deklaration von quadrat(). Zeile 17 richtet den Zeiger p auf quadrat, wobei weder für quadrat noch für p Klammern angegeben werden. Zeile 20 gibt die Rückgabewerte der Aufrufe quadrat() und p() aus.

Ein Funktionsname ohne Klammern ist ein Zeiger auf die Funktion (klingt nach dem gleichen Konzept, das wir von den Arrays her kennen, nicht wahr?). Welchen Nutzen bringt es, einen Zeiger auf eine Funktion zu deklarieren und zu verwenden? Der Funktionsname ist eine Zeigerkonstante, die nicht geändert werden kann (wieder die Parallele zu den Arrays). Der Wert einer Zeigervariablen kann dagegen sehr wohl geändert werden. Insbesondere kann die Zeigervariable bei Bedarf auf verschiedene Funktionen gerichtet werden.

Listing 14.9 ruft eine Funktion auf, der ein Integer-Argument übergeben wird. In Abhängigkeit von dem Wert dieses Arguments, richtet die Funktion einen Zeiger auf eine von drei Funktionen und nutzt dann den Zeiger um die betreffende Funktion aufzurufen. Jede der Funktionen gibt eine spezifische Meldung auf den Bildschirm aus.

Listing 14.9: Mit Hilfe eines Funktionszeigers je nach Programmablauf unterschiedliche Funktionen aufrufen.

```
1: /* Über einen Zeiger verschiedene Funktionen aufrufen. */
2:
3: #include <stdio.h>
4:
5: /* Die Funktionsprototypen. */
6:
7:  void funk1(int x);
8:  void eins(void);
9:  void zwei(void);
10: void andere(void);
11:
12: int main(void)
13: {
14:     int a;
15:
16:     for (;;)
17:     {
18:         puts("\nGeben Sie einen Wert (1 - 10) ein, 0 zum Verlassen: ");
19:         scanf("%d", &a);
20:
```

```
21:            if (a == 0)
22:                break;
23:            funk1(a);
24:        }
25:        return(0);
26: }
27:
28: void funk1(int x)
29: {
30:        /* Der Funktionszeiger. */
31:
32:        void (*zgr)(void);
33:
34:        if (x == 1)
35:            zgr = eins;
36:        else if (x == 2)
37:            zgr = zwei;
38:        else
39:            zgr = andere;
40:
41:        zgr();
42: }
43:
44: void eins(void)
45: {
46:        puts("Sie haben 1 eingegeben.");
47: }
48:
49: void zwei(void)
50: {
51:        puts("Sie haben 2 eingegeben.");
52: }
53:
54: void andere(void)
55: {
56:        puts("Sie haben einen anderen Wert als 1 oder 2 eingegeben.");
57: }
```

Ausgabe

```
Geben Sie einen Wert (1 - 10) ein, 0 zum Verlassen:
2
Sie haben 2 eingegeben.

Geben Sie einen Wert (1 - 10) ein, 0 zum Verlassen:
```

```
9
Sie haben einen anderen Wert als 1 oder 2 eingegeben.

Geben Sie einen Wert (1 - 10) ein, 0 zum Verlassen:
0
```

Analyse

Dieses Programm enthält eine Endlosschleife, die in Zeile 16 beginnt und so lange ausgeführt wird, bis ein Wert von 0 eingegeben wird. Eingaben ungleich Null werden an die Funktion funk1() übergeben. Schauen Sie sich Zeile 32 an. Dort wird innerhalb von funk1() ein Zeiger zgr auf eine Funktion deklariert. Weil zgr innerhalb der Funktion deklariert wurde, ist er lokal zu funk1() – was sinnvoll ist, da der Zeiger von anderen Teilen des Programms nicht benötigt wird. In den Zeilen 34 bis 39 weist die Funktion funk1() dem Zeiger zgr in Abhängigkeit von dem eingegebenen Wert eine passende Funktion zu. In Zeile 41 erfolgt ein Aufruf von zgr(), wodurch die betreffende Funktion ausgeführt wird.

Dieses Programm dient natürlich nur der Veranschaulichung. Man hätte das gleiche Ergebnis problemlos auch ohne Funktionszeiger erreichen können.

Schauen wir uns noch einen weiteren Weg an, wie man mit Hilfe von Zeigern verschiedene Funktionen aufrufen kann: Wir übergeben den Zeiger als Argument an eine Funktion. Listing 14.10 ist eine Überarbeitung von Listing 14.9.

Listing 14.10: Einen Zeiger als Argument an eine Funktion übergeben.

```
1:  /* Einen Zeiger als Argument an eine Funktion übergeben. */
2:
3:  #include <stdio.h>
4:
5:  /* Der Funktionsprototyp. Die Funktion funk1() übernimmt */
6:  /* als Argument einen Zeiger auf eine Funktion, die keine */
7:  /* Argumente und keinen Rückgabewert hat. */
8:
9:  void funk1(void (*p)(void));
10: void eins(void);
11: void zwei(void);
12: void andere(void);
13:
14: int main(void)
15: {
16:     /* Der Funktionszeiger. */
18:     void (*zgr)(void);
```

Zeiger für Fortgeschrittene

```
19:        int  a;
20:
21:        for (;;)
22:        {
23:            puts("\nGeben Sie einen Wert (1 - 10) ein, 0 zum Verlassen: ");
24:            scanf("%d", &a);
25:
26:            if (a == 0)
27:                break;
28:            else if (a == 1)
29:                zgr = eins;
30:            else if (a == 2)
31:                zgr = zwei;
32:            else
33:                zgr = andere;
34:            funk1(zgr);
35:        }
36:        return(0);
37: }
38:
39: void funk1(void (*p)(void))
40: {
41:     p();
42: }
43:
44: void eins(void)
45: {
46:     puts("Sie haben 1 eingegeben.");
47: }
48:
49: void zwei(void)
50: {
51:     puts("Sie haben 2 eingegeben.");
52: }
53:
54: void andere(void)
55: {
56:     puts("Sie haben einen anderen Wert als 1 oder 2 eingegeben.");
57: }
```

Ausgabe

```
Geben Sie einen Wert (1 - 10) ein, 0 zum Verlassen:
2
Sie haben 2 eingegeben.
```

```
Geben Sie einen Wert (1 - 10) ein, 0 zum Verlassen:
11
Sie haben einen anderen Wert als 1 oder 2 eingegeben.

Geben Sie einen Wert (1 - 10) ein, 0 zum Verlassen:
0
```

Analyse

Beachten Sie die Unterschiede zwischen Listing 14.9 und Listing 14.10. Die Deklaration des Funktionszeigers wurde nach main() (Zeile 18) verschoben, wo Sie gebraucht wird. Jetzt ist der Code in main(), der den Zeiger in Abhängigkeit von der Benutzereingabe (Zeilen 26 bis 33) mit der korrekten Funktion initialisiert. Dann übergibt main() den initialisierten Zeiger an funk1(). Die Funktion funk1() dient in Listing 14.10 keinem besonderen Zweck, alles was sie tut, ist die Funktion aufzurufen, auf die zgr verweist. Dieses Programm dient wiederum nur der Veranschaulichung, doch die gleichen Techniken können auch in echten Programmen, wie dem nachfolgenden Beispiel, angewendet werden.

Eine typische Situation, in der man auf Funktionszeiger zurückgreift, ist das Sortieren von Daten. Manchmal möchte man verschiedene Sortierregeln anwenden. Beispielsweise könnten Sie einmal in alphabetischer und ein anderes Mal in umgekehrter alphabetischer Reihenfolge sortieren wollen. Mit Hilfe von Zeigern auf Funktionen können Sie Ihr Programm stets die gewünschte Sortierfunktion aufrufen lassen. In der Praxis werden allerdings üblicherweise keine unterschiedlichen Sortierfunktionen, sondern unterschiedliche Vergleichsfunktionen aufgerufen.

Blättern Sie zurück zu Listing 14.7. In der Funktion sortieren() dieses Programms wurde die Sortierreihenfolge von dem Rückgabewert der Bibliotheksfunktion strcmp() bestimmt, die dem Programm mitteilt, ob ein bestimmter String kleiner oder größer als ein anderer String ist. Wie wäre es, wenn Sie zwei Vergleichsfunktionen schreiben würden – eine die in alphabetischer Reihenfolge (von A bis Z) und eine die in umgekehrter alphabetischer Reihenfolge (von Z bis A) sortiert. Das Programm könnte dann den Anwender entscheiden lassen, in welcher Reihenfolge dieser sortieren möchte, und mit Hilfe eines Funktionszeigers die zugehörige Vergleichsfunktion aufrufen. Listing 14.11 erweitert Listing 14.7 um diese Möglichkeit.

Listing 14.11: Mit Funktionszeigern die Sortierreihenfolge steuern.

```
1:  /* Liest Strings von der Tastatur ein, sortiert diese */
2:  /* in aufsteigender oder absteigender Reihenfolge */
3:  /* und gibt sie auf den Bildschirm aus. */
```

TAG 14

Zeiger für Fortgeschrittene

```
 4:  #include <stdlib.h>
 5:  #include <stdio.h>
 6:  #include <string.h>
 7:
 8:  #define MAXZEILEN 25
 9:
10:  int zeilen_einlesen(char *zeilen[]);
11:  void sortieren(char *p[], int n, int sort_typ);
12:  void strings_ausgeben(char *p[], int n);
13:  int alpha(char *p1, char *p2);
14:  int umgekehrt(char *p1, char *p2);
15:
16:  char *zeilen[MAXZEILEN];
17:
18:   int main(void)
19:  {
20:      int anzahl_zeilen, sort_typ;
21:
22:      /* Lies die Zeilen von der Tastatur ein. */
23:
24:      anzahl_zeilen = zeilen_einlesen(zeilen);
25:
26:      if ( anzahl_zeilen < 0 )
27:      {
28:         puts("Fehler bei Speicherreservierung");
29:         exit(-1);
30:      }
31:
32:      puts("0 für umgekehrte oder 1 für alphabet. Sortierung :" );
33:      scanf("%d", &sort_typ);
34:
35:      sortieren(zeilen, anzahl_zeilen, sort_typ);
36:      strings_ausgeben(zeilen, anzahl_zeilen);
37:      return(0);
38:  }
39:
40:  int zeilen_einlesen(char *zeilen[])
41:  {
42:      int n = 0;
43:      char puffer[80];   /* Temporärer Speicher für die Zeilen. */
44:
45:      puts("Geben Sie einzelne Zeilen ein; Leerzeile zum Beenden.");
46:
47:      while (n < MAXZEILEN && fgets(puffer,80,stdin) != 0 &&
               puffer[0] != '\n')
48:      {
```

Zeiger auf Funktionen

```
49:          if ((zeilen[n] = (char *)malloc(strlen(puffer)+1)) == NULL)
50:             return -1;
51:          strcpy( zeilen[n++], puffer );
52:       }
53:    return n;
54:
55: } /* Ende von zeilen_einlesen() */
56:
57: void sortieren(char *p[], int n, int sort_typ)
58: {
59:    int a, b;
60:     char *x;
61:
62:    /* Der Funktionszeiger. */
63:
64:    int (*vergleiche)(char *s1, char *s2);
65:
66:    /* Initialisiere den Funktionszeiger in Abh. von sort_typ */
67:    /* mit der zugehörigen Vergleichsfunktion. */
68:
69:    vergleiche = (sort_typ) ? umgekehrt : alpha;
70:
71:    for (a = 1; a < n; a++)
72:    {
73:       for (b = 0; b < n-1; b++)
74:       {
75:          if (vergleiche(p[b], p[b+1]) > 0)
76:          {
77:             x = p[b];
78:             p[b] = p[b+1];
79:             p[b+1] = x;
80:          }
81:       }
82:    }
83: } /* Ende von sortieren() */
84:
85: void strings_ausgeben(char *p[], int n)
86: {
87:    int count;
88:
89:    for (count = 0; count < n; count++)
90:       printf("%s", p[count]);
91: }
92:
93: int alpha(char *p1, char *p2)
94: /* Alphabetischer Vergleich. */
```

```
 95: {
 96:     return(strcmp(p2, p1));
 97: }
 98:
 99: int umgekehrt(char *p1, char *p2)
100: /* Umgekehrter alphabetischer Vergleich. */
101: {
102:     return(strcmp(p1, p2));
103: }
```

Ausgabe

```
Geben Sie einzelne Zeilen ein; Leerzeile zum Beenden.
Rosen sind rot
Veilchen sind blau
C gibt's schon lange,
Aber nur grau in grau!

0 für umgekehrte oder 1 für alphabet. Sortierung:
0

Veilchen sind blau
Rosen sind rot
C gibt's schon lange,
Aber nur grau in grau!
```

Analyse

Die Zeilen 32 und 33 von main() fordern den Anwender auf, die gewünschte Sortierreihenfolge anzugeben. Der eingegebene Wert wird in sort_typ abgespeichert. Weiter unten wird dieser Wert zusammen mit den eingegebenen Zeilen und der Zeilenanzahl an die Funktion sortieren() übergeben. Die sortieren()-Funktion wurde in einigen Punkten geändert. In Zeile 64 wird ein Zeiger namens vergleiche auf eine Funktion eingerichtet, die zwei Zeiger auf char (sprich zwei Strings) als Argumente übernimmt. In Zeile 69 wird vergleiche auf eine der beiden neu hinzugekommenen Funktionen gesetzt. Auf welche Funktion vergleiche gesetzt wird, hängt von dem Wert in sort_typ ab. Die beiden neuen Funktionen heißen alpha() und umgekehrt(). Die Funktion alpha() verwendet die Bibliotheksfunktion strcmp() in der gleichen Weise, wie dies auch schon in Listing 14.7 der Fall war. Die Funktion umgekehrt() vertauscht die Argumente zu strcmp(), so dass eine umgekehrte Sortierung entsteht.

Was Sie tun sollten	Was nicht

Nutzen Sie die strukturierte Programmierung.
 	
Initialisieren Sie Zeiger, bevor Sie diese verwenden.
	Vergessen Sie nicht, bei der Deklaration von Funktionszeigern Klammern zu setzen.
	
	Einen Zeiger auf eine Funktion, die keine Argumente übernimmt und ein Zeichen zurückliefert, deklariert man als:
	
	`char (*funk)();`
	
	Eine Funktion, die einen Zeiger auf ein Zeichen zurückliefert, deklariert man als:
	
	`char *funk();`
	
	Verwenden Sie Funktionszeiger nicht mit anderen Argumenten oder Rückgabetypen, als bei der Deklaration angegeben wurden.

Funktionen, die einen Zeiger zurückliefern

In den vorangehenden Tagen haben Sie etliche Funktionen aus der C-Standardbibliothek kennen gelernt, die einen Zeiger als Rückgabewert zurückliefern. Selbstverständlich können Sie auch Ihre eigenen Funktionen mit Zeigern als Rückgabewerte aufsetzen. Wie zu erwarten, wird dabei in der Funktionsdeklaration und der Funktionsdefinition der Indirektionsoperator (*) verwendet. Die allgemeine Form der Deklaration lautet:

```
typ *funk(parameter_liste);
```

Diese Anweisung deklariert eine Funktion `funk()`, die einen Zeiger auf `typ` zurückliefert. Hier zwei konkrete Beispiele:

```
double *funk1(parameter_liste);
struct adresse *funk2(parameter_liste);
```

Die erste Zeile deklariert eine Funktion, die einen Zeiger auf den Typ `double` zurückliefert. Die zweite Zeile deklariert eine Funktion, die einen Zeiger auf den Typ `adresse` zurückliefert (`adresse` ist in diesem Fall eine benutzerdefinierte Struktur).

Verwechseln Sie nicht die Funktionen, die einen Zeiger zurückliefern, mit den Zeigern auf Funktionen. Wenn Sie in der Deklaration ein zusätzliches Klammernpaar setzen, deklarieren Sie einen Zeiger auf eine Funktion – wie in dem folgenden Beispiel:

TAG 14 — Zeiger für Fortgeschrittene

```
double (*funk)(...);    /* Zeiger auf Funktion, die double zurückgibt. */
double *funk(...);      /* Funktion, die Zeiger auf double zurückgibt. */
```

Nachdem wir uns mit der Deklarationssyntax vertraut gemacht haben, stellt sich die Frage, wie man Funktionen, die Zeiger zurückliefern, verwendet? Es gibt keine speziellen Regeln für diese Funktionen – sie werden wie alle anderen Funktionen eingesetzt, ihr Rückgabewert wird einer Variablen passenden Typs (in diesem Fall einem Zeiger) zugewiesen. Da der Funktionsaufruf einem C-Ausdruck entspricht, kann er überall eingesetzt werden, wo Sie auch einen Zeiger des entsprechenden Typs verwenden würden.

Listing 14.12 zeigt ein einfaches Beispiel: eine Funktion, die zwei Argumente übernimmt und bestimmt, welches Argument größer ist. Das Listing realisiert dies auf zwei verschiedene Arten: Eine Funktion liefert einen int-Wert zurück, die andere Funktion liefert einen Zeiger auf int zurück.

Listing 14.12: Zeiger aus Funktionen zurückliefern.

```
 1: /* Funktion, die einen Zeiger zurückliefert. */
 2:
 3: #include <stdio.h>
 4:
 5: int groesser1(int x, int y);
 6: int *groesser2(int *x, int *y);
 7:
 8: int main(void)
 9: {
10:     int a, b, bigger1, *bigger2;
11:
12:     printf("Geben Sie zwei Integer-Werte ein: ");
13:     scanf("%d %d", &a, &b);
14:
15:     bigger1 = groesser1(a, b);
16:     printf("Der größere Wert ist %d.\n", bigger1);
17:     bigger2 = groesser2(&a, &b);
18:     printf("Der größere Wert ist %d.\n", *bigger2);
19:     return(0);
20: }
21:
22: int groesser1(int x, int y)
23: {
24:     if (y > x)
25:         return y;
26:     return x;
27: }
28:
```

```
29: int *groesser2(int *x, int *y)
30: {
31:     if (*y > *x)
32:         return y;
33:
34:     return x;
35: }
```

Ausgabe

```
Geben Sie zwei Integer-Werte ein: 1111 3000

Der größere Wert ist 3000.
Der größere Wert ist 3000.
```

Analyse

Dieses Programm ist nicht schwer nachzuvollziehen. Die Zeilen 5 und 6 enthalten die Prototypen für die beiden Funktionen. Die erste, groesser1(), übernimmt zwei int-Variablen und liefert einen int-Wert zurück. Die zweite, groesser2(), übernimmt zwei Zeiger auf int-Variablen und liefert einen Zeiger auf int zurück. Die main()-Funktion, Zeilen 8 bis 20, folgt dem üblichen Schema. Zeile 10 deklariert vier Variablen. a und b nehmen die Werte auf, die verglichen werden sollen. bigger1 und bigger2 nehmen die Rückgabewerte der Funktionen groesser1() and groesser2() auf. Beachten Sie, dass bigger2 ein Zeiger auf int ist, während es sich bei bigger1 um eine einfache int-Variable handelt.

Zeile 15 ruft groesser1() mit den beiden int-Argumenten a und b auf. Der von der Funktion zurückgelieferte Wert wird bigger1 zugewiesen und in Zeile 16 ausgegeben. Zeile 17 ruft groesser2() mit den Adressen der beiden int-Variablen auf. Der von der Funktion zurückgelieferte Zeiger wird bigger2, also einem Zeiger, zugewiesen. In der darauf folgenden Zeile wird dieser Wert dereferenziert und ausgegeben.

Die beiden Vergleichsfunktionen sind sich sehr ähnlich. Beide vergleichen die übergebenen Werte und liefern den größeren zurück. Der Unterschied zwischen beiden Funktionen ist, dass groesser2() mit Zeigern arbeitet und groesser1() nicht. Beachten Sie, dass groesser2() den Dereferenzierungsoperator im Vergleich aber nicht in den return-Anweisungen in den Zeilen 32 und 34 verwendet.

Häufig hat man, wie in Listing 14.12, die Wahl, ob man eine Funktion schreibt, die einen Wert oder einen Zeiger zurückliefert. Für welche Option man sich entscheidet, hängt von den Bedürfnissen des Programms ab – hauptsächlich davon, wie man den Rückgabewert weiter verwenden möchte.

Zeiger für Fortgeschrittene

Was Sie tun sollten	Was nicht
Wenn Sie Funktionen mit Variablenargumenten aufsetzen, verwenden Sie alle heute beschriebenen Elemente – auch dann, wenn Ihr Compiler nicht aller Elemente bedarf.	Verwechseln Sie die Zeiger auf Funktionen nicht mit Funktionen, die Zeiger zurückliefern.

Verkettete Listen

Eine *verkettete Liste* ist eine effiziente Methode zur Datenspeicherung, die sich in C leicht implementieren lässt. Warum behandeln wir die verketteten Listen zusammen mit den Zeigern? Weil, wie Sie schon bald sehen werden, Zeiger für die Implementierung von verketteten Listen unabdingbar sind.

Es gibt verschiedene Arten von verketteten Listen: einfach verkettete Listen, doppelt verkettete Listen und binäre Bäume. Jede dieser Formen ist für bestimmte Aufgaben der Datenspeicherung besonders geeignet. Allen gemeinsam ist, dass die Verkettung der Datenelemente durch Informationen hergestellt wird, die in den Datenelementen selbst – in Form von Zeigern – abgelegt sind. Dies ist ein gänzlich anderes Konzept, als wir es beispielsweise von Arrays kennen, wo die Verknüpfung der Datenelemente durch das Speicherlayout des Arrays festgelegt wird. Der folgende Abschnitt beschreibt die grundlegendste Form der verketteten Liste: die einfach verkettete Liste (die ich im Folgenden einfach als verkettete Liste bezeichnen werde).

Theorie der verketteten Listen

Die Elemente einer verketteten Liste werden in Strukturen gekapselt. (Was Strukturen sind, haben Sie bereits am Tag 10, »Strukturen«, gelernt.) Die Struktur definiert die Datenelemente, die zum Abspeichern der jeweiligen Daten benötigt werden. Was für Datenelemente das sind, hängt von den Bedürfnissen des jeweiligen Programms ab. Darüber hinaus gibt es noch ein weiteres Datenelement – einen Zeiger. Dieser Zeiger stellt die Verbindung zwischen den Elementen der verketteten Liste her. Schauen wir uns ein einfaches Beispiel an:

```
struct person {
char name[20];
struct person *next;   // Zeiger auf nächstes Element
};
```

Dieser Code definiert eine Struktur namens person. Zur Aufnahme der Daten enthält person ein 20-elementiges Array von Zeichen. In der Realität würden Sie für die Ver-

Verkettete Listen

waltung so einfacher Daten keine verkettete Liste verwenden, aber für ein einführendes Beispiel ist es gut, die Struktur einfach zu halten. Zusätzlich enthält die Struktur person noch einen Zeiger auf den Typ person – also einen Zeiger auf eine andere Struktur des gleichen Typs. Dies bedeutet, dass Strukturen vom Typ person nicht nur Daten aufnehmen, sondern auch auf eine andere person-Struktur verweisen können. Abbildung 14.7 zeigt, wie man Strukturen auf diese Weise zu einer Liste verketten kann.

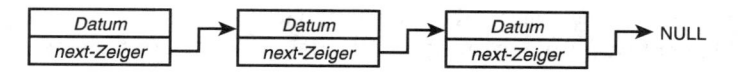

Abbildung 14.7: Verknüpfungen in einer verketteten Liste.

Beachten Sie, dass in Abbildung 14.7 jede person-Struktur auf die jeweils nachfolgende person-Struktur verweist. Die letzte person-Struktur zeigt auf nichts. Das letzte Element einer verketteten Liste ist dadurch gekennzeichnet, dass seinem Zeigerelement der Wert NULL zugewiesen wurde.

> **Hinweis:** Die Strukturen, aus denen verkettete Listen aufgebaut werden, bezeichnet man als *Elemente*, *Links* oder *Knoten* der verketteten Liste.

Wie der letzte Knoten einer verketteten Liste identifiziert wird, haben Sie nun gesehen. Wie sieht es aber mit dem ersten Knoten aus? Dieser wird durch einen speziellen Zeiger (keine Struktur) identifiziert, den so genannten *Head*[1]*-Zeiger*. Der Head-Zeiger verweist immer auf das erste Elemente der verketteten Liste. Das erste Element enthält einen Zeiger auf das zweite Elemente, das zweite Element enthält einen Zeiger auf das dritte Element und so weiter bis Sie auf ein Element treffen, dessen Zeiger NULL ist. Wenn die Liste leer ist (keine Verknüpfungen enthält), wird der Head-Zeiger auf NULL gesetzt. Abbildung 14.8 zeigt den Head-Zeiger vor dem Anlegen der Liste und nach dem Einfügen des ersten Elements.

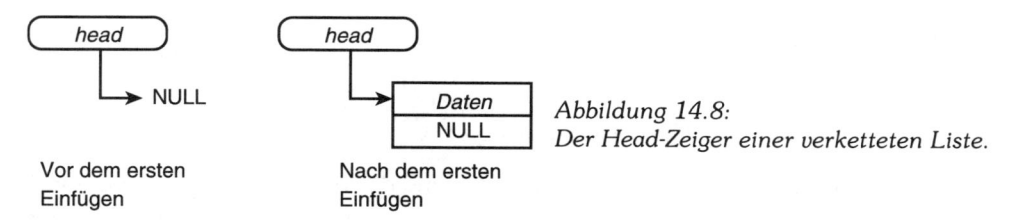

Abbildung 14.8: Der Head-Zeiger einer verketteten Liste.

Vor dem ersten Einfügen

Nach dem ersten Einfügen

> **Hinweis:** Der *Head-Zeiger* ist ein Zeiger auf das erste Element einer verketteten Liste. Er wird manchmal auch als *Top*- oder Wurzelzeiger (*root*) bezeichnet.

---

1. Englisches Wort für »Kopf«.

Mit verketteten Listen programmieren

Mit verketteten Listen zu programmieren, bedeutet, Elemente (oder Knoten) einzufügen, zu löschen und zu bearbeiten. Das Bearbeiten von Elementen stellt keine besondere Herausforderung dar, wohl aber das Einfügen und Löschen von Elementen. Wie ich bereits dargelegt habe, sind die Elemente einer Liste durch Zeiger miteinander verbunden. Ein Großteil der Arbeit beim Einfügen und Löschen von Elementen besteht aus der Manipulation dieser Zeiger. Wie diese Manipulationen im Einzelnen aussehen, hängt davon ab, ob die Elemente am Anfang, in der Mitte oder am Ende der Liste eingefügt werden.

Etwas weiter unten in diesem Kapitel finden Sie ein einfaches Demonstrationsprogramm und ein etwas komplizierteres, praxisorientiertes Programm. Bevor wir in die unvermeidbaren Details dieser Programme abtauchen, sollten wir uns vorab noch mit einigen der wichtigsten Aufgaben bei der Programmierung mit verketteten Listen vertraut machen. Dazu verwenden wir weiterhin die Struktur person, die weiter oben eingeführt wurde.

Vorarbeiten

Bevor Sie darangehen, eine verkettete Liste aufzubauen, müssen Sie eine Datenstruktur für die Liste definieren und den Head-Zeiger deklarieren. Da die Liste zu Anfang leer ist, sollte der Head-Zeiger mit NULL initialisiert werden. Ein weiterer Zeiger auf den Strukturtyp der Liste wird zum Einfügen von Daten benötigt. (Unter Umständen benötigt man mehr als einen Zeiger; dazu später mehr.) Hier der zugehörige Code:

```
struct person {
  char name[20];
  struct person *next;
};
struct person *neu;
struct person *head;
head = NULL;
```

Ein Element am Anfang einer Liste einfügen

Wenn der Head-Zeiger NULL ist, ist die Liste leer und das neue Element wird das einzige Element der Liste sein. Wenn der Head-Zeiger nicht NULL ist, enthält die Liste bereits eines oder mehrere Elemente. Die Vorgehensweise zum Einfügen eines neuen Elements am Anfang der Liste ist in beiden Fällen jedoch die gleiche:

Verkettete Listen

1. Erzeugen Sie eine Instanz Ihrer Struktur, wobei Sie `malloc()` zur Speicherreservierung nutzen können.
2. Setzen Sie den `next`-Zeiger des neuen Elements auf den aktuellen Wert des Head-Zeigers. Der aktuelle Wert ist `NULL`, wenn die Liste leer ist; andernfalls ist es die Adresse des Elements, das augenblicklich noch an erster Stelle steht.
3. Richten Sie den Head-Zeiger auf das neue Element.

Der zugehörige Code sieht wie folgt aus:

```
neu = (person*)malloc(sizeof(struct person));
neu->next = head;
head = neu;
```

Beachten Sie die Typumwandlung für `malloc()`, die den Rückgabewert in den gewünschten Typ, einen Zeiger auf die Datenstruktur `person`, konvertiert. Denken Sie auch daran, dass der Wert von `head` in der zweiten Zeile für leere Listen `NULL` ist.

Warnung: Es ist wichtig, die korrekte Reihenfolge bei der Umordnung der Zeiger einzuhalten. Wenn Sie zuerst den Head-Zeiger umbiegen, verlieren Sie die Verbindung zur Liste.

Abbildung 14.9 verdeutlicht das Einfügen eines neuen Elements in eine leere Liste, Abbildung 14.10 illustriert das Einfügen eines neuen Elements in eine bestehende Liste.

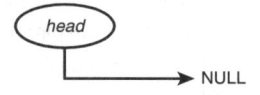

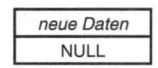

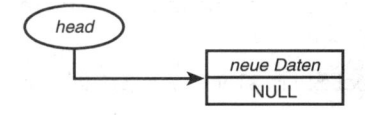

Abbildung 14.9:
Einfügen eines neuen Elements in eine bestehende Liste.

Zeiger für Fortgeschrittene

Abbildung 14.10: Einfügen eines neuen Elements in eine leere Liste.

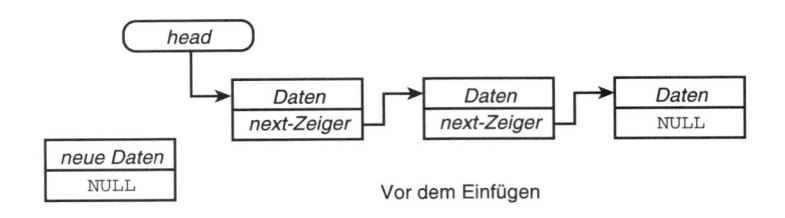

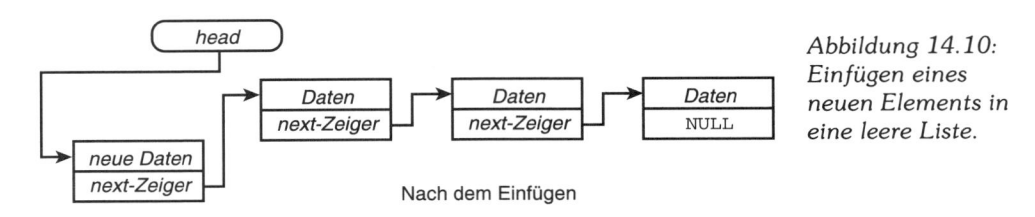

Beachten Sie, dass mit Hilfe von malloc() Speicher für das neue Element reserviert wird. Grundsätzlich reserviert man für jedes neu einzufügende Element Speicher, gerade so viel, wie für das Element benötigt wird. Statt malloc() hätte man auch die Funktion calloc() verwenden können, die den Speicherplatz für das neue Element nicht nur reserviert, sondern auch initialisiert.

> **Warnung**
> In dem obigen Code-Fragment wurde darauf verzichtet, anhand des Rückgabewerts von malloc() zu überprüfen, ob die Speicherreservierung erfolgreich war. In einem echten Programm sollten Sie die Rückgabewerte der Speicherreservierungsfunktionen stets überprüfen.

> **Tipp**
> Wenn möglich, sollten Sie Zeiger bei der Deklaration stets mit dem Wert Null initialisieren. Lassen Sie keine Zeiger uninitialisiert, sonst laufen Sie Gefahr, sich unnötigen Ärger einzuhandeln.

Ein Element am Ende einer Liste einfügen

Um ein Element am Ende einer verketteten Liste einzufügen, muss man – beginnend mit dem Head-Zeiger – die ganze Liste durchgehen, bis man beim letzten Element ankommt. Ist das Element gefunden, geht man wie folgt vor:

1. Erzeugen Sie eine Instanz Ihrer Struktur, wobei Sie malloc() zur Speicherreservierung nutzen können.
2. Setzen Sie den next-Zeiger des letzten Elements auf das neue Element (dessen Adresse von malloc() zurückgeliefert wurde).

3. Setzen Sie den next-Zeiger des neuen Elements auf NULL, um anzuzeigen, dass dieses Element das letzte Element in der Liste ist.

Hier der zugehörige Code:

```
person *aktuell;
...
aktuell = head;
while (aktuell->next != NULL)
    aktuell = aktuell->next;
neu = (person*)malloc(sizeof(struct person));
aktuell->next = neu;
neu->next = NULL;
```

Abbildung 14.11 illustriert das Einfügen eines neuen Elements am Ende einer verketteten Liste.

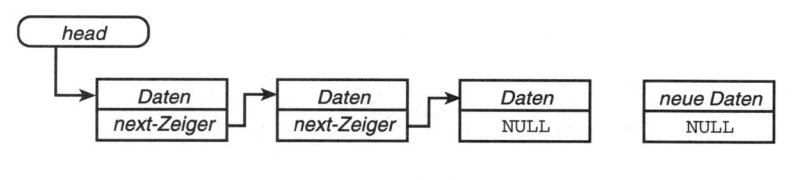

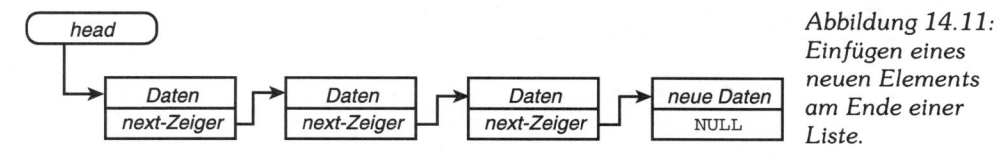

Abbildung 14.11: Einfügen eines neuen Elements am Ende einer Liste.

Ein Element in die Mitte einer Liste einfügen

Wenn Sie häufiger mit verketteten Listen arbeiten, werden Sie feststellen, dass die meisten Einfügeoperationen irgendwo in der Mitte der Liste stattfinden. Wo genau ein neues Element dabei einzufügen ist, hängt von der Organisation der Liste ab – beispielsweise wenn die Liste nach einem oder mehreren Datenelementen sortiert ist. Sie müssen also zuerst die Position in der Liste bestimmen, wo das neue Element hingehört, und dann das Element einfügen. Im Einzelnen schließt dies folgende Schritte ein:

1. Bestimmen Sie das Listenelement, hinter dem das neue Element eingefügt werden soll. Wir nennen dieses Element *Marker-Element*.
2. Erzeugen Sie eine Instanz Ihrer Struktur, wobei Sie `malloc()` zur Speicherreservierung nutzen können.
3. Setzen Sie den next-Zeiger des Marker-Elements auf das neue Element (dessen Adresse von `malloc()` zurückgeliefert wurde).
3. Setzen Sie den next-Zeiger des neuen Elements auf das Element, auf das bisher das Marker-Element verwiesen hat.

Als Code könnte das wie folgt aussehen:

```
person *marker;
/* Hier steht der Code, der den Marker auf die gewünschte
   Einfügeposition setzt. */
...
neu = (person*)malloc(sizeof(PERSON));
neu->next = marker->next;
marker->next = neu;
```

Abbildung 14.12 veranschaulicht diese Operation.

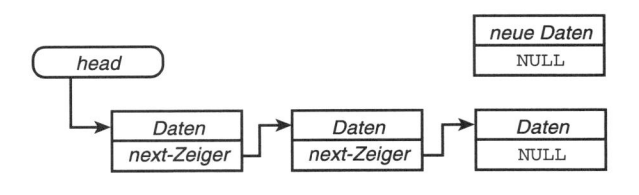

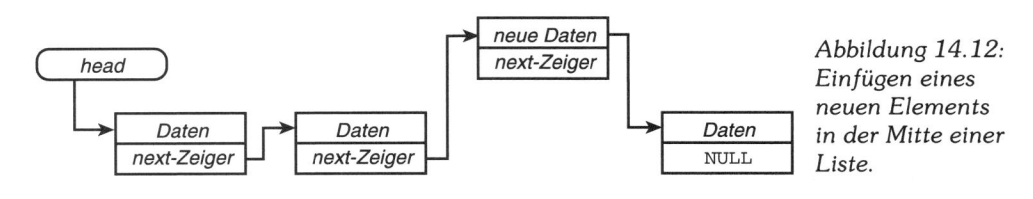

Abbildung 14.12: Einfügen eines neuen Elements in der Mitte einer Liste.

Ein Element aus einer Liste entfernen

Um ein Element aus einer verketteten Liste zu löschen, muss man lediglich die entsprechenden Zeiger umsetzen. Welche Zeiger dabei wie umzusetzen sind, hängt davon ab, wo das zu löschende Element lokalisiert ist:

▷ Um das erste Element zu löschen, setzt man den Head-Zeiger auf das zweite Element in der Liste.

▷ Um das letzte Element zu löschen, setzt man den next-Zeiger des vorletzten Elements auf NULL.

▷ Alle anderen Elemente werden gelöscht, indem man den next-Zeiger des vorangehenden Elements auf das Element hinter dem zu löschenden Element setzt.

Zusätzlich sollte der Speicher des Elements, das aus der Liste gelöscht wurde, wieder freigegeben werden, damit das Programm keinen Speicher belegt, den es nicht benötigt (ansonsten spricht man von einem *Speicherleck*). Das Freigeben des Speichers erfolgt mit Hilfe der Funktion free(). Der folgende Code zeigt, wie das erste Element einer verketteten Liste gelöscht wird:

```
free(head);
head = head->next;
```

Dieser Code löscht das letzte Element aus einer Liste mit zwei oder mehr Elementen:

```
person *aktuell1, *aktuell2;
aktuell1 = head;
aktuell2= aktuell1->next;
while (aktuell2->next != NULL)
{
    aktuell1 = aktuell2;
    aktuell2= aktuell1->next;
}
free(aktuell1->next);
aktuell1->next = NULL;
if (head == aktuell1)
    head = NULL;
```

Der folgende Code schließlich löscht ein Element aus der Mitte einer Liste:

```
person *aktuell1, *aktuell2;
/* Hier steht Code, der aktuell1 auf das Element direkt */
/* vor dem zu löschenden Element richtet. */
aktuell2 = aktuell1->next;
free(aktuell1->next);

aktuell1->next = aktuell2->next;
```

Ein einfaches Beispiel für eine verkettete Liste

Listing 14.13 veranschaulicht Einsatz und Verwendung verketteter Listen. Das Programm dient ausschließlich Demonstrationszwecken; es akzeptiert keine Benutzereingaben und hat keinen praktischen Nutzen – aber es führt Ihnen den Code vor, der für die Implementierung der wichtigsten Listenoperationen benötigt wird. Im Einzelnen macht das Programm Folgendes:

1. Es definiert eine Struktur für die Listenelemente und die für die Listenverwaltung benötigten Zeiger.
2. Es fügt ein erstes Element in die Liste ein.
3. Es hängt ein Element an das Ende der Liste an.
4. Es fügt ein Element in der Mitte der Liste ein.
5. Es gibt den Inhalt der Liste auf den Bildschirm aus.

Listing 14.13: Grundlegende Operationen verketteter Listen.

```
1: /* Veranschaulicht den grundlegenden Einsatz */
2: /* verketteter Listen. */
3:
4: #include <stdlib.h>
5: #include <stdio.h>
6: #include <string.h>
7:
8: /* Die Struktur für die Listendaten. */
9: struct daten {
10:     char name[20];
11:     struct daten *next;
12:     };
13:
14: /* Definiere typedefs für die Struktur und die darauf */
15: /* gerichteten Zeiger. */
16: typedef struct daten PERSON;
17: typedef PERSON *LINK;
18:
19: int main(void)
20: {
21:     /* Zeiger für Head, neues und aktuelles Element. */
22:     LINK head = NULL;
23:     LINK neu = NULL;
24:     LINK aktuell = NULL;
25:
26:     /* Erstes Listenelement einfügen. Wir gehen nicht davon */
```

Verkettete Listen

```
27:     /* aus, dass die Liste leer ist, obwohl dies in */
28:     /* diesem Demoprogramm der Fall ist. */
29:
30:     neu = (LINK)malloc(sizeof(PERSON));
31:     neu->next = head;
32:     head = neu;
33:     strcpy(neu->name, "Abigail");
34:
35:     /* Element am Ende der Liste anhängen. Wir gehen davon aus, */
36:     /* dass die Liste mindestens ein Element enthält. */
37:
38:     aktuell = head;
39:     while (aktuell->next != NULL)
40:     {
41:         aktuell = aktuell->next;
42:     }
43:
44:     neu = (LINK)malloc(sizeof(PERSON));
45:     aktuell->next = neu;
46:     neu->next = NULL;
47:     strcpy(neu->name, "Katharina");
48:
49:     /* Ein neues Element an der zweiten Position einfügen. */
50:     neu = (LINK)malloc(sizeof(PERSON));
51:     neu->next = head->next;
52:     head->next = neu;
53:     strcpy(neu->name, "Beatrice");
54:
55:     /* Alle Datenelemente der Reihe nach ausgeben. */
56:     aktuell = head;
57:     while (aktuell != NULL)
58:     {
59:         printf("%s\n", aktuell->name);
60:         aktuell = aktuell->next;
61:     }
62:
63:     printf("\n");
64:     return(0);
65: }
```

Ausgabe

```
Abigail
Beatrice
Katharina
```

TAG 14 Zeiger für Fortgeschrittene

Analyse

Einen Großteil des Codes werden Sie sicherlich schon selbst entschlüsseln können. Die Zeilen 9 bis 12 deklarieren die Datenstruktur für die Liste. Die Zeilen 16 und 17 definieren die `typedefs` für die Datenstruktur und für einen Zeiger auf die Datenstruktur. An sich wäre dies nicht notwendig, aber es vereinfacht das Aufsetzen des Codes, da man danach statt `struct daten` einfach `PERSON` und statt `struct daten*` einfach `LINK` schreiben kann.

In den Zeilen 22 bis 24 werden ein Head-Zeiger und einige weitere Zeiger deklariert, die für die Bearbeitung der Liste benötigt werden. Alle diese Zeiger werden mit `NULL` initialisiert.

Die Zeilen 30 bis 33 fügen am Kopf der Liste einen neuen Knoten ein. Zeile 30 reserviert Speicher für die neue Datenstruktur. Ich möchte Sie noch einmal darauf aufmerksam machen, dass wir hier einfach davon ausgehen, dass die Speicherreservierung mit `malloc()` erfolgreich war – etwas, das Sie in echten Programmen niemals tun sollten.

Zeile 31 richtet den `next`-Zeiger der neuen Struktur auf die Adresse, auf die der Head-Zeiger verweist. Warum weist man dem Zeiger nicht einfach `NULL` zu? Weil dies nur gut geht, wenn man weiß, dass die Liste leer ist. So wie der Code im Listing aufgesetzt ist, funktioniert er auch dann, wenn die Liste bereits Elemente enthält. Das neue erste Element weist danach auf das Element, das zuvor das erste in der Liste war – ganz so, wie wir es haben wollten.

Zeile 32 richtet den Head-Zeiger auf das neue Element, und Zeile 33 speichert Daten in dem Element.

Das Hinzufügen eines Elements am Ende der Liste ist etwas komplizierter. In diesem Beispiel wissen wir zwar, dass die Liste nur ein Element enthält, doch davon kann man in echten Programmen nicht ausgehen. Es ist daher unumgänglich, die Liste Element für Element durchzugehen – so lange, bis das letzte Element (gekennzeichnet durch den auf `NULL` weisenden `next`-Zeiger) gefunden ist. Dann können Sie sicher sein, sich am Ende der Liste zu befinden. Die Zeilen 38 bis 42 erledigen dies für uns. Nachdem das letzte Element gefunden wurde, müssen wir nur noch Speicher für die neue Datenstruktur reservieren, das alte letzte Listenelement auf diesen richten und den `next`-Zeiger des neuen Elements auf `NULL` setzen, um anzuzeigen, dass dieses Element jetzt das letzte Element der Liste ist. Dies geschieht in den Zeilen 44 bis 47. Beachten Sie, dass der Rückgabewert von `malloc()` in den Typ `LINK` umgewandelt wird. (An Tag 18 erfahren Sie mehr über Typumwandlungen.)

Die nächste Aufgabe besteht darin, ein Element in der Mitte der Liste einzufügen – in diesem Fall an der zweiten Position. Nachdem Speicher für eine zweite Datenstruktur allokiert wurde (Zeile 50), wird der next-Zeiger des neuen Elements auf das Element gesetzt, das früher das zweite Element in der Liste bildete und jetzt das dritte Element ist (Zeile 51). Danach wird der next-Zeiger des ersten Elements auf das neue Element gerichtet (Zeile 52).

Zum Schluss gibt das Programm die Daten aller Elemente der verketteten Liste aus, wozu man die Liste einfach Element für Element durchgeht. Begonnen wird mit dem Element, auf das der Head-Zeiger verweist. Das letzte Element ist erreicht, wenn man auf den NULL-Zeiger stößt. Der zugehörige Code steht in den Zeilen 56 bis 61.

Implementierung einer verketteten Liste

Nachdem Sie jetzt wissen, wie man Elemente in Listen einfügt, ist es an der Zeit, sich anzuschauen, wie Listen in der Praxis eingesetzt werden. Listing 14.14 enthält ein etwas umfangreicheres Programm, das eine verkettete Liste zum Abspeichern einer Liste von fünf Zeichen verwendet. Diese Zeichen werden im Arbeitsspeicher in Form einer verketteten Liste abgelegt. Statt Zeichen hätte man genauso gut Namen, Adressen oder irgendwelche andere Daten nehmen können. Um aber das Beispiel so einfach wie möglich zu halten, habe ich mich für einzelne Zeichen entschieden.

Was dieses Programm kompliziert macht, ist der Umstand, dass die Elemente beim Einfügen sortiert werden. Dies ist aber auch genau das, was das Programm so wertvoll und interessant macht. Je nach ihrem Wert werden die Elemente am Anfang, am Ende oder irgendwo in der Mitte der Liste eingefügt, so dass die Liste stets sortiert bleibt. Würden Sie ein Programm schreiben, dass die Elemente einfach an das Ende der Liste anhängt, wäre die Programmlogik wesentlich einfacher; das Programm wäre aber auch nicht so nützlich.

Listing 14.14: Implementierung einer verketteten Liste von Zeichen.

```
1:   /*===============================================================*
2:    * Programm:   list1414.c                                         *
3:    * Buch:       C Programmierung für Linux in 21 Tagen             *
4:    * Zweck:      Implementierung einer verketteten Liste            *
5:    *===============================================================*/
6:   #include <stdio.h>
7:   #include <stdlib.h>
8:
9:   #ifndef NULL
10:    #define NULL 0
11:   #endif
12:
13:   /* Datenstruktur der Liste */
14:   struct list
```

```
15: {
16:    int    ch;         /* Verwende int zum Aufnehmen der Zeichen. */
17:    struct list *next_el; /* Zeiger auf nächstes Listenelement. */
18: };
19:
20: /* typedefs für Struktur und Zeiger. */
21: typedef struct list LIST;
22: typedef LIST *LISTZGR;
23:
24: /* Funktionsprototypen. */
25: LISTZGR in_Liste_einfuegen( int, LISTZGR );
26: void Liste_ausgeben(LISTZGR);
27: void Listenspeicher_freigeben(LISTZGR);
28:
29: int main( void )
30: {
31:    LISTZGR first = NULL;   /* Head-Zeiger */
32:    int i = 0;
33:    int ch;
34:    char trash[256];        /* um stdin-Puffer zu leeren. */
35:
36:    while ( i++ < 5 )      /* Liste aus 5 Elementen aufbauen */
37:    {
38:       ch = 0;
39:       printf("\nGeben Sie Zeichen %d ein, ", i);
40:
41:       do
42:       {
43:          printf("\nMuss zwischen a und z liegen: ");
44:          ch = getc(stdin); /* nächstes Zeichen einlesen */
45:          fgets(trash,256,stdin);   /* Müll aus stdin löschen */
46:       } while( (ch < 'a' || ch > 'z') && (ch < 'A' || ch > 'Z'));
47:
48:       first = in_Liste_einfuegen( ch, first );
49:    }
50:
51:    Liste_ausgeben( first );           /* Ganze Liste ausgeben */
52:    Listenspeicher_freigeben( first ); /* Speicher freigeben */
53:    return(0);
54: }
55:
56: /*========================================================*
57:  * Funktion   : in_Liste_einfuegen()
58:  * Zweck      : Fügt ein neues Element in die Liste ein
59:  * Parameter  : int ch = abzuspeicherndes Zeichen
60:  *              LISTZGR first = Adresse des urspr. Head-Zeigers
```

```
61:    * Rückgabe  : Adresse des Head-Zeigers (first)
62:    *===========================================================*/
63:
64:  LISTZGR in_Liste_einfuegen( int ch, LISTZGR first )
65:  {
66:      LISTZGR new_el = NULL;         /* Adresse des neuen Elements */
67:      LISTZGR tmp_el = NULL;         /* temporäres Element          */
68:      LISTZGR prev_el = NULL;  /* Adresse des vorangehenden Elements */
69:
70:      /* Speicher reservieren. */
71:      new_el = (LISTZGR)malloc(sizeof(LIST));
72:      if (new_el == NULL)      /* Speicherallokation misslungen */
73:      {
74:          printf("\nSpeicherallokation fehlgeschlagen!\n");
75:          exit(1);
76:      }
77:
78:      /* Links für neues Element setzen */
79:      new_el->ch = ch;
80:      new_el->next_el = NULL;
81:
82:      if (first == NULL)    /* Erstes Element in Liste einfügen */
83:      {
84:          first = new_el;
85:          new_el->next_el = NULL;   /* zur Sicherheit */
86:      }
87:      else    /* nicht das erste Element */
88:      {
89:          /* vor dem ersten Element einfügen? */
90:          if ( new_el->ch < first->ch)
91:          {
92:             new_el->next_el = first;
93:             first = new_el;
94:          }
95:          else   /* in Mitte oder am Ende einfügen? */
96:          {
97:             tmp_el = first->next_el;
98:             prev_el = first;
99:
100:            /* wo wird das Element eingefügt? */
101:
102:            if ( tmp_el == NULL )
103:            {
104:                /* zweites Element am Ende einfügen */
105:                prev_el->next_el = new_el;
106:            }
```

```
107:         else
108:         {
109:             /* in der Mitte einfügen? */
110:             while (( tmp_el->next_el != NULL))
111:             {
112:                 if( new_el->ch < tmp_el->ch )
113:                 {
114:                     new_el->next_el = tmp_el;
115:                     if (new_el->next_el != prev_el->next_el)
116:                     {
117:                         printf("FEHLER");
118:                         getc(stdin);
119:                         exit(0);
120:                     }
121:                     prev_el->next_el = new_el;
122:                     break;   /* Element ist eingefügt; while beenden*/
123:                 }
124:                 else
125:                 {
126:                   tmp_el = tmp_el->next_el;
127:                   prev_el = prev_el->next_el;
128:                 }
129:             }
130:
131:             /* am Ende einfügen? */
132:             if (tmp_el->next_el == NULL)
133:             {
134:                 if (new_el->ch < tmp_el->ch ) /* vor Ende */
135:                 {
136:                     new_el->next_el = tmp_el;
137:                     prev_el->next_el = new_el;
138:                 }
139:                 else  /* am Ende */
140:                 {
141:                     tmp_el->next_el = new_el;
142:                     new_el->next_el = NULL;  /* zur Sicherheit */
143:                 }
144:             }
145:         }
146:     }
147:   }
148:   return(first);
149: }
150:
151: /*======================================================*
152:  * Funktion: Liste_ausgeben
```

Verkettete Listen

```
153:  * Zweck    : Informationen über Zustand der Liste ausgeben
154:  *=========================================================*/
155:
156: void Liste_ausgeben( LISTZGR first )
157: {
158:     LISTZGR akt_zgr;
159:     int counter = 1;
160:
161:     printf("\n\nElement-Adr   Position  Daten  Nachfolger\n");
162:     printf("===========   ========  =====  ==========\n");
163:
164:     akt_zgr = first;
165:     while (akt_zgr != NULL )
166:     {
167:        printf("  %X   ", akt_zgr );
168:        printf("    %2i      %c", counter++, akt_zgr->ch);
169:        printf("     %X   \n",akt_zgr->next_el);
170:        akt_zgr = akt_zgr->next_el;
171:     }
172: }
173:
174: /*=========================================================*
175:  * Funktion: Listenspeicher_freigeben
176:  * Zweck    : Gibt den für die Liste reservierten Speicher frei
177:  *=========================================================*/
178:
179: void Listenspeicher_freigeben(LISTZGR first)
180: {
181:     LISTZGR akt_zgr, next_el;
182:     akt_zgr = first;                 /* Am Anfang starten */
183:
184:     while (akt_zgr != NULL)          /* Bis zum Listenende */
185:     {
186:        next_el = akt_zgr->next_el; /* Adresse des nächsten Elementes */
187:        free(akt_zgr);                 /* Aktuelles Elem freigeben */
188:        akt_zgr = next_el;             /* Neues aktuelles Element */
189:     }
190: }
```

Ausgabe

```
Geben Sie Zeichen 1 ein,
Muss zwischen a und z liegen: q

Geben Sie Zeichen 2 ein,
```

```
Muss zwischen a und z liegen: b

Geben Sie Zeichen 3 ein,
Muss zwischen a und z liegen: z

Geben Sie Zeichen 4 ein,
Muss zwischen a und z liegen: c

Geben Sie Zeichen 5 ein,
Muss zwischen a und z liegen: a


Element-Adr    Position   Daten   Nachfolger
===========    ========   =====   ===========
0x8049ae8         1         a      0x8049b18
0x8049b18         2         b      0x8049af8
0x8049af8         3         c      0x8049b08
0x8049b08         4         q      0x8049b28
0x8049b28         5         z      0
```

Hinweis: Auf Ihrem Bildschirm werden wahrscheinlich andere Adresswerte angezeigt.

Analyse

Dieses Programm demonstriert, wie man ein Element in eine verkettete Liste einfügt. Das Listing ist nicht einfach zu verstehen. Wenn Sie den Code langsam durchgehen, werden Sie jedoch feststellen, dass das Programm letztlich eine Kombination aus den drei Einfügeoperationen darstellt, die wir bereits weiter oben diskutiert haben. Man kann es zum Einfügen am Beginn, in der Mitte und am Ende einer verketteten Liste verwenden. Des Weiteren werden in diesem Listing auch die Spezialfälle zum Einfügen des ersten und zweiten Elements behandelt.

Tipp: Der einfachste Weg, sich mit diesem Listing vertraut zu machen, besteht darin, das Programm Zeile für Zeile im DDD-Debugger auszuführen und dazu die nachfolgende Analyse zu lesen. Wenn Sie die Ausführung des Programms verfolgen, werden Sie das Listing besser verstehen. Mit Hilfe des Befehls *View/Data Window* können Sie sich eine grafische Präsentation Ihrer verketteten Liste anzeigen lassen (siehe Abbildung 14.13).

Etliche Abschnitte am Anfang von Listing 14.14 sollten Ihnen vertraut oder zumindest leicht zu verstehen sein. In den Zeilen 9 bis 11 wird überprüft, ob der Wert NULL bereits definiert ist. Wenn nicht, wird er in Zeile 10 als 0 definiert. Die Zeilen 14 bis 22

Verkettete Listen

TAG 14

definieren die Struktur für die verkettete Liste und die Typen, die die weitere Arbeit mit der Struktur und den Zeigern vereinfachen sollen.

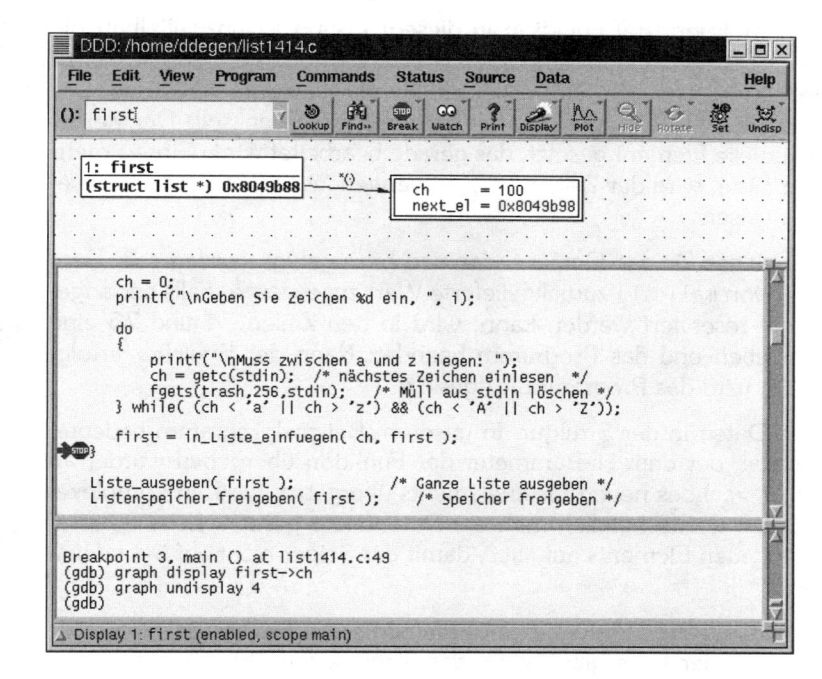

```
DDD: /home/ddegen/list1414.c

File  Edit  View  Program  Commands  Status  Source  Data                    Help

(): first

1: first
(struct list *) 0x8049b88  -->  ch      = 100
                                next_el = 0x8049b98


    ch = 0;
    printf("\nGeben Sie Zeichen %d ein, ", i);
    do
    {
        printf("\nMuss zwischen a und z liegen: ");
        ch = getc(stdin);       /* nächstes Zeichen einlesen */
        fgets(trash,256,stdin); /* Müll aus stdin löschen */
    } while( (ch < 'a' || ch > 'z') && (ch < 'A' || ch > 'Z'));

    first = in_Liste_einfuegen( ch, first );

    Liste_ausgeben( first );              /* Ganze Liste ausgeben */
    Listenspeicher_freigeben( first );    /* Speicher freigeben */

Breakpoint 3, main () at list1414.c:49
(gdb) graph display first->ch
(gdb) graph undisplay 4
(gdb)
Display 1: first (enabled, scope main)
```

Abbildung 14.13: DDD mit dem first-Zeiger und einer zweielementigen verketteten Liste im Datenfenster.

Die Vorgänge in der main()-Funktion sollten leicht nachzuvollziehen sein. In Zeile 31 wird ein Head-Zeiger namens first deklariert und mit NULL initialisiert. Denken Sie daran, Zeiger niemals uninitialisiert zu lassen. Die Zeilen 36 bis 49 enthalten eine while-Schleife, mit der fünf Buchstaben über die Tastatur eingelesen werden. Innerhalb dieser äußeren while-Schleife, die fünfmal wiederholt wird, stellt eine do...while-Konstruktion sicher, dass es sich bei den eingegebenen Zeichen um Buchstaben handelt. In der Bedingung dieser Schleife hätte man auch die Funktion isalpha() verwenden können.

Wurde ein Buchstabe erfolgreich eingelesen, wird die Funktion in_Liste_einfuegen() aufgerufen, der die einzufügenden Daten und der Zeiger auf den Anfang der Liste übergeben werden.

Die main()-Funktion endet mit den Aufrufen der Funktionen Liste_ausgeben()zum Ausgeben der Listdaten und Listenspeicher_freigeben()zum Freigeben des Speichers, der für die Listenelemente reserviert wurde. Beide Funktionen sind ähnlich aufgebaut. Beide beginnen am Anfang der Liste (Head-Zeiger first) und wandern mit Hilfe einer while-Schleife und dem next_zgr-Wert von einem Element zum nächsten.

Wenn `next_zgr` gleich `NULL` ist, ist das Ende der verketteten Liste erreicht, und die Funktion wird beendet.

Die wichtigste (und komplizierteste) Funktion in diesem Listing ist unzweifelhaft die Funktion `in_Liste_einfuegen()`, die in den Zeilen 56 bis 149 definiert ist. Die Zeilen 66 bis 68 deklarieren drei Zeiger, die auf die verschiedenen Elemente verweisen. Der Zeiger `new_el` verweist auf das Element, das neu eingefügt werden soll. Der Zeiger `tmp_el` wird auf das aktuelle Element gesetzt, das gerade bearbeitet wird. Gibt es mehr als ein Element in der Liste, wird der Zeiger `prev_el` verwendet, um auf das zuvor besuchte Element zu verweisen.

Zeile 71 reserviert Speicher für das Element, das neu hinzugefügt werden soll. Dem Zeiger `new_el` wird der von `malloc()` zurückgelieferte Wert zugewiesen. Falls der angeforderte Speicher nicht reserviert werden kann, wird in den Zeilen 74 und 75 eine Fehlermeldung ausgegeben und das Programm beendet. Kann der Speicher erfolgreich reserviert werden, wird das Programm fortgesetzt.

Zeile 79 speichert die Daten in der Struktur. In unserem Beispielprogramm bedeutet dies, dass der Buchstabe, der dem `ch`-Parameter der Funktion übergeben wurde, an das Zeichenfeld (`new_el->ch`) des neuen Listenelements übergeben wird. In komplexeren Programmen würden wahrscheinlich mehrere Datenfelder gesetzt. Zeile 80 setzt den `new_el`-Zeiger des neuen Elements auf `NULL`, damit der Zeiger nicht auf irgendeine zufällige Adresse weist.

In Zeile 82 beginnt der Code zum Einfügen eines Elements. Als Erstes wird überprüft, ob es bereits Elemente in der Liste gibt. Wenn das einzufügende Element das erste Element in der Liste sein wird (was dadurch angezeigt wird, dass der Head-Zeiger `first` auf `NULL` weist), wird der Head-Zeiger einfach auf die gleiche Adresse wie der `new_el`-Zeiger gesetzt, und wir sind fertig.

Ist das einzufügende Element nicht das erste Element, wird die Funktion mit dem `else` in Zeile 87 fortgesetzt. In Zeile 90 wird geprüft, ob das neue Element am Kopf der Liste einzufügen ist. Wie Sie sich sicherlich erinnern werden, ist dies einer der drei Fälle zum Einfügen von Listenelementen. Wenn das Element tatsächlich am Anfang der Liste einzufügen ist, wird der `next_el`-Zeiger des neuen Elements auf das Element gesetzt, das bis dato das erste (englisch `first`) Element in der Liste war (Zeile 92). Danach wird in Zeile 93 der Head-Zeiger `first` auf das neue Element gesetzt. Auf diese Weise wird das neue Element am Anfang der Liste eingefügt.

Wenn das einzufügende Element nicht das erste Element ist, das in eine leere Liste eingefügt wird, und es nicht am Anfang einer bestehenden Liste einzufügen ist, muss es irgendwo in der Mitte oder am Ende der Liste eingefügt werden. In den Zeilen 97 und 98 werden die weiter oben deklarierten Zeiger `tmp_el` und `prev_el` eingerichtet. Dem Zeiger `tmp_el` wird die Adresse des zweiten Elements in der Liste und dem Zeiger `prev_el` die Adresse des ersten Elements in der Liste zugewiesen.

Als Nächstes müssen wir den Sonderfall abfangen, dass es in der Liste nur ein Element gibt. Beachten Sie, dass in diesem Falle `tmp_el` gleich `NULL` ist. Dies liegt daran, dass `tmp_el` der Wert des `next_el`-Zeigers des ersten Elements zugewiesen wird, der – da es nur ein Element gibt – gleich `NULL` ist. Zeile 102 fängt diesen Fall ab. Wenn `tmp_el` gleich `NULL` ist, wissen wir, dass es das zweite Element ist, das eingefügt wird. Da wir weiterhin wissen, dass das Element nicht vor dem ersten Element kommt, muss es am Ende der Liste eingefügt werden. Um dies zu erreichen, brauchen wir nur `prev_el->next_el` auf das neue Element zu richten.

Wenn der Zeiger `tmp_el` ungleich `NULL` ist, wissen wir, dass es bereits mindestens zwei Elemente in der Liste gibt. Die `while`-Anweisung in den Zeilen 110 bis 129 iteriert über den Rest der Elemente, um festzustellen, wo das neue Element einzufügen ist. In Zeile 112 wird überprüft, ob das Datenelement des neuen Elements kleiner als das Datenelement des atuellen Elements ist, auf das der Zeiger `tmp_el` gerade verweist. Ist dies der Fall, wissen wir, dass wir das neue Element hier einfügen müssen. Sind die neuen Daten größer als die Daten des aktuellen Elements, müssen wir zum nächsten Element in der Liste weitergehen. Die Zeilen 126 und 127 setzen die Zeiger `tmp_el` und `next_el` auf das nächste Element.

Wenn das einzufügende Zeichen kleiner ist als das Zeichen im aktuellen Element, wird das neue Element an der entsprechenden Stelle in der Mitte der Liste eingefügt. Wie dies geht, wurde bereits weiter vorne im Kapitel dargestellt und ist in den Zeilen 114 bis 122 implementiert. In Zeile 114 wird dem `next`-Zeiger des neuen Elements die Adresse des aktuellen Elements (`tmp_el`) zugewiesen. Zeile 121 richtet den `next`-Zeiger des vorangehenden Elements auf das neue Element. Danach sind wir fertig. Im Listing wird die `while`-Schleife mit Hilfe einer `break`-Anweisung verlassen.

> **Hinweis**
> Die Zeilen 115 bis 120 enthalten Debug-Code, der zu Lehrzwecken im Listing belassen wurde. Sie können diese Zeilen entfernen; solange das Programm aber korrekt arbeitet, wird der Code sowieso nicht ausgeführt. Nachdem der `next`-Zeiger des neuen Elements auf den aktuellen Zeiger gesetzt wurde, sollte der Zeiger gleich dem `next`-Zeiger des vorangehenden Listenelements sein, das ebenfalls auf das aktuelle Element verweist. Wenn die beiden Zeiger nicht gleich sind, ist irgendetwas falsch gelaufen!

Der bis hierher beschriebene Code fügt neue Elemente in der Mitte der Liste ein. Wenn das Ende der Liste erreicht wird, endet die `while`-Schleife aus den Zeilen 110 bis 129, ohne dass das Element eingefügt wurde. Die Zeilen 132 bis 144 sorgen dafür, dass das Element am Ende der Liste eingefügt wird.

Wenn das letzte Element in der Liste erreicht ist, ist `tmp_el->next_el` gleich `NULL`. Zeile 132 prüft diese Bedingung. In Zeile 134 wird ermittelt, ob das neue Element vor oder nach dem letzten Element eingefügt werden soll. Gehört das Element hinter das letzte Element, wird der `next_el`-Zeiger des letzten Elements auf das neue Element gerichtet (Zeile 141) und der `next`-Zeiger des neuen Elements auf `NULL` gesetzt (Zeile 142).

Nachbemerkung zu Listing 14.14

Verkettete Listen sind nicht unbedingt einfach zu verstehen und zu implementieren. Sie stellen aber, und ich denke, dies hat Listing 14.14 demonstriert, einen ausgezeichneten Weg dar, Daten in sortierter Ordnung zu speichern. Da es relativ einfach ist, neue Elemente in eine verkettete Liste einzufügen, ist der Code, der dafür sorgt, dass die Elemente einer Liste in sortierter Reihenfolge bleiben, ein gutes Stück einfacher als vergleichbarer Code für Arrays oder andere Datenstrukturen. Das Listing könnte ohne große Mühe zum sortierten Verwalten von Namen, Telefonnummern oder anderen Daten umgeschrieben werden. Auch die Sortierreihenfolge kann ohne großen Aufwand von der aufsteigenden Sortierung (A bis Z) in eine absteigende Sortierung (Z bis A) umgewandelt werden

Was Sie tun sollten	Was nicht
Machen Sie sich den Unterschied zwischen calloc() und malloc() klar. Denken Sie vor allem daran, dass malloc() den reservierten Speicher nicht initialisiert – im Gegensatz zu calloc().	Vergessen Sie nicht, den Speicher für gelöschte Elemente freizugeben.

Zusammenfassung

Die heutige Lektion hat Ihnen verschiedene fortgeschrittene Einsatzbereiche für Zeiger vorgestellt. Wie Sie mittlerweile sicherlich gemerkt haben, stellen die Zeiger ein ganz zentrales Konzept der Sprache C dar. Tatsächlich gibt es nur wenige echte C-Programme, die ohne Zeiger geschrieben sind. Sie haben gesehen, wie Sie Zeiger auf Zeiger verwenden und wie man Arrays von Zeigern sinnvoll für die Verwaltung von Strings einsetzt. Sie haben auch gesehen, wie in C mehrdimensionale Arrays als Arrays von Arrays behandelt werden und wie man auf solche Arrays über Zeiger zugreift. Sie haben gelernt, wie man Zeiger auf Funktionen deklariert und verwendet – eine wichtige und flexible Programmiertechnik. Schließlich haben Sie noch erfahren, wie man verkettete Listen implementiert – eine leistungsfähige und flexible Form der Datenspeicherung.

Insgesamt war das heute eine lange Lektion. Einige der behandelten Themen waren recht kompliziert, dafür aber zweifelsohne auch sehr interessant. Mit der heutigen Lektion haben wir uns in einige der ausgefeilteren Möglichkeiten der Sprache C vertieft. Die Leistungsfähigkeit und die Flexibilität, die aus diesen Möglichkeiten entspringen, sind einer der Hauptgründe dafür, dass C eine so populäre Sprache ist.

Fragen und Antworten

F Über wie viele Ebenen kann man Zeiger auf Zeiger richten?

A *Der GNU-C-Compiler erlegt Ihnen bezüglich der Tiefe Ihrer Zeigerkonstruktionen keinerlei Beschränkungen auf. In der Praxis hat es aber üblicherweise keinen Sinn, über drei Ebenen (Zeiger auf Zeiger auf Zeiger) hinauszugehen. Die meisten Programmierer nutzen selten mehr als zwei Ebenen.*

F Gibt es einen Unterschied zwischen einem Zeiger auf einen String und einen Zeiger auf ein Array von Zeichen?

A *Grundsätzlich gibt es keinen Unterschied: Strings sind letztlich nichts anderes als eine Folge (ein Array) von Zeichen. Unterschiede gibt es allerdings in der Handhabung. Für Zeiger auf* `char` *wird bei der Deklaration kein Speicher reserviert.*

F Muss man die am heutigen Tag vorgestellten Konzepte nutzen, wenn man von C profitieren will?

A *Sie können mit C programmieren, ohne je irgendwelche der fortgeschrittenen Zeigerkonzepte anzuwenden. Sie verzichten damit aber auf eine der besonderen Stärken, die Ihnen C bietet. Mit Hilfe der heute vorgestellten Zeigeroperationen sollten Sie in der Lage sein, praktisch jede gestellte Programmieraufgabe schnell und effizient zu lösen.*

F Gibt es noch weitere sinnvolle Einsatzbereiche für Zeiger auf Funktionen?

A *Ja. Zeiger auf Funktionen werden auch zur Realisierung von Menüs verwendet. In Abhängigkeit von dem Wert, den das Menü zurückliefert, setzt man einen Zeiger auf die zugehörige Funktion, die als Reaktion auf die Menüauswahl aufgerufen werden soll.*

F Welches sind die beiden wichtigsten Vorteile der verketteten Listen?

A *Ein Vorteil liegt in der Größe der Liste, die zur Laufzeit des Programms wachsen und schrumpfen kann und nicht beim Aufsetzen des Codes vom Programmierer festgelegt werden muss. Ein zweiter Vorteil ist, dass man verkettete Listen ohne große Mühe sortiert anlegen kann. Da Elemente an beliebigen Positionen in die Liste eingefügt oder aus der Liste gelöscht werden können, ist es zudem einfach, die Sortierung beim Einfügen zu erhalten.*

Workshop

Der Workshop enthält Quizfragen, die Ihnen helfen sollen, Ihr Wissen zu festigen, sowie Übungen, die Sie anregen sollen, das Gelernte umzusetzen und eigene Erfahrungen zu sammeln. Die Lösungen zu den Fragen und den Übungen finden Sie in Anhang C.

Quiz

1. Schreiben Sie Code, der eine Variable vom Typ `float` deklariert. Deklarieren und initialisieren Sie einen Zeiger, der auf die Variable verweist. Deklarieren und initialisieren Sie einen Zeiger auf diesen Zeiger.

2. Als Weiterführung der ersten Quizaufgabe nehmen wir an, Sie wollten den Zeiger auf einen Zeiger dazu verwenden, der Variablen x einen Wert von 100 zuzuweisen. Kann man dazu die folgende Anweisung verwenden?

   `*ppx = 100;`

   Falls nein, wie sollte die Anweisung aussehen?

3. Nehmen Sie an, Sie hätten folgendes Array deklariert:

   `int array[2][3][4];`

   Wie ist dieses Array aus Sicht des Compilers aufgebaut?

4. Bleiben wir bei dem Array aus Quizfrage 3. Was bedeutet der Ausdruck `array[0][0]`?

5. Welche der folgenden Vergleiche sind für das Array aus Frage 3 wahr?

   ```
   array[0][0] == &array[0][0][0];
   array[0][1] == array[0][0][1];
   array[0][1] == &array[0][1][0];
   ```

6. Setzen Sie den Prototyp einer Funktion auf, die als einziges Argument ein Array von Zeigern auf char übernimmt und void zurückliefert.

7. Wie kann die Funktion, deren Prototyp Sie zu Frage 6 aufgesetzt haben, wissen, wie viele Elemente in einem ihr übergebenen Zeiger-Array vorhanden sind?

8. Was ist ein Zeiger auf eine Funktion?

9. Deklarieren Sie einen Zeiger auf eine Funktion, die einen Wert vom Typ char zurückliefert und ein Array von Zeigern auf char als Argument übernimmt.

10. Als Lösung zu Aufgabe 9 könnten Sie folgende Deklaration aufgesetzt haben:

    `char *zgr(char *x[]);`

    Was stimmt nicht an dieser Deklaration?

11. Um welchen Wert wird ein `void`-Zeiger, der inkrementiert wird, erhöht?
12. Kann eine Funktion einen Zeiger zurückliefern?
13. Welches Element dürfen Sie nicht vergessen, wenn Sie eine Datenstruktur für eine verkettete Liste definieren?
14. Was bedeutet es, wenn der Head-Zeiger gleich `NULL` ist?
15. Wie werden die Elemente einer einfach verketteten Listen miteinander verbunden?
16. Was wird in den folgenden Zeilen deklariert?

    a. `int *var1;`

    b. `int var2;`

    c. `int **var3;`

17. Was wird in den folgenden Zeilen deklariert?

    a. `int a[3][12];`

    b. `int (*b)[12];`

    c. `int *c[12];`

18. Was wird in den folgenden Zeilen deklariert?

    a. `char *z[10];`

    b. `char *y(int feld);`

    c. `char (*x)(int feld);`

Übungen

1. Deklarieren Sie einen Zeiger auf eine Funktion, die einen Integer als Argument übernimmt und eine Variable vom Typ `float` zurückliefert.
2. Deklarieren Sie ein Array von Funktionszeigern. Die Funktionen sollten einen Zeichenstring als Parameter definieren und einen Integer zurückliefern. Wofür könnte man ein solches Array verwenden?
3. Deklarieren Sie ein Array von zehn Zeigern auf `char`.
4. **FEHLERSUCHE:** Enthalten die folgenden Anweisungen Fehler?

   ```
   int x[3][12];
   int *zgr[12];
   zgr = x;
   ```

5. Deklarieren Sie eine Struktur für eine einfach verkettete Liste. In der Struktur sollen die Namen und Adressen Ihrer Freunde abgelegt werden.

Für die nachfolgenden Übungen 6 und 7 gibt es keine Antworten, da jeweils viele korrekte Lösungen denkbar sind.

6. Schreiben Sie ein Programm, das ein 12x12-Zeichenarray deklariert. Speichern Sie in jedem Array-Element ein X. Verwenden Sie einen Zeiger auf das Array, um die Werte in Gitterform auf den Bildschirm auszugeben.

7. Schreiben Sie ein Programm, das mit Hilfe von Zeigern auf double-Variablen zehn Zahlenwerte vom Anwender abfragt, diese sortiert und dann auf den Bildschirm ausgibt (Hinweis: siehe Listing 14.7).

8. Setzen Sie einen Prototyp für eine Funktion auf, die einen Integer zurückliefert. Als Argument soll die Funktion einen Zeiger auf ein Zeichenarray übernehmen.

9. Setzen Sie einen Prototyp für eine Funktion namens zahlen auf, die drei Integer-Argumente übernimmt. Die Integer sollen in Form von Verweisen (Zeigern) übergeben werden.

10. Demonstrieren Sie, wie die Funktion zahlen aus Übung 9 mit den drei Integern int1, int2 und int3 aufgerufen wird

11. **FEHLERSUCHE:** Ist der folgende Code korrekt?

```
void quadrieren(void *nbr)
{
*nbr *= *nbr;
}
```

Wegen der vielen denkbaren Lösungen gibt es zu den nachfolgenden Übungen keine Lösungen.

12. Implementieren Sie eine Funktion, der a) ein Array von Argumenten eines beliebigen numerischen Datentyps übergeben werden, die b) den größten und kleinsten Wert im Array bestimmt und die c) Zeiger auf diese Werte an das aufrufende Programm zurückliefert (Hinweis: Sie müssen einen Weg finden, wie Sie der Funktion mitteilen können, wie viele Elemente im Array enthalten sind).

13. Schreiben Sie eine Funktion, die einen String und ein einzelnes Zeichen übernimmt. Die Funktion soll das erste Vorkommen des Zeichens im String bestimmen und einen Zeiger auf diese Position zurückliefern.

14. Überarbeiten Sie das Programm aus Übung 7.10 so, dass der Anwender bestimmen kann, ob die Werte auf- oder absteigend sortiert werden sollen.

15. Laden Sie das Programm aus Listing 14.14 in den DDD-Debugger und führen Sie das Programm so weit aus, bis ein oder zwei Elemente in die Liste eingefügt wurden. Rufen Sie über das *View*-Menü das Datenfenster (*Data Window*) auf. Um

den Wert des Zeigers first anzeigen zu lassen, markieren Sie den Variablennamen und klicken ihn mit der rechten Maustaste an. In dem erscheinenden Kontextmenü klicken Sie auf *Display first*. Experimentieren Sie ein wenig mit dieser Option des DDD-Debuggers. Sie ist sehr nützlich, um sich mit den Operationen verketteter Listen vertraut zu machen oder Implementierungen verketteter Listen zu debuggen.

Woche 2
Rückblick

Sie haben jetzt die zweite Woche unseres dreiwöchigen »C für Linux«-Kurses erfolgreich abgeschlossen. Mittlerweile haben wir nahezu alle grundlegenden C-Befehle und -Konstrukte behandelt, und Sie sollten mit der Sprache C schon recht vertraut sein. In dem nachfolgenden Programm sind viele Themen der letzten Woche zusammengefasst.

```
 1 : /*---------------------------------------------------------*/
 2 : /* Programmname:  woche2.c                                 */
 3 : /* Das Programm dient der Eingabe von Daten von bis        */
 4 : /* zu 100 Personen. Als Ergebnis wird ein Bericht          */
 5 : /* auf Basis der eingegebenen Zahlen ausgegeben.           */
 6 : /*---------------------------------------------------------*/
 7 : /*----------------------*/
 8 : /* eingebundene Dateien */
 9 : /*----------------------*/
10: #include <stdio.h>
11: #include <stdlib.h>
12:
13: /*----------------------*/
14: /* definierte Konstanten */
15: /*----------------------*/
16: #define MAX    100
17: #define JA     1
18: #define NEIN   0
19:
20: #define VNAME_LAEN 20
21: #define NNAME_LAEN 24
22: #define PHONE_LAEN 11
23:
24: /*--------------------*/
25: /* Variablen          */
26: /*--------------------*/
27:
28: struct datensatz
29: {
30:     char vname[VNAME_LAEN];       /* Vorname + NULL         */
31:     char nname[NNAME_LAEN];       /* Nachname + NULL        */
32:     char phone[PHONE_LAEN];       /* Telefonnummer + NULL   */
33:     int  einkommen;               /* Einkommen              */
34:     int  monat;                   /* Geburtsmonat           */
35:     int  tag;                     /* Geburtstag             */
36:     int  jahr;                    /* Geburtsjahr            */
37: };
38:
39: struct datensatz liste[MAX];      /* deklariert eigentliche Struktur */
40:
41: int letzter_eintrag = 0;          /* Gesamtzahl der Einträge */
```

```
42:
43: /*----------------------*/
44: /* Funktionsprototypen */
45: /*----------------------*/
46: void daten_einlesen(void);
47: void bericht_anzeigen(void);
48: int  fortfahren_funktion(void);
49: void tastatur_loeschen(void);
50: void mein_gets(char*str, int len);
51:
52: /*------------------------*/
53: /* Beginn des Programms  */
54: /*------------------------*/
55:
56: int main(void)
57: {
58:     int cont = JA;
59:     int ch;
60:
61:     while( cont == JA )
62:     {
63:         printf( "\n");
64:         printf( "\n     MENU");
65:         printf( "\n    ========\n");
66:         printf( "\n1. Namen eingeben");
67:         printf( "\n2. Bericht ausgeben");
68:         printf( "\n3. Ende");
69:         printf( "\n\nAuswahl eingeben ==> ");
70:
71:         ch = getchar();
72:
73:         tastatur_loeschen() ; /* entfernt Extrazeichen */
74:
75:         switch( ch )
76:         {
77:             case '1': daten_einlesen();
78:                     break;
79:             case '2': bericht_anzeigen();
80:                     break;
81:             case '3': printf("\n\nAuf Wiedersehen!\n");
82:                     cont = NEIN;
83:                     break;
84:             default: printf("\n\nOption ungültig, 1 bis 3 auswählen!");
85:                     break;
86:         }
87:     }
```

```
 88:
 89:     return 0;
 90: }
 91:
 92: /*----------------------------------------------------------*
 93:  * Funktion:  daten_einlesen()                              *
 94:  * Zweck: Diese Funktion liest Daten vom Anwender ein. Es   *
 95:  *        werden Daten eingelesen, bis entweder 100 Personen *
 96:  *        eingegeben wurden oder der Anwender abbricht.     *
 97:  * Rückgabewert: Nichts                                     *
 85:  * Hinweis: Geburtstage, bei denen sich der Anwender nicht  *
 86:  *          sicher ist, können als 0/0/0 eingegeben werden. *
 87:  *          Außerdem sind 31 Tage in jedem Monat möglich.   *
101:  *----------------------------------------------------------*/
102:
103: void daten_einlesen(void)
104: {
105:     int cont;
106:
107:     for ( cont = JA; letzter_eintrag < MAX && cont == JA;
              letzter_eintrag++ )
108:     {
109:         printf("\n\nGeben Sie die Informationen für Person %d ein.",
                 letzter_eintrag+1 );
110:
111:         printf("\n\nGeben Sie den Vornamen ein: ");
112:         mein_gets(liste[letzter_eintrag].vname, VNAME_LAEN);
113:
114:         printf("\nGeben Sie den Nachnamen ein: ");
115:         mein_gets(liste[letzter_eintrag].nname, NNAME_LAEN);
116:
117:         printf("\nGeben Sie die Telefonnr im Format 1234-56789 ein: ");
118:         mein_gets(liste[letzter_eintrag].phone, PHONE_LAEN);
119:
120:         printf("\nGeben Sie das Jahreseinkommen ein (ganze DM): ");
121:         scanf("%d", &liste[letzter_eintrag].einkommen);
122:
123:         printf("\nGeben Sie den Geburtstag ein:");
124:
125:         do
126:         {
127:            printf("\n\tMonat (0 - 12): ");
128:            scanf("%d", &liste[letzter_eintrag].monat);
129:         } while ( liste[letzter_eintrag].monat < 0 ||
130:            liste[letzter_eintrag].monat > 12 );
131:
```

```
132:        do
133:        {
134:            printf("\n\tTag (0 - 31): ");
135:            scanf("%d", &liste[letzter_eintrag].tag);
136:        } while ( liste[letzter_eintrag].tag < 0 ||
137:            liste[letzter_eintrag].tag > 31 );
138:
139:        do
140:        {
141:            printf("\n\tJahr (1800 - 2000): ");
142:            scanf("%d", &liste[letzter_eintrag].jahr);
143:        } while (liste[letzter_eintrag].jahr != 0 &&
144:            (liste[letzter_eintrag].jahr < 1800 ||
145:             liste[letzter_eintrag].jahr > 2000 ));
146:
147:        cont = fortfahren_funktion();
148:     }
149:
150:     if( letzter_eintrag == MAX)
151:         printf("\n\nDie maximale Anzahl an Namen wurde eingegeben!\n");
152: }
153:
154: /*----------------------------------------------------------------*
155:  * Funktion: bericht_anzeigen()                                   *
156:  * Zweck: Diese Funktion gibt einen Bericht aus.                  *
157:  * Rückgabewert: keiner                                           *
158:  * Hinweis: Es könnten weitere Informationen angezeigt werden     *
159:  *          Ändern Sie stdout in stdprn, um den Bericht auszugeben. *
160:  *----------------------------------------------------------------*/
161:
162: void bericht_anzeigen()
163: {
164:   int    gesamt_summe = 0;      /* Für Gesamtlohnzahlungen */
165:   int    y;
166:
167:   if (letzter_eintrag > 0)
168:   {
169:     printf("\n\n");           /* einige Zeilen überspringen */
170:     printf("\n             BERICHT");
171:     printf("\n             =========");
172:
173:     for(y = 0; y < letzter_eintrag; y++)   /* für alle Personen */
174:     {
175:         printf("\nPerson %d: \n",y+1);
176:         printf("\tVorname : %s \n", liste[y].vname);
177:         printf("\tNachname : %s \n", liste[y].nname);
```

```
178:          printf("\tTelefon : %s \n", liste[y].phone);
179:          printf("\tGeburtstag %d %d %d\n",
180:                  liste[y].tag, liste[y].monat, liste[y].jahr);
181:          printf("\tEinkommen %d\n", liste[y].einkommen);
182:
183:          gesamt_summe += liste[y].einkommen;
184:       }
185:       printf("\n\nJahreswerte:");
186:       printf("\nDie Gesamtlohnzahlungen betragen %d",gesamt_summe);
187:       printf("\nDas Durchschnittseinkommen beträgt %d",
188:              gesamt_summe/ letzter_eintrag);
189:
190:       printf("\n\n* * * Ende des Berichts * * *");
191:    }
192: }
193:
194: /*-----------------------------------------------------------------*
195:  * Function:  fortfahren_funktion()                                *
196:  * Zweck:  Die Funktion fragt den Anwender, ob er fortfahren will. *
197:  * Rückgabewerte: JA - wenn der Anwender fortfahren will           *
198:  *                NEIN - wenn der Anwender das Programm verlassen will *
199:  *-----------------------------------------------------------------*/
200:
201: int fortfahren_funktion( void )
202: {
203:    int ch;
204:
205:    printf("\n\nMöchten Sie fortfahren? (J)a/(N)ein: ");
206:
207:    tastatur_loeschen();
208:    ch = getchar();
209:
210:    while( ch != 'n' && ch != 'N' && ch != 'j' && ch != 'J' )
211:    {
212:       printf("\n%c ist ungültig!", ch);
213:       printf("\n\n \'N\' für Ende oder \'J\' für Weiter eingeben: ");
214:
215:       fflush(stdin);     /* Löscht den Tastaturpuffer (stdin). */
216:       ch = getchar();
217:    }
218:
219:    tastatur_loeschen();  /* Diese Funktion ähnelt fflush(stdin). */
220:
221:    if(ch == 'n' || ch == 'N')
222:       return NEIN;
223:     else
```

```
224:          return JA;
225: }
226:
227: /*-------------------------------------------------------------------*
228:  * Funktion: tastatur_loeschen()                                     *
229:  * Zweck: Diese Funktion löscht Extrazeichen in der Tastatur.        *
230:  * Rückgabewerte: Keine                                              *
231:  * Hinweis: Diese Funktion kann durch fflush(stdin); ersetzt werden. *
232:  *-------------------------------------------------------------------*/
233: void tastatur_loeschen(void)
234: {
235:     char muell[80];
236:     fgets(muell, 80, stdin);
237: }
238:
239: /*-------------------------------------------------------------------*
240:  * Funktion: mein_gets()                                             *
241:  * Zweck: Diese Funktion liest einen String von der Tastatur mit     *
242:  *        fgets() ein und entfernt das angehängte Neue-Zeile-Zeichen.*
243:  * Rückgabewerte: Keine                                              *
244:  *-------------------------------------------------------------------*/
245: void mein_gets(char*str, int len)
246: {
247:     int index;
248:
249:     fgets(str, len, stdin);
250:
251:     for(index = 0; index < len; index++)
252:         if (str[index] == '\n')
253:         {
254:             str[index] = 0;
255:             return;
256:         }
257: }
```

Es scheint, als ob Ihre Programme mit zunehmenden C-Kenntnissen länger werden. Dieses Programm ähnelt zwar dem Programm aus dem Rückblick nach der ersten Woche, aber es wurden einige Optionen geändert und einige neue hinzugefügt. Wie in dem Programm zum Rückblick von Woche 1 können Sie bis zu 100 Datensätze eingeben. Dabei handelt es sich um die Daten von Personen. Es sollte Ihnen aufgefallen sein, dass Sie mit diesem Programm den Bericht ausgeben können, noch während Sie Daten eingeben. Mit dem alten Programm konnte man den Bericht erst ausgeben, nachdem alle Daten eingegeben waren.

Außerdem möchte ich Sie darauf hinweisen, dass eine Struktur hinzugefügt wurde, die dazu dient, die Daten zu speichern. Die Struktur wird in den Zeilen 28 bis 37 definiert.

Strukturen werden häufig dazu verwendet, ähnliche oder verwandte Daten zu gruppieren (siehe Tag 10, »Strukturen«). Dieses Programm fasst alle Daten zu den Personen in einer Struktur namens datensatz zusammen. Der Großteil dieser Daten sollte Ihnen bekannt vorkommen. Einige Elemente sind jedoch neu. Die Zeilen 30 bis 32 deklarieren drei Arrays (oder Strings) für den Vornamen, den Nachnamen und die Telefonnummer. Beachten Sie, dass die Länge dieser Strings mit den symbolischen Konstanten VNAME_LAEN, NNAME_LAEN und PHONE_LAEN deklariert wird. Die eigentliche Länge dieser Strings ist um eins kleiner als die angegebenen Werte, da der letzte Platz im Array für das Nullzeichen frei bleiben muss.

Dieses Programm demonstriert noch einmal die korrekte Anwendung von Gültigkeitsbereichen für Variablen (siehe Tag 11, »Gültigkeitsbereiche von Variablen«). Die Zeilen 39 und 41 deklarieren zwei globale Variablen. Zeile 41 deklariert eine int-Variable namens letzter_eintrag, in der festgehalten wird, für wie viele Personen bisher Daten eingegeben wurden. Dies entspricht in etwa der Variablen ctr aus dem Rückblick zu Woche 1. Die andere globale Variable lautet liste[MAX], ein Array von Datensatzstrukturen. Lokale Variablen finden Sie in jeder Funktion im Programm.

In den Zeilen 75 bis 86 wurde eine neue Programmsteueranweisung hinzugefügt: die switch-Anweisung (siehe Tag 12, »Fortgeschrittene Programmsteuerung«). Man hätte auch eine Reihe von if...else-Anweisungen aufsetzen können, aber die switch-Anweisung ist übersichtlicher. Die Zeilen 74 bis 84 führen je nach ausgewählter Menüoption verschiedene Aufgaben aus. Beachten Sie die default-Anweisung. Sie wurde aufgenommen, um den Fall abzufangen, dass eine ungültige Menüoption eingegeben wird.

Beim Studium der Funktion daten_einlesen sollten Ihnen einige Ergänzungen zu dem Programm aus dem Rückblick zu Woche 1 auffallen. Die Zeilen 111 und 112 fragen nach einem String, und Zeile 112 verwendet die Funktion mein_gets(), die in den Zeilen 245 bis 257 definiert ist. Die mein_gets()-Funktion ruft die Bibliotheksfunktion fgets() auf (siehe Tag 13, »Mit Bildschirm und Tastatur arbeiten«), um einen String von der Tastatur einzulesen und das Neue-Zeile-Zeichen am Ende des Strings zu entfernen. Die Funktion mein_gets() liest einen String ein und legt den Wert in liste[letzter_eintrag].vname (bzw. liste[letzter_eintrag].nname) ab. Sie sollten von Tag 10 noch wissen, dass der Vorname auf diese Weise in vname, einem Element der Struktur liste, abgelegt wird.

Auch die Funktion fortfahren_funktion() in den Zeilen 201 bis 225 wurde geändert. Sie antworten jetzt auf die Eingabeaufforderung mit j oder n anstatt mit 0 oder 1. Das ist wesentlich benutzerfreundlicher. Außerdem wurde in Zeile 219 die Funktion tastatur_loeschen() von Listing 14.7 hinzugefügt, um überflüssige Zeichen, die der Benutzer eingegeben hat, zu entfernen. Daneben wird auch die Funktion fflush() zum Löschen von Zeichen verwendet, die eventuell im Puffer geblieben sind.

Dieses Programm verwendet, was Sie in den ersten beiden Wochen über C für Linux gelernt haben. Woche 3 wird darauf aufbauen.

Woche 3

Überblick

Inzwischen haben Sie die zweite Woche zur Linux-Programmierung mit C beendet. Da Sie mittlerweile die wichtigsten Bereiche von C kennen gelernt haben, sollten Sie mit der Sprache gut vertraut sein.

Aufbau der dritten Woche

In der dritten Woche werden Sie Ihr Studium der Programmiersprache C abschließen. Einerseits werde ich Ihnen weitere Aspekte von C vorstellen, mit denen wir noch nicht zu tun hatten, andererseits werde ich bestimmte Themen der ersten und zweiten Woche nochmals aufgreifen, um Sie mit fortgeschrittenen Techniken vertraut zu machen.

Nach Abschluss der dritten Woche sollten Sie über fundierte C-Kenntnisse verfügen. Am Tag 15, »Mit Dateien arbeiten«, behandeln wir ein Thema, das für die meisten Anwendungen unentbehrlich ist – Dateien. Sie lernen, wie Sie Dateien zur Datenspeicherung und als Datenquelle nutzen. Am Tag 16, »Stringmanipulation«, diskutieren wir alle Werkzeuge, die in C für die Arbeit mit Textstrings zur Verfügung stehen. Tag 17, »Die Bibliothek der C-Funktionen«, diskutiert die Verwendung einer Vielzahl von nützlichen Funktionen aus der Standard-C-Bibliothek. Tag 18, »Vom Umgang mit dem Speicher«, beschäftigt sich ausführlicher als bisher mit der Speicherverwaltung. Tag 19, »Prozesse und Signale«, behandelt das Starten und Beenden von Prozessen. Und am Tag 20, »Compiler für Fortgeschrittene«, wird all das besprochen, was sonst nicht zur Sprache gekommen ist, wie beispielsweise Befehlszeilenargumente und Präprozessor-Direktiven. Die letzte Lektion bietet eine Einführung in die Programmierung von grafischen Benutzerschnittstellen.

Mit Dateien arbeiten

Woche 3

TAG 15 Mit Dateien arbeiten

Die meisten Programme arbeiten aus dem einen oder anderen Grund mit Dateien: Datenspeicherung, Konfigurationsdaten und so weiter. Heute lernen Sie:

- wie sich Streams zu Dateien verhalten
- wie man eine Datei öffnet
- wie man Daten in eine Datei schreibt
- wie man Daten aus einer Datei liest
- wie man eine Datei schließt
- wie man Dateien verwaltet
- wie man temporäre Dateien verwendet

Streams und Dateien

Wie Sie am Tag 13, »Mit Bildschirm und Tastatur arbeiten«, gelernt haben, erfolgt die Ein- und Ausgabe in C über Streams – und das gilt auch für die Dateien. Es wurde Ihnen gezeigt, wie Sie die vordefinierten C-Streams anwenden, die mit bestimmten Geräten wie der Tastatur und dem Bildschirm verbunden sind. Datei-Streams funktionieren praktisch genauso. Dies ist einer der Vorteile der Stream-Ein-/-Ausgabe – die Techniken, die bei der Arbeit mit einem Stream angewendet werden, lassen sich mit wenigen oder sogar ohne Änderungen auf andere Streams übertragen. Der Hauptunterschied zwischen der Programmierung mit Standardstreams und der Programmierung mit Datei-Streams besteht darin, dass Sie in Ihren Programmen explizit einen Stream für die jeweiligen Dateien erzeugen müssen.

Dateitypen

Im Gegensatz zu anderen Betriebssystemen unterscheiden Linux und die anderen Mitglieder der Unix-Familie nicht zwischen Textdateien und binären Dateien. Die Funktionen, die auf Streams ausgeführt werden, müssen nicht wissen, mit welcher Art von Stream sie es gerade zu tun haben. Als Programmierer jedoch müssen Sie entscheiden, was Sie mit den Streams machen wollen – ob Sie aus einer Datei zeilenweise Text auslesen wollen oder ob die Daten binär sind und nur in Blöcken ausgelesen werden sollten. Der Unterschied wird wichtig, wenn Sie versuchen, Code, der unter Linux problemlos läuft, auf andere Betriebssysteme wie z.B. Microsoft Windows zu portieren. Wenn nichts anderes vorgegeben ist, geht Windows davon aus, dass Dateien im Textmodus geöffnet werden. Wenn Sie dies bei der Portierung von Code von Linux nach Windows nicht berücksichtigen, können Sie Ärger bekommen. Diese Fallen werden im Zusammenhang mit den binären Dateien weiter hinten in diesem Kapitel besprochen.

Dateinamen

Jede Datei hat einen Namen. Der Umgang mit Dateinamen sollte Ihnen vertraut sein, wenn Sie mit Dateien arbeiten. Dateinamen werden wie andere Textdaten als Strings gespeichert. Unter Linux und Unix können fast alle ASCII-Zeichen Teil eines gültigen Dateinamens sein. Es ist jedoch nicht ratsam, diese Möglichkeiten voll auszuschöpfen. Dateinamen sollten auf die alphanumerischen Zeichen, +, –, Unterstriche und so viele Punkte, wie nötig, beschränkt sein.

Ein Dateiname in einem C-Programm kann darüber hinaus Pfadinformationen enthalten. Ein *Pfad* bezeichnet das Verzeichnis (häufig wird auch von Ordnern gesprochen), in dem sich eine Datei befindet. Wenn Sie einen Dateinamen ohne Pfad angeben, wird davon ausgegangen, dass sich die Datei in dem Verzeichnis befindet, das Linux gerade als Standardverzeichnis ansieht. Es ist guter Programmierstil, sich beim Umgang mit Dateien immer der Bedeutung der Pfade bewusst zu sein.

Unter Linux wird ein Schrägstrich verwendet, um die Verzeichnisnamen in einem Pfad voneinander zu trennen. So bezieht sich zum Beispiel der Name

/tmp/liste.txt

auf die Datei `liste.txt` im Verzeichnis `/tmp`.

Eine Datei öffnen

Den Schritt, einen Stream zu erzeugen, der mit einer Datei verbunden ist, nennt man auch *Öffnen* einer Datei. Wenn Sie eine Datei öffnen, steht sie zum Lesen (das heißt für den Datentransfer von der Datei in das Programm), zum Schreiben (das heißt für die Sicherung der Programmdaten in die Datei) oder für beides bereit. Wenn Sie die Datei nicht mehr benötigen, müssen Sie sie schließen. Das Schließen einer Datei besprechen wir später.

Um eine Datei zu öffnen, verwenden Sie die Bibliotheksfunktion `fopen()`. Der Prototyp von `fopen()` steht in `stdio.h` und lautet folgendermaßen:

FILE *fopen(const char *filename, const char *mode);

Dieser Prototyp teilt Ihnen mit, dass `fopen()` einen Zeiger auf den Typ FILE, eine in `stdio.h` deklarierte Struktur, zurückliefert. Die Elemente der FILE-Struktur werden von dem Programm bei den verschiedenen Operationen des Dateizugriffs verwendet, und es ist nicht ratsam, Änderungen daran vorzunehmen. Wie auch immer, für jede Datei, die Sie öffnen wollen, müssen Sie einen Zeiger auf den Typ FILE deklarieren. Mit dem Aufruf von fopen() erzeugen Sie eine Instanz der Struktur FILE und liefern einen Zeiger auf diese Strukturinstanz zurück. Diesen Zeiger verwenden Sie dann bei allen nachfolgenden Operationen auf diese Datei. Scheitert der Aufruf von fopen(), lautet der Rückgabewert NULL. Ein solches Scheitern kann durch einen Hardware-Fehler ausgelöst werden oder durch einen Dateinamen, dessen Pfadangaben ungültig sind.

Das Argument *filename* ist der Name der Datei, die geöffnet werden soll. Wie ich schon eingangs erwähnt haben, kann – und sollte – *filename* Pfadinformationen enthalten. Dieses Argument kann ein literaler String in doppelten Anführungszeichen sein oder ein Zeiger auf eine String-Variable.

Das Argument *mode* gibt den Modus an, in dem die Datei geöffnet werden soll. In diesem Kontext steuert *mode*, ob die Datei zum Lesen, Schreiben oder für beides geöffnet wird. Die zulässigen Werte für *mode* finden Sie in Tabelle 15.1.

Modus	Bedeutung
r	Öffnet die Datei zum Lesen. Wenn die Datei nicht existiert, liefert fopen() NULL zurück.
w	Öffnet die Datei zum Schreiben. Wenn es noch keine Datei des angegebenen Namens gibt, wird sie erzeugt. Existiert bereits eine Datei mit gleichlautendem Namen, wird sie ohne Warnung gelöscht und eine neue, leere Datei erzeugt.
a	Öffnet die Datei zum Anhängen. Wenn es noch keine Datei des angegebenen Namens gibt, wird sie erzeugt. Existiert die Datei, werden die neuen Daten an das Ende der Datei angehängt.
r+	Öffnet die Datei zum Lesen und Schreiben. Wenn es noch keine Datei des angegebenen Namens gibt, wird sie erzeugt. Existiert die Datei, werden die neuen Daten an den Anfang der Datei geschrieben, wodurch bestehende Daten überschrieben werden.
w+	Öffnet die Datei zum Lesen und Schreiben. Wenn es noch keine Datei des angegebenen Namens gibt, wird sie erzeugt. Existiert die Datei, wird sie überschrieben.
a+	Öffnet die Datei zum Schreiben und Anhängen. Wenn es noch keine Datei des angegebenen Namens gibt, wird sie erzeugt. Existiert die Datei, werden die neuen Daten an das Ende der Datei angehängt.

Tabelle 15.1: Werte von mode *für die Funktion fopen().*

> **Warnung**
> Wenn Ihre Programme nur unter Linux ausgeführt werden, reichen Ihnen die Informationen zu den verschiedenen Datei-Modi aus Tabelle 15.1. Wenn Sie jedoch Code schreiben wollen, der auf Linux und Windows auszuführen ist, müssen Sie auf Folgendes achten:
>
> ▶ Windows unterscheidet zwischen Textdateien und binären Dateien.
>
> ▶ Windows hat standardmäßig den Textmodus eingestellt.
>
> ▶ Wenn Sie ein Programm schreiben wollen, das mit binären Daten arbeitet und außerdem unter Windows ausführbar sein soll, müssen Sie an den Modus-String ein b hängen. Von Linux und anderen Systemen, die keine Unterscheidung zwischen Text- und Binärdateien vornehmen, wird das b ignoriert.

Denken Sie daran, dass fopen() NULL zurückliefert, wenn ein Fehler auftritt. Fehler, die einen Rückgabewert von NULL zur Folge haben, werden ausgelöst,

▶ wenn Sie einen ungültigen Dateinamen angeben,

▶ wenn Sie versuchen, eine Datei auf einem Laufwerk zu öffnen, das noch nicht bereit ist (zum Beispiel wenn der Laufwerksriegel nicht geschlossen oder die Festplatte nicht formatiert ist),

▶ wenn Sie versuchen, eine Datei in einem nicht existenten Verzeichnis oder einem nicht existenten Laufwerk zu öffnen oder

▶ wenn Sie versuchen, eine nichtexistente Datei im r-Modus zu öffnen.

Immer wenn Sie fopen() verwenden, müssen Sie auf Fehler testen. Wenn ein Fehler auftritt, wird die externe Variable errno auf den entsprechenden Wert gesetzt. Mit Hilfe der Funktion perror() kann man auf der Grundlage von errno eine Fehlermeldung ausgeben, die erläutert, was geschehen ist. Die Funktion perror() ist in stdio.h definiert und wird am Tag 17, »Die Bibliothek der C-Funktionen«, ausführlicher behandelt.

Listing 15.1 enthält ein Beispiel für die Verwendung von fopen().

Listing 15.1: Mit fopen() Dateien in verschiedenen Modi öffnen.

```
1 :  /* Beispiel für die Funktion fopen(). */
2 :  #include <stdlib.h>
3 :  #include <stdio.h>
4 :
5 :  int main(void)
6 :  {
7 :      FILE *fp;
8 :      char ch, dateiname[40], modus[5];
```

Mit Dateien arbeiten

```
 9:
10:    while (1)
11:    {
12:
13:        /* Eingabe des Dateinamens und des Modus. */
14:
15:        printf("\nGeben Sie einen Dateinamen ein: ");
16:        fgets(dateiname,40,stdin);
17:        dateiname [strlen(dateiname)-1] = 0 ;
18:        printf("\nGeben Sie einen Modus ein (max. 3 Zeichen): ");
19:        fgets(modus,5,stdin);
20:        modus [strlen(modus)-1] = 0 ;
21:
22:        /* Versucht die Datei zu öffnen. */
23:
24:        if ( (fp = fopen( dateiname, modus )) != NULL )
25:        {
26:            printf("\n%s im Modus %s erfolgreich geöffnet.\n",
27:                    dateiname, modus);
28:            fclose(fp);
29:            puts("x für Ende, weiter mit Eingabetaste.");
30:            if ( (ch = getc(stdin)) == 'x')
31:                break;
32:            else
33:                continue;
34:        }
35:        else
36:        {
37:            fprintf(stderr, "\nFehler beim Öffnen von %s im Modus %s.\n",
38:                    dateiname, modus);
39:            perror("list1501");
40:            puts("x für Ende, neuer Versuch mit Eingabetaste.");
41:            if ( (ch = getc(stdin)) == 'x')
42:                break;
43:            else
44:                continue;
45:        }
46:    }
47:    return 0 ;
48: }
```

Ausgabe

```
Geben Sie einen Dateinamen ein: hallo.txt

Geben Sie einen Modus ein (max. 3 Zeichen): w

hallo.txt im Modus w erfolgreich geöffnet.
x für Ende, weiter mit Eingabetaste.

Geben Sie einen Dateinamen ein: Wiedersehen.txt

Geben Sie einen Modus ein (max. 3 Zeichen): r

Fehler beim Öffnen von Wiedersehen.txt im Modus r.
list1501: No such file or directory[1]
x für Ende, neuer Versuch mit Eingabetaste.
x
```

Analyse

Dieses Programm fordert Sie in den Zeilen 15 bis 20 auf, den Dateinamen und den Modus-Spezifizierer einzugeben. Die Zeilen 17 und 20 entfernen die Neue-Zeile-Zeichen am Ende der eingelesenen Strings, indem sie es mit einem Nullzeichen überschreiben. Nach dem Einlesen des Dateinamens versucht Zeile 24 die Datei zu öffnen, und weist deren Dateizeiger fp zu. Es entspricht gutem Programmierstil, mit der if-Anweisung in Zeile 24 zu prüfen, ob der Zeiger der geöffneten Datei ungleich NULL ist. Wenn fp ungleich NULL ist, wird eine Nachricht ausgegeben, dass die Datei erfolgreich geöffnet wurde und der Anwender jetzt fortfahren kann. Wenn der Zeiger NULL ist, wird die else-Bedingung der if-Schleife ausgeführt. Die else-Bedingung in den Zeilen 35 bis 45 gibt eine Meldung aus, dass ein Problem aufgetreten ist. Anschließend wird der Anwender aufgefordert, anzugeben, ob das Programm fortfahren soll.

Sie können mit verschiedenen Namen und Modi experimentieren, um festzustellen, bei welchen Eingaben Sie einen Fehler erhalten. In unserem Beispiel oben konnten Sie sehen, dass die Eingabe von Wiedersehen.txt im r-Modus einen Fehler ausgelöst hat, da die Datei nicht auf der Platte existierte. Wenn ein Fehler auftritt, haben Sie die Wahl, die Informationen erneut einzugeben oder das Programm zu verlassen. Vielleicht möchten Sie auch prüfen, welche Zeichen in einem Dateinamen akzeptiert werden. Um Dateien mit problematischen Zeichen im Namen zu löschen, müssen Sie den Dateinamen in Anführungszeichen setzen, wenn Sie den Betriebssystembefehl rm (Löschen) ausführen.

---

1. »Datei oder Verzeichnis nicht gefunden«

Schreiben und Lesen

Ein Programm, das eine Datei verwendet, kann Daten in die Datei schreiben, Daten aus der Datei lesen oder beide Vorgänge miteinander kombinieren. Sie können Daten auf drei Arten in eine Datei schreiben:

▸ Bei der formatierten Ausgabe schreibt man formatierte Textdaten in eine Datei. Die formatierte Ausgabe wird meist zum Anlegen von Dateien genutzt, in denen sowohl Text als auch numerische Daten gespeichert werden und die von anderen Programmen wie Tabellenkalkulation oder Datenbanken gelesen werden.

▸ Bei der Zeichenausgabe schreibt man einzelne Zeichen oder ganze Zeilen in eine Datei.

▸ Bei der direkten Ausgabe schreibt man den Inhalt eines Speicherabschnitts direkt in eine Datei. Diese Methode wird nur bei binären Dateien angewendet.

Wenn Sie Daten aus einer Datei lesen wollen, stehen Ihnen die gleichen drei Optionen zur Verfügung: formatierte Eingabe, Zeicheneingabe oder direkte Eingabe. Welche Art von Eingabe Sie in einem bestimmten Fall verwenden, hängt dabei fast völlig von der Art der Datei ab, die gelesen wird. Im Allgemeinen werden die Daten im gleichen Modus gelesen, in dem sie gesichert wurden, aber das ist keine notwendige Bedingung.

Formatierte Dateieingabe und -ausgabe

Formatierte Dateieingabe und -ausgabe (E/A oder I/O für Englisch »Input/Output«) betrifft Textdaten und numerische Daten, die in einer bestimmten Art und Weise formatiert sind. Sie entspricht der formatierten Tastatureingabe und Bildschirmausgabe der Funktionen printf() und scanf() aus Tag 13. Beginnen wir mit der formatierten Dateiausgabe.

Formatierte Dateiausgabe

Für formatierte Dateiausgaben verwendet man die Bibliotheksfunktion fprintf(). Der Prototyp von fprintf() steht in der Header-Datei stdio.h und lautet:

```
int fprintf(FILE *fp, char *fmt, ...);
```

Das erste Argument ist ein Zeiger auf den Typ FILE. Um Daten in eine bestimmte Datei zu schreiben, übergeben Sie den Zeiger, der beim Öffnen der Datei mit fopen() zurückgeliefert wurde.

Das zweite Argument ist der Formatstring. Formatstrings haben Sie bereits in der Diskussion der Funktion printf() am Tag 13 kennen gelernt. Der Formatstring von fprintf() folgt genau den gleichen Regeln, die bei der Diskussion der Funktion printf() beschrieben wurden. Schlagen Sie gegebenenfalls in Kapitel 13 nach.

Das letzte Argument lautet »...«. Was verbirgt sich dahinter? In einem Funktionsprototyp, stellen Punkte eine beliebige Anzahl von Argumenten dar. Mit anderen Worten, zusätzlich zu dem Dateizeiger und den Formatstring-Argumenten übernimmt fprintf() keine, ein oder mehrere weitere Argumente. Darin entspricht die Funktion genau printf(). Bei diesen optionalen Argumenten handelt es sich um die Namen von Variablen, die in den angegebenen Stream geschrieben werden.

Denken Sie daran, dass fprintf() genauso funktioniert wie printf() – nur dass die Ausgabe an den Stream geht, der in der Argumentenliste angegeben wird. Wenn Sie also als Stream-Argument stdout angeben, entspricht fprintf() der Funktion printf().

Listing 15.2 zeigt ein Beispiel für die Verwendung von fprintf().

Listing 15.2: *Äquivalenz der formatierten Ausgabe in eine Datei und an stdout mit fprintf().*

```
1 : /* Beispiel für die Funktion fprintf(). */
2 :
3 : #include <stdio.h>
4 : #include <stdlib.h>
5 : void tastatur_loeschen(void);
6 :
7 : int main(void)
8 : {
9 :     FILE *fp;
10:     float daten[5];
11:     int count;
12:     char dateiname[20];
13:
14:     puts("Geben Sie 5 Fließkommazahlen ein.");
15:
16:     for (count = 0; count < 5; count++)
17:         scanf("%f", &daten[count]);
18:
19:     /* Liest den Dateinamen ein und öffnet die Datei. Zuerst */
20:     /* werden aus stdin alle verbliebenen Zeichen gelöscht.  */
21:
22:     tastatur_loeschen();
23:
24:     puts("Geben Sie einen Namen für die Datei ein.");
25:     scanf("%s", dateiname);
26:
```

```
27:        if ( (fp = fopen(dateiname, "w")) == NULL)
28:        {
29:          fprintf(stderr, "Fehler beim Öffnen der Datei %s.\n", dateiname);
30:          exit(1);
31:        }
32:
33:        /* Schreibt die numerischen Daten in die Datei und in stdout. */
34:
35:        for (count = 0; count < 5; count++)
36:        {
37:            fprintf(fp, "daten[%d] = %f\n", count, daten[count]);
38:            fprintf(stdout, "daten[%d] = %f\n", count, daten[count]);
39:        }
40:        fclose(fp);
41:        printf("\n");
42:        return(0);
43: }
44:
45: void tastatur_loeschen(void)
46: /* Löscht alle verbliebenen Zeichen in stdin. */
47: {
48:        char muell[80];
49:        fgets(muell,80,stdin);
50: }
```

Ausgabe

```
Geben Sie 5 Fließkommazahlen ein.
3.14159
9.99
1.50
3.
1000.0001
Geben Sie einen Namen für die Datei ein.
zahlen.txt

daten[0] = 3.141590
daten[1] = 9.990000
daten[2] = 1.500000
daten[3] = 3.000000
daten[4] = 1000.000122
```

Schreiben und Lesen

TAG 15

Analyse

Vielleicht fragen Sie sich, warum das Programm 1000.000122 anzeigt, wo Sie doch nur 1000.0001 eingegeben haben. Dieser Wert ergibt sich aus der Art und Weise, wie C intern Zahlen speichert. Einige Fließkommawerte können nicht exakt gespeichert werden; daraus resultieren kleinere Ungenauigkeiten wie diese.

Dieses Programm verwendet in den Zeilen 37 und 38 die Funktion fprintf(), um formatierten Text und numerische Daten an stdout und eine von Ihnen vorgegebene Datei zu senden. Der einzige Unterschied zwischen den beiden Aufrufen liegt in dem ersten Argument – das heißt in dem Stream, an den die Daten gesendet werden. Nachdem Sie das Programm ausgeführt haben, werfen Sie einen Blick auf den Inhalt der Datei zahlen.txt (oder welchen Namen auch immer Sie angeben haben), die in dem gleichen Verzeichnis steht wie die Programmdateien. Sie werden feststellen, dass der Text in der Datei eine genaue Kopie des Textes auf dem Bildschirm ist.

Ich möchte Sie darauf aufmerksam machen, dass das Listing 15.2 die bereits am Tag 13 diskutierte Funktion tastatur_loeschen() verwendet. Diese gewährleistet, dass alle Extrazeichen, die nach einem vorangehenden Aufruf von scanf() übrig geblieben sein könnten, aus stdin gelöscht werden. Wenn Sie stdin nicht leeren, werden diese Extrazeichen (besonders das Neue-Zeile-Zeichen) von der Funktion fgets() gelesen, die den Dateinamen einliest. Die Folge davon ist ein Fehler bei der Dateierzeugung.

Formatierte Dateieingabe

Für die formatierte Dateieingabe steht die Bibliotheksfunktion fscanf() zur Verfügung, die bis auf die Ausnahme, dass die Eingabe von einem angegebenen Stream anstatt von stdin kommt, der Funktion scanf() entspricht (siehe Tag 13). Der Prototyp für fscanf() lautet:

```
int fscanf(FILE *fp, const char *fmt, ...);
```

Das Argument fp ist ein Zeiger auf den Typ FILE, der von fopen() zurückgegeben wird, und fmt ist ein Zeiger auf den Formatstring, der angibt, wie fscanf() die Eingabe zu lesen hat. Die Komponenten des Formatstrings entsprechen denen von scanf(). Die Punkte »...« geben an, dass ein oder mehrere weitere Argumente aufgenommen werden können: die Adressen der Variablen, in denen fscanf() die Eingabe ablegen soll.

Bevor Sie sich mit fscanf() beschäftigen, schlage ich vor, dass Sie sich den Abschnitt zu scanf() vom Tag 13 noch einmal anschauen. Die Funktion fscanf() funktioniert genauso wie scanf() – nur dass die Zeichen von einem angegebenen Stream und nicht von stdin stammen.

Um uns ein Beispiel zu fscanf() anzuschauen, brauchen wir eine Textdatei mit Zahlen oder Strings, deren Format die Funktion lesen kann. Verwenden Sie Ihren Editor, um eine Datei namens eingabe.txt zu erzeugen, und geben Sie fünf Fließkommazahlen ein, die durch Leerzeichen oder Zeilenumbruch getrennt sind. Ihre Datei könnte zum Beispiel folgendermaßen aussehen:

```
123.45    87.001
100.02
0.00456   1.0005
```

Kompilieren Sie jetzt das Programm aus Listing 15.3 und führen Sie es aus.

Listing 15.3: Mit fscanf() formatierte Daten aus einer Datei einlesen.

```
1:  /* Mit fscanf() formatierte Daten aus einer Datei lesen. */
2:  #include <stdlib.h>
3:  #include <stdio.h>
4:
5:  int main(void)
6:  {
7:      float f1, f2, f3, f4, f5;
8:      FILE *fp;
9:
10:     if ( (fp = fopen("eingabe.txt", "r")) == NULL)
11:     {
12:         fprintf(stderr, "Fehler beim Öffnen der Datei.\n");
13:         exit(1);
14:     }
15:
16:     fscanf(fp, "%f %f %f %f %f", &f1, &f2, &f3, &f4, &f5);
17:     printf("Die Werte lauten %f, %f, %f, %f und %f\n.",
18:             f1, f2, f3, f4, f5);
19:
20:     fclose(fp);
21:     return(0);
22: }
```

Ausgabe

```
Die Werte lauten 123.449997, 87.000999, 100.019997, 0.004560 und 1.000500.
```

Hinweis Die Genauigkeit des verwendeten Datentyps kann dazu führen, dass für einige Zahlen nicht exakt die gleichen Werte ausgegeben werden, die eingelesen wurden. So kann zum Beispiel 100.02 in der Ausgabe als 100.01999 erscheinen.

Analyse

Dieses Programm liest die fünf Werte aus der Datei, die Sie erzeugt haben, ein und gibt die Werte auf den Bildschirm aus. Mit dem Aufruf von fopen() in Zeile 10 wird die Datei im Lesemodus geöffnet. Gleichzeitig wird geprüft, ob die Datei korrekt geöffnet wurde. Wenn die Datei nicht geöffnet werden konnte, wird in Zeile 12 eine Fehlermeldung angezeigt und das Programm abgebrochen (Zeile 13). Zeile 16 enthält die Funktion fscanf(). Mit Ausnahme des ersten Parameters ist fscanf() identisch mit scanf(), die wir schon des öfteren benutzt haben. Der erste Parameter zeigt auf die Datei, aus der das Programm Daten auslesen soll. Experimentieren Sie ruhig ein wenig mit fscanf(). Erzeugen Sie mit Ihrem Programmier-Editor eigene Eingabedateien und beobachten Sie, wie fscanf() Daten einliest.

Zeicheneingabe und -ausgabe

Im Zusammenhang mit Dateien versteht man unter dem Begriff *Zeichen-E/A* das Einlesen sowohl einzelner Zeichen als auch ganzer Zeilen. Zur Erinnerung: Eine Zeile ist eine Folge von null oder mehr Zeichen, die mit einem Neue-Zeile-Zeichen abschließen. Verwenden Sie Zeichen-E/A mit Textdateien. Die folgenden Abschnitte beschreiben die Funktionen für die Zeicheneingabe und -ausgabe, gefolgt von einem Beispielprogramm.

Zeicheneingabe

Es gibt drei Funktionen zur Zeicheneingabe: getc() und fgetc() für einzelne Zeichen und fgets() für Zeilen.

Die Funktionen getc() und fgetc()

Die Funktionen getc() und fgetc() sind identisch und damit austauschbar. Sie lesen ein Zeichen aus einem angegebenen Stream ein. Sehen Sie im Folgenden den Prototyp für getc(), der in stdio.h deklariert ist:

int getc(FILE *fp);

Das Argument fp ist der Zeiger, der nach Öffnen der Datei von fopen() zurückgeliefert wurde. Die Funktion liefert das eingegebene Zeichen zurück oder EOF, wenn ein Fehler aufgetreten ist.

Die Funktion getc() haben wir bereits in früheren Programmen verwendet, um Zeichen von der Tastatur einzulesen. Das beweist nur wieder die Flexibilität der Streams in C – die gleiche Funktion kann sowohl für Eingaben von der Tastatur als auch zum Lesen aus Dateien verwendet werden.

Wenn `getc()` und `fgetc()` ein einzelnes Zeichen zurückliefern, warum wird im Prototyp der Rückgabewert als vom Typ `int` angegeben? Der Grund dafür ist Folgender: Wenn Sie Dateien lesen, müssen Sie auch in der Lage sein, das Dateiende-Zeichen zu lesen. Auf manchen Systemen ist dieses Dateiende-Zeichen nicht vom Typ `char`, sondern vom Typ `int`. Ein Beispiel für `getc()` finden Sie später in Listing 15.10.

Die Funktion fgets()

Um eine ganze Zeile von Zeichen aus einer Datei einzulesen, verwendet man die Bibliotheksfunktion `fgets()`. Der Prototyp lautet:

`char *fgets(char *str, int n, FILE *fp);`

Das Argument `str` ist ein Zeiger auf einen Puffer, in dem die Eingabe gespeichert wird. `n` ist die maximale Anzahl der einzulesenden Zeichen. `fp` ist der Zeiger auf den Typ `FILE`, der beim Öffnen der Datei von `fopen()` zurückgegeben wurde.

Wenn `fgets()` aufgerufen wird, liest die Funktion Zeichen aus `fp` ein und schreibt sie an die Stelle im Speicher, auf die `str` zeigt. Es werden so lange Zeichen gelesen, bis ein Neue-Zeile-Zeichen erscheint oder n-1 Zeichen eingelesen wurden – je nachdem welcher Fall zuerst eintritt. Indem Sie n gleich der Anzahl der Bytes setzen, die für den Puffer `str` reserviert wurden, verhindern Sie, dass Speicher über den reservierten Bereich hinaus beschrieben wird. (Mit n-1 stellen Sie sicher, dass Platz für das abschließende Nullzeichen \0 gelassen wird, das `fgets()` an das Ende des Strings anhängt). Geht alles glatt, liefert `fgets()` die Adresse von `str` zurück. Es können jedoch zwei Arten von Fehlern auftreten, die durch den Rückgabewert von `NULL` angezeigt werden.

▶ Es kommt zu einem Lesefehler, oder `EOF` wird eingelesen, bevor `str` irgendwelche Zeichen zugewiesen wurden. In diesem Fall wird `NULL` zurückgeliefert, und der Speicher, auf den `str` zeigt, bleibt unverändert.

▶ Es kommt zu einem Lesefehler, oder `EOF` wird eingelesen, nachdem `str` ein oder mehrere Zeichen zugewiesen wurden. In diesem Fall wird `NULL` zurückgeliefert, und der Speicher, auf den `str` zeigt, enthält Müll.

Daran können Sie erkennen, dass `fgets()` nicht notwendigerweise eine ganze Zeile einlesen muss (das heißt alles bis zum nächsten Neue-Zeile-Zeichen). Wenn n-1 Zeichen gelesen wurden, bevor eine neue Zeile beginnt, hört `fgets()` mit dem Einlesen auf. Die nächste Lese-Operation in der Datei beginnt dort, wo die letzte aufgehört hat. Um sicherzustellen, dass `fgets()` ganze Strings einliest, das heißt, nur bei Neue-Zeile-Zeichen stoppt, sollten Sie darauf achten, dass Ihr Eingabepuffer und der entsprechende Wert von n, der `fgets()` übergeben wird, groß genug sind.

Schreiben und Lesen

Zeichenausgabe

Für die Zeichenausgabe gibt es zwei Funktionen, die man kennen sollte: putc() und fputs().

Die Funktion putc()

Die Bibliotheksfunktion putc() schreibt ein einzelnes Zeichen an einen angegebenen Stream. Der Prototyp, der in stdio.h zu finden ist, lautet:

```
int putc(int ch, FILE *fp);
```

Das Argument ch ist das auszugebende Zeichen. Wie bei den anderen Zeichenfunktionen ist dieses Zeichen formal vom Typ int, es wird aber nur das untere Byte verwendet. Das Argument fp ist der mit der Datei verbundene Zeiger (der beim Öffnen der Datei von fopen() zurückgeliefert wird). Die Funktion putc() liefert im Erfolgsfall das geschriebene Zeichen zurück oder EOF (wenn ein Fehler auftritt). Die symbolische Konstante EOF ist in stdio.h definiert und hat den Wert -1. Da kein wirkliches Zeichen diesen numerischen Wert hat, kann EOF als Fehlerindikator verwendet werden (gilt nur für Textdateien).

Die Funktion fputs()

Um eine ganze Zeile von Zeichen in einen Stream zu schreiben, sollten Sie sich der Bibliotheksfunktion fputs() bedienen. Diese Funktion entspricht der bereits am Tag 13 besprochenen Funktion puts(). Der einzige Unterschied liegt darin, dass Sie bei fputs() den Ausgabestream angeben können. Außerdem fügt fputs() kein Neue-Zeile-Zeichen an das Ende des Strings. Wenn Sie dieses Zeichen benötigen, müssen Sie es explizit in den auszugebenden String mit aufnehmen. Der Prototyp aus stdio.h lautet:

```
char fputs(char *str, FILE *fp);
```

Das Argument str ist ein Zeiger auf den auszugebenden nullterminierten String und fp ein Zeiger auf den Typ FILE, der beim Öffnen der Datei von fopen() zurückgeliefert wurde. Der String, auf den str zeigt, wird ohne das abschließende \0 in die Datei geschrieben. Die Funktion fputs() liefert im Erfolgsfall einen nichtnegativen Wert zurück oder EOF bei einem Fehler.

Direkte Dateieingabe und -ausgabe

Die direkte Datei-E/A verwendet man meistens, wenn man Daten speichern möchte, die später vom gleichen oder einem anderen C-Programm gelesen werden. Die direkte Datei-E/A wird normalerweise nur bei binären Dateien eingesetzt. Bei der direkten Ausgabe werden Datenblöcke vom Speicher in eine Datei geschrieben. Die direkte Dateieingabe kehrt diesen Prozess um: Ein Datenblock wird von einer Datei in den

Speicher gelesen. So kann zum Beispiel ein einziger Funktionsaufruf zur direkten Ausgabe ein ganzes Array vom Typ `double` in eine Datei schreiben und ein einziger Funktionsaufruf zur direkten Eingabe das ganze Array wieder aus der Datei in den Speicher zurückholen. Die Funktionen für die direkte Datei-E/A lauten `fread()` und `fwrite()`.

Die Funktion fwrite()

Die Bibliotheksfunktion `fwrite()` schreibt einen Datenblock aus dem Speicher in eine Datei. Die Funktion `fwrite()` wird üblicherweise zum Schreiben binärer Daten verwendet. Ihr Prototyp steht in `stdio.h` und lautet:

```
int fwrite(void *buf, int size, int n, FILE *fp);
```

Das Argument *buf* ist ein Zeiger auf den Speicherbereich, in dem die Daten stehen, die in die Datei geschrieben werden sollen. Der Zeigertyp ist `void` und kann deshalb ein Zeiger auf alles sein.

Das Argument *size* gibt die Größe der einzelnen Datenelemente in Byte an und *n* die Anzahl der zu schreibenden Elemente. Wenn Sie zum Beispiel ein Integer-Array mit 100 Elementen sichern wollen, wäre *size* 4 (da jedes `iNT` 4 Byte belegt) und *n* wäre 100 (da das Array 100 Elemente enthält). Für die Berechnung des *size*-Arguments können Sie den `sizeof()`-Operator verwenden.

Das Argument *fp* ist natürlich wieder der Zeiger auf den Typ `FILE`, der beim Öffnen der Datei von `fopen()` zurückgegeben wurde. Die Funktion `fwrite()` liefert im Erfolgsfall die Anzahl der geschriebenen Elemente zurück. Ist der zurückgelieferte Wert kleiner als *n*, bedeutet dies, dass ein Fehler aufgetreten ist. Will man auf Fehler prüfen, ruft man `fwrite()` in der Regel wie folgt auf:

```
if( (fwrite(puffer, groesse, anzahl, fp)) != anzahl)
   fprintf(stderr, "Fehler beim Schreiben in die Datei.");
```

Schauen wir uns einige Beispiele zur Verwendung von `fwrite()` an. Um eine einzelne Variable x vom Typ `double` in eine Datei zu schreiben, schreiben Sie:

```
fwrite(&x, sizeof(double), 1, fp);
```

Um ein Array `daten[]` mit 50 Strukturen vom Typ `adresse` in eine Datei zu schreiben, haben Sie zwei Möglichkeiten:

```
fwrite(daten, sizeof(adresse), 50, fp);
fwrite(daten, sizeof(daten), 1, fp);
```

Im ersten Beispiel wird das Array als Folge von 50 Elementen ausgegeben, wobei jedes Element die Größe einer Struktur vom Typ `adresse` hat. Das zweite Beispiel behandelt das Array als ein einziges Element. Das Resultat ist für beide Aufrufe das Gleiche.

Der folgende Abschnitt stellt Ihnen die Funktion fread() vor und präsentiert zum Schluss ein Beispielprogramm für den Einsatz von fread() und fwrite().

Die Funktion fread()

Die Bibliotheksfunktion fread() liest einen Datenblock aus einer Datei in den Speicher. fread() wird normalerweise zum Lesen von binären Daten verwendet. Der Prototyp aus stdio.h lautet:

int fread(void *buf, int size, int n, FILE *fp);

Das Argument buf ist ein Zeiger auf den Speicherbereich, in dem die eingelesenen Daten abgelegt werden. Wie bei fwrite() ist der Zeigertyp void.

Das Argument size gibt die Größe der einzelnen einzulesenden Datenelemente in Byte an und n die Anzahl der Elemente. Dabei sollten Ihnen die Parallelen dieser Argumente zu den Argumenten von fwrite() auffallen. Auch hier wird normalerweise der sizeof()-Operator dazu verwendet, um das Argument für size zu berechnen. Das Argument fp ist (wie immer) der Zeiger auf den Typ FILE, der beim Öffnen der Datei von fopen() zurückgeliefert wurde. Die fread()-Funktion liefert die Anzahl der gelesenen Elemente zurück. Dieser Wert kann kleiner als n sein, wenn vorher das Dateiende erreicht wurde oder ein Fehler aufgetreten ist.

Listing 15.4 veranschaulicht den Einsatz von fwrite() und fread().

Listing 15.4: Die Funktionen *fwrite()* und *fread()* für den direkten Dateizugriff.

```
1: /* Direkte Datei-E/A mit fwrite() und fread(). */
2: #include <stdlib.h>
3: #include <stdio.h>
4:
5: #define GROESSE 20
6:
7: int main(void)
8: {
9:     int count, array1[GROESSE], array2[GROESSE];
10:    FILE *fp;
11:
12:    /* Initialisierung von array1[]. */
13:
14:    for (count = 0; count < GROESSE; count++)
15:        array1[count] = 2 * count;
16:
17:    /* Öffnet die Datei und stellt sicher, dass */
18:    /* der Code auch unter Windows läuft.      */
19:    if ( (fp = fopen("direkt.txt", "wb")) == NULL)
```

Mit Dateien arbeiten

```
20:     {
21:         fprintf(stderr, "Fehler beim Öffnen der Datei.\n");
22:         exit(1);
23:     }
24:     /* array1[] in der Datei speichern. */
25:
26:     if (fwrite(array1, sizeof(int), GROESSE, fp) != GROESSE)
27:     {
28:         fprintf(stderr, "Fehler beim Schreiben in die Datei.");
29:         exit(1);
30:     }
31:
32:     fclose(fp);
33:
34:     /* Öffnet jetzt die gleiche Datei zum Lesen im Binärmodus. */
35:
36:     if ( (fp = fopen("direkt.txt", "rb")) == NULL)
37:     {
38:         fprintf(stderr, "Fehler beim Öffnen der Datei.");
39:         exit(1);
40:     }
41:
42:     /* Liest die Daten in array2[]. */
43:
44:     if (fread(array2, sizeof(int), GROESSE, fp) != GROESSE)
45:     {
46:         fprintf(stderr, "Fehler beim Lesen der Datei.");
47:         exit(1);
48:     }
49:
50:     fclose(fp);
51:
52:     /* Gibt beide Arrays aus, um zu zeigen, dass sie gleich sind. */
53:
54:     for (count = 0; count < GROESSE; count++)
55:         printf("%d\t%d\n", array1[count], array2[count]);
56:     return(0);
57: }
```

Ausgabe

```
0       0
2       2
4       4
6       6
```

8	8
10	10
12	12
14	14
16	16
18	18
20	20
22	22
24	24
26	26
28	28
30	30
32	32
34	34
36	36
38	38

Analyse

Das Listing 15.4 zeigt, wie sich die Funktionen fwrite() und fread() einsetzen lassen. In den Zeilen 14 und 15 wird ein Array initialisiert. Dieses Array wird dann in Zeile 26 mit fwrite() in eine Datei geschrieben. In Zeile 44 werden die Daten mit Hilfe der Funktion fread() wieder eingelesen und in einem zweiten Array abgelegt. Zum Schluss wird der Inhalt beider Arrays auf dem Bildschirm ausgegeben, um zu zeigen, dass sie beide die gleichen Daten enthalten (Zeilen 54 und 55).

Wenn Sie Daten mit fwrite() speichern, kann nicht viel schief gehen, außer dass ein Dateifehler auftritt. Mit fread() müssen Sie jedoch vorsichtig sein. Diese Funktion weiß nicht, was die Daten darstellen. So kann ein Block von 100 Byte sowohl aus 100 Variablen vom Typ char, 50 Variablen vom Typ short, 25 Variablen vom Typ int oder 25 Variablen vom Typ float bestehen. Wenn Sie fread() aufrufen, um diesen Block in den Speicher zu lesen, wird der Befehl gehorsam ausgeführt. Wenn die Daten in dem Block von einem Array vom Typ int stammen und Sie die Daten in ein Array vom Typ float zurückholen, tritt zwar kein Fehler auf, aber die Ergebnisse Ihres Programms werden unberechenbar sein. Beim Schreiben von Programmen müssen Sie sicher sein, dass fread() korrekt verwendet wird, das heißt, dass die Daten in die korrekten Typen von Variablen und Arrays gelesen werden. Beachten Sie, dass in Listing 15.4 alle Aufrufe von fopen(), fwrite() und fread() überprüft werden, ob sie ohne Fehler ausgeführt wurden.

Dateipuffer: Dateien schließen und leeren

Wenn Sie eine Datei nicht mehr benötigen, sollten Sie sie mit der Funktion `fclose()` schließen. Wenn Sie aufmerksam waren, werden Sie `fclose()` schon in einigen der heutigen Programme entdeckt haben. Der Prototyp von `fclose()` lautet:

```
int fclose(FILE *fp);
```

Das Argument `fp` ist der `FILE`-Zeiger, der mit dem Stream verbunden ist. `fclose()` liefert im Erfolgsfall 0 oder bei Auftreten eines Fehlers -1 zurück. Wenn Sie eine Datei schließen, wird der Puffer der Datei geleert (in die Datei geschrieben).

Wenn ein Programm beendet wird (entweder indem das Ende von `main()` erreicht wird oder die Funktion `exit()` zur Ausführung kommt), werden alle Streams automatisch gelöscht und geschlossen. Es ist jedoch empfehlenswert, Streams explizit zu schließen, sobald Sie sie nicht mehr benötigen – vor allem diejenigen, die mit Dateien verbunden sind. Der Grund dafür sind die Stream-Puffer.

Wenn Sie einen Stream erzeugen, der mit einer Datei verbunden ist, wird automatisch ein Puffer erzeugt und mit dem Stream verknüpft. Ein Puffer ist ein Speicherblock für die temporäre Speicherung von Daten, die in eine Datei geschrieben oder aus ihr gelesen werden. Diese Puffer sind unentbehrlich, da Laufwerke blockorientierte Geräte sind, das heißt, sie arbeiten am effizientesten, wenn die Daten in Blöcken einer bestimmten Größe gelesen oder geschrieben werden. Die Größe des idealen Blocks ist je nach verwendeter Hardware unterschiedlich. Normalerweise bewegt sie sich in der Ordnung von einigen hundert bis tausend Byte. Sie brauchen sich jedoch nicht allzu viele Gedanken um die genaue Blockgröße zu machen.

Der Puffer, der mit einem Datei-Stream verbunden ist, dient als Schnittstelle zwischen dem Stream (der zeichenorientiert ist) und dem Speichermedium (das blockorientiert ist). Wenn Ihr Programm Daten in einen Stream schreibt, werden die Daten erst einmal in den Puffer geschrieben. Erst wenn der Puffer voll ist, wird der gesamte Inhalt des Puffers als Block in die Datei geschrieben. Das Lesen von Daten aus einer Datei erfolgt analog. Erzeugung und Operation des Puffers werden vom Betriebssystem übernommen und erfolgen automatisch. Sie brauchen sich nicht damit zu befassen. (C stellt Ihnen einige Funktionen zur Manipulation der Puffer zur Verfügung, doch Einzelheiten dazu würden den Rahmen dieses Buches sprengen.)

Für die Praxis bedeutet die automatische Pufferung, dass Daten, die Ihr Programm während der Programmausführung in eine Datei schreibt, danach womöglich noch längere Zeit im Puffer verweilen – und nicht in der Datei. Wenn sich also Ihr Programm aufhängt, wenn es einen Stromausfall gibt oder ein anderes Problem auftritt, können die Daten in dem Puffer verloren sein, und Sie wissen nicht, was sich in der Datei befindet.

Sie können die Puffer eines Streams mit der Bibliotheksfunktion fflush() leeren, ohne ihn zu schließen. Rufen Sie fflush() auf, wenn Sie den Inhalt eines Dateipuffers in die Datei übertragen, die Datei aber noch weiter benutzen und daher nicht schließen wollen. Verwenden Sie flushall(), um die Puffer aller offenen Streams zu leeren. Der Prototyp für fflush() lautet:

```
int fflush(FILE *fp);
```

Das Argument fp ist der FILE-Zeiger, der beim Öffnen der Datei von fopen() zurückgegeben wurde. Wenn eine Datei zum Schreiben geöffnet wurde, schreibt fflush() den Inhalt des Puffers in die Datei. Wenn die Datei zum Lesen geöffnet wurde, wird der Puffer gelöscht. Im Erfolgsfall liefert fflush() 0 und bei Auftreten eines Fehlers EOF zurück.

Was Sie tun sollten	Was nicht
Öffnen Sie eine Datei, bevor Sie sie zum Lesen oder Schreiben verwenden.	Gehen Sie nicht davon aus, dass Zugriffe auf Dateien stets fehlerfrei ablaufen. Prüfen Sie nach jeder Lese-, Schreib- oder Öffnen-Operation, ob die Funktion wunschgemäß ausgeführt wurde.
Verwenden Sie den sizeof()-Operator für die Funktionen fwrite() und fread().	
Schließen Sie alle von Ihnen geöffneten Dateien.	
Verwenden Sie b als Teil des Modus-Strings, wenn Sie in einem Programm, das auch unter Windows kompilierbar sein soll, binäre Dateien öffnen und schließen.	

Sequentieller und wahlfreier Zugriff auf Dateien

Jeder geöffneten Datei wird ein Datei-Positionszeiger zugeordnet. Der Positionszeiger gibt an, wo in der Datei Lese- und Schreiboperationen ausgeführt werden. Die Position wird dabei immer als Abstand in Byte vom Anfang der Datei angegeben. Wenn eine neue Datei geöffnet wird, steht der Positionszeiger auf dem Anfang der Datei, der Position 0. (Da die Datei neu ist und eine Länge von 0 hat, gibt es keine andere Position für den Positionszeiger.) Wenn eine existierende Datei geöffnet wird, steht der Positionszeiger am Ende der Datei, falls die Datei im Anhängemodus geöffnet wird, oder am Anfang der Datei, falls die Datei in irgendeinem anderen Modus geöffnet wird.

Die Datei-E/A-Funktionen, die weiter vorne behandelt wurden, verwenden diesen Positionszeiger, auch wenn man als Programmierer davon wenig bemerkt, da die ent-

Mit Dateien arbeiten

sprechenden Operationen im Hintergrund ablaufen. Sämtliche Lese- und Schreiboperationen finden jeweils an der Stelle statt, auf die der Positionszeiger verweist, und sorgen gleichzeitig durch Verrücken des Positionszeigers dafür, dass dieser stets aktuell bleibt. Wenn Sie zum Beispiel eine Datei zum Lesen öffnen und 10 Byte einlesen (die Byte an den Positionen 0 bis 9), befindet sich der Positionszeiger nach der Leseoperation an Position 10, und die nächste Leseoperation beginnt genau dort. Wenn Sie also alle Daten einer Datei sequentiell einlesen oder Daten sequentiell in eine Datei schreiben wollen, braucht Sie der Positionszeiger nicht zu kümmern. Überlassen Sie alles den Stream-E/A-Funktionen.

Wenn Sie mehr Einfluss nehmen wollen, gibt es dafür in C spezielle Bibliotheksfunktionen, mit denen Sie den Wert des Datei-Positionszeigers feststellen und ändern können. Indem Sie den Positionszeiger kontrollieren, können Sie auf jede beliebige Stelle in einer Datei zugreifen (»wahlfreier Zugriff«), d.h. Sie können an jeder beliebigen Position der Datei lesen oder schreiben, ohne dazu alle vorhergehenden Daten lesen oder schreiben zu müssen.

Die Funktionen ftell() und rewind()

Um den Positionszeiger auf den Anfang der Datei zu setzen, verwenden Sie die Bibliotheksfunktion `rewind()`. Ihr Prototyp steht in `stdio.h` und lautet:

`void rewind(FILE *fp);`

Das Argument `fp` ist der `FILE`-Zeiger, der mit dem Stream verbunden ist. Nach dem Aufruf von `rewind()` wird der Positionszeiger der Datei auf den Anfang der Datei (Byte 0) gesetzt. Verwenden Sie `rewind()`, wenn Sie bereits Daten aus einer Datei eingelesen haben und bei der nächsten Leseoperation wieder beim Anfang der Datei beginnen wollen, ohne dazu die Datei schließen und wieder öffnen zu müssen.

Um den Wert des Positionszeigers einer Datei zu ermitteln, verwenden Sie `ftell()`. Der Prototyp dieser Funktion ist in `stdio.h` deklariert und lautet:

`long ftell(FILE *fp);`

Das Argument `fp` ist der `FILE`-Zeiger, der beim Öffnen der Datei von `fopen()` zurückgeliefert wurde. Die Funktion `ftell()` liefert einen Wert vom Typ `long` zurück, der die aktuelle Dateiposition als Abstand in Byte vom Beginn der Datei angibt (das erste Byte steht an Position 0). Wenn ein Fehler auftritt, liefert `ftell()` -1L (der Wert -1 des Typs `long`).

Um ein Gefühl dafür zu bekommen, wie man mit `rewind()` und `ftell()` programmiert, werfen Sie ein Blick auf Listing 15.5.

Listing 15.5: Die Funktionen ftell() und rewind().

```
1:  /* Beispiel für ftell() und rewind(). */
2:  #include <stdlib.h>
3:  #include <stdio.h>
4:
5:  #define PUFFERLAENGE 6
6:
7:  char msg[] = "abcdefghijklmnopqrstuvwxyz";
8:
9:  int main(void)
10: {
11:     FILE *fp;
12:     char puffer[PUFFERLAENGE];
13:
14:     if ( (fp = fopen("text.txt", "w")) == NULL)
15:     {
16:         fprintf(stderr, "Fehler beim Öffnen der Datei.");
17:         exit(1);
18:     }
19:
20:     if (fputs(msg, fp) == EOF)
21:     {
22:         fprintf(stderr, "Fehler beim Schreiben in die Datei.");
23:         exit(1);
24:     }
25:
26:     fclose(fp);
27:
28:     /* Öffnet jetzt die Datei zum Lesen. */
29:
30:     if ( (fp = fopen("text.txt", "r")) == NULL)
31:     {
32:         fprintf(stderr, "Fehler beim Öffnen der Datei.");
33:         exit(1);
34:     }
35:     printf("\nDirekt nach dem Öffnen, Position = %ld", ftell(fp));
36:
37:     /* Liest 5 Zeichen ein. */
38:
39:     fgets(puffer, PUFFERLAENGE, fp);
40:     printf("\nNach dem Einlesen von %s, Position = %ld",
                puffer, ftell(fp));
41:
42:     /* Liest die nächsten 5 Zeichen ein. */
```

```
43:
44:     fgets(puffer, PUFFERLAENGE, fp);
45:     printf("\n\nDie nächsten 5 Zeichen sind %s, Position jetzt = %ld",
46:             puffer, ftell(fp));
47:
48:     /* Positionszeiger des Streams zurücksetzen. */
49:
50:     rewind(fp);
51:
52:     printf("\n\nNach dem Zurücksetzen ist die Position wieder %ld",
53:             ftell(fp));
54:
55:     /* Liest 5 Zeichen ein. */
56:
57:     fgets(puffer, PUFFERLAENGE, fp);
58:     printf("\nund das Einlesen beginnt wieder vorne: %s\n", puffer);
59:     fclose(fp);
60:     return(0);
61: }
```

Ausgabe

```
Direkt nach dem Öffnen, Position = 0
Nach dem Einlesen von abcde, Position = 5

Die nächsten 5 Zeichen sind fghij, Position jetzt = 10

Nach dem Zurücksetzen ist die Position wieder 0
und das Einlesen beginnt wieder vorne: abcde
```

Analyse

Dieses Programm schreibt den String msg in eine Datei namens text.txt. Der String besteht aus den 26 Buchstaben des Alphabets in geordneter Reihenfolge. Die Zeilen 14 bis 18 öffnen text.txt zum Schreiben und prüfen, ob die Datei erfolgreich geöffnet wurde. Die Zeilen 20 bis 24 schreiben msg mit Hilfe der Funktion fputs() in die Datei und prüfen, ob die Schreiboperation erfolgreich war. Zeile 26 schließt die Datei mit fclose() und beendet damit die Erzeugung der Datei für den Rest des Programms.

Die Zeilen 30 bis 34 öffnen die Datei erneut, diesmal jedoch zum Lesen. Zeile 35 gibt den Rückgabewert von ftell() aus. Beachten Sie, dass diese Position am Anfang der Datei liegt. Zeile 39 führt die Funktion gets() aus, um fünf Zeichen einzulesen. Die fünf Zeichen und die neue Dateiposition werden in der Zeile 40 ausgegeben. Beachten Sie, dass `ftell()` die erwartete Position zurückliefert. Zeile 50 ruft `rewind()` auf, um den Zeiger wieder auf den Anfang der Datei zu setzen, bevor Zeile 52 diese Dateiposition erneut ausgibt und uns dadurch anzeigt, dass `rewind()` die Position tatsächlich zurückgesetzt hat. Bestätigt wird dies durch eine weitere Leseoperation in Zeile 57, die erneut die ersten Zeichen vom Anfang der Datei einliest. Zeile 59 schließt die Datei, bevor das Programm endet.

Die Funktion fseek()

Mehr Kontrolle über den Positionszeiger eines Streams bietet die Bibliotheksfunktion `fseek()`. Mit dieser Funktion können Sie den Positionszeiger an eine beliebige Stelle in der Datei setzen. Der Funktionsprototyp ist in `stdio.h` deklariert und lautet:

int fseek(FILE *fp, long offset, int ausgangspunkt);

Das Argument `fp` ist der `FILE`-Zeiger, der mit der Datei verbunden ist. Die Distanz, um die der Positionszeiger verschoben wird, wird in offset in Byte angegeben. Das Argument ausgangspunkt gibt die Position an, von der aus die Verschiebung berechnet wird. Der Parameter ausgangspunkt kann drei verschiedene Werte annehmen, für die in `stdio.h` symbolische Konstanten definiert sind (siehe Tabelle 15.2).

Konstante	Wert	Beschreibung
SEEK_SET	0	Verschiebt den Anzeiger um offset Byte vom Beginn der Datei
SEEK_CUR	1	Verschiebt den Anzeiger um offset Byte von der aktuellen Position
SEEK_END	2	Verschiebt den Anzeiger um offset Byte vom Ende der Datei

Tabelle 15.2: Mögliche Werte für den Parameter ausgangspunkt.

Die Funktion `fseek()` liefert 0 zurück, wenn der Anzeiger erfolgreich verschoben wurde, beziehungsweise einen Wert ungleich Null, wenn ein Fehler aufgetreten ist. Das Programm in Listing 15.6 verwendet `fseek()` für den wahlfreien Dateizugriff.

Listing 15.6: Wahlfreier Dateizugriff mit fseek().

```
1: /* Wahlfreier Dateizugriff mit fseek(). */
2:
3: #include <stdlib.h>
4: #include <stdio.h>
5:
6: #define MAX 50
7:
8: int main(void)
```

```
 9: {
10:     FILE *fp;
11:     int daten, count, array[MAX];
12:     long offset;
13:
14:     /* Initialisiert das Array. */
15:
16:     for (count = 0; count < MAX; count++)
17:         array[count] = count * 10;
18:
19:     /* Öffnet eine binäre Datei zum Schreiben. */
20:
21:     if ( (fp = fopen("wahlfrei.dat", "wb")) == NULL)
22:     {
23:         fprintf(stderr, "\nFehler beim Öffnen der Datei.");
24:         exit(1);
25:     }
26:
27:     /* Schreibt das Array in die Datei und schließt sie dann. */
28:
29:     if ( (fwrite(array, sizeof(int), MAX, fp)) != MAX)
30:     {
31:         fprintf(stderr, "\nFehler beim Schreiben in die Datei.");
32:         exit(1);
33:     }
34:
35:     fclose(fp);
36:
37:     /* Öffnet die Datei zum Lesen. */
38:
39:     if ( (fp = fopen("wahlfrei.dat", "rb")) == NULL)
40:     {
41:         fprintf(stderr, "\nFehler beim Öffnen der Datei.");
42:         exit(1);
43:     }
44:
45:     /* Fragt den Anwender, welches Element gelesen werden soll. */
46:     /* Liest das Element ein und zeigt es an. Programmende mit -1. */
47:
48:     while (1)
49:     {
50:         printf("\nGeben Sie das einzulesende Element ein, 0-%d, -1 für \
                    Ende: ", MAX-1);
51:         scanf("%ld", &offset);
52:
53:         if (offset < 0)
```

Sequentieller und wahlfreier Zugriff auf Dateien

```
54:                break;
55:            else if (offset > MAX-1)
56:                continue;
57:
58:            /* Verschiebt den Positionszeiger zum angegebenen Element. */
59:
60:            if ( (fseek(fp, (offset*sizeof(int)), SEEK_SET)) != 0)
61:            {
62:                fprintf(stderr, "\nFehler beim Einsatz von fseek().");
63:                exit(1);
64:            }
65:
66:            /* Liest einen einfachen Integer ein. */
67:
68:            fread(&daten, sizeof(int), 1, fp);
69:
70:            printf("\nElement %ld hat den Wert %d.", offset, daten);
71:       }
72:
73:       fclose(fp);
74:       return(0);
75: }
```

Ausgabe

```
Geben Sie das einzulesende Element ein, 0-49, -1 für Ende: 5

Element 5 hat den Wert 50.
Geben Sie das einzulesende Element ein, 0-49, -1 für Ende: 6

Element 6 hat den Wert 60.
Geben Sie das einzulesende Element ein, 0-49, -1 für Ende: 49

ElemeNT 49 hat den Wert 490.
Geben Sie das einzulesende Element ein, 0-49, -1 für Ende: 1

Element 1 hat den Wert 10.
Geben Sie das einzulesende Element ein, 0-49, -1 für Ende: 0

Element 0 hat den Wert 0.
Geben Sie das einzulesende Element ein, 0-49, -1 für Ende: -1
```

Analyse

Die Zeilen 14 bis 35 finden sich in ähnlicher Form auch in Listing 15.5. Die Zeilen 16 und 17 initialisieren ein Array namens array mit 50 Werten vom Typ int. Der Wert, der in jedem Array-Element gespeichert ist, entspricht 10-mal dem Index. Anschließend wird das Array in eine binäre Datei namens wahlfrei.dat geschrieben.

Zeile 39 öffnet die Datei erneut im binären Lesemodus. Danach tritt das Programm in eine endlose while-Schleife ein. Die while-Schleife fordert den Anwender auf, den Index des Array-Elements anzugeben, das eingelesen werden soll. Beachten Sie die Zeilen 53 bis 56. In diesen Zeilen wird sichergestellt, dass der eingegebene Index auf ein in der Datei gespeichertes Element verweist. Kann man denn in C ein Element einlesen, das hinter dem Dateiende liegt? Ja. Genauso wie man im RAM über das Ende eines Arrays hinaus schreiben kann, kann man auch über das Ende einer Datei hinaus einlesen. Wenn Sie allerdings über das Ende hinaus (oder vor dem Anfang) lesen, sind die Ergebnisse unvorhersehbar. Am besten prüfen Sie immer, was Sie tun (wie es in den Zeilen 53 bis 56 der Fall ist).

Nachdem Sie angegeben haben, welches Element einzulesen ist, springt Zeile 60 mit einem Aufruf von fseek() an die entsprechenden Position. Da SEEK_SET verwendet wird, erfolgt die Verschiebung relativ zum Anfang der Datei. Beachten Sie, dass der Positionszeiger der Datei nicht um offset Bytes, sondern um offset Bytes mal der Größe der einzulesenden Elemente verschoben werden muss. Zeile 68 liest dann den Wert und Zeile 70 gibt ihn aus.

Das Ende einer Datei ermitteln

Manchmal wissen Sie genau, wie lang eine Datei ist, so dass Sie nicht umständlich prüfen müssen, wann das Ende der Datei erreicht ist. Wenn Sie zum Beispiel fwrite() verwenden, um ein Integer-Array mit 100 Elementen zu speichern, können Sie davon ausgehen, dass die Datei 400 Byte lang ist. Bei anderen Gelegenheiten wissen Sie jedoch nicht, wie lang eine Datei ist. Trotzdem werden Sie auch aus diesen Dateien Daten einlesen wollen – und zwar vom Anfang bis zum Ende der Datei. Dazu müssen Sie erkennen, wann das Dateiende erreicht ist, und dafür gibt es zwei Methoden.

Wenn Sie eine Textdatei zeichenweise auslesen, können Sie nach dem Zeichen für das Dateiende (im Englischen »End-Of-File«) Ausschau halten. Die symbolische Konstante EOF ist in stdio.h als -1 definiert – ein Wert, der kein wirkliches Zeichen codiert. Wenn eine Zeicheneingabefunktion im Textmodus EOF aus einem Stream einliest, können Sie sicher sein, dass Sie das Ende der Datei erreicht haben. So könnten Sie zum Beispiel schreiben:

```
while ( (c = fgetc( fp )) != EOF )
```

Das Ende binärer Dateien kann man nicht durch die Suche nach -1 feststellen, da praktisch jedes Datenbyte aus einem binären Stream diesen Wert innehaben könnte. Die Folge wäre, dass Sie die Eingabe vorzeitig abbrechen würden. Verwenden Sie statt dessen die Bibliotheksfunktion `feof()`:

```
int feof(FILE *fp);
```

Listing 15.7 zeigt die Verwendung von `feof()`. Wenn Sie nach einem Dateinamen gefragt werden, geben Sie einfach den Namen einer beliebigen Textdatei ein – zum Beispiel einer Ihrer C-Quelltextdateien. Vergewissern Sie sich aber, dass die Datei in dem aktuellen Verzeichnis abgelegt ist, oder geben Sie einen Pfad als Teil des Dateinamens ein. Das Programm liest die Datei zeilenweise ein und gibt die einzelnen Zeilen an `stdout` aus. Wenn `feof()` das Ende der Datei feststellt, wird das Programm beendet.

Das Argument `fp` ist der `FILE`-Zeiger, der beim Öffnen der Datei von `fopen()` zurückgeliefert wurde. Die Funktion `feof()` liefert 0 zurück, solange das Ende der Datei noch nicht erreicht, oder einen Wert ungleich Null, wenn das Ende der Datei erreicht ist. Wenn ein Aufruf von `feof()` das Ende der Datei feststellt, dürfen danach so lange keine weiteren Lese-Operationen durchgeführt werden, bis der Positionszeiger der Datei mit `rewind()` zurückgesetzt oder mit `fseek()` verschoben oder die Datei geschlossen und erneut geöffnet ist.

Listing 15.7: Mit feof() das Ende einer Datei ermitteln.

```
 1: /* Ende einer Datei (EOF) ermitteln. */
 2: #include <stdlib.h>
 3: #include <stdio.h>
 4:
 5: #define PUFFERGROESSE 100
 6:
 7: int main(void)
 8: {
 9:     char puffer[PUFFERGROESSE];
10:     char dateiname[60];
11:     FILE *fp;
12:
13:     puts("Geben Sie den Namen der auszugebenden Textdatei ein: ");
14:     fgets(dateiname,60,stdin);
15:     dateiname[strlen(dateiname)-1] = 0;
16:
17:     /* Öffnet die Datei zum Lesen. */
18:     if ( (fp = fopen(dateiname, "r")) == NULL)
19:     {
20:         fprintf(stderr, "Fehler beim Öffnen der Datei.\n");
```

Mit Dateien arbeiten

```
21:         exit(1);
22:     }
23:
24:     /* Zeilen einlesen und ausgeben. */
25:
26:     while ( !feof(fp) )
27:     {
28:         fgets(puffer, PUFFERGROESSE, fp);
29:         printf("%s",puffer);
30:     }
31:     printf("\n");
32:     fclose(fp);
33:     return(0);
34: }
```

Ausgabe

```
Geben Sie den Namen der auszugebenden Textdatei ein:
hallo.c
#include <stdio.h>
int main(void)
{
    printf("Hallo, Welt.");
    return(0);
}
```

Analyse

Der Aufbau der while-Schleife aus diesem Programm (Zeilen 26 bis 30) ist typisch für Schleifen, wie sie in komplexeren Programmen zur sequentiellen Verarbeitung von Daten eingesetzt werden. Solange das Ende der Datei noch nicht erreicht ist, wird der Code in der while-Anweisung (Zeilen 28 und 29) weiter ausgeführt. Erst wenn der Aufruf von feof() einen Wert ungleich Null zurückliefert, wird die Schleife verlassen, die Datei geschlossen, und das Programm endet.

Hinweis

Linux und andere Mitglieder der Unix-Familie verfügen über einen weiteren Satz an Funktionen zum Lesen, Schreiben und Suchen in Dateien. Diese Funktionen, die open(), creat(), read(), write(), lseek() und close() umfassen, gehören zu den *Systemfunktionen* (im Gegensatz zu den C-Bibliotheksfunktionen, die wir in der heutigen Lektion betrachtet haben). Sie werden vom Betriebssystem selbst definiert und nicht von der C-Bibliothek. Man bezeichnet Sie daher auch als Low-Level-Funktionen, und es wird Sie nicht verwundern, dass die C-Bibliotheksfunktionen wie fread(), fgets()

und `fwrite()` so implementiert sind, dass Sie von diesen Low-Level-Systemfunktionen Gebrauch machen. Leider liegt die Besprechung dieser Low-Level-Systemfunktionen außerhalb der Möglichkeiten dieses Buches.

Was Sie tun sollten	Was nicht
Prüfen Sie die aktuelle Position in der Datei, so dass Sie nicht über das Ende hinaus oder vor dem Anfang der Datei lesen.	Verwenden Sie bei binären Dateien nicht `EOF`.
Verwenden Sie entweder `rewind()` oder `fseek(fp, SEEK_SET, 0)`, um den Positionszeiger an den Anfang der Datei zu setzen.	
Verwenden Sie `feof()`, um in binären Dateien nach dem Ende der Datei Ausschau zu halten.	

Dateiverwaltungsfunktionen

Der Begriff *Dateiverwaltung* bezieht sich auf den Umgang mit bestehenden Dateien – nicht auf das Lesen aus oder das Schreiben in Dateien, sondern auf das Löschen, das Umbenennen und das Kopieren. Die C-Standardbibliothek enthält Funktionen zum Löschen und Umbenennen von Dateien. Außerdem können Sie Ihr eigenes Programm zum Kopieren von Dateien schreiben.

Eine Datei löschen

Um eine Datei zu löschen, verwenden Sie die Bibliotheksfunktion `remove()`. Ihr Prototyp ist in `stdio.h` deklariert und lautet:

```
int remove( const char *filename );
```

Die Variable `*filename` ist ein Zeiger auf den Namen der zu löschenden Datei. (Siehe auch den Abschnitt zu den Dateinamen weiter vorne in diesem Kapitel.) Die angegebene Datei muss nicht geöffnet sein. Wenn die Datei existiert, wird sie gelöscht (wie mit dem Befehl `rm`), und `remove()` liefert 0 zurück. Wenn die Datei nicht existiert, nur Lesezugriff zulässt, Ihre Zugriffsrechte nicht ausreichen oder wenn irgendein anderer Fehler auftritt, liefert `remove()` -1 zurück.

Mit Dateien arbeiten

Listing 15.8 demonstriert den Einsatz von remove(). Seien Sie jedoch vorsichtig mit diesem Programm: Wenn Sie eine Datei mit remove() entfernen, ist diese unwiederbringlich gelöscht.

Listing 15.8: Mit der Funktion remove() eine Datei löschen.

```
 1: /* Beispiel für die Funktion remove(). */
 2:
 3: #include <stdio.h>
 4:
 5: int main(void)
 6: {
 7:     char dateiname[80];
 8:
 9:     printf("Geben Sie den Namen der zu löschenden Datei ein: ");
10:     fgets(dateiname,80,stdin);
11:     dateiname[strlen(dateiname)-1] = 0;
12:
13:     if ( remove(dateiname) == 0)
14:         printf("Die Datei %s wurde gelöscht.\n", dateiname);
15:     else
16:         fprintf(stderr, "Fehler beim Löschen der Datei %s.\n", dateiname);
17:     return(0);
18: }
```

Ausgabe

```
Geben Sie den Namen der zu löschenden Datei ein: *.bak
Fehler beim Löschen der Datei *.bak.
Geben Sie den Namen der zu löschenden Datei ein: list1414.bak
Die Datei list1414.bak wurde gelöscht.
```

Analyse

Zeile 9 fordert den Anwender auf, den Namen der zu löschenden Datei einzugeben. Zeile 13 ruft dann remove() auf, um die eingegebene Datei zu löschen. Wenn der Rückgabewert 0 ist, wurde die Datei gelöscht und es wird eine entsprechende Nachricht ausgegeben. Wenn der Rückgabewert ungleich Null ist, tritt ein Fehler auf und die Datei wird nicht gelöscht.

Eine Datei umbenennen

Die Funktion `rename()` ändert den Namen einer existierenden Datei. Der Funktionsprototyp ist in `stdio.h` deklariert und lautet:

int rename(const char *old, const char *new);

Die Dateinamen, auf die *old* und *new* verweisen, folgen den Regeln, die bereits weiter vorne in diesem Kapitel postuliert wurden. Die einzige zusätzliche Beschränkung ist, dass sich beide Namen auf das gleiche Laufwerk beziehen müssen. Sie können keine Datei umbenennen und gleichzeitig in ein anderes Laufwerk verschieben. Die Funktion `rename()` liefert im Erfolgsfall 0 oder bei Auftreten eines Fehlers -1 zurück. Fehler können (unter anderem) durch folgende Bedingungen ausgelöst werden:

- Die Datei *old* existiert nicht.
- Es existiert bereits eine Datei mit Namen *new*.
- Sie versuchen, eine umbenannte Datei in ein anderes Laufwerk zu verschieben.

Listing 15.9 zeigt ein Beispiel für den Einsatz von `rename()`.

Listing 15.9: Mit der Funktion rename() den Namen einer Datei ändern.

```
 1: /* Mit rename() einen Dateinamen ändern. */
 2:
 3: #include <stdio.h>
 4:
 5: int main(void)
 6: {
 7:     char altername[80], neuername[80];
 8:
 9:     printf("Geben Sie den aktuellen Dateinamen ein: ");
10:     scanf("%80s",altername);
11:     printf("Geben Sie den neuen Namen für die Datei ein: ");
12:     scanf("%80s",neuername);
13:
14:     if ( rename( altername, neuername ) == 0 )
15:         printf("%s wurde in %s umbenannt.\n", altername, neuername);
16:     else
17:         fprintf(stderr, "Ein Fehler ist beim Umbenennen von %s \
                    aufgetreten.\n", altername);
18:     return(0);
19: }
```

Ausgabe

```
Geben Sie den aktuellen Dateinamen ein: list1509.c
Geben Sie den neuen Namen für die Datei ein: umbenennen.c
list1509.c wurde in umbenennen.c umbenannt.
```

Analyse

Listing 15.9 zeigt, wie mächtig C sein kann. Mit nur 18 Codezeilen ersetzt dieses Programm einen Betriebssystem-Befehl und ist dabei noch wesentlich benutzerfreundlicher. Zeile 9 fordert den Namen einer Datei an, die umbenannt werden soll. Zeile 11 fragt nach dem neuen Dateinamen. Die Funktion rename() wird in Zeile 14 innerhalb einer if-Anweisung aufgerufen. Die if-Anweisung prüft, ob das Umbenennen der Datei korrekt ausgeführt wurde. Wenn ja, wird in Zeile 15 eine bestätigende Nachricht ausgegeben. Andernfalls gibt Zeile 17 die Nachricht aus, dass ein Fehler aufgetreten ist.

Eine Datei kopieren

Häufig ist es notwendig, eine Kopie einer Datei anzulegen – ein genaues Duplikat mit einem anderen Namen (oder mit dem gleichen Namen, aber in einem anderen Laufwerk oder Verzeichnis). In einer Konsole können Sie dazu den Betriebssystembefehl cp verwenden, aber wie kopieren Sie eine Datei in einem C-Programm? Es gibt keine Bibliotheksfunktion, so dass Sie Ihre eigene schreiben müssen.

Dies klingt vielleicht etwas kompliziert, ist aber in Wirklichkeit, dank der Ein- und Ausgabestreams von C, recht einfach. Gehen Sie in folgenden Schritten vor:

1. Öffnen Sie die Quelldatei zum Lesen im Binärmodus (mit dem Binärmodus stellen Sie sicher, dass die Funktion alle Arten von Dateien und nicht nur Textdateien kopieren kann).

2. Öffnen Sie die Zieldatei zum Schreiben im Binärmodus.

3. Lesen Sie ein Zeichen von der Quelldatei. Denken Sie daran, dass der Zeiger beim ersten Öffnen einer Datei auf den Anfang der Datei zeigt, so dass Sie den Dateizeiger nicht explizit positionieren müssen.

4. Wenn die Funktion feof() ergibt, dass Sie das Ende der Quelldatei erreicht haben, sind Sie fertig und können beide Dateien schließen und wieder zum aufrufenden Programm zurückkehren.

5. Wenn Sie das Dateiende noch nicht erreicht haben, schreiben Sie das Zeichen in die Zieldatei und gehen dann zurück zu Schritt 3.

Dateiverwaltungsfunktionen

Listing 15.10 enthält eine Funktion namens `datei_kopieren()`, der die Namen der Quell- und Zieldatei übergeben werden und die die Quelldatei gemäß den oben stehenden Schritten kopiert. Wenn beim Öffnen einer der Dateien ein Fehler auftritt, versucht die Funktion gar nicht erst zu kopieren, sondern liefert -1 an das aufrufende Programm zurück. Wenn die Kopieroperation erfolgreich abgeschlossen ist, schließt das Programm beide Dateien und liefert 0 zurück.

Listing 15.10: Eine Funktion, die eine Datei kopiert.

```
1:  /* Eine Datei kopieren. */
2:
3:  #include <stdio.h>
4:
5:  int datei_kopieren( char *altername, char *neuername );
6:
7:  int main(void)
8:  {
9:      char quelle[80], ziel[80];
10:
11:     /* Die Namen der Quell- und Zieldateien anfordern. */
12:
13:     printf("\nGeben Sie die Quelldatei an: ");
14:     scanf("%80s",quelle);
15:     printf("\nGeben Sie die Zieldatei an: ");
16:     scanf("%80s",ziel);
17:
18:     if (datei_kopieren ( quelle, ziel ) == 0 )
19:         puts("Kopieren erfolgreich");
20:     else
21:         fprintf(stderr, "Fehler beim Kopieren");
22:     return(0);
23: }
24: int datei_kopieren( char *altername, char *neuername )
25: {
26:     FILE *falt, *fneu;
27:     int c;
28:
29:     /* Öffnet die Quelldatei zum Lesen im Binärmodus. */
30:
31:     if ( ( falt = fopen( altername, "rb" ) ) == NULL )
32:         return -1;
33:
34:     /* Öffnet die Zieldatei zum Schreiben im Binärmodus. */
35:
36:     if ( ( fneu = fopen( neuername, "wb" ) ) == NULL )
```

Mit Dateien arbeiten

```
37:     {
38:         fclose( falt );
39:         return -1;
40:     }
41:
42:     /* Liest jeweils nur ein Byte aus der Quelldatei. Ist das */
43:     /* Dateiende noch nicht erreicht, wird das Byte in die */
44:     /* Zieldatei geschrieben. */
45:
46:     while (1)
47:     {
48:         c = fgetc( falt );
49:
50:         if ( !feof( falt ) )
51:             fputc( c, fneu );
52:         else
53:             break;
54:     }
55:
56:     fclose ( fneu );
57:     fclose ( falt );
58:
59:     return 0;
60: }
```

Ausgabe

```
Geben Sie die Quelldatei an: list1510.c

Geben Sie die Zieldatei an: tmpdatei.c
Kopieren erfolgreich
```

Analyse

Die Funktion `datei_kopieren()` funktioniert perfekt und ermöglicht das Kopieren von kleinen Textdateien bis hin zu großen Programmdateien. Sie hat jedoch auch ihre Nachteile. Wenn zum Beispiel die Zieldatei bereits existiert, wird sie von der Funktion ohne vorherige Warnung gelöscht. Es wäre für Sie eine gute Programmierübung, die Funktion `datei_kopieren()` dahingehend abzuändern, dass vor dem Kopieren geprüft wird, ob die Zieldatei bereits existiert, und wenn ja, den Anwender zu fragen, ob die alte Datei überschrieben werden soll.

Die `main()`-Funktion aus Listing 15.10 sollte Ihnen bekannt vorkommen. Sie ist praktisch identisch mit der `main()`-Funktion aus Listing 15.9, nur dass anstelle von `rename()` die Funktion `datei_kopieren()` aufgerufen wird. Da C keine Kopierfunktion kennt, wird in den Zeilen 24 bis 60 eine solche Funktion erzeugt. Die Zeilen 31 und 32 öffnen die Quelldatei `falt` im binären Lesemodus. Die Zeilen 36 bis 40 öffnen die Zieldatei `fneu` im binären Schreibmodus. Beachten Sie, dass Zeile 38 die Quelldatei schließt, wenn ein Fehler beim Öffnen der Zieldatei aufgetreten ist. Die `while`-Schleife in den Zeilen 46 bis 54 führt den eigentlichen Kopiervorgang aus. Zeile 48 liest ein Zeichen aus der Quelldatei `falt` ein. Zeile 50 prüft, ob es sich dabei um den Dateiende-Marker handelt. Wenn das Ende der Datei erreicht ist, wird eine `break`-Anweisung ausgeführt, um aus der `while`-Schleife auszusteigen. Ist das Ende der Datei noch nicht erreicht, wird das eingelesene Zeichen in die Zieldatei `fneu` geschrieben. Die Zeilen 56 und 57 schließen die zwei Dateien, bevor die Programmausführung zu `main()` zurückkehrt.

Temporäre Dateien verwenden

Einige Programme benötigen für ihre Ausführung eine oder mehrere temporäre Dateien. Eine temporäre Datei ist eine Datei, die vom Programm erzeugt wird, für einen bestimmten Zweck während der Programmausführung eingesetzt und dann wieder gelöscht wird, bevor das Programm endet. Wenn Sie eine temporäre Datei erzeugen, ist ihr Name eigentlich unerheblich, da die Datei wieder gelöscht wird. Sie müssen nur darauf achten, dass der verwendete Name nicht bereits für eine andere Datei vergeben ist. Die C-Standardbibliothek enthält die Funktion `tmpnam()`, die einen gültigen Dateinamen erzeugt, der sich nicht mit bereits existierenden Dateinamen überschneidet. Der Prototyp der Funktion steht in `stdio.h` und lautet:

```
char *tmpnam(char *s);
```

Das Argument `s` muss ein Zeiger auf einen Puffer sein, der groß genug ist, den Dateinamen aufzunehmen. Sie können auch einen Nullzeiger (`NULL`) übergeben. In einem solchen Fall wird der temporäre Name in einem Puffer gespeichert, der intern von `tmpnam()` angelegt wird, und die Funktion liefert einen Zeiger auf diesen Puffer zurück. Listing 15.11 enthält Beispiele für beide Möglichkeiten, mit `tmpnam()` temporäre Dateinamen zu erzeugen.

Listing 15.11: Mit tmpnam() temporäre Dateinamen erzeugen.

```
1: /* Beispiel für temporäre Dateinamen. */
2:
3: #include <stdio.h>
4:
5: int main(void)
```

Tag 15 — Mit Dateien arbeiten

```
 6: {
 7:     char puffer[10], *c;
 8:
 9:     /* Schreibt einen temporären Namen in den übergebenen Puffer. */
10:
11:     tmpnam(puffer);
12:
13:     /* Erzeugt einen weiteren Namen und legt ihn im internen */
14:     /* Puffer der Funktion ab. */
15:
16:     c = tmpnam(NULL);
17:
18:     /* Gibt die Namen aus. */
19:
20:     printf("Temporärer Name 1: %s", puffer);
21:     printf("\nTemporärer Name 2: %s\n", c);
22:     return 0;
23: }
```

Ausgabe

```
Temporärer Name 1: /tmp/filefWM714
Temporärer Name 2: /tmp/fileW53KxY
```

Hinweis

Die temporären Namen, die auf Ihrem System erzeugt werden, lauten wahrscheinlich anders.

Analyse

Dieses Programm dient lediglich der Erzeugung und der Ausgabe von temporären Dateinamen. Es erzeugt nicht wirklich irgendwelche Dateien. Zeile 11 speichert einen temporären Namen in dem Zeichenarray `puffer`. Zeile 16 weist dem Zeichenzeiger `c` den von `tmpnam()` zurückgelieferten Namen zu. Ihr Programm muss den erzeugten Namen verwenden, um die temporäre Datei zu öffnen und vor Programmende wieder zu löschen,. Das folgende Codefragment veranschaulicht dies:

```
char tempname[80];
FILE *tmpdatei;
tmpnam(tempname);
tmpdatei = fopen(tempname, "w");   /* passenden Modus verwenden */
fclose(tmpdatei);
remove(tempname);
```

> **Was Sie nicht tun sollten**
>
> Entfernen Sie keine Dateien, die Sie vielleicht später noch benötigen.
>
> Vergessen Sie nicht, temporäre Dateien, die Sie erzeugt haben, wieder zu entfernen. Sie werden nicht automatisch gelöscht.

Zusammenfassung

Heute haben Sie gelernt, wie man in C-Programmen mit Dateien arbeitet. C behandelt eine Datei wie einen Stream (eine Folge von Zeichen), das heißt wie die vordefinierten Streams, die Sie am Tag 13 kennen gelernt haben. Ein Stream, der mit einer Datei verbunden ist, muss erst geöffnet werden, bevor er verwendet werden kann, und er muss hinterher wieder geschlossen werden. Ein Datei-Stream kann entweder im Text- oder im Binärmodus geöffnet werden.

Nachdem eine Datei geöffnet ist, können Sie aus der Datei Daten in Ihr Programm einlesen, Daten vom Programm in die Datei schreiben oder beides machen. Es gibt drei allgemeine Formen der Datei-E/A: *formatiert*, *als Zeichen* und *direkt*, die jede ihr besonderes Einsatzgebiet haben.

Jede geöffnete Datei verfügt über einen Dateipositionszeiger, der die aktuelle Position in der Datei angibt. Die Position wird in Byte ab dem Beginn der Datei gemessen. Bei einigen Arten des Dateizugriffs wird der Positionszeiger automatisch aktualisiert und Sie brauchen nicht einzugreifen. Für den wahlfreien Dateizugriff stehen Ihnen in der C-Standardbibliothek Funktionen zur Manipulation des Positionszeigers zur Verfügung.

Außerdem stellt Ihnen C einige grundlegende Dateiverwaltungsfunktionen zur Verfügung, mit denen Sie Dateien löschen und umbenennen können. Zum Abschluss der heutigen Lektion haben Sie Ihre eigene Funktion zum Kopieren von Dateien aufgesetzt.

Fragen und Antworten

F Windows unterscheidet zwischen binären Dateien und Textdateien. Woher weiß ich, mit welcher Art von Datei ich zu tun habe?

A *Binäre Dateien werden normalerweise mit* `fread()` *und* `fwrite()` *bearbeitet. Wenn Sie die zeichenweise oder formatierte Ein- und Ausgabe verwenden, haben Sie wahrscheinlich mit einer Textdatei zu tun.*

F Kann ich in den Dateifunktionen – `remove()`, `rename()`, `fopen()` etc. – die Dateinamen mit Pfadangaben angeben?

A *Ja. Sie können einen vollen Dateinamen mit dem Pfad oder nur einfach den Dateinamen angeben. Wenn Sie nur den Dateinamen verwenden, sucht die Funktion die Datei in dem aktuellen Verzeichnis.*

F Kann ich über das Ende einer Datei hinaus lesen?

A *Ja. Sie können auch vor dem Anfang einer Datei lesen. Die Ergebnisse solcher Einleseoperationen können allerdings verheerend sein. Das Lesen von Dateien ist hierin mit dem Umgang mit Arrays zu vergleichen. Wenn Sie `fseek()` verwenden, müssen Sie sicherstellen, dass Sie das Ende der Datei nicht überschreiten.*

F Was passiert, wenn ich eine Datei nicht schließe?

A *Es gehört zum guten Programmierstil, alle geöffneten Dateien wieder zu schließen. In der Regel werden die Dateien automatisch geschlossen, wenn das Programm beendet wird. Aber leider kann man sich darauf nicht immer verlassen. Wenn die Datei nicht korrekt geschlossen wird, können Sie unter Umständen später nicht auf die Datei zugreifen, da das Betriebssystem davon ausgeht, dass die Datei noch in Benutzung ist.*

F Wie viele Dateien kann ich gleichzeitig öffnen?

A *Diese Frage kann nicht mit einer einfachen Zahl beantwortet werden. Die Anzahl der zu öffnenden Dateien hängt von den Einstellungen Ihres Betriebssystems ab. Linux-Systeme können normalerweise 1024 Dateien gleichzeitig öffnen.*

F Kann ich eine Datei mit den Funktionen für den wahlfreien Zugriff auch sequentiell lesen?

A *Wenn eine Datei sequentiell gelesen wird, besteht kein Grund, eine Funktion wie `fseek()` einzusetzen. Da der Dateizeiger von den Schreib- und Leseoperationen automatisch bewegt wird, befindet er sich immer genau an der Position, auf die man beim sequentiellen Lesen als Nächstes zugreifen möchte. Sie können zwar `fseek()` verwenden, um eine Datei sequentiell zu lesen, doch bringt Ihnen das keine Vorteile.*

Workshop

Der Workshop enthält Quizfragen, die Ihnen helfen sollen, Ihr Wissen zu festigen, sowie Übungen, die Sie anregen sollen, das Gelernte umzusetzen und eigene Erfahrungen zu sammeln. Die Lösungen zu den Fragen und den Übungen finden Sie in Anhang C.

Quiz

1. Was ist der Unterschied zwischen einem Stream im Textmodus und einem Stream im Binärmodus?
2. Wie können Sie sicherstellen, dass ein Programm, das binäre Daten einliest, auf Windows portierbar ist?
3. Was muss Ihr Programm machen, bevor es auf eine Datei zugreifen kann?
4. Welche Informationen müssen Sie fopen() zum Öffnen einer Datei übergeben, und wie lautet der Rückgabewert der Funktion?
5. Wie lauten die drei allgemeinen Methoden für den Dateizugriff?
6. Wie lauten die zwei allgemeinen Methoden zum Lesen von Dateiinformationen?
7. Wie lautet der Wert von EOF und wann wird er benutzt?
8. Wie ermitteln Sie das Ende einer Datei im Text- beziehungsweise im Binärmodus?
9. Was versteht man unter einem Dateipositionszeiger und wie können Sie ihn verschieben?
10. Worauf zeigt der Dateipositionszeiger, wenn eine Datei das erste Mal geöffnet wird? (Wenn Sie unsicher sind, gehen Sie zurück zu Listing 15.5.)

Übungen

1. Schreiben Sie Code, der alle Datei-Streams schließt.
2. Geben Sie zwei verschiedene Möglichkeiten an, den Dateipositionszeiger auf den Anfang der Datei zu setzen.
3. **FEHLERSUCHE:** Ist an dem folgenden Code etwas falsch?
   ```
   FILE *fp;
   int c;

   if ( ( fp = fopen( altername, "rb" ) ) == NULL )
       return -1;

   while (( c = fgetc( fp)) != EOF )
       fprintf( stdout, "%c", c );

   fclose ( fp );
   ```

Aufgrund der vielen möglichen Antworten gibt es zu den folgenden Übungen keine Lösungen.

4. Schreiben Sie ein Programm, das eine Datei auf dem Bildschirm ausgibt.

5. Schreiben Sie ein Programm, das eine Datei öffnet und die Anzahl der Zeichen zählt. Lassen Sie die Anzahl der Zeichen vom Programm ausgeben.
6. Schreiben Sie ein Programm, das eine existierende Textdatei öffnet und sie in eine neue Textdatei kopiert, in der alle Kleinbuchstaben in Großbuchstaben geändert und die restlichen Zeichen unverändert bleiben.
7. Schreiben Sie ein Programm, das eine Datei öffnet, diese in 128-Byte-Blöcken einliest und den Inhalt jedes Blocks in hexadezimalem und ASCII-Format auf den Bildschirm ausgibt.
8. Schreiben Sie eine Funktion, die eine neue temporäre Datei öffnet. Alle temporären Dateien, die von dieser Funktion erzeugt werden, sollen automatisch geschlossen und gelöscht werden, wenn das Programm beendet wird. (Hinweis: Verwenden Sie die Bibliotheksfunktion atexit().)

String-manipulation

Woche 3

TAG 16 Stringmanipulation

Textdaten, die in Strings gespeichert werden, sind ein wichtiger Bestandteil vieler Programme. Sie wissen bereits, wie Sie in einem C-Programm Strings speichern und wie Sie Strings einlesen und ausgeben. Darüber hinaus gibt es aber noch eine Vielzahl von speziellen C-Funktionen, mit denen Sie weitere Stringmanipulationen vornehmen können. Heute lernen Sie:

- wie die Länge eines Strings bestimmt wird
- wie man Strings kopiert und aneinander hängt
- mit welchen Funktionen man Strings vergleicht
- wie man Strings durchsucht
- wie man Strings konvertiert
- wie man auf bestimmte Zeichen prüft

Stringlänge und Stringspeicherung

Aus den vorangehenden Kapiteln sollten Sie wissen, dass Strings in C als eine Folge von Zeichen definiert sind, auf deren Anfang ein Zeiger weist und deren Ende durch das Nullzeichen \0 markiert ist. In bestimmten Situationen ist es jedoch erforderlich, auch die Länge eines Strings zu kennen – das heißt die Anzahl der im String enthaltenen Zeichen. Die Länge eines Strings lässt sich mit Hilfe der Bibliotheksfunktion strlen() ermitteln. Der Prototyp, der in string.h deklariert ist, lautet:

```
size_t strlen(char *str);
```

Vielleicht wundern Sie sich über den Rückgabetyp von size_t. Dieser Typ ist auf den meisten Systemen als unsigned int definiert, kann aber auf Computern mit 64-Bit-Prozessoren auch unsigned long sein. Der size_t-Typ wird von vielen Stringfunktionen verwendet. Sie sollten sich vor allem merken, dass der Typ nicht vorzeichenbehaftet (unsigned) ist.

Als Argument übergibt man strlen einen Zeiger auf den String, dessen Länge ermittelt werden soll. Als Ergebnis liefert die Funktion strlen() die Anzahl der Zeichen zwischen str und dem nächsten Nullzeichen zurück (wobei das Nullzeichen selbst nicht mitgezählt wird). In Listing 16.1 sehen Sie ein Beispiel zu strlen().

Listing 16.1: Mit der Funktion strlen() die Länge eines Strings ermitteln.

```
1: /* Einsatz der Funktion strlen(). */
2:
3: #include <stdio.h>
```

Stringlänge und Stringspeicherung

```
 4: #include <string.h>
 5:
 6: int main(void)
 7: {
 8:     size_t laenge;
 9:     char puffer[80];
10:
11:     while (1)
12:     {
13:         puts("\nGeben Sie eine Textzeile ein, Beenden mit Leerzeile.");
14:         fgets(puffer,80,stdin);
15:
16:         laenge = strlen(puffer);
17:
18:         if (laenge > 1)
19:             printf("Die Zeile ist %u Zeichen lang.\n", laenge-1);
20:         else
21:             break;
22:     }
23:     return(0);
24: }
```

Ausgabe

```
Geben Sie eine Textzeile ein, Beenden mit Leerzeile.
Nur keine Angst!

Die Zeile ist 16 Zeichen lang.
Geben Sie eine Textzeile ein, Beenden mit Leerzeile.
```

Analyse

Dieses Programm dient lediglich dazu, den Einsatz von strlen() zu demonstrieren. Die Zeilen 13 und 14 geben eine Eingabeaufforderung aus und lesen einen Text in den String puffer ein. In Zeile 16 wird der Variablen laenge mit Hilfe von strlen() die Länge des Strings puffer zugewiesen. In Zeile 18 wird sichergestellt, dass der String nicht leer, sprich seine Länge größer als 1 ist. Denken Sie daran, dass fgets() die über die Tastatur eingegebene Zeile mitsamt dem Neue-Zeile-Zeichen zurückgibt. Deshalb enthalten selbst Leerzeilen ein Zeichen: das Neue-Zeile-Zeichen. Wenn der String nicht leer ist, wird in Zeile 19 die Größe des Strings ausgegeben.

Stringmanipulation

Strings kopieren

In der C-Bibliothek gibt es drei Funktionen zum Kopieren von Strings. Aufgrund der Art und Weise, wie Strings in C gehandhabt werden, können Sie nicht einfach einen String einem anderen zuweisen, wie das in einigen anderen Computersprachen möglich ist, sondern müssen den Quellstring von seiner Position im Speicher in den Speicherbereich des Zielstrings kopieren. Die Kopierfunktionen für Strings lauten strcpy(), strncpy() und strdup(). Wenn Sie eine dieser drei Funktionen verwenden wollen, müssen Sie die Header-Datei string.h einbinden.

Die Funktion strcpy()

Die Bibliotheksfunktion strcpy() kopiert einen ganzen String an eine neue Speicherstelle. Der Prototyp lautet:

char *strcpy(char *destination, char *source);

Die Funktion strcpy() kopiert den String (einschließlich des abschließenden Nullzeichens \0), auf den source[1] zeigt, an die Speicherstelle, auf die destination[2] zeigt. Der Rückgabewert ist ein Zeiger auf den neuen String namens destination.

Wenn Sie strcpy() verwenden, müssen Sie zuerst Speicherplatz für den Zielstring reservieren. Die Funktion hat keine Möglichkeit, herauszufinden, ob destination auf einen reservierten Speicherplatz zeigt. Wenn kein Speicher zugewiesen wurde, wird die Funktion wahrscheinlich einen Segmentierungsfehler auslösen, da Ihr Programm versucht, auf Speicher zuzugreifen, der ihm nicht gehört. Der Einsatz von strcpy() wird in Listing 16.2 demonstriert.

> **Hinweis:** Verantwortungsbewusste Programmierer geben Speicher, der wie in Listing 16.2 mit malloc() reserviert wurde, spätestens am Ende des Programms mit der Funktion free() frei. Mehr über free() erfahren Sie am Tag 18, »Vom Umgang mit dem Speicher«.

Listing 16.2: Vor dem Einsatz von strcpy() müssen Sie Speicher für den Zielstring reservieren.

```
1: /* Beispiel für strcpy(). */
2: #include <stdlib.h>
3: #include <stdio.h>
4: #include <string.h>
5:
6: char quelle[] = "Der Quellstring.";
```

---

1. Zu Deutsch »Quelle«.
2. Zu Deutsch »Ziel«.

```
 7:
 8: int main(void)
 9: {
10:     char ziel1[80];
11:     char *ziel2, *ziel3;
12:
13:     printf("Quelle: %s\n", quelle );
14:
15:     /* Kopieren in ziel1 OK, da ziel1 auf 80 Bytes */
16:     /* reservierten Speicher zeigt. */
17:
18:     strcpy(ziel1, quelle);
19:     printf("Ziel1:  %s\n", ziel1);
20:
21:     /* Um in ziel2 zu kopieren, müssen Sie Speicher reservieren. */
22:
23:     ziel2 = (char *)malloc(strlen(quelle) +1);
24:     strcpy(ziel2, quelle);
25:     printf("Ziel2:  %s\n", ziel2);
26:
27:     /* Nicht kopieren, ohne Speicher für den Zielstring zu reservieren*/
28:     /* Der folgende Code kann schwerwiegende Fehler verursachen. */
29:
30:     /* strcpy(ziel3, quelle); */
31:     return(0);
32: }
```

Ausgabe

```
Quelle: Der Quellstring.
Ziel1:  Der Quellstring.
Ziel2:  Der Quellstring.
```

Analyse

Dieses Programm zeigt, wie man Strings sowohl in Zeichenarrays (ziel1, deklariert in Zeile 10) als auch in Zeichenzeiger kopiert (ziel2 und ziel3, deklariert in Zeile 11). Zeile 13 gibt den ursprünglichen Quellstring aus. Dieser String wird dann mit Hilfe von strcpy() in ziel1 kopiert (Zeile 18). Zeile 24 kopiert quelle in ziel2. Sowohl ziel1 als auch ziel2 werden ausgegeben, um zu beweisen, dass die Funktionsaufrufe erfolgreich waren. Beachten Sie den Aufruf von malloc() in Zeile 23. Hier wird Speicher für den Zeichenzeiger ziel2 reserviert, damit dieser die Kopie von source aufnehmen kann. Wenn Sie einen String in einen Zeichenzeiger kopieren, für den kein oder nur unzureichend Speicher reserviert wurde, kann dies unerwartete Folgen haben.

Die Funktion strncpy()

Die Funktion strncpy() entspricht weitgehend der Funktion strcpy(). Im Unterschied zu strcpy() können Sie bei strncpy() aber angeben, wie viele Zeichen Sie kopieren wollen. Der Prototyp lautet:

char *strncpy(char *destination, char *source, size_t n);

Die Argumente destination und source sind Zeiger auf die Ziel- und Quellstrings. Die Funktion kopiert maximal die ersten n Zeichen von source nach destination. Wenn source kürzer als n Zeichen ist, wird source mit so vielen Nullzeichen aufgefüllt, dass insgesamt n Zeichen nach destination kopiert werden können. Wenn source länger als n Zeichen ist, wird an destination kein abschließendes Nullzeichen angehängt. Der Rückgabewert der Funktion ist der Zeiger destination.

Listing 16.3 enthält ein Beispiel für die Verwendung von strncpy().

Listing 16.3: Die Funktion strncpy().

```
1: /* Die Funktion strncpy(). */
2:
3: #include <stdio.h>
4: #include <string.h>
5:
6: char ziel[] = "........................";
7: char quelle[] = "abcdefghijklmnopqrstuvwxyz";
8:
9: int main(void)
10: {
11:     size_t n;
12:
13:     while (1)
14:     {
15:         puts("Anzahl der Zeichen, die kopiert werden sollen (1-26)");
16:         scanf("%d", &n);
17:
18:         if (n > 0 && n< 27)
19:             break;
20:     }
21:
22:     printf("Ziel vor Aufruf von strncpy = %s\n", ziel);
23:
24:     strncpy(ziel, quelle, n);
25:
26:     printf("Ziel nach Aufruf von strncpy = %s\n", ziel);
27:     return(0);
28: }
```

Ausgabe

```
Anzahl der Zeichen, die kopiert werden sollen (1-26)
15
Ziel vor Aufruf von strncpy = ........................
Ziel nach Aufruf von strncpy = abcdefghijklmno..........
```

Analyse

Dieses Programm zeigt nicht nur, wie man strncpy() verwendet, sondern auch wie man sicherstellt, dass nur korrekte Daten vom Anwender eingelesen werden. Die Zeilen 13 bis 20 enthalten eine while-Schleife, die den Anwender auffordert, eine Zahl zwischen 1 und 26 einzugeben. Die Schleife wird so lange durchlaufen, bis ein gültiger Wert eingegeben wird – vorher wird das Programm nicht fortgeführt. Nach Eingabe einer Zahl zwischen 1 und 26 gibt Zeile 22 den ursprünglichen Wert von ziel aus, Zeile 24 kopiert die vom Anwender gewünschte Anzahl Zeichen von quelle nach ziel und Zeile 26 gibt den fertigen Wert von ziel aus.

Warnung

Stellen Sie sicher, dass die Anzahl der kopierten Zeichen nicht die reservierte Größe des Zielstrings überschreitet, und denken Sie daran, dass für das Nullzeichen am Ende des Strings Platz gelassen werden muss.

Die Funktion strdup()

Die Bibliotheksfunktion strdup() entspricht weitgehend der Funktion strcpy(). Die Funktion strdup() sorgt allerdings selbst dafür, dass für den Zielstring Speicher reserviert wird, indem sie intern malloc() aufruft. Dies entspricht unserer Vorgehensweise in Listing 16.2, wo wir zuerst durch Aufruf von malloc() Speicher reserviert und dann strcpy() aufgerufen haben. Der Prototyp für strdup() lautet:

```c
char *strdup( char *source );
```

Das Argument source ist ein Zeiger auf den Quellstring. Die Funktion liefert einen Zeiger auf den Zielstring zurück – das heißt den Speicherbereich, der von malloc() reserviert wurde – oder NULL, wenn der benötigte Speicherbereich nicht reserviert werden kann. Listing 16.4 zeigt ein Beispiel für strdup(). Beachten Sie, dass die Funktion strdup() nicht zum ANSI/ISO-Standard gehört. Sie ist aber auf Linux und vielen anderen Betriebssystemen verfügbar.

Listing 16.4: strdup() kopiert einen String mit automatischer Speicherreservierung.

```
 1: /* Die Funktion strdup(). */
 2: #include <stdlib.h>
 3: #include <stdio.h>
 4: #include <string.h>
 5:
 6: char quelle[] = "Der Quellstring.";
 7:
 8: int main(void)
 9: {
10:     char *ziel;
11:
12:     if ( (ziel = strdup(quelle)) == NULL)
13:     {
14:         fprintf(stderr, "Fehler bei der Speicherresevierung.\n");
15:         exit(1);
16:     }
17:
18:     printf("Das Ziel = %s\n", ziel);
19:     return(0);
20: }
```

Ausgabe

```
Das Ziel = Der Quellstring.
```

Analyse

In diesem Listing reserviert strdup() den notwendigen Speicher für ziel. Erst danach wird der übergebene String source kopiert. Zeile 18 gibt den kopierten String aus.

Strings konkatenieren

Wenn Sie den Begriff *Konkatenierung* nicht kennen, werden Sie sich sicherlich fragen, was das ist und ob es überhaupt legal ist. Konkatenierung bedeutet einfach, zwei Strings miteinander zu verbinden, indem man einen String an das Ende eines anderen Strings anhängt – was fast überall auf der Welt erlaubt ist. Die C-Standardbibliothek enthält zwei Funktionen zur Stringverkettung: strcat() und strncat(). Beide Funktionen benötigen die Header-Datei string.h.

Die Funktion strcat()

Der Prototyp von strcat() lautet:

char *strcat(char *str1, char *str2);

Die Funktion hängt eine Kopie von str2 an das Ende von str1 und verschiebt das abschließende Nullzeichen an das Ende des neuen Strings. Sie müssen für str1 genügend Speicher reservieren, damit str1 den neuen String aufnehmen kann. Der Rückgabewert von strcat() ist ein Zeiger auf str1. Ein Beispiel für strcat() finden Sie in Listing 16.5.

Listing 16.5: Mit strcat() Strings verketten.

```
1:  /* Die Funktion strcat(). */
2:
3:  #include <stdio.h>
4:  #include <string.h>
5:
6:  char str1[27] = "a";
7:  char str2[2];
8:
9:  int main(void)
10: {
11:     int n;
12:
13:     /* Schreibt ein Nullzeichen an das Ende von str2[]. */
14:
15:     str2[1] = '\0';
16:
17:     for (n = 98; n< 123; n++)
18:     {
19:         str2[0] = n;
20:         strcat(str1, str2);
21:         puts(str1);
22:     }
23:      return(0);
24: }
```

Ausgabe

ab
abc
abcd
abcde

```
abcdef
abcdefg
abcdefgh
abcdefghi
abcdefghij
abcdefghijk
abcdefghijkl
abcdefghijklm
abcdefghijklmn
abcdefghijklmno
abcdefghijklmnop
abcdefghijklmnopq
abcdefghijklmnopqr
abcdefghijklmnopqrs
abcdefghijklmnopqrst
abcdefghijklmnopqrstu
abcdefghijklmnopqrstuv
abcdefghijklmnopqrstuvw
abcdefghijklmnopqrstuvwx
abcdefghijklmnopqrstuvwxy
abcdefghijklmnopqrstuvwxyz
```

Die Zahlen von 98 bis 122 entsprechen den ASCII-Codes für die Buchstaben b-z. Das Programm verwendet diese ASCII-Codes, um die Arbeitsweise von strcat() zu verdeutlichen. Die for-Schleife in den Zeilen 17 bis 22 weist diese ASCII-Codes der Reihe nach str2[0] zu. Da str2[1] bereits das Nullzeichen zugewiesen wurde (Zeile 15), enthält str2 nacheinander die Strings »b«, »c« und so weiter. Jeder dieser Strings wird danach mit str1 verkettet (Zeile 20), dessen Inhalt dann in Zeile 21 auf dem Bildschirm ausgegeben wird.

Die Funktion strncat()

Die Bibliotheksfunktion strncat() führt ebenfalls eine Stringverkettung durch, erlaubt Ihnen jedoch anzugeben, wie viele Zeichen des Quellstrings an das Ende des Zielstrings angehängt werden sollen. Der Prototyp lautet:

```
char *strncat(char *str1, char *str2, size_t n);
```

Wenn str2 mehr als n Zeichen enthält, werden die ersten n Zeichen an das Ende von str1 angehängt. Wenn str2 weniger als n Zeichen enthält, wird str2 als Ganzes an das Ende von str1 gehängt. In beiden Fällen wird ein abschließendes Nullzeichen an das Ende des resultierenden Strings angehängt. Sie müssen für str1 genügend Spei-

Strings konkatenieren

cher reservieren, damit der Ergebnisstring aufgenommen werden kann. Die Funktion liefert einen Zeiger auf str1 zurück. In Listing 16.6 nutzen wir strncat(), um die gleiche Ausgabe zu erzeugen wie in Listing 16.5.

Listing 16.6: Mit der Funktion strncat() Strings verketten.

```
1: /* Die Funktion strncat(). */
2:
3: #include <stdio.h>
4: #include <string.h>
5:
6: char str2[] = "abcdefghijklmnopqrstuvwxyz";
7:
8: int main(void)
9: {
10:     char str1[27];
11:     int n;
12:
13:     for (n=1; n< 27; n++)
14:     {
15:         strcpy(str1, "");
16:         strncat(str1, str2, n);
17:         puts(str1);
18:     }
19:     return(0);
20: }
```

Ausgabe

```
a
ab
abc
abcd
abcde
abcdef
abcdefg
abcdefgh
abcdefghi
abcdefghij
abcdefghijk
abcdefghijkl
abcdefghijklm
abcdefghijklmn
abcdefghijklmno
```

```
abcdefghijklmnop
abcdefghijklmnopq
abcdefghijklmnopqr
abcdefghijklmnopqrs
abcdefghijklmnopqrst
abcdefghijklmnopqrstu
abcdefghijklmnopqrstuv
abcdefghijklmnopqrstuvw
abcdefghijklmnopqrstuvwx
abcdefghijklmnopqrstuvwxy
abcdefghijklmnopqrstuvwxyz
```

Analyse

Vielleicht fragen Sie sich, wozu die Zeile 15, strcpy(str1, ""); benötigt wird. Diese Zeile kopiert einen leeren String, der nur aus einem einzigen Nullzeichen besteht, nach str1. Das Ergebnis ist, dass das erste Zeichen in str1 – str1[0] – gleich 0 (dem Nullzeichen) gesetzt wird. Das Gleiche hätten Sie auch mit der Anweisung str1[0] = 0; oder str1[0] = '\0'; erreichen können.

Strings vergleichen

Durch Stringvergleiche kann man feststellen, ob zwei Strings gleich oder nicht gleich sind. Sind sie nicht gleich, dann ist ein String größer oder kleiner als der andere. Um zu entscheiden, ob ein String größer oder kleiner als ein anderer Strings ist, werden die ASCII-Codes der Zeichen in den Strings herangezogen. Für Buchstaben folgen die ASCII-Codes der Reihenfolge der Buchstaben im Alphabet, mit der einen seltsam anmutenden Ausnahme, dass alle Großbuchstaben einen kleineren Wert haben als die Kleinbuchstaben. Das liegt daran, dass Großbuchstaben die ASCII-Codes 65-90 für A-Z haben, wohingegen die Kleinbuchstaben a-z durch die Werte 97-122 dargestellt werden. Demzufolge ist »ZEBRA« kleiner als »heute« – zumindest wenn man die C-Funktionen verwendet.

Die ANSI/ISO-Bibliothek enthält Funktionen für zwei Arten von Stringvergleichen: Vergleich zweier ganzer Strings und Vergleich der ersten n Zeichen zweier Strings.

Zwei komplette Strings vergleichen

Die Funktion strcmp() vergleicht zwei Strings, Zeichen für Zeichen. Der Prototyp lautet:

```
int strcmp(char *str1, char *str2);
```

Die Argumente str1 und str2 sind Zeiger auf die Strings, die verglichen werden sollen. Die Rückgabewerte der Funktion finden Sie in Tabelle 16.1. Listing 16.7 enthält ein Beispiel für strcmp().

Rückgabewert	Bedeutung
< 0	str1 ist kleiner als str2.
0	str1 ist gleich str2.
> 0	str1 ist größer als str2.

Tabelle 16.1: Die Rückgabewerte von strcmp().

Listing 16.7: Mit strcmp() Strings vergleichen.

```
1: /* Die Funktion strcmp(). */
2:
3: #include <stdio.h>
4: #include <string.h>
5:
6: int main(void)
7: {
8:     char str1[80], str2[80];
9:     int x;
10:
11:     while (1)
12:     {
13:         /* Zwei Strings einlesen. */
14:
15:         printf("\n\nErster String (mit Eingabetaste beenden): ");
16:         fgets(str1,80,stdin);
17:         str1[strlen(str1)-1] = 0;
18:
19:         if ( strlen(str1) < 2 )
20:             break;
21:
22:         printf("\nZweiter String: ");
23:         fgets(str2,80,stdin);
24:         str2[strlen(str2)-1] = 0;
25:
26:         /* Strings vergleichen und Ergebnis ausgeben. */
27:
28:         x = strcmp(str1, str2);
29:
30:         printf("\nstrcmp(%s,%s) liefert %d zurück", str1, str2, x);
```

```
31:     }
32:     return(0);
33: }
```

Ausgabe

```
Erster String (mit Eingabetaste beenden): Erster String

Zweiter String: Zweiter String

strcmp(Erster String,Zweiter String) liefert -21 zurück

Erster String (mit Eingabetaste beenden): Test-String

Zweiter String: Test-String

strcmp(test string,test string) liefert 0 zurück

Ersten String eingeben oder mit Eingabetaste beenden: zebra

Zweiten String eingeben: aardvark

strcmp(zebra,aardvark) liefert 25 zurück

Erster String (mit Eingabetaste beenden):
```

Hinweis

Auf manchen Systemen, wie zum Beispiel Windows, lauten die Rückgabewerte der Funktionen zum Vergleichen von Strings -1, 0 oder 1 anstatt der hier ausgegebenen Werte. Der Wert für ungleich lange Strings wird jedoch immer ungleich Null sein.

Analyse

Dieses Programm möchte Ihnen die Funktionsweise von strcmp() veranschaulichen und fordert Sie deshalb auf, zwei Strings einzugeben (Zeilen 15 und 22). Zeile 30 gibt das von strcmp() zurückgegebene Ergebnis auf dem Bildschirm aus. Die Zeilen 17 und 24 entfernen die Neue-Zeile-Zeichen aus den Strings, die von der Funktion fgets() zurückgeliefert werden.

Spielen Sie ein wenig mit diesem Programm herum, um ein Gefühl dafür zu bekommen, wie man mit strcmp() Strings vergleichen kann. Geben Sie zwei Strings ein, die bis auf die Groß- und Kleinschreibung identisch sind (zum Beispiel Morgen und morgen). Sie werden feststellen, dass strcmp() die Groß- und Kleinschreibung berücksichtigt, das heißt, Groß- und Kleinbuchstaben haben jeweils unterschiedliche Werte.

Teilstrings vergleichen

Die Bibliotheksfunktion strncmp() vergleicht eine bestimmte Anzahl von Zeichen eines Strings mit den Zeichen eines anderen Strings. Der Prototyp lautet:

int strncmp(char *str1, char *str2, size_t n);

Die Funktion strncmp() vergleicht n Zeichen von str2 mit str1. Der Vergleich wird abgeschlossen, wenn n Zeichen verglichen oder das Ende von str1 erreicht ist. Ansonsten entsprechen das Vergleichsverfahren und die Rückgabewerte denen von strcmp(). Der Vergleich berücksichtigt die Groß- und Kleinschreibung. Listing 16.8 demonstriert die Verwendung der Funktion strncmp().

Listing 16.8: Mit der Funktion strncmp() Teilstrings vergleichen.

```
1:  /* Die Funktion strncmp(). */
2:
3:  #include <stdio.h>
4:  #include <string.h>
5:
6:  char str1[] = "Der erste String.";
7:  char str2[] = "Der zweite String.";
8:
9:  int main(void)
10: {
11:     size_t n, x;
12:
13:     puts(str1);
14:     puts(str2);
15:
16:     while (1)
17:     {
18:         puts("Anzahl der zu vergleichenden Zeichen (0 für Ende):");
19:         scanf("%d", &n);
20:
21:         if (n <= 0)
22:             break;
23:
24:         x = strncmp(str1, str2, n);
25:
26:         printf("Bei Vergleich von %d Zeichen liefert strncmp() %d.\n\n",
                    n, x);
27:     }
28:     return(0);
29: }
```

Stringmanipulation

Ausgabe

```
Der erste String.
Der zweite String.

Anzahl der zu vergleichenden Zeichen (0 für Ende):
3

Bei Vergleich von 3 Zeichen liefert strncmp() 0.

Anzahl der zu vergleichenden Zeichen (0 für Ende):
6

Bei Vergleich von 6 Zeichen liefert strncmp() -21.

Anzahl der zu vergleichenden Zeichen (0 für Ende):
0
```

Analyse

Dieses Programm vergleicht die beiden Strings, die in den Zeilen 6 und 7 definiert werden. Die Zeilen 13 und 14 geben die Strings auf dem Bildschirm aus, so dass der Anwender sehen kann, was verglichen wird. Das Programm tritt in den Zeilen 16 bis 27 in eine while-Schleife ein, die es erlaubt, mehrere Vergleiche nacheinander durchzuführen. Wenn der Anwender in den Zeilen 18 und 19 angibt, dass null Zeichen verglichen werden sollen, wird die Schleife in Zeile 22 beendet. Andernfalls wird in Zeile 24 die Funktion strncmp() ausgeführt und das Ergebnis in Zeile 26 ausgegeben.

Zwei Strings ohne Berücksichtigung der Groß- und Kleinschreibung vergleichen

Leider enthält die ANSI/ISO-C-Bibliothek keine Funktionen für Stringvergleiche, die die Groß- und Kleinschreibung unberücksichtigt lassen. Linux stellt als Ersatz die Funktion strcasecmp() zur Verfügung, doch ist diese nicht unbedingt auf anderen Unix-Systemen verfügbar. Vergleichsfunktionen, die nicht zwischen Groß- und Kleinschreibung unterscheiden, betrachten Strings wie Schmidt und SCHMIDT als gleich. Um sich selbst von der Arbeitsweise von strcasecmp() zu überzeugen, ersetzen Sie den strcmp()-Aufruf in Zeile 28 von Listing 16.7 durch strcasecmp() und starten das Programm erneut.

Strings durchsuchen

Die C-Bibliothek enthält eine Reihe von Funktionen für das Durchsuchen von Strings. Mit diesen Funktionen können Sie feststellen, ob und wo ein String innerhalb eines anderen Strings enthalten ist. Sie haben die Wahl zwischen sechs verschiedenen Suchfunktionen, die alle in der Header-Datei string.h deklariert sind.

Die Funktion strchr()

Die Funktion strchr() sucht nach dem ersten Vorkommen eines angegebenen Zeichens in einem String. Der Prototyp lautet:

char *strchr(char *str, int ch);

Die Funktion strchr() durchsucht str von links nach rechts, bis das Zeichen ch oder das abschließende Nullzeichen gefunden wird. Wird ein Vorkommen von ch gefunden, liefert die Funktion einen Zeiger darauf zurück. Ansonsten lautet der Rückgabewert NULL.

Wenn strchr() das gesuchte Zeichen findet, liefert sie einen Zeiger auf das Zeichen zurück. Da str ein Zeiger auf das erste Vorkommen des Zeichens im String ist, ist es nicht schwierig, die Position des gefundenen Zeichens zu ermitteln: Subtrahieren Sie einfach str von dem Zeigerwert, der von strchr() zurückgegeben wird. Denken Sie daran, dass sich das erste Zeichen in einem String an der Position 0 befindet. Wie die meisten Stringfunktionen von C berücksichtigt auch strchr() die Groß- und Kleinschreibung (weshalb zum Beispiel das Zeichen F in dem String Kaffee nicht gefunden wird).

Listing 16.9: Mit strchr() ein einfaches Zeichen in einem String suchen.

```
 1: /* Mit strchr() nach einem einfachen Zeichen suchen. */
 2:
 3: #include <stdio.h>
 4: #include <string.h>
 5:
 6: int main(void)
 7: {
 8:     char *loc, puffer[80];
 9:     int ch;
10:
11:     /* Den String und das Zeichen eingeben. */
12:
13:     printf("Geben Sie den String ein, der durchsucht werden soll: ");
14:     fgets(puffer,80,stdin);
```

```
15:     printf("Geben Sie das Zeichen ein, nach dem gesucht werden soll: ");
16:     ch = getchar();
17:
18:     /* Suche durchführen. */
19:
20:     loc = strchr(puffer, ch);
21:
22:     if ( loc == NULL )
23:         printf("Das Zeichen %c wurde nicht gefunden.\n", ch);
24:     else
25:         printf("Das Zeichen %c wurde an der Position %d gefunden.\n",
26:                 ch, (int)(loc-puffer));
27:     return(0);
28: }
```

Ausgabe

```
Geben Sie den String ein, der durchsucht werden soll: Alles klar auf der Andrea
Doria?
Geben Sie das Zeichen ein, nach dem gesucht werden soll: D
Das Zeichen D wurde an der Position 26 gefunden.
```

Analyse

Dieses Programm verwendet strchr() in Zeile 20, um einen String nach einem Zeichen zu durchsuchen. strchr() liefert einen Zeiger auf die Position zurück, an der das Zeichen das erste Mal gefunden wird, oder NULL, wenn das gesuchte Zeichen nicht gefunden wird. Zeile 22 prüft, ob der Wert von loc NULL ist, und gibt eine entsprechende Nachricht aus. Wie bereits im Abschnitt »Die Funktion strchr()« beschrieben wurde, ermittelt man die Position des Zeichens im String, indem man den Stringzeiger von dem Wert subtrahiert, der von der Funktion zurückgeliefert wird.

Die Funktion strrchr()

Die Bibliotheksfunktion strrchr() entspricht strchr(), sucht aber nach dem letzten Vorkommen eines angegebenen Zeichens. Mit anderen Worten, die Suche beginnt am Ende des Strings. Der Prototyp lautet:

```
char *strrchr(char *str, int ch);
```

Die Funktion strrchr() liefert einen Zeiger auf das letzte Vorkommen von ch in str zurück oder NULL, wenn keine Übereinstimmung gefunden wurde. Ändern Sie in Listing 16.9 in der Zeile 20 den Aufruf von strchr() in strrchr(), um sich einen Eindruck zu verschaffen, wie diese Funktion arbeitet.

Die Funktion strcspn()

Die Bibliotheksfunktion `strcspn()` durchsucht einen String nach dem ersten Vorkommen eines der Zeichen in einem zweiten String. Der Prototyp lautet:

`size_t strcspn(char *str1, char *str2);`

Die Funktion `strcspn()` beginnt die Suche mit dem ersten Zeichen von `str1` und sucht nach allen Zeichen, die in `str2` enthalten sind. Beachten Sie, dass die Funktion nicht nach dem String `str2` sucht, sondern nur nach den einzelnen Zeichen, die er enthält. Wenn die Funktion eine Übereinstimmung feststellt, wird die Position des Zeichens in `str1` zurückgeliefert. Wird keine Übereinstimmung gefunden, liefert `strcspn()` den Wert von `strlen(str1)` zurück. Damit wird angezeigt, dass die erste Übereinstimmung das Nullzeichen war, das den String abgeschlossen hat. Listing 16.10 demonstriert, wie Sie `strcspn()` einsetzen können.

Listing 16.10: Mit strcspn() nach einem Satz von Zeichen suchen.

```
1:  /* Mit strcspn() suchen. */
2:
3:  #include <stdio.h>
4:  #include <string.h>
5:
6:  int main(void)
7:  {
8:      char  puffer1[80], puffer2[80];
9:      size_t loc;
10:
11:     /* Strings eingeben. */
12:
13:     printf("Geben Sie den String ein, der durchsucht werden soll: ");
14:     fgets(puffer1,80,stdin);
15:     printf("Geben Sie den String mit den zu suchenden Zeichen ein: ");
16:     fgets(puffer2,80,stdin);
17:     puffer2[strlen(puffer2)-1] = 0; /*Entfernt das Neue-Zeile-Zeichen*/
18:
19:     /* Suche durchführen. */
20:     loc = strcspn(puffer1, puffer2);
21:
22:     if ( loc ==  strlen(puffer1) )
23:         printf("Es wurde keine Übereinstimmung gefunden.\n");
24:     else
25:         printf("Erste Übereinstimmung an Position %d.\n", loc);
26:     return(0);
27: }
```

Ausgabe

```
Geben Sie den String ein, der durchsucht werden soll: Alles klar auf der Andrea
Doria?
Geben Sie den String mit den zu suchenden Zeichen ein: Das
Erste Übereinstimmung an Position 4.
```

Analyse

Dieses Listing ist dem Listing 16.10 sehr ähnlich. Anstatt nach dem ersten Vorkommen eines einzigen Zeichens zu suchen, sucht es nach dem ersten Vorkommen eines der Zeichen im zweiten String. Das Programm ruft strcspn() in Zeile 20 mit puffer1 und puffer2 auf. Wenn irgendwelche der Zeichen in puffer2 auch in puffer1 vorkommen, liefert strcspn() die Position des ersten gefundenen Vorkommens in str1 zurück. Zeile 22 prüft, ob der Rückgabewert gleich strlen(puffer1) ist. Ist der Wert strlen(puffer1), wurden keine Zeichen gefunden, und eine entsprechende Nachricht wird in Zeile 23 ausgegeben. Wenn ein Wert gefunden wurde, wird die Position des Zeichens im String ausgegeben.

Die Funktion strspn()

Diese Funktion ist, wie Sie gleich sehen werden, eng mit der obigen Funktion, strcspn(), verbunden. Der Prototyp lautet:

size_t strspn(const char *str, char *accept);

Die Funktion strspn() durchsucht str und vergleicht den String Zeichen für Zeichen mit den Zeichen in accept. Als Ergebnis liefert die Funktion die Position des ersten Zeichens in str zurück, das nicht mit einem Zeichen in accept übereinstimmt. Mit anderen Worten, strspn() liefert die Länge des ersten Abschnitts von str zurück, der gänzlich aus Zeichen besteht, die in accept enthalten sind. Gibt es keine Übereinstimmung, lautet der Rückgabewert 0. Ein Beispiel für die Verwendung von strspn() finden Sie in Listing 16.11.

Listing 16.11: Mit strspn() nach dem ersten nicht übereinstimmenden Zeichen suchen.

```
1: /* Mit strspn() suchen. */
2:
3: #include <stdio.h>
4: #include <string.h>
```

```
 5:
 6: int main(void)
 7: {
 8:     char  puffer1[80], puffer2[80];
 9:     size_t loc;
10:
11:     /* Strings eingeben. */
12:
13:     printf("Geben Sie den String ein, der durchsucht werden soll: ");
14:     fgets(puffer1,80,stdin);
15:     printf("Geben Sie den String mit den zu suchenden Zeichen ein: ");
16:     fgets(puffer2,80,stdin);
17:     puffer2[strlen(puffer2)-1] = 0; /*Entfernt das Neue-Zeile-Zeichen*/
18:
19:     /* Suche durchführen. */
20:     loc = strspn(puffer1, puffer2);
21:
22:     if ( loc == 0 )
23:         printf("Es wurde keine Übereinstimmung gefunden.\n");
24:     else
25:         printf("Die Zeichen stimmen bis Position %d überein.\n", loc-1);
26:     return 0;
27: }
```

Geben Sie den String ein, der durchsucht werden soll: **Alles klar auf der Andrea Doria?**
Geben Sie den String mit den zu suchenden Zeichen ein: **Alles klar oder?**
Die Zeichen stimmen bis Position 11 überein.

Dieses Programm entspricht unserem obigen Beispiel, außer das in Zeile 20 die Funktion strspn() statt strcspn() aufgerufen wird und in Zeile 22 die Abfrage des Rückgabewertes von strspn() auf 0 geändert wurde. Die Funktion gibt die Position des ersten Zeichens von puffer1 zurück, das nicht in puffer2 enthalten ist. Die Zeilen 22 bis 25 werten den Rückgabewert aus und geben eine entsprechende Nachricht aus.

Die Funktion strpbrk()

Die Bibliotheksfunktion `strpbrk()` ist der Funktion `strcspn()` sehr ähnlich. Sie durchsucht einen String nach dem ersten Vorkommen eines der Zeichen eines anderen Strings. Der Unterschied zu `strcspn()` liegt darin, dass die abschließenden Nullzeichen nicht in die Suche mit einbezogen werden. Der Prototyp der Funktion lautet:

```
char *strpbrk(char *str, char *accept);
```

Die Funktion `strpbrk()` liefert einen Zeiger auf das erste Zeichen in `str` zurück, das einem der Zeichen in `accept` entspricht. Wird keine Übereinstimmung gefunden, liefert die Funktion `NULL` zurück. Wie schon bei der Funktion `strchr()` erläutert, berechnet man die Position der ersten Übereinstimmung in `str`, indem man den Zeiger `str` von dem Zeiger, der von `strpbrk()` zurückgeliefert wird, subtrahiert (was natürlich nur geht, wenn der Wert ungleich `NULL` ist). Ersetzen Sie doch einfach mal die Funktion `strcspn()` aus Zeile 20 des Listings 16.10 durch `strpbrk()`.

Die Funktion strstr()

Die letzte und vielleicht nützlichste C-Funktion zum Durchsuchen von Strings ist `strstr()`. Diese Funktion sucht nach dem ersten Vorkommen eines Strings in einem anderen String, wobei nach dem ganzen String und nicht nur nach den einzelnen Zeichen innerhalb des Strings gesucht wird. Der Prototyp lautet:

```
char *strstr(char *haystack, char *needle);
```

Die Funktion `strstr()` liefert einen Zeiger auf das erste Vorkommen von `needle`[1] in `haystack`[2]. Wird keine Übereinstimmung gefunden, liefert die Funktion `NULL` zurück. Wenn die Länge von `needle` 0 ist, liefert die Funktion `haystack` zurück. Wenn `strstr()` eine Übereinstimmung findet, können Sie die Position des ersten Vorkommens von `needle` berechnen, indem Sie die Zeiger, wie bereits für `strchr()` erläutert, voneinander subtrahieren. Die Funktion `strstr()` berücksichtigt die Groß- und Kleinschreibung. In Listing 16.12 sehen Sie ein Beispiel für `strstr()`.

Listing 16.12: Mit strstr() nach einem String in einem String suchen.

```
1: /* Mit strstr() suchen. */
2:
3: #include <stdio.h>
4: #include <string.h>
5:
6: int main(void)
7: {
```

1. Zu Deutsch »Nadel«.
2. Zu Deutsch »Heuhaufen«.

Strings durchsuchen

```
 8:     char *loc, puffer1[80], puffer2[80];
 9:
10:     /* Strings eingeben. */
11:
12:     printf("Geben Sie den String ein, der durchsucht werden soll: ");
13:     fgets(puffer1,80,stdin);
14:     printf("Geben Sie den zu suchenden String ein: ");
15:     fgets(puffer2,80,stdin);
16:     puffer2[strlen(puffer2)-1] = 0; /*Entfernt das Neue-Zeile-Zeichen*/
17:
18:     /* Suche durchführen. */
19:     loc = strstr(puffer1, puffer2);
20:
21:     if ( loc ==  NULL )
22:        printf("Es wurde keine Übereinstimmung gefunden.\n");
23:     else
24:        printf("%s wurde an Position %d gefunden.\n",puffer2,loc-puffer1);
25:     return(0);
26: }
```

Ausgabe

```
Geben Sie den String ein, der durchsucht werden soll: Alles klar auf der Andrea Doria?
Geben Sie den zu suchenden String ein: auf
auf wurde an Position 11 gefunden.
```

Analyse

Diese Funktion bietet eine weitere Möglichkeit, einen String zu durchsuchen. Diesmal können Sie einen kompletten String innerhalb eines anderen Strings suchen. In den Zeilen 12 bis 15 wird der Anwender aufgefordert, die zwei dafür benötigten Strings einzugeben. Zeile 19 verwendet strstr(), um in dem ersten String, puffer1, nach dem zweiten String, puffer2, zu suchen. Es wird ein Zeiger auf das erste Vorkommen zurückgeliefert oder NULL, wenn der String nicht gefunden wurde. Die Zeilen 21 bis 24 werten den Rückgabewert loc aus und geben eine entsprechende Nachricht aus.

Tag 16: Stringmanipulation

Was Sie tun sollten	Was nicht
Denken Sie daran, dass es für viele der Stringfunktionen äquivalente Funktionen gibt, bei denen Sie die Anzahl der betroffenen Zeichen angeben können. Die Funktionen, in denen Sie die Anzahl der Zeichen angeben können, tragen in der Regel den Namen strn*xxx*(), wobei *xxx* funktionsspezifisch ist.	Vergessen Sie nicht, dass in C zwischen Groß- und Kleinschreibung unterschieden wird. Demnach ist A etwas anderes als a.

Umwandlung von Strings in Zahlen

Manchmal ist es erforderlich, die Stringdarstellung einer Zahl in eine tatsächliche numerische Variable umzuwandeln – beispielsweise den String "123" in eine Variable vom Typ int mit dem Wert 123. Es gibt drei Funktionen, mit denen man einen String in eine Zahl konvertieren kann. Sie werden in den folgenden Abschnitten erläutert, ihre Prototypen stehen in der Header-Datei stdlib.h.

Die Funktion atoi()

Die Bibliotheksfunktion atoi() konvertiert einen String in einen Integer. Der Prototyp der Funktion lautet:

```
int atoi(char *ptr);
```

Die Funktion atoi() wandelt den String, auf den ptr zeigt, in einen Integer um. Neben Ziffern kann der String auch führende Whitespace-Zeichen und ein Plus- oder Minuszeichen enthalten. Die Umwandlung beginnt am Anfang des Strings und wird so lange durchgeführt, bis ein unkonvertierbares Zeichen (zum Beispiel ein Buchstabe oder ein Satzzeichen) auftritt. Der resultierende Integer wird an das aufrufende Programm zurückgegeben. Werden keine konvertierbaren Zeichen gefunden, liefert atoi() den Wert 0 zurück. Tabelle 16.2 enthält einige Beispiele.

String	Rückgabewerte von *atoi()*
"157"	157
"-1.6"	-1
"+50x"	50

Tabelle 16.2: String-/Zahlen-Konvertierungen mit atoi().

String	Rückgabewerte von *atoi()*
"elf"	0
"x506"	0

Tabelle 16.2: String-/Zahlen-Konvertierungen mit atoi().

Das erste Beispiel ist eindeutig und bedarf wohl keiner Erklärung. Im zweiten Beispiel kann es Sie vielleicht etwas irritieren, dass ".6" nicht umgewandelt wurde. Dann möchte ich Sie noch einmal daran erinnern, dass wir hier Strings in Integer umwandeln. Das dritte Beispiel ist ebenfalls eindeutig: Die Funktion interpretiert das Pluszeichen als Teil der Zahl. Das vierte Beispiel lautet "elf". Die atoi()-Funktion sieht nur die einzelnen Zeichen, sie kann keine Wörter umwandeln, auch keine Zahlwörter. Da der String nicht mit einer Zahl beginnt, liefert atoi() 0 zurück. Das Gleiche gilt auch für das letzte Beispiel.

Die Funktion atol()

Die Bibliotheksfunktion atol() entspricht im Großen und Ganzen der Funktion atoi(). Allerdings liefert Sie einen long-Wert zurück. Der Prototyp der Funktion lautet:

long atol(char *ptr);

Würde man die Strings aus Tabelle 16.2 mit atol() umwandeln, erhielte man die gleichen Werte wie für atoi(), nur dass die Werte vom Typ long und nicht vom Typ int wären.

Die Funktion atof()

Die Funktion atof() konvertiert einen String in einen double-Wert. Der Prototyp lautet:

double atof(char *str);

Das Argument str zeigt auf den zu konvertierenden String. Dieser String kann führende Whitespace-Zeichen, ein Plus- oder ein Minuszeichen enthalten. Die Zahl kann die Ziffern 0-9, den Dezimalpunkt und die Zeichen e oder E für den Exponenten enthalten. Wenn es keine konvertierbaren Zeichen gibt, liefert atof() 0 zurück. Tabelle 16.3 verdeutlicht anhand einiger Beispiele, wie atof() arbeitet.

Stringmanipulation

String	Rückgabewerte von *atof()*
"12"	12.000000
"-0.123"	-0.123000
"123E+3"	123000.000000
"123.1e-5"	0.001231

Tabelle 16.3: String-/Zahlen-Konvertierungen mit atof().

In Listing 16.13 können Sie selbst Strings eingeben, die konvertiert werden sollen.

Listing 16.13: Mit atof() Strings in numerische Variablen vom Typ double konvertieren.

```
1: /* Beispiel für die Verwendung von atof(). */
2:
3: #include <string.h>
4: #include <stdio.h>
5: #include <stdlib.h>
6:
7: int main(void)
8: {
9:     char puffer[80];
10:    double d;
11:
12:    while (1)
13:    {
14:       printf("\nUmzuwandelnder String (Leerzeile für Ende): ");
15:       fgets(puffer,80,stdin);
16:
17:       if ( strlen(puffer) < 2 )
18:           break;
19:
20:       d = atof( puffer );
21:
22:       printf("Der umgewandelte Wert lautet %f.\n", d);
23:    }
24:    return(0);
25:}
```

Ausgabe

```
Umzuwandelnder String (Leerzeile für Ende):    1009.12
Der umgewandelte Wert lautet 1009.120000.
```

```
Umzuwandelnder String (Leerzeile für Ende):    abc
Der umgewandelte Wert lautet 0.000000.
Umzuwandelnder String (Leerzeile für Ende):    3
Der umgewandelte Wert lautet 3.000000.
Umzuwandelnder String (Leerzeile für Ende):
```

Analyse

Die while-Schleife in den Zeilen 12 bis 23 führt das Programm so lange aus, bis Sie eine leere Zeile eingeben. Die Zeilen 14 und 15 fordern Sie auf, einen Wert einzugeben. Zeile 17 prüft, ob eine Leerzeile eingegeben wurde. Wenn ja, steigt das Programm aus der while-Schleife aus und wird beendet. Zeile 20 ruft atof() auf und konvertiert den eingegebenen Wert (puffer) in einen Wert d vom Typ double. Zeile 22 gibt das Ergebnis der Umwandlung aus.

Zeichentestfunktionen

Die Header-Datei ctype.h enthält Prototypen für eine Reihe von Funktionen zum Prüfen von Zeichen, die wahr oder falsch zurückliefern – je nachdem ob das Zeichen einer bestimmten Klasse von Zeichen angehört oder nicht. Sie können mit diesen Funktionen zum Beispiel prüfen, ob es sich bei einem Zeichen um einen Buchstaben oder um eine Zahl handelt? Die Funktionen is*xxxx*() sind eigentlich Makros, die in ctype.h definiert sind. Näheres zu Makros erfahren Sie am Tag 20, »Compiler für Fortgeschrittene«. Wenn Sie sich bis dort vorgekämpft haben, werden Sie wahrscheinlich einen Blick auf die Definitionen in ctype.h werfen wollen, um zu sehen, wie alles funktioniert. Im Moment reicht es, wenn Sie wissen, wie die Makros eingesetzt werden.

Die is*xxxx*()-Makros haben alle den gleichen Prototyp:

```
int isxxxx(int ch);
```

In der obigen Zeile ist ch das zu testende Zeichen. Der Rückgabewert ist wahr (ungleich Null), wenn das Zeichen der überprüften Klasse angehört, und falsch (Null), wenn das Zeichen nicht der Klasse angehört. In Tabelle 16.4 finden Sie die komplette Liste der is*xxxx*()-Makros.

Makro	Aktion
isalnum()	Liefert wahr zurück, wenn ch ein Buchstabe oder eine Ziffer ist
isalpha()	Liefert wahr zurück, wenn ch ein Buchstabe ist

Tabelle 16.4: Die isxxxx()-Makros.

Stringmanipulation

Makro	Aktion
isascii()	Liefert wahr zurück, wenn ch ein Standard-ASCII-Zeichen (zwischen 0 und 127) ist
iscntrl()	Liefert wahr zurück, wenn ch ein Steuerzeichen ist
isdigit()	Liefert wahr zurück, wenn ch eine Ziffer ist
isgraph()	Liefert wahr zurück, wenn ch ein druckbares Zeichen (ohne das Leerzeichen) ist
islower()	Liefert wahr zurück, wenn ch ein Kleinbuchstabe ist
isprint()	Liefert wahr zurück, wenn ch ein druckbares Zeichen (einschließlich des Leerzeichens) ist
ispunct()	Liefert wahr zurück, wenn ch ein Satzzeichen ist
isspace()	Liefert wahr zurück, wenn ch ein Whitespace-Zeichen (Leerzeichen, horizontaler und vertikaler Tabulator, Zeilenvorschub, Seitenvorschub oder Wagenrücklauf) ist
isupper()	Liefert wahr zurück, wenn ch ein Großbuchstabe ist
isxdigit()	Liefert wahr zurück, wenn ch eine hexadezimale Ziffer (0-9, a-f, A-F) ist

Tabelle 16.4: Die isxxxx()-Makros.

Sie können viele interessante Dinge mit den Zeichen-Makros machen. Nehmen Sie zum Beispiel die Funktion get_int() aus Listing 16.14. Diese Funktion liest einen Integer-Wert Zeichen für Zeichen aus stdin ein und liefert ihn als Variable vom Typ int zurück. Die Funktion überspringt führende Whitespace-Zeichen und liefert 0 zurück, wenn das erste Nicht-Whitespace-Zeichen kein numerisches Zeichen ist.

Listing 16.14: Mit den Makros isxxxx() eine Funktion implementieren, die einen Integer einliest.

```
1:  /* Mit den Zeichen-Makros einen Integer erzeugen */
2:  /* erzeugen. */
3:  #include <stdio.h>
4:  #include <ctype.h>
5:
6:  int get_int(void);
7:
8:  int main(void)
9:  {
10:     int x;
11:     printf("Geben Sie einen Integer ein: ") ;
12:     x = get_int();
13:     printf("Sie haben %d eingegeben.\n", x);
```

```
14:        return 0;
15: }
16:
17: int get_int(void)
18: {
19:       int ch, i, vorzeichen = 1;
20:
21:       /* Überspringt alle führenden Whitespace-Zeichen. */
22:
23:       while ( isspace(ch = getchar()) )
24:           ;
25:
26:       /* Wenn das erste Zeichen nicht nummerisch ist, stelle das */
27:       /* Zeichen zurück und liefere 0 zurück. */
28:
29:       if (ch != '-' && ch != '+' && !isdigit(ch) && ch != EOF)
30:       {
31:           ungetc(ch, stdin);
32:           return 0;
33:       }
34:
35:       /* Wenn das erste Zeichen ein Minuszeichen ist, */
36:       /* setze Vorzeichen entsprechend. */
37:
38:       if (ch == '-')
39:           vorzeichen = -1;
40:
41:       /* Wenn das erste Zeichen ein Plus- oder Minuszeichen war, */
42:       /* hole das nächste Zeichen. */
43:
44:       if (ch == '+' || ch == '-')
45:           ch = getchar();
46:
47:       /* Lies die Zeichen, bis eine Nichtziffer eingegeben wird. */
48:       /* Weise die Werte i zu. */
49:
50:       for (i = 0; isdigit(ch); ch = getchar() )
51:           i = 10 * i + (ch - '0');
52:
53:       /* Mache Ergebnis negativ, wenn das Vorzeichen negativ ist. */
54:
55:       i *= vorzeichen;
56:
57:       /* Wenn kein EOF angetroffen wurde, muss eine Nichtziffer */
58:       /* eingelesen worden sein. Also zurückstellen. */
59:
```

```
60:     if (ch != EOF)
61:         ungetc(ch, stdin);
62:
63:     /* Den eingegebenen Wert zurückgeben. */
64:
65:     return i;
66: }
```

Ausgabe

```
Geben Sie einen Integer ein: -100
Sie haben -100 eingegeben.
Geben Sie einen Integer ein: abc3.145
Sie haben 0 eingegeben.
Geben Sie einen Integer ein: 9 9 9
Sie haben 9 eingegeben.
Geben Sie einen Integer ein: 2.5
Sie haben 2 eingegeben.
```

Analyse

Dieses Programm verwendet in den Zeilen 31 und 61 die Bibliotheksfunktion ungetc(), die Sie bereits vom Tag 13, »Mit Bildschirm und Tastatur arbeiten«, kennen. Denken Sie daran, dass diese Funktion ein Zeichen »zurückstellt«, d.h. an den angegebenen Stream zurückgibt. Dieses zurückgegebene Zeichen ist das erste, das bei der nächsten Leseoperation des Programms eingelesen wird. Dies ist wichtig, wenn die Funktion get_int() ein nichtnumerisches Zeichen aus stdin ausliest, das eigentlich nachfolgenden Leseoperationen zur Verfügung stehen sollte.

Die main()-Funktion dieses Programms ist recht einfach. In Zeile 19 wird eine Integer-Variable x deklariert, der in Zeile 12 der Rückgabewert der get_int()-Funktion zugewiesen wird. Anschließend erfolgt die Ausgabe auf den Bildschirm (Zeile 13). Die get_int()-Funktion macht den ganzen Rest des Programms aus.

Die Funktion get_int() ist nicht ganz so einfach aufgebaut. Um führende Whitespace-Zeichen, die eventuell eingegeben wurden, zu entfernen, iteriert Zeile 23 durch eine while-Schleife. Das Makro isspace() prüft, ob es sich bei dem übergebenen Zeichen – in unserem Falle ch, das mit der Funktion getchar() eingelesen wird – um ein Leerzeichen handelt. Wenn ja, wird ein weiteres Zeichen überprüft, und zwar so lange bis ein Nicht-Whitespace eingelesen wird. Zeile 29 prüft, ob das Zeichen verwendbar ist. Zeile 29 könnte man auch lesen als »Wenn das eingelesene Zeichen kein Vorzeichen, keine Ziffer und kein Dateiende-Zeichen ist«. Ist diese Bedingung wahr, wird in Zeile 31 ungetc() verwendet, um das Zeichen zurückzustellen und zu main() zurückzukehren. Ist das Zeichen dagegen verwendbar, wird die Funktion weiter ausgeführt.

Die Zeilen 38 bis 45 behandeln das Vorzeichen der Zahl. Zeile 38 prüft, ob das eingegebene Zeichen ein negatives Vorzeichen ist. Wenn ja, wird die Variable vorzeichen auf -1 gesetzt. vorzeichen wird dazu benutzt, um die endgültige Zahl später positiv oder negativ zu machen (Zeile 55). Da die Zahlen standardmäßig positiv sind, reicht es, das negative Vorzeichen zu berücksichtigen. Wurde ein Vorzeichen eingegeben, muss allerdings noch ein weiteres Zeichen eingelesen werden. Das übernehmen die Zeilen 44 und 45.

Das Herz der Funktion ist die for-Schleife in den Zeilen 50 und 51, die so lange Zeichen einliest, wie es sich bei den Zeichen um Ziffern handelt. Zeile 51 mag auf den ersten Blick etwas verwirrend erscheinen. Diese Zeile übernimmt die einzelnen eingegebenen Zeichen und wandelt sie in eine Zahl um. Durch die Subtraktion des Zeichens '0' von der eingegebenen Ziffer wird der ASCII-Code der Ziffer in eine echte Zahl umgewandelt. Dieser Wert wird zu dem letzten Wert, multipliziert mit 10, addiert. (Die Multiplikation des bisherigen Wertes mit 10 wird erforderlich, weil die höchsten Ziffern der Zahl zuerst eingelesen werden.) Die for-Schleife wird so lange durchlaufen, bis eine Nichtziffer eingegeben wird. Am Schluss wird der Wert in Zeile 55 noch mit dem Vorzeichen multipliziert, und die Umwandlung der Zeicheneingabe in eine Zahl ist komplett.

Bevor das Programm zurückkehrt, müssen noch einige Aufräumarbeiten erledigt werden. Wenn das letzte Zeichen nicht EOF war, muss es zurückgegeben werden (für den Fall, dass es anderswo benötigt wird). Dieser Schritt erfolgt in Zeile 61. Mit Zeile 65 kehrt die Programmausführung aus get_int() zurück.

tolower() und toupper()

Die Header-Datei ctype.h enthält noch zwei weitere nützliche Funktionen, mit denen man Groß- in Kleinbuchstaben umwandeln kann und umgekehrt. Diese Funktionen sind wie folgt definiert:

```
int toupper (int c);
int tolower (int c);
```

Jede dieser Funktionen übernimmt ein int-Argument und gibt einen int-Wert zurück. Wenn die Schreibweise bereits korrekt ist oder es sich um ein nichtalphabetisches Zeichen handelt, geben die Funktionen die Buchstaben beziehungsweise das Zeichen unverändert zurück. In Listing 16.15 sehen Sie ein Beispiel für die Verwendung dieser Funktionen.

Listing 16.15: Mit der Funktion tolower() einen String in Kleinbuchstaben umwandeln.

```
1: /* Beispiel für die Funktion tolower() */
2: #include <stdio.h>
3: #include <ctype.h>
4:
5: char* kleinschreibung(char *str);
6:
7: int main(void)
8: {
9:      char puffer[80];
10:
11:     printf("Geben Sie den umzuwandelnden String ein: ");
12:     fgets(puffer,80,stdin);
13:
14:     kleinschreibung(puffer);
15:
16:     printf(puffer);
17:
18:     return 0;
19: }
20:
21: char* kleinschreibung(char *str)
22: {
23:     int k ;
24:
25:     for (k = 0 ; str [k] ; k++)
26:         str[k] = tolower(str[k]);
27:
28:     return str ;
29: }
```

Geben Sie den umzuwandelnden String ein: GeMischTe SchreibWEISE
gemischte schreibweise

In diesem Beispiel ist nur sehr wenig neu. Die Zeilen 11 und 12 fordern Sie auf, eine Textzeile einzugeben, die dann in das Zeichenarray puffer eingelesen wird. Dieses Zeichenarray wird der Funktion kleinschreibung() übergeben und in Zeile 16 auf dem Bildschirm ausgegeben. Die Funktion kleinschreibung() wird in den Zeilen 21 bis 29 definiert. Sie übernimmt einen Zeiger auf ein Zeichenarray als Argument und liefert am Ende einen Zeiger auf das gleiche Array zurück. Die Hauptarbeit der Funktion steckt in den Zeilen 25 und 26. Zeile 25 ist eine for-Schleife, die endet, wenn das Zeichen an der Position k im Array str das Nullzeichen \0 ist. Für jeden Wert von k, der nicht den Testbedingungen der for-Schleife entspricht, wandelt die Anweisung in Zeile 26 das Zeichen in einen Kleinbuchstaben um. Beachten Sie, dass keine Prüfung benötigt wird, um sicherzustellen, dass das umzuwandelnde Zeichen ein Buchstabe des Alphabets ist.

Was Sie tun sollten	Was nicht
Nutzen Sie die verfügbaren Stringfunktionen.	Verwenden Sie keine Funktionen, die nicht dem ANSI-ISO-Standard entsprechen, wenn Ihr Programm auf andere Plattformen portierbar sein soll.
	Verwechseln Sie nicht Zeichen mit Zahlen. Man vergisst leicht, dass das Zeichen 1 nicht das gleiche ist wie die Zahl 1.

Zusammenfassung

Die heutige Lektion hat Ihnen verschiedene Möglichkeiten gezeigt, wie Sie in C Strings manipulieren können. Mit den Funktionen der C-Standardbibliothek können Sie Strings kopieren, verketten, vergleichen und durchsuchen. Diese Aufgaben sind unverzichtbarer Bestandteil der meisten Programmierprojekte. Außerdem enthält die Standardbibliothek Funktionen für die Umwandlung in Groß- beziehungsweise Kleinschreibung und für das Konvertieren von Strings in Zahlen. Schließlich gibt es in C eine Reihe von Zeichentestfunktionen oder vielmehr Makros, mit denen man prüfen kann, ob ein Zeichen einer bestimmten Zeichenklasse angehört. Mit Hilfe dieser Makros können Sie Ihre eigenen Eingabefunktionen erzeugen.

Fragen und Antworten

F Woher weiß ich, ob eine Funktion ANSI/ISO-kompatibel ist?

A *Wenn Sie im Handbuch oder der Manpage für die Funktion nachsehen, werden Sie dort einen Abschnitt »CONFORMING TO« finden. Dieser Abschnitt teilt Ihnen mit, welchem Standard die Funktion entspricht. Die Übereinstim-*

mung mit dem ANSI/ISO-Standard wird nur angegeben, wenn Sie eine ältere Version der Manpages haben. Denken Sie daran, dass der ISO-Standard auf ANSI aufbaut (siehe Tag 1, »Einführung in Linux und die Programmiersprache C«). Auf anderen Plattformen müssen Sie die entsprechenden Referenzhandbücher zu Rate ziehen.

F Wurden heute alle verfügbaren Stringfunktionen angesprochen?

A *Nein. Die heute vorgestellten Stringfunktionen sollten aber ausreichen, um so ziemlich alle Ihre Bedürfnisse zu befriedigen. Informationen zu den anderen Funktionen finden Sie in den Manpages.*

F Ignoriert `strcat()` nachfolgende Leerzeichen?

A *Nein.* `strcat()` *behandelt Leerzeichen wie jedes andere Zeichen.*

F Kann ich Zahlen in Strings konvertieren?

A *Ja. Sie können eine Funktion schreiben, die der in Listing 16.16 ähnlich ist, oder in Ihrer Bibliothekreferenz nachschauen, ob es in der Bibliothek eine passende Funktion gibt. Zu den üblicherweise verfügbaren Funktionen gehören* `itoa()`, `ltoa()` *und* `ultoa()`. *Sie können aber auch* `sprintf()` *verwenden.*

Workshop

Der Workshop enthält Quizfragen, die Ihnen helfen sollen, Ihr Wissen zu festigen, sowie Übungen, die Sie anregen sollen, das Gelernte umzusetzen und eigene Erfahrungen zu sammeln. Die Lösungen zu den Fragen und den Übungen finden Sie in Anhang C.

Quiz

1. Was ist die Länge eines Strings und wie kann man sie ermitteln?
2. Was müssen Sie unbedingt machen, bevor Sie einen String kopieren?
3. Was bedeutet der Begriff *Konkatenation*?
4. Was bedeutet es, wenn »ein String größer ist als ein anderer«?
5. Worin besteht der Unterschied zwischen `strcmp()` und `strncmp()`?
6. Worin besteht der Unterschied zwischen `strcmp()` und `strcasecmp()`?
7. Auf welche Werte prüft `isascii()`?

8. Welche Makros aus Tabelle 16.4 würden für var wahr zurückgeben?
   ```
   int var = 1;
   ```
9. Welche Makros aus Tabelle 16.4 würden für x wahr zurückgeben?
   ```
   char x = 65;
   ```
10. Wozu werden Zeichentestfunktionen verwendet?

Übungen

1. Welche Werte liefern die Testfunktionen zurück?
2. Was würde die Funktion `atoi()` zurückliefern, wenn ihr die folgenden Werte übergeben würden?

    a. `"65"`

    b. `"81.23"`

    c. `"-34.2"`

    d. `"zehn"`

    e. `"+12hundert"`

    f. `"negativ100"`

3. Was würde die Funktion `atof()` zurückliefern, wenn ihr die folgenden Werte übergeben würden?

    a. `"65"`

    b. `"81.23"`

    c. `"-34.2"`

    d. `"zehn"`

    e. `"+12hundert`

    f. `"1e+3"`

4. **FEHLERSUCHE:** Ist an folgendem Code irgendetwas falsch?
   ```
   char *string1, string2;
   string1 = "Hallo Welt";
   strcpy( string2, string1);
   printf( "%s %s", string1, string2 );
   ```

Aufgrund der vielen möglichen Antworten gibt es zu den folgenden Übungen keine Lösungen.

Tag 16 — Stringmanipulation

5. Schreiben Sie ein Programm, das den Anwender auffordert, seinen Nachnamen und zwei Vornamen einzugeben. Speichern Sie dann den Namen in einem neuen String in der Form: Initial, Punkt, Leerzeichen, Initial, Punkt, Leerzeichen, Nachname. Wenn die Eingabe zum Beispiel `Bradley`, `Lee` und `Jones` lautet, speichern Sie diese Eingabe als `B. L. Jones`. Geben Sie den neuen Namen auf den Bildschirm aus.

6. Schreiben Sie ein Programm, das Ihre Antworten auf die Quizfragen 8 und 9 bestätigt.

7. Die Funktion `strstr()` findet das erste Vorkommen eines Strings in einem anderen und berücksichtigt dabei die Groß- und Kleinschreibung. Schreiben Sie eine Funktion, die die gleiche Aufgabe ausführt, ohne jedoch die Groß- und Kleinschreibung zu berücksichtigen.

8. Schreiben Sie eine Funktion, die feststellt, wie oft ein String in einem anderen enthalten ist.

9. Schreiben Sie ein Programm, das eine Textdatei nach den Vorkommen eines vom Anwender eingegebenen Strings durchsucht und für jedes Vorkommen die Zeilennummer ausgibt. Wenn Sie zum Beispiel eine Ihrer C-Quelltextdateien nach dem String »`printf`« durchsuchen lassen, sollte das Programm alle Zeilen auflisten, in der die Funktion `printf()` aufgerufen wird.

10. Listing 16.14 enthält ein Beispiel für eine Funktion, die einen Integer von `stdin` einliest. Schreiben Sie eine Funktion `get_float()`, die einen Fließkommawert von `stdin` einliest.

Die Bibliothek der C-Funktionen

Woche 3

TAG 17 — Die Bibliothek der C-Funktionen

Wie Sie diesem Buch bereits entnehmen konnten, beruht ein großer Teil der Leistungsstärke von C auf der C-Standardbibliothek. Heute möchte ich einige Funktionen besprechen, die sich nicht so recht in die Themen der anderen Lektionen einordnen lassen. Dazu gehören:

- mathematische Funktionen
- Funktionen, die sich mit Zeit- und Datumsangaben befassen
- Funktionen zur Fehlerbehandlung
- Funktionen zum Durchsuchen und Sortieren von Daten

Mathematische Funktionen

Die Standardbibliothek von C enthält eine Reihe von Funktionen, mit denen mathematische Operationen ausgeführt werden können. Die Prototypen für diese Funktionen befinden sich in der Header-Datei math.h. Die mathematischen Funktionen liefern alle einen Wert vom Typ double zurück. In den trigonometrischen Funktionen werden die Winkel statt in Grad im Bogenmaß gemessen – wie es auch in der Mathematik üblich ist. Denken Sie daran, dass ein Radiant (Einheit des Bogenmaßes) gleich 57,296 Grad ist und ein voller Kreis (360 Grad) aus 2π Radianten besteht.[1]

Trigonometrische Funktionen

Die trigonometrischen Funktionen führen Berechnungen durch, wie sie in Grafik- und Ingenieursprogrammen benötigt werden.

Funktion	Prototyp	Beschreibung
acos()	double acos(double x)	Liefert den Arkuskosinus des Arguments zurück. Das Argument muss im Bereich -1 <= x <= 1 liegen. Der Rückgabewert liegt im Bereich 0 <= acos <= π.
asin()	double asin(double x)	Liefert den Arkussinus des Arguments zurück. Das Argument muss im Bereich -1 <= x <= 1 liegen. Der Rückgabewert liegt im Bereich $-\pi/2$ <= asin <= $\pi/2$.
atan()	double atan(double x)	Liefert den Arkustangens des Arguments zurück. Der Rückgabewert liegt im Bereich $-\pi/2$ <= atan <= $\pi/2$.
atan2()	double atan2 (double x, double y)	Liefert den Arkustangens von x/y zurück. Der Rückgabewert liegt im Bereich $-\pi$ <= atan2 <= π.

1. 1 rad = 360°/2π; 1° = 2π/360 rad.

Funktion	Prototyp	Beschreibung
cos()	double cos(double x)	Liefert den Kosinus des Arguments zurück.
sin()	double sin(double x)	Liefert den Sinus des Arguments zurück.
tan()	double tan(double x)	Liefert den Tangens des Arguments zurück.

Exponential- und logarithmische Funktionen

Exponential- und logarithmische Funktionen werden für bestimmte Arten von mathematischen Berechnungen benötigt.

Funktion	Prototyp	Beschreibung
exp()	double exp(double x)	Liefert den natürlichen Exponenten des Arguments zurück – das heißt e^x, wobei e gleich 2,7182818284590452354 ist.
log()	double log(double x)	Liefert den natürlichen Logarithmus des Arguments zurück. Das Argument muss größer als Null sein.
log10()	double log10(double x)	Liefert den Logarithmus zur Basis 10 des Arguments zurück. Das Argument muss größer als Null sein.
frexp()	double frexp (double x, int *y)	Die Funktion berechnet die normalisierte Mantisse zu dem Wert x. Der Rückgabewert r der Funktion ist eine Bruchzahl im Bereich 0.5 <= r <= 1.0. Die Funktion weist y einen Integer-Exponenten zu, so dass x = r * 2y ist. Wenn der Funktion der Wert 0 übergeben wird, sind r und y 0.
ldexp()	double ldexp (double x, int y)	Liefert x * 2y zurück.

Hyperbolische Funktionen

Die hyperbolischen Funktionen führen hyperbolische trigonometrische Berechnungen aus.

Funktion	Prototyp	Beschreibung
cosh()	double cosh(double x)	Liefert den hyperbolischen Kosinus des Arguments zurück.
sinh()	double sinh(double x)	Liefert den hyperbolischen Sinus des Arguments zurück.
tanh()	double tanh(double x)	Liefert den hyperbolischen Tangens des Arguments zurück.

Weitere mathematische Funktionen

Die Standardbibliothek in C enthält noch diverse andere mathematische Funktionen;

Funktion	Prototyp	Beschreibung
sqrt()	double sqrt(double x)	Liefert die Quadratwurzel des Arguments zurück. Das Argument muss gleich oder größer Null sein.
ceil()	double ceil(double x)	Liefert den kleinsten Integer, der nicht kleiner als das Argument ist, zurück. So liefert zum Beispiel ceil(4.5) 5.0 und ceil(-4.5) -4.0 zurück. Obwohl ceil() einen Integer-Wert zurückliefert, ist dieser vom Typ double.
abs()	int abs(int x)	Liefert den absoluten Wert des Arguments zurück.
floor()	double floor(double x)	Liefert den größten Integer zurück, der nicht größer ist als das Argument. So liefert zum Beispiel floor(4.5) 4.0 und floor(-4.5) -5.0 zurück.
modf()	double modf (double x, double *y)	Trennt x in einen ganzzahligen und einen Bruchteil auf, die beide das gleiche Vorzeichen wie x erhalten. Der Bruchteil wird von der Funktion zurückgeliefert, der ganzzahlige Teil wird *y zugewiesen.
pow()	double pow (double x, double y)	Liefert x^y zurück. Es tritt ein Fehler auf, wenn x == 0 und y <= 0 ist oder wenn x < 0 und y kein Integer ist.
fmod()	double fmod (double x, double y)	Liefert den Fließkommarest von x/y mit dem gleichen Vorzeichen wie x zurück. Die Funktion liefert 0 zurück wenn x == 0 ist.

Ein Beispiel für die mathematischen Funktionen

Man könnte ein ganzes Buch mit den Programmen zu den mathematischen Funktionen füllen. Listing 17.1 enthält ein einfaches Programm, in dem mehrere dieser Funktionen verwendet werden. Bitte beachten Sie, dass Sie zum Kompilieren dieses Programms Ihrem gcc-Compiler mitteilen müssen, dass mathematische Funktionen verwendet werden, die in einer separaten Bibliothek untergebracht sind. Zum Kompilieren dieses Programms geben Sie folgenden Befehl ein:

```
gcc -Wall -ggdb list1701.c -lm -o list1701
```

Der Parameter -l fordert gcc auf, eine Bibliothek einzubinden. Im Falle der mathematischen Bibliothek heißt diese schlicht m. Wir werden uns am Tag 20, »Compiler für Fortgeschrittene«, noch eingehender mit dem Thema Bibliotheken beschäftigen.

Listing 17.1: Mathematische Funktionen der C-Bibliothek.

```
 1: /* Einsatz der mathematischen C-Funktionen */
 2:
 3: #include <stdio.h>
 4: #include <math.h>
 5:
 6: int main(void)
 7: {
 8:
 9:    double x;
10:
11:    printf("Geben Sie ein Zahl ein: ");
12:    scanf( "%lf", &x);
13:
14:    printf("\n\nOriginalwert: %lf", x);
15:
16:    printf("\nAufgerundet: %lf", ceil(x));
17:    printf("\nAbgerundet: %lf", floor(x));
18:    if( x >= 0 )
19:        printf("\nQuadratwurzel: %lf", sqrt(x) );
20:    else
21:        printf("\nNegative Zahl" );
22:
23:    printf("\nKosinus: %lf\n", cos(x));
24:    return(0);
25: }
```

```
Geben Sie eine Zahl ein: 100.95

Originalwert: 100.950000
Aufgerundet: 101.000000
Abgerundet: 100.000000
Quadratwurzel: 10.047388
Kosinus: 0.913482
```

Dieses Listing enthält nur einige der mathematischen Funktionen, die Ihnen in der C-Standardbibliothek zur Verfügung stehen. Zeile 12 liest eine Zahl vom Anwender ein, die in Zeile 14 unverändert ausgegeben wird. Als Nächstes wird der eingegebene Wert vier mathematischen C-Funktionen übergeben – `ceil()`, `floor()`, `sqrt()` und `cos()`. Beachten Sie, dass `sqrt()` nur aufgerufen wird, wenn die Zahl nicht negativ ist, da per definitionem negative Zahlen keine Quadratwurzeln haben können. Sie können dieses Programm um beliebige andere mathematische Funktionen erweitern, um deren Funktionalität zu prüfen.

Zeit und Datum

Die C-Bibliothek enthält mehrere Funktionen, die es Ihnen erlauben, in Ihren Programmen die Zeit abzufragen. In C bezieht sich der Begriff *Zeit* sowohl auf die Uhrzeit als auch auf das Datum. Die Funktionsprototypen und die Definition der Struktur `tm`, die von vielen Zeitfunktionen verwendet werden, stehen in der Header-Datei `time.h`.

Darstellung der Zeit

Die Zeitfunktionen von C stellen Zeitangaben auf zwei verschiedene Weisen dar. Die erste Form der Darstellung besteht einfach darin, die Zeit als Anzahl der seit Mitternacht des 1. Januar 1970 verstrichenen Sekunden anzugeben. Negative Werte stellen die Zeit vor diesem Datum dar. Die Zeitwerte selbst werden als Integer-Werte vom Typ `long` gespeichert. In den Prototypen der Zeitfunktionen werden allerdings statt `long` die Typbezeichner `time_t` und `clock_t` verwendet, die in `time.h` mittels `typedef`-Anweisungen als `long` definiert sind.

Zeit und Datum

Bei der zweiten Form der Darstellung werden die Zeitangaben in ihre Bestandteile (Jahr, Monat, Tag, usw.) zerlegt. Für diese Art der Darstellung verwenden die Zeitfunktionen die Struktur tm, die in time.h wie folgt definiert ist:

```
struct tm {
int tm_sec;       /* Sekunden nach der vollen Minute - [0,59]  */
int tm_min;       /* Minuten nach der vollen Stunde - [0,59]   */
int tm_hour;      /* Stunden seit Mitternacht - [0,23]         */
int tm_mday;      /* Tag des Monats - [1,31]                   */
int tm_mon;       /* Monate seit Januar - [0,11]               */
int tm_year;      /* Jahre seit 1900                           */
int tm_wday;      /* Tage seit Sonntag - [0,6]                 */
int tm_yday;      /* Tage seit dem 1. Januar - [0,365]         */
int tm_isdst;     /* Flag für Sommerzeit                       */
};
```

Die Zeitfunktionen

Dieser Abschnitt beschreibt die verschiedenen Bibliotheksfunktionen in C, die mit der Zeit zu tun haben. Denken Sie jedoch immer daran, dass der Begriff *Zeit* sowohl das Datum als auch die Stunden, Minuten und Sekunden umfasst. Im Anschluss an die Beschreibungen folgt ein Beispielprogramm.

Die aktuelle Zeit ermitteln

Um die aktuelle Zeit von der internen Uhr Ihres Systems abzufragen, verwenden Sie die Funktion time(), die wie folgt deklariert ist:

```
time_t time(time_t *ptr);
```

Denken Sie daran, dass time_t in time.h als Synonym für long definiert ist. Die Funktion time() liefert die Anzahl der Sekunden zurück, die seit Mitternacht des 1. Januar 1970 verstrichen sind. Wenn der Funktion ein Nicht-Null-Zeiger übergeben wird, speichert time() diesen Wert in der Variablen vom Typ time_t, auf die der Zeiger ptr zeigt. Um also die aktuelle Zeit in der time_t-Variablen jetzt zu speichern, würden Sie folgenden Code aufsetzen:

```
time_t jetzt;

jetzt = time(0);
```

Oder Sie verwenden die Rückgabe über das Argument:

```
time_t jetzt;
time_t *zgr_jetzt = &jetzt;
time(zgr_jetzt);
```

Die Zeitdarstellungen untereinander konvertieren

Zu wissen, wie viele Sekunden seit dem 1. Januar 1970 verstrichen sind, ist meist nicht sehr hilfreich. Aus diesem Grund stellt Ihnen C die Funktion localtime() zur Verfügung, mit der Sie einen time_t-Wert in eine tm-Struktur umwandeln können. Eine tm-Struktur enthält Tag, Monat, Jahr und andere Zeitinformationen in einem Format, das sich besser zur Ausgabe und Anzeige eignet. Der Prototyp dieser Funktion lautet:

```
struct tm *localtime(time_t *ptr);
```

Diese Funktion liefert einen Zeiger auf eine statische Strukturvariable vom Typ tm zurück, so dass Sie keine Strukturvariable vom Typ tm deklarieren müssen, sondern nur einen Zeiger auf den Typ tm. Die statische Strukturvariable wird bei jedem Aufruf von localtime() wieder verwendet und überschrieben. Wenn Sie den zurückgegebenen Wert sichern wollen, muss Ihr Programm eine separate Strukturvariable vom Typ tm deklarieren und in diese die Werte der statischen Strukturvariablen kopieren.

Die umgekehrte Konvertierung – von einer Strukturvariablen vom Typ tm in einen Wert vom Typ time_t – erfolgt mit Hilfe der Funktion mktime(). Der Prototyp lautet:

```
time_t mktime(struct tm *ntime);
```

Diese Funktion liefert die Anzahl der Sekunden, die zwischen Mitternacht des 1. Januar 1970 und der Zeit verstrichen sind, die durch die Strukturvariable vom Typ tm, auf die ntime zeigt, dargestellt wird.

Zeitangaben ausgeben

Um Zeitangaben in formatierte Strings zu konvertieren, die ausgegeben werden können, gibt es die Funktionen ctime() und asctime(). Beide Funktionen liefern die Zeit als einen String in einem speziellen Format zurück. Der Unterschied zwischen den beiden Funktionen liegt darin, dass ctime() die Zeit als ein Wert vom Typ time_t übergeben wird, während asctime() die Zeit als eine Strukturvariable vom Typ tm entgegennimmt. Die Prototypen dieser Funktionen lauten:

```
char *asctime(struct tm *ptr);
char *ctime(time_t *ptr);
```

Beide Funktionen liefern einen Zeiger auf einen statischen, nullterminierten 26-Zeichen-String zurück, der die Zeit des Funktionsarguments im folgenden 24-Stunden-Format angibt:

```
Thu Jun 13 10:22:23 1991
```

Beide Funktionen verwenden einen statischen String, der bei jedem Aufruf der Funktion überschrieben wird.

Zeit und Datum

Wenn Sie das Format der Zeit ändern wollen, steht Ihnen dazu die Funktion `strftime()` zur Verfügung. Dieser Funktion wird die zu formatierende Zeitangabe als Strukturvariable vom Typ `tm` übergeben. Die Formatierung erfolgt anhand eines Formatstrings. Der Prototyp der Funktion lautet:

```
size_t strftime(char *s, size_t max, char *fmt, struct tm *ptr);
```

Die Funktion nimmt die zu formatierende Zeitangabe über die tm-Strukturvariable entgegen, auf die der Zeiger `ptr` weist, formatiert sie nach Vorgabe des Formatstrings `fmt` und schreibt das Ergebnis als nullterminierten String an die Speicherposition, auf die `s` zeigt. Das Argument `max` sollte die Größe des Speicherbereichs angeben, der für `s` reserviert wurde. Wenn der resultierende String (einschließlich des abschließenden Nullzeichens) mehr als `max` Zeichen enthält, liefert die Funktion 0 zurück, und der String `s` ist ungültig. Im anderen Fall liefert die Funktion die Anzahl der geschriebenen Zeichen zurück – `strlen(s)`.

Der Formatstring besteht aus einem oder mehreren der Konvertierungsspezifizierer, die in Tabelle 17.1 aufgeführt sind.

Hinweis: Das inzwischen berüchtigte Jahr-2000-Problem wurde dadurch verursacht, dass Programmierer einen zweistelligen Spezifizierer für die Jahresangaben ausgewählt hatten, wo – wie man heute weiß – ein vierstelliger Spezifizierer besser gewesen wäre. Einige der folgenden Formatspezifizierer geben das Jahr nur zweistellig aus, das heißt, aus 1999 wird 99. Daten nach dem 31. Dezember 1999 können je nach Implementierung als 00 oder als 100 ausgegeben werden. Seien Sie immer vorsichtig, wenn Sie Datumsspezifizierer auswählen

Spezifizierer	Wodurch er ersetzt wird
%a	Abgekürzter Wochentagsname
%A	Voller Wochentagsname
%b	Abgekürzter Monatsname
%B	Voller Monatsname
%c	Datums- und Zeitdarstellung (zum Beispiel, Tue Apr 18 10:41:50 2000)
%d	Tag des Monats als Dezimalzahl von 01 bis 31
%H	Die Stunde als Dezimalzahl von 00 bis 23
%I	Die Stunde als Dezimalzahl von 00 bis 11
%j	Der Tag des Jahres als Dezimalzahl von 001 bis 366
%m	Der Monat als Dezimalzahl von 01 bis 12

Tabelle 17.1: Konvertierungsspezifizierer, die zusammen mit strftime() verwendet werden können.

Spezifizierer	Wodurch er ersetzt wird
%M	Die Minute als Dezimalzahl von 00 bis 59
%p	AM oder PM
%S	Die Sekunde als Dezimalzahl von 00 bis 59
%U	Die Woche des Jahres als Dezimalzahl von 00 bis 53. Der Sonntag wird als erster Tag der Woche betrachtet
%w	Der Wochentag als Dezimalzahl von 0 bis 6 (Sonntag = 0)
%W	Die Woche des Jahres als Dezimalzahl von 00 bis 53. Der Montag wird als erster Tag der Woche betrachtet
%x	Datumsdarstellung (zum Beispiel, 30-Jun-91)
%X	Zeitdarstellung (zum Beispiel, 10:41:50)
%y	Das Jahr, ohne Jahrhunndert, als Dezimalzahl von 00 bis 99
%Y	Das Jahr, mit Jahrhundert, als Dezimalzahl
%Z	Der Name der Zeitzone, wenn die Information verfügbar ist, oder leer, wenn er nicht bekannt ist
%%	Ein einfaches Prozentzeichen %

Tabelle 17.1: Konvertierungsspezifizierer, die zusammen mit strftime() verwendet werden können.

Zeitunterschiede berechnen

Sie können den Zeitunterschied zwischen zwei Zeitangaben mit dem Makro difftime() in Sekunden berechnen. Dieses Makro subtrahiert zwei time_t-Werte und liefert die Differenz zurück. Der Prototyp lautet:

`double difftime(time_t zeit1, time_t zeit0);`

Diese Funktion subtrahiert zeit0 von zeit1 und liefert die Differenz, das heißt die Anzahl der Sekunden zwischen den beiden Zeiten, zurück. Häufig wird difftime() dazu verwendet, die verstrichene Zeit zu berechnen. Ein Beispiel dafür finden Sie in Listing 17.2.

Mit der clock()-Funktion können Sie eine andere Art von Dauer ermitteln. Die Funktion clock() gibt an, wie viel Prozessorzeit seit Beginn der Programmausführung verstrichen ist. Der Prototyp der Funktion lautet:

`clock_t clock(void);`

Um herauszufinden, wie viel Zeit für die Ausführung eines bestimmten Programmabschnitts benötigt wird, müssen Sie clock() zweimal aufrufen – vor und nach dem betreffenden Codeblock – und dann die beiden Rückgabewerte voneinander subtrahieren.

Zeit und Datum

Die Zeitfunktionen verwenden

Listing 17.2 zeigt Ihnen, wie Sie die Zeitfunktionen der C-Bibliothek einsetzen können.

Listing 17.2: Die Zeitfunktionen der C-Bibliothek.

```
 1: /* Beispiele für die Verwendung der Zeitfunktionen. */
 2:
 3: #include <stdio.h>
 4: #include <time.h>
 5:
 6: int main(void)
 7: {
 8:      time_t beginn, ende, jetzt;
 9:      struct tm *zgr;
10:      char *c, puffer1[80];
11:      double dauer;
12:
13:      /* Die Zeit des Programmstarts festhalten. */
14:
15:      beginn = time(0);
16:
17:      /* Die aktuelle Zeit festhalten. Ruft time() auf dem */
18:      /* zweiten Weg auf. */
19:
20:      time(&jetzt);
21:
22:      /* Konvertiert den time_t-Wert in eine Struktur vom Typ tm. */
23:
24:      zgr = localtime(&jetzt);
25:
26:      /* Erzeugt einen formatierten String mit der aktuellen */
27:      /* Zeit und gibt ihn aus. */
28:
29:      c = asctime(zgr);
30:      puts(c);
31:      getc(stdin);
32:
33:      /* Verwendet die strftime()-Funktion, um verschiedene */
34:      /* formatierte Versionen der Zeit zu erzeugen. */
35:
36:      strftime(puffer1,80,"Dies ist %U. Woche des Jahres %Y",zgr);
37:      puts(puffer1);
38:      getc(stdin);
```

Die Bibliothek der C-Funktionen

```
39:
40:        strftime(puffer1, 80, "Heute ist %A, %m/%d/%Y", zgr);
41:        puts(puffer1);
42:        getc(stdin);
43:
44:        strftime(puffer1, 80, "Es ist %M Minuten nach %I.", zgr);
45:        puts(puffer1);
46:        getc(stdin);
47:
48:        /* Liest die aktuelle Zeit ein u. berechnet die Programmdauer. */
49:
50:        ende = time(0);
51:        dauer = difftime(ende, beginn);
52:        printf("Ausführungszeit mit time() = %f Sekunden.\n", dauer);
53:
54:        /* Gibt die Programmdauer mit clock() in Millionstel- */
55:        /* sekunden an. */
56:
57:        printf("Ausführungszeit mit clock() = %ld Millionstelsekunden.\n",
58:            clock());
59:        return(0);
60: }
```

Ausgabe

```
Wed Sep 15 12:21:27 1999

Dies ist 37. Woche des Jahres 1999

Heute ist Mittwoch, 09/15/1999

Es ist 21 Minuten nach 12.

Ausführungszeit mit time() = 11.000000 Sekunden.
Ausführungszeit mit clock() = 10000 Millionstelsekunden.
```

Analyse

Dieses Programm enthält eine ganze Menge Kommentarzeilen, die Ihnen helfen sollen, das Geschehen besser nachzuvollziehen. Da wir Zeitfunktionen verwenden wollen, wird in Zeile 4 die Header-Datei time.h eingebunden. Zeile 8 deklariert drei Variablen vom Typ time_t – beginn, ende und jetzt. Diese Variablen können die Zeit als Anzahl der seit dem 1. Januar 1970 verstrichenen Sekunden aufnehmen. Zeile 9 deklariert einen Zeiger auf eine tm-Struktur. Die tm-Struktur wurde bereits beschrieben. Der restlichen Variablen müssten Ihnen von ihren Typen her bekannt sein.

Das Programm zeichnet in Zeile 15 seine Startzeit auf, wozu es die Funktion time() aufruft. In Zeile 20 wiederholt sich das Ganze noch einmal, allerdings verwendet das Programm diesmal nicht den von der time()-Funktion zurückgegebenen Wert, sondern übergibt time() einen Zeiger auf die Variable jetzt. Zeile 24 macht genau das, was der Kommentar in Zeile 22 vorgibt: sie konvertiert den time_t-Wert von jetzt in eine Strukturvariable vom Typ tm. Die nachfolgenden Abschnitte des Programms geben den Wert der aktuellen Zeit in unterschiedlichen Formaten auf dem Bildschirm aus. Zeile 29 verwendet die Funktion asctime(), um die Informationen einem Zeichenzeiger c zuzuweisen. Zeile 30 gibt die formatierten Informationen aus. Das Programm wartet dann darauf, dass der Anwender die Eingabetaste drückt.

Die Zeilen 36 bis 46 verwenden die Funktion strftime(), um das Datum in drei Formaten auszugeben. Mit Hilfe der Tabelle 17.1 sollten Sie in der Lage sein, herauszufinden, was mit diesen Zeilen ausgegeben wird. Die Warnungen, die für einige der Formatspezifizierer ausgegeben werden, können Sie getrost ignorieren.

In Zeile 50 wird noch einmal die aktuelle Zeit ermittelt. Dies ist die Zeit, zu der das Programm endet. Zeile 51 berechnet mit Hilfe der Funktion difftime() aus den Zeiten für Programmstart und -ende die Ausführungszeit des Programms. Dieser Wert wird in Zeile 52 ausgegeben. Das Programm endet damit, dass es die Ausführungszeit noch einmal mit Hilfe der clock()-Funktion berechnet und ausgibt. Beachten Sie bitte, dass diese Zeit die reine Prozessorzeit ist. Deswegen unterscheiden sich die ausgegebenen Prozessorzeiten.

Funktionen zur Fehlerbehandlung

Die C-Standardbibliothek enthält eine Reihe von Funktionen und Makros, die bei der Behandlung von Programmfehlern dienlich sind.

Die Funktion assert()

Das Makro assert() kann Programmfehler feststellen. Es ist in assert.h definiert und sein Prototyp lautet:

void assert(int *Ausdruck*);

Bei dem Argument *Ausdruck* kann es sich um alles handeln, was Sie testen wollen – eine einzelne Variable oder einen beliebigen C-Ausdruck. Wenn *Ausdruck* als wahr ausgewertet wird, macht assert() nichts. Wenn *Ausdruck* hingegen als falsch ausgewertet wird, gibt assert() eine Fehlermeldung an stderr aus und bricht die Programmausführung ab.

Die Bibliothek der C-Funktionen

Wie wird `assert()` verwendet? Meistens wird das Makro dazu benutzt, um Programmfehler festzustellen (die sich von den Kompilierfehlern unterscheiden). Ein Programmfehler hat keinen Einfluss auf die Kompilierung des Programms, führt aber zu falschen Ergebnissen oder unerwünschtem Verhalten des Programms (Absturz etc.). Angenommen ein Finanzanalyse-Programm, das Sie geschrieben haben, gibt gelegentlich falsche Antworten und Sie vermuten, dass das Problem darin besteht, dass die Variable `zins_rate` negative Werte annimmt – was eigentlich nicht passieren dürfte. Um dies zu überprüfen, platzieren Sie die Anweisung

```
assert(zins_rate >= 0);
```

an Positionen im Programm, an denen `zins_rate` verwendet wird. Wenn die Variable irgendwann einmal negativ wird, macht das `assert()`-Makro Sie darauf aufmerksam. Sie können dann den betreffenden Code genauer untersuchen und dem Problem auf den Grund gehen.

Um zu sehen, wie `assert()` arbeitet, führen Sie Listing 17.3 aus. Wenn Sie einen Wert größer Null eingeben, zeigt das Programm den Wert an und endet normal. Wenn Sie einen Wert eingeben, der kleiner oder gleich Null ist, erzwingt das `assert()`-Makro einen Programmabbruch. Welche Fehlermeldung Sie genau erhalten, hängt von Ihrem Compiler ab, aber sehen Sie im Folgenden ein typisches Beispiel:

```
Assertion failed: x, file list1703.c, line 13
```

Beachten Sie, dass Ihr Programm im Debug-Modus kompiliert worden sein muss, damit `assert()` ordnungsgemäß ausgeführt werden kann. Schauen Sie in Ihrem Compiler-Handbuch nach, wenn Sie nicht wissen, wie Sie den Debug-Modus aktivieren (wird in Kürze erklärt). Wenn Sie später die letzte Version im Release-Modus kompilieren, werden die `assert()`-Makros deaktiviert.

Listing 17.3: Das Makro assert().

```
1:  /* Das Makro assert(). */
2:
3:  #include <stdio.h>
4:  #include <assert.h>
5:
6:  int main(void)
7:  {
8:      int x;
9:
10:     printf("\nGeben Sie einen Integer-Wert ein: ");
11:     scanf("%d", &x);
12:
13:     assert(x >= 0);
14:
```

```
15:     printf("Ihre Eingabe lautete %d.\n\n", x);
16:     return(0);
17: }
```

Ausgabe

```
Geben Sie einen Integer-Wert ein: 10
Ihre Eingabe lautete 10.
Geben Sie einen Integer-Wert ein: -1

list1703: list1703.c:13: main: Zusicherung »x >= 0« nicht erfüllt.
Aborted (core dumped)
```

Die Fehlermeldung kann bei Ihnen je nach System und Compiler etwas anders lauten, aber im Allgemeinen sind sie sich alle gleich. In diesem Beispiel werden Ihnen der Dateiname der C-Quelltextdatei, `list1703.c`, und die Zeilennummer angezeigt. Beachten Sie in der Fehlermeldung den Begriff »core dumped«. Das bedeutet, dass der von Ihrem Programm belegte Speicher komplett in eine Datei namens `core` geschrieben wurde, die dann zur genaueren Untersuchung in einen Debugger geladen werden kann.

Analyse

Führen Sie dieses Programm aus und vergewissern Sie sich selbst, dass die von `assert()` in Zeile 13 ausgegebene Fehlermeldung aus dem fehlgeschlagenen Ausdruck, dem Namen der Datei und der Zeilennummer des `assert()`-Aufrufs besteht.

Die Arbeit von `assert()` hängt von einem anderen Makro namens `NDEBUG` (steht für »nicht debuggen«) ab. Wenn das Makro `NDEBUG` nicht definiert ist (der Standard), ist `assert()` aktiv. Ist `NDEBUG` definiert, wird `asssert()` deaktiviert. Dies ist viel einfacher, als das ganze Programm nach den `assert()`-Anweisungen durchzugehen und diese zu löschen (nur um später festzustellen, dass Sie sie wieder benötigen). Um das Makro `NDEBUG` zu definieren, verwenden Sie die #define-Direktive. Wenn Sie sich selbst von der Wirkung von `NDEBUG` überzeugen wollen, fügen Sie die Anweisung

`#define NDEBUG`

in die zweite Zeile von Listing 17.3 ein. Jetzt gibt das Programm die eingegebenen Werte aus und endet normal, auch wenn Sie -1 eingeben.

Beachten Sie, dass `NDEBUG` als nichts Besonderes definiert werden muss, solange es in einer #define-Direktive steht. Mehr zu der #define-Direktive erfahren Sie am Tag 20.

Die Header-Datei errno.h

Die Header-Datei `errno.h` definiert mehrere Makros, die dazu dienen, Laufzeitfehler zu definieren und zu dokumentieren. Diese Makros werden zusammen mit der Funktion `perror()` verwendet, die das erste Mal am Tag 15, »Mit Dateien arbeiten«, zum Einsatz kam. An dieser Stelle wollen wir uns näher damit beschäftigen.

Die Definitionen in `errno.h` beinhalten eine globale Integer-Variable namens `errno`. Viele Bibliotheksfunktion in C weisen dieser Variablen einen Wert zu, wenn während der Funktionsausführung ein Fehler auftritt. Die Datei `errno.h` definiert darüber hinaus eine Gruppe von symbolischen Konstanten für diese Fehler, die in Tabelle 17.2 aufgelistet sind.

Name	Wert	Meldung und Bedeutung
E2BIG	1000	Argumentliste zu lang (Listenlänge überschreitet 128 Byte)
EACCES	5	Zugriff verweigert (zum Beispiel beim Versuch, in eine Datei zu schreiben, die nur zum Lesen geöffnet wurde)
EBADF	6	Fehlerhafter Datei-Deskriptor
EDOM	1002	Ein Argument, das einer mathematischen Funktion übergeben wurde, befindet sich außerhalb des zulässigen Definitionsbereichs
EEXIST	80	Datei existiert
EMFILE	4	Zu viele offene Dateien
ENOENT	2	Datei oder Verzeichnis existiert nicht
ENOEXEC	1001	Exec-Formatfehler
ENOMEM	8	Nicht genug Speicher (zum Beispiel nicht genug Speicher, um die exec()-Funktion auszuführen)
ENOPATH	3	Pfad nicht gefunden
ERANGE	1003	Ergebnis außerhalb des gültigen Bereichs (zum Beispiel ist das Ergebnis, das von einer mathematischen Funktion zurückgegeben wird, zu groß oder zu klein für den Datentyp des Rückgabewertes)

Tabelle 17.2: Die in errno.h definierten symbolischen Fehlerkonstanten.

Sie können `errno` auf zweifache Art verwenden. Einige Funktionen signalisieren anhand ihres Rückgabewertes, dass ein Fehler aufgetreten ist. In einem solchen Fall können Sie den Wert von `errno` prüfen, um die Art des Fehlers festzustellen und entsprechend darauf zu reagieren. Andernfalls, das heißt, wenn Sie nicht direkt mitgeteilt bekommen, dass ein Fehler aufgetreten ist, können Sie `errno` prüfen. Wenn der Wert ungleich Null ist, liegt irgendwo ein Fehler vor, und der spezielle Wert von `errno` spiegelt die Art des Fehlers wider. Sie müssen daran denken, `errno` wieder auf Null zurückzusetzen, nachdem Sie den Fehler behoben haben. Der nächste Abschnitt ist perror() gewidmet. Listing 17.4 veranschaulicht den Einsatz von errno und perror().

Die Funktion perror()

Die Funktion perror() ist ein weiteres C-Tool zur Fehlerbehandlung. Wenn perror() aufgerufen wird, wird in stderr eine Meldung ausgegeben, die den letzten Fehler beschreibt, der während eines Bibliotheksfunktions- oder eines Systemaufrufs aufgetreten ist. Der Prototyp, der in stdio.h zu finden ist, lautet:

void perror(char *msg);

Das Argument msg zeigt auf eine optionale, benutzerdefinierte Meldung. Diese Meldung wird zuerst ausgegeben, gefolgt von einem Doppelpunkt und der implementierungsbedingten Meldung, die den letzten Fehler beschreibt. Wenn Sie perror() aufrufen und kein Fehler aufgetreten ist, lautet die Meldung »Erfolg[1].«

Ein Aufruf von perror() ist noch keine Maßnahme zur Fehlerbehandlung. Es bleibt dem Programm überlassen, in Aktion zu treten – beispielsweise den Anwender aufzufordern, das Programm zu beenden oder den Wert von errno abzufragen und je nach Art des Fehlers gezielt zu reagieren. Beachten Sie, dass ein Programm die Header-Datei errno.h nicht einbinden muss, um die globale Variable errno zu verwenden. Die Header-Datei wird nur erforderlich, wenn Ihr Programm die symbolischen Fehlerkonstanten aus Tabelle 17.2 verwendet. Listing 17.4 veranschaulicht die Verwendung von perror() und errno zur Behandlung von Laufzeitfehlern.

Listing 17.4: Mit perror() und errno Laufzeitfehler behandeln.

```
1: /* Beispiel für Fehlerbehandlung mit perror() und errno. */
2:
3: #include <stdio.h>
4: #include <stdlib.h>
5: #include <errno.h>
6:
7: int main(void)
8: {
9:     FILE *fp;
10:    char dateiname[80];
11:
12:    printf("Geben Sie einen Dateinamen ein: ");
13:    fgets(dateiname,80,stdin);
14:    dateiname[strlen(dateiname)-1] = 0;
15:
```

---

1. Auf englischen Systemen wird meist »no error« ausgegeben.

Die Bibliothek der C-Funktionen

```
16:     if (( fp = fopen(dateiname, "r")) == NULL)
17:     {
18:         perror("Sie haben gepatzt");
19:         printf("errno = %d.\n", errno);
20:         exit(1);
21:     }
22:     else
23:     {
24:         puts("Datei zum Lesen geöffnet.");
25:         fclose(fp);
26:     }
27:     return(0);
28: }
```

Ausgabe

```
Geben Sie einen Dateinamen ein: list1704.c
Datei zum Lesen geöffnet.

Geben Sie einen Dateinamen ein: keinedatei.xxx
Sie haben gepatzt!: Datei oder Verzeichnis nicht gefunden
errno = 2.
```

Analyse

Dieses Programm gibt eine von zwei Meldungen aus, je nachdem ob eine Datei zum Lesen geöffnet werden konnte oder nicht. Zeile 16 versucht, eine Datei zu öffnen. Wenn die Datei ohne Probleme geöffnet werden kann, wird der `else`-Teil der `if`-Schleife ausgeführt und die folgende Meldung ausgegeben:

```
Datei zum Lesen geöffnet.
```

Tritt beim Öffnen der Datei ein Fehler auf, etwa weil die Datei nicht existiert, werden die Zeilen 18 bis 20 der `if`-Schleife ausgeführt. Zeile 18 ruft die `perror()`-Funktion mit dem String »Sie haben gepatzt!« auf. Danach wir die Fehlernummer ausgegeben. Das Ergebnis sieht wie folgt aus:

```
Sie haben gepatzt!: Datei oder Verzeichnis nicht gefunden
errno = 2
```

Was Sie tun sollten	Was nicht
Binden Sie die Header-Datei errno.h mit ein, wenn Sie die symbolischen Fehlercodes aus Tabelle 17.2 verwenden wollen.	Binden Sie die Header-Datei errno.h nicht ein, wenn Sie die symbolischen Fehlercodes aus Tabelle 17.2 nicht verwenden wollen.
Prüfen Sie Ihre Programme auf mögliche Fehler. Gehen Sie niemals davon aus, dass alles fehlerfrei ist.	

Funktionen mit einer variablen Zahl von Argumenten

Sie haben bereits mehrere Bibliotheksfunktionen, wie zum Beispiel printf() und scanf(), kennen gelernt, die eine beliebige Anzahl an Argumenten übernehmen. Sie können auch eigene Funktionen schreiben, die eine beliebig lange Argumentenliste übernehmen. Programme, die Funktionen mit beliebig langen Argumentenlisten enthalten, müssen die Header-Datei stdarg.h einbinden.

Wenn Sie eine Funktion deklarieren, die eine beliebig lange Argumentenliste übernimmt, geben Sie zuerst die festen Parameter an – das sind die, die immer vorhanden sein müssen. Es muss mindestens ein fester Parameter vorhanden sein. Anschließend setzen Sie an das Ende der Parameterliste eine Ellipse (...), um anzuzeigen, dass der Funktion null oder mehr Argumente übergeben werden. Denken Sie in diesem Kontext bitte daran, dass es, wie bereits am Tag 4, »Funktionen«, erwähnt, einen Unterschied zwischen einem Parameter und einem Argument gibt.

Woher weiß eine Funktion, wie viele Argumente ihr bei einem bestimmten Aufruf übergeben wurden? Sie teilen es ihr mit. Einer der festen Parameter informiert die Funktion über die Gesamtzahl der Argumente. Wenn Sie zum Beispiel die printf()-Funktion verwenden, kann die Funktion an der Zahl der Konvertierungsspezifizierer im Formatstring ablesen, wie viele weitere Argumente zu erwarten sind. Noch direkter geht es, wenn eines der festen Funktionsargumente die Anzahl der weiteren Argumente angibt. Das Beispiel, das ich Ihnen gleich präsentieren werde, verfolgt diesen Ansatz, aber vorher sollten Sie einige der Hilfsmittel kennen lernen, die C für die Implementierung von Funktionen mit beliebig langen Argumentenlisten zur Verfügung stellt.

Die Funktion muss von jedem Argument in der Liste den Typ kennen. Im Falle von printf() geben die Konvertierungsspezifizierer den jeweiligen Typ des Arguments an. In anderen Fällen, wie im folgenden Beispiel, sind alle Argumente der beliebig langen Liste vom gleichen Typ, so dass es keine Probleme gibt. Um eine Funktion zu erzeugen, die verschiedene Typen in der Argumentenliste akzeptiert, müssen Sie eine Methode finden, die Informationen über die Argumenttypen weiterzureichen. Eine Möglichkeit wäre, einen Zeichencode festzulegen, wie wir dies bei der Funktion `haelfte()` aus Listing 8.7 getan haben.

Die Hilfsmittel zur Implementierung beliebig langer Argumentenlisten sind in `stdarg.h` definiert. Diese Hilfsmittel werden innerhalb der Funktion eingesetzt, um auf die Argumente aus der Argumentenliste zuzugreifen. Sie lauten:

`va_list`	Ein Zeiger-Datentyp
`va_start()`	Ein Makro zum Initialisieren der Argumentenliste
`va_arg()`	Ein Makro, mit dem man nacheinander auf die Argumente in der Argumentenliste zugreifen kann
`va_end()`	Ein Makro für die Aufräumarbeiten

Im Folgenden werde ich kurz beschreiben, wie diese Makros in einer Funktion eingesetzt werden, und Ihnen anschließend ein Beispiel zeigen. Innerhalb der Funktion müssen Sie die folgenden Schritte ausführen, um auf die Argumente zuzugreifen:

1. Deklarieren Sie eine Zeigervariable vom Typ `va_list`. Dieser Zeiger wird benötigt, um auf die einzelnen Argumente zuzugreifen. Es ist allgemein üblich, wenn auch nicht unbedingt erforderlich, diese Variable `arg_ptr` zu nennen.

2. Rufen Sie das Makro `va_start()` auf und übergeben Sie ihm dabei den Zeiger `arg_ptr` und den Namen des letzten festen Arguments. Das Makro `va_start()` hat keinen Rückgabewert. Es initialisiert den Zeiger `arg_ptr` so, dass er auf das erste Argument in der Argumentenliste zeigt.

3. Um die einzelnen Argumente anzusprechen, rufen Sie das Makro `va_arg()` auf und übergeben ihm den Zeiger `arg_ptr` und den Datentyp des nächsten Arguments. Wenn die Funktion n Argumente entgegengenommen hat, rufen Sie `va_arg()` n-mal auf, um in der Reihenfolge auf die Argumente zuzugreifen, in der sie im Funktionsaufruf aufgelistet sind.

4. Wenn alle Argumente aus der Argumentenliste angesprochen wurden, rufen Sie das Makro `va_end()` auf und übergeben ihm den Zeiger `arg_ptr`. In einigen Implementierungen wird dieses Makro nicht benötigt, in anderen hingegen führt es alle notwendigen Aufräumarbeiten durch. Sie sollten es sich zur Regel machen, `va_end()` aufzurufen, für den Fall, dass Ihre C-Implementierung es erfordert.

Kommen wir jetzt zu dem Beispiel: Die Funktion `durchschnitt()` aus Listing 17.5 berechnet das arithmetische Mittel für eine Reihe von Integer-Werten. Das Programm übergibt der Funktion ein einziges festes Argument, das die Zahl der weiteren Argumente angibt, gefolgt von der Liste der Zahlen.

Funktionen mit einer variablen Zahl von Argumenten

Listing 17.5: Eine Funktion mit einer beliebig langen Argumentenliste.

```
1: /* Funktionen mit einer beliebigen Zahl an Argumenten. */
2:
3: #include <stdio.h>
4: #include <stdarg.h>
5:
6: float durchschnitt(int num, ...);
7:
8: int main(void)
9: {
10:     float x;
11:
12:     x = durchschnitt(10, 1, 2, 3, 4, 5, 6, 7, 8, 9, 10);
13:     printf("Der erste Durchschnittswert beträgt %f.\n", x);
14:     x = durchschnitt(5, 121, 206, 76, 31, 5);
15:     printf("Der zweite Durchschnittswert beträgt %f.\n", x);
16:     return(0);
17: }
18:
19: float durchschnitt(int anz, ...)
20: {
21:     /* Deklariert eine Variable vom Typ va_list. */
22:
23:     va_list arg_ptr;
24:     int count, gesamt = 0;
25:
26:     /* Initialisiert den Argumentenzeiger. */
27:
28:     va_start(arg_ptr, anz);
29:
30:     /* Spricht jedes Argument in der Variablenliste an. */
31:
32:     for (count = 0; count < anz; count++)
33:         gesamt += va_arg( arg_ptr, int );
34:
35:     /* Aufräumarbeiten. */
36:
37:     va_end(arg_ptr);
38:
39:     /* Teilt die Gesamtsumme durch die Anzahl der Werte, um den   */
40:     /* Durchschnitt zu erhalten. Wandelt gesamt in einen float-Typ */
41:     /* um, so dass der Rückgabewert vom Typ float ist. */
42:
43:     return ((float)gesamt/anz);
44: }
```

Ausgabe

```
Der erste Durchschnittswert beträgt 5.500000.
Der zweite Durchschnittswert beträgt 87.800003.
```

Analyse

Die Funktion `durchschnitt()` wird zum ersten Mal in Zeile 12 aufgerufen. Das erste ihr übergebene Argument – das einzig feste Argument – gibt die Zahl der Werte in der beliebig langen Argumentenliste an. In der Funktion werden in den Zeilen 32 und 33 alle Argumente aus der Argumentenliste eingelesen und in der Variablen `gesamt` aufaddiert. Nachdem alle Argumente aus der Liste aufaddiert worden sind, wandelt Zeile 43 die Variable `gesamt` in den Typ `float` und teilt dann `gesamt` durch `anz`, um den Durchschnitt zu erhalten.

Auf zwei Punkte in diesem Listing möchte ich Sie noch hinweisen. Zeile 28 ruft `va_start()` auf, um die Argumentenliste zu initialisieren. Dieser Aufruf muss erfolgen, bevor die Werte aus der Liste gelesen werden. Und Zeile 37 ruft `va_end()` für Aufräumarbeiten auf, nachdem die Funktion die Werte nicht mehr benötigt. Sie sollten diese beiden Funktionen immer in Ihre Programme aufnehmen, wenn Sie eine Funktion mit einer beliebigen Anzahl an Argumenten implementieren.

Genau genommen muss eine Funktion, die eine beliebige Anzahl an Argumenten übernimmt, keinen festen Parameter haben, der die Zahl der übergebenen Argumente angibt. Sie könnten zum Beispiel das Ende der Argumentenliste mit einem besonderen Wert markieren, der nirgendwo sonst verwendet wird. Diese Methode schränkt jedoch die Argumente, die übergeben werden können, ein, so dass man sie am besten vermeidet.

Suchen und sortieren

Zu den häufigsten Aufgaben, die Programme zu bewältigen haben, gehört das Suchen und Sortieren von Daten. In der C-Standardbibliothek finden Sie allgemeine Funktionen, mit denen sich diese Aufgaben lösen lassen.

Suchen mit bsearch()

Die Bibliotheksfunktion `bsearch()` führt eine binäre Suche in einem Datenarray durch, wobei sie nach einem Array-Element Ausschau hält, das mit einem gesuchten Wert

Suchen und sortieren

(dem Schlüssel oder »key«) übereinstimmt. Um `bsearch()` anwenden zu können, muss das Array in aufsteigender Reihenfolge sortiert sein. Außerdem muss das Programm die Vergleichsfunktion bereitstellen, die `bsearch()` benötigt, um festzustellen zu können, ob ein Datenelement größer als, kleiner als oder gleich einem anderen Element ist. Der Prototyp von `bsearch()` steht in `stdlib.h` und lautet:

```
void *bsearch(const void *key, const void *base, size_t num, size_t size,
              int (*cmp)(void *elem1, void *elem2));
```

Dieser Prototyp ist ziemlich komplex. Deshalb sollten Sie ihn sorgfältig studieren. Das Argument `key` ist ein Zeiger auf das gesuchte Datenelement und `base` ein Zeiger auf das erste Element in dem zu durchsuchenden Array. Beide werden mit dem Typ `void` deklariert, so dass sie auf irgendein beliebiges C-Datenobjekt zeigen können.

Das Argument `num` ist die Anzahl der Elemente in dem Array und `size` die Größe der Elemente in Byte. Der Typspezifizierer `size_t` bezieht sich auf den Datentyp, der vom `sizeof()`-Operator zurückgeliefert wird und vorzeichenlos ist. Üblicherweise wird der `sizeof()`-Operator verwendet, um die Werte für `num` und `size` anzugeben.

Das letzte Argument, `cmp`, ist ein Zeiger auf die Vergleichsfunktion. Dabei kann es sich um eine vom Programmierer aufgesetzte Funktion handeln, oder – wenn Stringdaten durchsucht werden – um die Bibliotheksfunktion `strcmp()`. Die Vergleichsfunktion muss die folgenden zwei Kriterien erfüllen:

- Sie muss Zeiger auf zwei Datenelemente übernehmen.
- Sie muss einen der folgenden `int`-Werte zurückgeben:

    < 0   Element 1 ist kleiner als Element 2.

    0   Element 1 ist gleich Element 2.

    > 0   Element 1 ist größer als Element 2.

Der Rückgabewert von `bsearch()` ist ein Zeiger vom Typ `void`. Die Funktion gibt einen Zeiger auf das erste Array-Element zurück, das dem Schlüssel entspricht, oder `NULL`, wenn keine Übereinstimmung gefunden wird. Der Typ des zurückgegebenen Zeigers muss entsprechend umgewandelt werden, bevor der Zeiger verwendet werden kann.

Der `sizeof()`-Operator kann die `num`- und `size`-Argumente wie folgt bereitstellen. Wenn `array[]` das zu durchsuchende Array ist, dann liefert die Anweisung

```
sizeof(array[0]);
```

den Wert für `size`, das heißt die Größe eines Array-Elements in Byte, zurück. Da der Ausdruck `sizeof(array)` die Größe eines ganzen Arrays in Byte zurückliefert, können Sie mit der folgenden Anweisung den Wert von `num`, der Anzahl der Elemente im Array, ermitteln:

sizeof(array)/sizeof(array[0])

Der binäre Suchalgorithmus ist sehr effizient. Man kann damit ein großes Array sehr schnell durchsuchen. Er setzt allerdings voraus, dass die Array-Elemente in aufsteigender Reihenfolge sortiert sind. Und so funktioniert der Algorithmus:

1. Der Schlüssel wird mit dem Element in der Mitte des Arrays verglichen. Gibt es bereits an dieser Stelle eine Übereinstimmung, hat sich eine weitere Suche erledigt. Andernfalls muss der Schlüssel entweder kleiner oder größer als das Array-Element sein.

2. Wenn der Schlüssel kleiner als das Array-Element ist, muss sich das gesuchte Element, falls überhaupt vorhanden, in der ersten Hälfte des Arrays befinden. Entsprechend befindet sich das gesuchte Element, wenn es größer als das Array-Element ist, in der zweiten Hälfte des Arrays.

3. Die Suche wird auf die entsprechende Hälfte des Arrays beschränkt und der Algorithmus beginnt wieder mit Schritt 1.

Wie Sie sehen, halbiert jeder Vergleich einer binären Suche das durchsuchte Array um die Hälfte. So kann zum Beispiel ein Array mit 1000 Elementen mit nur 10 Suchläufen durchsucht werden, und ein Array mit 16 000 Elementen mit nur 14 Suchläufen. Im Allgemeinen lässt sich sagen, dass eine binäre Suche n Suchläufe benötigt, um ein Array von 2^n Elementen zu durchsuchen.

Sortieren mit qsort()

Die Bibliotheksfunktion qsort() ist eine Implementierung des Quicksort-Algorithmus, der von C.A.R. Hoare erfunden wurde. Diese Funktion sortiert ein Array in eine vorgegebene Reihenfolge. Normalerweise wird aufsteigend sortiert, aber qsort() kann auch absteigend sortieren. Der Prototyp dieser Funktion ist in stdlib.h definiert und lautet:

```
void qsort(void *base, size_t num, size_t size,
           int (*cmp)(void *elem1, void *elem2));
```

Das Argument base zeigt auf das erste Element in dem Array, num ist die Anzahl der Elemente im Array und size die Größe eines Array-Elements in Byte. Das Argument cmp ist eine Zeiger auf eine Vergleichsfunktion. Für diese Vergleichsfunktion gelten die gleichen Regeln wie für die Vergleichsfunktion, die von bsearch() verwendet wird und die im vorigen Abschnitt beschrieben wurde. Oft verwendet man für bsearch() und qsort() die gleiche Vergleichsfunktion. Die Funktion qsort() hat keinen Rückgabewert.

Suchen und sortieren: zwei Beispiele

Listing 17.6 veranschaulicht den Einsatz von qsort() und bsearch(). Das Programm sortiert und durchsucht ein Array von Werten.

Listing 17.6: Mit den Funktionen qsort() und bsearch() Werte suchen und sortieren.

```
 1: /* qsort() und bsearch() mit Werten verwenden.*/
 2:
 3: #include <stdio.h>
 4: #include <stdlib.h>
 5:
 6: #define MAX 20
 7:
 8: int intvgl(const void *v1, const void *v2);
 9:
10: int main(void)
11: {
12:     int arr[MAX], count, suche, *zgr;
13:
14:     /* Werte einlesen. */
15:
16:     printf("Geben Sie %d Integer-Werte ein.\n", MAX);
17:
18:     for (count = 0; count < MAX; count++)
19:         scanf("%d", &arr[count]);
20:
21:     puts("Betätigen Sie die Eingabetaste, um die Werte zu sortieren.");
22:     getc(stdin);
23:
24:     /* Sortiert das Array in aufsteigender Reihenfolge. */
25:
26:     qsort(arr, MAX, sizeof(arr[0]), intvgl);
27:
28:     /* Gibt das sortierte Array aus. */
29:
30:     for (count = 0; count < MAX; count++)
31:         printf("\narr[%d] = %d.", count, arr[count]);
32:
33:     puts("\nWeiter mit Eingabetaste.");
34:     getc(stdin);
35:
36:     /* Suchwert eingeben. */
37:
```

Tag 17 — Die Bibliothek der C-Funktionen

```
38:        printf("Geben Sie einen Wert für die Suche ein: ");
39:        scanf("%d", &suche);
40:
41:        /* Suche durchführen. */
42:
43:        zgr = (int *)bsearch(&suche, arr, MAX, sizeof(arr[0]),intvgl);
44:
45:        if ( zgr != NULL )
46:            printf("%d bei arr[%d] gefunden.\n", suche, (zgr - arr));
47:        else
48:            printf("%d nicht gefunden.\n", suche);
49:        return(0);
50: }
51:
52: int intvgl(const void *v1, const void *v2)
53: {
54:        return (*(int *)v1 - *(int *)v2);
55: }
```

Ausgabe

```
Geben Sie 20 Integer-Werte ein.
45
12
999
1000
321
123
2300
954
1968
12
2
1999
1776
1812
1456
1
9999
3
76
200
Betätigen Sie die Eingabetaste, um die Werte zu sortieren.

arr[0] = 1.
```

610

```
arr[1]  = 2.
arr[2]  = 3.
arr[3]  = 12.
arr[4]  = 12.
arr[5]  = 45.
arr[6]  = 76.
arr[7]  = 123.
arr[8]  = 200.
arr[9]  = 321.
arr[10] = 954.
arr[11] = 999.
arr[12] = 1000.
arr[13] = 1456.
arr[14] = 1776.
arr[15] = 1812.
arr[16] = 1968.
arr[17] = 1999.
arr[18] = 2300.
arr[19] = 9999.
Weiter mit Eingabetaste.

Geben Sie einen Wert für die Suche ein:
1776
1776 bei arr[14] gefunden
```

Listing 17.6 vereint in sich alles, was bisher zum Sortieren und Suchen gesagt wurde. Zu Beginn des Programms können Sie bis zu MAX Werte eingeben (in diesem Falle 20). Die Werte werden sortiert und dann in der neuen Reihenfolge ausgegeben. Danach können Sie einen Wert eingeben, nach dem im Array gesucht werden soll. Eine abschließende Meldung informiert Sie darüber, ob der Wert im Array gefunden wurde oder nicht.

Der Code in den Zeilen 18 und 19, mit dem die Werte für das Array eingelesen werden, sollte Ihnen bereits vertraut sein. In Zeile 26 wird qsort() aufgerufen, um das Array zu sortieren. Das erste Argument ist ein Zeiger auf das erste Element im Array. Darauf folgt das Argument MAX, die Anzahl der Elemente im Array. Anschließend wird die Größe des ersten Elements angegeben, so dass qsort() die Größe der Elemente kennt. Der Aufruf endet mit dem Argument für die Sortierfunktion intvgl.

Die Funktion intvgl() wird in den Zeilen 52 bis 55 definiert. Sie liefert den Unterschied zwischen den zwei Werten zurück, die ihr übergeben werden. Dies scheint auf den ersten Blick fast zu einfach, aber denken Sie daran, welche Werte die Vergleichsfunktion zurückliefern soll. Wenn die Elemente gleich sind, sollte 0 zurückgeliefert werden. Wenn Element eins größer als Element zwei ist, sollte eine positive Zahl zurückgeliefert werden, und wenn das erste Element kleiner ist als das zweite Element, sollte eine negative Zahl zurückgeliefert werden. Und das ist genau das, was intvgl() macht.

Die Suche wird mit bsearch() durchgeführt. Beachten Sie, dass die Argumente für bsearch() praktisch die gleichen sind wie für qsort(). Der einzige Unterschied liegt darin, dass das erste Argument von bsearch() der Schlüssel ist, nach dem gesucht wird. bsearch() liefert einen Zeiger auf die Stelle zurück, an der der Schlüssel gefunden wurde, oder NULL, wenn der Schlüssel nicht gefunden wurde. In Zeile 43 wird zgr der Rückgabewert von bsearch() zugewiesen. zgr wird dann in der if-Anweisung der Zeilen 45 bis 48 verwendet, um den Anwender über den Erfolg der Suche zu informieren.

Listing 17.7 macht im Prinzip das Gleiche wie Listing 17.6, nur dass diesmal Strings sortiert und gesucht werden.

Listing 17.7: qsort() und bsearch() für Strings verwenden.

```
1:  /* qsort() und bsearch() für Strings verwenden. */
2:
3:  #include <stdio.h>
4:  #include <stdlib.h>
5:  #include <string.h>
6:
7:  #define MAX 20
8:
9:  int vergl(const void *s1, const void *s2);
10:
11: int main(void)
12: {
13:     char *daten[MAX], puffer[80], *zgr, *suche, **suche1;
14:     int count;
15:
16:     /* Eine Liste von Wörtern einlesen. */
17:
18:     printf("Geben Sie %d Wörter ein.\n",MAX);
19:
20:     for (count = 0; count < MAX; count++)
21:     {
22:         printf("Wort %d: ", count+1);
23:         fgets(puffer,80,stdin);
24:         puffer[strlen(puffer)-1] = 0;
25:         daten[count] = malloc(strlen(puffer)+1);
26:         strcpy(daten[count], puffer);
```

```
27:        }
28:
29:        /* Sortiert die Wörter (oder besser die Zeiger). */
30:
31:        qsort(daten, MAX, sizeof(daten[0]), vergl);
32:
33:        /* Die sortierten Wörter ausgeben. */
34:
35:        for (count = 0; count < MAX; count++)
36:            printf("\n%d: %s", count+1, daten[count]);
37:
38:        /* Einen Suchbegriff einlesen. */
39:
40:        printf("\n\nGeben Sie einen Suchbegriff ein: ");
41:        fgets(puffer,80,stdin);
42:        puffer[strlen(puffer)-1] = 0;
43:
44:        /* Führt die Suche durch. suche1 wird zum Zeiger */
45:        /* auf den Zeiger auf den Suchbegriff.*/
46:
47:        suche = puffer;
48:        suche1 = &suche;
49:        zgr = bsearch(suche1, daten, MAX, sizeof(daten[0]), vergl);
50:
51:        if (zgr != NULL)
52:            printf("%s gefunden.\n", puffer);
53:        else
54:            printf("%s nicht gefunden.\n", puffer);
55:        return(0);
56: }
57:
58: int vergl(const void *s1, const void *s2)
59: {
60:        return (strcmp(*(char **)s1, *(char **)s2));
61: }
```

Ausgabe

```
Geben   Sie 20 Wörter ein.
Wort 1: Apfel
Wort 2: Orange
Wort 3: Grapefruit
Wort 4: Pfirsich
Wort 5: Pflaume
Wort 6: Birne
```

```
Wort 7: Kirsche
Wort 8: Banane
Wort 9: Himbeere
Wort 10: Limone
Wort 11: Tangerine
Wort 12: Sternfrucht
Wort 13: Wassermelone
Wort 14: Stachelbeere
Wort 15: Zwetschge
Wort 16: Erdbeere
Wort 17: Johannisbeere
Wort 18: Blaubeere
Wort 19: Traube
Wort 20: Preiselbeere

1: Apfel
2: Banane
3: Birne
4: Blaubeere
5: Erdbeere
6: Grapefruit
7: Himbeere
8: Johannisbeere
9: Kirsche
10: Limone
11: Orange
12: Pfirsich
13: Pflaume
14: Preiselbeere
15: Stachelbeere
16: Sternfrucht
17: Tangerine
18: Traube
19: Wassermelone
20: Zwetschge

Geben Sie einen Suchbegriff ein: Orange
Orange gefunden.
```

Analyse

In Listing 17.7 gibt es ein paar Punkte, auf die wir kurz eingehen sollten. Das Programm verwendet ein Array von Zeigern auf Strings – eine Technik, die am Tag 14, »Zeiger für Fortgeschrittene«, vorgestellt wurde. Wie Sie damals gelernt haben, können Sie die Strings sortieren, indem Sie das Array der Zeiger sortieren. Dazu muss allerdings die Vergleichsfunktion angepasst werden. Der Vergleichsfunktion werden Zeiger auf die zwei Elemente in dem Array übergeben, die verglichen werden. Sie wollen jedoch das Array von Zeigern nicht nach den Werten der Zeiger selbst, sondern nach den Werten der Strings, auf die die Zeiger verweisen, sortieren.

Deshalb müssen Sie eine Vergleichsfunktion verwenden, der Zeiger auf Zeiger übergeben werden. Jedes Argument an vergl() ist ein Zeiger auf ein Array-Element und da jedes Element selbst ein Zeiger (auf einen String) ist, ist das Argument ein Zeiger auf einen Zeiger. Innerhalb der Funktion selbst dereferenzieren Sie die Zeiger, so dass der Rückgabewert von vergl() von den Werten der Strings abhängt, auf die verwiesen wird.

Die Tatsache, dass die Argumente, die vergl() übergeben werden, Zeiger auf Zeiger sind, schafft auch noch in anderer Hinsicht Probleme. Sie speichern den Suchbegriff in puffer[] und Sie wissen auch, dass der Name eines Arrays (in diesem Fall puffer) ein Zeiger auf das Array ist. Sie müssen jedoch nicht puffer selbst übergeben, sondern einen Zeiger auf puffer. Das Problem dabei ist, dass puffer eine Zeigerkonstante ist und keine Zeigervariable. puffer selbst hat keine Adresse im Speicher; es ist ein Symbol, das zur Adresse des Arrays auswertet. Deshalb können Sie keinen Zeiger erzeugen, der auf puffer zeigt, indem Sie den Adressoperator vor puffer (wie in &puffer) verwenden.

Wie verhält man sich in einem solchen Fall? Zuerst erzeugen Sie eine Zeigervariable und weisen ihr den Wert von puffer zu. In unserem Programm trägt diese Zeigervariable den Namen suche. Da suche eine Zeigervariable ist, hat sie eine Adresse, und Sie können einen Zeiger erzeugen, der diese Adresse als Wert aufnimmt – hier suche1. Wenn Sie schließlich bsearch() aufrufen, übergeben Sie als erstes Argument suche1 – einen Zeiger auf einen Zeiger auf den Suchstring. Die Funktion bsearch() übergibt das Argument an vergl(), und alles läuft wie geschmiert.

> **Was Sie tun sollten**
>
> Vergessen Sie nicht, Ihr Such-Array in aufsteigender Reihenfolge zu sortieren, bevor Sie bsearch() verwenden.

Zusammenfassung

Heute haben wir einige nützliche Funktionen der C-Funktionsbibliothek kennen gelernt: Funktionen zur Durchführung mathematischer Berechnungen, zur Verarbeitung von Zeitangaben und zur Fehlerbehandlung. Besonders die Funktionen zum Suchen und Sortieren von Daten werden Sie gebrauchen können. Sie können Ihnen viel Zeit sparen, wenn Sie Ihre eigenen Programme schreiben.

Fragen und Antworten

F Warum sind die Rückgabewerte fast aller mathematischen Funktionen vom Typ `double`?

A *Die Antwort zu dieser Frage liegt in dem Streben nach Genauigkeit (statt nach Konsistenz). Der Typ* `double` *ist genauer als die anderen Datentypen. Durch die Verwendung von* `double`*-Rückgabewerten erreicht man, dass die Rückgabewerte so genau wie möglich sind. Lesen Sie hierzu auch die Ausführungen über Typumwandlung und automatische Konvertierungen von Tag 18, »Vom Umgang mit dem Speicher«.*

F Sind `bsearch()` und `qsort()` die einzigen Möglichkeiten, wie man Daten in C sortieren und suchen kann?

A *Die beiden Funktionen* `bsearch()` *und* `qsort()` *sind Teil der Standardbibliothek. Sie müssen sie jedoch nicht verwenden. In vielen Computer-Lehrbüchern finden Sie Anleitungen, wie Sie Ihre eigenen Such- und Sortierprogramme schreiben. C enthält alle Befehle, die Sie benötigen, um eigene Funktionen zu schreiben. Sie können auch spezielle Such- und Sortierroutinen kaufen. Der größte Vorteil von* `bsearch()` *und* `qsort()` *ist, dass sie bereits fertig implementiert sind und dass sie mit jedem ANSI/ISO-kompatiblen Compiler ausgeliefert werden.*

F Prüfen die mathematischen Funktionen, ob die ihnen übergebenen Daten innerhalb des zulässigen Wertebereichs liegen?

A *Gehen Sie nie davon aus, dass die eingegebenen Daten korrekt sind. Prüfen Sie deshalb alle Daten, die vom Anwender eingegeben werden. Wenn Sie zum Beispiel der Funktion* `sqrt()` *einen negativen Wert übergeben, erzeugt die Funktion einen Fehler. Sicherlich werden Sie diesen Fehler nicht so, wie er ist, ausgeben wollen. Warum nicht? Entfernen Sie die* `if`*-Anweisung aus Listing 17.1 und geben Sie eine negative Zahl ein, um zu sehen, was ich meine.*

F Warum unterstützen nicht alle Compiler die gleichen Funktionen?

A *In der heutigen Diskussion haben Sie gelernt, dass bestimmte C-Funktionen nicht bei allen Compilern oder allen Computersystemen verfügbar sind*

Es gibt zwar Standards, an die sich alle ANSI-Compiler halten. Aber diese Standards verbieten es den Herstellern von Compilern nicht, ihre Produkte mit weiterer Funktionalität auszustatten. Diese neue Funktionalität kommt in Form von neuen Funktionen. Jeder Compiler-Hersteller ergänzt seinen Compiler um eine Reihe von Funktionen, die er mit Blick auf seine Kunden für nützlich hält.

F Ist C nicht eigentlich eine standardisierte Sprache?

A C ist in der Tat stark standardisiert. Das amerikanische Normungsinstitut (ANSI für American National Standards Institute) hat den ANSI-C-Standard entwickelt, der fast alle Details von C vorgibt, einschließlich der mitgelieferten Funktionen. Einige Compiler-Hersteller haben zusätzliche Funktionen, die nicht Teil des ANSI-Standards sind, in ihre Compiler aufgenommen, um im Wettbewerb vorne zu liegen. Darüber hinaus kann es passieren, dass Sie auf einen Compiler stoßen, der nach eigenen Angaben nicht dem ANSI-Standard entspricht. Wenn Sie sich auf ANSI-Standard-Compiler beschränken, werden Sie feststellen, dass 99% der Programmsyntax und -funktionen die gleichen sind.

Workshop

Der Workshop enthält Quizfragen, die Ihnen helfen sollen, Ihr Wissen zu festigen, sowie Übungen, die Sie anregen sollen, das Gelernte umzusetzen und eigene Erfahrungen zu sammeln. Die Lösungen zu den Fragen und den Übungen finden Sie in Anhang C.

Quiz

1. Wie lautet der Rückgabetyp für die mathematischen Funktionen von C?
2. Welchem Variablentyp von C entspricht `time_t`?
3. Worin bestehen die Unterschiede zwischen den Funktionen `time()` und `clock()`?
4. Was macht die Funktion `perror()`, um einen bestehenden Fehler zu beheben?
5. Kann man eine Funktion schreiben, die eine beliebig lange Argumentenliste ohne feste Argumente übernimmt?
6. Welche Makros sollten Sie verwenden, wenn Sie Funktionen mit beliebig langen Argumentenlisten schreiben?
7. Was müssen Sie machen, bevor Sie ein Array mit `bsearch()` durchsuchen?
8. Wie viele Vergleiche müsste man mit `bsearch()` durchführen, um ein Element in einem Array mit 16 000 Elementen zu finden?
9. Wie viele Vergleiche müsste man mit `bsearch()` durchführen, um ein Element in einem Array mit 10 Elementen zu finden?
10. Wie viele Vergleiche müsste man mit `bsearch()` durchführen, um ein Element in einem Array mit 2 000 000 Elementen zu finden?

Die Bibliothek der C-Funktionen

11. Welche Werte muss eine Vergleichsfunktion für bsearch() und qsort() zurückliefern?
12. Was liefert bsearch() zurück, wenn sie das gesuchte Element nicht findet?

Übungen

1. Setzen Sie einen bsearch()-Aufruf auf. Das Array, das durchsucht werden soll, heißt namen und die Werte sind Zeichenfolgen. Die Vergleichsfunktion heißt vergl_namen(). Gehen Sie davon aus, dass alle Namen gleich groß sind.
2. **FEHLERSUCHE:** Was ist falsch an folgendem Programm?

    ```
    #include <stdio.h>
    #include <stdlib.h>
    int main(void)
    {
    int werte[10], count, suche, ctr;

    printf("Geben Sie Werte ein");
    for( ctr = 0; ctr < 10; ctr++ )
    scanf( "%d", &werte[ctr] );

    qsort(werte, 10, vergleich_funktion());
    }
    ```

3. **FEHLERSUCHE:** Ist irgendetwas falsch an der Vergleichsfunktion?

    ```
    int intvgl( int element1, int element2)
    {
    if ( element 1 > element 2 )
    return -1;
    else if ( element 1 < element2 )
    return 1;
    else
    return 0;
    }
    ```

Zu den folgenden Übungen gibt es keine Antworten:

4. Ändern Sie Listing 17.1 so ab, dass sqrt() auch mit negativen Zahlen funktioniert. Sortieren Sie dazu nach dem Absolutwert. Eventuell müssen Sie die Manpages zu Rate ziehen, um die Funktion zu finden, mit der man den Absolutwert berechnet.
5. Schreiben Sie ein Programm mit einem Menü, das Optionen für verschiedene mathematische Funktionen enthält. Verwenden Sie so viele mathematische Funktionen wie möglich.

6. Schreiben Sie unter Zuhilfenahme der heute besprochenen Zeitfunktionen eine Funktion, die das Programm für ungefähr fünf Sekunden anhält.

7. Ergänzen Sie das Programm aus Übung 4 um die Funktion `assert()`. Das Programm sollte eine Meldung ausgeben, wenn ein negativer Wert eingegeben wurde.

8. Schreiben Sie ein Programm, das 30 Namen einliest und diese mit `qsort` sortiert. Das Programm soll die sortierten Namen ausgeben.

9. Ändern Sie das Programm in Übung 8 so, dass das Programm nach der Eingabe von »ENDE« keine weiteren Eingaben einliest und die bis dahin eingegebenen Werte sortiert.

10. Am Tag 14 wurde eine simple Methode zum Sortieren eines Arrays von Zeigern auf Strings vorgeführt. Schreiben Sie ein Programm, das die Zeit misst, die benötigt wird, um ein großes Array von Zeigern nach dieser Methode zu sortieren, und diese Zeit dann mit der Zeit vergleicht, die benötigt wird, um die gleiche Suche mit der Bibliotheksfunktion `qsort()`durchzuführen.

11. Implementieren Sie eine Funktion, die a) eine beliebige Zahl von Strings als Argumente übernimmt, b) die Strings in sortierter Reihenfolge aneinander hängt zu einem einzigen großen String und c) einen Zeiger auf den neuen String an das aufrufende Programm zurückliefert.

Vom Umgang mit dem Speicher

Woche 3

TAG 18 — Vom Umgang mit dem Speicher

Die heutige Lektion behandelt einige der fortgeschritteneren Aspekte der Speicherverwaltung in C-Programmen. Heute lernen Sie:

- was Typumwandlungen sind
- wie man Speicherplatz reserviert und wieder freigibt
- wie man mit Speicherblöcken arbeitet
- wie man einzelne Bits manipuliert

Typumwandlungen

In C gehört jedes Datenobjekt einem bestimmten Typ an. Eine numerische Variable kann vom Typ `int` oder `float` sein, ein Zeiger kann ein Zeiger auf den Typ `double` oder `char` sein und so weiter. In vielen Programmen ist die Kombination von verschiedenen Typen in Ausdrücken und Anweisungen unumgänglich. Wie verfährt man in solchen Situationen? Manchmal werden die verschiedenen Datentypen von C automatisch angeglichen und Sie brauchen sich um nichts zu kümmern. In anderen Fällen müssen Sie explizit einen Datentyp in einen anderen umwandeln, um fehlerhafte Ergebnisse zu vermeiden. Damit wurden Sie bereits in früheren Lektionen konfrontiert, als Sie den Typ eines `void`-Zeigers vor der Verwendung des Zeigers in einen anderen Typ umwandeln beziehungsweise konvertieren mussten. In diesen und anderen Situationen sollten Sie immer eine klare Vorstellung davon haben, wann eine explizite Typumwandlung notwendig ist und welche Fehler auftreten können, wenn diese Umwandlung nicht vorgenommen wird. Die folgenden Abschnitte beschreiben automatische und explizite Typumwandlungen in C.

Automatische Typumwandlungen

Wie der Name schon verrät, werden automatische Typumwandlungen vom C-Compiler automatisch vorgenommen, ohne dass es irgendeines Eingriffs Ihrerseits bedarf. Sie sollten aber wissen, wann und wo der Compiler automatische Typumwandlungen vornimmt, damit Sie verstehen, wie C Ausdrücke auswertet.

Typumwandlungen in Ausdrücken

Wenn ein C-Ausdruck ausgewertet wird, hat das Ergebnis des Ausdrucks einen bestimmten Datentyp. Sind dabei alle Komponenten des Ausdrucks vom gleichen Typ, wird auch das Ergebnis diesen Typ aufweisen. Wenn zum Beispiel `x` und `y` beide vom Typ `int` sind, wird das Ergebnis des folgenden Ausdrucks vom Typ `int` sein:

```
x + y
```

Typumwandlungen

Was aber, wenn die Komponenten eines Ausdrucks unterschiedliche Typen aufweisen? In diesem Fall erhält der Ausdruck den gleichen Typ wie die Komponente mit dem umfangreichsten Wertebereich. Daraus ergibt sich folgende Reihenfolge der numerischen Datentypen:

```
char
int
long
float
double
```

Nach dieser Regel wird ein Ausdruck, der einen `int`- und einen `char`-Wert umfasst, als Typ `int` ausgewertet, ein Ausdruck, der einen `long`- und einen `float`-Wert umfasst, als Typ `float` und so weiter.

Innerhalb der Ausdrücke werden die Operanden der binären Operatoren paarweise aneinander angeglichen, wobei wiederum gilt, dass der Operand mit dem kleineren Wertebereich in den Typ des Operanden mit dem umfangreicheren Wertebereich umgewandelt wird. Im Englischen bezeichnet man diese Form der automatischen Typumwandlung daher auch als »Promotion« (Beförderung). Natürlich entfällt die Promotion, wenn beide Operanden den gleichen Typ aufweisen. Wenn nicht, folgt die Promotion den folgenden Regeln:

▷ Wenn einer der Operanden vom Typ `double` ist, wird der andere Operand in den Typ `double` umgewandelt.

▷ Wenn einer der Operanden vom Typ `float` ist, wird der andere Operand in den Typ `float` umgewandelt.

▷ Wenn einer der Operanden vom Typ `long` ist, wird der andere Operand in den Typ `long` umgewandelt.

Wenn zum Beispiel x vom Typ `int` und y vom Typ `float` ist, wird die Auswertung des Ausdrucks x/y dazu führen, dass x vor der Auswertung des Ausdrucks in den Typ `float` umgewandelt wird. Das bedeutet jedoch nicht, dass der Typ der Variablen x geändert wird. Es bedeutet nur, dass von x eine Kopie des Typs `float` angelegt und in der Auswertung des Ausdrucks verwendet wird. Der Wert des Ausdrucks ist, wie Sie gerade gelernt haben, ebenfalls vom Typ `float`. Entsprechend würde, wenn x vom Typ `double` und y vom Typ `float` wäre, y in den Typ `double` umgewandelt.

Umwandlung mittels Zuweisung

Eine Typumwandlung kann auch mit Hilfe des Zuweisungsoperators erfolgen. Der Ausdruck auf der rechten Seite der Zuweisung wird immer auf den Typ des Datenobjekts links des Zuweisungsoperators gesetzt. Beachten Sie, dass nach dieser Regel die Typumwandlung auch leicht eine »Degradierung« sein kann. Wenn f vom Typ `float` und `i` vom Typ `int` ist, wird `i` in der folgenden Zuweisung in den Typ `float` umgewandelt:

```
f = i;
```

Im Vergleich dazu wird in der Zuweisung

```
i = f;
```

`f` zum Typ `int` herabgestuft. Der Nachkommateil geht bei der Zuweisung an `i` verloren. Denken Sie jedoch daran, dass `f` selbst nicht verändert wird. Die Typumwandlung betrifft nur die Kopie dieses Wertes. So hat die Variable `i` nach der Ausführung der folgenden Anweisungen:

```
float f = 1.23;
int i;
i = f;
```

den Wert 1 und `f` immer noch den Wert 1.23. Wie dieses Beispiel zeigt, geht der Nachkommateil verloren, wenn eine Fließkommazahl in einen Integer-Typ konvertiert wird.

Auch sollten Sie sich vor Augen halten, dass bei der Umwandlung eines Integer-Typs in einen Fließkommatyp der resultierende Fließkommawert nicht immer genau mit dem Integer-Wert übereinstimmen muss. Das liegt daran, dass das Fließkommaformat, das intern vom Computer verwendet wird, nicht jede mögliche Integer-Zahl absolut exakt darstellen kann. Deshalb möchte ich Ihnen raten, Integer-Werte in Variablen vom Typ `int` oder `long` unterzubringen.

Explizite Typumwandlungen

Diese Art von Typumwandlung verwendet den Umwandlungsoperator, mit dem man explizit steuern, kann, wo im Programm Typumwandlungen vorgenommen werden sollen. Eine *explizite Typumwandlung* besteht aus einem in Klammern gesetzten Typnamen vor einem Ausdruck. Umgewandelt werden können arithmetische Ausdrücke und Zeiger. Das Ergebnis ist, dass der Ausdruck in den Typ konvertiert wird, der in der Typumwandlung angegeben wurde. Auf diese Art und Weise können Sie die Typen der Ausdrücke selbst festlegen und müssen sich nicht auf die automatischen Typumwandlungen in C verlassen.

Typumwandlung bei arithmetischen Ausdrücken

Durch die Typumwandlung eines arithmetischen Ausdrucks teilen Sie dem Compiler mit, den Wert des Ausdrucks in einer bestimmten Form darzustellen. Man kann fast sagen, dass die explizite Typumwandlung der oben besprochenen Promotion sehr ähnlich ist. Allerdings haben Sie hierbei die Möglichkeit, selbst aktiv zu werden, und müssen nicht alles dem Compiler überlassen. Wenn zum Beispiel i vom Typ int ist, dann wird mit dem Ausdruck

(float)i

i in den Typ float umgewandelt. Mit anderen Worten, das Programm legt eine interne Kopie des Wertes von i im Fließkommaformat an.

Wann bietet es sich an, eine Typumwandlung für einen arithmetischen Ausdruck durchzuführen? Am häufigsten nutzt man die Typumwandlung, um zu verhindern, dass bei einer Integer-Division der Nachkommateil verloren geht. Listing 18.1 soll dies verdeutlichen. Kompilieren Sie das Programm und führen Sie es aus.

Listing 18.1: Wenn ein Integer durch einen anderen geteilt wird, geht der Nachkommateil der Antwort verloren.

```
1: #include <stdio.h>
2:
3: int main(void)
4: {
5:     int i1 = 100, i2 = 40;
6:     float f1;
7:
8:     f1 = i1/i2;
9:     printf("%f\n", f1);
10:    return(0);
11: }
```

Ausgabe

2.000000

Analyse

Die vom Programm ausgegebene Antwort lautet 2.000000, obwohl 100/40 den Wert 2,5 ergibt. Was ist passiert? Der Ausdruck i1/i2 in Zeile 8 enthält zwei Variablen vom Typ int. Nach den oben beschriebenen Regeln ist der Wert des Ausdrucks i1/i2 ebenfalls vom Typ int, und da dieser Typ nur ganze Zahlen darstellen kann, geht der Nachkommateil der Antwort verloren.

Sie könnten erwarten, dass durch die Zuweisung des Ergebnisses der Division i1/i2 an eine float-Variable das Ergebnis zu einem float-Wert befördert wird. Das stimmt auch, aber es ist leider zu spät, denn der Nachkommateil der Antwort ist bereits verloren.

Um diese Art von Fehler zu vermeiden, müssen Sie eine der int-Variablen in den Typ float umwandeln. Und wenn Sie sich noch an unsere Regeln von oben erinnern, dann hat die float-Typumwandlung der einen Variablen die automatische Umwandlung der anderen Variable in den Typ float zur Folge. Auf diese Weise bleibt der Nachkommateil der Antwort erhalten. Sie können sich dies veranschaulichen, indem Sie die Zuweisung in der Zeile 8 des Quelltextes wie folgt ändern:

```
f1 = (float)i1/i2;
```

Anschließend wird das Programm die korrekte Antwort ausgeben.

Zeiger umwandeln

Sie haben bereits eine Einführung in die Typumwandlung von Zeigern erhalten. Ein void-Zeiger ist ein generischer Zeiger, der auf alles zeigen kann. Bevor Sie einen void-Zeiger verwenden können, müssen Sie ihn jedoch in den entsprechenden Typ umwandeln. Beachten Sie, dass Sie den Typ eines Zeigers nicht umwandeln müssen, um ihm einen Wert zuzuweisen oder ihn mit NULL zu vergleichen. Die Typumwandlung wird allerdings erforderlich, wenn Sie den Zeiger dereferenzieren oder nach den Regeln der Zeigerarithmetik manipulieren wollen.

Was Sie tun sollten	Was nicht
Arbeiten Sie mit Typumwandlungen, wenn Sie die Werte von Variablen befördern oder herabstufen wollen.	Verwenden Sie keine Typumwandlungen, um Compiler-Warnungen zu unterdrücken. Falls doch, prüfen Sie, ob Sie den Grund für die Warnung verstanden haben und die Warnung ignorieren können.

Speicherallokation

Die C-Bibliothek enthält Funktionen für die Speicherallokation zur Laufzeit – eine Technik, die auch *dynamische Speicherallokation* genannt wird und erhebliche Vorteile gegenüber der Reservierung von Speicher durch die Deklaration von Variablen, Strukturen und Arrays haben kann. Die letztgenannte Methode, auch *statische Speicherallokation* genannt, setzt voraus, dass Sie schon beim Aufsetzen des Programms wissen, wie viel Speicher Sie benötigen. Dank der dynamischen Speicherallokation kann das Programm reagieren, wenn es – beispielsweise aufgrund von Benutzereingaben – zur Laufzeit erforderlich wird, weiteren Speicher anzufordern. Alle Funktionen, die mit der dynamischen Speicherallokation zu tun haben, erfordern die Einbindung der Header-Datei stdlib.h (je nach Compiler muss zusätzlich malloc.h eingebunden

Speicherallokation

werden). Beachten Sie, dass alle Speicherreservierungsfunktionen einen Zeiger vom Typ `void` zurückgeben. Zeiger dieses Typs müssen vor der Verwendung in den Typ der Objekte umgewandelt werden, für die der Speicher reserviert wurde.

Bevor wir uns den Details widmen, möchte ich einige allgemeine Worte zu der Speicherallokation verlieren. Was genau ist unter der Reservierung von Speicher zu verstehen? Jeder Computer verfügt über fest installierten Arbeitsspeicher mit wahlfreiem Zugriff (RAM für *R*andom *A*ccess *M*emory). Die Größe dieses Speicherbereichs variiert von Computer zu Computer. Wann immer Sie ein Programm ausführen, sei es ein Textverarbeitungsprogramm, ein Grafikprogramm oder ein selbst geschriebenes C-Programm, wird dieses Programm von der Platte in den Arbeitsspeicher des Computers geladen. Der Speicherbereich, den das Programm belegt, umfasst den Programmcode sowie die gesamten statischen Daten des Programms, das heißt die Datenelemente, die im Quelltext deklariert sind. Der übrig gebliebene Arbeitsspeicher steht für die dynamische Allokation mit Hilfe der in diesem Abschnitt beschriebenen Funktionen zur Verfügung.

Wie viel Speicher steht genau für die Allokation zur Verfügung? Das ist unterschiedlich. Wenn Sie ein großes Programm auf einem System ausführen, das nur eine begrenzte Speicherkapazität hat, ist der freie Speicher relativ klein. Wenn Sie jedoch ein kleines Programm auf einem Multi-Megabyte-System ausführen, steht jede Menge Speicher zur Verfügung. Letztendlich bedeutet dies, dass Ihre Programme nicht vorhersehen können, wie viel Speicher genau zur Verfügung steht. Wenn eine Funktion zur Speicherallokation aufgerufen wird, müssen Sie ihren Rückgabewert prüfen, um sicherzustellen, dass die Speicherreservierung erfolgreich war. Außerdem müssen Ihre Programme damit umgehen können, dass eine Anfrage auf Reservierung von Speicher fehlschlägt. Leider ist Linux ein Multitasking- und Mehrbenutzer-Betriebssystem, das von virtuellem Speicher Gebrauch macht (Festplattenspeicher, der als temporärer Speicher genutzt wird). Deshalb gibt es auch keine allgemeine, zuverlässige Methode, um genau festzustellen, wie viel Speicher verfügbar ist. Doch normalerweise stellt das kein Problem dar.

Beachten Sie auch, dass die Verfügbarkeit von Speicher vom jeweils verwendeten Betriebssystem abhängen kann. Linux und andere Mitglieder der Unix-Familie verhalten sich im Großen und Ganzen gleich. Andere Betriebssysteme handhaben die Speicherverwaltung unter Umständen etwas anders. Im Allgemeinen sollten die betriebssystemspezifischen Unterschiede bei der Speicherreservierung für Sie jedoch nicht relevant sein. Wenn Sie eine der C-Funktionen zur Speicherreservierung verwenden, kann der Aufruf entweder erfolgreich sein oder fehlschlagen. Sie selbst brauchen sich über die dahinter stehenden Details keine Gedanken zu machen.

Die Funktion malloc()

An einem der vorangehenden Tage haben Sie bereits gelernt, wie man mit Hilfe der Bibliotheksfunktion malloc() Speicherplatz für Strings reserviert. Diese Funktion ist jedoch nicht darauf beschränkt, Speicherplatz für Strings zu reservieren; sie kann Speicher zu jedem Zweck reservieren. Der Trick ist, dass malloc() den Speicherplatz byteweise reserviert. Zur Erinnerung, der Prototyp von malloc() lautet:

void *malloc(size_t *num*);

Das Argument size_t ist in stdlib.h als unsigned_int oder unsigned long definiert. Die malloc()-Funktion reserviert num Byte Speicherplatz und liefert einen Zeiger auf das erste Byte zurück. Die Funktion liefert NULL zurück, wenn der angeforderte Speicherbereich nicht reserviert werden konnte. Gemäß dem ISO-Standard kann die Bibliothek je nach System eine Reihe von Dingen machen, wenn num == 0 ist. So kann die Bibliothek je nach Bedarf einen NULL-Zeiger oder einen gültigen Zeiger auf einen bestimmten Bereich im Speicher zurückgeben. Die GNU-C-Bibliothek, die Teil des GNU/Linux-Systems ist, verfolgt den zweiten Ansatz. Auch wenn ein gültiger Zeiger zurückgegeben wurde, kann die Größe des Speicherbereichs, auf den der Zeiger weist, nicht mit Sicherheit angegeben werden. Deshalb ist es nicht sicher, ihn zu verwenden.

Die Funktion calloc()

Die calloc()-Funktion reserviert ebenfalls Speicher. Anstatt eine Gruppe von Byte zu reservieren, wie das mit malloc() geschieht, reserviert calloc() eine Gruppe von Objekten. Der Funktionsprototyp lautet:

void *calloc(size_t **num**, size_t *size*);

Das Argument num ist die Anzahl der Objekte, die reserviert werden sollen, und size ist die Größe (in Byte) eines jeden Objekts. Bei erfolgreicher Reservierung, wird der reservierte Speicher initialisiert (auf 0 gesetzt), und die Funktion liefert einen Zeiger auf das erste Byte zurück. Wenn die Reservierung fehlschlägt oder num beziehungsweise size gleich 0 ist, liefert die Funktion NULL zurück.

Listing 18.2 verdeutlicht die Verwendung von calloc().

Listing 18.2: Mit der Funktion calloc() dynamisch Speicher reservieren.

```
1: /* Beispiel für calloc(). */
2:
3: #include <stdlib.h>
4: #include <stdio.h>
5:
```

Speicherallokation

```
 6: int main(void)
 7: {
 8:     unsigned anzahl;
 9:     int *zgr;
10:
11:     printf("Für wie viele int-Werte soll Speicher reserviert werden: ");
12:     scanf("%d", &anzahl);
13:
14:     zgr = (int*)calloc(anzahl, sizeof(int));
15:
16:     if (zgr != NULL)
17:         puts("Die Speicherallokation war erfolgreich.");
18:     else
19:         puts("Die Speicherallokation ist fehlgeschlagen.");
20:     return(0);
21: }
```

```
Für wie viele int-Werte soll Speicher reserviert werden: 100
Die Speicherallokation war erfolgreich.
```

Lassen Sie sich nicht dazu verführen, übermäßig große Werte am Befehlsprompt einzugeben. Wenn Sie Speicherplatz anfordern, der erheblich über der Größe des physisch verfügbaren Speichers liegt, kann das dazu führen, dass Linux alle gerade ausgeführten Anwendungen in den virtuellen Speicher auf der Festplatte umlagert. Anwendungen auf die Festplatte zu umlagern, kann etliche Minuten dauern. Während dieser Zeit wird Ihr Linux-Rechner nur sehr langsam auf Maus- und Tastaturbefehle reagieren. Doch nach einiger Zeit wird das Programm zu Ende sein und eine der beiden Meldungen ausgeben. Es kann jedoch einige Minuten dauern, bis Linux Ihr Programm beendet hat und die Anwendungen wieder vom virtuellen Speicher in den physischen Speicher schreibt.

Dieses Programm fordert Sie in Zeile 11 auf, einen Wert einzugeben. Diese Zahl legt fest, wie viel Speicherbereich das Programm zu reservieren versucht. Das Programm ist bemüht, so viel Speicher zu reservieren (Zeile 14), wie für die Aufnahme der angegebenen Anzahl an int-Variablen benötigt wird. Wenn die Speicherallokation fehlschlägt, lautet der Rückgabewert von calloc() NULL. Andernfalls wird ein Zeiger auf den reservierten Speicher zurückgeliefert. In unserem Programm wird der Rückgabewert von calloc() in den int-Zeiger zgr kopiert. Die if-Anweisung in den Zeilen 16 bis 19 prüft anhand des Wertes von zgr, ob die Speicherallokation erfolgreich war, und gibt eine entsprechende Meldung aus.

Die Funktion realloc()

Mit der Funktion realloc() können Sie die Größe eines Speicherblocks ändern, der zuvor mit malloc() oder calloc() reserviert wurde. Der Funktionsprototyp lautet:

void *realloc(void *ptr, size_t *size*);

Das Argument ptr ist ein Zeiger auf den ursprünglichen Speicherblock. Die neue Größe in Byte wird in size angegeben. Das Ergebnis von realloc() hängt von verschiedenen Faktoren ab:

▸ Wenn genügend Platz vorhanden ist, um den Speicherblock, auf den ptr zeigt, zu erweitern, wird der zusätzliche Speicher reserviert, und die Funktion liefert ptr zurück.

▸ Wenn nicht genügend Platz vorhanden ist, um den aktuellen Block an seiner aktuellen Stelle zu erweitern, wird ein neuer Block mit dem Umfang size reserviert und die bestehenden Daten werden vom alten Block an den Anfang des neuen Blocks kopiert. Der alte Block wird freigegeben und die Funktion liefert einen Zeiger auf den neuen Block zurück.

▸ Wenn das ptr-Argument NULL ist, verhält sich die Funktion wie malloc(), das heißt, sie reserviert einen Block von size Byte und liefert einen Zeiger darauf zurück.

▸ Wenn das Argument size gleich 0 ist, wird der Speicher, auf den ptr zeigt, freigegeben und die Funktion liefert NULL zurück.

▸ Wenn für die erforderliche Speicherreservierung (sei es die Erweiterung des alten Blocks oder die Reservierung eines neuen) nicht genug Speicher vorhanden ist, liefert die Funktion NULL zurück und der originale Block wird unverändert beibehalten.

Listing 18.3 veranschaulicht den Einsatz der Funktion realloc().

Listing 18.3: Mit realloc() die Größe eines dynamisch reservierten Speicherblocks vergrößern.

```
1: /* Mit realloc() reservierten Speicher vergrößern. */
2:
3: #include <stdio.h>
4: #include <stdlib.h>
5: #include <string.h>
6:
7: int main(void)
8: {
9:     char puffer[80], *meldung;
```

```
10:
11:     /* Einen String einlesen. */
12:
13:     puts("Geben Sie eine Textzeile ein.");
14:     fgets(puffer,80,stdin);
15:     puffer[strlen(puffer)-1] = 0;   /* Entfernt Neue-Zeile-Zeichen. */
16:
17:     /* Reserviert ersten Block und kopiert String dort hinein. */
18:     meldung = realloc(NULL, strlen(puffer)+1);
19:     strcpy(meldung, puffer);
20:
21:     /* Meldung ausgeben. */
22:
23:     puts(meldung);
24:
25:     /* Liest einen weiteren String vom Anwender ein. */
26:
27:     puts("Geben Sie eine weitere Textzeile ein.");
28:     fgets(puffer,80,stdin);
29:     puffer[strlen(puffer)-1] = 0;   /*Entfernt Neue-Zeile-Zeichen.*/
30:
31:     /* Vergrößert den Speicherblock und hängt dann den String an. */
32:
33:     meldung = realloc(meldung,(strlen(meldung) + strlen(puffer)+1));
34:     strcat(meldung, puffer);
35:
36:     /* Gibt die neue Meldung aus. */
37:     puts(meldung);
38:     return(0);
39: }
```

Ausgabe

Geben Sie eine Textzeile ein.
Dies ist die erste Textzeile.
Dies ist die erste Textzeile.
Geben Sie eine weitere Textzeile ein.
Dies ist die zweite Textzeile.
Dies ist die erste Textzeile.Dies ist die zweite Textzeile.

Analyse

Dieses Programm liest in Zeile 14 einen eingegebenen String in ein Zeichenarray namens puffer ein. Anschließend wird der String an die Speicherstelle kopiert, auf die meldung zeigt (Zeile 19). Der Speicher, auf den meldung verweist, wurde in Zeile 18 mit Hilfe von realloc() reserviert. Die Funktion realloc() kann auch dann verwendet werden, wenn es keine vorangehende Speicherallokation gab. Durch die Übergabe von NULL als ersten Parameter weiß realloc(), dass dies die erste Allokation ist.

Zeile 28 liest einen zweiten String in den Puffer puffer ein. Dieser String wird an den bereits in meldung abgelegten String angehängt. Da meldung gerade groß genug ist, um den ersten String aufzunehmen, muss der Speicherbereich neu allokiert werden, um genügend Raum für den ersten und zweiten String zu enthalten. Dies geschieht in Zeile 33. Am Ende des Programms wird der neue verkettete String ausgegeben.

Die Funktion free()

Speicher der mit malloc() oder calloc() reserviert wird, wird vom dynamischen Speicher-Pool abgezweigt. Dieser Pool wird manchmal auch *Heap* genannt und ist vom Umfang begrenzt. Wenn Ihr Programm einen bestimmten dynamisch reservierten Speicherbereich nicht mehr benötigt, sollten Sie ihn deallokieren oder freigeben, damit er im weiteren Verlauf erneut verwendet werden kann. Um Speicher freizugeben, der dynamisch reserviert wurde, gibt es die Funktion free(). Ihr Prototyp lautet:

void free(void *ptr);

Mit free() geben Sie den Speicher, auf den ptr zeigt, wieder frei. Dieser Speicher muss mit malloc(), calloc() oder realloc() reserviert worden sein. Wenn ptr gleich NULL ist, bewirkt free() nichts. Ein Beispiel für free() finden Sie in Listing 18.4.

Listing 18.4: Mit free() zuvor dynamisch reservierten Speicher freigeben.

```
1:  /* Mit free() dynamisch reservierten Speicher freigeben. */
2:
3:  #include <stdio.h>
4:  #include <stdlib.h>
5:  #include <string.h>
6:
7:  #define BLOCKGROESSE 30000
8:
9:  int main(void)
10: {
11:     void *zgr1, *zgr2;
12:
13:     /* Einen Block reservieren. */
14:
15:     zgr1 = malloc(BLOCKGROESSE);
16:
17:     if (zgr1 != NULL)
```

```
18:            printf("Erste Allokation von %d Byte erfolgreich.\n"
                       ,BLOCKGROESSE);
19:        else
20:        {
21:            printf("Allokation von %d Byte misslungen.\n",
                       BLOCKGROESSE);
22:            exit(1);
23:        }
24:
25:        /* Weiteren Block allokieren. */
26:
27:        zgr2 = malloc(BLOCKGROESSE);
28:
29:        if (zgr2 != NULL)
30:        {
31:            /* Bei erfolgreicher Allokation Meldung ausgeben u. beenden */
32:
33:            printf("Zweite Allokation von %d Byte erfolgreich.\n",
34:                    BLOCKGROESSE);
35:            exit(0);
36:        }
37:
38:        /* Wenn nicht erfolgreich, ersten Block freigeben und
              erneut versuchen.*/
39:
40:        printf("Zweiter Versuch, %d Byte zu reservieren, misslungen.\n"
                   ,BLOCKGROESSE);
41:        free(zgr1);
42:        printf("\nErster Block wurde freigegeben.\n");
43:
44:        zgr2 = malloc(BLOCKGROESSE);
45:
46:        if (zgr2 != NULL)
47:            printf("Nach free(), Allokation von %d Byte erfolgreich.\n",
48:                    BLOCKGROESSE);
49:        return(0);
50: }
```

Ausgabe

```
Erste Allokation von 30000 Byte erfolgreich.
Zweite Allokation von 30000 Byte erfolgreich.
```

Analyse

Dieses Programm versucht, zwei Speicherblöcke dynamisch zu reservieren. Die Konstante BLOCKGROESSE wird definiert, um festzulegen, wie viel Speicher zu reservieren ist. Zeile 15 nimmt die erste Allokation mit malloc() vor. Die Zeilen 17 bis 23 prüfen anhand des Rückgabewertes, ob die Speicherreservierung erfolgreich war (Rückgabewert ungleich NULL) oder nicht, und geben eine entsprechende Meldung aus. Wenn die Allokation fehlgeschlagen ist, wird das Programm beendet. Zeile 27 versucht, einen zweiten Speicherblock zu reservieren, wobei erneut geprüft wird, ob die Allokation erfolgreich war (Zeilen 29 bis 36). War die zweite Allokation erfolgreich, wird das Programm mit einem Aufruf von exit() beendet. Andernfalls wird eine Meldung ausgegeben, die den Anwender über das Scheitern der Speicherreservierung informiert. Der erste Block wird dann mit free() wieder freigegeben (Zeile 41), und es wird ein neuer Versuch, den zweiten Block zu reservieren, gestartet.

Auf Systemen wie Linux, die über einen großen virtuellen Speicher verfügen, sollten die beiden Allokationen immer erfolgreich sein. Auf Systemen mit weniger Speicher könnte die Ausgabe des Programms wie folgt aussehen:

```
Erste Allokation von 30000 Byte erfolgreich.
Zweiter Versuch, 30000 Byte zu reservieren, misslungen.
Erster Block wurde freigegeben.
Nach free(), Allokation von 30000 Byte erfolgreich.
```

Was Sie tun sollten	**Was nicht**
Geben Sie reservierten Speicher frei, wenn Sie ihn nicht mehr benötigen.	Gehen Sie nie davon aus, dass ein Aufruf von malloc(), calloc() oder realloc() erfolgreich war. Mit anderen Worten, prüfen Sie immer, ob der Speicher auch wirklich reserviert wurde.

Speicherblöcke manipulieren

Die bisherigen Abschnitte haben Ihnen gezeigt, wie man Speicherblöcke reserviert und wieder freigibt. Die C-Bibliothek enthält aber auch Funktionen, mit denen man Speicherblöcke manipulieren kann – zum Beispiel alle Byte in einem Block auf einen bestimmten Wert setzen oder Informationen von einer Stelle zu einer anderen verschieben.

Die Funktion memset()

Um alle Bytes in einem Speicherblock auf einen bestimmten Wert zu setzen, können Sie memset() verwenden. Der Funktionsprototyp lautet:

void *memset(void *dest, int c, size_t count);

Das Argument dest zeigt auf den Speicherblock. c ist der Wert, der zugewiesen werden soll, und count ist die Anzahl Bytes, die ab dest gesetzt werden soll. Beachten Sie, dass, obwohl c vom Typ int ist, es wie vom Typ char behandelt wird. Mit anderen Worten, nur das niedere Byte wird verwendet, und Sie können für c nur Werte zwischen 0 und 256 angeben.

Nutzen Sie memset(), um einen Speicherblock mit einem speziellen Wert zu initialisieren. Da diese Funktion nur einen Initialisierungswert vom Typ char verwenden kann, ist es nicht besonders sinnvoll, mit Blöcken zu arbeiten, die diesem Datentyp nicht entsprechen, es sei denn, Sie wollen mit 0 initialisieren. Mit anderen Worten, es wäre nicht besonders effizient, mit memset() ein Array vom Typ int mit dem Wert 99 zu initialisieren, aber Sie könnten alle Array-Elemente mit dem Wert 0 initialisieren. Ein Beispiel für memset() finden Sie in Listing 18.5.

Die Funktion memcpy()

memcpy() kopiert Datenbytes zwischen Speicherblöcken, manchmal auch Puffer genannt, hin und her. Die Funktion schenkt dem Typ der zu kopierenden Daten keine Beachtung – sie erstellt einfach eine exakte Byte-für-Byte-Kopie. Der Funktionsprototyp lautet:

void *memcpy(void *dest, void *src, size_t count);

Die Argumente dest und src zeigen jeweils auf den Ziel- und Quellspeicherblock. count gibt die Anzahl der zu kopierenden Bytes an. Der Rückgabewert ist dest. Wenn sich die beiden Speicherblöcke überlappen, arbeitet die Funktion eventuell nicht ordnungsgemäß – einige der Daten in src können überschrieben werden, bevor eine Kopie davon erstellt wird. Verwenden Sie deshalb für überlappende Speicherblöcke die nachfolgend wird Funktion memmove(). Ein Beispiel für memcpy() finden Sie in Listing 18.5.

Die Funktion memmove()

memmove() ist memcpy() sehr ähnlich. Auch hiermit wird eine angegebene Anzahl von Byte von einem Speicherblock in einen anderen kopiert. Sie ist jedoch flexibler, da in dieser Funktion überlappende Speicherblöcke keine Schwierigkeit darstellen. Da memmove() den gleichen Leistungsumfang wie memcpy() hat, darüber hinaus aber auch mit überlappenden Blöcken umgehen kann, werden Sie nur sehr selten, wenn überhaupt, eine Veranlassung haben, memcpy() zu verwenden. Der Prototyp von memmove() lautet:

```
void *memmove(void *dest, void *src, size_t count);
```

Die Argumente dest und src zeigen jeweils auf den Ziel- und Quellspeicherblock. count gibt die Anzahl der zu kopierenden Bytes an. Der Rückgabewert ist dest. Wenn sich die zwei Speicherblöcke überlappen, stellt diese Funktion zuvor sicher, dass die Quelldaten in dem überlappten Bereich kopiert wurden, bevor sie überschrieben werden. In Listing 18.5 finden Sie Beispiele für memset(), memcpy() und memmove().

Listing 18.5: Ein Beispiel für memset(), memcpy() und memmove().

```
1 : /* Beispiele für memset(), memcpy()und memmove(). */
2 :
3 : #include <stdio.h>
4 : #include <string.h>
5 :
6 : char meldung1[60] = " Vier Hunde und sieben kleine Katzen...";
7 : char meldung2[60] = "abcdefghijklmnopqrstuvwxyz";
8 : char temp[60];
9 :
10: int main(void)
11: {
12:     printf("meldung1[] vor memset():\t%s\n", meldung1);
13:     memset(meldung1 + 5, '@', 10);
14:     printf("\nmeldung1[] nach memset():\t%s\n", meldung1);
15:
16:     strcpy(temp, meldung2);
17:     printf("\nOriginalmeldung: %s\n", temp);
18:     memcpy(temp + 4, temp + 16, 10);
19:     printf("Nach memcpy() ohne Überlappung:\t%s\n", temp);
20:     strcpy(temp, meldung2);
21:     memcpy(temp + 6, temp + 4, 10);
22:     printf("Nach memcpy() mit Überlappung:\t%s\n", temp);
23:
24:     strcpy(temp, meldung2);
25:     printf("\nOriginalmeldung: %s\n", temp);
26:     memmove(temp + 4, temp + 16, 10);
27:     printf("Nach memmove() ohne Überlappung:\t%s\n", temp);
28:     strcpy(temp, meldung2);
29:     memmove(temp + 6, temp + 4, 10);
30:     printf("Nach memmove() mit Überlappung:\t%s\n", temp);
31:     return (0);
32: }
```

Speicherblöcke manipulieren

Ausgabe

```
meldung1[] vor memset():     Vier Hunde und sieben kleine Katzen...
meldung1[] nach memset():    Vier@@@@@@@@@@ sieben kleine Katzen...

Originalmeldung: abcdefghijklmnopqrstuvwxyz
Nach memcpy() ohne Überlappung: abcdqrstuvwxyzopqrstuvwxyz
Nach memcpy() mit Überlappung:  abcdefefefijijmnqrstuvwxyz

Originalmeldung: abcdefghijklmnopqrstuvwxyz
Nach memmove() ohne Überlappung:    abcdqrstuvwxyzopqrstuvwxyz
Nach memmove() mit Überlappung:     abcdefefghijklmnqrstuvwxyz
```

Analyse

Die Funktionsweise von memset() ist einfach. Beachten Sie, wie wir mit Hilfe des Zeigerausdrucks meldung1 + 5 die Funktion memset() anweisen, erst ab dem sechsten Zeichen von meldung1[] mit dem Setzen des Klammeraffen zu beginnen (zur Erinnerung, Arrays beginnen mit dem Index Null). Als Ergebnis werden das sechste bis fünfzehnte Zeichen von meldung1[] durch den Klammeraffen @ ersetzt.

Wenn Quelle und Ziel nicht überlappen, gibt es mit memcpy() keine Probleme. Die zehn Zeichen von temp[], die bei Position 17 beginnen (die Buchstaben q bis z) wurden in die Positionen 5 bis 14 kopiert. An diesen Stellen haben sich zuvor die Buchstaben e bis n befunden. Wenn sich jedoch Quelle und Ziel überlappen, sehen die Dinge anders aus. Wenn die Funktion versucht, zehn Zeichen ab Position 4 an die Position 6 zu kopieren, kommt es zu einer Überlappung an acht Positionen. Ihren Erwartungen zufolge sollten die Buchstaben e bis n über die Buchstaben g bis p kopiert werden, aber statt dessen werden die Buchstaben e und f fünfmal wiederholt.

Gibt es keine Überlappung, funktioniert memmove() wie memcpy(). Im Falle einer Überlappung jedoch kopiert memmove() die ursprünglichen Quellzeichen in das Ziel.

Was Sie tun sollten	Was nicht
Verwenden Sie memmove() anstelle von memcpy(), es könnte ja sein, dass sich die Speicherbereiche überlappen.	Versuchen Sie nicht, mit memset() Arrays vom Typ int, float oder double mit einem anderen Wert als 0 zu initialisieren.

Mit Bits arbeiten

Wie Sie vielleicht wissen, ist die elementarste Speichereinheit für Computerdaten das Bit. Es gibt Zeiten, da ist es sehr nützlich, wenn Sie wissen, wie man die einzelnen Bits in den Daten Ihres C-Programms manipuliert. In C gibt es dafür einige Möglichkeiten.

Die Bit-Operatoren von C ermöglichen es Ihnen, die einzelnen Bits von Integer-Variablen zu manipulieren. Zur Erinnerung, ein *Bit* ist die kleinstmögliche Einheit zur Datenspeicherung und kann nur einen von zwei Werten annehmen: 0 oder 1. Die Bit-Operatoren können nur mit Integer-Typen verwendet werden: `char`, `int` und `long`. Bevor wir mit diesem Abschnitt fortfahren, sollten Sie mit der Binärnotation vertraut sein – der Notation, die der Computer intern zur Codierung und Speicherung von Integer-Werten verwendet.

Die Bit-Operatoren werden am häufigsten dann verwendet, wenn Ihr C-Programm direkt mit der Hardware Ihres Systems interagiert – ein Thema, das hier aus Platzgründen leider nicht besprochen werden kann. Es gibt aber auch noch andere Anwendungsbereiche, die ich in den folgenden Abschnitten vorstellen möchte.

Die Shift-Operatoren

Es gibt zwei Shift-Operatoren, die die Bits in einer Integer-Variablen um eine angegebene Anzahl an Positionen verschieben. Der <<-Operator verschiebt die Bits nach links und der >>-Operator nach rechts. Die Syntax für diese binären Operatoren lautet:

x << n

und

x >> n

Jeder dieser Operatoren verschiebt die Bits in x um n Positionen in die angegebene Richtung. Bei einer Rechtsverschiebung werden die n höheren Bits der Variable mit Nullen aufgefüllt. Bei einer Linksverschiebung werden die n niederen Bits der Variable mit Nullen aufgefüllt.

Binär 00001100 (dezimal 12) wird nach Rechtsverschiebung um 2 zu binär 00000011 (dezimal 3).

Binär 00001100 (dezimal 12) wird nach Linksverschiebung um 3 zu binär 01100000 (dezimal 96).

Binär 00001100 (dezimal 12) wird nach Rechtsverschiebung um 3 zu binär 00000001 (dezimal 1).

Binär 00110000 (dezimal 48) wird nach Linksverschiebung um 3 zu binär 10000000 (dezimal 128).

Unter bestimmten Umständen können die Shift-Operatoren für eine Division oder Multiplikation einer Integer-Variablen um ein Vielfaches von 2 verwendet werden. Die Linksverschiebung eines Integers um n Stellen hat den gleichen Effekt wie die Multiplikation mit 2^n, und die Rechtsverschiebung eines Integers hat den gleichen Effekt wie die Division durch 2^n. Die Ergebnisse einer Multiplikation durch Linksverschiebung sind nur dann korrekt, wenn es keinen Überlauf gibt – das heißt, wenn keine Bits aus den höheren Positionen geschoben werden und so »verloren gehen«. Eine Division durch Rechtsverschiebung ist eine Integer-Division, in der der Nachkommateil des Ergebnisses verloren geht. Wenn Sie zum Beispiel den Wert 5 (binär 00000101) mit der Absicht, durch 2 zu dividieren, nach rechts verschieben, lautet das Ergebnis 2 (binär 00000010) anstatt des korrekten Wertes 2.5, da der Nachkommateil (.5) verloren gegangen ist. Listing 18.6 zeigt den Einsatz der Shift-Operatoren.

Listing 18.6: Die Shift-Operatoren.

```
1 : /* Beispiel für die Shift-Operatoren. */
2 :
3 : #include <stdio.h>
4 :
5 : int main(void)
6 : {
7 :     unsigned char y, x = 255;
8 :     int count;
9 :
10:     printf("%s %15s %13s\n","Dezimal","Linksverschiebung","Ergebnis");
11:
12:     for (count = 1; count < 8; count++)
13:     {
14:         y = x << count;
15:         printf("%6d %12d %16d\n", x, count, y);
16:     }
17:     printf("%s %16s %13s\n","Dezimal","Rechtsverschiebung","Ergebnis");
18:
19:     for (count = 1; count < 8; count++)
20:     {
21:         y = x >> count;
22:         printf("%6d %12d %16d\n", x, count, y);
23:     }
24:     return(0);
25: }
```

Ausgabe

```
Dezimal    Linksverschiebung    Ergebnis
  255              1               254
  255              2               252
  255              3               248
  255              4               240
  255              5               224
  255              6               192
  255              7               128
Dezimal    Rechtsverschiebung   Ergebnis
  255              1               127
  255              2                63
  255              3                31
  255              4                15
  255              5                 7
  255              6                 3
  255              7                 1
```

Die logischen Bit-Operatoren

Es gibt drei logische Bit-Operatoren, mit denen die einzelnen Bits in einem Integer-Datentyp manipuliert werden können (siehe Tabelle 18.1). Diese Operatoren tragen zum Teil die gleichen Namen wie die logischen WAHR/FALSCH-Operatoren, die Sie bereits früher kennen gelernt haben, unterscheiden sich aber in der Funktionsweise.

Operator	Aktion
&	AND
|	OR
^	XOR (exklusives OR)

Tabelle 18.1: Die logischen Bit-Operatoren.

Dies alles sind binäre Operatoren, die die Bits im Ergebnis je nach den Bits in den Operanden auf 1 oder 0 setzen:

▶ Das bitweise AND setzt das Bit im Ergebnis nur dann auf 1, wenn die entsprechenden Bits in beiden Operanden 1 sind. Andernfalls wird das Bit auf 0 gesetzt. Der AND-Operator wird dazu verwendet, um ein oder mehrere Bits in einem Wert auszuschalten oder zu löschen.

Mit Bits arbeiten

▶ Das bitweise inklusive OR setzt das Bit im Ergebnis nur dann auf 0, wenn die entsprechenden Bits in beiden Operanden 0 sind. Andernfalls wird das Bit auf 1 gesetzt. Der OR-Operator wird dazu verwendet, um ein oder mehrere Bit in einem Wert anzuschalten oder zu setzen.

▶ Das bitweise exklusive OR setzt das Bit in dem Ergebnis auf 1, wenn die entsprechenden Bits in den Operanden unterschiedlich sind (das heißt, wenn eines 1 und das andere 0 ist). Andernfalls wird das Bit auf 0 gesetzt.

Im Folgenden sehen Sie einige Beispiele für die Arbeitsweise dieser Operatoren:

Operation	Beispiel
AND	11110000
	& 01010101

	01010000
OR	11110000
	| 01010101

	11110101
XOR	11110000
	^ 01010101

	10100101

Was bedeutet es, wenn man mit Hilfe der Bit-Operatoren Bits in einem Integer-Wert setzt beziehungsweise löscht? Angenommen Sie haben eine Variable vom Typ char und wollen, dass die Bits in den Positionen 0 und 4 gelöscht werden (das heißt gleich 0 werden), während die anderen Bits ihre ursprünglichen Werte beibehalten sollen. Wenn Sie die Variable mit Hilfe des AND-Operators mit dem binären Wert 11101110 verrechnen, erhalten Sie das gewünschte Ergebnis. Der Ablauf ist folgender:

An jeder Position, an der im zweiten Wert eine 1 steht, wird das Ergebnis den gleichen Wert (1 oder 0) haben, der an dieser Position in der ursprünglichen Variablen steht:

0 & 1 == 0
1 & 1 == 1

An jeder Position, an der im zweiten Wert eine 0 steht, wird das Ergebnis auf 0 gesetzt, unabhängig von dem Wert, der an dieser Stelle in der ursprünglichen Variablen gestanden hat:

```
0 & 0 == 0
1 & 0 == 0
```

Das Setzen von Bits mit OR funktioniert ähnlich. An jeder Position, an der im zweiten Wert eine 1 steht, wird das Ergebnis eine 1 sein, und an jeder Position, an der im zweiten Wert eine 0 steht, bleibt das Ergebnis unverändert.

```
0 | 1 == 1
1 | 1 == 1
0 | 0 == 0
1 | 0 == 1
```

Der Komplement-Operator

Der letzte Bit-Operator ist der Komplement-Operator ~. Dabei handelt es sich um einen unären Operator. Seine Aufgabe besteht darin, jedes Bit in seinem Operanden umzukehren, das heißt alle 0-en in 1-en umzuwandeln und umgekehrt. So würde ~254 (binär 11111110) zu 1 (binär 00000001) ausgewertet.

Alle Beispiele in diesem Abschnitt beruhen auf Variablen vom Typ char, die 8 Bit enthalten. Das Gelernte lässt sich jedoch direkt auf größere Variablen, wie vom Typ int oder vom Typ long, übertragen.

Bitfelder in Strukturen

Das letzte Thema, das ich im Kontext der Bitprogrammierung ansprechen möchte, ist der Einsatz von Bitfeldern in Strukturen. Am Tag 10, »Strukturen«, haben Sie gelernt, wie Sie eigene Datenstrukturen definieren können, die den Daten Ihres Programms entsprechen. Durch den Einsatz von Bitfeldern können Sie noch eine genauere Anpassung vornehmen und darüber hinaus Speicherplatz sparen.

Ein *Bitfeld* ist ein Strukturelement, das eine bestimmte Anzahl an Bits enthält. Sie können ein Bitfeld mit einem, zwei oder einer beliebig großen Zahl an Bits deklarieren, je nachdem wie viele Sie benötigen, um die im Feld zu speichernden Daten aufzunehmen. Welchen Vorteil können Sie daraus ziehen?

Angenommen Sie programmieren eine Angestelltendatenbank, in der Datensätze über die Angestellten der Firma verwaltet werden. Viele der Informationen, die in der Datenbank gespeichert werden, haben Ja/Nein-Charakter, wie zum Beispiel »Hat der Angestellte an den zahnärztlichen Untersuchungen teilgenommen?« oder »Hat der Angestellte einen Universitätsabschluss?« Jede Ja/Nein-Information kann in einem einzigen Bit gespeichert werden, wobei 1 für Ja steht und 0 für Nein.

Mit Bits arbeiten

Unter Zugrundelegung der Standarddatentypen ist der Typ char der kleinste Typ von C, der in einer Struktur verwendet werden kann. Natürlich können Sie ein Strukturelement vom Typ char für die Aufnahme von Ja/Nein-Daten verwenden, doch wären dann sieben der acht Bit des char-Typs verschwendeter Speicherplatz. Wenn Sie Bitfelder verwenden, können Sie acht Ja/Nein-Werte in einem einzigen char-Typ speichern.

Bitfelder sind nicht nur beschränkt auf Ja/Nein-Werte. Bauen wir unser Datenbankbeispiel etwas weiter aus und stellen wir uns vor, dass Ihre Firma drei besondere Sozialversicherungspläne anbietet. Ihre Datenbank soll speichern, unter welchen Plan jeder einzelne Angestellt fällt (falls überhaupt). Sie können 0 für die normale gesetzliche Sozialversicherung wählen und die Werte 1, 2 und 3 für die drei verschiedenen Pläne. Ein Bitfeld mit zwei Bit reicht aus, da zwei binäre Bit die Werte 0 bis 3 darstellen können. Entsprechend kann ein Bitfeld mit drei Bit Werte im Bereich von 0 bis 7 aufnehmen, vier Bit den Wertebereich 0 bis 15 und so weiter.

Bitfelder erhalten eigene Namen, so dass man auf die Bitfelder in der gleichen Weise zugreifen kann wie auf die regulären Strukturelemente. Alle Bitfelder sind vom Typ unsigned int, die Größe des Feldes (in Bit) geben Sie an, indem Sie an den Elementnamen einen Doppelpunkt und die Anzahl der Bits anhängen. Die Definition einer Struktur, die ein 1-Bit-Element namens zahn, ein weiteres 1-Bit-Element namens uni und ein 2-Bit-Element namens gesund enthält, lautet folgendermaßen:

```
struct ang_daten {
unsigned zahn         : 1;
unsigned uni          : 1;
unsigned gesund       : 2;
...
};
```

Die Ellipse (...) soll andeuten, dass noch Platz für weitere Strukturelemente vorhanden ist. Die Elemente können Bitfelder sein oder Felder, die aus regulären Datentypen bestehen. Um auf die Bitfelder zuzugreifen, verwenden Sie, wie bei den anderen Strukturelementen, den Punktoperator. Sie könnten obige Strukturdefinition beispielsweise wie folgt erweitern, so dass sie richtig nützlich ist:

```
struct ang_daten {
unsigned zahn         : 1;
unsigned uni          : 1;
unsigned gesund       : 2;
char vname[20];
char nname[20];
char svnummer[10];
};
```

Anschließend können Sie ein Array von Strukturen deklarieren:

```
struct ang_daten arbeiter[100];
```

und dem ersten Array-Element wie folgt Werte zuweisen:

```
arbeiter[0].zahn = 1;
arbeiter[0].uni = 0;
arbeiter[0].gesund = 2;
strcpy(arbeiter[0].vname, "Mildred");
```

Ihr Code wäre natürlich verständlicher, wenn Sie für die Arbeit mit 1-Bit-Feldern die Werte 1 und 0 durch die symbolischen Konstanten JA und NEIN ersetzt hätten. Sie behandeln jedoch auf alle Fälle jedes Bitfeld als einen kleinen vorzeichenlosen Integer mit der angegebenen Anzahl an Bits. Der Wertebereich, der einem Bitfeld mit n Bit zugewiesen werden kann, reicht von 0 bis 2^{n-1}. Wenn Sie versuchen, einem Bitfeld einen Wert außerhalb des Gültigkeitsbereichs zuzuweisen, erhalten Sie keine Fehlermeldung vom Compiler, jedoch unvorhersehbare Ergebnisse.

Was Sie tun sollten	Was nicht
Verwenden Sie vordefinierte Konstanten wie JA und NEIN oder WAHR und FALSCH, wenn Sie mit Bits arbeiten. Damit lässt sich der Quelltext wesentlich leichter lesen als bei Verwendung von 1 und 0.	Definieren Sie keine Bitfelder, die 8 oder 32 Bit belegen. Diese entsprechen Variablen vom Typ char oder int.

Zusammenfassung

Heute haben wir eine Reihe von fortgeschrittenen Themen behandelt. Sie haben gelernt, wie man Speicher zur Laufzeit reserviert, neu reserviert und freigibt und die Speicherallokation flexibler gestalten kann. Es wurde Ihnen gezeigt, wie und wann man Typumwandlungen für Variablen und Zeiger einsetzt. Übersehene oder falsch verwendete Typumwandlungen sind eine häufige und schwer aufzuspürende Fehlerquelle. Es lohnt sich deshalb, dieses Thema zu wiederholen! Ich haben Ihnen darüber hinaus die Funktionen memset(), memmove() und memcpy() vorgestellt, mit denen Sie Speicherblöcke manipulieren können. Zum Schluss habe ich Ihnen gezeigt, wie Sie einzelne Bits in Ihren Programmen einsetzen und manipulieren können.

Fragen und Antworten

F Worin liegen die Vorteile der dynamischen Speicherallokation? Warum kann ich den Speicherplatz, den ich benötige, nicht einfach in meinem Quelltext deklarieren?

A Wenn Sie all Ihren Speicherbedarf in Ihrem Quellcode deklarieren, ist der verfügbare Speicher in Ihrem Programm fest. Sie müssen bereits im Vorhinein beim Schreiben des Programms wissen, wie viel Speicher Sie benötigen. Dank der dynamischen Speicherallokation kann Ihr Programm auf der Basis der aktuellen Bedingungen und etwaiger Benutzereingabe die Steuerung des Speicherbedarfs übernehmen.

F Warum soll ich überhaupt Speicher freigeben?

A Wenn Sie Neuling in der C-Programmierung sind, werden Ihre Programme voraussichtlich nicht sehr groß sein. Doch mit zunehmender Programmgröße steigt der Speicherbedarf. Sie sollten versuchen, Programme zu schreiben, die möglichst effizient mit dem Speicher umgehen. Dazu gehört, dass man Speicher, den man nicht mehr benötig, wieder freigibt. Wenn Sie in einer Multitasking-Umgebung arbeiten, kann es andere Anwendungen geben, die den Speicher benötigen, den Sie nicht mehr brauchen.

F Was passiert, wenn ich einen String wiederverwende, ohne `realloc()` aufzurufen?

A Sie müssen `realloc()` nicht aufrufen, wenn für den von Ihnen verwendeten String genug Speicher reserviert wurde. Rufen Sie `realloc()` auf, wenn Ihr aktueller String nicht groß genug ist. Denken Sie daran, dass der C-Compiler Ihnen fast alles durchgehen lässt, auch Dinge, die Sie nicht machen sollten! Sie können einen String mit einem größeren String überschreiben, solange die Länge des neuen Strings gleich oder kleiner als der reservierte Speicherplatz des Originalstrings ist. Wenn jedoch der neue String größer ist, überschreiben Sie den Speicher, der auf den Bereich folgt, der für den Originalstring reserviert wurde. Wenn Sie Glück haben, ist der Speicherplatz nicht belegt, wenn Sie Pech haben, stehen dort wichtige Daten. Wenn Sie einen größeren Speicherabschnitt reservieren möchten, rufen Sie `realloc()` auf.

F Welche Vorzüge haben die Funktionen `memset()`, `memcpy()` und `memmove()`? Warum kann ich nicht einfach eine Schleife mit einer Zuweisung verwenden, um Speicher zu initialisieren oder zu kopieren?

A In einigen Fällen können Sie eine Schleife mit einer Zuweisung verwenden, um Speicher zu initialisieren. Ehrlich gesagt, ist dies in manchen Fällen der einzige Weg – zum Beispiel wenn Sie alle Elemente eines `float`-Array auf den Wert 1.23 setzen wollen. In anderen Situationen, wo der Speicher nicht für

TAG 18 — Vom Umgang mit dem Speicher

ein Array oder eine Liste reserviert wurde, sind die `mem...()`*-Funktionen die einzige Möglichkeit. Schließlich gibt es Fälle, in denen eine Schleife und eine Zuweisung möglich, aber die* `mem...()`*-Funktionen einfacher und schneller sind.*

F *Wann kommen die Shift-Operatoren und die logischen Bit-Operatoren zum Einsatz?*

A *Am häufigsten werden diese Operatoren eingesetzt, wenn ein Programm direkt mit der Computer-Hardware interagiert – eine Aufgabe, die oft die Erzeugung und Interpretation besonderer Bitmuster erforderlich macht. Leider kann dieses Thema im Rahmen dieses Buches nicht behandelt werden. Aber auch wenn Sie nie in Situationen kommen, wo Sie die Hardware direkt manipulieren müssen, können Sie die Shift-Operatoren nutzen – beispielsweise um Integerwerte mit Vielfachen von 2 zu dividieren oder zu multiplizieren.*

F *Gewinne ich wirklich so viel durch die Verwendung von Bitfeldern?*

A *Ja, der Gewinn durch den Einsatz von Bitfeldern ist nicht unerheblich. Betrachten wir einen Fall, der dem heutigen Beispiel sehr ähnlich ist und in dem Daten aus einer Umfrage in einer Datei gespeichert werden. Die Befragten sollen jede Frage mit* `Wahr` *oder* `Falsch` *beantworten. Wenn Sie 10.000 Leuten je 100 Fragen stellen und jede Antwort als* `W` *oder* `F` *vom Typ* `char` *abspeichern, benötigen Sie 10.000 x 100 Byte Speicher (da jedes Zeichen 1 Byte groß ist). Dies entspricht 1 Million Byte an Speicherbedarf. Wenn Sie statt dessen Bitfelder verwenden und für jede Antwort ein Bit reservieren, benötigen Sie 10.000 x 100 Bit. Da 1 Byte 8 Bit enthält, entspricht dies einem Betrag von 130.000 Byte an Daten, was doch erheblich geringer ist als 1 Million Byte.*

Workshop

Der Workshop enthält Quizfragen, die Ihnen helfen sollen, Ihr Wissen zu festigen, sowie Übungen, die Sie anregen sollen, das Gelernte umzusetzen und eigene Erfahrungen zu sammeln. Die Lösungen zu den Fragen und den Übungen finden Sie in Anhang C.

Quiz

1. Worin besteht der Unterschied zwischen den Speicherallokationsfunktionen `malloc()` und `calloc()`?
2. Nennen Sie den häufigsten Grund für Typumwandlung von numerischen Variablen?

3. Zu welchem Datentyp werden die folgenden Ausdrücke ausgewertet, wenn c eine Variable vom Typ char, i eine Variable vom Typ int, l eine Variable vom Typ long und f eine Variable vom Typ float ist?

   a. (c + i + l)

   b. (i + 32)

   c. (c + 'A')

   d. (i + 32.0)

   e. (100 + 1.0)

4. Was versteht man unter dynamischer Reservierung von Speicher?
5. Worin besteht der Unterschied zwischen den Funktionen memcpy() und memmove()?
6. Stellen Sie sich vor, Ihr Programm verwendet eine Struktur, die (als eines ihrer Elemente) den Tag der Woche als einen Wert zwischen 1 und 7 speichern muss. Welcher Weg ist am speicherschonendsten?
7. Was ist der kleinste Speicherbereich, in dem das aktuelle Datum gespeichert werden kann? (Hinweis: Tag/Monat/Jahr)
8. Als was wird 1000 << 4 ausgewertet?
9. Als was wird 8000 >> 4 ausgewertet?
10. Beschreiben Sie den Unterschied zwischen den Ergebnissen der folgenden zwei Ausdrücke (vorausgesetzt alle Zahlen sind binär):

    (01010101 ^ 11111111)
    (~01010101)

Übungen

1. Reservieren Sie mit malloc() Speicher für 1000 long-Variablen.
2. Reservieren Sie mit calloc() Speicher für 1000 long-Variablen.
3. Angenommen Sie haben folgendes Array deklariert:

   float daten[1000];

   Zeigen Sie zwei Möglichkeiten, alle Elemente des Arrays mit 0 zu initialisieren. Verwenden Sie für den einen Weg eine Schleife und eine Zuweisung und für die andere die memset()-Funktion.
4. **FEHLERSUCHE:** Ist an dem folgenden Code irgendetwas falsch?

   ```
   void funk()
   {
   ```

```
int zahl1 = 100, zahl2 = 3;
float antwort;
antwort = zahl1 / zahl2;
printf("%d/%d = %lf", zahl1, zahl2, antwort)
}
```

5. **FEHLERSUCHE:** Ist der folgende Code korrekt? Wenn nein, was ist falsch?

   ```
   void *p;
   p = (float*) malloc(sizeof(float));
   *p = 1.23;
   ```

6. **FEHLERSUCHE:** Ist die folgende Strukturdefinition korrekt?

   ```
   struct quiz_antworten {
   char student_name[15];
   unsigned antwort1    : 1;
   unsigned antwort2    : 1;
   unsigned antwort3    : 1;
   unsigned antwort4    : 1;
   unsigned antwort5    : 1;
   }
   ```

Zu den folgenden Übungen gibt es keine Antworten.

7. Schreiben Sie ein Programm, das sämtliche logischen Bit-Operatoren verwendet. Das Programm sollte die Bit-Operatoren auf eine Zahl anwenden und die Ergebnisse ausgeben. Schauen Sie sich die Ausgabe an und versuchen Sie, die Ergebnisse der Operationen zu erklären.

8. Schreiben Sie ein Programm, das den binären Wert einer Zahl ausgibt. Wenn der Anwender beispielsweise 3 eingibt, sollte das Programm 00000011 ausgeben. (Hinweis: Sie benötigen die Bit-Operatoren.)

Prozesse und Signale

Woche 3

Prozesse und Signale

Sicherlich haben Sie schon gehört, dass es sich bei Linux um ein Multitasking- und Mehrbenutzer-Betriebssystem handelt. Beides sind Konzepte, die unabdingbar dafür sind, dass man Linux sowohl auf Server- als auch auf Client-Rechnern einsetzen kann. Heute lernen Sie:

- was Prozesse sind und wie man sie steuert
- wie man mit Hilfe von `fork()` neue Prozesse startet
- was Signale sind und in welcher Beziehung sie zu den Prozessen stehen

Prozesse

Wenn die Leute davon sprechen, dass Linux ein Multitasking-Betriebssystem sei, meinen Sie damit, dass Linux mehrere Aufgaben gleichzeitig erledigen kann. Wenn Sie beispielsweise die Übungen aus diesem Buch bearbeiten, so verwenden Sie einen Texteditor zum Aufsetzen des Quellcodes, ein *xterm*-Fenster zum Kompilieren und Ausführen Ihrer Programme und unter Umständen auch den Gnome-Hilfe-Browser oder ein ähnliches Programm zum Lesen der Online-Dokumentationen. Jedes dieser Programme verhält sich dabei so, als ob es das einzige Programm wäre, das auf dem Computer ausgeführt wird.

Ermöglicht wird dies durch Linux, das sehr schnell – etwa 100-mal pro Sekunde oder mehr – zwischen den Programmen hin- und herschaltet. Beim Anwender, also Ihnen, entsteht dadurch der Eindruck, dass die Programme gleichzeitig ausgeführt werden. Wenn Sie sich einige der gerade in Ausführung befindlichen Programme anzeigen lassen möchten, tippen Sie hinter dem Befehlseingaben-Prompt den Befehl ps u ein. Danach wird Ihnen eine Aufstellung angezeigt, die ähnlich wie die nachfolgende Liste aufgebaut sein dürfte:

```
[erik@coltrane erikd]$ ps u
USER       PID %CPU %MEM   VSZ  RSS TTY      STAT START   TIME COMMAND
erik       914  0.0  0.2  1776  652 pts/5    S    Sep24   0:01 -bash
erik     11359  0.0  1.1  4516 2928 pts/5    S    Sep25   0:00 nedit list1901.c
erik     11362  0.0  0.9  4516 2928 pts/5    S    Sep25   0:00 nedit list1902.c
erik     11368  0.0  0.3  2528  908 pts/5    R    Sep25   0:00 ps u
```

Es ist extrem unwahrscheinlich, dass Sie genau die gleichen Daten angezeigt bekommen. Statt meiner User-ID, `erik`, werden Sie Ihre eigene User-ID sehen, und auch die Werte in den anderen Spalten dürften sich von den hier abgebildeten Daten unterscheiden. In obigem Beispiel zeigt der `ps`-Befehl drei Programme, aber vier Prozesse an: `bash` (der Kommandozeilen-Interpreter), zwei Instanzen des Texteditors `nedit` und den eigenen `ps`-Prozess. Welcher Unterschied besteht zwischen einem Programm und einem Prozess? Ein Programm ist eine ausführbare Datei, die auf der Festplatte

(Diskette etc.) abgespeichert ist. Ein Prozess dagegen ist die Instanz eines Programms, die gerade unter dem Betriebssystem ausgeführt wird.

Die obige Prozessliste zeigt wirklich nur einen kleinen Teil der Programme, die auf dem Rechner ausgeführt werden. Wenn Sie sich eine vollständige Liste anzeigen lassen wollen, tippen Sie den Befehl ps aux ein. Diese Liste kann gut und gerne 50 oder mehr Programme enthalten.

Uns interessieren im Moment allerdings mehr die Spalten der Liste, insbesondere die zweite Spalte mit der Überschrift PID, was für »process identifier« steht. Wenn unter Linux ein Programm ausgeführt wird, bekommt das Programm eine eindeutige Prozess-ID oder -kennung zugewiesen, die im Bereich zwischen 1 und 32767 liegt. Anhand dieser Prozess-ID – und nicht etwa anhand des möglicherweise mehrdeutigen Programmnamens (unter Umständen werden zwei Programme mit dem gleichen Namen ausgeführt) – kann das Betriebssystem in Ausführung befindliche Programme identifizieren und auf diese zugreifen. Wird ein Programm beendet, wird seine Prozess-ID freigegeben und kann später einem anderen Programm zugewiesen werden.

Am Tag 12, »Fortgeschrittene Programmsteuerung«, haben wir uns die Funktion system() angeschaut, die es einem Programm ermöglicht, ein anderes Programm aufzurufen. In so einem Fall bezeichnet man das Programm, das die Funktion system() aufruft, als Elternprozess und das Programm, das durch den Aufruf gestartet wird, als Kindprozess. Beide Prozesse erhalten eigene, eindeutige Prozess-IDs.

Linux stellt, wie die anderen Betriebssysteme der Unix-Familie auch, eine spezielle Funktion zur Verfügung, mit deren Hilfe man die PID eines Prozesses abfragen kann. Eine zweite Funktion erlaubt es einem Kindprozess, die PID seines Elternprozesses zu ermitteln. Beide Funktion sind in der Header-Datei unistd.h definiert:

```
pid_t getpid(void);
pid_t getppid(void);
```

Die erste Funktion, getpid(), liefert die PID des Prozesses zurück, der getpid() aufgerufen hat. Die zweite Funktion, getppid(), liefert die PID des Elternprozesses. Der Rückgabewert ist jeweils vom Typ pid_t, der in einer der in stdlib.h eingeschlossenen Header-Dateien als int definiert ist.

Listing 19.1 zeigt ein einfaches Beispiel für den Einsatz dieser Funktionen.

Listing 19.1: Die ID des aktuellen Prozesses und seines Elternprozesses ermitteln.

```
1 : /* Verwendung von getpid() und getppid(). */
2 : #include <stdio.h>
3 : #include <stdlib.h>
4 : #include <unistd.h>
```

```
 5 :
 6 : int main(void)
 7 : {
 8 :     pid_t  pid;
 9 :
10:     pid = getpid();
11:     printf ("Meine PID = %d\n", pid) ;
12:
13:     pid = getppid();
14:     printf ("Die PID meines Eltern = %d\n", pid) ;
15:
16:     return 0;
17: }
```

Ausgabe

```
Meine PID = 12179
Die PID meines Eltern = 914
```

Analyse

Das Programm aus diesem Listing definiert in Zeile 8 eine Variable vom Typ pid_t. Die Funktion getpid() wird in Zeile 10 aufgerufen, die Funktion getppid() in Zeile 13. Die Werte, die von den Funktionen zurückgegeben werden, werden in den Zeilen 11 und 14 ausgegeben. Denken Sie daran, dass sich hinter dem Datentyp pid_t eigentlich int verbirgt, weshalb in den beiden printf-Aufrufen der Konvertierungsspezifizierer %d verwendet wird.

Wenn Sie das Programm mehrmals im gleichen Konsolenfenster ausführen, erhalten Sie jedes Mal eine andere Prozess-ID, während die ID für den Elternprozess immer die gleiche bleibt. Wenn Sie den ps-Befehl ausführen, werden Sie feststellen, dass die Prozess-ID des Elternprozesses mit der Prozess-ID des Bash-Befehlsinterpreters des Konsolenfensters, in dem sowohl der ps-Befehl als auch das Programm aus Listing 19.1 ausgeführt werden, übereinstimmt.

Wie kann ein Programm wie der Bash-Befehlsinterpreter die Ausführung eines anderen Programms anstoßen und dabei selbst weiter ausgeführt werden? Nun, wir werden dies peu à peu klären. Damit ein Programm als Befehlsinterpreter fungieren kann, muss es zwei Dinge können: Es muss andere Prozesse starten und einen Prozess durch einen anderen ersetzen können.

Die Fähigkeit des Bash-Befehlsinterpreters, andere Programme zu starten und selbst weiter ausgeführt zu werden, kann man leicht mit Hilfe des Programms aus Listing

19.2 demonstrieren. Nachdem Sie dieses Programm kompiliert haben, sollten Sie es zuerst ohne das kaufmännische Und (&) und danach mit dem &-Symbol am Ende der Befehlszeile aufrufen. Wenn Sie ein Programm mit dem &-Symbol starten, weisen Sie den Befehlsinterpreter an, das Programm im Hintergrund auszuführen. Dies ermöglicht es dem Befehlsinterpreter, sofort zurückzukehren, so dass Sie weitere Befehle eingeben können. Ohne das &-Symbol wartet der Befehlsinterpreter darauf, dass das Programm beendet wird, bevor er die Eingabe weiterer Befehle erlaubt. Wenn Sie das Programm mit und ohne &-Symbol ausführen, versuchen Sie jeweils, einen anderen Befehl, beispielsweise ls, einzugeben. Vergleichen Sie die Ergebnisse und versuchen Sie diese zu interpretieren.

Listing 19.2: Ein Programm, das im Hintergrund ausgeführt werden kann.

```
1 : /* Ein Programm, das im Hintergrund ausgeführt werden kann. */
2 : #include <stdio.h>
3 : #include <unistd.h>
4 :
5 : int main(void)
6 : {
7 :     int count;
8 :
9 :     for(count = 0; count < 10; count ++)
10:     {
11:         sleep(2);
12:         puts("Immer noch am Laufen!");
13:     }
14:
15:     puts("Jetzt bin ich fertig!");
16:     return 0;
17: }
```

Ausgabe

```
[erik@coltrane day19]$ ./list1902
Immer noch am Laufen!
Immer noch am Laufen!
ls
Immer noch am Laufen!
Immer noch am Laufen!
Immer noch am Laufen!
Immer noch am Laufen!
Immer noch am Laufen!
Immer noch am Laufen!
```

TAG 19 — Prozesse und Signale

```
Immer noch am Laufen!
Immer noch am Laufen!
Jetzt bin ich fertig!
[erik@coltrane day19]$ ls
list1901.c  list1902     list1902.c  list1903.c list1904.c
[erik@coltrane day19]$
[erik@coltrane day19]$
[erik@coltrane day19]$ ./list1902 &
[1] 12345
[erik@coltrane day19]$ Immer noch am Laufen!
Immer noch am Laufen!
Immer noch am Laufen!
Immer noch am Laufen!
[erik@coltrane day19]$ ls
list1901.c  list1902     list1902.c  list1903.c list1904.c
[erik@coltrane day19]$ Immer noch am Laufen!
Immer noch am Laufen!
Immer noch am Laufen!
Immer noch am Laufen!
Immer noch am Laufen!
Immer noch am Laufen!
Jetzt bin ich fertig!
[1]+  Done                    ./list1902
```

Analyse

Das Programm selbst ist sehr einfach aufgebaut und enthält nichts, was Sie nicht schon von früheren Lektionen her kennen. Was uns hier interessiert, ist die Ausgabe des Programms. Der hier abgedruckten Ausgabe können Sie entnehmen, dass das Programm zuerst ohne &-Symbol ausgeführt wurde. Nachdem das Programm seine Meldung zweimal ausgegeben hat, tippt der Anwender den ls-Befehl ein und drückt die Eingabetaste. Normalerweise würde dieser Befehl sofort ausgeführt, aber unser Programm läuft noch und solange es läuft, kann der ls-Befehl nicht ausgeführt werden. Wie Sie sehen können, erscheint die Ausgabe des ls-Befehls erst, nachdem unser Programm seine »Jetzt bin ich fertig«-Meldung ausgegeben hat.

Wenn das Programm mit dem &-Symbol in der Befehlszeile aufgerufen wird, ist das Verhalten ein anderes. Zuerst gibt der Bash-Befehlsinterpreter zwei Zahlen aus, von denen die erste in Klammern gesetzt ist. Die Zahl in Klammern gibt die Anzahl der Prozesse an, die derzeit im Hintergrund ausgeführt werden. Die andere Zahl ist die Prozess-ID des Prozesses, der soeben gestartet wurde. Danach gibt der Bash-Befehlszeileninterpreter seinen Eingabe-Prompt aus, und unser Programm, das im Hintergrund ausgeführt wird, gibt seine Meldungen aus. Wenn der Anwender den ls-Befehl eingibt, wird dieser augenblicklich vom Bash-Interpreter ausgeführt. Danach gibt unser Programm weiter seine »Immer noch am Laufen«-Meldungen aus, bis es schließlich beendet wird. Der Bash-Interpreter gibt daraufhin eine Done-Meldung aus, um den Anwender darüber zu informieren, dass das Programm beendet wurde.

Mit fork() andere Prozesse starten

Linux und andere Mitglieder der Unix-Familie verfügen über eine Standardmethode zum Starten anderer Prozesse, die auf der Funktion fork() basiert. Ebenso wie getpid() liefert fork() eine Prozess-ID zurück und ist in der Header-Datei unistd.h definiert. Ihr Prototyp sieht wie folgt aus:

pid_t fork(void);

Wenn fork() aus irgendeinem Grund scheitert, liefert die Funktion den Wert -1 zurück. Tritt kein Fehler auf, erzeugt fork() einen neuen Prozess, der mit dem aufrufenden Prozess identisch ist. Sowohl der alte als auch der neue Prozess werden danach – ab der Anweisung hinter dem fork()-Aufruf – parallel ausgeführt. Obwohl beide Prozesse das gleiche Programm ausführen, verfügen sie über eigene Kopien aller Daten und Variablen. Eine dieser Variablen ist die Variable vom Typ pid_t, die von der fork()-Funktion zurückgeliefert wurde. Im Kindprozess ist der Wert dieser Variablen 0, im Elternprozess ist es der Wert der Prozess-ID des Kindprozesses. Nach dem Aufruf von fork() sind die Daten beider Programme getrennt, so dass weder der Kindnoch der Elternprozess in der Lage ist, irgendwelche Variablen oder Daten im jeweils anderen Prozess zu manipulieren. Listing 19.3 demonstriert die Verwendung der fork()-Funktion.

Listing 19.3: Mit Hilfe von fork() einen neuen Prozess erzeugen.

```
1 : /* Startet mit fork() einen neuen Prozess. */
2 : #include <stdio.h>
3 : #include <stdlib.h>
4 : #include <unistd.h>
5 :
6 : int main(void)
7 : {
8 :     pid_t   pid;
9 :     int     x=13;
10:
11:     pid = fork();
12:
13:     if (pid < 0)
14:     {
15:         printf("Fehler : fork () lieferte %u.\n", pid);
16:         exit(1);
```

```
17:     }
18:
19:     if (pid == 0)
20:     {
21:         printf("Kind : PID = %u. PID des Eltern = %u\n",
22:                 getpid(), getppid());
23:         printf("Kind : x = %d, ", x);
24:         x = 10;
25:         printf("neues x = %d\n", x);
26:         sleep(2);
27:         puts ("Kind : wird jetzt beendet.");
28:         exit(42);
29:         puts ("Kind : Diese Meldung werden Sie nie sehen.");
30:     }
31:     else
32:     {
33:         printf("Eltern: PID = %u. PID des Kindes = %u\n",
34:                 getpid(), pid);
35:         puts("Eltern: lege mich für 60 Sekunden schlafen.");
36:         sleep(60);
37:         puts("Eltern: wacht wieder auf.");
38:         printf("Eltern: x = %d\n", x);
39:     }
40:
41:     return 0;
42: }
```

Ausgabe

```
Eltern: PID = 16525. PID des Kindes = 16526
Eltern: lege mich für 60 Sekunden schlafen.
Kind : PID = 16526. PID des Eltern = 16525
Kind : x = 13, neues x = 10
Kind : wird jetzt beendet.
Eltern: wacht wieder auf.
Eltern: x = 13
```

Analyse

Das Einzige, was in diesem Listing neu für Sie ist, ist der Aufruf der fork()-Funktion. Die Zeilen 2 bis 4 binden die notwendigen Header ein, und die Zeilen 8 und 9 definieren zwei Variablen, von denen die zweite, x, auf 13 gesetzt wird. Die fork()-Funktion wird in Zeile 11 aufgerufen. Anhand ihres Rückgabewertes wird festgestellt, ob ein

Fehler aufgetreten ist (Zeile 13). Sind keine Fehler aufgetreten, werden von Zeile 12 an zwei Prozesse ausgeführt. Im Kindprozess ist der Wert von pid 0, im Elternprozess enthält die Variable eine Prozess-ID im Bereich zwischen 1 und 32767. Die if-Anweisung in Zeile 21 wird von beiden Prozessen ausgewertet. Der Kindprozess führt danach den Block in den Zeilen 21 bis 29 aus, der Elternprozess den Block von Zeile 33 bis 38.

An der Programmausgabe können Sie erkennen, dass der Elternprozess nach dem fork()-Aufruf seine eigene PID und die PID des Kindprozesses (Zeilen 33 und 34) und eine Meldung ausgibt und sich dann mit Hilfe der Funktion sleep(), die am Tag 12 behandelt wurde, für 60 Sekunden schlafen legt.

Wenn sich der Elternprozess schlafen legt, wird der Kindprozess weiter ausgeführt. Als erstes gibt er in den Zeilen 21 und 22 seine eigene PID, die seines Elternprozesses aus. Anhand der Ausgabe können Sie sich vergewissern, dass diese Werte mit den Werten des Elternprozesses übereinstimmen, d.h. die PID des Eltern des Kindes ist die PID des Elternprozesses. Als Nächstes gibt der Kindprozess den Wert der Variablen x aus, ändert den Wert und gibt ihn erneut aus. Schließlich ruft auch der Kindprozess die Funktion sleep() auf. Da sich der Kindprozess aber nur für 2 Sekunden schlafen legt, während der Elternprozess ganze 60 Sekunden schläft, wacht der Kindprozess vor seinem Eltern auf und gibt in Zeile 27 eine Meldung aus. Dann ruft er in Zeile 28 exit() mit dem ArgumeNT 42 auf. Beachten Sie, dass die Meldung aus Zeile 29 wegen des vorangehenden exit()-Aufrufs nicht mehr ausgeführt wird. Wie Sie von Tag 12 wissen, beendet die exit()-Funktion ein Programm und übergibt den Wert ihres Integer-Arguments an das Betriebssystem. 60 Sekunden später erwacht der Elternprozess von seinem eigenen sleep()-Aufruf, gibt den Wert der Variablen x aus und beendet sich selbst durch die return-Anweisung in Zeile 41.

Beachten Sie, dass die Variable x vor dem fork()-Aufruf im Elternprozess auf den Wert 13 gesetzt wurde. Der Kindprozess hat x zwar später auf 10 gesetzt, doch als der Elternprozess den Wert von x nach der Beendigung des Kindprozesses ausgab, war der Wert immer noch gleich 13. Der Grund hierfür ist schlichtweg, dass nach dem fork()-Aufruf beide Prozesse ihre eigene Kopie der Variablen x besitzen und verwenden.

> **Hinweis** Bisher waren alle vordefinierten Funktionen, mit denen wir es zu tun hatten, Teil der C-Bibliothek. Bei der fork()-Funktion und einigen anderen Funktionen, die wir heute kennen lernen werden, handelt es sich aber im Grunde um Systemfunktionen, da sie vom Betriebssystem definiert sind und als Schnittstelle zu diesem dienen.

Zombie-Prozesse

Das Programm aus Listing 19.3 zeigt die einfachstmögliche Verwendung der fork()-Funktion. Das Programm enthält allerdings auch einen kleinen Makel, der in bestimm-

Prozesse und Signale

ten Situationen Probleme verursachen kann. Um zu verstehen, worin dieser Fehler besteht, führen Sie das Programm noch einmal mit dem &-Symbol aus, so dass es im Hintergrund ausgeführt wird. Wenn die »Kind : wird jetzt beendet«-Meldung erscheint, rufen Sie den Befehl ps u auf und betrachten die Liste, die ungefähr so aussehen dürfte:

Ausgabe

```
[erik@coltrane day19]$ ./list1903 &
Eltern: lege mich für 60 Sekunden schlafen.
Kind : PID = 16714. PID des Eltern = 16713
Kind : x = 13, neues x = 10
Kind : wird jetzt beendet.

[erik@coltrane day19]$ ps u
USER       PID %CPU %MEM   VSZ  RSS TTY    STAT START  TIME COMMAND
erik       914  0.0  0.2  1784  708 pts/5  S    Sep24  0:01 -bash
erik     16490  0.0  1.2  4640 3184 pts/5  S    Sep27  0:00 nedit list1903.c
erik     16713  0.0  0.1  1052  332 pts/5  S    Sep27  0:00 ./list1903
erik     16714  0.0  0.0     0    0 pts/5  Z    Sep27  0:00 [list1903 <defunct>]
erik     16715  0.0  0.3  2556  936 pts/5  R    Sep27  0:00 ps u
```

Schauen Sie sich die vierte Zeile der Ausgabe des ps-Befehls an. Eine Kopie des Programms list1903 wird als erloschen (defunct) gemeldet. In der STAT-Spalte dieses Prozesses steht ein Z, was bedeutet, dass es sich um einen so genannten *Zombie-Prozess* handelt.

Prozesse verwenden zum Beenden die return-Anweisung oder rufen die Funktion exit() mit einem Wert auf, der an das Betriebssystem zurückgeliefert wird. Das Betriebssystem lässt den Prozess so lange in seiner internen Datentabelle eingetragen, bis entweder der Elternprozess des Prozesses den zurückgelieferten Wert liest oder der Elternprozess selbst beendet wird. Ein *Zombie-Prozess* ist in diesem Sinne ein Prozess, der zwar beendet wurde, dessen Elternprozess den Exit-Wert des Kindes aber noch nicht gelesen hat. Erst wenn der Elternprozess beendet wird, wird auch der Zombie-Prozess aus der Prozesstabelle des Betriebssystems entfernt.

Was ist so schlimm an den Zombie-Prozessen? Nun, eine der häufigsten Einsatzbereiche für die Systemfunktion fork() sind Server-Anwendungen, die über Netzwerkverbindungen mit Client-Programmen kommunizieren. Mail-Server oder World-Wide-Web-Server sind gute Beispiele für diese Art von Server-Anwendungen, die üblicherweise direkt beim Booten des Rechners gestartet und nicht vor dem Herunterfahren des Rechners beendet werden – was unter Umständen Wochen, Monate oder sogar Jahre dauern kann. In der Zwischenzeit erzeugt der Server mittels fork() für jedes Client-Programm, das sich über das Netzwerk mit dem Server verbindet, einen Kindprozess, der die Kommunikation mit dem Client übernimmt. Wenn der Client die Kommunikation mit dem Server abgeschlossen hat, schließt er die Verbindung, und der Kindprozess des Servers wird beendet. Es liegt auf der Hand, dass der Server dabei sicherstellen muss, dass keiner seiner Kindprozesse zu einem Zombie-Prozess mutiert, oder das Betriebssystem hat bald keinen Platz mehr in seiner Prozesstabelle. Das Löschen der Zombie-Prozesse bezeichnet man im Übrigen auch als *Reaping* – eine Anspielung auf den Sensemann, der im Englischen »The Grim Reaper« genannt wird.

Es gibt mehrere Wege, die Entstehung von Zombie-Prozessen zu verhindern. Am häufigsten wird die Systemfunktion wait() verwendet, die in der Header-Datei sys/wait.h wie folgt definiert ist:

pid_t wait(int *status);

Diese Funktion definiert einen int-Zeiger als Parameter und liefert einen Wert vom Typ pid_t zurück. Wenn die Funktion aufgerufen wird, hält sie die Ausführung des Elternprozesses so lange an, bis ein Kindprozess beendet wird. Tritt dieser Fall ein oder liegt ein Kindprozess als Zombie-Prozess vor, liefert wait() die Prozess-ID des Kindes zurück und kopiert den Exit-Wert des Kindprozesses in die Adresse, auf die das Zeigerargument *status verweist. Wenn Sie an dem Rückgabewert des Kindprozesses nicht interessiert sind, sollten Sie wait() den Wert NULL übergeben. Gibt es keinen Kindprozess, liefert wait() den Wert -1 zurück. Listing 19.4 demonstriert, wie man mit wait() einen bereits beendeten Kindprozess auflöst.

Listing 19.4: Mit wait() Zombie-Prozesse verhindern.

```
1 : /* Mit wait() auf einen Kindprozess warten. */
2 : #include <stdio.h>
3 : #include <stdlib.h>
4 : #include <unistd.h>
5 : #include <sys/types.h>
6 : #include <sys/wait.h>
7 :
8 : int main(void)
9 : {
10:     pid_t   pid;
11:     int     status;
12:
13:     pid = fork();
14:
15:     if (pid < 0)
16:     {
17:         printf("Fehler : fork () lieferte %u.\n", pid);
18:         exit(1);
19:     }
```

```
20:
21:     if (pid == 0)
22:     {
23:         printf("Kind : PID = %u. PID des Eltern = %u\n",
24:                 getpid(), getppid());
25:         sleep(1);
26:         puts ("Kind : wird jetzt beendet.");
27:         exit(42);
28:     }
29:     else
30:     {
31:         printf("Eltern: PID = %u. PID des Kindes = %u\n",
32:                 getpid(), pid);
33:         puts("Eltern: lege mich für 10 Sekunden schlafen.");
34:         sleep(10);
35:         puts("Eltern: wacht wieder auf.");
36:
37:         pid = wait(&status);
38:         printf("Eltern: Kind mit PID %u ", pid);
39:         if (WIFEXITED(status) != 0)
40:           printf("wurde mit Status %d beendet\n",WEXITSTATUS(status));
41:         else
42:           printf("wurde anomal beendet.\n");
43:         puts("Eltern: lege mich für 30 Sekunden schlafen.");
44:         sleep(30);
45:     }
46:
47:     return 0;
48: }
```

Ausgabe

```
Eltern: PID = 19301. PID des Kindes = 19302
Eltern: lege mich für 10 Sekunden schlafen.
Kind : PID = 19302. PID des Eltern = 19301
Kind : wird jetzt beendet.
Eltern: wacht wieder auf.
Eltern: Kind mit PID 19302 wurde mit Status 42 beendet
Eltern: lege mich für 30 Sekunden schlafen.
```

Dieses Listing entspricht weitgehend dem Programm aus Listing 19.3. Der Hauptunterschied liegt darin, dass der Elternprozess nach dem Erwachen die Funktion wait() aufruft (Zeile 37). Da der Kindprozess schon vorher beendet wurde, kehrt wait() sofort nach dem Aufruf zurück und setzt die Variable pid auf die Prozess-ID des beendeten Kindprozesses. Des Weiteren kopiert die Funktion den Exit-Wert des Prozesses in die Variable status, deren Adresse der Funktion als Argument übergeben wurde. Der Elternprozess gibt die Prozess-ID des Kindes aus und verwendet die Makros, WIFEXITED() and WEXITSTATUS(), die in sys/wait.h definiert sind, um den Rückgabestatus des Kindprozesses abzufragen und ebenfalls auszugeben. Auf der Manpage zur wait()-Funktion können Sie nachlesen, dass diese Makros dafür sorgen, dass nur 8-Bit-Werte (1 bis 255) als Exit-Status zurückgeliefert werden.

Wenn Sie das Programm im Hintergrund ausführen (&-Symbol in Befehlszeile verwenden), können Sie den Befehl ps u während der Laufzeit des Programms aufrufen. Wenn Sie den Befehl nach dem exit()-Aufruf des Kindprozesses (Zeile 27), aber noch vor dem Erwachen des Elternprozesses (Zeile 34) aufrufen, können Sie sehen, dass der Kindprozess – wie zuvor – zum Zombie-Prozess mutiert ist. Wenn Sie den ps u-Befehl noch einmal ausführen, wenn der Elternprozess die sleep()-Funktion zum zweiten Male aufruft (Zeile 43), werden Sie feststellen, dass das Betriebssystem den Zombie-Prozess aufgelöst hat.

Die wait()-Funktion ist offensichtlich recht nützlich, wenn man weiß, dass der Kindprozess bereits beendet wurde. Sollte dies nicht der Fall sein, hält die wait()-Funktion den Elternprozess so lange an, bis der Kindprozess beendet wird. Wenn dieses Verhalten nicht akzeptierbar ist, kann man die waitpid()-Funktion verwenden, die zusammen mit wait() in der Header-Datei sys/wait.h definiert ist und wie folgt aussieht:

```
pid_t waitpid(pid_t pid, int *status, int options);
```

Mit waitpid() können Sie auf einen bestimmten Prozess (spezifiziert durch seine Prozess-ID) oder einen beliebigen Kindprozess (falls für pid der Wert -1 übergeben wird) warten. Der Exit-Status des Kindprozesses wird im zweiten Argument zurückgeliefert. Dem letzten Parameter, *options*, kann man eine der Konstanten WNOHANG, WUNTRACED oder 0 (waitpid() verhält sich dann wie wait()) übergeben. Die erste dieser Konstanten ist die interessanteste, da sie dafür sorgt, dass waitpid() sofort mit einem Wert von 0 – einer ungültigen Prozess-ID – zurückkehrt, wenn kein Kindprozess beendet wurde. Der Elternprozess kann dann mit der Ausführung fortfahren und waitpid() zu einem späteren Zeitpunkt wieder aufrufen. Listing 19.5 zeigt, wie man mit Hilfe von waitpid() beendete Kindprozesse auflöst.

Listing 19.5: Mit waitpid() Zombie-Prozesse verhindern.

```
1 : /* Mit waitpid() auf einen Kindprozess warten. */
2 : #include <stdio.h>
3 : #include <stdlib.h>
4 : #include <unistd.h>
5 : #include <sys/types.h>
6 : #include <sys/wait.h>
7 :
8 : int main(void)
9 : {
10:     pid_t   pid;
11:     int     status;
12:
13:     pid = fork();
14:
15:     if (pid < 0)
16:     {
17:         printf("Fehler : fork () lieferte %u.\n", pid);
18:         exit(1);
19:     }
20:
21:     if (pid == 0)
22:     {
23:         printf("Kind : PID = %u. PID des Eltern = %u\n",
24:                 getpid(), getppid());
25:         sleep(10);
26:         puts ("Kind : wird jetzt beendet.");
27:         exit(33);
28:     }
29:     else
30:     {
31:         printf("Eltern: PID = %u. PID des Kindes = %u\n",
32:                 getpid(), pid);
33:
34:         while ((pid = waitpid (-1, &status,   WNOHANG)) == 0)
35:         {
36:             printf("Eltern: Kein Kind beendet.");
37:             puts(" Lege mich für 1 Sekunde schlafen.");
38:             sleep(1);
39:         }
40:
41:         printf("Eltern: Kind mit PID %u ", pid);
42:         if (WIFEXITED(status) != 0)
43:             printf("wurde mit Status %d beendet\n", WEXITSTATUS(status));
```

```
44:        else
45:            printf("wurde anormal beendet.\n");
46:    }
47:
48:    return 0;
49: }
```

Ausgabe

```
Kind : PID = 19454. PID des Eltern = 19455
Eltern: Kein Kind beendet. Lege mich für 1 Sekunde schlafen.
Kind : PID = 19455. PID des Eltern = 19454
Eltern: Kein Kind beendet. Lege mich für 1 Sekunde schlafen.
Eltern: Kein Kind beendet. Lege mich für 1 Sekunde schlafen.
Eltern: Kein Kind beendet. Lege mich für 1 Sekunde schlafen.
Eltern: Kein Kind beendet. Lege mich für 1 Sekunde schlafen.
Eltern: Kein Kind beendet. Lege mich für 1 Sekunde schlafen.
Eltern: Kein Kind beendet. Lege mich für 1 Sekunde schlafen.
Eltern: Kein Kind beendet. Lege mich für 1 Sekunde schlafen.
Eltern: Kein Kind beendet. Lege mich für 1 Sekunde schlafen.
Eltern: Kein Kind beendet. Lege mich für 1 Sekunde schlafen.
Kind: wird jetzt beendet.
Eltern: Kind mit PID 19455 wurde mit Status 33 beendet
```

Analyse

Dieses Listing gleicht den beiden vorangehenden Programmen insofern, als es `fork()` zur Erzeugung eines Kindprozesses verwendet, der vor dem Elternprozess beendet wird. In Zeile 34 ruft der Elternprozess die Funktion `waitpid()` auf. Liegt kein Kindprozess vor, der aufzulösen ist, gibt der Elternprozess eine entsprechende Meldung aus und legt sich für eine Sekunde schlafen. Wurde der Kindprozess zwischenzeitlich beendet, gibt der Elternprozess seine ID und seinen Exit-Wert aus.

Was Sie tun sollten

Verwenden Sie `wait()` oder `waitpid()`, um beendete Kindprozesse aufzulösen. Besonders wichtig ist dies in Programmen, die viele Kindprozesse erzeugen und für längere Zeit laufen.

Einen Prozess durch einen anderen ersetzen

Erinnern Sie sich: Wir wollten herausfinden, wie der Bash-Befehlsinterpreter andere Prozesse erzeugen und dabei selbst weiter ausgeführt werden kann. Die `fork()`-Funktion ist nur ein Teil der Lösung; der zweite Teil besteht darin, einen laufenden Prozess durch einen anderen zu ersetzen. Der Befehlsinterpreter funktioniert nämlich so, dass er einen Kindprozess als Kopie seiner selbst erzeugt. Der Kindprozess wiederum ersetzt sich selbst durch den Befehl, den Sie – der Anwender – im Befehlsinterpreter aufgerufen haben.

Unter Linux/Unix gibt es gleich eine ganze Reihe von Systemfunktionen, die so genannte exec-Familie, mit denen man einen Prozess unter Beibehaltung der Prozess-ID auf ein anderes Programm umschalten kann. In der exec-Manpage finden Sie ausführliche Informationen zu den verschiedenen Mitgliedern der exec-Familie. Wir werden uns jetzt auf die Funktion `execl()` konzentrieren, die in der Header-Datei `unistd.h` wie folgt definiert ist:

```
int execl( const char *path, const char *arg, ...);
```

Diese Funktion kehrt nur dann zurück, wenn ein Fehler auftritt. Andernfalls wird der aufrufende Prozess vollständig durch den neuen Prozess ersetzt. Den Programmnamen des Prozesses, der den aufrufenden Prozess ersetzen soll, übergibt man im Argument zu `path`, etwaige Befehlszeilenparameter werden danach übergeben. Im Unterschied zu Funktionen wie `printf()` ist `execl()` darauf angewiesen, dass man als letztes Argument einen `NULL`-Zeiger übergibt, der das Ende der Argumentenliste anzeigt.

Die `execl()`-Funktion führt vor allem bei Programmierern, die die Funktion das erste Mal nutzen, zu Verwirrung. Dies liegt daran, dass das zweite an `execl()` übergebene Argument nicht das erste Kommandozeilenargument ist, dass an das aufzurufende Programm (spezifiziert in `path`) übergeben wird. Vielmehr ist das zweite Argument der Name, unter dem der neue Prozess in der vom `ps`-Befehl erzeugten Prozessliste aufgeführt wird. Das erste Argument, das an das (in `path` spezifizierte) Programm übergeben wird, ist also tatsächlich das *dritte* Argument, das an `execl()` übergeben wird. Wenn Sie beispielsweise das Programm `/bin/ls` mit dem Parameter `-al` aufrufen wollen und möchten, dass das Programm in der Prozessliste unter dem Namen »verz« aufgerufen wird, würden Sie `execl()` wie folgt aufrufen:

```
execl("/bin/ls", "verz", "-al", NULL);
```

Dieser Aufruf würde den aktuellen Prozess durch einen Prozess ersetzen, der dem Aufruf von `/bin/ls -al` von der Befehlszeile entspricht. Listing 19.6 demonstriert den Einsatz der `execl()`-Funktion. Im Programm rufen wir `ps` statt `ls` auf, um zu beweisen, dass der aktuelle Prozess tatsächlich ersetzt und nicht etwa nur ein neuer, zusätzlicher Prozess erzeugt wurde.

Prozesse

Listing 19.6: Mit execl() einen Prozess durch einen anderen ersetzen.

```
1 : /* Mit execl() einen Prozess durch einen anderen ersetzen. */
2 : #include <stdio.h>
3 : #include <stdlib.h>
4 : #include <unistd.h>
5 : #include <errno.h>
6 :
7 : int main(void)
8 : {
9 :     pid_t  pid ;
10:
11:     pid = getpid();
12:     printf ("Meine PID = %u\n", pid);
13:
14:     puts ("/bin/ps ausführen.");
15:     execl ("/bin/ps", "* prog *", "u", NULL);
16:
17:     puts("Ein Fehler ist aufgetreten.");
18:     perror("list1906");
19:     return 0;
20: }
```

Ausgabe

```
Meine PID = 19569
/bin/ps ausführen.
USER       PID %CPU %MEM    VSZ   RSS TTY      STAT START   TIME COMMAND
erik       914  0.0  0.2   1784   716 pts/5    S    Sep24   0:01 -bash
erik     19569  0.0  0.3   2544   924 pts/5    R    Sep27   0:00 * prog * u
```

Analyse

Dieses Listing ist äußerst einfach. Nach dem Einbinden der erforderlichen Header-Dateien (Zeilen 2 bis 5) ermittelt das Programm mit Hilfe der Funktion getpid() seine Prozess-ID und gibt sie aus. Es folgt eine weitere Meldung (Zeile 14) und dann wird in Zeile 15 die execl()-Funktion aufgerufen. Der Rest des Programms wird nicht mehr ausgeführt, es sei denn der Aufruf von execl() wäre aus irgendeinem Grunde gescheitert, in welchem Fall in den Zeilen 17 und 18 eine Fehlermeldung ausgegeben wird. Wie man an der Programmausgabe ablesen kann, ist die execl()-Funktion nicht gescheitert, und der Befehl ps u wurde ausgeführt. Beachten Sie, dass das zweite Argument aus der `execl()`-Funktion, * prog *, in der Prozessliste als Name des Prozesses auftaucht. Beachten Sie weiterhin, das der ursprüngliche Prozess, dessen ID von dem Programm in Zeile 12 ausgegeben wurde, die gleiche Prozess-ID trug wie später der neue Prozess, der ihn ersetzte.

Was Sie tun sollten	Was nicht
Schließen Sie die Argumentenliste zu `execl()` mit einem `NULL`-Zeiger ab.	Vergessen Sie nicht, dass das zweite Argument zu `execl()` der Name ist, den Sie dem Prozess geben, und nicht das erste Argument zu dem Programm, das von `execl()` aufgerufen wird.

Signale

Ein weiteres wichtiges Element der Unix-ähnlichen Betriebssysteme stellen – neben der Möglichkeit, neue Prozesse zu starten oder einen Prozess durch einen anderen Prozess zu ersetzen – die Signale dar, die vielfach auch als *Software Interrupts* bezeichnet werden. *Signale* sind Meldungen, die vom Betriebssystem an einen laufenden Prozess geschickt werden. Manche Signale werden durch Fehler im Programm selbst ausgelöst, andere sind Anforderungen, die der Anwender beispielsweise über die Tastatur auslöst und die vom Betriebssystem an den laufenden Prozess weitergeleitet werden.

Signale, die das Programm über einen aufgetretenen Fehler informieren, können dadurch ausgelöst worden sein, dass versucht wurde, eine Zahl durch 0 zu teilen, oder dadurch, dass auf Speicher zugegriffen wurde, der nicht zu dem Prozess gehört. Diese Art von Signalen nennt man auch *synchrone* Signale, da sie bei jeder Ausführung des Programms an den immer gleichen Stellen auftreten.

Andere Signale werden durch Ereignisse ausgelöst, die außerhalb des Programms entstehen – beispielsweise wenn der Anwender von der Konsole Steuerzeichen eingibt oder das Betriebssystem allen Programmen ein Signal schickt, dass sie sich wegen des bevorstehenden Herunterfahrens des Systems beenden sollen. Diese Signale bezeichnet man als asynchrone Signale, da es äußerst unwahrscheinlich ist, dass sich das Programm jedes Mal, wenn es eines dieser Signale empfängt, im gleichen Zustand und bei Ausführung des gleichen Maschinenbefehls befindet.

Alle Signale, die an ein Programm gesendet werden, verfügen über ein vordefiniertes Verhalten, das durch das Betriebssystem festgelegt wird. Einige Signale, insbesondere die Signale, die aufgrund irgendwelcher aufgetretener Fehlerbedingungen an das Programm geschickt werden, führen dazu, dass das Programm beendet und eine »Core

Dump«-Datei, erzeugt wird. (Eine »Core Dump«-Datei ist eine Datei, die vom Betriebssystem erzeugt wird und in die der komplette Inhalt des Speichers, den das Programm zum Zeitpunkt des Signalempfangs belegte, geschrieben wird.) Die »Core Dump«-Datei kann zum Debuggen des Fehlers, der den Core Dump ausgelöst hat, verwendet werden und ist vor allem nützlich, wenn ein Programm wegen einer Null-Division oder eines unerlaubten Speicherzugriffs ein entsprechendes Signal empfangen hat.

In Tabelle 19.1 finden Sie eine Liste der am häufigsten unter Unix-Systemen ausgelösten Signale. Eine vollständige Liste der für Linux definierten Signale finden Sie in der Header-Datei /usr/include/bits/signum.h.

Name	Wert	Funktion
SIGHUP	1	Terminal reagiert nicht mehr
SIGINT	2	Benutzer-Interrupt (ausgelöst durch Strg+C)
SIGQUIT	3	Benutzeraufforderung zum Beenden (ausgelöst durch Strg+\)
SIGFPE	8	Fließkommafehler, beispielsweise Null-Division
SIGKILL	9	Prozess killen
SIGUSR1	10	Benutzerdefiniertes Signal
SIGSEGV	11	Prozess hat versucht, auf Speicher zuzugreifen, der ihm nicht zugewiesen war
SIGUSR2	12	Weiteres benutzerdefiniertes Signal
SIGALRM	14	Timer (Zeitgeber), der mit der Funktion alarm() gesetzt wurde, ist abgelaufen
SIGTERM	15	Aufforderung zum Beenden
SIGCHLD	17	Kindprozess wird aufgefordert, sich zu beenden
SIGCONT	18	Nach einem SIGSTOP- oder SIGTSTP-Signal fortfahren
SIGSTOP	19	Den Prozess anhalten
SIGTSTP	20	Terminal anhalten; ausgelöst durch Strg+Z.
SIGWINCH	28	Fenstergröße ändern.

Tabelle 19.1: Die symbolischen Fehlerkonstanten für die Signale (wie definiert in bits/signum.h).

Abgesehen von SIGSTOP und SIGKILL kann man das Standardverhalten jedes Signals durch Installation einer Signal-Bearbeitungsroutine anpassen. Eine *Signal-Bearbeitungsroutine* ist eine Funktion, die vom Programmierer implementiert wurde und die jedes Mal aufgerufen wird, wenn der Prozess ein entsprechendes Signal empfängt. Abgesehen von SIGSTOP und SIGKILL können Sie für jedes Signal aus Tabelle 19.1 eine eigene Signal-Bearbeitungsroutine einrichten. Es ist allerdings auch möglich, wenn auch selten empfehlenswert, für alle zu bearbeitenden oder abzufangenden Signale eine gemeinsame Signal-Bearbeitungsroutine aufzusetzen. Eine Funktion, die als Signal-Bearbeitungsroutine fungieren soll, muss einen einzigen Parameter vom Typ int und einen void-Rückgabetyp definieren. Wenn ein Prozess ein Signal empfängt, wird die Signal-Bearbeitungsroutine mit der Kennnummer des Signals als Argument aufgerufen.

Um Signale abfangen und mit einer geeigneten Signal-Bearbeitungsroutine bearbeiten zu können, muss der Programmierer dem Betriebssystem mitteilen, dass es bei jedem Auftreten des betreffenden Signals für das Programm die zugehörige Signal-Bearbeitungsroutine aufrufen soll. Zwei Funktionen gibt es, mit denen man unter Unix eine Signal-Bearbeitungsroutine verändern oder untersuchen kann: signal() und sigaction(), die beide in der Header-Datei signal.h definiert sind. Die zweite Funktion, sigaction(), ist die aktuellere und wird auch häufiger eingesetzt. Sie ist wie folgt definiert:

```
int sigaction(int signum, const struct sigaction *act,
              struct sigaction *oldact);
```

Im Erfolgsfall liefert die Funktion 0 zurück, im Fehlerfall -1. Der erste Parameter von sigaction() ist für die Kennnummer des Signals, dessen Verhalten Sie verändern oder untersuchen wollen. Sie sollten dem Parameter aber nicht die tatsächliche Kennnummer, sondern lieber die zugehörige symbolische Konstante übergeben – also beispielsweise SIGINT statt der Zahl 2. Der zweite und der dritte Parameter sind Zeiger auf eine sigaction-Struktur. Diese Struktur ist in signal.h wie folgt definiert:

```
struct sigaction
{
    void (*sa_handler)(int);
    sigset_t sa_mask;
    int sa_flags;
    void (*sa_restorer)(void);
}
```

Indem Sie dem zweiten Parameter der sigaction()-Funktion einen Zeiger auf eine korrekt eingerichtete sigaction-Struktur übergeben, können Sie das Verhalten für das zugehörige Signal verändern. Indem Sie einen Zeiger auf eine ähnliche Struktur als Argument für den dritten Parameter übergeben, fordern Sie die sigaction()-Funktion auf, die Daten, die das aktuelle Verhalten zu dem Signal bestimmen, in die übergebene sigaction-Struktur zu kopieren. Beiden Parametern kann man auch NULL-Zeiger übergeben.

Es ist also möglich, das aktuelle Verhalten zu ändern, sowie das aktuelle Verhalten zu untersuchen, ohne es zu ändern, das aktuelle Verhalten zu untersuchen und vor dem Ändern abzuspeichern, so dass es später wieder hergestellt werden kann. Alle drei Möglichkeiten sind in den folgenden Code-Fragmenten implementiert:

```
/* Das Verhalten ändern. */
sigaction(SIGINT, &neueaktion, NULL);
/* Verhalten untersuchen. */
sigaction(SIGINT, NULL, &alteaktion);
/* Kopie des aktuellen Verhaltens anlegen */
/* und neues Verhalten einrichten.       */
sigaction(SIGINT, &neueaktion, &alteaktion);
```

Schauen wir uns die `sigaction`-Struktur etwas genauer an. Beachten Sie, dass es sich bei dem ersten Element der Struktur, `sa_handler`, um einen Zeiger auf eine Funktion handelt, die ein `int`-Argument übernimmt. Dieses Element dient als Zeiger auf die Funktion, die als Signal-Bearbeitungsroutine für das zu bearbeitende Signal fungieren soll. Sie können diesem Strukturelement auch die symbolischen Konstanten `SIG_DFL` oder `SIG_IGN` zuweisen. `SIG_DFL` stellt das Standardverhalten für das Signal wieder her, `SIG_IGN` bewirkt, dass das Signal ignoriert wird. Für das `sa_flags`-Element gibt es eine ganze Reihe möglicher Einstellungen, die uns aber nicht weiter interessieren sollen; wir werden das Element in den Beispielen jeweils auf 0 setzen. Über das `sa_mask`-Element kann man angeben, welche anderen Signale während der Ausführung der Signal-Bearbeitungsroutine blockiert werden sollen. Meist wird dieses Strukturelement mit Hilfe der Funktion `sigemptyset()` gesetzt, die in `signal.h` wie folgt definiert ist:

```
int sigemptyset(sigset_t *set);
```

Das letzte Element der Struktur, `sa_restorer`, wird heute nicht mehr verwendet. Listing 19.7 enthält ein einfaches Programm, das eine Signal-Bearbeitungsroutine für das `SIGINT`-Signal einrichtet.

Listing 19.7: Ein einfaches Beispiel zur Behandlung von Signalen.

```
1 : /* Ein einfaches Beispiel zur Signal-Behandlung. */
2 : #include <stdio.h>
3 : #include <unistd.h>
4 : #include <signal.h>
5 :
6 : void   sig_bearbeiter(int sig);
7 :
8 : static int jetzt_beenden = 0;
9 :
10: int main(void)
11: {
12:     struct sigaction sig_struct ;
13:
14:     sig_struct.sa_handler = sig_bearbeiter;
15:     sigemptyset(&sig_struct.sa_mask);
16:     sig_struct.sa_flags = 0;
17:
```

```
18:     if (sigaction(SIGINT,&sig_struct,NULL) != 0)
19:     {
20:         perror ("Fehler") ;
21:         exit (1);
22:     }
23:
24:     puts("Beenden mit Strg+C.");
25:     while (jetzt_beenden == 0)
26:     {
27:         puts("Programm läuft.");
28:         sleep(1);
29:     }
30:
31:     puts("Daten auf Festplatte schreiben.");
32:
33:     return 0;
34: }
35:
36: void  sig_bearbeiter(int sig)
37: {
38:     printf("Signal %d empfangen. Programm wird beendet.\n", sig);
39:     jetzt_beenden = 1;
40: }
```

Ausgabe

```
Beenden mit Strg+C.
Programm läuft.
Programm läuft.
Programm läuft.
Signal 2 empfangen. Programm wird beendet.
Daten auf Festplatte schreiben.
```

Analyse

In den Zeilen 2 bis 5 werden die erforderlichen Header-Dateien eingebunden. Zeile 6 definiert den Prototyp unserer Signal-Bearbeitungsroutine, die in den Zeilen 36 bis 40 definiert ist. Beachten Sie, dass dieser Prototyp zu dem sa_handler-Element der sig-action-Struktur passt. Zeile 8 definiert eine statische Variable namens jetzt_beenden, die für die Kommunikation zwischen der Signal-Bearbeitungsroutine und dem Hauptprogramm verwendet und mit dem Wert 0 initialisiert wird. In Zeile 12 wird eine Strukturvariable vom Typ sigaction definiert, die in den Zeilen 14 bis 16 mit Werten gefüllt wird. Zeile 14 weist dem sa_handler-Strukturelement die Adresse der sig_bearbeiter()-Funktion zu, deren Prototyp bereits in Zeile 6 deklariert wurde. Zeile 15 ruft die Funktion sigemptyset() zum Setzen des sa_mask-Elements auf, und in Zeile 16 wird das sa_flags-Elements auf 0 gesetzt. Nach der Einrichtung der Strukturvariablen kann die sigaction()-Funktion aufgerufen werden (Zeile 18), wobei man nicht vergessen sollte, den Rückgabewert zu prüfen, um sicherzugehen, dass kein Fehler aufgetreten ist. Falls doch ein Fehler aufgetreten ist, wird eine Meldung ausgegeben und das Programm wird in Zeile 21 beendet.

Wurde die Signal-Bearbeitungsroutine korrekt eingerichtet, gibt das Programm in Zeile 24 eine Meldung aus und tritt in die Schleife des Hauptprogramms ein (Zeilen 25 bis 29). Solange die Variable jetzt_beenden gleich 0 ist, gibt die while-Schleife eine Meldung aus (Zeile 27) und legt sich jeweils für 1 Sekunde schlafen (Zeile 28). Aufgabe dieser Schleife ist es, in dem Programm eine komplexere Berechnung zu simulieren.

Die Signal-Bearbeitungsroutine sig_bearbeiter() ist in den Zeilen 36 bis 40 implementiert. Wenn die Funktion aufgerufen wird, gibt sie eine Meldung auf den Bildschirm aus, die anzeigt, welches Signal empfangen wurde, und setzt danach den Wert der statischen Variablen jetzt_beenden auf 1.

Wenn man sich die Ausgabe des Programms anschaut, sieht man die Meldung von Zeile 24 und drei Meldungen, die auf die Zeile 27 zurückgehen. Die nächste Zeile der Ausgabe stammt von der printf()-Anweisung aus Zeile 38. Dies liegt daran, dass ich nach der dritten »Programm läuft«-Meldung bei gedrückt gehaltener Strg-Taste die Taste C betätigt habe. Die Tastenkombination bewirkt, dass das Betriebssystem ein SIGINT-Signal an den Prozess sendet, das von der Funktion sig_bearbeiter() in den Zeilen 36 bis 40 abgefangen wird. Die Funktion sig_bearbeiter() gibt dann in Zeile 38 ihre eigene Meldung aus und setzt die globale Variable jetzt_beenden. Nach Beendigung der Signal-Bearbeitungsroutine kehrt die Programmausführung zur main()-Funktion zurück. Der Wert der Variablen jetzt_beenden ist nun nach der Änderung in der Signal-Bearbeitungsroutine nicht mehr länger gleich Null, so dass die while-Schleife beendet und der Code der Zeilen 30 bis 34 (inklusive der puts()-Anweisung) ausgeführt wird.

Inwieweit hat die Einrichtung der Signal-Bearbeitungsroutine das Verhalten des Programms eigentlich geändert? Kommentieren Sie zur Probe die Zeilen 17 bis 22 aus, indem Sie in Zeile 17 /* einfügen und Zeile 22 mit */ abschließen. Der gesamte Code innerhalb der Klammern wird damit zu einem Kommentar, der vom Compiler bei der Übersetzung des Programms ignoriert wird. Wenn Sie den Code mit dem Kommentar neu kompilieren und ausführen, erhalten Sie eine andere Ausgabe:

```
Beenden mit Strg+C.
Programm läuft.
Programm läuft.
Programm läuft.
```

Dieses Mal wird beim Drücken der Tastenkombination [Strg]+[C] das Standardverhalten des SIGINT-Signals ausgeführt, d. h. das Programm wird sofort beendet. Die Meldung »Daten auf Festplatte schreiben« wird nicht ausgegeben. Wenn Sie die Kommentare wieder entfernen und das Programm neu kompilieren und starten, zeigt es wieder sein altes Verhalten.

Mit Hilfe von SIGCHLD Zombie-Kindprozesse vermeiden

Zu Anfang dieser Lektion haben wir uns mit der Systemfunktion fork() beschäftigt und herausgearbeitet, wie wichtig es ist, Zombie-Kindprozesse zu löschen. Zwei verschiedene Methoden zur Behandlung von Zombie-Prozessen wurden erwähnt, aber nur eine wurde Ihnen vorgestellt. In diesem Abschnitt werden wir uns die zweite Methode anschauen.

Wann immer ein Prozess beendet wird, wird ein SIGCHLD-Signal an den Elternprozess des Kindes gesendet.

Das Auflösen von Zombie-Kindprozessen kann also auch dadurch erledigt werden, dass man das Standardverhalten der SIGCHLD-Signal-Bearbeitungsroutine ändert. Häufig sieht man Code, in dem zu diesem Zweck SIG_IGN als Signal-Bearbeitungsroutine eingesetzt wird:

```
sig_struct.sa_handler = SIG_IGN;
sigemptyset(&sig_struct.sa_mask);
sig_struct.sa_flags = 0;
sigaction(SIGCHLD,&sig_struct,NULL);
```

Dieser Ansatz funktioniert unter Linux und vielleicht auch noch einigen anderen Mitgliedern der Unix-Familie, aber er ist mit zwei Problemen behaftet. Erstens lässt er dem Programm keine Möglichkeit, den Exit-Status des Kindprozesses zu lesen. Zweitens funktioniert er nicht für alle Mitglieder der Unix-Familie. Wenn Sie möchten, dass Ihre Programme portierbar sind, sollten Sie diesen Ansatz daher nicht verwenden.

Der beste Weg, Zombie-Kindprozesse aufzulösen, besteht darin, eine SIGCHLD-Signal-Bearbeitungsroutine einzurichten und in der Bearbeitungsroutine waitpid() aufzurufen. Listing 19.8 demonstriert diesen Ansatz.

Listing 19.8: SIGCHLD zum Löschen von Zombie-Kindprozesse abfangen.

```
1 : /* SIGCHLD zum Löschen von Zombie-Kindprozesse abfangen. */
2 : #include <stdio.h>
3 : #include <stdlib.h>
4 : #include <unistd.h>
5 : #include <signal.h>
6 : #include <sys/types.h>
```

```
 7 : #include <sys/wait.h>
 8 :
 9 : void  sigchld_bearbeiter (int);
10:
11: int main(void)
12: {
13:     pid_t  pid;
14:     struct sigaction sig_struct;
15:     int    k;
16:
17:     sig_struct.sa_handler = sigchld_bearbeiter;
18:     sigemptyset(&sig_struct.sa_mask);
19:     sig_struct.sa_flags = 0;
20:
21:     if (sigaction(SIGCHLD,&sig_struct,NULL) != 0)
22:     {
23:         perror ("Fehler") ;
24:         exit (1);
25:     }
26:
27:     pid = fork();
28:
29:     if (pid < 0)
30:     {
31:         printf("Fehler : fork () lieferte %u zurück.\n", pid);
32:         exit(1);
33:     }
34:
35:     if (pid == 0)
36:     {
37:         printf("Kind : PID = %u. PID des Eltern = %u\n",
38:                 getpid(), getppid());
39:         sleep(1);
40:         puts ("Kind : wird jetzt beendet.");
41:         exit(42);
42:     }
43:     else
44:     {
45:         printf("Eltern: PID = %u. PID des Kindes = %u\n",
46:                 getpid(), pid);
47:
48:         puts("Eltern: lege mich für 30 Sekunden schlafen.");
49:         for (k=0; k<30; k++)
50:             sleep(1);
51:         puts("\nEltern: wird beendet.");
52:     }
```

TAG 19 Prozesse und Signale

```
53:
54:     return 0;
55: }
56:
57: void  sigchld_bearbeiter (int sig)
58: {
59:     pid_t  pid;
60:     int    status;
61:
62:     while ((pid = waitpid (-1, &status,   WNOHANG)) > 0)
63:     {
64:         printf("SIGCHLD: Kind mit PID %u ", pid);
65:         if (WIFEXITED(status) != 0)
66:           printf("wurde mit Status %d beendet \n", WEXITSTATUS(status));
67:         else
68:           printf("wurde anomal beendet.\n");
69:     }
70:
71: }
```

Ausgabe

```
[erik@coltrane day19]$   ./list1908 &
[2] 1914
[erik@coltrane day19]$   Eltern: PID = 1914. PID des Kindes = 1915
Kind : PID = 1915. PID des Eltern = 1914
Eltern: lege mich für 30 Sekunden schlafen.
Kind : wird jetzt beendet.
SIGCHLD: Kind mit PID 1915 wurde mit Status 42 beendet
[erik@coltrane day19]$   ps u
USER        PID %CPU %MEM    VSZ  RSS TTY      STAT START   TIME COMMAND
erik       1110  0.0  0.3   1720  980 pts/3    S    02:24   0:00 -bash
erik       1849  0.0  1.2   4616 3136 pts/3    S    05:43   0:00 nedit list1908.c
erik       1914  0.0  0.1   1052  332 pts/3    S    05:49   0:00 ./list1908
erik       1916  0.0  0.3   2536  916 pts/3    R    05:49   0:00 ps u
[erik@coltrane day19]$

Eltern: wird beendet.
[2]+  Done                    ./list1908
```

Analyse

In den Zeilen 17 bis 25 wird nach dem gleichen Muster, das Sie schon aus Listing 19.7 kennen, eine Signal-Bearbeitungsroutine eingerichtet – diesmal allerdings zum

Abfangen von SIGCHLD und nicht für SIGINT (wie in Listing 19.7). Der Rest der main()-Funktion besteht aus einem fork()-Aufruf (Zeile 27) und Code für den Kindprozess (Zeilen 36 bis 42). Der Elternprozess führt den Code in den Zeilen 44 bis 51 aus. Beachten Sie, dass im Elternprozess keine wait()- oder waitpid()-Aufrufe wie in den Listings 19.4 und 19.5 benötigt werden.

Die Funktion, die uns als Signal-Bearbeitungsroutine dienen soll, ist in Zeile 9 deklariert und in den Zeilen 57 bis 71 definiert. Die Signal-Bearbeitungsroutine enthält zwei lokale Variablen, pid und status, die in den Zeilen 59 und 60 definiert sind. In Zeile 62 wird waitpid() in einer while-Schleife immer wieder aufgerufen, bis waitpid() eine ungültige Prozess-ID zurückliefert. Liefert waitpid() eine gültige Prozess-ID zurück (also einen Wert im Bereich 1 bis 32767), wird der Anweisungsblock der while-Schleife ausgeführt, der die Prozess-ID und den Exit-Status des Kindprozesses ausgibt. Wenn waitpid() irgendeinen Wert zurückliefert, der keine gültige Prozess-ID darstellt, wird die while-Schleife nicht mehr ausgeführt, und die Signal-Bearbeitungsroutine kehrt zurück. Jetzt ist es aber so, dass waitpid() bei Auftreten eines Fehlers einen negativen Wert zurückliefert. Warum prüfen wir nicht, ob ein solcher Fehler aufgetreten ist? Wenn die Funktion waitpid() in einem Prozess aufgerufen wird, zu dem es keine Kindprozesse gibt, liefert die Funktion den Wert -1 zurück und setzt die globale Variable errno auf ECHILD. Wir prüfen also deshalb nicht auf etwaige Fehler, weil der häufigste Fehler dann eintritt, wenn keine Kindprozesse vorliegen.

Ein weiterer Punkt, den es zu beachten gilt, ist die for-Schleife in den Zeilen 49 und 50. In den vorangegangenen Beispielen wurde stets eine einzelne sleep()-Anweisung verwendet, die in diesem Programm plötzlich durch eine Schleife ersetzt wurde. Warum? Nun, die Funktion sleep() ist eine von mehreren Systemfunktionen, die automatisch beendet werden, wenn ein Signal empfangen wird. Würde man in Listing 19.8 einfach einen einzelnen sleep()-Aufruf verwenden, der das Programm für 30 Sekunden schlafen legt, würde die sleep()-Funktion abgebrochen, sowie der Kindprozess beendet wird. Auch das Programm würde dann beendet und könnte nicht mehr bestätigen, dass der Kindprozess korrekt aufgelöst wurde.

Es gibt noch eine weitere Falle, die bei Einrichtung einer SIGCHLD-Signal-Bearbeitungsroutine zu beachten ist. Wenn es mehr als einen Kindprozess gibt und die Signal-Bearbeitungsroutine für einen gerade beendeten Kindprozess aufgerufen wird, kann es passieren, dass ein zweites Kind beendet wird, bevor die Signal-Bearbeitungsroutine mit dem ersten Kind fertig ist. In diesem Fall kann es sein, dass kein zweites SIGCHLD-Signal erzeugt wird. Anders ausgedrückt, der Programmierer kann nicht davon ausgehen, dass er für jeden Kindprozess, der beendet wird, ein eigenes SIGCHLD-Signal erhält. Aus diesem Grund wird waitpid() in Listing 19.8 in einer while-Schleife aufgerufen.

TAG 19 Prozesse und Signale

Was Sie tun sollten	Was nicht
Rufen Sie in Ihren SIGCHLD-Signal-Bearbeitungsroutinen die Funktion waitpid() in einer Schleife auf, für den Fall, dass mehrere Kindprozesse beendet werden, aber nur ein Signal ausgelöst wird.	Packen Sie keinen unnötigen Code in Ihre Signal-Bearbeitungsroutinen. Der Umfang der Signal-Bearbeitungsroutinen sollte auf einem Minimum gehalten werden. Erwarten Sie nicht, dass für jeden Kindprozess, der beendet wird, ein eigenes SIGCHLD-Signal erzeugt wird. Wenn ein zweiter Kindprozess beendet wird, während die Signal-Bearbeitungsroutine noch mit einem kurz zuvor beendeten Kindprozess beschäftigt ist, wird unter Umständen kein weiteres Signal erzeugt.

Zusammenfassung

In der heutigen Lektion haben wir uns mit den Prozessen und Signalen auf Linux- und anderen Unix-ähnlichen Systemen befasst. Sie haben gelernt, dass ein Prozess eine Instanz eines Programms ist, das gerade vom Betriebssystem ausgeführt wird. (Programme stehen also auf der Festplatte, Prozesse befinden sich im Arbeitsspeicher.) Jeder Prozess verfügt über eine eigene Prozess-ID und kann mit Hilfe der Systemfunktion fork() Kindprozesse abspalten. Sie haben auch erfahren, wie man einen Prozess mit Hilfe von execl() durch einen anderen Prozess ersetzen kann. Beide Funktionen werden auch vom Bash-Befehlszeilen-Interpreter zum Ausführen von Programmen und Betriebssystembefehlen verwendet. Schließlich wurde Ihnen erklärt, was Signale sind und wie Sie mit Hilfe der sigaction-Funktion Signal-Bearbeitungsroutinen zum Abfangen der Signale einrichten können.

Fragen und Antworten

F Haben alle Prozesse einen Elternprozess?

A *Nein, doch es gibt nur einen einzigen Prozess, der keinen Eltern hat. Dieser Prozess heißt* init *und hat die Prozess-ID 1. Sie können ihn sich mit dem Befehl* ps u *anzeigen lassen. Der* init*-Prozess ist der erste Prozess, der beim Hochfahren Ihrer Linux-Maschine gestartet, und der letzte Prozess, der beim Herunterfahren beendet wird. Darüber hinaus gibt es auch die Möglichkeit, dass ein Kindprozess seinen Elternprozess verliert, aber nicht beendet wird. Ein solcher Kindprozess wird dann vom* init*-Prozess adoptiert.*

F Wofür werden Signale unter Linux hauptsächlich eingesetzt?

A *Es gibt kein hauptsächliches Anwendungsgebiet; Signale werden für viele Aufgaben eingesetzt. Sie werden von Kommandozeilen-Interpretern zur Kontrolle der Programme eingesetzt (*SIGINT, SIGTSTP, SIGSTOP *und* SIGCONT*). Sie werden vom Betriebssystem eingesetzt, um Prozesse darüber zu informieren, dass einer ihrer Kindprozesse beendet wurde (*SIGCHLD*). Viele Server-Anwendungen sind so implementiert, dass sie ihre Konfigurationsdateien neu auswerten, wenn sie ein* SIGHUP-*Signal empfangen. Wenn ein Rechner heruntergefahren wird, sendet der* init-*Prozess zuerst* SIGTERM- *und später* SIGKILL-*Signale an alle laufenden Prozesse.* SIGSEGV, SIGFPE *und* SIGILL *werden an Prozesse gesendet, die einen Fehler ausgelöst haben. Und so weiter und so fort; die Liste der möglichen Einsatzbereiche ist nahezu endlos.*

Workshop

Der Workshop enthält Quizfragen, die Ihnen helfen sollen, Ihr Wissen zu festigen, sowie Übungen, die Sie anregen sollen, das Gelernte umzusetzen und eigene Erfahrungen zu sammeln. Die Lösungen zu den Fragen und den Übungen finden Sie in Anhang C.

Quiz

1. Was ist eine Prozess-ID?
2. In welchem Wertebereich liegen gültige Prozess-IDs?
3. Welcher Unterschied besteht zwischen den Funktionen `getpid()` und `getppid()`?
4. Wie lauten die Rückgabewerte eines `fork()`-Aufrufs in a) dem Elternprozess und b) dem Kindprozess? (Gehen Sie davon aus, dass keine Fehler aufgetreten sind.)
5. Was ist ein Zombie-Prozess?
6. Welches ist der wichtigste Unterschied zwischen `wait()` und `waitpid()`?
7. Warum wird Code, der auf einen erfolgreichen `execl()`-Aufruf folgt, nicht mehr ausgeführt?
8. Angenommen ein Prozess mit der Prozess-ID 1523 ruft `execl()` auf. Wie lautet die Prozess-ID des mit `execl()` gestarteten Programms?
9. Für welche zwei Signale ist es nicht möglich, dass Standardverhalten durch Installation einer Signal-Bearbeitungsroutine zu verändern?

Übung

Schreiben und testen Sie eine Funktion namens mein_system(), die system() ersetzen kann. Verwenden Sie die Funktionen fork() und execl().

Compiler für Fortgeschrittene

Woche 3

Compiler für Fortgeschrittene

In dieser Lektion werden einige fortgeschrittene Möglichkeiten des C-Compilers besprochen. Heute lernen Sie:

- wie der C-Präprozessor eingesetzt wird
- wie man Befehlszeilenargumente verwendet
- wie man mit mehreren Quelltextdateien programmiert
- wie man mit dem Dienstprogramm *make* arbeitet
- wie man Bibliotheken nutzt und selbst aufbaut

Der C-Präprozessor

Der Präprozessor ist Teil eines jeden C-Compiler-Pakets. Wenn Sie ein C-Programm kompilieren, wird es als erstes vom Präprozessor bearbeitet. In den meisten Compilern, einschließlich GNU gcc, ist der Präprozessor Teil des Compiler-Programms. Das bedeutet, dass bei Aufruf des Compilers automatisch auch der Präprozessor gestartet wird.

Der Präprozessor verändert den Quelltext auf der Grundlage von Instruktionen, so genannten *Präprozessor-Direktiven*, die im Quelltext selbst stehen. Die Ausgabe des Präprozessors ist eine geänderte Quelltextdatei, die dann als Eingabe für den nächsten Kompilierschritt dient. Normalerweise bekommen Sie diese Datei nicht zu Gesicht, da der Compiler sie löscht, nachdem sie nicht mehr benötigt wird. Weiter hinten in diesem Kapitel werde ich Ihnen zeigen, wie Sie sich diese Zwischendatei anschauen können. Zuerst jedoch möchte ich Ihnen die Präprozessor-Direktiven vorstellen, die alle mit dem Symbol # beginnen.

Die Präprozessor-Direktive #define

Die Präprozessor-Direktive #define hat zwei Einsatzbereiche: Sie erzeugt sowohl symbolische Konstanten als auch Makros.

Einfache Substitutionsmakros mit #define

Substitutionsmakros haben Sie bereits am Tag 2, »Die Komponenten eines C-Programms: Quellcode und Daten«, kennen gelernt, auch wenn sie damals noch mit dem Begriff *symbolische Konstanten* umschrieben wurden. Substitutionsmakros erzeugt man, um einen Text durch einen anderen Text zu ersetzen. Um zum Beispiel text1 durch text2 zu ersetzen, schreiben Sie Folgendes:

```
#define text1 text2
```

Der C-Präprozessor

Diese Direktive veranlasst, dass der Präprozessor die gesamte Quellcode-Datei durchgeht und jedes Vorkommen von `text1` durch `text2` ersetzt. Die einzige Ausnahme davon sind Stellen, in denen `text1` in doppelten Anführungszeichen steht (also String-Literale). In einem solchen Fall wird keine Ersetzung vorgenommen.

Am häufigsten werden Substitutionsmakros für die Erzeugung symbolischer Konstanten eingesetzt, wie Sie es bereits am Tag 2 gesehen haben. Wenn Ihr Programm zum Beispiel die folgenden Zeilen enthält:

```
#define MAX 1000
x = y * MAX;
z = MAX - 12;
```

sieht der Quelltext, nachdem der Präprozessor ihn durchgegangen ist, folgendermaßen aus:

```
x = y * 1000;
z = 1000 - 12;
```

Der Effekt ist der gleiche, als hätten Sie in Ihrer Textverarbeitung den Suchen&Ersetzen-Befehl aufgerufen, um sämtliche Vorkommen von `MAX` in `1000` zu ändern. Ihre originale Quelltextdatei wird durch den Präprozessor aber nicht geändert. Statt dessen wird eine temporäre Kopie mit den Änderungen angelegt. Beachten Sie, dass `#define` nicht nur auf die Erzeugung symbolischer numerischer Konstanten beschränkt ist. So können Sie zum Beispiel schreiben:

```
#define ZINGBOFFLE printf
ZINGBOFFLE("Hallo, Welt.");
```

auch wenn es dafür eigentlich keinen Grund gibt. Außerdem sollten Sie sich darüber im Klaren sein, dass manche Autoren mit `#define` definierte Konstanten ebenfalls als Makros betrachten. In diesem Buch werden wir den Begriff *Makro* allerdings auf die Konstrukte beschränken, die im nächsten Abschnitt beschrieben werden.

Funktionsmakros mit #define

Sie können mit der Direktiven `#define` auch Funktionsmakros erzeugen. Ein Funktionsmakro ist eine Art Kurzform, die etwas ziemlich Kompliziertes in einfacher Form ausdrückt. Von *Funktions*makros spricht man, weil diese Art von Makro genau wie eine richtige C-Funktion Argumente übernehmen kann. Ein Vorteil der Funktionsmakros ist der, dass ihre Argumente nicht typspezifisch sind. Das heißt, Sie können einem Funktionsmakro, das ein numerisches Argument erwartet, jeden beliebigen numerischen Variablentyp übergeben.

Lassen Sie uns dies anhand eines Beispiels veranschaulichen. Die Präprozessor-Direktive

```
#define HAELFTEVON(wert) ((wert)/2)
```

definiert ein Makro namens HAELFTEVON, das einen Parameter namens wert übernimmt. Immer wenn der Präprozessor im Quelltext auf den Text HAELFTEVON(wert) stößt, ersetzt er diesen Text durch den Definitionstext und fügt das gewünschte Argument ein. So würde zum Beispiel die Quelltextzeile

`ergebnis = HAELFTEVON(10);`

durch die folgende Zeile ersetzt:

`ergebnis = ((10)/2);`

Entsprechend wird aus

`printf("%f", HAELFTEVON(x[1] + y[2]));`

die Anweisung:

`printf("%f", ((x[1] + y[2])/2));`

Ein Makro kann mehr als einen Parameter definieren und jeder Parameter kann mehr als einmal in dem Ersetzungstext verwendet werden. So hat zum Beispiel das folgende Makro, das den Durchschnitt von fünf Werten ermittelt, fünf Parameter:

`#define MITTEL5(v, w, x, y, z) (((v)+(w)+(x)+(y)+(z))/5)`

Das folgende Makro, in dem der Bedingungsoperator den größeren von zwei Werten bestimmt, verwendet seine Parameter zweimal. (Den Bedingungsoperator haben Sie am Tag 3, »Anweisungen, Ausdrücke und Operatoren«, kennen gelernt.)

`#define GROESSER(x, y) ((x) > (y) ? (x) : (y))`

Ein Makro kann so viele Parameter haben, wie es benötigt. Wenn Sie das Makro aufrufen, müssen Sie ihm die korrekte Anzahl an Argumenten übergeben.

In einer Makrodefinition muss die öffnende Klammer direkt auf den Makronamen folgen. Es darf kein Whitespace (Leerzeichen etc.) dazwischen stehen. Die öffnende Klammer teilt dem Präprozessor mit, dass es sich hierbei um die Definition eines Funktionsmakros handelt und nicht nur um die Substitution einer einfachen symbolischen Konstanten. Werfen wir einen Blick auf die folgende Definition:

`#define SUMME (x, y, z) ((x)+(y)+(z))`

Aufgrund des Leerzeichens zwischen SUMME und (behandelt der Präprozessor diese Definition wie ein einfaches Substitutionsmakro. Jedes Vorkommen von SUMME im Quelltext wird durch (x, y, z) ((x)+(y)+(z)) ersetzt, was Sie mit Sicherheit nicht wollten.

Ich möchte Sie darauf aufmerksam machen, dass in dem Substitutionsstring jeder Parameter in Klammern steht. Damit sollen unerwünschte Nebeneffekte bei der Übergabe von Ausdrücken als Argumente an das Makro verhindert werden. Im folgenden Beispiel wird ein Makro ohne diese Klammern definiert:

Der C-Präprozessor

```
#define QUADRAT(x) x*x
```

Wenn Sie dieses Makro mit einer einfachen Variablen als Argument aufrufen, gibt es keine Probleme. Was aber, wenn Sie einen Ausdruck als Argument übergeben?

```
ergebnis = QUADRAT(x + y);
```

Wird das Makro mit diesem Argument expandiert, erhalten Sie nicht das gewünschte Ergebnis, sondern:

```
ergebnis = x + y * x + y;
```

Mit Klammern an den richtigen Stellen können Sie dieses Problem, wie folgendes Beispiel zeigt, vermeiden:

```
#define QUADRAT(x) (x)*(x)
```

Die Expansion dieser Definition ergibt folgende Zeile und führt damit zum korrekten Ergebnis:

```
ergebnis = (x + y) * (x + y);
```

Noch flexibler wird die Makrodefinition durch die Verwendung des *stringbildenden Operator* (#), der manchmal auch *String-Literal-Operator* genannt wird. Wenn einem Makroparameter im Substitutionsstring ein # vorangestellt ist, wird das Argument beim Expandieren des Makros in einen String in Anführungszeichen umgewandelt. Wenn Sie also ein Makro wie folgt definieren

```
#define AUSGEBEN(x) printf(#x)
```

und es mit folgender Anweisung aufrufen

```
AUSGEBEN(Hallo Mama);
```

wird nach der Expansion daraus die Anweisung

```
printf("Hallo Mama");
```

Die vom stringbildenden Operator durchgeführte Umwandlung berücksichtigt auch Sonderzeichen. Wenn es im Argument ein Zeichen gibt, das normalerweise ein Escape-Zeichen benötigt, fügt der #-Operator vor diesem Zeichen einen Backslash ein. Greifen wir dazu noch einmal auf unser obiges Beispiel zurück. Der Aufruf

```
AUSGEBEN("Hallo Mama");
```

expandiert demnach zu

```
printf("\"Hallo Mama\"");
```

Ein Beispiel für den #-Operator finden Sie in Listing 20.1. Doch zuvor möchte ich Ihnen noch einen anderen Operator vorstellen, der in Makros verwendet wird, der *Verkettungsoperator* (##). Dieser Operator verkettet oder besser verbindet im Zuge der Makro-Expansion zwei Strings. Er verwendet keine Anführungszeichen und sieht auch

Compiler für Fortgeschrittene

keine Sonderbehandlung für Escape-Zeichen vor. Er dient hauptsächlich dazu, C-Quelltext-Sequenzen zu erzeugen. Wenn Sie zum Beispiel folgendes Makro definieren und aufrufen:

```
#define HACKEN(x) funk ## x
salat = HACKEN(3)(q, w);
```

wird das Makro, das in der zweiten Zeile aufgerufen wurde, folgendermaßen expandiert:

```
salat = funk3 (q, w);
```

Wie Sie sehen, ist es mit Hilfe des ##-Operators möglich, zwischen dem Aufruf verschiedener Funktionen auszuwählen. Sie programmieren praktisch die Erzeugung des C-Quellcodes.

Listing 20.1 zeigt eine Möglichkeit, den #-Operator zu verwenden.

Listing 20.1: Der #-Operator in der Makro-Expansion.

```
 1: /* Einsatz des #-Operators in einer Makro-Expansion. */
 2:
 3: #include <stdio.h>
 4:
 5: #define AUSGABE(x) printf(#x " gleich %d.\n", x)
 6:
 7: int main(void)
 8: {
 9:     int wert = 123;
10:     AUSGABE(wert);
11:     return 0;
12: }
```

Ausgabe

```
wert gleich 123.
```

Analyse

Durch die Verwendung des #-Operators in Zeile 5 wird der Variablenname wert bei der Expansion des Makros als String in Anführungszeichen an die Funktion printf() übergeben. Nach der Expansion sieht das Makro AUSGABE wie folgt aus:

```
printf("wert" " gleich %d.",  wert );
```

Makros kontra Funktionen

Sie haben gesehen, dass Sie anstelle von richtigen Funktionen auch Funktionsmakros verwenden können – zumindest dort, wo der sich ergebende Code relativ kurz ist. Funkionsmakros können sich zwar durchaus über mehrere Zeile erstrecken, werden aber in der Regel ziemlich unhandlich, wenn sie größer werden. Was sollen Sie jedoch machen, wenn Sie sowohl eine Funktion als auch ein Makro verwenden können? Da heißt es, zwischen Programmgeschwindigkeit und Programmgröße abzuwägen.

Die Definition eines Makros wird so oft im Code expandiert, wie das Makro im Quellcode anzutreffen ist. Wenn Ihr Programm ein Makro 100-mal aufruft, gibt es 100 Kopien dieses expandierten Makrocodes im endgültigen Programm. Im Gegensatz dazu gibt es den Code einer Funktion nur einmal. Deshalb wäre es hinsichtlich der Programmgröße besser, eine richtige Funktion zu wählen.

Wenn ein Programm eine Funktion aufruft, erfordert das einen bestimmten Verarbeitungsüberhang, der benötigt wird, um die Programmausführung an den Funktionscode zu übergeben und später wieder in das aufrufende Programm zurückzukehren. Beim »Aufrufen« eines Makros gibt es keinen Verarbeitungsüberhang, da der Code bereits direkt im Programm steht. Hinsichtlich der Geschwindigkeit liegen die Vorteile also bei den Funktionsmakros.

Das Abwägen zwischen Größe und Geschwindigkeit ist für den Programmieranfänger eher unerheblich. Wichtig werden diese Betrachtungen erst bei großen, zeitkritischen Anwendungen.

Expandierte Makros anzeigen lassen

Es kommt immer mal wieder vor, dass man sich ansehen möchte, wie die Makros expandiert wurden – besonders dann, wenn die Makros nicht ordnungsgemäß funktionieren. Um die expandierten Makros einzusehen, müssen Sie den Compiler anweisen, nach dem ersten Durchgang durch den Code (der die Makro-Expansion mit einschließt) eine Ausgabedatei zu erstellen.

Um zum Beispiel ein Programm namens `programm.c` mit dem GNU-C-Compiler zu präkompilieren, würden Sie den Compiler wie folgt aufrufen:

```
gcc -E programm.c
```

Der Präprozessor geht Ihren Quellcode als Erstes durch. Dabei werden alle Header-Dateien eingebunden, `#define`-Makros expandiert und andere Präprozessor-Direktiven ausgeführt. Die Ausgabe der Präprozessor-Stufe wird an `stdout` (das heißt, den Bildschirm) weitergeleitet. Leider ist es nicht besonders hilfreich, den verarbeiteten Code auf dem Bildschirm vorbeihuschen zu sehen! Sie können den Pipe-Befehl zusammen mit `more` verwenden, um den Inhalt der Datei abschnittsweise auf dem Bildschirm anzuzeigen, oder die Ausgabe direkt in eine Datei umleiten.

```
gcc -E program.c | more
gcc -E program.c > programm.pre
```

Anschließend können Sie die Datei in Ihren Editor laden, um sie auszudrucken oder anzuzeigen.

Was Sie tun sollten	Was nicht
Verwenden Sie #define vor allem für symbolische Konstanten. Symbolische Konstanten machen Ihren Code wesentlich lesbarer. Beispiele für Werte, die man als Konstanten definieren sollte, sind Farben, WAHR/FALSCH, JA/NEIN, die Tastaturtasten und Maximalwerte. Sie werden im ganzen Buch auf symbolische Konstanten treffen.	Übertreiben Sie es nicht mit den Makrofunktionen. Verwenden Sie sie dort, wo es nötig ist, aber stellen Sie vorher sicher, dass eine normale Funktion nicht die bessere Wahl wäre.

Die #include-Direktive

Sie haben bereits gelernt, wie Sie die Präprozessor-Direktive #include verwenden, um Header-Dateien in Ihr Programm einzubinden. Wenn der Präprozessor auf eine #include-Direktive trifft, liest er die angegebene Datei und fügt sie dort ein, wo die Direktive steht. Sie können in einer #include-Direktive keine Platzhalter wie * oder ? verwenden, um eine Gruppe von Dateien einzulesen. Sie können jedoch #include-Direktiven verschachteln. Mit anderen Worten, eine eingebundene Datei kann wiederum #include-Direktiven enthalten, die ebenfalls #include-Direktiven enthalten und so weiter. Die meisten Compiler haben einen Grenzwert hinsichtlich der Verschachtelungstiefe, aber normalerweise sind bis zu zehn Ebenen möglich.

Es gibt zwei Möglichkeiten, den Dateinamen für eine #include-Direktive anzugeben. Wenn der Dateiname in spitzen Klammern steht, wie in #include <stdio.h> (was Ihnen in diesem Buch schon häufig begegnet sein dürfte), sucht der Präprozessor die Datei zuerst im Standardverzeichnis. Wenn die Datei nicht gefunden wird oder kein Standardverzeichnis angegeben wurde, sucht der Präprozessor als Nächstes im aktuellen Verzeichnis.

»Was ist denn das Standardverzeichnis?«, werden Sie vielleicht fragen. Unter Linux sind das die Verzeichnisse /usr/include und /usr/local/include. Wenn Sie weitere Verzeichnisse in den include-Pfad mit aufnehmen wollen, verwenden Sie den Befehlszeilen-Schalter -I. Wenn Sie zum Beispiel für die Kompilation des Programms programm.c das Verzeichnis /home/user/erik/include in den include-Pfad aufnehmen wollen, würden Sie gcc wie folgt aufrufen:

```
gcc -Wall -I/home/user/erik/include programm.c -o programm
```

Die zweite Möglichkeit, die einzubindende Datei anzugeben, besteht darin, den Dateinamen in doppelte Anführungszeichen zu setzen: #include "meinedatei.h". In diesem Fall durchsucht der Präprozessor nicht die Standardverzeichnisse, sondern nur das Verzeichnis, in dem auch die gerade kompilierte Quelltextdatei steht. Allgemein lässt sich sagen, dass Sie Ihre selbst aufgesetzten Header-Dateien in demselben Verzeichnis wie die C-Quelltextdateien ablegen und mit doppelten Anführungszeichen einbinden sollten. Das Standardverzeichnis ist für systemweite Header-Dateien reserviert.

Die Verwendung von #if, #elif, #else und #endif

Diese vier Präprozessor-Direktiven steuern die bedingte Kompilierung. *Bedingte Kompilierung* bedeutet, dass bestimmte Blöcke von C-Code nur dann kompiliert werden, wenn gewisse Bedingungen erfüllt sind. In vielerlei Hinsicht entspricht die Familie der #if-Präprozessor-Direktiven in ihrer Funktionsweise der if-Anweisung von C. Der Unterschied liegt hauptsächlich darin, dass if kontrolliert, ob bestimmte Anweisungen ausgeführt werden, während #if kontrolliert, ob sie kompiliert werden.

Die Struktur eines #if-Blocks sieht folgendermaßen aus:

```
#if Bedingung_1
Anweisung_block_1
#elif Bedingung_2
Anweisung_block_2
...
#elif Bedingung_n
Anweisung_block_n
#else
Standard_anweisung_block
#endif
```

Als *Bedingung* kann fast jeder beliebige Ausdruck verwendet werden, der als Konstante ausgewertet wird. Nicht verwendet werden können der sizeof()-Operator, Typenumwandlungen oder Werte vom Datentyp float. Meist prüft man mit #if symbolische Konstanten, die mit der #define-Direktive erzeugt wurden.

Jeder *Anweisung_block* besteht aus einer oder mehreren C-Anweisungen. Erlaubt sind jegliche Formen von Anweisungen, auch Präprozessor-Direktiven. Die Anweisungen müssen nicht in geschweiften Klammern stehen, aber es schadet auch nicht.

Die Direktiven #if und #endif sind obligatorisch, wohingegen #elif und #else optional sind. Sie können so viele #elif-Direktiven verwenden, wie Sie wollen, aber nur ein #else. Wenn der Compiler auf eine #if-Direktive trifft, testet er die damit verbundene Bedingung. Wird die Bedingung als wahr (ungleich Null) ausgewertet, werden die auf das #if folgenden Anweisungen kompiliert. Wenn die Bedingung als falsch (Null) ausgewertet wird, testet der Compiler der Reihe nach die mit jeder #elif-Direktive verbundenen Bedingungen. Die Anweisungen, die mit dem ersten wahren #elif verbunden sind, werden kompiliert. Wenn keine der Bedingungen wahr ist, werden die Anweisungen, die auf die #else-Direktive folgen, kompiliert.

Beachten Sie, dass höchstens ein einziger Anweisungsblock innerhalb der #if...#endif-Konstruktion kompiliert wird. Wenn der Compiler keine #else-Direktive findet, wird unter Umständen keine Anweisung kompiliert.

Den Einsatzmöglichkeiten der bedingten Kompilierungsdirektiven sind nur durch Ihre Vorstellungskraft Grenzen gesetzt. Betrachten wir ein Beispiel. Angenommen Sie schreiben ein Programm, das eine Unmenge von landesspezifischen Informationen verwendet. Diese Informationen sind für jedes Land in einer eigenen Header-Datei untergebracht. Wenn Sie das Programm zum Einsatz in mehreren Ländern kompilieren, können Sie eine #if...#endif-Konstruktion wie die folgende verwenden:

```
#if ENGLAND == 1
#include "england.h"
#elif FRANKREICH == 1
#include "frankreich.h"
#elif ITALIEN == 1
#include "italien.h"
#else
#include "deutschland.h"
#endif
```

Wenn Sie dann mit #define die entsprechende symbolische Konstante definieren, können Sie steuern, welche Header-Datei während der Kompilierung eingebunden wird.

Debuggen mit #if...#endif

Die Direktiven #if...#endif werden auch häufig dazu verwendet, bedingten Debug-Code in ein Programm mit aufzunehmen. Sie könnten beispielsweise eine symbolische Konstante DEBUG definieren, die entweder auf 1 oder 0 gesetzt wird, und dann an kritischen Stellen des Programms speziellen Debug-Code einfügen:

```
#if DEBUG == 1
    hier Debug-Code
#endif
```

Wenn Sie während der Programmentwicklung DEBUG als 1 definieren, wird der Debug-Code mit aufgenommen, um Ihnen bei der Fehlersuche zu helfen. Nachdem das Programm ordnungsgemäß läuft, können Sie DEBUG auf 0 setzen und das Programm ohne den Debug-Code neu kompilieren.

Der C-Präprozessor

Der Operator `defined()` wird beim Aufsetzen bedingter Kompilierungsdirektiven verwendet. Dieser Operator prüft, ob ein bestimmter Name definiert wurde. So wird der Ausdruck

```
defined( NAME )
```

zu `wahr` oder `falsch` ausgewertet, je nachdem ob `NAME` definiert ist oder nicht. Durch die Verwendung von `defined()` können Sie die Kompilierung, ohne Rücksicht auf den besonderen Wert eines Namens, auf der Basis von vorangehenden Definitionen steuern. So könnten Sie den `#if...#endif`-Abschnitt aus dem obigen Beispiel wie folgt umformulieren:

```
#if defined( DEBUG )
hier Debug-Code
#endif
```

Sie können `defined()` auch dazu verwenden, einem bisher noch nicht definierten Namen eine Definition zuzuweisen. Neben `defined` kommt dabei der `NOT`-Operator (`!`) zum Einsatz:

```
#if !defined( TRUE )     /* wenn TRUE nicht definiert ist. */
#define TRUE 1
#endif
```

Beachten Sie, dass es für den `defined()`-Operator unerheblich ist, ob ein Name als Ersatz für irgendetwas definiert ist oder nicht. So wird zum Beispiel in der folgenden Programmzeile der Name `ROT` definiert, aber nicht als Synonym für irgendeinen Wert (oder Ähnliches) eingeführt:

```
#define ROT
```

Trotzdem wird der Ausdruck `defined( ROT )` als `wahr` ausgewertet werden. Allerdings führt eine solche Definition auch dazu, dass alle Vorkommen von `ROT` im Quelltext entfernt und durch nichts ersetzt werden. Lassen Sie deshalb Vorsicht walten.

Die Mehrfacheinbindung von Header-Dateien vermeiden

Mit zunehmender Programmgröße und extensiver Verwendung von Header-Dateien erhöht sich das Risiko, aus Versehen eine Header-Datei mehr als einmal einzubinden. Das kann dazu führen, dass der Compiler verstört die Kompilierung abbricht. Mit den eben besprochenen Direktiven können Sie dieses Problem leicht vermeiden. Sehen Sie dazu das Beispiel in Listing 20.2.

Listing 20.2: Präprozessor-Direktiven für Header-Dateien.

```
1: /* PROG.H - eine Header-Datei, die Mehrfacheinbidungen verhindert! */
2:
3: #if defined( PROG_H )
```

```
 4: /* die Datei wurde bereits eingebunden */
 5: #else
 6: #define PROG_H
 7:
 8: /* Hier stehen die Daten der Header-Datei... */
 9:
10:
11:
12: #endif
```

Lassen Sie uns untersuchen, was diese Header-Datei genau macht. In Zeile 3 prüft sie, ob PROG_H bereits definiert ist. Beachten Sie, dass der Name PROG_H in Anlehnung an den Namen der Header-Datei gewählt wurde. Wenn PROG_H definiert ist, liest der Präprozessor als Nächstes den Kommentar in Zeile 4, und das Programm hält dann Ausschau nach dem #endif am Ende der Header-Datei. Konkret bedeutet dies, dass nichts weiter geschieht.

Wie wird PROG_H definiert? Die Definition steht in Zeile 6. Wenn dieser Header das erste Mal eingebunden wird, prüft der Präprozessor, ob PROG_H definiert ist. Da dies nicht der Fall ist, springt der Präprozessor zur #else-Anweisung. Nach #else wird zuerst einmal PROG_H definiert, so dass alle nachfolgenden Versuche, diese Datei einzubinden, den Rumpf der Datei überspringen. Die Zeilen 7 bis 11 können eine beliebige Anzahl an Befehlen oder Deklarationen enthalten.

Die Direktive #undef

Die #undef-Direktive ist das Gegenteil von #define – sie entfernt die Definition eines Namens. Sehen Sie dazu folgendes Beispiel:

```
#define DEBUG 1
/* In diesem Programmabschnitt werden die Vorkommen von DEBUG   */
/* durch 1 ersetzt, und der Ausdruck defined( DEBUG ) wird als  */
/* WAHR ausgewertet. */
#undef DEBUG
/* In diesem Programmabschnitt werden die Vorkommen von DEBUG   */
/* nicht ersetzt und der Ausdruck defined( DEBUG ) wird als     */
/* FALSCH ausgewertet. */
```

Sie können #undef und #define dazu verwenden, einen Namen zu erzeugen, der nur in Teilen Ihres Quellcodes definiert wird. Wenn Sie dies mit der #if-Direktive kombinieren (siehe oben), haben Sie noch mehr Kontrolle über die bedingte Kompilierung Ihres Quelltextes.

Vordefinierte Makros

Die meisten Compiler sind mit einer Reihe von vordefinierten Makros ausgestattet. Die nützlichsten unter ihnen sind __DATE__, __TIME__, __LINE__ und __FILE__. Merken Sie sich, dass jedes dieser Makros vorne und hinten jeweils doppelte Unterstriche aufweist. Unter der Prämisse, dass es höchst unwahrscheinlich ist, dass Programmierer ihre eigenen Definitionen mit führenden und abschließenden Unterstrichen erzeugen, soll Sie das davon abhalten, diese Makros neu zu definieren.

Diese Makros funktionieren genauso wie die heute bereits beschriebenen Makros. Wenn der Präcompiler auf eines dieser Makros trifft, ersetzt er das Makro durch den Makro-Code. __DATE__ und __TIME__ werden durch das aktuelle Datum beziehungsweise die aktuelle Zeit ersetzt. Unter »aktueller Zeit und aktuellem Datum« sind dabei Zeit und Datum der Präkompilierung der Quelltextdatei zu verstehen. Diese Information kann von Nutzen sein, wenn Sie mit verschiedenen Versionen eines Programms arbeiten. Indem Sie von einem Programm Zeit und Datum der Kompilierung ausgeben lassen, können Sie feststellen, ob Sie die letzte oder eine frühere Version des Programms ausführen.

Die anderen beiden Makros sind sogar noch wertvoller. __LINE__ wird durch die aktuelle Zeilennummer der Quelltextdatei ersetzt, __FILE__ durch den Dateinamen der Quelltextdatei. Diese beiden Makros eignen sich am besten zum Debuggen eines Programms oder zur Fehlerbehandlung. Betrachten wir einmal die folgende printf()-Anweisung:

```
31:
32: printf( "Programm %s: (%d) Fehler beim Öffnen der Datei ",
            __FILE__, __LINE__ );
33:
```

Wenn diese Zeilen Teil eines Programm namens meinprog.c wären, lautete die Ausgabe:

```
Programm meinprog.c: (32) Fehler beim Öffnen der Datei
```

Im Moment mag dies vielleicht nicht allzu wichtig erscheinen. Wenn aber Ihre Programme an Umfang zunehmen und sich über mehrere Quelltextdateien erstrecken, wird das Aufspüren von Fehlern immer schwieriger. Mit den Makros __LINE__ und __FILE__ wird das Debuggen einfacher.

TAG 20 – Compiler für Fortgeschrittene

Was Sie tun sollten	Was nicht
Verwenden Sie in Debug-Fehlermeldungen die Makros `__LINE__` und `__FILE__`.	Vergessen Sie nicht, `#if`-Anweisungen mit `#endif` abzuschließen.
Setzen Sie Klammern um die Werte, die einem Makro übergeben werden. Damit lassen sich Fehler vermeiden. Schreiben Sie zum Beispiel `#define KUBIK(x)   (x)*(x)*(x)` anstelle von `#define KUBIK(x)   x*x*x`	

Befehlszeilenargumente

C-Programme können auch Argumente auswerten, die dem Programm über die Befehlszeile übergeben werden. Gemeint sind damit Informationen, die bei Aufruf des Programms nach dem Programmnamen aufgeführt werden. Wenn Sie zum Beispiel ein Programm namens `progname` starten wollen, das sich im aktuellen Verzeichnis befindet, würden Sie am Befehlsprompt Folgendes eingeben:

```
[erik@coltrane tag20]$ ./progname schmidt maier
```

Die beiden Befehlszeilenargumente `schmidt` und `maier` können vom Programm während der Ausführung eingelesen werden. Stellen Sie sich diese Informationen als Argumente vor, die der `main()`-Funktion des Programms übergeben werden. Solche Befehlszeilenargumente erlauben es dem Anwender, dem Programm bestimmte Informationen gleich beim Start und nicht erst im Laufe der Ausführung des Programms zu übergeben – was in bestimmten Situationen durchaus hilfreich sein kann. Sie können beliebig viele Befehlszeilenargumente übergeben. Beachten Sie, dass Befehlszeilenargumente nur innerhalb von `main()` verfügbar sind und `main()` dazu wie folgt definiert sein muss:

```
int main(int argc, char *argv[])
{
/* hier stehen die Anweisungen */
}
```

Der erste Parameter, `argc`, ist ein Integer, der die Anzahl der verfügbaren Befehlszeilenargumente angibt. Dieser Wert beträgt immer mindestens 1, da der Programmname als erstes Argument zählt. Der Parameter `argv[]` ist ein Array von Zeigern auf Strings. Die gültigen Indizes für dieses Array reichen von 0 bis `argc - 1`. Der Zeiger `argv[0]` zeigt auf den Programmnamen (einschließlich der Pfadinformationen), argv[1] zeigt auf das erste Argument, das auf den Programmnamen folgt, und so weiter. Beachten Sie, dass die Namen argc und argv[] nicht obligatorisch sind – Sie können jeden beliebigen gültigen C-Variablennamen verwenden, um die Befehlszeilenargumente entgegenzunehmen. Die Verwendung von argc und argv[] ist jedoch schon fast so etwas wie Tradition, und es wäre am besten, Sie würden sie auch beibehalten.

Die Argumente in der Befehlszeile werden durch beliebige Whitespace-Zeichen getrennt. Wenn Sie ein Argument übergeben wollen, das ein Leerzeichen enthält, müssen Sie das ganze Argument in doppelte Anführungszeichen setzen. Wenn Sie das Programm zum Beispiel wie folgt aufrufen

./progname schmidt "und maier"

dann ist schmidt das erste Argument (auf das argv[1] zeigt) und und maier das zweite Argument (auf das argv[2] zeigt). Listing 20.3 veranschaulicht, wie man auf Befehlszeilenargumente zugreift.

Listing 20.3: Befehlszeilenargumente an main() übergeben

```
1:  /* Zugriff auf Befehlszeilenargumente */
2:
3:  #include <stdio.h>
4:
5:  int main(int argc, char *argv[])
6:  {
7:      int count;
8:
9:      printf("Programmname: %s\n", argv[0]);
10:
11:     if (argc > 1)
12:     {
13:         for (count = 1; count < argc; count++)
14:             printf("Argument %d: %s\n", count, argv[count]);
15:     }
16:     else
17:         puts("Es wurden keine Befehlszeilenargumente eingegeben.");
18:     return 0;
19: }
```

./list2003
Programmname: ./list2003
Es wurden keine Befehlszeilenargumente eingegeben.

```
./list2003 erstes zweites "3 4"
Programmname: ./list2003
Argument 1: erstes
Argument 2: zweites
Argument 3: 3 4
```

Dieses Programm beschränkt sich darauf, die Befehlszeilenparameter auszugeben, die der Anwender eingegeben hat. Beachten Sie, dass Zeile 5 die oben angesprochenen Parameter `argc` und `argv` aufführt. Zeile 9 gibt den Befehlszeilenparameter aus, der immer vorhanden ist, das heißt den Programmnamen. Wie schon gesagt, lautet dieser Parameter `argv[0]`. Zeile 11 prüft, ob es mehr als einen Befehlszeilenparameter gibt. Warum mehr als einen und nicht mehr als keinen? Weil es immer zumindest einen gibt – den Programmnamen. Wenn es weitere Argumente gibt, werden diese von der `for`-Schleife in den Zeilen 13 und 14 auf dem Bildschirm ausgegeben. Andernfalls wird eine entsprechende Meldung ausgegeben (Zeile 17).

Befehlszeilenargumente fallen normalerweise in zwei verschiedene Kategorien: obligatorische, ohne die das Programm nicht ausgeführt werden kann, und optionale, wie zum Beispiel Schalter, die die Arbeitsweise des Programms steuern. Angenommen Sie haben ein Programm, das Daten aus einer Datei sortiert. Wenn Sie das Programm so schreiben, dass es den Namen der zu sortierenden Datei über die Befehlszeile entgegennimmt, gehört der Name zu den obligatorischen Informationen. Wenn der Anwender vergisst, den Dateinamen in der Befehlszeile anzugeben, muss das Programm irgendwie mit dieser Situation fertig werden (meist gibt man in so einem Fall eine Fehlermeldung aus, die den korrekten Aufruf des Programms beschreibt). Das Programm könnte weiterhin nach dem Argument /r Ausschau halten, das eine Sortierung in umgekehrter Reihenfolge veranlasst. Dieses Argument ist optional. Das Programm hält zwar Ausschau nach dem Argument, wird aber auch korrekt ausgeführt, wenn das Argument nicht übergeben wird.

Was Sie tun sollten	**Was nicht**
Verwenden Sie `argc` und `argv` als Variablennamen für die Befehlszeilenargumente zu `main()`. Den meisten C-Programmierern sind diese Namen vertraut.	Gehen Sie nicht davon aus, dass die Anwender die korrekte Anzahl an Befehlszeilenparametern eingeben. Prüfen Sie, ob die korrekte Anzahl an Argumenten eingegeben wurde, und geben Sie eine Meldung aus, die die einzugebenden Argumente erläutert, wenn zu wenig oder zu viel Argumente übergeben wurden.

Befehlszeilenargumente mit getopt()

Das Einlesen von Befehlszeilenoptionen mit argc und argv[] ist relativ einfach, solange die Zahl der Optionen klein ist. Viele Programme akzeptieren jedoch eine große Anzahl an Befehlszeilenoptionen, und das Auswerten dieser Optionen mit argc und argv[] kann recht kompliziert werden. Zum Glück gibt es unter Linux und den meisten anderen Unix-ähnlichen Betriebssystemen die Funktion getopt(), die Ihnen bei der Analyse der Befehlszeilenoptionen hilft. Diese Funktion ist in getopt.h wie folgt definiert:

```
int getopt(int argc, char * const argv[],const char *optstring);
```

Die ersten zwei Parameter an getopt() sind die beiden Argumente, die der main()-Funktion übergeben wurden, der dritte Parameter ist ein Zeichenstring. Das Schlüsselwort const im zweiten Parameter bedeutet, dass argv ein Array von konstanten Zeigern auf Strings ist. Konstante Zeiger sind Zeiger, die einmal initialisiert, auf nichts anderes mehr zeigen können. Der dritte Parameter dagegen ist ein Zeiger auf einen *konstanten* String. Bitte beachten Sie die Position des Schlüsselwortes const in diesem Fall. Zeiger auf eine Konstante bedeuten, dass diese Konstante eben nicht mehr verändert werden kann, wohl aber kann der Zeiger selbst noch auf andere Variablen umgelenkt werden.

Bei wiederholtem Aufruf durchsucht die Funktion getopt() das Array argv[] nach Strings, die mit »-« beginnen und von einem Zeichen aus dem String optstring gefolgt werden. Für jedes in optstring gefundene Zeichen liefert getopt() das Zeichen zurück oder EOF, wenn es in optstring keine Zeichen mehr gibt oder alle Elemente in argv[] bearbeitet wurden. Wenn irgendein Zeichen in optstring von einem Doppelpunkt gefolgt wird, wird das folgende Stringelement des Arrays argv[] als Parameter betrachtet und der char*-Zeiger optarg auf diesen Parameter gesetzt. Wenn getopt() EOF zurückliefert, wird dem Integer-Wert optind der Index des ersten Elements von argv[] zugewiesen, das von getopt() nicht analysiert wurde. Die Variablen optarg und optind sind in getopt.h als extern definiert. Falls Ihnen dies alles etwas kompliziert erscheint, möchte ich Sie auf das Beispiel in Listing 20.4 verweisen, das die Verwendung von getopt() etwas klarer machen sollte.

Listing 20.4: Befehlszeilenargumente mit getopt() auswerten.

```
1 : /* Befehlszeilenargumente mit getopt() auswerten. */
2 :
3 : #include <stdio.h>
4 : #include <getopt.h>
5 :
6 : int main(int argc, char *argv[])
7 : {
```

Compiler für Fortgeschrittene

```
8 :     int option;
9 :
10:     while ((option = getopt (argc, argv, "abi:o:z")) != EOF)
11:     {
12:         switch (option)
13:         {
14:             case 'a' :
15:             case 'b' :
16:             case 'z' :
17:                     printf("Option : %c\n", option);
18:                     break;
19:
20:             case 'i' :
21:                     printf("Eingabe  : %s\n", optarg);
22:                     break;
23:
24:             case 'o' :
25:                     printf("Ausgabe : %s\n", optarg);
26:                     break;
27:
28:             default :
29:                     exit(1);
30:         }
31:     }
32:
33:     for ( ; optind < argc ; optind++)
34:         printf ("Opt %2d : %s\n", optind, argv [optind]);
35:
36:     return 0;
37: }
```

Ausgabe

```
./list2004 -za -i eingabedatei -b -o ausgabedatei -z peter brad erik
Option : z
Option : a
Eingabe  : eingabedatei
Option : b
Ausgabe : ausgabedatei
Option : z
Opt  8 : peter
Opt  9 : brad
Opt 10 : erik
```

Analyse

Dieses Listing beginnt mit der Einbindung der zwei benötigten Header-Dateien in den Zeilen 3 und 4. In der main()-Funktion wird nur die Variable option vom Typ int definiert, die als Rückgabewert für die getopt()-Funktion dienen soll. In Zeile 10 wird getopt() in dem bedingten Ausdruck der while-Anweisung aufgerufen. Beachten Sie, dass argc und argv[], die Argumente an die main()-Funktion, ohne irgendwelche weiteren Änderungen an getopt() übergeben werden. Das dritte Argument an getopt() ist der Optionsstring, der in diesem Fall angibt, dass getopt() nach den einbuchstabigen Optionen a, b und z sowie den Optionen i und o Ausschau halten soll. Letztere Optionen werden von Argumenten gefolgt, die im argv[]-Array direkt hinter den Optionen abgelegt sind.

Die getopt()-Funktion kehrt zurück und setzt die Variable option auf jedes der Optionenzeichen (a, b, i, o und z), nach denen sie Ausschau halten sollte. Mit Hilfe der switch-Anweisung in Zeile 12 können die einzelnen Optionen dann verarbeitet werden. Die Optionen i und o werden in dem Optionsstring, der getopt() übergeben wird, von einem Doppelpunkt gefolgt. Deshalb zeigt die Variable optarg nach dem Einlesen dieser Optionen auf das nächste Element im Array argv[]. Der obigen Ausgabe können Sie entnehmen, dass beispielsweise die Verarbeitung der Option -i eingabedatei dazu führte, dass optarg auf den String »eingabedatei« gesetzt wurde und getopt() das Zeichen i zurücklieferte.

Zum Schluss, nachdem die Funktion getopt() alle Fälle abgehandelt hat, liefert sie den Wert EOF zurück und beendet so die while-Schleife. In der for-Schleife in den Zeilen 33 und 34 werden die restlichen Argumente aus dem argv[]-Array verarbeitet.

So flexibel und nützlich die Funktion getopt() auch sein mag, es gibt noch zwei andere in getopt.h definierte Funktionen, getopt_long() und getopt_long_only(), die noch mehr Möglichkeiten bieten. Leider würde eine Besprechung dieser Funktionen den Rahmen dieses Buches sprengen, doch soll sie dies nicht davon abhalten, die Manpages zu diesen Funktionen (man 3 getopt) aufzurufen und sich selbst über deren Verwendung zu informieren.

Programmierung mit mehreren Quelltextdateien

Bis jetzt haben alle Ihre C-Programme aus nur einer einzigen Quelltextdatei bestanden (die Header-Dateien natürlich nicht mitgezählt). Häufig ist es auch nicht nötig, den Quelltext auf mehr als eine Quelltextdatei zu verteilen, besonders solange es sich nur um kleine Programme handelt. Sie können den Quelltext eines Programms aber auch ohne Weiteres auf zwei oder mehr Dateien verteilen. Man nennt diese Vorgehensweise se auch *modulare Programmierung*. Worin liegt der Vorteil der modularen Programmierung? In den folgenden Abschnitten möchte ich Ihnen darauf eine Antwort geben.

Die Vorteile der modularen Programmierung

Der primäre Grund für den Einsatz von modularer Programmierung ist eng mit der strukturierten Programmierung und den Funktionen verbunden. Mit zunehmender Erfahrung als Programmierer werden Sie mehr und mehr dazu übergeben, allgemeine Funktionen zu schreiben, die nicht nur in dem Programm, für das sie geschrieben wurden, eingesetzt werden können, sondern auch in anderen Programmen. Sie könnten zum Beispiel eine Reihe von allgemeinen Funktionen zur Ausgabe von Informationen auf dem Bildschirm schreiben. Indem Sie diese Funktionen in einer eigenen Datei ablegen, können Sie sie in verschiedenen Programmen, die ebenfalls Informationen auf dem Bildschirm ausgeben, wiederverwenden. Wenn Sie ein Programm schreiben, das aus mehreren Quelltextdateien besteht, wird jede einzelne Quelltextdatei des Programms als *Modul* bezeichnet.

Modulare Programmiertechniken

Ein C-Programm kann nur eine main()-Funktion haben. Das Modul, in dem die main()-Funktion steht, wird auch main-*Modul* genannt. Die anderen Module nennt man *sekundäre Module*. Mit jedem sekundären Modul wird normalerweise eine eigene Header-Datei verbunden – warum, werden Sie gleich erfahren. Zuerst einmal wollen wir ein paar einfache Beispiele betrachten, die die Grundkonzepte der modularen Programmierung veranschaulichen sollen. Die Listings 20.5, 20.6 und 20.7 enthalten das main-Modul, das sekundäre Modul und die Header-Datei für ein Programm, das den Anwender zur Eingabe einer Zahl auffordert und das Quadrat der eingelesenen Zahl ausgibt.

Listing 20.5: list2005.c: Das main-Modul.

```
1: /* Liest eine Zahl ein und gibt das Quadrat aus. */
2:
3: #include <stdio.h>
4: #include "kalkul.h"
5:
6: int main(void)
7: {
8:    int x;
9:
10:    printf("Geben Sie einen Integer-Wert ein: ");
11:    scanf("%d", &x);
```

```
12:     printf("\nDas Quadrat von %d ist %ld.\n", x, sqr(x));
13:     return 0;
14: }
```

Listing 20.6: kalkul.c: Das sekundäre Modul.

```
1: /* Das Modul mit den Rechenfunktionen. */
2:
3: #include "kalkul.h"
4:
5: long sqr(int x)
6: {
7:    return ((long)x * x);
8: }
```

Listing 20.7: kalkul.h: Die Header-Datei für kalkul.c.

```
1: /* kalkul.h: Header-Datei für kalkul.c. */
2:
3: long sqr(int x);
4:
5: /* Ende von kalkul.h */
```

Ausgabe

```
Geben Sie einen Integer-Wert ein: 100

Das Quadrat von 100 ist 10000.
```

Analyse

Lassen Sie uns die Komponenten dieser drei Dateien etwas ausführlicher betrachten. Die Header-Datei, kalkul.h, enthält den Prototyp für die Funktion sqr() aus kalkul.c. Da jedes Modul, das die Funktion sqr() verwendet, den Prototyp von sqr() kennen muss, muss es auch kalkul.h einbinden.

Das sekundäre Modul kalkul.c enthält die Definition der Funktion sqr(). Mit der #include-Direktive wird die Header-Datei kalkul.h eingebunden. Beachten Sie, dass der Name der Header-Datei in doppelten Anführungszeichen und nicht in spitzen Klammern steht (den Grund dafür liefere ich Ihnen gleich nach).

Das main-Modul, list2005.c, enthält die main()-Funktion. Dieses Modul bindet ebenfalls die Header-Datei kalkul.h ein. Um die zwei C-Quelltextdateien zu einem Programm zusammenzubinden, müssen Sie gcc folgendermaßen aufrufen:

```
gcc -Wall -ggdb kalkul.c list2005.c -o list2005
```

Beachten Sie, dass dieser Kompilierbefehl zwei C-Quelltextdateien enthält. Sie können mit dem gcc-Compiler mehr als eine C-Quelltextdatei gleichzeitig kompilieren.

Statt beide C-Quelltextdateien gleichzeitig zu kompilieren, können Sie auch alternativ jede Quelltextdatei einzeln kompilieren und so Zwischendateien, so genannte *Objektdateien*, erzeugen, die die Extension .o erhalten. Diese Objektcode-Dateien weisen ein besonderes Format auf. Sie enthalten den vom Compiler erzeugten Maschinencode sowie Informationen, die nötig sind, um die Datei mit anderen Objektdateien zu einer ausführbaren Datei zusammenbinden (linken) zu können. Um aus der C-Quelltextdatei list2005.c eine Objektdatei zu erzeugen, müssen Sie folgenden Befehl eingeben:

```
gcc -Wall -ggdb -c list2005.c
```

Der Befehlzeilenoption -c teilt dem Compiler mit, die C-Quelltextdatei zu kompilieren, und – vorausgesetzt es gibt keine Fehler – eine Objektcode-Datei (in diesem Fall list2005.o) zu erzeugen und auf der Festplatte abzulegen. Entsprechend wird der Befehl

```
gcc -Wall -ggdb -c kalkul.c
```

eine Objektdatei namens kalkul.o erzeugen. Um diese beiden Dateien zu einer ausführbaren Datei zusammenzubinden, führen Sie den folgenden Befehl aus:

```
gcc -Wall -ggdb kalkul.o list2005.o -o list2005
```

Dieser Befehl teilt dem Compiler mit, die zwei Objektdateien kalkul.o und list2005.o zu linken und eine ausführbare Datei namens list2005 zu erzeugen.

.o-Dateien verwenden

Warum kompiliert man die C-Quelltextdateien getrennt in Objektdateien und linkt sie dann zusammen, anstatt alle C-Quelltextdateien direkt in eine ausführbare Datei zu kompilieren. Betrachten wir einen Fall, in dem ein Projekt aus mehreren C-Quelltextdateien besteht. Jede dieser Quelltextdateien kann Hunderte Zeilen Code enthalten. Wann immer Sie eine kleine Änderung an dem Programm vornehmen, müssten Sie alle Dateien des Programms neu kompilieren – was unter Umständen ziemlich viel Zeit in Anspruch nimmt. Wenn Sie hingegen jede Quelltextdatei einzeln in eine Objektdatei kompilieren und diese Objektdateien dann anschließend zusammenbinden, muss nur die geänderte Datei neu kompiliert werden. Die neue Objektdatei kann dann mit den restlichen, bereits bestehenden Objektdateien gelinkt werden, um die ausführbare Datei zu erzeugen. Mit anderen Worten, Sie müssen nur das gerade geänderte Modul neu kompilieren. Für die nicht bearbeiteten Quelltextdateien können Sie die alten Objektdateien wiederverwenden.

Angewendet auf unser obiges Beispiel heißt dies, dass man das Programm nach einer Änderung im Modul list2005.c mit folgendem Befehl neu erstellen könnte:

```
gcc -Wall list2005.c kalkul.o -o list2005
```

Dieser Befehl kompiliert list2005.c, linkt die Datei mit der Objektdatei kalkul.o, die bereits vorher erzeugt worden ist, und erzeugt dann die ausführbare Datei list2005.

Modulkomponenten

Wie Sie sehen, ist die Technik des Kompilierens und Linkens eines Programms aus mehreren Modulen ziemlich einfach. Haben Sie diese Technik erst einmal verstanden, bleibt nur noch die Frage zu klären, wie der Code auf die Datei verteilt werden soll. Dieser Abschnitt gibt Ihnen dazu einige Anhaltspunkte.

Das sekundäre Modul sollte allgemeine Dienstfunktionen enthalten – das sind Funktionen, die Sie auch in anderen Programmen verwenden wollen. Es ist allgemein üblich, für jede Kategorie von Funktionen ein eigenes sekundäres Modul anzulegen – zum Beispiel tastatur.c für die Tastaturfunktionen, bildschirm.c für die Funktionen zur Bildschirmausgabe und so weiter.

Normalerweise gibt es zu jedem sekundären Modul eine Header-Datei. Die Header-Dateien tragen üblicherweise den gleichen Namen wie das zugehörige Modul, allerdings mit der Extension .h. In die Header-Datei gehören:

▷ die Prototypen der Funktionen aus dem sekundären Modul

▷ #define-Direktiven für alle symbolischen Konstanten und Makros, die im Modul verwendet werden

▷ Definitionen aller Strukturen oder externen Variablen, die im Modul verwendet werden

Da die Header-Dateien in mehr als eine Quelltextdatei eingebunden werden können, werden Sie verhindern wollen, dass Teile der Header-Datei mehrfach kompiliert werden. Sie können das mit den Präprozessor-Direktiven für die bedingte Kompilierung verhindern (wurde weiter vorn in diesem Kapitel besprochen).

Externe Variablen und modulare Programmierung

In vielen Fällen findet die Datenkommunikation zwischen dem main-Modul und dem sekundären Modul nur über Argumente statt, die den Funktionen übergeben und aus

Compiler für Fortgeschrittene

den Funktionen wieder zurückgegeben werden. In diesem Fall brauchen Sie keine besonderen Vorkehrungen hinsichtlich der Sichtbarkeit irgendwelcher Variablen zu treffen. Wie aber steht es mit einer globalen Variable, die in beiden Modulen sichtbar sein muss?

Erinnern wir uns an Tag 11, »Gültigkeitsbereiche von Variablen«, dass globale Variablen außerhalb der Funktionen deklariert werden. Eine globale Variable ist in der ganzen Quelltextdatei, in der sie deklariert wurde, sichtbar. Sie ist jedoch nicht automatisch auch in anderen Modulen sichtbar. Um sie modulübergreifend sichtbar zu machen, müssen Sie die Variable in jedem Modul mit dem Schlüsselwort extern deklarieren. Wenn Sie zum Beispiel in dem main-Modul eine globale Variable wie folgt deklariert haben:

```
float zins_rate;
```

machen Sie zins_rate in einem sekundären Modul sichtbar, indem Sie die folgende Deklaration in das sekundäre Modul (außerhalb der Funktionen) mit aufnehmen

```
extern float zins_rate;
```

Das Schlüsselwort extern teilt dem Compiler mit, dass sich die ursprüngliche Deklaration von zins_rate (die den Speicherplatz für die Variable reserviert) irgendwo anders befindet, die Variable in diesem Modul aber ebenfalls sichtbar gemacht werden soll. Alle extern-Variablen sind statischer Natur und für alle Funktionen in dem Modul sichtbar. Abbildung 20.1 veranschaulicht die Verwendung des Schlüsselworts extern in einem Mehrdateienprogramm.

```
/* main-Modul */
int x, y;
main()
{
...
...
}
```

```
/* sekundäres Modul mod1.c */
extern int x, y;
func1()
{
...
}
...
```

```
/* sekundäres Modul mod2.c */
extern int x;
func4()
{
...
}
...
```

Abbildung 20.1:
Mit dem Schlüsselwort extern wird eine globale Variable modulübergreifend sichtbar.

In Abbildung 20.1 ist die Variable x über alle drei Module hinweg sichtbar, während y nur in dem main-Modul und dem sekundären Modul 1 sichtbar ist.

Programmierung mit mehreren Quelltextdateien

Was Sie tun sollten	Was nicht
Erzeugen Sie generische Funktionen in deren eigenen Quelltextdateien. Auf diese Weise kann man sie in alle anderen Programme linken, die sie benötigen.	Versuchen Sie nicht mehrere Quelltextdateien zusammen zu kompilieren, wenn mehr als ein Modul eine `main()`-Funktion enthält. Sie dürfen nur eine `main()`-Funktion haben.
	Verwenden Sie nicht immer die C-Quelltextdateien, wenn Sie mehrere Dateien zusammen kompilieren. Wenn Sie eine Quelltextdatei in eine Objektdatei kompilieren, kompilieren Sie sie nur, wenn die Datei geändert wurde. So können Sie eine ganze Menge Zeit sparen.

Die make-Datei

Fast alle Systeme, die über einen C-Compiler verfügen, sind gleichzeitig mit einem `make`-Dienstprogramm ausgestattet, das Ihnen die Erstellung von Programmen aus mehreren Quelltextdateien erleichtern kann. Linux ist da keine Ausnahme. Es verfügt über GNU `make` – ein gutes Exemplar dieses Dienstprogramms. Die Unterschiede zwischen den `make`-Programmen der verschiedenen Plattformen sind geringfügig, so dass wir in diesem Buch nicht näher darauf eingehen werden.

Was genau macht `make`? Es erlaubt Ihnen die Arbeit mit *Makefile*-Dateien – so genannt, weil sie Ihnen helfen, Programme zu »machen« (im Englischen: make). Diese Hilfe besteht vor allem darin, dass Sie in den *Makefile*-Dateien (die Sie selbst aufsetzen müssen) die Abhängigkeiten zwischen den Quelldateien festhalten können und diese folglich nicht bei jeder Neukompilation rekonstruieren müssen.

Angenommen Sie haben ein Projekt, das über ein `main`-Modul namens `programm.c` und über ein sekundäres Modul namens `sekund.c` verfügt. Dazu gibt es zwei Header-Dateien, `programm.h` und `sekund.h`. Die Quelltextdatei `programm.c` bindet beide Header-Dateien ein, während `sekund.c` nur `sekund.h` einbindet. Der Code in `programm.c` ruft Funktionen aus `sekund.c` auf.

`programm.c` ist von den beiden Header-Dateien, die es eingebunden hat, abhängig. Wenn Sie eine Änderung an einer der beiden Header-Dateien vornehmen, müssen Sie `programm.c` neu kompilieren, damit die Änderungen auch in dem `main`-Modul wirksam werden. `sekund.c` hingegen hängt nur von `sekund.h` ab und nicht von `programm.h`. Wenn Sie also `programm.h` ändern, besteht kein Grund, `sekund.c` neu zu kompilieren – Sie können weiter die bestehende Objektdatei `sekund.o`, die bei der letzten Kompilierung von `sekund.c` erzeugt wurde, verwenden.

Compiler für Fortgeschrittene

Eine make-Datei beschreibt die Abhängigkeiten, die in einem Projekt bestehen – wie zum Beispiel die oben angesprochenen Abhängigkeiten. Immer wenn Sie eine oder mehrere Ihrer Quelltextdateien bearbeiten, rufen Sie anschließend das make-Dienstprogramm auf, um die *Makefile*-Datei »auszuführen«. Dieses Programm untersucht die Zeit- und Datumsstempel der Quelltextdatei und der Objektdateien und weist den Compiler an, auf der Basis der von Ihnen definierten Abhängigkeiten nur die Dateien neu zu kompilieren, die von der/den geänderten Datei(en) abhängen. Das hat zur Folge, dass keine unnötigen Kompilierungen ausgeführt werden und Sie mit höchster Effizienz arbeiten können. In Listing 20.8 sehen Sie eine minimale *Makefile*-Datei für das Programm aus Listing 20.5.

Listing 20.8: Makefile: eine Makefile-Datei für list2005.c.

```
 1 : # Makefile-Datei für Listing 20.5
 2 :
 3 : CC = gcc
 4 : CFLAGS = -Wall -ggdb    # Alle Warnungen und Debuggen
 5 :
 6 : list2005 : list2005.o kalkul.o
 7 :     $(CC) list2005.o kalkul.o -o list2005
 8 :
 9 : list2005.o : list2005.c kalkul.h
10:     $(CC) $(CFLAGS) -c list2005.c
11:
12: kalkul.o : kalkul.c kalkul.h
13:     $(CC) $(CFLAGS) -c kalkul.c
14:
15: clean :
16:     rm -f *.o
```

Wie im Falle der Quelltext-Listings in diesem Buch sind die Zahlen und der Doppelpunkt am linken Rand nicht Teil der *Makefile*-Datei. Genau genommen sollten die Zeilen 1, 3, 4, 6, 9 und 12 ganz links ausgerichtet werden. So beginnt zum Beispiel die Zeile 1 mit dem Hash-Zeichen (#). Außerdem möchte ich Sie darauf aufmerksam machen, dass die Zeilen 7, 10 und 13 nicht an der ersten Zeichenposition in der Zeile beginnen dürfen. Je nach den Einstellungen Ihres Editors können Sie diese Zeilen mit der Tabulatortaste um bis zu acht Zeichen (einschließlich) einrücken. Acht Zeichen sind die gängige Tabulatoreinstellung.

Lassen Sie uns diese *Makefile*-Datei einmal genau studieren und feststellen, was man damit überhaupt machen kann. Wie Sie vielleicht geraten haben, ist die erste Zeile ein Kommentar. In *Makefile*-Dateien beginnen die Kommentare mit dem Hash-Zeichen und erstrecken sich bis zum Ende der aktuellen Zeile. Die Zeilen 3 und 4 richten zwei Variablen (CC und CFLAGS) ein, die fast das gleiche Verhalten aufweisen wie C-Variablen. Die Werte dieser Variablen sind die Strings, die jeweils rechts vom Gleichheitszeichen stehen (ohne den Kommentar natürlich). Wenn das make-Programm die *Makefile*-Datei verarbeitet, sucht es nach Variablennamen in Klammern, denen ein Dollarzeichen vorangestellt wurde, und ersetzt diese durch die Werte der Variablen. Wo auch immer das make-Programm nach Zeile 3 auf $(CC) trifft, ersetzt es also den ganzen Ausdruck durch gcc, den Wert der Variablen CC.

Die Zeilen 6, 9 und 12 definieren auf der linken Seite des Doppelpunkts ein Ziel und auf der rechten Seite eine Abhängigkeitsliste. Ein Ziel ist etwas, das make erst erstellen soll, die Abhängigkeitsliste teilt make mit, welche Dateien benötigt werden, um das Ziel immer auf dem neuesten Stand zu halten. Zeile 6 der *Makefile*-Datei besagt, dass das Objekt list2005 (bei dem es sich um ein Programm handelt) von den zwei Objektdateien list2005.o und kalkul.o abhängt. Das ergibt einen Sinn, denn wenn eine dieser zwei Objektdateien neueren Datums als das Programm ist, muss das Programm neu erstellt werden. Entsprechend ist auch das Paar Ziel:Abhängigkeitsliste in Zeile 9 zu verstehen. Wenn eine der Dateien, list2005.c oder kalkul.h, ein neueres Datum aufweist als die Objektdatei list2005.o, muss die Objektdatei neu erstellt werden. Zeile 15 sieht aus wie ein Ziel ohne Abhängigkeitsliste, und genau so ist es. Doch dazu später mehr.

Zu jedem Ziel:Abhängigkeitsliste-Paar kann man eine beliebige Zahl von Zeilen angeben, die dem make-Programm mitteilen, wie das Ziel erstellt werden soll – in manchen Fällen werden keine Anweisungen benötigt. Für das Ziel in Zeile 6 – das Programm list2005 – stehen die Anweisungen zum Erstellen in Zeile 7. Denken Sie daran, dass das make-Programm $(CC) durch gcc ersetzt und dann die ganze Zeile als einen eigenen Programmaufruf ausführt. In diesem Fall bedeutet dies, dass, wenn eine der Dateien, list2005.o oder kalkul.o, ein neueres Datum hat als das Programm list2005, das make-Programm den folgenden Befehl ausführt:

```
gcc list2005.o kalkul.o -o list2005
```

Um die *Makefile*-Datei mit dem make-Programm zu verwenden, müssen Sie die *Makefile*-Datei in das gleiche Verzeichnis wie die C-Quelltextdateien list2005.c und kalkul.c ablegen und am Befehlsprompt make eingeben. Soweit der C-Quelltext keine Fehler enthält, sollten Sie daraufhin folgende Ausgabe sehen:

```
gcc -Wall -ggdb -c list2005.c
gcc -Wall -ggdb -c kalkul.c
gcc list2005.o kalkul.o -o list2005
```

Wenn alles nach Plan gelaufen ist, sollte jetzt im gleichen Verzeichnis das Programm list2005 zu finden sein. Beachten Sie, dass Sie bei erneuter Eingabe des Befehls make die Meldung erhalten, dass das Programm auf dem neuesten Stand ist:

```
make: 'list2005' is up to date
```

Compiler für Fortgeschrittene

Dies bedeutet, dass make die Abhängigkeitsliste durchgegangen ist und festgestellt hat, dass das Hauptziel, list2005, aktueller ist als die Dateien, von denen das Ziel abhängig ist.

Um dies zu überprüfen, laden Sie die Datei kalkul.c in Ihren Editor, fügen Sie irgendwo in der Datei ein paar Leerzeichen ein und speichern Sie die Datei ab. Führen Sie jetzt das make-Programm erneut aus. Die Ausgabe sollte ungefähr wie folgt lauten:

```
gcc -Wall -ggdb -c kalkul.c
gcc list2005.o kalkul.o -o list2005
```

Das make-Programm hat festgestellt, dass die Datei kalkul.c aktueller war als die zugehörige Objektdatei kalkul.o. Aus diesem Grund führt es den Compiler-Befehl in der ersten Zeile aus, der aus der neuen C-Datei eine neue Objektdatei erzeugt. Danach überprüft make die Ziel:Abhängigkeitsliste-Paare und stellt fest, dass die neu erzeugte Objektdatei kalkul.o aktueller ist als das Programm list2005, das von kalkul.o abhängig ist. Folglich wird der zweite Compiler-Befehl ausgeführt. Beachten Sie, dass make ohne Probleme die Objektdatei list2005.o verwenden, und deshalb auf die Neukompilation von list2005.c verzichten konnte.

Wenn Sie am Befehlsprompt nur make eingeben, wird das erste Ziel aus der *Makefile*-Datei aktualisiert. Wenn Sie ein anderes Ziel erstellen wollen, geben Sie den Namen des Ziels beim Aufruf von make mit an. So bewirkt der Aufruf make kalkul.o, dass kalkul.o erstellt wird. Das letzte Ziel in der make-Datei heißt clean. clean hat keine Abhängigkeiten. Wenn Sie am Befehlsprompt make clean eingeben, wird die Anweisung zum Erstellen des Ziels clean ausgeführt. In unserem Beispiel werden mit dieser Anweisung alle Objektdateien im aktuellen Verzeichnis gelöscht.

Listing 20.9 enthält eine zweite, etwas kompliziertere *Makefile*-Datei namens Makefile2.

Listing 20.9: Makefile2: eine etwas kompliziertere Makefile-Datei.

```
1 : # Makefile-Datei für mehrere Ziele.
2 :
3 : CC = gcc
4 : CFLAGS = -Wall -ggdb
5 :
6 : all : list2004 list2005
7 :
8 : list2004 : list2004.c
9 :     $(CC) $(CFLAGS) list2004.c -o list2004
10:
11: list2005 : list2005.o kalkul.o
12:     $(CC) list2005.o kalkul.o -o list2005
13:
```

```
14: list2005.o : list2005.c kalkul.h
15:     $(CC) $(CFLAGS) -c list2005.c
16:
17: kalkul.o : kalkul.c kalkul.h
18:     $(CC) $(CFLAGS) -c kalkul.c
19:
20: clean :
21:     rm -f $(TARGETS) *.o
```

Der Hauptunterschied zwischen dieser und der vorangehenden *Makefile*-Datei besteht darin, dass das erste Ziel in Zeile 6 all heißt. Dieses Ziel weist zwei Abhängigkeiten auf, die Programme list2004 und list2005, enthält aber keine Anweisungen zum Erstellen. Das geht in Ordnung, da jede dieser beiden Abhängigkeiten selbst wieder ein Ziel darstellt: list2004 aus Zeile 8 und list2005 aus Zeile 11. Ein weiterer Unterschied besteht darin, dass diese Datei Makefile2 heißt, das make-Programm aber bei seiner Ausführung in dem aktuellen Verzeichnis nach einer Datei namens Makefile oder makefile Ausschau hält. Sie können dieses Verhalten anpassen, indem Sie make den Namen der make-Datei übergeben, mit der es arbeiten soll:

```
make -f Makefile2
```

Die hier vorgestellten make-Dateien sind zwar noch sehr einfach, aber unleugbar doch sehr nützlich. Das make-Programm kann auch dazu verwendet werden, um Projekte zu erstellen, die in anderen Sprachen als C geschrieben sind. Fast jedes Programm für Linux, das mit Quelltext vertrieben wird, enthält zumindest eine make-Datei. Viele dieser Projekte enthalten C-Quelltext, der über mehrere Unterverzeichnisse verteilt ist. Die oberste *Makefile*-Datei, die im Hauptverzeichnis steht, verzweigt in jedes Unterverzeichnis und führt die dort stehenden untergeordneten *Makefile*-Dateien eine nach der anderen aus. In Projekten dieser Größe besteht die make-Datei oft aus mehreren hundert Zeilen und wird oft durch ein anderes Programm automatisch erzeugt. Die make-Dateien, die wir heute betrachtet haben, mögen zwar etwas einfach sein, aber sie können problemlos erweitert werden, so dass sie Ihnen auch dann von Nutzen sind, wenn Ihre Programme größer werden und Sie Ihren Quelltext auf mehrere Dateien verteilen.

Gemeinsam genutzte Bibliotheken

Wie die meisten anderen Mitglieder der Unix-Familie unterstützt auch Linux die Verwendung von Bibliotheken. So kann ein Programm Funktionen aufrufen, die nicht im Programmcode sondern in einer eigenständigen Bibliotheksdatei untergebracht sind. Diese Bibliotheken werden auch *gemeinsam genutzte* oder *dynamisch gelinkte* Bibliotheken genannt. Wenn ein Programm, das eine gemeinsam genutzte Bibliothek verwendet, aufgerufen wird, wird das Programm kurz vor dem Start dynamisch mit

Compiler für Fortgeschrittene

der gemeinsam genutzten Bibliothek verbunden. Die Bezeichnung *gemeinsam genutzte* Bibliothek resultiert daraus, dass mehrere Programme gleichzeitig mit einer gemeinsam genutzten Bibliothek verbunden (gelinkt) werden können (und nicht für jedes Programm eine eigene Kopie dieser Bibliothek angelegt werden muss). Diese Technik schont ganz offensichtlich den Arbeitsspeicher, da viele Programme sich eine Kopie einer Bibliothek teilen.

Die Programme in diesem Buch haben schon die ganze Zeit gemeinsam genutzte Bibliotheken verwendet, ohne dass Sie, der Programmierer, davon etwas gemerkt haben. Das liegt daran, dass der C-Compiler die C-Programme automatisch mit einer Bibliothek linkt, die alle grundlegenden Standard-C-Bibliotheksfunktionen enthält – beispielsweise `printf()`, `puts()`, `scanf()`, `fgets()` und so weiter.

Ein Programm namens `ldd`, das auf allen Linux-Systemen vorhanden ist, teilt Ihnen mit, welche gemeinsam genutzten Bibliotheken ein Programm verwendet. Rufen Sie `ldd` für einige der Programme in dieser Lektion auf. Wenn Sie `ldd` beispielsweise mit dem Programm aus Listings 20.5 aufrufen, werden Sie ungefähr folgende Ausgabe erhalten:

```
[erik@coltrane tag20]$ ldd list2005
        libc.so.6 => /lib/libc.so.6 (0x40019000)
        /lib/ld-linux.so.2 => /lib/ld-linux.so.2 (0x40000000)
```

Wie man sieht, verwendet das Programm `list2005` zwei gemeinsam genutzte Bibliotheken. Die erste heißt `libc` und ist die Standard-C-Bibliothek. Sie enthält alle Funktionen der Standard-C-Bibliothek. Die andere Bibliothek enthält die Funktionen, die vom dynamischen Linker benötigt werden und im Rahmen dieses Buches nicht besprochen werden können.

Am Tag 17, »Die Bibliothek der C-Funktionen«, haben wir den Einsatz der mathematischen Funktionen – wie `exp()`, `sin()` und so weiter – betrachtet. Um diese Funktionen verwenden zu können, mussten wir dem Compiler durch Anhängen des zusätzlichen Arguments `-lm` mitteilen, dass er die mathematische Bibliothek hinzulinkt. In den Verzeichnissen `/lib`, `/usr/lib` und vielleicht auch `/usr/local/lib` finden Sie eine große Zahl von Bibliotheken, deren Namen alle mit *lib* beginnen. Um eine Bibliothek namens `libname` zu Ihrem Programm hinzuzulinken, geben Sie `-lname` als Argument zum `link`-Befehl an.

Um die Funktionen einer gegebenen Bibliothek nutzen zu können, müssen Sie die entsprechende Header-Datei in die C-Quelltextdateien einbinden. Als wir am Tag 17 die mathematischen Funktionen verwendet haben, haben wir die Header-Datei `math.h` eingebunden, in der die mathematischen Funktionen deklariert sind, und an den Befehl `compile` das Argument `-lm` anhängt, um die mathematische Bibliothek automatisch mit dem Programm zu verbinden.

Zusammenfassung

Unter Linux verwendet der gcc-Compiler eine Reihe von Standardverzeichnissen, in denen er nach Header-Dateien und Bibliotheken sucht. Für die Header-Dateien lauten die Verzeichnisse /usr/include und /usr/local/include/, während die Bibliotheken in den Verzeichnissen /lib, /usr/lib und /usr/local/lib gesucht werden. Darüber hinaus kann man den Suchpfad für die Header-Dateien und Bibliotheken um eigene Verzeichnisse erweitern. Um den gcc aufzufordern, das Verzeichnis /home/erik/headers in den Suchpfad für Header-Dateien aufzunehmen, müssen Sie der Befehlszeile das Argument -I/home/erik/headers hinzufügen. Wenn Sie weitere Bibliotheken aus dem Verzeichnis /home/erik/lib verfügbar machen wollen, erweitern Sie den link-Befehl um -L/home/erik/lib.

Am Tag 21, »Einführung in die GUI-Programmierung mit GTK+«, werden wir von diesen Möglichkeiten Gebrauch machen. Die X-GUI-Programmierung erfordert die Einbindung von Bibliotheken und Header-Dateien, die nicht im Standardsuchpfad zu finden sind.

Zusammenfassung

Die heutige Lektion behandelte einige der fortgeschritteneren Programmier-Tools, die für C-Compiler verfügbar sind. Zuerst haben Sie gesehen, wie Sie Präprozessor-Direktiven für die Erzeugung von Funktionsmakros, für die bedingte Kompilierung und andere Aufgaben nutzen können. In diesem Zusammenhang haben Sie auch die vordefinierten Funktionsmakros kennen gelernt, die der Compiler für Sie bereitstellt. Des Weiteren habe ich Ihnen gezeigt, wie Sie Programme erstellen, deren Quelltext auf mehrere Dateien oder Module verteilt ist. Diese Technik, auch *modulare Programmierung* genannt, macht es sehr einfach, allgemeine Funktionen in mehr als einem Programm zu verwenden.

Fragen und Antworten

F Wurden in der heutigen Lektion alle vordefinierten Makros und Präprozessor-Direktiven vorgestellt?

A *Nein. Die hier vorgestellten Makros und Direktiven werden von fast allen Compilern unterstützt. Die meisten Compiler, einschließlich gcc, stellen darüber hinaus aber noch eigene Makros und Konstanten zur Verfügung.*

F Ist der folgende Funktionskopf akzeptabel, wenn man Befehlszeilenargumente für main() übernehmen möchte?

```
main( int argc, char **argv);
```

A Diese Frage können Sie wahrscheinlich schon selbst beantworten. Die Deklaration verwendet einen Zeiger auf einen Zeichenzeiger statt eines Zeigers auf ein Zeichenarray. Da ein Array ein Zeiger ist, ist obige Definition praktisch die gleiche, wie die, die in der heutigen Lektion vorgestellt wurde. Im Übrigen wird obige Form recht häufig verwendet. (Hintergrundinformationen zu diesen Konstruktionen finden Sie am Tag 7, »Numerische Arrays«, und am Tag 9, »Zeichen und Strings«).

F Woher weiß der Compiler, welchen Dateinamen die ausführbare Datei tragen soll, wenn diese aus mehreren Quelltextdateien erstellt wird?

A Vielleicht denken Sie, dass der Compiler den Namen der Datei nimmt, in der die `main()`-Funktion steht. Dies ist jedoch nicht der Fall. Unter Linux und den meisten anderen Unix-ähnlichen Betriebssystemen heißt die Ausgabedatei standardmäßig `a.out`, es sei denn, dem Compiler wird explizit ein anderer Name mitgeteilt.

F Müssen Header-Dateien die Extension `.h` aufweisen?

A Nein. Eine Header-Datei kann einen beliebigen Namen aufweisen. Es ist allerdings gängige Praxis, die Extension `.h` zu verwenden.

F Kann ich beim Einbinden von Header-Dateien explizit einen Pfad angeben?

A Ja. Wenn Sie den Pfad zu der Header-Datei angeben wollen, setzen Sie in der `include`-Anweisung Pfad und Namen der Header-Datei in Anführungszeichen.

Workshop

Der Workshop enthält Quizfragen, die Ihnen helfen sollen, Ihr Wissen zu festigen, sowie Übungen, die Sie anregen sollen, das Gelernte umzusetzen und eigene Erfahrungen zu sammeln. Die Lösungen zu den Fragen und den Übungen finden Sie in Anhang C.

Quiz

1. Was bedeutet der Begriff *modulare Programmierung*?
2. Was ist in der modularen Programmierung das »main-Modul«?
3. Warum sollten Sie bei der Definition eines Makros alle Argumente in Klammern setzen?
4. Was sind die Für und Wider bei der Verwendung von Makros im Vergleich zu normalen Funktionen?

Workshop

5. Was macht der Operator `defined()`?
6. Welche Direktive muss immer zusammen mit `#if` verwendet werden?
7. Was bewirkt die `#include`-Direktive?
8. Worin liegt der Unterschied zwischen der Codezeile

    `#include <meinedatei.h>`

    und der folgenden Codezeile:

    `#include "meinedatei.h"`
9. Wofür wird `__DATE__` verwendet?
10. Worauf zeigt `argv[0]`?

Übungen

Aufgrund der vielen möglichen Lösungen gibt es zu den folgenden Übungen keine Antworten.

1. Verwenden Sie Ihren Compiler, um mehrere Quelltextdateien in eine einzige ausführbare Datei zu kompilieren (Sie können dazu die Listings 20.1, 20.2 und 20.3 oder Ihre eigenen Listings verwenden).
2. Schreiben Sie eine Fehlerroutine, die als Argumente einen Fehlercode, eine Zeilennummer und den Modulnamen übernimmt. Die Routine soll eine formatierte Fehlermeldung ausgeben und dann das Programm abbrechen. Verwenden Sie vordefinierte Makros für die Zeilennummer und den Modulnamen. (Übergeben Sie die Zeilennummer und den Modulnamen von der Stelle, an der der Fehler aufgetreten ist.) Die Fehlermeldung könnte beispielsweise wie folgt aussehen:

    `modul.c (Zeile ##): Fehlercode ##`
3. Überarbeiten Sie die Funktion aus Übung 2, und erzeugen Sie leichter verständliche Fehlermeldungen. Legen Sie in Ihrem Editor eine Textdatei an, in der Sie die Fehlercodes und die zugehörigen Meldungstexte abspeichern. Eine solche Datei könnte folgende Informationen enthalten.

    ```
    1    Fehler Nummer 1
    2    Fehler Nummer 2
    90   Fehler beim Öffnen der Datei
    100  Fehler beim Lesen der Datei
    ```

    Nennen Sie die Datei `fehler.txt`. Durchsuchen Sie die Datei mit Ihrer Fehlerroutine und geben Sie die Fehlermeldung aus, die zu dem übergebenen Fehlercode gehört.

4. Wenn Sie ein modulares Programm schreiben, kann es passieren, dass einige Header-Dateien mehr als einmal eingebunden werden. Verwenden Sie die Präprozessor-Direktiven, um das Gerüst einer Header-Datei zu schreiben, die nur einmal kompiliert wird.

5. Schreiben Sie ein Programm, das als Befehlszeilenparameter zwei Dateinamen übernimmt. Das Programm soll die erste Datei in die zweite Datei kopieren. (Siehe Tag 15, »Mit Dateien arbeiten«, wenn Sie Hilfe beim Umgang mit Dateien benötigen.)

6. Dies ist die letzte Übung dieses Buches, und was hier programmiert werden soll, entscheiden Sie selbst. Wählen Sie eine Programmieraufgabe aus, die Sie interessiert und Ihnen gleichzeitig nützt. Sie könnten zum Beispiel ein Programm schreiben, mit dem Sie Ihre CD-Sammlung verwalten, oder ein Programm, mit dem Sie Ihr Scheckbuch kontrollieren, oder auch ein Programm, mit dem Sie die Finanzierung eines geplanten Hauskaufes durchrechnen können. Es gibt nichts Besseres als die Beschäftigung mit echten Programmierproblemen, um die eigenen Programmierfähigkeiten zu schulen und zu verbessern und sich all das in Erinnerung zu rufen, was Sie bisher in diesem Buch gelernt haben.

Einführung in die GUI-Programmierung mit GTK+

Woche 3

Einführung in die GUI-Programmierung mit GTK+

Die heutige Lektion ist der Erstellung von Programmen mit grafischen Benutzeroberflächen (abgekürzt GUI für »Graphical User Interface«) gewidmet. Sie werden erfahren, wie man mit der Programmierbibliothek GTK+ fensterbasierte Anwendungen schreibt. Im Einzelnen lernen Sie:

- etwas über die Geschichte des X Window System
- welche Konzepte hinter der GUI-Programmierung stehen
- wie man typische GUI-Objekte wie Schaltflächen, Menüleisten und Dialogfenster erstellt

Geschichte

Bisher haben wir in allen Programmierbeispielen den Standardeingabe-Stream zum Einlesen von der Tastatur und den Standardausgabe-Stream zum Anzeigen von Informationen auf dem Bildschirm genutzt. In der heutigen Lektion werden Sie erfahren, wie man unter Linux grafische Benutzeroberflächen programmiert. Die GUI-Schnittstelle (GUI steht für »**G**raphical **U**ser **I**nterface«, was soviel bedeutet wie »grafische Benutzerschnittstelle« oder »grafische Benutzeroberfläche«) von Linux basiert auf dem X Window System, das oft auch einfach nur X genannt wird.

Die Entwicklung von X begann 1984 am Massachusetts Institute of Technology (MIT), wo man daran arbeitete, eine einheitliche, für Netzwerke geeignete, grafische Benutzeroberfläche zu konzeptionieren, die auf möglichst vielen Workstations qualitativ hochwertige grafische Anzeigen liefern sollte. Der Code wurde gänzlich in C geschrieben und als Quelltext freigegeben. Jeder durfte den Code kopieren, verändern und darauf aufbauende EXE-Dateien verkaufen, solange gewährleistet war, dass jede Kopie des Quelltextes oder der EXE-Dateien mit einem Copyright-Vermerk des MIT versehen war.

X-Konzepte

Aus Sicht des Anwenders mag das X Window System anderen fensterbasierten Umgebungen wie Microsoft Windows oder der Oberfläche des Apple Macintosh sehr ähnlich sein, doch sind die zugrunde liegenden Konzepte recht verschieden. Die grafischen Oberflächen von MS Windows und des Macintosh sind eng verwoben mit den Maschinen, auf denen die Programme ausgeführt werden. Hingegen kann ein korrekt implementiertes X-Programm – ohne weitere Anstrengungen von Seiten des Programmierers – auf jeder beliebigen Linux/Unix-Maschine ausgeführt werden und seine Ausgaben auf jeder Maschine anzeigen, die X als GUI-Oberfläche verwendet und mit der ersten Maschine über ein Netzwerk verbunden ist. Ob beide Maschinen den gleichen Mikroprozessor und das gleiche Betriebssystem verwenden oder nicht, ob sie zusammen in einem Raum stehen oder über den halben Globus verteilt sind, spielt dabei keine Rolle. Wichtig ist nur, dass beide Maschinen über ein verlässliches Highspeed-Netzwerk miteinander verbunden sind.

Die besondere Netzwerkunterstützung des X Window System resultiert aus der Aufspaltung der Funktionalität in zwei Komponenten: den X-Server und den X-Client. Der Server wird auf der Maschine ausgeführt, die für den Aufbau der GUI-Oberflächen verantwortlich ist. Der Client ist ein Programm, das vom Server Ereignisse empfängt, die es über Maus- und Tastatureingaben informieren, und das seinerseits Anforderungen an den Server sendet, wenn Teile der Oberfläche neu gezeichnet werden müssen. Die Kommunikation zwischen Client und Server erfolgt gemäß einem speziellen botschaftenorientierten Protokoll, dem X-Protokoll. Das Client-Programm sollte die X-Protokollbotschaften, die es sendet, nicht selbst erzeugen, sondern dazu die entsprechenden Bibliotheksfunktionen verwenden, die in der X-Bibliothek Xlib definiert sind. Die Xlib-Bibliothek stellt eine C-Schnittstelle zum Botschaftensystem von X zur Verfügung.

Die Funktionalität von Xlib ist recht begrenzt und beschränkt sich im Wesentlichen auf die Erzeugung von Fenstern, das Zeichnen einfacher Objekte und die Übertragung von Maus- und Tastaturereignissen vom Server zum Client. Hinter dem spartanischen Design von Xlib steckt durchaus Absicht; es fördert die Entwicklung höherer Bibliotheken, die auf Xlib aufbauen und deren Funktionalität erweitern. So gibt es mittlerweile eine Vielzahl von GUI-Bibliotheken (im englischen Sprachraum häufig als *widget toolkits*[1] bezeichnet), die mit einer grossen Bandbreite an Optionen und Schnittstellen aufwarten. Zu diesen Bibliotheken gehören zum Beispiel: XForms, Motif, OpenLook, EZWGL, FLTK, Xaw, Qt und GTK+.

GTK+ – die Gimp-Werkzeugsammlung

GTK+, das Gimp-Toolkit, entstand quasi als Nebenprodukt bei der Entwicklung eines Programms mit dem Namen *Gimp*, dem »GNU Image Manipulation Tool[2]«. GTK+ wurde in C geschrieben und stellt eine C-Schnittstelle zu seinen vielfältigen Widgets (Schaltflächen, Bildlaufleisten, Texteingabefelder, Fortschrittsanzeigen, statische Textfelder, Optionsschalter, Menüs und viele andere mehr) zur Verfügung. GTK+ ist relativ schlank programmiert, frei verfügbar, zwischen allen Maschinen portierbar, die das X Window System unterstützen, und unterliegt der GNU Lesser General Public License, was bedeutet, dass jede Art von Software, sei sie Public Domain, Freeware, Shareware, GPL oder kommerziell, GTK+ dynamisch einbinden kann, ohne Nutzungs- oder Lizenzgebühren entrichten zu müssen.

---
1. Sammlung von »Konstruktionsteilen«.
2. Ein Programm zur Bearbeitung von Bildern.

Einführung in die GUI-Programmierung mit GTK+

Neuer Begriff

Im X-Window-Sprachgebrauch bezeichnet man als »*Widgets*« Elemente der grafischen Benutzerschnittstelle, mit denen der Anwender via Maus oder Tastatur interagieren kann (im Deutschen auch als Oberflächenelemente bezeichnet). Es sind voll funktionsfähige, eigenständige Komponenten, aus denen man grafische Benutzeroberflächen wie aus Bausteinen aufbauen kann. Zu den bekanntesten Widgets gehören Schaltflächen, Menüleisten, Dialogfenster und Bildlaufleisten. Alle Widgets verfügen über eine wohldefinierte grafische Schnittstelle, die zur Laufzeit auf dem Bildschirm angezeigt werden kann. Die Funktionsweise der Widgets kann durch Bearbeitung ihrer Eigenschaften und zur Laufzeit durch Abfangen der zugehörigen Ereignisse angepasst werden. Es sind wirklich erstaunliche kleine Codemodule, die die Programmentwicklung revolutioniert haben.

Mehr als eine kurze Einführung in die Konzepte der GTK+-Programmierung ist im Rahmen dieses Buches leider nicht möglich. Eine ausführlichere und gut verständliche Beschreibung des GTK+-Toolkits finden Sie in den GNU-Infopages. Wenn Sie sich intensiver mit den Techniken der GTK+-Programmierung vertraut machen wollen, sollten Sie unbedingt die GTK+-Infopages lesen (wozu Sie den Gnome-Hilfe-Browser oder das info-Programm verwenden können). Eine weitere gute Informationsquelle mit vielen Tipps und Tricks zur GTK+-Programmierung sind die vielen GTK+-Programme, die unter der GNU General Public License mit vollständigem Quelltext vertrieben werden.

Wo befindet sich das GTK+?

Am Tag 20, »Compiler für Fortgeschrittene«, haben Sie gelernt, wie man dem *gcc* mitteilt, dass er in bestimmten Verzeichnissen nach Header-Dateien und Bibliotheken sucht. Dies kommt uns nun zugute, denn für die Programmierung mit den GTK+-Widgets benötigt man eine Reihe von Header-Dateien und Bibliotheken, die je nach Installation in unterschiedlichen Verzeichnissen abgelegt sein können. Glücklicherweise haben die Leute, die die GTK+-Widgets entwickelt haben, auch daran gedacht, einen Weg zur Verfügung zu stellen, wie man auf einfache Weise herausfinden kann, wo diese Dateien und Bibliotheken installiert sind. Zusammen mit dem GTK+ wird ein Programm namens gtk-config installiert. Dieses Programm weiß, wo die benötigten Header-Dateien und Bibliotheken installiert sind. Wenn Sie gtk-config im Terminal-Fenster ausführen, sollten Sie ungefähr folgende Ausgabe sehen:

```
[erik@coltrane Tag21]$ gtk-config
Usage: gtk-config [OPTIONS] [LIBRARIES]
Options:
        [ --prefix[=DIR]]
        [ --exec-prefix[=DIR]]
        [ --version]
```

Grafische Oberflächen und Ereignisse

```
        [ --libs]
        [ --cflags]
Libraries:
        gtk
        gthread
```

> **Hinweis:** Wenn in Ihrer Konsole statt der obigen Ausgabe eine »command not found«-Meldung erscheint, ist dies ein Hinweis darauf, dass GTK+ auf Ihrem System nicht installiert ist. In diesem Fall müssen Sie den GTK+ von Ihrer Installations-CD installieren oder von der Website Ihrer Linux-Distribution herunterladen.
>
> Einige Linux-Distributionen, wie zum Beispiel Red Hat, Mandrake oder SuSE, teilen den GTK+ in zwei getrennte Pakete auf: eines für die eigentlichen Bibliotheken und ein zweites für die Header-Dateien und die GTK+-Entwicklungstools. Der Name des zweiten Pakets wird vermutlich mit gtk+-devel oder einem ähnlichen Präfix beginnen.

Das gtk-config-Programm weist auf eine Reihe von Optionen hin, von denen uns im Moment allerdings nur die beiden letzten interessieren. Die Option --cflags gibt eine Liste der Include-Verzeichnisse aus, die für den gcc benötigt werden. Die Option --libs führt die zusätzlichen Bibliotheken auf, die von GTK+-Programmen benötigt werden. Auf meinem System geben die beiden gtk-config-Optionen folgende Informationen aus (die auf Ihrem System abweichen können):

```
[erik@coltrane Tag21]$ gtk-config --cflags
-I/usr/X11R6/include -I/usr/lib/glib/include
[erik@coltrane Tag21]$ gtk-config --libs
-L/usr/lib -L/usr/X11R6/lib -lgtk -lgdk -rdynamic -lgmodule -lglib -ldl
-lXext -lX11 -lm
```

Wir werden das gtk-config-Programm im weiteren Verlauf dieses Kapitels für die Kompilierung unserer GTK+-Programme nutzen.

Grafische Oberflächen und Ereignisse

Die Programme, mit denen wir es bisher in diesem Buch zu tun hatten, wurden im Wesentlichen linear vom Anfang bis zum Ende ausgeführt. Die einzige Ausnahme waren die Programme von Tag 19, »Prozesse und Signale«, die Signale abfingen. Wie Sie sich sicherlich erinnern werden, richteten diese Programme *Signal-Bearbeitungsroutinen* ein – Funktionen, die als Antwort auf bestimmte Ereignisse (beispielsweise die Eingabe von Steuerzeichen im Terminal-Fenster) asynchron vom Betriebssystem aufgerufen werden.

Programme mit grafischen Benutzeroberflächen müssen ebenfalls auf asynchrone Ereignisse, die vom Anwender ausgelöst werden, reagieren. Denken Sie zum Beispiel an ein GUI-Programm, das eine Reihe von GUI-Widgets wie Schaltflächen, Bildlaufleisten und Texteingabefelder enthält. Der Programmierer kann in diesem Falle weder wissen, wann der Anwender welche dieser Widgets verwendet, noch in welcher Reihenfolge der Anwender mit den Widgets interagiert.

Neuer Begriff: Wann immer der Anwender mit einem GUI-Widget interagiert (es beispielsweise anklickt), sendet der X-Server, der auf der Maschine des Anwenders ausgeführt wird, eine X-Protokoll-Botschaft an das Client-Programm. Zum Abfangen und Bearbeiten solcher asynchroner, vom Anwender ausgelöster Ereignisse bedient man sich üblicherweise so genannter *Callback-Funktionen*. Der Mechanismus, der dahinter steht, gleicht der Verwendung der Signal-Bearbeitungsroutine (siehe Tag 19). Für jedes Widget, das erzeugt wird, gibt man gleichzeitig eine Ereignisbehandlungsroutine oder Callback-Funktion an. Wenn der Anwender mit dem Widget interagiert, erzeugt der X-Server ein entsprechendes Ereignis, woraufhin Xlib oder das jeweilige Widget-Toolkit die zugehörige Callback-Funktion aufruft. Üblicherweise wird dabei für jedes Widget eine eigene Callback-Funktion aufgesetzt.

Da die Callback-Funktionen der GUI-Programme asynchron aufgerufen werden, ist das Debuggen dieser Programme nicht einfach. Oft weiß der Programmierer weder, welche Funktionen aufgerufen werden, noch, in welcher Reihenfolge dies geschieht. Auch der Einsatz eines Debuggers, beispielsweise des DDD, ist üblicherweise nur wenig hilfreich, da die GUI-Programme nicht linear ausgeführt werden, sondern in mehr oder weniger unvorhersehbarer Folge von Funktion zu Funktion springen. Der beste Weg, GUI-Programme zu debuggen, besteht daher meist darin, `printf()`-Anweisungen einzufügen und die GUI-Anwendung dann von der Konsole aus aufzurufen, damit die Ausgaben der `printf()`-Anweisungen in der Konsole angezeigt werden.

Ein erstes GTK+-Programm

Lassen Sie uns in medias res gehen und uns an einem ersten, einfachen GTK+-Programm versuchen. Das Programm aus Listing 21.1 macht nichts wirklich Sinnvolles, aber es erlaubt uns, einige der grundlegenden Konzepte auszuloten, die hinter der GTK+-Programmierung stehen. Kompilieren Sie das Programm mit dem folgenden Befehl:

```
gcc -Wall -ggdb `gtk-config --cflags` `gtk-config --libs` list2101.c \
-o list2101
```

Hinweis: Unglücklicherweise musste der obige Befehl wegen der beschränkten Seitenbreite mit Hilfe des Backslash umbrochen werden. Lassen Sie den Backslash bei der Eingabe bitte weg.

Der `gtk-config`-Befehl wird hier dazu verwendet, dem *gcc*-Compiler die Verzeichnisse mit den zusätzlichen Header- und Bibliotheksdateien anzugeben, die für die Kompilierung des GTK+-Programms benötigt werden. Beachten Sie, dass die Argumente `gtk-config --cflags` und `gtk-config --libs` in einfache, nach vorne abfallende (und nicht nach vorne aufsteigende) Anführungsstriche gesetzt werden. Die nach vorne abfallenden Schrägstriche finden Sie auf der deutschen Tastatur neben der Rückstelltaste. Halten Sie die ⇧-Taste gedrückt und drücken Sie danach zuerst die Taste mit den Anführungsstrichen und dann die Leertaste. Das einfache, gerade Anführungszeichen kann hier nicht verwendet werden.

Wenn Sie das Programm nach der Kompilierung starten, sollte ein kleines Fenster erscheinen, das wie das links gelegene Fenster aus Abbildung 21.1 aussieht. In der Titelleiste des Fensters sollte `list2101.c` zu lesen sein. Wenn Sie auf die Schließen-Schaltfläche des Fensters klicken (üblicherweise ein kleines Kästchen mit einem Kreuz, das ganz rechts in der Titelleiste des Fensters zu finden ist), wird das Fenster des Programms geschlossen und auf der Konsole, von der das Programm ausgerufen wurde, eine Meldung ausgegeben.

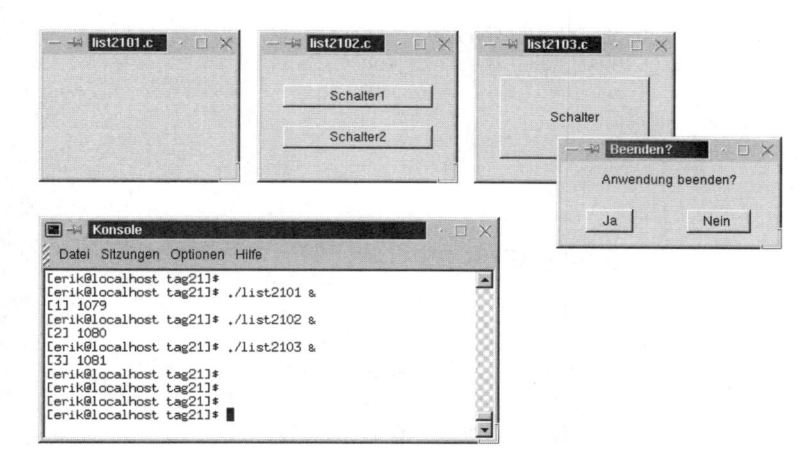

Abbildung 21.1: Die ersten drei Programme der heutigen Lektion erzeugen die Fenster mit den Titeln list2101.c, list2102.c und list2103.c. Das Fenster mit dem Titel Beenden? ist ein Dialogfenster, das zu dem Programm list2103.c gehört.

Hinweis

Da Aussehen und Bedienung der Oberfläche des X Window System konfigurierbar sind, ist es gut möglich, dass die Fenster auf Ihrem System etwas anders aussehen. Das Erscheinungsbild der X-GUI-Oberfläche wird vom Window-Manager bestimmt, der Titelzeile und Rahmen der Fenster zeichnet und die Funktionsweise der Maus festlegt. Abbildung 21.1 wurde unter der KDE-Desktop-Umgebung erstellt. Andere häufig genutzte Window-Manager sind Window Maker, Gnome, AfterStep, NeXtStep, and FVWM.

Einführung in die GUI-Programmierung mit GTK+

Listing 21.1: Ein minimales GTK+-Programm.

```
 1 : /* list2101.c - Ein minimales GTK+-Programm. */
 2 :
 3 : #include <gtk/gtk.h>
 4 :
 5 : void loeschen_funk(GtkWidget *widget, gpointer daten);
 6 :
 7 : int main(int argc, char *argv[])
 8 : {
 9 :     GtkWidget *hauptfenster;
10:
11:     gtk_init(&argc, &argv);
12:
13:     hauptfenster = gtk_window_new(GTK_WINDOW_TOPLEVEL);
14:     gtk_widget_set_usize(GTK_WIDGET(hauptfenster), 180, 120);
15:     gtk_window_set_title(GTK_WINDOW(hauptfenster), __FILE__);
16:
17:     gtk_signal_connect(GTK_OBJECT(hauptfenster), "destroy",
18:                        GTK_SIGNAL_FUNC(loeschen_funk), NULL);
19:
20:     /* Fenster sichtbar machen. */
21:     gtk_widget_show(hauptfenster);
22:
23:     gtk_main();
24:
25:     g_print("main() wird nun beendet.\n");
26:     return 0;
27: }
28:
29: void loeschen_funk(GtkWidget *widget, gpointer zdaten)
30: {
31:     g_print("Beenden : Destroy-Signal wurde empfangen.\n");
32:     gtk_main_quit();
33: }
```

Dieses Listing bindet eine einzige Header-Datei ein: gtk/gtk.h. Die Header-Datei stdio.h, die wir bisher in jedem unserer Programme verwendet haben, wird nicht benötigt. Die Header-Datei gtk/gtk.h bildet den Haupt-Header für die GTK+-Programmierung und definiert eine Reihe von Funktionen und Typen, die auch in diesem Programm verwendet werden. Zu den neuen Typen gehören GtkWidget und gpointer, deren Bedeutung im Laufe der Analyse des Programms klar werden wird.

In Zeile 5 steht der Funktionsprototyp für die Funktion `loeschen_funk()`, die in den Zeilen 29 bis 33 vollständig definiert ist. Die `main()`-Funktion beginnt in Zeile 7. Sie übernimmt die Kommandozeilenargumente `argc` und `argv[]`, wertet sie aber nicht selbst aus, sondern reicht sie an die Funktion `gtk_init()` weiter (Zeile 11), die die GTK+-Bibliotheken initialisiert. Beachten Sie, dass `gtk_init()` nicht `argc` und `argv[]`, sondern Zeiger auf `argc` und `argv[]` übergeben werden. Durch diesen Trick kann das GTK+-Toolkit auf die `main()`-Variablen `argc` und `argv[]` zugreifen und Kommandozeilenargumente, für deren Verarbeitung es vorbereitet ist, auswerten und aus der Liste der Kommandozeilenargumente löschen, so dass die `main()`-Funktion nicht mehr mit deren Bearbeitung belastet wird. Natürlich setzt dies voraus, dass das Programm die Kommandozeilenargumente erst nach dem Aufruf von `gtk_init()` auswertet (falls überhaupt).

In Zeile 13 wird die Funktion `gtk_window_new()` aufgerufen, die ein Top-Level-Fenster erzeugt und einen Zeiger auf ein Objekt des Typs `GtkWidget` zurückliefert. Wie schon für die `File*`-Zeiger, mit denen wir am Tag 15, »Mit Dateien arbeiten«, zu tun hatten, gilt auch für den Typ `GtkWidget`, dass die genaue Definition dieses Typs nicht so wichtig ist; wir brauchen den zurückgelieferten Zeiger lediglich als Argument für spätere Aufrufe weiterer GTK+-Funktionen. Die anfängliche Größe des Hauptfensters wird durch einen Aufruf der Funktion `gtk_widget_set_usize()` festgelegt (Zeile 14); der Namenszug für die Titelleiste wird in Zeile 15 durch einen Aufruf der Funktion `gtk_window_set_title()` gesetzt. Beachten Sie die jeweils ersten Argumente der beiden Funktionen: `GTK_WIDGET(hauptfenster)` in Zeile 14 und `GTK_WINDOW(hauptfenster)` in Zeile 15. Diese Argumente verwenden Makros, die in der Header-Datei `gtk/gtk.h` definiert sind und den Typ des übergebenen Arguments in den Typ umwandeln, der von der Funktion gefordert wird. So erwartet beispielsweise die zweite Funktion, `gtk_window_set_title()`, als erstes Argument einen `GtkWindow`-Zeiger. Die Variable `hauptfenster` ist aber als `GtkWidget*` definiert. Der Makroaufruf `GTK_WINDOW(hauptfenster)` prüft daher, ob eine Umwandlung des Zeigers `hauptfenster` vom Typ `GtkWidget*` in `GtkWindow*` möglich ist, und führt diesen gegebenenfalls durch. Ist die Typumwandlung nicht möglich, wird eine Fehlermeldung ausgegeben. Leider gibt es nach einem solchen Fehler für die Anwendung keine Möglichkeit mehr, die normale Programmausführung wieder aufzunehmen, weswegen das Programm danach mit Strg+C beendet werden sollte. In der Regel tritt dieser Fehler allerdings nur während der Entwicklungsphase und dem Debuggen neuer Programme auf.

Nachdem das Hauptfenster erzeugt wurde, braucht man eine Möglichkeit, das Fenster wieder zu schließen und die Anwendung zu beenden. Die meisten Window-Manager blenden zu diesem Zweck in der rechten oberen Ecke des Fensters eine kleine Schaltfläche mit einem Kreuz ein. Für die meisten Anwendungen gilt, dass man die Anwendung durch Klick auf diese Schaltfläche schließen kann. Wie Sie nach meinen Ausführungen über die X-Protokoll-Ereignisse vermuten werden, löst das Klicken dieser Schaltfläche eine asynchrone Botschaft aus, die die Anwendung darüber informiert, dass sie sich beenden soll. In der GTK+-Programmierung bezeichnet man diese asynchronen Botschaften als *Signale*. Jedes Signal trägt einen eindeutigen Namen, den man im Programmcode verwenden kann, um sich auf das Signal zu beziehen. Das Signal, das mit der Schließen-Schaltfläche aus der Titelleiste verbunden ist, heißt beispielsweise »destroy[1]«.

Um eine Callback-Funktion mit einem speziellen GTK+-Signal zu verbinden, bedient man sich der Funktion gtk_signal_connect() (siehe Zeile 17). Die gtk_signal_connect()-Funktion übernimmt vier Argumente, von denen das erste ein Zeiger auf ein GtkObject ist. Ein GtkObject-Zeiger ist nicht das Gleiche wie ein GtkWidget-Zeiger, aber es ist möglich, einen GtkWidget-Zeiger mit Hilfe des Makros GTK_OBJECT() in einen GtkObject-Zeiger umzuwandeln. Das zweite Argument, das gtk_signal_connect() übergeben wird, ist ein String, der den Namen des Signals angibt (in unserem Beispiel also »destroy«). Das dritte Argument ist ein Zeiger auf die Callback-Funktion, der mit Hilfe des Makros GTK_SIGNAL_FUNC() in einen GtkSignalFunc-Zeiger umgewandelt wird. Das letzte Argument ist generisch und wird in unserem Fall auf NULL gesetzt.

Nach der Einrichtung der Callback-Funktion für das destroy-Ereignis wird in Zeile 21 die Funktion gtk_widget_show() aufgerufen, die das Hauptfenster auf dem Bildschirm sichtbar macht. Gleich darunter, in Zeile 23, folgt der Aufruf von gtk_main(). Die Funktion gtk_main() startet den Mechanismus für die Verarbeitung der GUI-Ereignisse und kehrt erst zurück, wenn das Programm beendet wird.

Die Funktion loeschen_funk(), die in den Zeilen 29 bis 33 definiert wird, ist die Callback-Funktion für das destroy-Signal. Wenn die Funktion loeschen_funk() aufgerufen wird, gibt sie zuerst mit Hilfe von g_print() eine Meldung aus (g_print() wird praktisch in der gleichen Weise verwendet wie die Funktion printf(), die Sie aus den vorangegangenen Tagen kennen). Danach ruft sie die Funktion gtk_main_quit() auf, die dafür sorgt, dass die Funktion gtk_main() aus der main()-Funktion des Programms zurückkehrt. Das Programm aus Listing 19.7 von Tag 19 wurde auf ähnliche Weise beendet: Das Programm führte eine Endlosschleife aus, die erst beendet wurde, nachdem die SIGINT-Signal-Bearbeitungsroutine den Wert einer bestimmten Variablen änderte.

Wie Sie der Ausgabe, die das Programm in den stdout-Stream schreibt, entnehmen können:

```
erik@coltrane Tag21]$ ./list2101
Beenden : Destroy-Signal wurde empfangen.
```

---

1. Zu Deutsch »zerstören«.

```
main() wird nun beendet.
erik@coltrane Tag21]$
```

gibt die Funktion `loeschen_funk()` ihre Meldung (Zeile 31) aus, bevor `gtk_main()` zurückkehrt und die Meldung aus Zeile 25 ausgegeben wird.

Schaltflächen

Das GTK+-Programm aus Listing 21.1 demonstrierte zwar einige grundlegende Konzepte der GUI-Programmierung, tat sonst aber nichts. Das nächste Programm sollte da schon etwas interessanter sein und möglichst wie das Fenster mit dem Titel `list2102.c` aus Abbildung 21.1 aussehen.

Listing 21.2: Ein einfaches GTK+-Programm.

```
 1 : /* list2102.c - Ein GTK+-Programm mit zwei Schaltflächen. */
 2 :
 3 : #include <gtk/gtk.h>
 4 :
 5 : void schalter_funk(GtkWidget *widget, gpointer daten);
 6 : void loeschen_funk(GtkWidget *widget, gpointer daten);
 7 :
 8 : int main(int argc, char *argv[])
 9 : {
10:     GtkWidget *fenster;
11:     GtkWidget *schalter;
12:     GtkWidget *vbox;
13:     int       bdaten1, bdaten2;
14:
15:     gtk_init(&argc, &argv);
16:
17:     /* Das Hauptfenster erzeugen. */
18:     fenster = gtk_window_new(GTK_WINDOW_TOPLEVEL);
19:     gtk_widget_set_usize(GTK_WIDGET(fenster), 180, 120);
20:     gtk_window_set_title(GTK_WINDOW(fenster), __FILE__);
21:
22:     gtk_signal_connect(GTK_OBJECT(fenster), "destroy",
23:                        GTK_SIGNAL_FUNC(loeschen_funk), NULL);
24:     gtk_container_set_border_width(GTK_CONTAINER(fenster), 20);
25:
26:     vbox = gtk_vbox_new(TRUE, 0);
27:     gtk_container_add(GTK_CONTAINER(fenster), vbox);
28:
29:     /* Ersten Schalter einrichten. */
30:     bdaten1 = 0;
31:     schalter = gtk_button_new_with_label("Schalter1");
```

```
32:     gtk_signal_connect(GTK_OBJECT(schalter), "clicked",
33:             GTK_SIGNAL_FUNC(schalter_funk), (gpointer)&bdaten1);
34:     gtk_box_pack_start(GTK_BOX(vbox), schalter, TRUE, FALSE, 0);
35:     gtk_widget_show(schalter);
36:
37:     /* Zweiten Schalter einrichten. */
38:     bdaten2 = 1;
39:     schalter = gtk_button_new_with_label("Schalter2");
40:     gtk_signal_connect(GTK_OBJECT(schalter), "clicked",
41:             GTK_SIGNAL_FUNC(schalter_funk), (gpointer)&bdaten2);
42:     gtk_box_pack_start(GTK_BOX(vbox), schalter, TRUE, FALSE, 0);
43:     gtk_widget_show(schalter);
44:
45:     /* Alles sichtbar machen. */
46:     gtk_widget_show(vbox);
47:     gtk_widget_show(fenster);
48:
49:     gtk_main();
50:
51:     return 0;
52: }
53:
54: void schalter_funk(GtkWidget *widget, gpointer zdaten)
55: {
56:     static int count [2] = { 0, 0 };
57:     int index ;
58:
59:     index = *((int*)zdaten);
60:     count [index]++;
61:     g_print("Schalter %d wurde zum %d-ten Mal angeklickt.\n",
                    index+1,count [index]);
62: }
63:
64: void loeschen_funk(GtkWidget *widget, gpointer zdaten)
65: {
66:     g_print("Beenden : Destroy-Signal wurde empfangen.\n");
67:     gtk_main_quit();
68: }
```

Analyse

Ebenso wie Listing 21.1 wird in diesem Programm als einzige Header-Datei gtk/gtk.h eingebunden. In den Zeilen 5 und 6 werden die Prototypen für die beiden Callback-Funktionen schalter_funk() und loeschen_funk() deklariert. Letztere Funktion ist identisch mit der gleichnamigen Funktion aus dem vorhergehenden Programm. Die main()-Funktion beginnt mit der Definition einer Reihe von lokalen Variablen (Zei-

Grafische Oberflächen und Ereignisse

len 10 bis 13). Die ersten drei, `fenster`, `schalter` und `vbox`, sind vom Typ `GtkWidget` und werden bei der Initialisierung der GUI-Elemente verwendet. Die anderen beiden Variablen, `bdaten1` und `bdaten2`, sind vom Typ `int`.

Die Zeilen 15 bis 23 entsprechen den Zeilen 11 bis 18 aus Listing 21.1. In Zeile 24 stoßen wir auf eine neue Funktion: `gtk_container_set_border_width()`. Bei der GTK+-Programmierung bezeichnet man Fenster, die andere Fenster als Kindfenster enthalten, als *Container*. Die Funktion `gtk_container_set_border_width()` legt die Breite des Rahmens fest, wodurch verhindert wird, dass Kindfenster zu nahe an den Rand des übergeordneten Fensters gesetzt werden. Bei `GTK_CONTAINER()` handelt es sich um eines der Makros, die Sie schon aus dem vorangegangenen Beispiel kennen. Es führt eine gesicherte Typumwandlung von `GtkWidget*` nach `GtkContainer*` durch. In Zeile 26 wird durch Aufruf von `gtk_vbox_new()` ein neues Widget erzeugt und mit Hilfe von `gtk_container_add()` als Kindfenster in das Hauptfenster eingefügt. Bei dem Widget, das mit `gtk_vbox_new()` erzeugt wird, handelt es sich um ein rechteckiges Box-Widget mit vertikalem Layout. (Rechteckige Box-Widgets mit horizontalem Layout können mit `gtk_hbox_new()` erzeugt werden.)

Box-Widgets sind Container-Widgets, die alle anderen Arten von Widgets in sich aufnehmen können. Wenn die Größe eines Box-Widgets geändert wird, werden die Widgets in der Box alle entsprechend neu skaliert. In den Zeilen 34 und 42 können Sie sehen, wie Schaltflächen in das vertikale Box-Widget eingefügt werden. Wenn die Größe des Fensters später während der Ausführung des Programms verändert wird, werden diese Schaltflächen automatisch angepasst, damit das Layout des Fensters erhalten bleibt.

Der erste Schalter wird in Zeile 31 erzeugt. In Zeile 32 wird das »clicked«-Signal mit der Funktion `schalter_funk()` verbunden, so dass jedes Mal, wenn der Schalter angeklickt wird, die Funktion `schalter_funk()` aufgerufen wird. Das letzte Argument zu `gtk_signal_connect()` ist ein Zeiger auf einen Integer, der in Zeile 30 auf Null gesetzt wurde. Bei der Einrichtung des zweiten Schalters (Zeilen 38 bis 43) wird ebenfalls `schalter_funk()` als Callback-Funktion verwendet, aber beim Aufruf von `gtk_signal_connect()` wird ein anderer Zeiger auf einen anderen Integer-Wert übergeben. Dieser Zeiger wird der Funktion `schalter_funk()` später bei Ausführung des Programms jedes Mal, wenn der Schalter angeklickt wird, als zweites Argument übergeben. Auf diese Weise kann die Callback-Funktion durch Prüfen des Wertes, auf den der übergebene Zeiger verweist, in Erfahrung bringen, welcher Schalter angeklickt wurde.

Nachdem die Callback-Funktion für den ersten Schalter eingerichtet ist, wird der Schalter mit Hilfe der Funktion `gtk_box_pack_start()` in die vertikale Box eingefügt (Zeile 34). Die Funktion übernimmt einen `GtkBox*` als erstes Argument und das aufzunehmende Widget als zweites Argument. Der dritte und der vierte Parameter steuern die Art und Weise, in der das Kind-Widget den Raum der Box ausfüllt, und können einen der Werte `TRUE` und `FALSE` annehmen. Der letzte Parameter zu `gtk_box_pack_start()` legt

725

den Füllmechanismus fest und wird in unserem Beispiel auf 0 gesetzt. Experimentieren Sie ruhig mit diesen drei Parametern und weisen Sie ihnen verschiedene Wertekombinationen zu.

Der letzte Schritt vor dem Aufruf von gtk_main() besteht wiederum darin, alle Widgets sichtbar zu machen. Dies geschieht für die Schalter in den Zeilen 35 und 43, für die vertikale Box in Zeile 46 und für das Hauptfenster in Zeile 47.

In den Zeilen 54 bis 62 folgt die Callback-Funktion schalter_funk(). Sie definiert zuerst ein statisches Array mit zwei Integer-Werten, die beide mit 0 initialisiert werden. Wie Sie wissen, behalten lokale Variablen, die als statisch deklariert sind, zwischen den Funktionsaufrufen ihre Werte. Gehen wir noch einmal zurück zu den Zeilen 32 und 40, wo schalter_funk() als Callback-Funktion eingerichtet wurde. Das letzte Argument, das in diesen Zeilen an gtk_signal_connect() übergeben wurde, war ein Zeiger auf einen Integer-Wert: bdaten1 (mit dem Wert 0) für den ersten Schalter und bdaten2 (mit dem Wert 1) für den zweiten Schalter. Jedes Mal, wenn schalter_funk() als Antwort auf das Drücken eines der Schalter aufgerufen wird, wird der Funktion einer dieser Zeiger als zweites Argument übergeben. Wird Schalter 1 gedrückt, weist der Zeiger auf bdaten1, wird Schalter 2 gedrückt, weist der Zeiger auf bdaten2. Der Zeiger selbst ist ein generischer Zeiger – vergleichbar einem void-Zeiger –, der in Zeile 59 in einen Zeiger auf int zurückverwandelt und dereferenziert wird. Der Wert, auf den der Zeiger verweist, wird dabei der Variablen index zugewiesen. Anschließend wird index dazu verwendet, einen der beiden Werte des statischen Arrays count zu inkrementieren (Zeile 60). Zum Schluss wird eine Meldung in Zeile 61 ausgegeben.

Wenn Sie das Programm von einem Konsolenfenster aus aufrufen, erscheint bei jedem Klicken eines Schalters auf der Konsole eine Meldung aus Zeile 61. Der Meldung können Sie entnehmen, welcher Schalter gedrückt wurde und zum wie vielten Male dies geschah.

Dialogfenster erzeugen

Dialogfenster sind ein weit verbreitetes Element grafischer Benutzeroberflächen. Mit ihrer Hilfe kann ein GUI-Programm Benutzereingaben anfordern und entgegennehmen – beispielsweise eine Ja/Nein-Entscheidung oder den Namen einer Datei, die das Programm laden oder in der es Daten abspeichern soll. Im Gegensatz zum Hauptfenster des Programms, das während der gesamten Laufzeit des Programms angezeigt wird, werden Dialogfenster üblicherweise nur bei Bedarf erzeugt und danach direkt wieder aufgelöst. Das nachfolgende Programm beispielsweise erzeugt einen einfachen Ja/Nein-Dialog, prüft, ob der Anwender den Ja- oder den Nein-Schalter des Dialogs gedrückt hat, und reagiert dann entsprechend.

Wenn Sie in einem der beiden Beispielprogramme aus den Listings 21.1 und 21.2 auf die oben rechts gelegene Schließen-Schaltfläche des Window-Managers geklickt haben, wurde die Anwendung sofort beendet. Für Programme, in die der Anwender Daten eingibt, die nicht automatisch abgespeichert werden, ist dieses Verhalten nicht akzeptabel. Die meisten GUI-Programme rufen daher vor dem Beenden ein Dialogfenster auf, das dem Anwender Gelegenheit gibt, seine Daten zuvor noch zu speichern. Das kleine Beispielprogramm aus diesem Abschnitt verfügt allerdings über keine Daten, die man speichern könnte. Es zeigt daher einen einfachen Ja/Nein-Dialog an, der feststellt, ob der Anwender das Programm wirklich beenden will.

Das Programm besteht aus drei getrennten Quelltextdateien: dem Quelltext für das Hauptprogramm (Listing 21.3), dem Code für das Dialogfenster, der in einer Datei namens `janein.c` abgespeichert ist (Listing 21.4), und einer Header-Datei `janein.h` (Listing 21.5). Wie man Programme aus mehreren Quelltextdateien kompiliert, wurde am Tag 20 beschrieben. Mit Hilfe der folgenden Compiler-Befehle können Sie aus den drei Quelltextdateien ein ausführbares Programm erstellen:

```
gcc -Wall -ggdb `gtk-config -- cflags` -c list2103.c
gcc -Wall -ggdb `gtk-config -- cflags` -c janein.c
gcc -Wall -ggdb `gtk-config -- libs` list2103.o janein.o -o list2103
```

Unter Umständen lohnt es sich auch, eine Makefile-Datei für die Erstellung des Programms aufzusetzen (Makefile-Dateien wurden ebenfalls an Tag 20 besprochen).

Listing 21.3: Ein einfaches Programm mit einem Dialogfenster.

```
 1 : /* list2103.c - Ein einfaches Programm */
 2 : /*              mit einem Dialogfenster. */
 3 :
 4 : #include <gtk/gtk.h>
 5 : #include "janein.h"
 6 :
 7 : int loeschen_funk(GtkWidget *widget, gpointer daten);
 8 : void schalter_funk(GtkWidget *widget, gpointer daten);
 9 :
10: int main(int argc, char *argv[])
11: {
12:     GtkWidget *fenster;
13:     GtkWidget *schalter;
14:
15:     gtk_init(&argc, &argv);
16:
17:     /* Das Hauptfenster erzeugen. */
18:     fenster = gtk_window_new(GTK_WINDOW_TOPLEVEL);
19:     gtk_widget_set_usize(GTK_WIDGET(fenster), 180, 120);
20:     gtk_window_set_title(GTK_WINDOW(fenster), __FILE__);
```

Einführung in die GUI-Programmierung mit GTK+

```
21:
22:     gtk_signal_connect(GTK_OBJECT(fenster), "delete_event",
23:               GTK_SIGNAL_FUNC(loeschen_funk), NULL);
24:     gtk_container_set_border_width(GTK_CONTAINER(fenster), 20);
25:
26:     /* Schalter einrichten. */
27:     schalter = gtk_button_new_with_label("Schalter");
28:     gtk_signal_connect(GTK_OBJECT(schalter), "clicked",
29:             GTK_SIGNAL_FUNC(schalter_funk), NULL);
30:
31:     gtk_container_add(GTK_CONTAINER(fenster), schalter);
32:
33:     /* Alles sichtbar machen. */
34:     gtk_widget_show_all(fenster);
35:
36:     gtk_main();
37:
38:     return 0;
39: }
40:
41: int loeschen_funk(GtkWidget *widget, gpointer zdaten)
42: {
43:     if (ja_nein_dialog("Beenden?", "Anwendung beenden?"))
44:     {
45:         gtk_main_quit();
46:         return FALSE;
47:     }
48:     return TRUE;
49: }
50:
51: void schalter_funk(GtkWidget *widget, gpointer zdaten)
52: {
53:     g_print("Klick\n");
54: }
```

Listing 21.4: Ein allgemeines Dialogfenster mit Ja/Nein-Schaltern.

```
1 : /* janein.c - ein allgemeiner Dialog. */
2 :
3 : #include <gtk/gtk.h>
4 : #include "janein.h"
5 :
6 : static void janein_funk(GtkWidget *widget, gchar *janein);
7 :
8 : /* Statische Variable für den Ja/Nein-Rückgabewert. */
9 : static gint janein;
```

Dialogfenster erzeugen

```
10:
11: int ja_nein_dialog(gchar *titel, gchar *labeltext)
12: {
13:     GtkWidget *dialog, *label, *jbutton, *nbutton;
14:     GtkWidget *vbox, *hbox;
15:
16:     /* Die erforderlichen Widgets erzeugen. */
17:     dialog  = gtk_window_new(GTK_WINDOW_TOPLEVEL);
18:     label   = gtk_label_new(labeltext);
19:     jbutton = gtk_button_new_with_label("   Ja   ");
20:     nbutton = gtk_button_new_with_label("   Nein   ");
21:     vbox    = gtk_vbox_new(FALSE, 0);
22:     hbox    = gtk_hbox_new(FALSE, 0);
23:
24:     /* Widgets packen. */
25:     gtk_box_pack_start(GTK_BOX(vbox), label, TRUE, FALSE, 0);
26:     gtk_box_pack_start(GTK_BOX(hbox), jbutton, TRUE, FALSE, 0);
27:     gtk_box_pack_start(GTK_BOX(hbox), nbutton, TRUE, FALSE, 0);
28:     gtk_box_pack_start(GTK_BOX(vbox), hbox, TRUE, FALSE, 0);
29:     gtk_container_add(GTK_CONTAINER(dialog), vbox);
30:
31:     gtk_widget_set_usize(GTK_WIDGET(dialog), 140, 80);
32:     gtk_window_set_title(GTK_WINDOW(dialog), titel);
33:     gtk_window_set_modal(GTK_WINDOW(dialog), TRUE);
34:
35:     /* Signale mit Routinen verbinden. */
36:     gtk_signal_connect(GTK_OBJECT(jbutton), "clicked",
37:                        GTK_SIGNAL_FUNC(janein_funk), "ja");
38:     gtk_signal_connect(GTK_OBJECT(nbutton), "clicked",
39:                        GTK_SIGNAL_FUNC(janein_funk), "nein");
40:     gtk_signal_connect(GTK_OBJECT(dialog), "delete_event",
41:                  GTK_SIGNAL_FUNC(gtk_main_quit), dialog);
42:
43:     /* Alles sichtbar machen. */
44:     gtk_widget_show_all(dialog);
45:
46:     /* gtk_main() des Dialogfensters starten. */
47:     gtk_main();
48:
49:     /* Dialogfenster auflösen. */
50:     gtk_widget_destroy(dialog);
51:
52:     return janein;
53: }
54:
55: static void janein_funk(GtkWidget *widget, gchar *janeinstr)
```

```
56: {
57:     if (janeinstr [0] == 'j')
58:         janein = TRUE;
59:     else
60:         janein = FALSE;
61:
62:     gtk_main_quit();
63: }
```
Listing 21.5: Ein allgemeiner Ja/Nein-Dialog.

```
1 : /* janein.h - Header-Datei für janein.c. */
2 :
3 : /* Erzeuge Dialogfenster mit zwei Schaltern "Ja"    */
4 : /* und "Nein".                                      */
5 : /* Wenn der Anwender auf "Ja" klickt, liefere TRUE. */
6 : /* Wenn der Anwender auf "Nein" klickt, liefere FALSE. */
7 :
8 : int ja_nein_dialog (gchar *titel, gchar *labeltext);
```

Listing 21.3 ist Listing 21.2 sehr ähnlich, enthält aber nur einen Schalter (in Listing 21.2 waren es zwei). Der Schalter wird in Zeile 27 erzeugt. In Zeile 28 wird das »clicked«-Ereignis des Schalters mit einer Callback-Funktion verbunden. Diese Callback-Funktion ist in den Zeilen 51 bis 54 definiert und macht nichts weiter, als bei jedem Drücken des Schalters eine »Klick«-Meldung auszugeben.

Einer der wichtigsten Unterschiede zwischen Listing 21.3 und den vorangegangenen Listings begegnet uns gleich in Zeile 22, wo die Funktion gtk_signal_connect() aufgerufen wird. Während die Funktion in den vorangegangenen Listings stets zur Einrichtung einer Behandlungsroutine für das destroy-Signal aufgerufen wurde, wird in Zeile 22 eine Verknüpfung mit dem delete_event-Signal hergestellt. Welcher Unterschied besteht zwischen diesen beiden Signalen? Wenn der Anwender auf die Schließen-Schaltfläche in der Titelleiste des Fensters klickt, sendet der Window Manager zwei Signale an das Programm. Das erste Signal ist das delete_event-Signal. Wenn für dieses Signal keine Callback-Funktion definiert wurde oder die betreffende Callback-Funktion einen Wert zurückliefert, der dem booleschen Wert falsch entspricht, sendet der Window Manager ein zweites Signal – das destroy-Signal, das bewirkt, dass alle Fenster geschlossen werden. Wenn die Callback-Funktion des delete_event-Signal dagegen einen Wert zurückliefert, der dem booleschen Wert wahr entspricht, wird das destroy-Signal nicht gesendet. Die Callback-Funktion, die mit dem delete_event-Signal verbunden wird, ist in den Zeilen 41 bis 49 definiert. In der Callback-Funktion wird die `ja_nein_dialog()`-Funktion aufgerufen, die in der Header-Datei `janein.h`, die in Zeile 5 eingebunden wurde, definiert ist. Wenn Sie das Programm später ausführen, werden Sie sehen, dass der Aufruf der `ja_nein_dialog()`-Funktion ein kleines Fenster mit dem Titel »Beenden?« auf dem Bildschirm anzeigt. In diesem Fenster befinden sich zwei Schalter, *Ja* und *Nein*, und darüber der Text »Anwendung beenden?«. Die Funktion `ja_nein_dialog()`-Funktion liefert den Wert `TRUE` (*wahr*) zurück, wenn der *Ja*-Schalter gedrückt wurde, und den Wert `FALSE` (*unwahr*), wenn der *Nein*-Schalter gedrückt wurde. Im ersten Falle, also wenn der Wert `TRUE` zurückgeliefert wird, ruft die Callback-Funktion `loeschen_funk()` die Funktion `gtk_main_quit()` auf, damit `gtk_main()` beendet wird, und liefert danach selbst `FALSE` zurück.

Ein weiterer interessanter Unterschied zwischen Listing 21.3 und Listing 21.2 ist der Aufruf von `gtk_widget_show_all()` in Zeile 34. Diese Funktion macht nicht nur das Widget sichtbar, das ihr als Argument übergeben wurde – in unserem Falle `fenster` –, sondern auch alle Widgets, die in `fenster` enthalten sind. Der Aufruf ist also eine Kurzform, die es uns erspart, `gtk_widget_show()` für `fenster` und alle Kind-Widgets einzeln aufrufen zu müssen (wie wir es in Listing 21.2 getan haben).

Listing 21.4 enthält den Code für die Funktion `ja_nein_dialog()`. In den Zeilen 3 und 4 werden die Header-Datei `gtk/gtk.h` und die eigene Header-Datei eingebunden. In Zeile 6 wird der Prototyp der Funktion `janein_funk()` deklariert, die als Callback-Funktion für die beiden Schalter des Dialogs dienen soll. Damit diese Funktion die Information darüber, welcher Schalter gedrückt wurde, an die Funktion `ja_nein_dialog()` weiterreichen kann, wird in Zeile 9 die statische `janein`-Variable definiert. Da die Variable global deklariert wird, kann sie nach der Deklaration überall in der Datei verwendet werden, da sie gleichzeitig mit dem Schlüsselwort `static` deklariert wurde, ist sie vor Zugriffen aus anderen Quelltextdateien geschützt.

Die Funktion `ja_nein_dialog()` ist in den Zeilen 11 bis 53 deklariert. Sie gleicht in vielerlei Hinsicht der `main()`-Funktion der Listings 21.1 und 21.2. In den Zeilen 13 und 14 wird eine Reihe von Variablen des Typs `GtkWidget*` deklariert. Neu ist das GtkLabel-Widget, das durch Aufruf der Funktion `gtk_label_new()` erzeugt wird. GtkLabel-Widgets reagieren weder auf Mausklicks, noch kann der Anwender den Text des Widgets über die Tastatur ändern. Es sind einfache Bausteine, in denen man Texte anzeigen kann.

Die Widgets für den Dialog werden in den Zeilen 19 bis 22 erzeugt und anschließend in Boxen gepackt (Zeilen 25 bis 29). Größe und Titel des Dialogfensters werden in den Zeilen 31 und 32 festgelegt. Der Aufruf von `gtk_window_set_modal()` in Zeile 33 macht aus dem Hauptfenster des Dialogs ein modales Fenster. Ein *modales Fenster* ist ein Fenster, das die Ausführung seines Elternfensters so lange anhält, bis es selbst beendet wird. Im Falle unseres Ja/Nein-Dialogs wollen wir nicht, dass der Anwender mit dem Hauptfenster weiterarbeitet, bevor er nicht den Dialog beantwortet hat. Dialogfenster werden häufig als modale Fenster aufgerufen.

Das Dialogfenster kann auf drei Signale reagieren. Die Callback-Funktionen für die Signale werden mit Hilfe der Funktion `gtk_signal_connect()` in den Zeilen 36 bis 41 eingerichtet. Die ersten beiden Signale sind die `clicked`-Ereignisse, die ausgelöst werden, wenn der Anwender den *Ja*- beziehungsweise den *Nein*-Schalter drückt. Beide Signale werden zwar mit der gleichen Callback-Funktion – `janein_funk()` – verbunden, erhalten aber je nach gedrücktem Schalter unterschiedliche Argumente. Wenn der *Ja*-Schalter gedrückt wird, ist das zweite Argument zu `janein_funk()` ein Zeiger auf den String `"ja"`; wenn der *Nein*-Schalter gedrückt wird, ist das zweite Argument ein Zeiger auf den String `"nein"`. Das dritte Signal, für das eine Callback-Funktion eingerichtet wird, ist das `destroy`-Signal des Dialogfensters. Als Callback-Funktion zu diesem Signal geben wir `gtk_main_quit()` an – warum, wird im Laufe der Analyse noch klar werden.

Nachdem die Signalbehandlung eingerichtet ist, werden die verschiedenen Widgets durch einen Aufruf von `gtk_widget_show_all()` sichtbar gemacht (Zeile 44). Schließlich wird in Zeile 47 die `gtk_main()`-Funktion aufgerufen. Beachten Sie, dass die `ja_nein_dialog()`-Funktion, die wir hier analysieren, von einer Callback-Funktion des Hauptprogramms aus Listing 21.3 aufgerufen wird. Bevor `ja_nein_dialog()` aufgerufen werden kann, muss also bereits der Aufruf von `gtk_main()` in der `main()`-Funktion von Listing 21.3 erfolgt sein. Die Funktion `gtk_main()` wird also rekursiv aufgerufen – was erlaubt ist, aber mit Vorsicht gehandhabt werden sollte.

Die Funktion `janein_funk()` dient als Callback-Funktion für die *Ja*- und *Nein*-Schalter des Dialogs. In den Zeilen 36 bis 39, wo die `clicked`-Signale mit der Funktion verbunden wurden, haben wir der Funktion `gtk_signal_connect()` als letztes Argument jeweils ein Zeiger auf einen der Strings `"ja"` (für den *Ja*-Schalter) beziehungsweise `"nein"` (für den *Nein*-Schalter) übergeben. Wird im laufenden Programm einer dieser Schalter gedrückt, zeigt der zweite Parameter der Funktion `janein_funk()` – der Zeiger `janeinstr` – danach auf den String, der den gedrückten Schalter identifiziert. Die `if`-Anweisung in Zeile 57 prüft danach, ob das erste Zeichen in dem String ein »j« ist. Wenn ja, wird die statische Variable `janein` auf `TRUE` gesetzt, sonst wird `janein` auf `FALSE` gesetzt. Wurde einer der Schalter gedrückt, hat das Dialogfenster seinen Zweck erfüllt und kann aufgelöst werden. Zu diesem Zweck wird in Zeile 62 die Funktion `gtk_main_quit()` aufgerufen, die bewirkt, dass die `gtk_main()`-Funktion aus Zeile 47 zurückkehrt. Nach dem Aufruf von `gtk_main_quit()` liefert die `ja_nein_dialog()`-Funktion den Wert der Variablen `janein` zurück (Zeile 52).

Beachten Sie, dass der Aufruf von `gtk_main_quit()` in Zeile 62 nur die zuletzt aufgerufene `gtk_main()`-Funktion beendet. Die `gtk_main()`-Funktion in Listing 21.3 wird davon nicht betroffen – es sei denn mittelbar, wenn der Anwender den *Ja*-Schalter drückt. Wird der *Nein*-Schalter gedrückt, wird nur die letzte `gtk_main()`-Funktion beendet, so dass das Dialogfenster zwar aufgelöst wird, das Hauptfenster aber wie gewünscht erhalten bleibt.

Hinweis: Die Funktion `ja_nein_dialog()` wurde so allgemein wie möglich gehalten. Die Frage, die der Anwender durch Drücken des *Ja*- beziehungsweise *Nein*-Schalters beantworten soll, wird als String-Argument an die Funktion übergeben, so dass der Dialog ohne Mühe angepasst werden kann. Ein Programm, das vom Anwender an irgendeiner Stelle eine Ja/Nein-Entscheidung verlangt, braucht die Funktion nur mit den passenden Argumenten aufzurufen. Auf diese Weise kann die Funktion in vielen unterschiedlichen Programmen wieder verwendet werden, und es müssen nicht jedes Mal spezielle Adaptionen der Funktion implementiert werden. In diesem Sinne ist die Funktion ein gutes Beispiel für den sinnvollen Einsatz der modularen Programmiertechniken.

Ein einfacher Texteditor

Die Beispiele, mit denen wir es bisher in dieser Lektion zu tun hatten, waren zwar interessant, aber nicht besonders nützlich. Das nächste Programm ist da schon komplexer; es enthält eine Menüleiste und verwendet ein Dialogfenster, in dem der Anwender eine Datei zum Speichern von Daten auswählen kann. Der Code des Programms ist auf die folgenden drei Listings (21.6 bis 21.8) verteilt. Listing 21.6 enthält die `main()`-Funktion und den Code, der zum Einrichten des Hauptfensters benötigt wird. Listing 21.7 ist die Header-Datei für das eigenständige Dialogfenster zur Dateiauswahl, das in Listing 21.8 definiert ist. Der Code für das Dialogfenster zur Dateiauswahl wurde in eine eigene Datei ausgelagert, damit das Dialogfenster in anderen Projekten, die Bedarf an einem Dialog zur Auswahl einer Datei haben, wieder verwertet werden kann.

Wie die Überschrift zu diesem Abschnitt bereits vermuten lässt, handelt es sich bei dem Programm um einen einfachen Texteditor. Der Texteditor ist nicht voll funktionsfähig, unterstützt aber das Ausschneiden und Einfügen von Text sowie das Abspeichern des eingegebenen Textes in einer Datei. Dass man all dies mit weniger als 200 Zeilen Code erreichen kann, liegt daran, dass man dabei auf die Implementierung eines noch grundlegenderen Texteditor-Widgets zurückgreifen kann, das von den Autoren des GTK+ implementiert wurde. Was noch fehlt, sind Optionen wie das Entgegennehmen eines Dateinamens über die Befehlszeilenargumente, die Implementierung eines »Datei öffnen«-Dialogs sowie weiter fortgeschrittene Befehle, wie zum Beispiel das Suchen und Ersetzen von Text.

Zur Kompilierung des Texteditor-Programms können Sie die folgenden Befehle verwenden:

Einführung in die GUI-Programmierung mit GTK+

```
gcc -Wall -ggdb `gtk-config -- cflags` -c list2106.c
gcc -Wall -ggdb `gtk-config -- cflags` -c dateiname.c
gcc -Wall -ggdb `gtk-config -- libs` list2106.o dateiname.o -o list2106
```

Listing 21.6: Ein einfacher GTK+-Texteditor.

```
 1 : /* list2106.c - Ein einfacher (unvollständiger) GTK+-Texteditor. */
 2 : #include <gtk/gtk.h>
 3 : #include <stdio.h>
 4 : #include "dateiname.h"
 5 :
 6 : void loeschen_funk(GtkWidget *widget, gpointer daten);
 7 : void menue_funk(GtkWidget *widget, guint zahl);
 8 : GtkWidget *menue_erzeugen(GtkWidget  *fenster);
 9 : void dat_save_dlg(GtkWidget *widget, gpointer zdaten);
10: int save_datei(char *dateiname);
11:
12: static GtkWidget *textbox ;
13:
14: int main(int argc, char *argv[])
15: {
16:     GtkWidget *fenster, *menueleiste, *vbildlauf;
17:     GtkWidget *vbox, *hbox;
18:     GdkFont   *textfont ;
19:     GtkStyle  *stil;
20:
21:     gtk_init(&argc, &argv);
22:
23:     /* Das Hauptfenster erzeugen. */
24:     fenster = gtk_window_new(GTK_WINDOW_TOPLEVEL);
25:     gtk_widget_set_usize(GTK_WIDGET(fenster), 400, 300);
26:     gtk_window_set_title(GTK_WINDOW(fenster), __FILE__);
27:
28:     gtk_signal_connect(GTK_OBJECT(fenster), "destroy",
29:                        GTK_SIGNAL_FUNC(loeschen_funk), NULL);
30:
31:     vbox = gtk_vbox_new(FALSE, 0);
32:     hbox = gtk_hbox_new(FALSE, 0);
33:     gtk_container_add(GTK_CONTAINER(fenster), vbox);
34:
35:     /* Menüleiste erzeugen. */
36:     menueleiste = menue_erzeugen(fenster);
37:     gtk_box_pack_start(GTK_BOX(vbox), menueleiste, FALSE, TRUE, 0);
38:     gtk_widget_show(menueleiste);
39:
40:     /* Textfeld erzeugen. */
41:     textbox = gtk_text_new(NULL, NULL);
```

```
42:     vbildlauf = gtk_vscrollbar_new(GTK_TEXT(textbox)->vadj);
43:
44:     gtk_text_set_editable(GTK_TEXT(textbox), TRUE);
45:     gtk_text_set_line_wrap(GTK_TEXT(textbox), FALSE);
46:
47:     if ((textfont = gdk_font_load("7x13")) != NULL)
48:     {
49:         stil = gtk_widget_get_style(textbox);
50:         stil->font = textfont;
51:         gtk_widget_set_style(textbox, stil);
52:     }
53:
54:     /* Widgets packen. */
55:     gtk_box_pack_start(GTK_BOX(hbox), textbox, TRUE, TRUE, 0);
56:     gtk_box_pack_start(GTK_BOX(hbox), vbildlauf, FALSE, FALSE, 1);
57:     gtk_box_pack_start(GTK_BOX(vbox), hbox, TRUE, TRUE, 0);
58:
59:     /* Alles sichtbar machen. */
60:     gtk_widget_show_all(fenster);
61:
62:     gtk_main();
63:
64:     return 0;
65: }
66:
67: void loeschen_funk(GtkWidget *widget, gpointer zdaten)
68: {
69:     gtk_main_quit();
70: }
71:
72: /* Aufbau der Menüleiste. */
73:
74: static GtkItemFactoryEntry menu_array[] =
75: {
76:   { "/_Datei"         , NULL         , NULL            , 0, "<Branch>" },
77:   { "/Datei/_Öffnen", "<control>O", menue_funk     , 0, NULL },
78:   { "/Datei/_Speichern", "<control>S", dat_save_dlg, 0, NULL },
79:   { "/Datei/sep1"   , NULL         , NULL            , 0, "<Separator>" },
80:   { "/Datei/Beenden" , "<control>B", gtk_main_quit, 0, NULL },
81:
82:   { "/_Zwei"       , NULL, NULL      , 0, "<Branch>" },
83:   { "/Zwei/_Eins", NULL, menue_funk, 1, NULL },
84:   { "/Zwei/_Zwei", NULL, menue_funk, 2, NULL },
85:
86:   { "/_Menue3"      , NULL, NULL, 0, "<Branch>" },
87:   { "/Menue3/Test1", NULL, NULL, 0, "<ToggleItem>" },
88:   { "/Menue3/sep1"  , NULL, NULL, 0, "<Separator>" },
```

Einführung in die GUI-Programmierung mit GTK+

```
89:     { "/Menue3/Test2", NULL,   NULL,   0, "<RadioItem>" },
90:     { "/Menue3/Test3", NULL,   NULL,   0, "/Menue3/Test2" },
91:     { "/Menue3/Test4", NULL,   NULL,   0, "/Menue3/Test2" },
92:
93:     { "/_Hilfe"      , NULL,   NULL,   0, "<LastBranch>" },
94:     { "/_Hilfe/Info", NULL,   NULL,   0, NULL },
95: };
96:
97: GtkWidget *menue_erzeugen(GtkWidget  *fenster)
98: {
99:     GtkWidget       *menueleiste;
100:    GtkItemFactory *itemfact;
101:    GtkAccelGroup  *accelgroup;
102:
103:    gint msize = sizeof(menu_array) / sizeof(menu_array[0]);
104:
105:    accelgroup = gtk_accel_group_new();
106:    gtk_accel_group_attach(accelgroup, GTK_OBJECT(fenster));
107:
108:    itemfact = gtk_item_factory_new(GTK_TYPE_MENU_BAR, "<main>",
109:                                        accelgroup);
110:    gtk_item_factory_create_items(itemfact, msize, menu_array, NULL);
111:
112:    menueleiste = gtk_item_factory_get_widget(itemfact, "<main>");
113:
114:    return menueleiste;
115: }
116:
117: void menue_funk(GtkWidget *widget, guint zahl)
118: {
119:    if (zahl)
120:        g_print("Zahl : %d\n", zahl);
121:    else
122:        g_print("Hallo!\n");
123: }
124:
125: /* Callback-Funktionen zu Datei_Speichern-Dialog. */
126: void dat_save_dlg(GtkWidget *widget, gpointer zdaten)
127: {
128:     gchar dateiname [512];
129:
130:    if (dateiname_dialog("Speichern unter:", dateiname, 512))
131:        save_datei(dateiname);
132: }
133:
134: int save_datei(char *dateiname)
135: {
```

```
136:    FILE *datei;
137:    int  laenge;
138:    char *czgr;
139:
140:    if ((datei = fopen(dateiname, "w")) == NULL)
141:        return 1 ;
142:
143:    laenge = gtk_text_get_length(GTK_TEXT(textbox));
144:    czgr = gtk_editable_get_chars(GTK_EDITABLE(textbox),0,laenge);
145:
146:    if (czgr)
147:        fwrite(czgr, laenge, 1, datei);
148:
149:    fclose(datei);
150:    return 0 ;
151: }
```

Listing 21.7: dateiname.h: die Header-Datei für das Dateiauswahl-Dialogfenster aus Listing 21.8.

```
/* dateiname.h - Header-Datei für ein eigenständiges       */
/*               Dialgofenster zur Dateiauswahl.           */

/* Der Titel-Parameter setzt den Titel des Dialogfensters. */
/* Der vom Anwender ausgewählte Dateiname wird im dateiname- */
/* Parameter abgespeichert. Das für diesen Parameter übergebene */
/* String-Argument muss mind. 1 Zeichen lang sein.         */

/* Bei Erfolg wird TRUE zurückgeliefert, sonst (wenn       */
/* der Anwender auf Abbrechen drückt) FALSE.               */

int dateiname_dialog(gchar *titel, gchar *dateiname, gint l);
```

Der Hauptteil des Programms steht in Listing 21.6 und beginnt mit dem Einbinden des Standard-Headers gtk/gtk.h, der Header-Datei stdio.h, die für die Dateifunktionen zum Öffnen, Schreiben und Schließen benötigt wird, und der Datei dateiname.h, die den Prototyp für die Funktion des Dateiauswahl-Dialogs enthält. Danach werden in den Zeilen 6 bis 12 fünf Funktionsprototypen und eine statische Variable vom Typ GtkWidget* (Zeile 12) deklariert. Letztere repräsentiert das GTK+-Widget, das uns die Textbearbeitungsfunktionen zur Verfügung stellt. Der Grund für die globale Deklaration der Variablen wird später noch deutlich werden.

Die `main()`-Funktion, die in Zeile 14 beginnt, deklariert zuerst alle benötigten Variablen (Zeilen 16 bis 19) und führt dann bis Zeile 35 in etwa die gleichen Operationen durch, die Sie aus den vorangehenden Beispielen kennen. Die Zeilen 36 bis 38 erzeugen die Menüleiste der Anwendung. Die meiste Arbeit leistet dabei die Funktion `menue_erzeugen()`, die in den Zeilen 79 bis 114 definiert ist.

Der Fensterbereich für die Texteingabe wird in den Zeilen 41 bis 52 eingerichtet. Dabei können wir wie gesagt auf ein vordefiniertes und leicht einzusetzendes Texteditor-Widget zurückgreifen, das uns die Arbeit wesentlich vereinfacht. Das Widget wird in Zeile 41 durch einen Aufruf der Funktion `gtk_text_new()` erzeugt. Die zugehörige vertikale Bildlaufleiste wird mit Hilfe der Funktion `gtk_vscrollbar_new()` erzeugt. Interessant ist vor allem das Argument, das dieser Funktion übergeben wird: `GTK_TEXT(textbox)->vadj`. Der `GtkWidget*`-Zeiger `textbox` wird mit Hilfe des `GTK_TEXT()`-Makros in einen `GtkText`-Zeiger umgewandelt. Der `GtkText`-Zeiger – ein Zeiger auf eine `GtkText`-Struktur – wird dereferenziert und es wird auf das `vadj`-Element der `GtkText`-Struktur zugegriffen. Wenn Sie einen Blick in die Header-Datei `gtktext.h` werfen (die Header-Datei ist höchstwahrscheinlich im Verzeichnis `/usr/include/gtk/gtktext.h` zu finden), können Sie sehen, dass es sich bei `vadj` um einen `GtkAdjustment*`-Zeiger handelt. Wenn Sie des Weiteren im GTK-Abschnitt der Infopages die Dokumentation zum GtkVScrollbar-Widget nachschlagen, finden Sie dort für die `gtk_vscrollbar_new()`-Funktion die folgende Deklaration:

`GtkWidget *gtk_vscrollbar_new (GtkAdjustment* adj);`

Die Übergabe eines `GtkAdjustment`-Zeigers an `gtk_vscrollbar_new()` war also genau richtig.

In den Zeilen 44 und 45 wird das Standardverhalten des `GtkText`-Widgets angepasst. Wenn ein `GtkText`-Widget erzeugt wird, startet es in einem Modus, in dem der Programmierer Text in dem Widget anzeigen, der Anwender diesen Text aber nicht über die Tastatur verändern kann. Dieses Verhalten kann durch einen Aufruf von `gtk_text_set_editable()` abgewandelt werden. Wenn Sie der Funktion TRUE als Argument übergeben, ist das Widget editierbar, wenn Sie als Argument FALSE übergeben, ist es schreibgeschützt. Analog wird in Zeile 45 durch einen Aufruf der Funktion `gtk_text_set_line_wrap()` der automatische Zeilenumbruch deaktiviert – eine Option, die nur von wenigen Textverarbeitungsprogrammen unterstützt wird.

Die Standardschriftart des `GtkText`-Widgets ist ein proportionaler Font, was bedeutet, dass der Buchstabe *i* in der Breite weit weniger Platz einnimmt als der Buchstabe *w*. Eine solche Schriftart eignet sich für normale Texteditoren, nicht aber für Editoren zur Bearbeitung von Programmquelltexten. Aus diesem Grund wird in den Zeilen 47 bis 52 ein nichtproportionaler Font für das `GtkText`-Widget ausgewählt. Nichtproportionale Fonts verwenden für alle Zeichen die gleiche Zeichenbreite – unabhängig davon, ob es sich um ein *i* oder ein *w* handelt. Um den Font zu laden, ruft man die Funktion `gdk_font_load()` auf, der man den Namen des gewünschten Fonts als String übergibt.

Ein einfacher Texteditor

»7x13« ist der Name eines weit verbreiteten nichtproportionalen Fonts, der auf jeder Maschine verfügbar sein sollte. Wenn der Aufruf von gdk_font_load() erfolgreich war, textfont also kein NULL-Zeiger ist, wird in den Zeilen 49 bis 51 der Font des GtkText-Widgets ersetzt. Zu diesem Zweck benötigt man das GtkStyle-Widget, das Teil des GtkText-Widgets ist. Im GtkStyle-Widget werden bestimmte Eigenschaften des übergeordneten Widgets festgehalten, beispielsweise die Farbe oder eben die Schriftart. Mit Hilfe der Funktion gtk_widget_get_style() beschafft sich das Programm einen Zeiger auf die GtkStyle-Struktur des GtkText-Widgets (Zeile 49). Danach wird der neue Font im font-Element des GtkStyle-Widgets abgespeichert (Zeile 50) und die überarbeitete GtkStyle-Komponente mit Hilfe von gtk_widget_set_style() wieder in das GtkText-Widget geladen (Zeile 51).

Nachdem das GtkText-Widget ordnungsgemäß eingerichtet ist, werden die verschiedenen Widgets in die Boxen gepackt (Zeilen 55 bis 57). Der Aufruf der Funktion gtk_widget_show_all() in Zeile 60 sorgt dafür, dass alle Widgets im fenster sichtbar sind, und in Zeile 62 folgt der obligatorische gtk_main()-Aufruf.

Die Menüleiste des Programms wird in den Zeilen 74 bis 115 erzeugt. Es gibt zwei verschiedene Methoden, um mit GTK+ ein Menü aufzubauen. Die hier beschriebene Methode ist die einfachere. Der Code besteht aus einem statischen Array mit Elementen des Typs GtkItemFactoryEntry, das in Zeile 74 definiert und in den Zeilen 76 bis 94 initialisiert wird. Der Typ GtkItemFactoryEntry ist in der Header-Datei /usr/include/gtk/gtkitemfactory.h wie folgt definiert:

```
struct _GtkItemFactoryEntry
{
  gchar *path;
  gchar *accelerator;

  GtkItemFactoryCallback callback;
  guint                  callback_action;

  /* Mögliche Werte:
   * NULL              -> "<Item>"
   * ""                -> "<Item>"
   * "<Title>"         -> erzeugt ein Titel-Element
   * "<Item>"          -> erzeugt ein einfaches Element
   * "<CheckItem>"     -> erzeugt ein markierbares Element
   * "<ToggleItem>"    -> erzeugt ein Schaltelement
   * "<RadioItem>"     -> erzeugt ein Optionselement
   * <path>            -> Pfad zu verknüpftem Optionselement
   * "<Separator>"     -> erzeugt eine Trennlinie
   * "<Branch>"        -> erzeugt ein Menü
   * "<LastBranch>"    -> erzeugt ein rechts ausgerichtetes Menü
   */
  gchar            *item_type;
};
```

Die Struktur enthält fünf Elemente: `path`, `accelerator`, `callback`, `callback_action` und `item_type`. Die Kommentare der GTK+-Autoren zeigen Ihnen an, welche Werte Sie dem `item_type`-Element zuweisen können. Bedeutung und Verwendung der restlichen Elemente der `GtkItemFactoryEntry`-Struktur sollten deutlich werden, wenn Sie die Initialisierung des Arrays `menu_array` in den Zeilen 76 bis 94 mit dem Verhalten der Menüleiste des Programms vergleichen. Das erste Strukturelement, `path`, gibt Name und Position des Menüelements an. Der erste Eintrag im Array (Zeile 76) definiert das Dateimenü, das in der Hierarchie der Menüelemente in der obersten Ebene steht (also direkt in der Menüleiste angezeigt wird). Im zweiten Eintrag wird `path` der Wert `/Datei/_Öffnen` zugewiesen, wodurch das Öffnen-Menüelement als untergeordnetes Element des Dateimenüs eingerichtet wird. Beachten Sie auch die Unterstriche in den `path`-Werten. Der Unterstrich zeigt an, dass das nachfolgende Zeichen im `path`-String als Alt-Tastenkombination zum Aufruf des Menübefehls verwendet werden kann. Sie können dies im laufenden Programm überprüfen. Wenn Sie die Alt-Taste gedrückt halten und dann die F-Taste drücken, sollte das Dateimenü aufgeklappt werden. Danach können Sie mit den Pfeiltasten zwischen den Befehlen im Menü hin- und herwechseln.

Das zweite Element in der `GtkItemFactoryEntry`-Struktur heißt `accelerator`. Sie können diesem Element einen optionalen String zuweisen, der ein Tastaturkürzel für den Aufruf des Menübefehls angibt. Für das `/Datei/_Speichern`-Element wurde als Tastaturkürzel beispielsweise `<control>S` angegeben, wodurch der GTK+-Bibliothek mitgeteilt wird, dass das Drücken der Tasten Strg+S genauso behandelt werden soll wie die Auswahl des `Datei/Speichern`-Befehls aus der Menüleiste. Wenn Sie dem `accelerator`-Element den Wert `NULL` zuweisen, wird kein Tastaturkürzel für das Menüelement eingerichtet.

Über das dritte und vierte Element der `GtkItemFactoryEntry`-Struktur, `callback` und `callback_action` kann man ein Menüelement mit einer Callback-Funktion verbinden. Der Name der Callback-Funktion wird in `callback` angegeben, `callback_action` kann man einen Integer-Wert zuweisen, der beim Aufruf der Callback-Funktion dieser als zweites Argument übergeben wird. Im Menü `Zwei` gibt es zwei Menüelemente die beide `menue_funk()` als Callback-Funktion angeben, aber jeweils unterschiedliche Zahlen als `callback_action`-Werte spezifizieren. Wenn Sie das Programm ausführen und die beiden Menüelemente nacheinander auswählen, können Sie sehen, wie die Callback-Funktion `menue_funk()` die zu den Menüelementen gehörenden Zahlenwerte ausgibt.

Das letzte Element der `GtkItemFactoryEntry`-Struktur ist `item_type`. Bis auf wenige Ausnahmen wurden alle möglichen Werte für dieses Strukturelement in unserem Beispielprogramm benutzt. Wann immer diesem Strukturelement der Wert `NULL` zugewiesen wird, wird aus dem betreffenden Menüelement ein Standardelement. Der Wert `<Branch>` gibt an, dass bei Auswahl des Menüelements ein untergeordnetes Menü aufspringen soll. Menüelemente, für die `item_type` der Wert `<Separator>` zugewiesen wurde, können nicht aufgerufen werden – sie dienen lediglich der Gruppierung der

Ein einfacher Texteditor

anderen Menüelemente (siehe Dateimenü, wo der Beenden-Befehl von den Menübefehlen zum Öffnen und Speichern abgesetzt wurde). Im Menü Menue3 werden noch weitere Werte für item_type verwendet, beispielsweise Schaltelemente und Optionen, aber ihre Einsatzmöglichkeiten werden nicht mehr vollständig aufgezeigt.

In den Zeilen 97 bis 115 ist die Funktion menue_erzeugen() definiert. Als Parameter übernimmt die Funktion das Fenster, dem das fertige Menü zugewiesen werden soll. Erzeugt wird das Menü auf der Basis der GtkItemFactoryEntry-Struktur menu_array. Zuvor werden noch die benötigten Variablen deklariert (Zeilen 99 bis 101), und mit Hilfe eines kleinen Tricks wird die Anzahl der Elemente in menu_array bestimmt. Die Funktion teil die Größe des gesamten Arrays durch die Größe des ersten Elements. Dies ist besser als die Verwendung einer Konstanten, da das Ergebnis immer korrekt ist (würde man eine Konstante verwenden, müsste man sie jedes Mal, wenn die Menüstruktur geändert wird, anpassen). Der berechnete Wert, msize, wird weiter unten in der Funktion benötigt.

Die Verwendung von Tastaturkürzeln für Menüs wurde bereits weiter oben beschrieben. Die Tastaturkürzel müssen vor dem Menü eingerichtet (Aufruf der Funktion gtk_accel_group_new() in Zeile 105) und mit dem Hauptfenster verbunden werden (Aufruf der Funktion gtk_accel_group_attach() in Zeile 106). Danach werden sie als Argument an die Funktion gtk_item_factory_new() übergeben, die einen Zeiger auf ein GtkItemFactory-Objekt zurückliefert. Letzteres wird zusammen mit menu_array (definiert in den Zeilen 74 bis 94) an die Funktion gtk_item_factory_create_items() übergeben, die das Objekt gemäß den Daten aus menu_array initialisiert. Damit das Hauptprogramm später bei Bedarf auf die Menüleiste zugreifen kann, wird durch Aufruf der Funktion gtk_item_factory_get_widget() in Zeile 112 ein GtkWidget*-Zeiger erzeugt, der dann in Zeile 114 an die aufrufende Funktion zurückgeliefert wird.

Die nächste Funktion, die in Listing 21.6 definiert wird, ist die Callback-Funktion menue_funk() (Zeilen 117 bis 123), die mit den Befehlen aus dem Menü Zwei verbunden ist. Der zweite Parameter dieser Funktion ist vom Typ guint – einem unsigned int-Typ, der in den GTK+-Header-Dateien definiert ist. Wenn diesem Parameter der Wert Null übergeben wird, gibt die Callback-Funktion einfach einen »Hallo!«-Gruß auf die Konsole aus. Ist der übergebene Wert ungleich Null wird der betreffende Wert ausgegeben.

Die Funktion dat_save_dlg() ist die Callback-Funktion, die aufgerufen wird, wenn der Anwender den Speichern-Befehl im Dateimenü auswählt. Die meiste Arbeit wird dabei an die Funktion dateiname_dialog() delegiert, die in der Header-Datei dateiname.h deklariert (Listing 21.7) und in dateiname.c definiert ist (Listing 21.8). Wenn dateiname_dialog() einen TRUE-Wert zurückliefert, sollte im String dateiname ein korrekter Dateiname stehen. Dieser wird dann an die Funktion save_datei() übergeben, die in den Zeilen 134 bis 151 definiert ist. Die Funktion save_datei() öffnet die Datei zum Lesen (Zeile 140) und fragt alle weiter benötigten Informationen von dem Gtk-

Text-Widget `textbox` ab, das zu Anfang der Datei als statische globale Variable definiert wurde. Die Funktion `gtk_text_get_length()` gibt die Länge des Textes zurück, der im `GtkText`-Widget angezeigt wird. Die Funktion `gtk_editable_get_chars()`, die danach aufgerufen wird, liefert einen `char*`-Zeiger auf ein Array zurück, in dem der gesamte Text – von dem angegebenen Startpunkt bis zum Endpunkt – enthalten ist. In unserem Fall lässt sich das Programm alle Zeichen (von 0 bis `laenge`) zurückliefern. Wenn der Aufruf von `gtk_editable_get_chars()` erfolgreich ist, gibt die Funktion einen Zeiger zurück, der ungleich `NULL` ist, und die Funktion `fwrite()` kann den kompletten Text in einem Rutsch in die Datei schreiben. Danach wird die Datei geschlossen und `save_datei()` kehrt zurück.

Listing 21.8: dateiname.c: ein Dialogfenster zur Dateiauswahl.

```
1 : /* dateiname.c - Dialogfenster zur Dateiauswahl. */
2 : #include <gtk/gtk.h>
3 : #include <string.h>
4 : #include "dateiname.h"
5 :
6 : typedef struct
7 : {   GtkWidget *gewaehlt;
8 :     gchar     *dateiname;
9 :     gint      laenge ;
10: } FILEDATEN ;
11:
12: static void dateiname_ok(GtkWidget *widget, FILEDATEN *fdaten);
13: static void dateiname_cancel(GtkWidget *widget, GtkWidget *gewaehlt);
14:
15: int dateiname_dialog(gchar *title, gchar *dateiname, gint l)
16: {
17:     GtkWidget * gewaehlt;
18:     FILEDATEN  fdaten;
19:
20:     if (dateiname == NULL)
21:         return FALSE;
22:     dateiname[0] = 0;
23:
24:     gewaehlt = gtk_file_selection_new("Speichern unter :");
25:     gtk_window_set_modal(GTK_WINDOW(gewaehlt), TRUE);
26:     gtk_widget_show(gewaehlt);
27:
28:     fdaten.gewaehlt = gewaehlt;
29:     fdaten.dateiname = dateiname;
30:     fdaten.laenge = l;
31:
32:     gtk_signal_connect(
```

```
33:            GTK_OBJECT(GTK_FILE_SELECTION(gewaehlt)->ok_button),
34:            "clicked", (GtkSignalFunc) dateiname_ok, &fdaten);
35:     gtk_signal_connect(
36:            GTK_OBJECT(GTK_FILE_SELECTION(gewaehlt)->cancel_button),
37:            "clicked", (GtkSignalFunc) dateiname_cancel, gewaehlt);
38:     gtk_signal_connect(GTK_OBJECT(gewaehlt), "destroy",
39:            GTK_SIGNAL_FUNC(dateiname_cancel), gewaehlt);
40:
41:     gtk_main();
42:
43:     if (strlen (dateiname) > 0)
44:         return TRUE;
45:
46:     return FALSE;
47: }
48:
49: static
50: void dateiname_ok(GtkWidget *widget, FILEDATEN *fdaten)
51: {
52:     gchar *ausgewaehlt;
53:
54:     ausgewaehlt = gtk_file_selection_get_filename(
55:                     GTK_FILE_SELECTION(fdaten->gewaehlt));
56:
57:     if (strlen (ausgewaehlt) < fdaten->laenge)
58:         strcpy (fdaten->dateiname, ausgewaehlt);
59:
60:     gtk_widget_destroy(fdaten->gewaehlt);
61:     gtk_main_quit();
62: }
63:
64: static
65: void dateiname_cancel(GtkWidget *widget, GtkWidget * gewaehlt)
66: {
67:     gtk_widget_destroy(gewaehlt);
68:     gtk_main_quit();
69: }
```

Das Dialogfenster zur Dateiauswahl ist in Listing 21.8 definiert. Listing 21.8 bindet zuerst die erforderlichen Header-Dateien ein: gtk/gtk.h, string.h für die Funktionen strlen() and strcpy() sowie die eigene Header-Datei dateiname.h. In den Zeilen 6 bis 10 steht eine Struktur, die weiter unten benötigt wird. Die Zeilen 12 und 13 deklarieren die Prototypen zweier Funktionen, die später als Callback-Funktionen verwendet werden.

Die Hauptfunktion des Dialogs heißt `dateiname_dialog()` und beginnt in Zeile 15. Diese Funktion gleicht der Funktion für den Ja/Nein-Dialog aus Listing 21.4. Sie beginnt mit der Definition der benötigten Variablen (Zeilen 17 und 18). Danach prüft sie, ob dem `dateiname`-Parameter kein `NULL`-Zeiger übergeben wurde (Zeile 20), bevor sie dem ersten Zeichen im `dateiname`-String das Nullzeichen zuweist. Dies geschieht, damit der Dialog einen leeren String zurückliefert, wenn der Anwender den Abbrechen-Schalter drückt. Das Dateiauswahl-Widget wird in Zeile 24 durch Aufruf der Funktion `gtk_file_selection_new()` erzeugt, in Zeile 24 als modal deklariert und in Zeile 25 sichtbar gemacht.

In den Zeilen 28 bis 30 wird die Strukturvariable `fdaten` initialisiert. Danach enthält sie einen Zeiger auf das Dateiauswahl-Widget, einen `char*`-Zeiger, in den der Dateiname kopiert werden soll, und die Angabe der maximalen Länge für den Dateinamen. In Zeile 32 wird die Strukturvariable an die Funktion `gtk_signal_connect()` übergeben, die die Funktion `dateiname_ok()` als Callback-Funktion für das Klickereignis des OK-Schalters des Dateiauswahl-Dialogs einrichtet. Wenn die Callback-Funktion `dateiname_ok()` aufgerufen wird, übernimmt Sie einen Zeiger auf die `fdaten`-Struktur, über die sie den Dateinamen, den der Anwender ausgewählt hat, an die `dateiname_dialog()`-Funktion zurückgibt. Außer dem Klickereignis des OK-Schalters werden auch noch das Klickereignis des Abbrechen-Schalters und das `destroy` Ereignis für das Dateiauswahl-Widget abgefangen. Diese beiden Signale werden von der Funktion `dateiname_cancel()` behandelt.

Nachdem die Callback-Funktionen eingerichtet sind, wird die Funktion `gtk_main()` aufgerufen, die erst zurückkehrt, wenn einer der Dateiauswahl-Schalter oder der Schließen-Schalter aus der Titelleiste des Dateiauswahl-Widgets gedrückt wird. Wenn der Anwender einen Dateinamen auswählt und den OK-Schalter drückt, enthält der String `dateiname` den ausgewählten Dateinamen. Wenn der Anwender den Abbrechen-Schalter drückt, hat der String `dateiname` die Länge `Null` (vergleiche Zeile 22). Ist die Länge des Strings `dateiname` größer als `Null`, wird der Wert `TRUE` zurückgeliefert (Zeile 44), ansonsten der Wert `FALSE` (Zeile 46).

Die Callback-Funktion `dateiname_ok()`, die in den Zeilen 49 bis 62 definiert ist, wird aufgerufen, wenn der Anwender den OK-Schalter des Dateiauswahl-Widgets anklickt. Dabei wird ihr als zweites Argument ein Zeiger auf die `fdaten`-Struktur übergeben – so wie es in der `dateiname_dialog()`-Funktion vorgesehen ist. Wenn aufgerufen, versucht die Funktion, den Dateinamen zu ermitteln, der in dem Dateiauswahl-Widget ausgewählt wurde. Zu diesem Zweck ruft sie in Zeile 54 die Funktion `gtk_file_selection_get_filename()` auf. Wenn der ausgewählte Dateiname kürzer als die maximal erlaubte Dateinamenlänge ist, wird der Dateiname in den String kopiert, der im Aufruf von `strcpy()` in Zeile 58 übergeben wird. Der Dateiauswahl-Dialog hat damit seinen Zweck erfüllt und kann durch einen Aufruf von `gtk_widget_destroy()` geschlossen werden (Zeile 60). Die `gtk_main()`-Funktion aus der Funktion `dateiname_dialog()` wird durch den Aufruf von `gtk_main_quit()` in Zeile 61 beendet.

Die Callback-Funktion `dateiname_cancel()`, die in den Zeilen 49 bis 62 definiert ist, wird aufgerufen, wenn der Anwender den Abbrechen-Schalter oder den Schließen-Schalter aus der Titelleiste des Dateiauswahl-Widgets anklickt. Aufgabe dieser Callback-Funktion ist das Schließen des Fensters, wozu die Funktion `gtk_widget_destroy()` und danach `gtk_main_quit()` aufgerufen werden.

Zusammenfassung

In der heutigen Lektion drehte sich alles um die GUI-Programmierung mit der GTK+-Bibliothek. Sie haben ein wenig über die Geschichte von X und die hinter X stehenden Konzepte erfahren. Sie haben gelernt, was GUI-Ereignisse und GTK+-Signale sind. Sie haben eine Reihe der gebräuchlichsten GUI-Elemente, beispielsweise Schaltflächen, Menüleisten und Dialogfelder, kennen und verwenden gelernt. Sie haben gesehen, wie man eigenständige, wieder verwertbare Dialogfenster – wie zum Beispiel den Ja/Nein-Dialog oder den Dateiauswahl-Dialog – implementiert. Das letzte Programm der heutigen Lektion hat etliche dieser Konzepte und Ideen zu einem einfachen, wenn auch unvollständigen GUI-Texteditor gebündelt.

Leider konnten wir im Rahmen dieses Kapitels nur an die Oberfläche der GUI-Programmierung mit der GTK+-Widget-Bibliothek rühren – ein Thema zu dem man ohne Probleme ein ganzes Buch schreiben könnte. Bauen Sie auf den in der heutigen Lektion erworbenen GUI-Kenntnissen auf. Schauen Sie sich bestehende GTK+-Programme an, lesen Sie die GTK+-Infopages und arbeiten Sie sich weiter in diese elegante GUI-Programmierbibliothek ein.

Fragen und Antworten

F Warum wurden die Funktionen aus der heutigen Lektion nicht in der gleichen Ausführlichkeit erklärt wie die Funktionen der vorangegangenen Tage?

A *Dafür gibt es eine Reihe von Gründen. Zum einen der Platzmangel. In der heutigen Lektion wurden über 30 neue Funktionen angesprochen. Alle diese Funktionen mit Prototyp aufzuführen und ausführlich zu beschreiben, war einfach nicht möglich. Andererseits sind diese Funktionen in den Infopages, die mit der GTK+-Bibliothek ausgeliefert werden, recht gut erklärt. Hinzu kommt, dass dies die letzte Lektion dieses Buches ist, nach deren Lektüre Sie auf sich alleine gestellt sind. Sie müssen daher lernen, mit der Dokumentation zu arbeiten, die Ihnen zur Verfügung steht, selbst Code auszuprobieren und Probleme, die sich Ihnen bei der Programmierung stellen, eigenständig zu meistern.*

Einführung in die GUI-Programmierung mit GTK+

F Handelt es sich bei den GTK+-Signalen um die gleichen Signale, die an Tag 19 beschrieben wurden?

A *Die Idee ist ähnlich, aber die Signale sind nicht die gleichen. Die Signale, die an Tag 19 besprochen wurden, waren überwiegend Signale, die vom Betriebssystem ausgelöst wurden. Die GTK+-Signale werden durch Aktionen des Anwenders ausgelöst, der mit den Elementen der grafischen Oberfläche arbeitet.*

Workshop

Der Workshop enthält Quizfragen, die Ihnen helfen sollen, Ihr Wissen zu festigen, sowie Übungen, die Sie anregen sollen, das Gelernte umzusetzen und eigene Erfahrungen zu sammeln. Die Lösungen zu den Fragen und den Übungen finden Sie in Anhang C.

Quiz

1. Wie teilt man dem gcc mit, wo die GTK+-Headerdateien zu finden sind?
2. Wie teilt man dem gcc mit, wo die GTK+-Bibliotheken zu finden sind?
3. Was ist eine Callback-Funktion?

Übungen

1. Das Ja/Nein-Dialogfenster aus Listing 21.4 hat einen kleinen Makel. Wenn die Frage, die dem Parameter labeltext übergeben wird, zu lang ist, wird der Text der Frage am Rand des Dialogfensters abgeschnitten. Schreiben Sie die ja_nein_dialog()-Funktion so um, dass sie die Länge des labeltext-Parameters bestimmt und die Breite des Dialogfenster anpasst.
2. Überarbeiten Sie die ja_nein_dialog()-Funktion aus Listing 21.4, so dass die Funktion nicht nur die Breite des Dialogfensters anpasst, sondern gegebenenfalls auch die Frage in mehrere Zeilen aufteilt.

Woche 3
Rückblick

Heute ist es soweit: die dritte Woche C-Programmierung unter Linux liegt hinter Ihnen. Begonnen haben Sie die Woche mit so fortgeschrittenen Themen wie Dateien und Textstrings. In der Mitte der Woche haben Sie einige der vielen Funktionen aus der Standard-C-Bibliothek kennen gelernt und danach einige eher Unix-spezifische Funktionen für die Prozess- und Signalverarbeitung. Abschluss der Woche bildete die Auseinandersetzung mit den Feinheiten rund um den C-Compiler und den komplexen Problemen der Programmierung grafischer Benutzerschnittstellen. Im folgenden Programm finden sich viele dieser Themen wieder.

```
 1 : /* Programmname:  woche3.c                                  */
 2 : /* Programm, das Namen und Telefonnummern verwaltet         */
 3 : /* Die Informationen werden in eine Datei geschrieben, die  */
 4 : /* mit einem Befehlszeilenparameter angegeben wird          */
 5 :
 6 : #include <stdlib.h>
 7 : #include <stdio.h>
 8 : #include <time.h>
 9 : #include <string.h>
10:
11: /*** definierte Konstanten ***/
12: #define JA      1
13: #define NEIN    0
14: #define REC_LAENGE   54
15:
16: #define NAME_LAEN    24
17: #define PHONE_LAEN   11
18:
19: /*** Variablen ***/
20:
21: struct datensatz {
22:     char vname[NAME_LAEN];              /* Vorname + NULL       */
23:     char nname[NAME_LAEN];              /* Nachname + NULL      */
24:     char mname[NAME_LAEN];              /* Mittelname + NULL    */
25:     char telefon[PHONE_LAEN];           /* Telefonnummer + NULL */
26: } rec;
27:
28: /*** Funktionsprototypen ***/
29:
30: void verwendung_anzeigen(char *dateiname);
31: int  menu_anzeigen(void);
32: void daten_einlesen(FILE *fp, char *progname, char *dateiname);
33: void bericht_anzeigen(FILE *fp);
34: int  fortfahren_funktion(void);
35: int  adr_suchen( FILE *fp );
36: void mein_gets(char*str, int len);
37:
```

```c
38: /* Beginn des Programms */
39:
40: int main(int argc, char *argv[])
41: {
42:     FILE *fp;
43:     int  cont = JA;
44:
45:     if( argc < 2 )
46:     {
47:         verwendung_anzeigen(argv[0]);
48:         return 1;
49:     }
50:
51:     /* Datei öffnen. */
52:     if ((fp = fopen( argv[1], "a+")) == NULL)
53:     {
54:         fprintf( stderr, "%s(%d)Fehler beim Öffnen der Datei %s",
55:                         argv[0],__LINE__, argv[1]);
56:         return 1;
57:     }
58:
59:     while( cont == JA )
60:     {
61:       switch( menu_anzeigen() )
62:       {
63:         case '1': daten_einlesen(fp, argv[0], argv[1]); /* Tag 18 */
64:                 break;
65:         case '2': bericht_anzeigen(fp);
66:                 break;
67:         case '3': adr_suchen(fp);
68:                 break;
69:         case '4': printf("\n\nAuf Wiedersehen!\n");
70:                 cont = NEIN;
71:                 break;
72:         default: printf("\n\nUngültige Option, 1 bis 4 wählen!");
73:                 break;
74:       }
75:     }
76:     fclose(fp);      /* Datei schließen */
77:     return 0;
78: }
79:
80: /* menu_anzeigen() */
81:
82: int menu_anzeigen(void)
83: {
```

```
 84:    char ch, puf[20];
 85:
 86:    printf( "\n");
 87:    printf( "\n      MENU");
 88:    printf( "\n      ========\n");
 89:    printf( "\n1.  Namen eingeben");
 90:    printf( "\n2.  Bericht ausgeben");
 91:    printf( "\n3.  Name suchen");
 92:    printf( "\n4.  Ende");
 93:    printf( "\n\nAuswahl eingeben  ==> ");
 94:    mein_gets(puf, 20);
 95:    ch = *puf;
 96:    return ch;
 97: }
 98:
 99: /***************************************************
100:    Funktion: daten_einlesen()
101: ***************************************************/
102:
103: void daten_einlesen(FILE *fp, char *progname, char *dateiname)
104: {
105:    int cont = JA;
106:
107:    while( cont == JA )
108:    {
109:       printf("\n\nBitte geben Sie die Daten ein: " );
110:
111:       printf("\n\nGeben Sie den Vornamen ein: ");
112:       mein_gets(rec.vname, NAME_LAEN);
113:       printf("\nGeben Sie den zweiten Vornamen ein: ");
114:       mein_gets(rec.mname, NAME_LAEN);
115:       printf("\nGeben Sie den Nachnamen ein: ");
116:       mein_gets(rec.nname, NAME_LAEN);
117:       printf("\nGeben Sie die Telefonnr im Format 1234-56789 ein: ");
118:       mein_gets(rec.telefon, PHONE_LAEN);
119:
120:       if (fseek( fp, 0, SEEK_END ) == 0)
121:          if( fwrite(&rec, 1, sizeof(rec), fp) != sizeof(rec))
122:          {
123:          fprintf(stderr,"%s(%d) Fehler beim Schreiben in die Datei %s",
124:                         progname,__LINE__, dateiname);
125:          exit(2);
126:          }
127:       cont = fortfahren_funktion();
128:    }
129: }
```

```
130:
131: /*******************************************************
132: Funktion:   bericht_anzeigen()
133: Zweck:      Die Namen und Telefonnummern der Personen in
134:             der Datei formatiert ausgeben.
135: *******************************************************/
136:
137: void bericht_anzeigen(FILE *fp)
138: {
139:     time_t btime;
140:     int anz_an_dats = 0;
141:
142:     time(&btime);
143:
144:     fprintf(stdout, "\n\nLaufzeit: %s", ctime( &btime));
145:     fprintf(stdout, "\nListe der Telefonnummern\n");
146:
147:     if(fseek( fp, 0, SEEK_SET ) == 0)
148:     {
149:         fread(&rec, 1, sizeof(rec), fp);
150:         while(!feof(fp))
151:         {
152:            fprintf(stdout,"\n\t%s, %s %c %s", rec.nname,
153:                                    rec.vname, rec.mname[0],
154:                                    rec.telefon);
155:            anz_an_dats++;
156:            fread(&rec, 1, sizeof(rec), fp);
157:         }
158:         fprintf(stdout, "\n\nGesamtzahl der Datensätze: %d",
159:                 anz_an_dats);
160:         fprintf(stdout, "\n\n* * * Ende des Berichts * * *");
161:     }
162:     else
163:         fprintf( stderr, "\n\n*** FEHLER IM BERICHT ***\n");
164: }
165:
166: /**********************************************
167: * Funktion:  fortfahren_funktion()
168: **********************************************/
169:
170: int fortfahren_funktion( void )
171: {
172:     char ch, puf[20];
173:     do
174:     {
175:       printf("\n\nMöchten Sie fortfahren? (J)a/(N)ein ");
```

```
176:          mein_gets(puf, 20);
177:          ch = *puf;
178:       } while( strchr( "NnJj", ch) == NULL );
179:
180:       if(ch == 'n' || ch == 'N')
181:           return NEIN;
182:       else
183:           return JA;
184: }
185:
186: /***********************************************************
187:  * Funktion:  verwendung_anzeigen()
188:  ***********************************************************/
189:
190: void verwendung_anzeigen( char *dateiname )
191: {
192:     char *cptr ;
193:
194:     cptr = strrchr(dateiname, '/');
195:     if (cptr == NULL)
196:         cptr = dateiname;
197:     else
198:         cptr++;
199:
200:     printf("\n\nVERWENDUNG: %s dateiname", cptr );
201:     printf("\n\n wobei dateiname eine Datei ist, in der Namen und");
202:     printf("\n Telefonnummer der Personen gespeichert werden.\n\n");
203: }
204:
205: /***********************************************
206:  * Funktion:  adr_suchen()
207:  * Rückgabe:  Anzahl der übereinstimmenden Namen
208:  ***********************************************/
209:
210: int adr_suchen( FILE *fp )
211: {
212:     char tmp_nname[NAME_LAEN];
213:     int  ctr = 0;
214:
215:     fprintf(stdout,"\n\nGeben Sie den gesuchten Nachnamen ein: ");
216:     mein_gets(tmp_nname, NAME_LAEN);
217:
218:     if( strlen(tmp_nname) != 0 )
219:     {
220:         if (fseek( fp, 0, SEEK_SET ) == 0)
221:         {
```

```
222:              fread(&rec, 1, sizeof(rec), fp);
223:              while( !feof(fp))
224:              {
225:                 if( strcmp(rec.nname, tmp_nname) == 0 )
226:                 /* bei Übereinstimmung */
227:                 {
228:                    fprintf(stdout, "\n%s %s %s - %s", rec.vname,
229:                                                       rec.mname,
230:                                                       rec.nname,
231:                                                       rec.telefon);
232:                    ctr++;
233:                 }
234:                 fread(&rec, 1, sizeof(rec), fp);
235:              }
236:          }
237:          fprintf( stdout, "\n\n%d Namen stimmen überein.", ctr );
238:       }
239:       else
240:       {
241:          fprintf( stdout, "\nEs wurde kein Name eingegeben." );
242:       }
243:       return ctr;
244: }
245:
246:
247: /*----------------------------------------------------------------*
248:  * Funktion:  mein_gets()                                         *
249:  * Zweck:     Diese Funktion liest mit fgets() einen String von der *
250:  *            Tastatur ein und löscht das Neue-Zeile-Zeichen am Ende.*
251:  * Rückgabe:  Nichts                                              *
252:  *----------------------------------------------------------------*/
253: void mein_gets(char*str, int len)
254: {
255:     int index;
256:
257:     fgets(str, len, stdin);
258:
259:     for(index = 0; index < len; index++)
260:         if (str[index] == '\n')
261:         {
262:             str[index] = 0;
263:             return;
264:         }
265: }
```

In mancher Hinsicht ähnelt dieses Programm den Programmen aus den Rückblicken der ersten und zweiten Woche. Es werden zwar weniger Datenelemente verwaltet, dafür wurde das Programm um neue Optionen erweitert. Mit diesem Programm kann der Anwender die Namen und Telefonnummern von Freunden, Verwandten, Geschäftspartnern und so weiter verwalten. So wie das Programm geschrieben ist, verwaltet es nur den Vor- und Nachnamen sowie die Telefonnummer. Es sollte jedoch keine Schwierigkeiten bereiten, das Programm so auszubauen, dass weitere Informationen aufgenommen werden können (ich empfehle Ihnen das als kleine Übung). Der Hauptunterschied zwischen diesem Programm und den Programmen aus den vorangegangenen Wochenrückblicken liegt darin, dass es hinsichtlich der Anzahl der einzugebenden Personen keine Beschränkungen gibt. Diese Freiheit verdanken Sie der Tatsache, dass hier die Speicherung in einer Datei erfolgt.

Sie starten das Programm, indem Sie den Namen für die Datei in der Befehlszeile eingeben. Die `main()`-Funktion beginnt in Zeile 40 mit den Argumenten `argc` und `argv`, die dazu dienen, die Befehlszeilenparameter zu ermitteln. Wie das genau geht, haben Sie am Tag 20, »Compiler für Fortgeschrittene«, gesehen. Zeile 45 prüft den Wert von `argc`, um festzustellen, wie viele Parameter in der Befehlszeile eingegeben wurden. Wenn `argc` kleiner als 2 ist, wurde nur ein Parameter eingegeben (der Befehl, das Programm auszuführen), so dass klar ist, dass der Anwender keine Datei angegeben hat. In diesem Fall ruft das Programm die Funktion `verwendung_anzeigen()` mit `argv[0]` als Argument auf. `argv[0]` – der erste Parameter, der auf der Befehlszeile eingegeben wurde – ist der Name des Programms.

Die Funktion `verwendung_anzeigen()` finden Sie in den Zeilen 190 bis 203. Immer wenn Sie ein Programm schreiben, das Befehlszeilenargumente übernimmt, ist es ratsam, eine Funktion wie `verwendung_anzeigen()` vorzusehen, die dem Anwender aufzeigt, wie das Programm korrekt aufzurufen ist. Warum aber wird dabei der Name des Programms nicht im Programm selbst hartkodiert, anstatt ein Befehlszeilenargument zu verwenden? Die Antwort ist einfach. Wenn Sie den Programmnamen von der Befehlszeile erhalten, brauchen Sie sich keine Gedanken darüber zu machen, wenn der Anwender das Programm umbenennt, denn die Beschreibung des Programmaufrufs ist immer korrekt. Auch möchte ich Sie darauf hinweisen, dass die Funktion `verwendung_anzeigen()` jegliche Pfadinformation aus `argv[0]` entfernt. Wenn zum Beispiel das Programm vom aktuellen Verzeichnis aus mit dem Befehl ./woche3 namen.daten ausgeführt würde, würde die Funktion `strrchr()` in Zeile 194 das letzte '/'-Zeichen in dem String finden und den Rest als Namen verwenden. Wenn es kein '/'-Zeichen gibt, verwendet `verwendung_anzeigen()` den Programmnamen, wie er erhalten wurde.

Die meisten der neuen Konzepte in diesem Programm stammen vom Tag 15, »Mit Dateien arbeiten«. Zeile 42 deklariert eine Dateizeiger `fp`, der das ganze Programm hindurch verwendet wird, um auf die Datei zuzugreifen. Zeile 52 versucht, diese Datei im »+a«-Modus zu öffnen (zur Erinnerung, `argv[1]` ist als Name der Datei das zweite

Element aus der Befehlszeile). Der »+a«-Modus wird verwendet, um die bestehende Datei nicht nur zu lesen, sondern auch etwas daran anzuhängen. Falls sich die Datei nicht öffnen lässt, wird in den Zeilen 54 und 55 eine Fehlermeldung ausgegeben, bevor das Programm in Zeile 56 beendet wird. Beachten Sie, dass die Fehlermeldung deskriptiven Charakter hat. So wird zum Beispiel mit __LINE__ (siehe Tag 20) angezeigt, in welcher Zeile der Fehler aufgetreten ist.

Wurde die Datei erfolgreich geöffnet, wird ein Menü angezeigt. Wenn der Anwender beschließt, das Programm zu verlassen, schließt Zeile 76 die Datei mit fclose(), bevor das Programm die Steuerung wieder an das Betriebssystem zurückgibt. Die anderen Menüoptionen erlauben es dem Anwender, einen Datensatz einzugeben, alle Datensätze auszugeben oder nach einer bestimmten Person zu suchen.

Die Funktion daten_einlesen() enthält ein paar bedeutende Änderungen. Die Zeile 103 enthält den Funktions-Header. Diese Funktion übernimmt drei Zeiger. Der erste ist der wichtigste: ein Handle auf die Datei, in die geschrieben werden soll. Die Zeilen 107 bis 128 enthalten eine while-Schleife, die so lange Daten einliest, wie der Anwender dies wünscht. Die Zeilen 109 bis 118 fordern die Daten im gleichen Format an wie im Programm des zweiten Wochenrückblicks. Zeile 120 ruft fseek() auf, um den Dateizeiger auf das Ende der Datei zu setzen, so dass neue Daten angehängt werden. Beachten Sie, dass das Programm nichts macht, wenn fseek fehlschlägt. Ein vollständiges Programm würde ein solches Fehlschlagen auffangen. Hier wurde aus Platzgründen darauf verzichtet. Zeile 121 schreibt die Daten mit Hilfe von fwrite() in die Datei.

Auch die Berichtfunktion wurde für diese Version des Programms überarbeitet. Ein Merkmal, das für die meisten »echten« Berichte typisch ist, ist die Ausgabe von Datum und Uhrzeit im Kopf des Berichts. Zeile 139 deklariert die Variable btime. Diese Variable wird der Funktion time() übergeben und dann mit der Funktion ctime() ausgegeben. Diese Zeitfunktionen wurden Ihnen am Tag 17, »Die Bibliothek der C-Funktionen«, vorgestellt.

Bevor das Programm damit beginnen kann, die Datensätze der Datei auszugeben, muss der Dateizeiger an den Anfang der Datei gesetzt werden. Dies geschieht in Zeile 147 mit einem Aufruf an fseek(). Nachdem der Dateizeiger an den Dateianfang gesetzt wurde, können die Datensätze einer nach dem anderen gelesen werden. Zeile 149 liest den ersten Datensatz. War das Programm damit erfolgreich, steigt das Programm in eine while-Schleife ein, die so lange fortgeführt wird, bis das Ende der Datei erreicht ist (wenn feof() einen Wert ungleich Null zurückliefert). Solange das Ende der Datei noch nicht erreicht wurde, werden in Zeile 152 die Daten ausgegeben, Zeile 155 zählt die Datensätze und Zeile 156 versucht, den nächsten Datensatz zu lesen. Ich möchte Sie darauf aufmerksam machen, dass diese Funktionen verwendet werden, ohne ihre Rückgabewerte zu prüfen, damit die Programmlänge innerhalb eines vertretbaren Rahmens bleibt. In der Regel sollten Sie jedoch das Programm vor Fehlern schützen und die Funktionsaufrufe mit einer Prüfung kombinieren, um sicherzugehen, dass keine Fehler aufgetreten sind.

Eine Funktion in diesem Programm ist neu. Die Zeilen 210 bis 244 enthalten die Funktion adr_suchen(), die alle Datensätze aus der Datei nach einem bestimmten Nachnamen durchsucht. Die Zeilen 215 und 216 fordern den Anwender auf, den zu suchenden Nachnamen einzugeben, und speichern ihn in einer lokalen Variablen namens tmp_nname. Wenn tmp_nname nicht leer ist (Zeile 218), wird der Dateizeiger auf den Anfang der Datei gesetzt. Danach werden die Datensätze gelesen. Mit strcmp() (Zeile 225) wird der Nachname des aktuellen Datensatzes mit tmp_nname verglichen. Wenn die Namen übereinstimmen, wird der Datensatz ausgegeben (Zeile 228 bis 231). So wird verfahren, bis das Ende der Datei erreicht ist. Auch hier wurde darauf verzichtet, die Rückgabewerte aller Funktionsaufrufe zu überprüfen. Sie jedoch sollten Ihre Rückgabewerte immer prüfen.

Sie sollten inzwischen in der Lage sein, dieses Programm so abzuändern, dass es Ihre eigenen Dateien erzeugt, in denen Sie jede beliebige Information speichern können. Mit den Funktionen, die Sie in Woche 3 kennen gelernt haben, und den anderen Funktionen der C-Bibliothek sollten Sie Programme schreiben können, die so gut wie jedes Problem bewältigen, das sich Ihnen stellt.

ASCII-Zeichen-tabelle

ASCII-Zeichentabelle

0	00	nul
1	01	soh
2	02	stx
3	03	etx
4	04	eot
5	05	enq
6	06	ack
7	07	bel
8	08	bs
9	09	ht
10	0A	lf
11	0B	vt
12	0C	ff
13	0D	cr
14	0E	so
15	0F	si
16	10	dle
17	11	dc1
18	12	dc2
19	13	dc3
20	14	dc4
21	15	nak
22	16	syn
23	17	etb
24	18	can
25	19	em
26	1A	sub
27	1B	esc
28	1C	fs
29	1D	gs
30	1E	rs
31	1F	us

ASCII-Zeichentabelle

32	20	Leerzeichen
33	21	!
34	22	"
35	23	#
36	24	$
37	25	%
38	26	&
39	27	'
40	28	(
41	29	)
42	2A	*
43	2B	+
44	2C	'
45	2D	-
46	2E	.
47	2F	/
48	30	0
49	31	1
50	32	2
51	33	3
52	34	4
53	35	5
54	36	6
55	37	7
56	38	8
57	39	9
58	3A	:
59	3B	;
60	3C	<
61	3D	=
62	3E	>
63	3F	?
64	40	@
65	41	A

ASCII-Zeichentabelle

66	42	B
67	43	C
68	44	D
69	45	E
70	46	F
71	47	G
72	48	H
73	49	I
74	4A	J
75	4B	K
76	4C	L
77	4D	M
78	4E	N
79	4F	O
80	50	P
81	51	Q
82	52	R
83	53	S
84	54	T
85	55	U
86	56	V
87	57	W
88	58	X
89	59	Y
90	5A	Z
91	5B	[
92	5C	\
93	5D	]
94	5E	^
95	5F	_
96	60	`
97	61	a
98	62	b
99	63	c

100	64	d
101	65	e
102	66	f
103	67	g
104	68	h
105	69	i
106	6A	j
107	6B	k
108	6C	l
109	6D	m
110	6E	n
111	6F	o
112	70	p
113	71	q
114	72	r
115	73	s
116	74	t
117	75	u
118	76	v
119	77	w
120	78	x
121	79	y
122	7A	z
123	7B	{
124	7C	|
125	7D	}
126	7E	~
127	7F	f

Reservierte Schlüsselwörter in C/C++

Reservierte Schlüsselwörter in C/C++

Die in Tabelle B.1 aufgelisteten Bezeichner sind reservierte Schlüsselwörter der Sprache C, die nicht zweckentfremdet werden dürfen. In doppelten Anführungszeichen können Sie die Wörter natürlich beliebig verwenden.

Im Anschluss daran finden Sie eine Liste von Wörtern, die in C frei verwendet werden dürfen, nicht aber in C++. Für den Fall, dass Ihre C-Programme irgendwann nach C++ portiert werden, sollten Sie diese Wörter ebenfalls vermeiden.

Schlüsselwort	Beschreibung
asm	Schlüsselwort, das die Integration von Assembler-Befehlen in den Quelltext erlaubt.
auto	Die automatische Speicherklasse.
break	Befehl, mit dem `for`-, `while`, `switch`- und `do...while`-Schleifen direkt verlassen werden.
case	Befehl, der innerhalb der `switch`-Anweisung verwendet wird.
char	Der einfachste Datentyp von C.
const	Datenmodifizierer, der verhindert, dass eine Variable geändert wird. Siehe `volatile`.
continue	Befehl, der den aktuellen Durchlauf einer `for`-, `while` oder `do...while`-Schleife beendet und den nächsten Schleifendurchlauf einleitet.
default	Befehl, der innerhalb von `switch`-Anweisungen verwendet wird, um die Fälle abzufangen, die nicht von den `case`-Blöcken bearbeitet werden.
do	Schleifenbefehl, der zusammen mit der `while`-Anweisung verwendet wird. Die Schleife wird immer mindestens einmal ausgeführt.
double	Datentyp, der Fließkommawerte doppelter Präzision aufnehmen kann.
else	Anweisung, die einen alternativen Anweisungsblock einleitet, der ausgeführt wird, wenn eine `if`-Anweisung als `FALSCH` ausgewertet wird.
enum	Datentyp, der die Deklaration von Variablen erlaubt, die nur bestimmte Werte übernehmen.
extern	Datenmodifizierer, der darauf hinweist, dass eine Variable an anderer Stelle im Programm deklariert wird.
float	Datentyp, der für Fließkommazahlen verwendet wird.
for	Schleifenbefehl, der aus Initialisierungs-, Inkrementierungs- und Bedingungsabschnitten besteht.
goto	Befehl, mit dem an eine vordefinierte Marke im Programm gesprungen werden kann.
if	Befehl, der den Programmfluss auf der Basis von `Wahr`/`Falsch`-Entscheidungen steuert.

Tabelle B.1: Reservierte Schlüsselwörter zu C.

Schlüsselwort	Beschreibung
int	Datentyp, der Integer-Werte aufnimmt.
long	Datentyp, der größere Integer-Werte als int aufnehmen kann.
register	Speichermodifizierer, der angibt, dass eine Variable, wenn möglich, im Register abgelegt werden soll.
return	Befehl, mit dem die aktuelle Funktion beendet und die Programmausführung an die aufrufende Funktion zurückgegeben wird. Der Befehl kann gleichzeitig dazu verwendet werden, einen einzelnen Wert zurückzugeben.
short	Datentyp, in dem Integer-Werte gespeichert werden. Er wird eher selten verwendet und hat auf den meisten Computern die gleiche Größe wie int.
signed	Modifizierer, der anzeigt, dass eine Variable sowohl positive als auch negative Werte annehmen kann. Siehe unsigned.
sizeof	Operator, der die Größe eines Elements in Byte zurückgibt.
static	Modifizierer, der anzeigt, dass der Compiler den Wert einer Variablen beibehalten soll.
struct	Schlüsselwort, mit dem C-Variablen beliebiger Datentypen zu einer Gruppe zusammengefasst werden können.
switch	Befehl, mit dem der Programmfluss in eine Vielzahl von Richtungen verzweigen kann. Wird zusammen mit der case-Anweisung verwendet.
typedef	Modifizierer, mit dem neue Namen für bestehende Variablen- und Funktionstypen erzeugt werden können.
union	Schlüsselwort, mit dem es mehreren Variablen ermöglicht wird, den gleichen Speicherplatz zu belegen.
unsigned	Modifizierer, der anzeigt, dass eine Variable nur positive Werte annehmen kann. Siehe signed.
void	Schlüsselwort, das entweder anzeigt, dass eine Funktion nichts zurückliefert oder dass ein verwendeter Zeiger als generisch betrachtet wird, das heißt auf jeden Datentyp zeigen kann.
volatile	Modifizierer, der anzeigt, dass eine Variable geändert werden kann. Siehe const.
while	Schleifenanweisung, die einen Codeabschnitt so lange ausführt, wie eine bestimmte Bedingung WAHR ist.

Tabelle B.1: Reservierte Schlüsselwörter zu C.

Reservierte Schlüsselwörter in C/C++

Zusätzlich zu den oben genannten Schlüsselwörtern gibt es für C++ noch folgende Schlüsselwörter:

catch	inline	template
class	new	this
delete	operator	throw
except	private	try
finally	protected	virtual
friend	public	

Antworten

Tag 1: Einführung in Linux und die Programmiersprache C

Antworten zum Quiz

1. C ist eine leistungsstarke, populäre und portierbare Sprache.
2. Der Compiler prüft den Quellcode und übersetzt ihn, falls keine Fehler vorliegen, in Maschinenbefehle, die der Rechner verstehen kann. Sind Fehler aufgetreten, gibt der Compiler entsprechende Meldungen aus, die über die Art und den Ort der Fehler informieren.
3. Bearbeiten, kompilieren und testen.
4. `gcc programm1.c -o meinprog`

   Wenn Sie wollen, dass der Compiler alle Warnungen ausgibt und Debug-Informationen in das Programm aufnimmt, muss der Befehl folgendermaßen lauten:

   `gcc -Wall -ggdb programm1.c -o meinprog`
5. C-Quelltextdateien sollten die Extension `.c` erhalten.
6. Der Dateiname `dateiname.txt` ist kein gültiger Name für eine Quelltextdatei in C.
7. Um die Probleme zu beheben, müssen Sie den Quellcode überarbeiten. Anschließend müssen Sie das Programm erneut kompilieren und austesten.
8. Unter Maschinensprache versteht man die digitalen beziehungsweise binären Anweisungen, die vom Rechner verstanden werden. Da der Rechner mit C-Code nichts anfangen kann, muss der C-Code von einem C-Compiler in Maschinensprache übersetzt werden.
9. Mit dem Debugger können Sie ein kompiliertes C-Programm Zeile für Zeile durchgehen. Auf diese Weise können Sie einerseits Programmfehler beheben und gleichzeitig ein besseres Verständnis für die Abläufe im Programm gewinnen.

   Debug-Informationen. Durch den Zusatz von `-ggdb` im Aufruf von `gcc` teilen Sie dem Compiler mit, diese vom Debugger benötigten Debug-Informationen mit aufzunehmen.

Antworten zu den Übungen

1. Der Editor kann unter Umständen ungewöhnliche Zeichen anzeigen. Dies hängt vom Verhalten Ihres Editors ab.
2. Es berechnet die Fläche eines Kreises. Zuerst fordert es den Anwender auf, einen Radius anzugeben. Danach gibt es die errechnete Fläche auf dem Bildschirm aus.

3. Dieses Programm gibt einen Block von 10 x 10 Zeichen des Buchstaben X aus. Ein ähnliches Programm finden Sie am Tag 5, »Grundlagen der Programmsteuerung«.

4. Zeile 3. Sie werden wahrscheinlich eine ganze Reihe von Fehlermeldung erhalten, die wie folgt lauten:

   ```
   test.c:4: parse error before '{'
   test.c:6: parse error before string constant
   test.c:6: warning: data definition has no type or storage class
   ```

   Die erste der Fehlermeldungen gibt an, dass bereits vor der sich öffnenden geschweiften Klammer aus Zeile 4 ein Fehler aufgetreten ist. Da die Klammer das erste Zeichen in Zeile 4 ist, könnte sich das Problem auch am Ende der Zeile 3 befinden. Und um genau zu sein, wenn Sie das Semikolon am Ende von Zeile 3 entfernen, haben Sie den Fehler schon behoben.

5. Hier liegt der Fehler woanders:

   ```
   /tmp/ccyNzE2u.o: In function 'main':
   /tmp/ccyNzE2u.o(.text+0x1f): undefined reference to 'tue_es'
   collect2: ld returned 1 exit status
   ```

   Wenn der Compiler versucht, eine ausführbare Datei zu erzeugen, kann er keine Definition für die Funktion tue_es() finden. Ändern Sie tue_es() in printf().

6. Das Programm gibt jetzt einen Block von 10 x 10 Diamanten aus.

Tag 2: Die Komponenten eines C-Programms: Quellcode und Daten

Antworten zum Quiz

1. Eine Gruppe von einer oder mehreren C-Anweisungen, die von geschweiften Klammern eingeschlossen ist, nennt man auch Block.

2. Die einzige Komponente, die in allen C-Programmen vorhanden sein muss, ist die Funktion main().

3. Jeder Text, der zwischen /* und */ steht, ist ein Programmkommentar und wird vom Compiler ignoriert. Kommentare werden verwendet, um Anmerkungen zu Struktur und Funktionsweise des Programms in den Quelltext aufzunehmen.

4. Eine Funktion ist ein unabhängiger, mit einem Namen verbundener Abschnitt eines Programms, der eine bestimmte Aufgabe erledigt. Durch die Verwendung des Namens der Funktion kann ein Programm den Code dieser Funktion ausführen.

Antworten

5. Eine benutzerdefinierte Funktion wird vom Programmierer selbst erstellt, während Bibliotheksfunktionen zusammen mit dem Compiler oder dem Betriebssystem ausgeliefert werden.
6. Eine #include-Direktive teilt dem Compiler mit, bei der Kompilierung den Code einer anderen Datei in Ihren Quellcode einzubinden.
7. Kommentare sollten nicht verschachtelt werden. Bei einigen Compilern ist dies möglich, bei anderen jedoch nicht. Um die Portabilität Ihres Codes zu gewährleisten, sollten Sie Kommentare nicht verschachteln.
8. Ja. Kommentare können beliebig lang sein. Ein Kommentar beginnt mit einem /* und endet erst, wenn ein */ auftaucht.
9. Include-Dateien bezeichnet man auch als Header-Dateien.
10. Eine Include-Datei ist eine separate Datei, die Informationen enthält, die der Compiler benötigt.

Antworten zu den Übungen

1. Denken Sie daran, dass in einem C-Programm als Einziges die Funktion main() obligatorisch ist. Das folgende Codefragment ist das denkbar kürzeste Programm. Leider kann man damit jedoch nichts machen:

```
int main(void)
{
    return 0;
}
```

Man könnte dieses Programm auch wie folgt schreiben:

```
int main(void) { return 0; }
```

2. Betrachten Sie folgendes Programm:

```
1 : /* Ueb02_02.c */
2 : #include <stdio.h>
3 :
4 : void anzeigen_zeile(void);
5 :
6 : int main(void)
7 : {
8 :     anzeigen_zeile();
9 :     printf("\n C in 21 Tagen!\n");
10:     anzeigen_zeile();
11:     printf("\n\n");
12:     return 0;
13: }
14:
```

```
15: /* Zeile mit Sternchen ausgeben */
16: void anzeigen_zeile(void)
17: {
18:     int zaehler;
19:
20:     for( zaehler = 0; zaehler < 34; zaehler++ )
21:         printf("*" );
22: }
23: /* Ende des Programms */
```

   a. Die Anweisungen stehen in den Zeilen 8, 9, 10, 11, 12, 20 und 21.

   b. Die einzige Variablendefinition steht in Zeile 18.

   c. Der einzige Funktionsprototyp steht in Zeile 4.

   d. Die Funktionsdefinitionen stehen in den Zeilen 16 bis 22.

   e. Kommentare stehen in den Zeilen 1, 15 und 23.

3. Ein Kommentar ist jeglicher Text, der zwischen /* und */ steht. Sehen Sie im Folgenden einige Beispiele:

```
/* Dies ist ein Kommentar. */
/* ??? */
/*
Dies ist ein
dritter Kommentar */
```

4. Dies Programm gibt das Alphabet der Großbuchstaben aus. Sie werden das Programm besser verstehen, wenn Sie Tag 9, »Zeichen und Strings«, durchgearbeitet haben.

   Die Ausgabe lautet ABCDEFGHIJKLMNOPQRSTUVWXYZ.

5. Dies Programm zählt die Anzahl der Zeichen und Leerzeichen, die Sie eingeben, und gibt die Anzahl aus. Auch dieses Programm werden Sie nach Tag 9 besser verstehen.

Tag 3: Anweisungen, Ausdrücke und Operatoren

Antworten zum Quiz

1. Man nennt eine Anweisung dieser Art Zuweisung. Sie teilt dem Computer mit, die Werte 5 und 8 zu addieren und das Ergebnis der Variablen x zuzuweisen.

2. Als Ausdruck bezeichnet man alles, was einen numerischen Wert zum Ergebnis hat.

3. Die relative Rangfolge der Operatoren.

4. Nach der ersten Anweisung ist der Wert von a gleich 10 und der Wert von x 11. Nach der zweiten Anweisung haben a und x beide den Wert 11. (Die Anweisungen müssen getrennt ausgeführt werden.)

5. 1, denn dies ist der Rest von 10 geteilt durch 3.

6. 19

7. (5 + 3) * 8 / (2 + 2)

8. 0

9. Zur Bestimmung der Operatorenrangfolge können Sie die Tabelle im Abschnitt »Übersicht der Operator-Rangfolge« gegen Ende der dritten Lektion heranziehen. In der Tabelle sind die C-Operatoren und ihre Prioritäten angegeben.

   a. < hat eine höhere Priorität als ==.

   b. * hat eine höhere Priorität als +.

   c. != und == haben die gleiche Priorität, deshalb werden sie von links nach rechts ausgewertet.

   d. >= und > haben die gleiche Priorität. Verwenden Sie Klammern, wenn Sie mehr als einen Vergleichsoperator in einer Anweisung oder einem Ausdruck verwenden müssen.

10. Zusammengesetzte Zuweisungsoperatoren ermöglichen Ihnen die Kombination von binären mathematischen Operationen mit Zuweisungen. Sie stellen eine verkürzte Schreibweise dar. Die am Tag 3 vorgestellten zusammengesetzten Operatoren lauten +=, -=, *=, /= und %=.

Antworten zu den Übungen

1. Das Listing sollte sich problemlos ausführen lassen, auch wenn der Code schlecht strukturiert ist. Der Zweck dieses Listings ist, Ihnen zu zeigen, wie unwichtig Whitespace-Zeichen für die Ausführung des Programms und wie wichtig sie für die Lesbarkeit des Quellcodes sind.

2. Im Folgenden sehen Sie das Listing aus Übung 1 in einer übersichtlicheren Form:

    ```
    #include <stdio.h>

    int x,y;

    int main(void)
    {
        printf("\nGeben Sie zwei Zahlen ein: ");
        scanf("%d %d",&x,&y);
    ```

```
        printf("\n\n%d ist größer\n",(x>y)?x:y);
        return 0;
}
```

Dieses Programm fordert Sie auf, zwei Zahlen einzugeben, und gibt dann die größere der beiden Zahlen aus.

3. Die einzigen Änderungen, die in Listing 3.1 nötig sind, betreffen folgende Zeilen:

```
17:     printf("\n%d    %d", a++, ++b);
18:     printf("\n%d    %d", a++, ++b);
19:     printf("\n%d    %d", a++, ++b);
20:     printf("\n%d    %d", a++, ++b);
21:     printf("\n%d    %d\n", a++, ++b);
```

4. Das folgende Codefragment ist nur eine von vielen Lösungen. Es prüft, ob x größer gleich 1 und kleiner gleich 20 ist. Wenn diese beiden Bedingungen erfüllt sind, wird x der Variablen y zugewiesen. Andernfalls wird x nicht y zugewiesen, und y behält seinen Wert.

```
if ((x >= 1) && (x <= 20))
    y = x;
```

5. Der Code lautet:

```
y = (x >= 1) && (x <= 20)) ? x : y;
```

Auch hier gilt: Wenn die if-Anweisung WAHR ist, wird x der Variablen y zugewiesen, Andernfalls wird y sich selbst zugewiesen – d.h. der Wert ändert sich nicht.

6. Der Code lautet:

```
if (x < 1 && x > 10 )
    anweisung;
```

7. a. 7

   b. 0

   c. 9

   d. 1

   e. 5

8. a. WAHR

   b. FALSCH

   c. WAHR. Beachten Sie, dass hier nur ein einfaches Gleichheitszeichen steht, wodurch die if-Anweisung praktisch zu einer Zuweisung wird.

   d. WAHR

9. Schreiben Sie eine if-Anweisung, die festlegt, ob eine Person rechtlich erwachsen ist (Alter 21) und noch nicht das Rentenalter (Alter 65) erreicht hat.

   ```
   if (alter < 18)
       printf("Sie sind noch nicht erwachsen");
   else if (alter >= 65)
       printf("Sie haben bereits das Rentenalter erreicht");
   else
       printf("Sie sind ein Erwachsener");
   ```

10. Dieses Programm weist vier Fehler auf. Der erste befindet sich auf Zeile 3, die mit einem Semikolon und nicht mit einem Doppelpunkt abschließen sollte. Der zweite Fehler ist das Semikolon am Ende der if-Anweisung in Zeile 6. Der dritte Fehler wird sehr häufig gemacht: In der if-Anweisung wird der Zuweisungsoperator (=) statt des Vergleichsoperators (==) verwendet. Der letzte Fehler ist das Wort andernfalls in Zeile 8. Es sollte eigentlich else heißen. Der Code lautet korrekt:

    ```
    #include <stdio.h>
    int x= 1;
    int main(void)
    {
       if( x == 1)
          printf(" x ist gleich 1" );
       else
          printf(" x ist ungleich 1");
       return 0;
    }
    ```

Tag 4: Funktionen

Antworten zum Quiz

1. Ja (zumindest sollte man es tun). Sie sollten die Techniken der strukturierten Programmierung einsetzen, wenn Sie ein guter C-Programmierer werden wollen.

2. In der strukturierten Programmierung wird ein komplexes Programmierproblem in eine Reihe von kleineren Aufgaben zerlegt, die einzeln einfacher zu handhaben sind.

3. Nachdem Sie Ihr Programm in eine Reihe von kleineren Aufgaben zerlegt haben, können Sie für jede Aufgabe eine eigene Funktion schreiben.

4. Die erste Zeile einer Funktionsdefinition ist der Funktions-Header. Er enthält den Namen der Funktion, den Typ ihres Rückgabewertes und ihre Parameter.

5. Eine Funktion kann entweder einen oder keinen Wert zurückliefern. Der Typ dieses Wertes kann jeder gültige C-Typ sein. Am Tag 14, »Zeiger für Fortgeschrittene«, zeige ich Ihnen, wie Sie von einer Funktion mehr als einen Wert zurückerhalten.

6. Eine Funktion, die keinen Wert zurückliefert, sollte mit dem Typ `void` deklariert werden.

7. Eine Funktionsdefinition ist eine komplette Funktion, einschließlich dem Header und den zugehörigen Anweisungen. Die Definition legt fest, welche Befehle ausgeführt werden, wenn die Funktion aufgerufen wird. Der Prototyp besteht aus einer Zeile, die identisch mit dem Funktions-Header ist, aber mit einem Semikolon abgeschlossen wird. Der Prototyp informiert den Compiler über den Funktionsnamen, den Typ des Rückgabewertes und die Parameterliste.

8. Lokale Variablen sind Variablen, die innerhalb einer Funktion deklariert sind.

9. Lokale Variablen sind von anderen Variablen im Programm unabhängig.

10. Die Funktion `main()` sollte die erste Funktion in Ihrem Listing sein.

Antworten zu den Übungen

1. `float tue_es(char a, char b, char c)`

   Um aus diesem Header einen Funktionsprototyp zu machen, müssen Sie an das Ende der Zeile ein Semikolon setzen. Als Funktions-Header sollte diese Zeile von den in geschweiften Klammern stehenden Funktionsanweisungen gefolgt werden.

2. `void eine_zahl_ausgeben(int zahl)`

   Dies ist eine `void`-Funktion. Wie in Übung 1 können Sie daraus einen Funktionsprototyp machen, indem Sie an das Ende der Zeile ein Semikolon setzen. Als Funktions-Header sollte diese Zeile von den in geschweiften Klammern stehenden Funktionsanweisungen gefolgt werden.

3. a. `int`

   b. `long`

4. Dieses Listing weist zwei Probleme auf. Zum einen wird die Funktion `print_msg()` als `void` deklariert, liefert aber einen Wert zurück. Sie sollten die return-Anweisung entfernen. Das zweite Problem befindet sich in Zeile 5. Bei dem Aufruf von `print_msg()` wird ein Parameter (ein String) übergeben. In dem Funktionsprototyp wurde aber angegeben, dass die Parameterliste der Funktion leer ist – weswegen ihr nichts übergeben werden sollte. Sehen Sie nachstehend das korrigierte Listing:

```
#include <stdio.h>
void print_msg( void );
```

```
int main(void)
{
    print_msg();
    return 0;
}
void print_msg( void )
{
    puts( "Diese Nachricht soll ausgegeben werden." );
}
```

5. Am Ende des Funktions-Headers sollte kein Semikolon stehen.

6. Es muss nur die Funktion `groesser_von()` geändert werden.

```
int groesser_von( int a, int b)
{
    int tmp;
    if (a > b)
        tmp = a;
    else
        tmp = b;
    return tmp;
}
```

Eine weitere, ebenfalls gültige Lösung wäre:

```
int groesser_von( int a, int b)
{
    return (a > b) ? a : b ;
}
```

7. Die folgende Funktion geht davon aus, dass die Zahlen Integer-Werte sind und die Funktion deshalb auch einen Integer zurückliefert.

```
int produkt(int x, int y)
{
    return (x * y);
}
```

8. Die Division durch Null erzeugt einen Fehler. Deshalb prüft die folgende Funktion, ob der zweite Wert Null ist, bevor die Division durchgeführt wird. Sie sollten nie voraussetzen, dass die übergebenen Werte korrekt sind.

```
int teile(int a, int b)
{
    if (b == 0)
        return 0;
    return (a / b);
}
```

Antworten

9. Statt `main()` wie im folgenden Beispiel könnte auch jede andere Funktion die Funktionen `produkt()` und `teile()` aufrufen.

```
#include <stdio.h>

int produkt(int x, int y);
int teile(int a, int b);

int main (void)
{
    int zahl1 = 10,
        zahl2 = 5;
    int x, y, z;

    x = produkt(zahl1, zahl2);
    y = teile(zahl1, zahl2);
    z = teile(zahl1, 0);

    printf("zahl1 ist %d und zahl2 ist %d\n", zahl1, zahl2);
    printf("zahl1 * zahl2 gleich %d\n", x);
    printf("zahl1 / zahl2 gleich %d\n", y);
    printf("zahl1 / 0 gleich %d\n", z);

    return 0;
}

int produkt(int x, int y)
{
    return (x * y);
}

int teile(int a, int b)
{
    if (b == 0)
        return 0;
    return (a / b);
}
```

10. Eine Lösung könnte lauten:

```
#include <stdio.h>

float mittelwert (float a, float b, float c, float d, float e);

int main (void)
{
    float v, w, x, y, z, antwort;
```

```
    puts("Geben Sie 5 Zahlen ein:");
    scanf("%f%f%f%f%f", &v, &w, &x, &y, &z);

    antwort = mittelwert(v, w, x, y, z);

    printf("Der Mittelwert beträgt %f\n", antwort);

    return 0;
}

float mittelwert (float a, float b, float c, float d, float e)
{
    return ((a+b+c+d+e)/5);
}
```

11. Die folgende Lösung verwendet Variablen vom Typ `int`. Sie funktioniert nur, wenn Werte kleiner oder gleich 19 eingegeben werden.

```
#include <stdio.h>

int drei_hoch(int exponent);

int main (void)
{
    int a = 4, b = 19;

    printf("3 hoch %d gleich %d\n", a, drei_hoch(a));
    printf("3 hoch %d gleich %d\n", b, drei_hoch(b));

    return 0;
}

int drei_hoch (int exponent)
{
    if (exponent < 1)
        return 1;
    else
        return 3 * drei_hoch(exponent -1);
}
```

Tag 5: Grundlagen der Programmsteuerung

Antworten zum Quiz

1. In C ist der erste Indexwert eines Arrays immer 0.

2. Die for-Anweisung enthält als Teil des Befehls Ausdrücke für die Initialisierung, Bedingung und Inkrementierung/Dekrementierung, während die while-Anweisung nur einen Bedingungsteil enthält.

   Bei einer do...while-Anweisung steht die while-Bedingung nach dem Anweisungsblock, weshalb die Schleife mindestens einmal ausgeführt wird.

   Ja. Eine while-Anweisung kann die gleichen Aufgaben erledigen wie eine for-Anweisung. Allerdings werden dann noch zwei weitere Schritte erforderlich. Sie müssen alle Variablen vor dem Start der Schleife initialisieren und das Inkrementieren beziehungsweise Dekrementieren innerhalb der while-Schleife vornehmen.

5. Sie können Schleifen nicht überlappen. Eine verschachtelte Schleife muss komplett von einer äußeren Schleife umschlossen sein.

6. Ja. Eine while-Anweisung kann in einer do...while-Anweisung untergebracht werden. Sie können jeden Befehl innerhalb eines Schleifenblocks verschachteln.

7. Die vier Teile einer for-Anweisung lauten: Initialisierung, Bedingung, Inkrementierung und Anweisung(en).

8. Die zwei Teile einer while-Anweisung lauten: Bedingung und Anweisung(en).

9. Die zwei Teile einer do...while-Anweisung lauten: Bedingung und Anweisung(en).

Antworten zu den Übungen

1. `long array[50];`

2. Beachten Sie, dass das 50. Element in dem Array den Index 49 erhält. Dies liegt daran, dass Array-Indizes mit 0 beginnen.

   `array[49] = 123.456;`

3. Wenn die Schleife beendet ist, enthält x den Wert 100.

4. Wenn die Schleife beendet ist, enthält ctr den Wert 11. (cptr beginnt bei 2 und wird um 3 inkrementiert, solange sie kleiner als 10 ist.)

5. Die innere Schleife gibt fünf X aus. Die äußere Schleife führt die innere Schleife 10-mal aus. Das bedeutet, dass insgesamt 50 X ausgegeben werden.

6. Der Code lautet wie folgt:

   ```
   int x;
   for(x = 1; x <= 100; x +=3);
   ```

7. Der Code lautet wie folgt:

   ```
   int x = 1;
   while(x <= 100)
       x += 3;
   ```

8. Der Code lautet wie folgt:

   ```
   int x = 1;
   do
   {
       x += 3;
   }
   while(x <= 100)
   ```

9. Dieses Programm endet nicht. Die Variable datensatz wird mit 0 initialisiert. Die while-Schleife überprüft dann, ob datensatz kleiner als 100 ist. 0 ist kleiner als 100, und deshalb wird die Schleife ausgeführt und gibt die zwei Meldungen aus. Anschließend wird die Bedingung erneut geprüft. 0 ist immer noch kleiner als 100, so dass die Schleife erneut ausgeführt wird. Damit dieser Code korrekt ausgeführt wird, muss datensatz innerhalb der Schleife wie folgt inkrementiert werden:

   ```
   datensatz = 0;
   while (datensatz < 100)
   {
       printf( "\nDatensatz %d ", datensatz );
       printf( "\nNächste Zahl..." );
       datensatz++;
   }
   ```

10. Die Verwendung einer definierten Konstanten in Schleifen ist nichts Außergewöhnliches. Beispiele dafür finden Sie in den Wochen 2 und 3. Das Problem mit diesem Codefragment liegt woanders. Am Ende der for-Anweisung sollte kein Semikolon stehen. Dieser Fehler kommt sehr häufig vor.

Tag 6: Grundlagen der Ein- und Ausgabe

Antworten zum Quiz

1. Es gibt zwei Unterschiede zwischen `puts()` und `printf()`.

   `printf()` kann Variablenparameter ausgeben.

   `puts()` gibt immer ein Neue-Zeile-Zeichen nach dem String aus.

2. Sie müssen bei Verwendung von `printf()` die Header-Datei `stdio.h` einbinden.

3. a. `\\` gibt einen Backslash aus

   b. `\b` gibt einen Backspace aus

   c. `\n` gibt einen Zeilenumbruch aus

   d. `\t` gibt einen Tabulator aus

   e. `\a` (für Alarm) gibt ein akustisches Signal aus

4. a. `%s` für einen Zeichenstring

   b. `%d` für eine vorzeichenbehaftete Dezimalzahl

   c. `%f` für eine Fließkommazahl

5. a. `b` gibt das Zeichen b aus

   b. `\b` gibt einen Backspace aus

   c. `\` betrachtet das nächste Zeichen als Escape-Sequenz (siehe Tabelle 6.1)

   d. `\\` gibt einen Backslash aus

Antworten zu den Übungen

1. Die `puts()`-Anweisung gibt automatisch eine neue Zeile aus, `printf()` hingegen nicht.

   ```
   puts("");
   printf("\n");
   ```

2. Der Code lautet:

   ```
   char c1, c2;
   unsigned int d1;
   scanf("%c %ud %c", c1, d1, c2);
   ```

3. Ihre Lösung kann etwas anders aussehen.

   ```
   #include <stdio.h>
   ```

Antworten

```
int main(void)
{
    int x;

    puts("Geben Sie einen Integer ein:");
    scanf("%d", &x);
    printf("Der eingegebene Wert lautete %d.\n", x);
    return 0;
}
```

4. Es kommt häufig vor, dass man Programme abändert, so dass sie nur besondere Werte akzeptieren. Die Lösung könnte folgendermaßen aussehen:

```
#include <stdio.h>

int main(void)
{
    int x;

    puts("Geben Sie eine gerade Zahl ein:");
    scanf("%d", &x);
    while (x % 2 != 0)
    {
      printf("%d ist keine gerade Zahl.\nVersuchen Sie es erneut\n",x);
      scanf("%d", &x);
    }

    printf("Der eingegebene Wert lautete %d.\n", x);

    return 0;
}
```

5. Eine Lösung wäre:

```
#include <stdio.h>

int main(void)
{
    int array[6], x, zahl;

    /* Durchlaufen Sie die Schleife 6-mal oder
       bis der letzte Wert 99 beträgt. */
    for(x = 0; x < 6 && zahl != 99; x++)
    {
     puts("Geben Sie eine gerade Zahl ein oder 99 zum Verlassen:");
     scanf("%d", &zahl);
     while (zahl % 2 == 1 && zahl != 99)
     {
```

```
       printf("%d ist keine gerade Zahl.\nVersuchen Sie es erneut\n",x);
       scanf("%d", &zahl);
    }
    array[x] = zahl;
 }

 /* Geben Sie sie jetzt aus. */
 for(x = 0; x < 6 && zahl != 99; x++)
     printf("Der eingegebene Wert lautete %d.\n", array [x]);

 return 0;
}
```

6. Die vorherigen Antworten sind bereits ausführbare Programme. Die einzige notwendige Änderung betrifft `printf()`. Um jeden Wert durch einen Tabulator getrennt auszugeben, muss die endgültige `printf()`-Anweisung wie folgt lauten:

    `printf ("%d\t", array [x]);`

7. Sie können Anführungszeichen nicht innerhalb von Anführungszeichen setzen. Um Anführungszeichen ineinander zu verschachteln, müssen Sie Escape-Sequenzen verwenden:

    `printf( "Jack sagte, \"Fischers Fritze fischt frische Fische.\"");`

8. Dieses Programm enthält drei Fehler. Der erste Fehler besteht in den fehlenden Anführungszeichen in der `printf()`-Anweisung, der zweite Fehler in dem fehlenden Adressoperator in dem Aufruf von `scanf()`. Der letzte Fehler liegt ebenfalls in der `scanf()`-Anweisung. Die Variable antwort ist vom Typ int, und der korrekte Konversionsspezifizierer für Integer-Werte lautet %d und nicht %f. Folgendes wäre korrekt:

```
int hole_1_oder_2( void )
{
    int antwort = 0;
    while (antwort < 1 || antwort > 2)
    {
        printf("1 für Ja, 2 für Nein eingeben");
        scanf( "%d", &antwort );
    }
    return antwort;
}
```

9. Sehen Sie hier die vollständige `bericht_anzeigen()`-Funktion.

```
void bericht_anzeigen( void )
{
    printf( "\nMUSTERBERICHT" );
    printf( "\n\nSequenz\Bedeutung" );
```

Antworten

```
        printf( "\n=========\t=======" );
        printf( "\n\\a\t\tGlocke (Akustisches Signal)" );
        printf( "\n\\b\t\tBackspace" );
        printf( "\n\\n\t\tNeue Zeile" );
        printf( "\n\\t\t\tHorizontaler Tabulator" );
        printf( "\n\\\\\t\tBackslash" );
        printf( "\n\\\?\t\tFragezeichen" );
        printf( "\n\\\'\t\tEinfache Anführungszeichen" );
        printf( "\n\\\"\t\tDoppelte Anführungszeichen" );
        printf( "\n...\t\t...");
}
```

10. Eine Lösung wäre:

```
/* Liest zwei Fliesskommazahlen ein und  */
/* gibt ihr Produkt aus.                 */
#include <stdio.h>

int main(void)
{
    float x, y;

    puts("Geben Sie zwei Werte ein: ");
    scanf("%f %f", &x, &y);
    printf("Das Produkt von %f und %f ist %f.\n", x, y, x*y);
    return 0;
}
```

11. Das folgende Programm liest zehn Integerwerte von der Tastatur ein und gibt ihre Summe aus:

```
#include <stdio.h>

int main(void)
{
    int count, temp, gesamt = 0;

    for(count = 1; count <= 10; count++)
    {
        printf("Geben Sie den %d-ten Integer-Wert ein: ", count);
        scanf("%d", &temp);
        gesamt += temp;
    }

    printf("Die Gesamtsumme beträgt %d.\n", gesamt);

    return 0;
}
```

12. Eine Lösung wäre:

```c
#include <stdio.h>

#define MAX  100

int main(void)
{
    int array [MAX];
    int count = -1, maximum, minimum, eingegeben, temp;

    puts("Geben Sie einen Integer pro Zeile ein.");
    puts("Geben Sie 0 ein, wenn Sie fertig sind.");

    do
    {
        scanf("%d", &temp);
        array[++count] = temp;
    } while (count < (MAX-1) && temp != 0);

    eingegeben = count;

    /* Suchen Sie den größten und kleinsten Wert.  */
    /* Am Anfang ist der erste Wert sowohl         */
    /* Maximum als auch Minimum     .              */
    maximum = minimum = array [0];

    for(count = 1; count < eingegeben; count++)
    {
        if (array[count] > maximum)
            maximum = array[count];
        if (array[count] < minimum)
            minimum = array[count];

    }

    printf("Der größte Wert ist %d.\n", maximum);
    printf("Der kleinste Wert ist %d.\n", minimum);

    return 0;
}
```

Tag 7: Numerische Arrays

Antworten zum Quiz

1. Alle, aber Arrays können nur Elemente eines Typs enthalten.
2. 0. Unabhängig von der Größe eines Arrays beginnen in C alle Arrays mit dem Index 0.
3. n-1.
4. Das Programm lässt sich zwar kompilieren, kann aber zu Programmabstürzen oder unvorhersehbaren Ergebnissen führen.
5. Setzen Sie in der Deklarationsanweisung hinter dem Array-Namen für jede Dimension ein Paar eckige Klammern. Jeder Satz eckiger Klammern enthält die Zahl der Elemente in der entsprechenden Dimension.
6. 240. Diesen Wert erhalten Sie durch die Multiplikation von 2*3*5*8.
7. `array [0][0][1][1]`

Antworten zu den Übungen

1. Der Code lautet:

    ```
    int eins[1000], zwei[1000], drei[1000];
    ```

2. Der Code lautet:

    ```
    int array [10] = { 1, 1, 1, 1, 1, 1, 1, 1, 1, 1 };
    ```

3. Das Problem lässt sich auf mehrere Arten lösen. Die erste besteht darin, das Array bei seiner Deklaration zu initialisieren:

    ```
    int achtundachtzig[88] = { 88, 88, 88, 88, 88, 88, 88,
                               88, 88, ...... , 88 };
    ```

    Dieser Ansatz erfordert jedoch die Eingabe von achtundachtzigmal »88« in den geschweiften Klammern. Diese Methode eignet sich nicht besonders gut für große Arrays. Die Folgende ist da schon viel besser:

    ```
    int achtundachtzig[88];
    int x;

    for(x = 0; x < 88 x++)
        achtundachtzig[x] = 88;
    ```

4. Der Code lautet:

    ```
    int stuff [12][10];
    ```

```
   int sub1, sub2;

   for(sub1 = 0; sub1 < 12; sub1++)
      for(sub2 = 0; sub2 < 10 ; sub2++)
         stuff [sub1][sub2] = 0;
```

5. Seien Sie vorsichtig mit diesem Codefragment, denn dieser Fehler passiert sehr leicht: Das Array ist als 10*3-Array deklariert, wird aber als 3*10-Array initialisiert. Nähern wir uns dem Problem von einer anderen Seite. Der linke Index wurde als 10 deklariert, aber die for-Schleife verwendet x als linken Index und inkrementiert x nur dreimal. Der rechte Index ist als 3 deklariert, aber die zweite Schleife verwendet y als Index und inkrementiert y zehnmal. Dies wird zu unerwarteten Ergebnissen führen, schlimmstenfalls stürzt Ihr Programm ab. Der Fehler im Programm lässt sich auf zwei Arten beheben. Zum einen können Sie x und y in der Zuweisung vertauschen:

```
int x, y;
int array[10][3];
int main(void)
{
   for ( x = 0; x < 3; x++ )
      for ( y = 0; y < 10; y++ )
         array[y][x] = 0;   /* geändert! */
   return 0;
}
```

Der zweite Weg (der empfehlenswertere) besteht darin, die Werte in den for-Schleifen zu tauschen:

```
int x, y;
int array[10][3];
int main(void)
{
   for ( x = 0; x < 10; x++ )    /* geändert! */
      for ( y = 0; y < 3; y++ )   /* geändert! */
         array[x][y] = 0;
   return 0;
}
```

6. Dieser Fehler sollte leicht zu finden sein. Das Programm initialisiert ein Element in dem Array, das außerhalb des Gültigkeitsbereichs liegt. Wenn Sie ein Array mit zehn Elementen haben, gehen die Indizes der Elemente von 0 bis 9. Das Programm initialisiert das Array mit Indizes von 1 bis 10. Sie können aber das Element array[10] nicht initialisieren, da es nicht existiert. Die for-Anweisung sollte wie folgt geändert werden (zwei Möglichkeiten):

```
for ( x = 1; x <= 9; x++ )    /* initialisiert 9 der 10 Elemente */
for ( x = 0; x < 10; x++ )
```

Antworten

Beachten Sie, dass x <= 9 gleichbedeutend ist mit x < 10. Beides ist möglich, obwohl meist x < 10 verwendet wird.

7. Sehen Sie im Folgenden eine von vielen möglichen Antworten:

```
#include <stdio.h>
#include <stdlib.h>

int main(void)
{
    int array[5][4];
    int a, b;

    for(a = 0 ; a < 5; a++)
        for(b = 0; b < 4; b++)
            array[a][b] = rand();

    /* Gibt die Array-Elemente aus. */
    for(a = 0 ; a < 5; a++)
    {
       for(b = 0; b < 4; b++)
            printf("%12d\t", array [a][b]);

        printf("\n"); /* Springt in eine neue Zeile */
    }

    return 0;
}
```

8. Der Code lautet:

```
#include <stdio.h>
#include <stdlib.h>

int main(void)
{
    short zufall[1000];
    int a;
    int total = 0;

    for(a = 0 ; a < 1000; a++)
    {
        zufall[a] = rand();
        total += zufall[a];
    }

    printf("Durchschnitt ist %d\n", total / 1000);
```

```
    /* Elemente in !0-Einheiten anzeigen. */
    for(a = 0 ; a < 1000; a++)
    {
        printf("Zufallszahl [%4d] = %d\n", a, zufall[a]);

        if (a % 10 == 0 && a > 0)
        {
          printf("Weiter mit Eingabetaste, Verlassen mit STRG-C.\n");
          getchar();
        }
    }

    return 0;
}
```

9. Sehen Sie nachstehend zwei Lösungsvorschläge:

   Lösung 1

```
#include <stdio.h>

int main(void)
{
    int elemente[10] = { 0, 1, 2, 3, 4, 5, 6, 7, 8, 9 };
    int idx;

    for(idx = 0 ; idx < 10; idx++)
        printf("elemente[%d] = %d\n", idx, elemente[idx]);

    return 0;
}
```

   Lösung 2

```
#include <stdio.h>

int main(void)
{
    int elemente[10];
    int idx;

    for(idx = 0 ; idx < 10; idx++)
        elemente[idx] = idx;

    for(idx = 0 ; idx < 10; idx++)
        printf("elemente[%d] = %d\n", idx, elemente[idx]);

    return 0;
}
```

Antworten

10. Der Code lautet:

```
#include <stdio.h>

int main(void)
{
    int elemente[10] = { 0, 1, 2, 3, 4, 5, 6, 7, 8, 9 };
    int neues_array [10];
    int idx;

    for(idx = 0 ; idx < 10; idx++)
        neues_array[idx] = elemente[idx] + 10;

    for(idx = 0 ; idx < 10; idx++)
        printf("elemente[%d] = %d\nneues_array[%d] = %d\n",
            idx, elemente[idx], idx, neues_array [idx]);

    return 0;
}
```

Tag 8: Zeiger

Antworten zum Quiz

1. Der Adressoperator ist das kaufmännische Und (&).

2. Es wird der Indirektionsoperator * verwendet. Wenn Sie dem Namen des Zeiger ein * voranstellen, beziehen Sie sich auf den Wert, auf den gezeigt wird.

3. Ein Zeiger ist eine Variable, die die Adresse einer anderen Variablen enthält.

4. Als Indirektion bezeichnet man den Zugriff auf den Inhalt einer Variablen mit Hilfe eines Zeigers auf diese Variable.

5. Sie werden hintereinander im Speicher abgelegt, wobei die ersten Array-Elemente die niedrigeren Adressen erhalten.

6. `&daten[0]` und `daten`.

7. Eine Möglichkeit besteht darin, der Funktion die Länge des Arrays als eigenen Parameter zu übergeben. Die andere Möglichkeit besteht darin, einen zusätzlichen Wert in das Array mit aufzunehmen, beispielsweise Null, und damit das Ende des Arrays zu kennzeichnen.

8. Zuweisung, Indirektion, Adresse von, Inkrementierung, Dekrementierung und Vergleich.

9. Die Subtraktion zweier Zeiger liefert die Anzahl der dazwischen liegenden Elemente. In diesem Fall ist die Antwort 1. Die Größe der Elemente im Array hat keine Bedeutung.

10. Die Antwort ist immer noch 1.

11. Die Übergabe als Wert bedeutet, dass die aufgerufene Funktion eine Kopie der Argumentvariablen erhält. Die Übergabe als Referenz bedeutet, dass die Funktion die Adresse der Argumentvariablen erhält. Der Unterschied liegt darin, dass bei der Übergabe als Referenz die Funktion die Möglichkeit hat, den Originalwert zu ändern, was bei der Übergabe als Wert nicht möglich ist.

12. Ein Zeiger vom Typ void kann auf C-Datenobjekte beliebiger Typen zeigen. Mit anderen Worten, es handelt sich um einen allgemeinen, einen generischen Zeiger.

13. Durch die Verwendung eines void-Zeigers können Sie einen generischen Zeiger erzeugen, der auf ein beliebiges Datenobjekt zeigt. Am häufigsten werden void-Zeiger eingesetzt, um Funktionsparameter zu deklarieren, die Argumente verschiedener Typen akzeptieren.

14. Eine Typumwandlung liefert Informationen über den Typ des Datenobjekts, auf den der void-Zeiger zur Zeit zeigt. Sie müssen einen void-Zeiger umwandeln, bevor Sie ihn dereferenzieren können.

Antworten zu den Übungen

1. ```
char *char_zgr;
```

2. Folgender Code deklariert einen Zeiger auf einen int und weist ihm dann die Adresse von kosten (&kosten) zu:
   ```
   int *z_kosten;
   p_cost = &cost;
   ```

3. Direkter Zugriff: kosten = 100;

   Indirekter Zugriff: *z_kosten = 100;

4. ```
printf("Zeigerwert : %p, zeigt auf Wert : %d\n",
        z_kosten, *z_kosten);
```

5. ```
float *variable = &radius;
```

6. Der Code lautet:
   ```
   daten[2] = 100;
   *(daten+2) = 100;
   ```
   ```

Antworten

7. Der folgende Code enthält auch die Antwort auf Übung 8:

```c
#include <stdio.h>

#define MAX1 5
#define MAX2 8

int array1[MAX1] = { 1, 2, 3, 4, 5 };
int array2[MAX2] = { 1, 2, 3, 4, 5, 6, 7, 8 };
int total;

int sumarrays(int x1[], int laen_x1, int x2[], int laen_x2);

int main(void)
{
    total = sumarrays(array1, MAX1, array2, MAX2);
    printf("Die Gesamtsumme beträgt %d\n", total);

    return 0;
}

int sumarrays(int x1[], int laen_x1, int x2[], int laen_x2)
{
    int total = 0, count = 0;

    for (count = 0; count < laen_x1; count++)
       total += x1[count];

    for (count = 0; count < laen_x2; count++)
       total += x2[count];

    return total;
}
```

8. Siehe Antwort für Übung 7.

9. Folgender Code ist nur eine mögliche Antwort:

```c
/* Übung 8.9 */

#include <stdio.h>

#define GROESSE 10

/* Funktionsprototypen */
void addarrays( int [], int []);
```

```c
int main(void)
{
   int a[GROESSE] = {1, 1, 1, 1, 1, 1, 1, 1, 1, 1};
   int b[GROESSE] = {9, 8, 7, 6, 5, 4, 3, 2, 1, 0};

   addarrays(a, b);

   return 0;
}

void addarrays( int erstes[], int zweites[])
{
   int total[GROESSE];
   int ctr = 0;

   for (ctr = 0; ctr < GROESSE; ctr ++ )
   {
     total[ctr] = erstes[ctr] + zweites[ctr];
     printf("%d + %d = %d\n", erstes[ctr], zweites[ctr], total[ctr]);
   }
}
```

Tag 9: Zeichen und Strings

Antworten zum Quiz

1. Die Werte des ASCII-Zeichensatzes reichen von 0 bis 255. Der Standardzeichensatz umfasst den Bereich 0 bis 127 und der erweiterte Zeichensatz den Bereich von 128 bis 255. Der erweiterte Teil des Zeichensatzes ändert sich je nach der länderspezifischen Konfiguration des Rechners.
2. Als den ASCII-Code des Zeichens.
3. Ein String ist eine Folge von Zeichen, die mit einem Nullzeichen abgeschlossen wird.
4. Eine Folge von einem oder mehreren Zeichen in doppelten Anführungszeichen.
5. Um das abschließende Nullzeichen des Strings aufzunehmen.
6. Als eine Folge von ASCII-Zeichenwerten gefolgt von einer 0 (dem ASCII-Code für das Nullzeichen).
7. a. 97
   b. 65

c. 57
   d. 32
8. a. l
   b. Ein Leerzeichen
   c. c
   d. Nullzeichen
   e. [Zeichenwert 2]
9. a. 9 Byte. Eigentlich ist die Variable ein Zeiger auf einen String, und der String benötigt 9 Byte an Speicherplatz – 8 für den String und 1 für das Nullzeichen.
   b. 9 Byte
   c. 1 Byte
   d. 20 Byte
   e. 20 Byte
10. a. E
    b. E
    c. 0 (Nullzeichen)
    d. Dies geht über das Ende des Strings hinaus. Es könnte irgendein Wert sein.
    e. !
    f. Er enthält die Adresse des ersten Elements des Strings.

Antworten zu den Übungen

1. Der Code lautet:
   ```
   char buchstabe = '$';
   ```
2. Der Code lautet:
   ```
   char array[21] = "Zeiger machen Spass!";
   ```
3. Der Code lautet:
   ```
   char *array = "Zeiger machen Spass!";
   ```
4. Der Code lautet:
   ```
   char *zgr;
   zgr = malloc(81);
   fgets(zgr,81,stdin);
   ```

5. Das Folgende ist nur eine von mehreren möglichen Antworten. Sehen Sie im Folgenden ein komplettes Programm:

```c
/* Übung 9.5 */

#include <stdio.h>

#define GROESSE 10

/* Funktionsprototypen */
void kopiere_arrays( char [], char []);

int main(void)
{
    int ctr=0;
    char a[GROESSE] = {'1', '2', '3', '4', '5', '6',
                       '7', '8', '9', '0'};
    char b[GROESSE];

    /* Werte vor dem Kopieren */
    for (ctr = 0; ctr < GROESSE; ctr ++ )
    {
       printf( "a[%d] = %c, b[%d] = %c\n",
               ctr, a[ctr], ctr, b[ctr]);
    }

    kopiere_arrays(a, b);

    /* Werte nach dem Kopieren */
    for (ctr = 0; ctr < GROESSE; ctr ++ )
    {
       printf( "a[%d] = %c, b[%d] = %c\n",
               ctr, a[ctr], ctr, b[ctr]);
    }

    return 0;
}

void kopiere_arrays( char quelle[], char ziel[])
{
    int ctr = 0;

    for (ctr = 0; ctr < GROESSE; ctr ++ )
    {
        ziel[ctr] = quelle[ctr];
    }
}
```

6. Das folgende Programm ist eine von vielen möglichen Antworten:

```c
/* Übung 9.6 */

#include <stdio.h>
#include <string.h>

/* Funktionsprototypen */
char * vergleiche_strings( char *, char *);

int main(void)
{
    char *a = "Hallo";
    char *b = "Programmierer!";
    char *laenger;

    laenger = vergleiche_strings(a, b);

    printf( "Der längere String ist: %s\n", laenger );

    return 0;
}

char * vergleiche_strings( char * erster, char * zweiter)
{
    int x, y;

    x = strlen(erster);
    y = strlen(zweiter);

    if( x > y)
        return(erster);
    else
        return(zweiter);
}
```

7. Diese Übung bleibt Ihnen überlassen!

8. `ein_string` ist als ein Array von zehn Zeichen deklariert, wird aber mit einem String initialisiert, der länger als zehn Zeichen ist. `ein_string` muss größer sein.

9. Wenn mit dieser Codezeile beabsichtigt wird, einen String zu initialisieren, ist der Code falsch. Sie sollten statt dessen besser `*zitat` oder `zitat[100]` verwenden.

10. Ja.

11. Nein. Sie können zwar einen Zeiger einem anderen zuweisen, aber mit Arrays geht das nicht. Sie sollten die Zuweisung in einen String-Kopierbefehl, wie `strcpy()`, umwandeln.

12. Diese Übung bleibt Ihnen überlassen!

Tag 10: Strukturen

Antworten zum Quiz

1. Die Datenelemente in einem Array müssen alle den gleichen Typ aufweisen. In einer Struktur dürfen die Elemente unterschiedlichen Typs sein.

2. Der Punktoperator ist, wie der Name schon verrät, ein Punkt. Er dient dazu, um auf Elemente einer Struktur zuzugreifen.

3. `struct`

4. Ein Strukturname ist an eine Strukturschablone gebunden und stellt somit keine wirkliche Variable dar. Eine Strukturinstanz ist eine Variable vom Typ einer Struktur, für die der Compiler bei der Deklaration Speicher reserviert hat und die Daten aufnehmen kann.

5. Diese Anweisungen definieren eine Struktur und deklarieren eine Instanz namens `meineadresse`. Das Strukturelement `meineadresse.name` wird mit Bradley Jones initialisiert, `meineadresse.adr1` mit RTSoftware, `meineadresse.adr2` mit P.O. Box 1213, `meineadresse.stadt` mit Carmel, `meineadresse.staat` mit IN und `meineadresse.plz` mit 46032-1213.

6. Die folgende Anweisung ändert `zgr` so, dass der Zeiger auf das zweite Array-Element zeigt:

    ```
    zgr++;
    ```

Antworten zu den Übungen

1. Der Code lautet:

    ```
    struct zeit
    {       int stunden;
            int minuten;
            int sekunden ;
    } ;
    ```

797

2. Der Code lautet:

   ```
   struct daten
   {   int wert1;
       float wert2, wert3;
   } info;
   ```

3. Der Code lautet:

   ```
   info.wert1 = 100;
   ```

4. Der Code lautet:

   ```
   struct daten *ptr;
   ptr = &info;
   ```

5. Der Code lautet:

   ```
   ptr->wert2 = 5.5;
   (*ptr).wert2 = 5.5;
   ```

6. Der Code lautet:

   ```
   struct daten
   {   char name [21]
   };
   ```

7. Der Code lautet:

   ```
   typedef struct
   {   char adresse1[31];
       char adresse2[31];
       char stadt[11];
       char staat[3];
       char plz[11];
   } DATENSATZ;
   ```

8. Der folgende Code verwendet zur Initialisierung die Werte aus der Quizfrage 5:

   ```
   DATENSATZ meineadresse = { "RTSoftware",
                      "P.O. Box 1213",
                      "Carmel", "IN", "46082-1213"};
   ```

9. Dieses Codefragment weist zwei Fehler auf. Zum einen sollte die Struktur einen Namen erhalten. Zweitens ist die Initialisierung von zeichen falsch. Die Initialisierungswerte sollten in geschweiften Klammern stehen. Und so sieht der Code korrekt aus:

   ```
   struct tierkreis
   {   char tierkreiszeichen [21];
       int monat ;
   } zeichen = { "Löwe", 8 } ;
   ```

10. Die Deklaration von union ist nur in einer Hinsicht falsch. Es kann immer nur eine Variable der Union zur Zeit verwendet werden. Das gilt auch für die Initialisierung der Union. So sähe die korrekte Initialisierung aus:

```
/* eine Union einrichten */
union daten{
    char ein_wort[4];
    long eine_zahl;
} generische_variable = { "WOW" } ;
```

Tag 11: Gültigkeitsbereiche von Variablen

Antworten zum Quiz

1. Der Gültigkeitsbereich einer Variablen bezieht sich auf den Bereich, in dem Teile eines Programms Zugriff auf die Variable haben beziehungsweise in dem die Variable sichtbar ist.

2. Eine Variable mit lokaler Speicherklasse ist nur in der Funktion sichtbar, in der sie definiert ist. Eine Variable mit globaler Speicherklasse ist im gesamten Programm sichtbar.

3. Durch die Definition einer Variablen innerhalb einer Funktion wird die Funktion lokal. Eine Definition außerhalb aller Funktionen macht sie global.

4. Automatisch (der Standard) oder statisch. Eine automatische Variable wird stets neu erzeugt, wenn die Funktion aufgerufen wird, und mit Ende der Funktion zerstört. Eine statische lokale Variable bleibt bestehen und behält ihren Wert zwischen den Aufrufen der Funktion, die sie enthält.

5. Eine automatische Variable wird bei jedem Funktionsaufruf neu initialisiert. Eine statische Variable wird nur beim ersten Funktionsaufruf initialisiert.

6. Falsch. Wenn Sie Registervariablen deklarieren, sprechen Sie eine Bitte aus. Es gibt keine Garantien, dass der Compiler dieser Bitte nachkommt.

7. Eine nicht initialisierte globale Variable wird automatisch mit 0 initialisiert. Es ist jedoch immer besser, Variablen explizit zu initialisieren.

8. Eine nicht initialisierte lokale Variable wird nicht automatisch initialisiert. Sie kann deshalb einen beliebigen Wert enthalten. Nicht initialisierte Variablen sollte man nicht verwenden; denken Sie daher immer daran, Ihre Variablen vorab zu initialisieren.

9. Da die übrig gebliebene Variable count lokal zu dem Block ist, hat die Funktion printf() nicht länger Zugriff auf eine Variable namens count. Der Compiler wird eine Fehlermeldung ausgeben.
10. Wenn der Wert beibehalten werden soll, sollten Sie die Variable als statisch deklarieren. Für eine int-Variable namens vari lautete die Deklaration beispielsweise:

    ```
    static int vari;
    ```

11. Das Schlüsselwort extern wird als Speicherklassen-Modifizierer verwendet. Es weist darauf hin, dass die Variable irgendwo sonst in dem Programm deklariert worden ist.
12. Das Schlüsselwort static wird als Speicherklassen-Modifizierer verwendet. Es teilt dem Compiler mit, den Wert einer Variablen oder Funktion für die Dauer des Programms zu behalten. Innerhalb einer Funktion behält die Variable ihren Wert zwischen den Funktionsaufrufen.

Antworten zu den Übungen

1. `register int x = 0;`
2. Der Code lautet:

    ```
    /* Übung 11.2 */
    #include <stdio.h>
    void wert_ausgeben (int x);
    int main(void)
    {
        int x = 999;

        printf("%d\n", x);
        wert_ausgeben(x);

        return 0;
    }

    void wert_ausgeben (int x)
    {
        printf("%d\n", x);
    }
    ```

3. Da Sie die Variable var als global deklarieren, müssen Sie sie nicht als Parameter übergeben.

    ```
    /* Übung 11.3 */

    #include <stdio.h>
    ```

```
void wert_ausgeben(void);

int var = 99;

int main(void)
{
    wert_ausgeben();

    return 0;
}

void wert_ausgeben (void)
{
    printf("Der Wert ist %d.\n", var);
}
```

4. Ja, Sie müssen die Variable var übergeben, um sie in einer anderen Funktion auszugeben.

```
/* Übung 11.4 */
#include <stdio.h>

void wert_ausgeben (int x);

int main(void)
{
    int var = 99;

    wert_ausgeben(var);

    return 0;
}

void wert_ausgeben (int x)
{
    printf("Der Wert ist %d.\n", x);
}
```

5. Ja, ein Programm kann eine lokale und gleichzeitig eine gleichnamige globale Variable haben. In solchen Fällen haben die aktiven lokalen Variablen Priorität.

```
/* Übung 11.5 */
#include <stdio.h>

void wert_ausgeben(void);

int var = 99;
```

Antworten

```
int main(void)
{
  int var = 77;
  printf ("Ausgabe in Funktion mit lokaler u. globaler Variablen.\n");
  printf("Der Wert von var ist %d.\n", var);
  wert_ausgeben();

  return 0;
}

void wert_ausgeben (void)
{
    printf("Der Wert ist %d.\n", var);
}
```

6. Die Funktion eine_beispiel_funktion() weist nur ein Problem auf. Variablen müssen zu Beginn eines Blocks deklariert werden, so dass die Deklarationen von ctr1 und sternchen korrekt sind. Die andere Variable, ctr2, wird jedoch nicht zu Beginn des Blocks deklariert. Diese Art der Deklaration ist in C++ zulässig, aber nicht in C. Sehen Sie im Folgenden ein vollständiges Programm mit der korrigierten Funktion.

```
/* Übung 11.6 */
#include <stdio.h>

void eine_beispiel_funktion( void );

int main(void)
{
    eine_beispiel_funktion();
    puts("");

    return 0;
}

void eine_beispiel_funktion( void )
{
   int ctr1;

   for ( ctr1 = 0; ctr1 < 25; ctr1++ )
      printf( "*" );
   puts( "\nDies ist eine Beispielfunktion" );
   {
        char sternchen = '*';
        int ctr2;   /* Damit wird der Fehler behoben. */
        puts( "\nEs gibt kein Problem\n" );
        for ( ctr2 = 0; ctr2 < 25; ctr2++ )
```

```
        {
            printf( "%c", sternchen);
        }
    }
}
```

7. Dies Programm läuft eigentlich fehlerfrei, aber es kann trotzdem noch verbessert werden. Zum einen besteht kein Grund, die Variable x mit 1 zu initialisieren, da sie bereits in der for-Anweisung mit 0 initialisiert wird. Außerdem ist es nicht nötig, die Variable anzahl als statisch zu deklarieren, denn das Schlüsselwort static hat in der main()-Funktion keine Auswirkung.

8. Welche Werte haben sternchen und strich? Diese zwei Variablen werden nicht initialisiert. Da beide lokale Variablen sind, könnten sie jeden Wert enthalten. Denken Sie daran, dass dieses Programm, auch wenn es sich ohne Fehlermeldungen oder Warnungen kompilieren lässt, trotzdem noch zu einem Problem werden kann.

   Auch möchte ich Ihr Augenmerk auf ein zweites Problem lenken. Die Variable ctr wird als global deklariert, aber nur in funktion_ausgeben() verwendet. Diese Zuweisung ist nicht besonders glücklich. Das Programm wäre besser, wenn ctr eine lokale Variable zu der Funktion funktion_ausgeben() wäre.

9. Das Programm gibt das folgende Muster unendlich oft aus:

   X==X==X==X==X==X==X==X==X==X==X==X==X==X==X==...

10. Das Problem dieses Programms liegt in dem globalen Gültigkeitsbereich der Variablen ctr, denn main() und buchstabe2_ausgeben() verwenden beide die Variable ctr in ihren verschachtelten Schleifen. Da buchstabe2_ausgeben() den Wert ändert, wird die for-Schleife in main() nie abgeschlossen. Den Fehler können Sie auf verschiedene Arten beheben, aber am besten wäre es, wenn Sie sowohl in main() als auch in buchstabe2_ausgeben() eine lokale Variable ctr deklarierten.

    Außerdem ist es sinnvoll, die anderen globalen Variablen buchstabe1 und buchstabe2 in die Funktionen zu verschieben, in denen sie benötigt werden.

```
#include <stdio.h>

void buchstabe2_ausgeben(void);

int main(void)
{
    char buchstabe1 = 'X';
    int  ctr;

    for( ctr = 0; ctr < 10 ; ctr++ )
    {
```

```
        printf("%c", buchstabe1);
        buchstabe2_ausgeben();
    }
    puts ("");
    return 0;
}

void buchstabe2_ausgeben(void)
{
    char buchstabe2 = '=';
    int  ctr;          /* Diese Variable ist lokal */
                       /* sie unterscheidet sich von ctr in main() */

    for( ctr = 0; ctr < 2 ; ctr++ )
        printf("%c", buchstabe2);
}
```

Tag 12: Fortgeschrittene Programmsteuerung

Antworten zum Quiz

1. Nie. (Es sei denn, die `goto`-Anweisung macht den Code wesentlich verständlicher.)

2. Wenn das Programm auf eine `break`-Anweisung trifft, verlässt die Ausführung sofort die `for`-, `while`- oder `do...while`-Schleife, welche die `break`-Anweisung enthält. Wenn das Programm auf eine `continue`-Anweisung trifft, beginnt sofort der nächste Durchlauf der Schleife.

3. Eine Endlosschleife wird für immer ausgeführt. Man erzeugt sie, indem man eine `for`-, `while`- oder `do...while`-Schleife mit einer Bedingung verknüpft, die immer wahr ist.

4. Die Ausführung ist beendet, wenn das Programm das Ende der Funktion `main()` erreicht oder die Funktion `exit()` aufgerufen wird.

5. Der Ausdruck in einer `switch`-Anweisung kann zu einem Wert von Typ `long`, `int` oder `char` ausgewertet werden.

6. Die `default`-Anweisung ist ein spezieller Fall in der `switch`-Anweisung. Wenn der Ausdruck in der `switch`-Anweisung in einen Wert resultiert, zu dem es keine übereinstimmende `case`-Konstante gibt, springt die Programmausführung zu `default`.

7. Die Funktion `exit()` beendet das Programm. Dieser Funktion kann ein Wert übergeben werden, der an das Betriebssystem zurückgegeben wird.

8. Die Funktion `system()` führt einen Befehl des Betriebssystems aus.

Antworten zu den Übungen

1. `continue;`
2. `break;`
3. `system ("/bin/ls");`
4. Dieses Beispiel ist korrekt. Sie brauchen keine `break`-Anweisung nach dem 'N'-Fall, da die `switch`-Anweisung hier sowieso endet.
5. Vielleicht denken Sie, dass die Auffanglösung (`default`) am Ende der `switch`-Anweisung stehen muss, aber dem ist nicht so. Der `default`-Fall kann irgendwo in der `switch`-Anweisung stehen. Der Fehler in diesem Code liegt darin, dass am Ende der `default`-Anweisung keine `break`-Anweisung steht.
6. Der Code lautet:

   ```
   if (option == 1)
       printf("Ihre Antwort lautete 1");
   else if (option == 2)
       printf("Ihre Antwort lautete 2");
   else
       printf("Sie haben nicht 1 oder 2 gewählt");
   ```

7. Der Code lautet:

   ```
   do {
       /* beliebige C-Anweisungen. */
   } while (1);
   ```

Tag 13: Mit Bildschirm und Tastatur arbeiten

Antworten zum Quiz

1. Ein Stream ist eine Folge von Bytes. C-Programme verwenden Streams für die Ein- und Ausgabe.
2. a. Ein Drucker ist ein Ausgabegerät.

   b. Eine Tastatur ist ein Eingabegerät.

   c. Ein Modem ist beides, Ein- und Ausgabegerät.

   d. Ein Bildschirm ist ein Ausgabegerät. (Wenn es ein Touchscreen-Bildschirm ist, ist es sowohl Ein- als auch Ausgabegerät.)

   e. Ein Laufwerk kann beides sein, Ein- und Ausgabegerät.

3. C-Compiler unterstützen drei vordefinierte Streams: stdin (die Tastatur), stdout (der Bildschirm) und stderr (der Bildschirm).

4. a. stdout.

   b. stdout.

   c. stdin.

   d. stdin.

   e. fprintf() kann einen beliebigen Ausgabestream verwenden – beispielsweise stdout oder stderr.

5. Gepufferte Eingaben werden erst an das Programm geschickt, wenn der Anwender die Eingabetaste drückt. Ungepufferte Eingaben werden Zeichen für Zeichen geschickt, sobald eine Taste gedrückt wird.

6. Sie können zwischen zwei Leseoperationen jeweils nur ein Zeichen »zurückstellen«. Das EOF-Zeichen kann nicht mit ungetc() in den Eingabestream zurückgestellt werden.

7. Mit einem Neue-Zeile-Zeichen, was dem Drücken der Eingabetaste seitens des Anwenders entspricht.

8. a. Gültig.

   b. Gültig.

   c. Gültig.

   d. Nicht gültig, q ist kein gültiger Formatspezifizierer.

   e. Gültig.

   f. Gültig.

9. Der wesentliche Unterschied ist, dass stderr gepuffert ist und stdout nicht.

Antworten zu den Übungen

1. `printf("Hallo Welt");`

2. Der Code lautet:

   ```
   fprintf(stdout, "Hallo Welt");
   puts("Hallo Welt");
   ```

3. `fprintf(stderr, "Hallo Standardfehlerausgabe");`

4. Der Code lautet:

   ```
   char puffer[31];
   scanf("%30[^*]s"", puffer);
   ```

5. Der Code lautet:

   ```
   printf("Hans fragte, \"Was ist ein Backslash\?\"\nGrete sagte, \"Es ist ein \'\\\'\"");
   ```

6. Keine spezielle Antwort.

Tag 14: Zeiger für Fortgeschrittene

Antworten zum Quiz

1. Der Code lautet:

   ```
   float x;
   float *px = &x;
   float **px = &px;
   ```

2. Der Fehler besteht darin, dass ein einfacher Indirektionsoperator verwendet und folglich der Wert 100 px und nicht x zugewiesen wird. Die Anweisung sollte mit einem doppelten Indirektionsoperator geschrieben werden:

   ```
   **ppx = 100;
   ```

3. `array` ist ein Array mit zwei Elementen. Jedes dieser Elemente ist selbst ein Array, das drei Elemente enthält. Jedes dieser drei Elemente ist ein Array, das vier `int`-Variablen enthält.

4. `array[0][0]` ist ein Zeiger auf das erste vierelementige Array vom Typ `int[]`.

5. Der erste und der dritte Vergleich sind wahr, der zweite ist falsch.

6. `void funk(char *zgr[]);`

7. Die Funktion kann das nicht wissen. Normalerweise wird bei dieser Art von Funktion das Ende des Arrays mit einer Art Markierung versehen, wie zum Beispiel einem `NULL`-Zeiger.

8. Ein Zeiger auf eine Funktion ist ein Zeiger, der die Speicheradresse enthält, an der die Funktion gespeichert ist.

9. `char (*zgr)(char *x[]);`

10. Wenn Sie die Klammern um `*zgr` vergessen, ist die Zeile ein Prototyp einer Funktion, die einen Zeiger vom Typ `char` zurückliefert.

11. Fangfrage! Ein `void`-Zeiger kann nicht inkrementiert werden, da der Compiler die Größe des Objekts, auf den der Zeiger zeigt, nicht kennt.

Antworten

12. Eine Funktion kann einen Zeiger auf jeden beliebigen C-Variablentyp zurückliefern. Eine Funktion kann auch einen Zeiger auf Speicherbereiche wie Arrays, Strukturen und Unions zurückliefern.
13. Die Struktur muss einen Zeiger auf eine Struktur des gleichen Typs enthalten.
14. Wenn der Head-Zeiger gleich NULL ist, heißt das, dass die Liste leer ist.
15. Jedes Element in der Liste enthält einen Zeiger, der auf das nächste Element in der Liste verweist. Auf das erste Element in der Liste verweist Head-Zeiger.
16. a. var1 ist ein Zeiger auf einen Integer.
    b. var2 ist ein Integer.
    c. var3 ist ein Zeiger auf einen Zeiger auf Integer.
17. a. a ist ein Array von 36 (3 * 12) Integer-Elementen.
    b. b ist ein Zeiger auf ein Array von zwölf Integer-Elementen.
    c. c ist ein Array von zwölf Zeigern auf Integer-Elemente.
18. Was wird in den folgenden Zeilen deklariert?
    a. z ist ein Array von zehn Zeigern auf Zeichen.
    b. y ist eine Funktion, die ein Integer-Argument übernimmt und einen Zeiger auf ein Zeichen zurückliefert.
    c. x ist ein Zeiger auf eine Funktion, die ein Integer-Argument übernimmt und ein Zeichen zurückliefert.

Antworten zu den Übungen

1. ```
   float (*funk)(int field);
   ```
2. ```
   int (*menue-optionen[10])(char *titel);
   ```
   Ein Array von Funktionszeigern kann man beispielsweise zum Aufbau eines Menüs verwenden. Die Nummern der Menübefehle könnte man als Index zu den Funktionszeigern im Array verwenden. So würde beispielsweise nach der Auswahl der fünften Option im Menü die Funktion aufgerufen, auf die das fünfte Elemente im Array verweist.
3. ```
   char *zgr[10];
   ```
4. Ja, zgr wird als ein Array von zwölf Zeigern auf Integer-Werte deklariert und nicht als Zeiger auf ein Array von zwölf Integer-Werten. Der korrekte Code lautet:
   ```
   int x[3][12];
   int (*zgr)[12];
   zgr = x;
   ```
   ```

5. Die folgende Lösung ist nur eine von vielen:

   ```
   struct freund
   {
       char name[32];
       char adresse[64];
       struct freund *next;
   };
   ```

8. `int funktion(char *zgr[]);`

9. Unter der Voraussetzung, dass der Rückgabetyp void ist, lautet der Prototyp der Funktion `zahlen()` wie folgt:

   `void zahlen(int *a, int *b, int *c);`

10. Um die Funktion `zahlen()` in Übung 9 aufzurufen, müssen Sie den Adressoperator verwenden:

    `zahlen (&int1, &int2, &int3);`

11. Auch wenn dies etwas verwirrend wirkt, ist es doch korrekt. Die Funktion übernimmt den Wert, auf den `nbr` zeigt, und multipliziert ihn mit sich selbst.

Tag 15: Mit Dateien arbeiten

Antworten zum Quiz

1. Linux unterscheidet nicht zwischen binären Dateien und Dateien im Textmodus. Unter Windows wandelt ein Textmodus-Stream automatisch das Neue-Zeile-Zeichen ('\n'), das C zur Markierung des Zeilenendes verwendet, in die Zeilenumbruch/Wagenrücklauf-Kombination ("\n\r") um, die Windows zur Markierung des Zeilenendes verwendet.

2. Um sicherzustellen, dass ein Programm, das binäre Daten einliest, auf Windows portierbar ist, müssen Sie beim Aufruf von `fopen()` das Zeichen b als Teil des Modus-Strings angeben.

3. Die Datei mit `fopen()` öffnen.

4. Wenn Sie `fopen()` verwenden, müssen Sie den Namen der zu öffnenden Datei angeben und den Modus, in dem geöffnet werden soll. Die Funktion `fopen()` liefert einen Zeiger auf den Typ FILE zurück. Dieser Zeiger wird in nachfolgenden Dateizugriffsfunktionen verwendet, um auf die spezielle Datei Bezug zu nehmen.

5. Formatiert, zeichenweise und direkt.

6. Sequentiell und wahlfrei.

Antworten

7. Der Wert von EOF ist eine symbolische Konstante, die -1 entspricht und das Ende einer Datei markiert.

8. In binären Dateien ermittelt man das Ende der Datei mit Hilfe der Funktion feof(). In Textdateien können Sie sowohl nach dem EOF-Zeichen Ausschau halten als auch feof() verwenden.

9. Der Dateipositionszeiger zeigt in einer gegebenen Datei auf die Position, an der die nächste Lese- oder Schreiboperation stattfinden wird. Sie können den Dateipositionszeiger mit rewind() oder fseek() verschieben.

10. Wenn eine Datei das erste Mal geöffnet wird, zeigt der Dateipositionszeiger auf das erste Zeichen – sprich den Offset 0. Die einzige Ausnahme hierzu sind Dateien, die im Anhängen-Modus geöffnet wurden, da der Dateipositionszeiger in diesem Fall auf das Ende der Datei gesetzt wird.

Antworten zu den Übungen

1. fcloseall();

2. Der Code lautet:
   ```
   rewind(fp);
   fseek(fp, 0, SEEK_SET);
   ```

3. Das lässt sich so nicht sagen. Wenn die Datei binäre Daten enthält, funktioniert dieser Code unter Umständen nicht wie erwartet, da die Daten in der Datei das EOF-Zeichen enthalten können. Es wäre besser, die feof()-Funktion zu verwenden.

Tag 16: Stringmanipulation

Antworten zum Quiz

1. Die Länge eines Strings errechnet sich aus der Anzahl der Zeichen zwischen dem Anfang des Strings und dem abschließenden Nullzeichen (das nicht mitgezählt wird). Sie können die Stringlänge mit Hilfe der Funktion strlen() ermitteln.

2. Bevor Sie einen String kopieren, müssen Sie sicherstellen, dass Sie genügend Speicherplatz für den neuen String reserviert haben.

3. *Konkatenation* bedeutet Zusammenfügen. Im Zusammenhang mit Strings versteht man darunter, einen String an einen anderen anzuhängen.

4. Wenn Sie Strings vergleichen, bedeutet »größer als«, dass die ASCII-Werte des einen Strings höher sind als die des zweiten Strings.[1]

5. Die Funktion strcmp() vergleicht zwei komplette Strings, während strncmp() nur eine bestimmte Anzahl von Zeichen innerhalb der Strings vergleicht.

6. Die Funktion strcmp() vergleicht zwei Strings unter Berücksichtigung der Groß- und Kleinschreibung (das heißt, 'a' und 'A' werden als unterschiedliche Buchstaben betrachtet). Mit der Funktion strcasecmp() können die Vergleiche ohne Rücksicht auf die Groß- und Kleinschreibung durchgeführt werden. ('a' und 'A' werden als gleich betrachtet.)

7. Die isascii()-Funktion prüft, ob ein Zeichen innerhalb des Wertebereichs 0 bis 127 liegt.

8. Die Funktionen isascii() und iscntrl() würden beide wahr zurückliefern. Alle andern liefern *falsch* zurück.

9. Der Wert 65 entspricht dem Zeichen 'A'. Die folgenden Makros liefern wahr zurück: isalnum(), isalpha(), isascii(), isgraph(), isprint() und isupper().

10. Die Zeichentestfunktionen bestimmen, ob ein Zeichen eine bestimmte Bedingung erfüllt, zum Beispiel ob das Zeichen ein Buchstabe, ein Satzzeichen oder irgendetwas anderes ist.

Antworten zu den Übungen

1. *Wahr* (1) oder *Falsch* (0).

2. a. 65
   b. 81
   c. -34
   d. 0
   e. 12
   f. 0

3. a. 65.000000
   b. 81.230000
   c. -34.200000
   d. 0.000000

---

[1] Wobei die ASCII-Werte nur für die ersten Zeichen verglichen werden – und zwar so lange, bis ein Unterschied zwischen den Strings festgestellt wird.

e. 12.00000

f. 1000.0000

4. Der `string2` wird verwendet, ohne dass zuvor Speicher für den String reserviert wurde. Es ist daher unmöglich, vorherzusagen, wohin `strcpy()` den Wert von `string1` kopiert.

Tag 17: Die Bibliothek der C-Funktionen

Antworten zum Quiz

1. `double`.
2. Auf den meisten Betriebssystemen einschließlich Linux entspricht `time_t` dem Typ `long`.
3. Die Funktion `time()` liefert die Anzahl der Sekunden, die seit dem 1. Januar 1970 um Mitternacht verstrichen sind, zurück, die Funktion `clock()` liefert die Anzahl Millionstelsekunden seit Programmbeginn zurück.
4. Nichts, die Funktion `perror()` gibt lediglich eine Meldung aus, die den Fehler beschreibt.
5. Eine Funktion, die eine beliebig lange Argumentenliste übernimmt, muss mindestens ein festes Argument haben. Dies wird benötigt, um der Funktion die Anzahl der Argumente mitzuteilen, die ihr bei jedem Aufruf übergeben werden.
6. `va_start()` sollte verwendet werden, um die Argumentenliste zu initialisieren. `va_arg()` sollte verwendet werden, um auf die Argumente zuzugreifen, und `va_end()` sollte verwendet werden, um nach der Verarbeitung der Argumente aufzuräumen
7. Bevor Sie ein Array mit `bsearch()` durchsuchen, müssen Sie es in aufsteigender Reihenfolge sortieren.
8. 14
9. 4
10. 21
11. 0, wenn die Werte gleich sind, >0, wenn der Wert von Element 1 größer ist als Element 2, und <0, wenn Element 1 kleiner ist als Element 2.
12. NULL

Antworten zu den Übungen

1. Der Code lautet:
   ```
   bsearch(meinname, namen, (sizeof(namen)/sizeof(namen[0])),
           sizeof(namen[0]), vergl_namen);
   ```
2. Es gibt drei Fehler. Zum einen ist in dem Aufruf von `qsort()` keine Feldlänge angegeben. Zweitens sollten hinter dem Funktionsnamen `qsort()` keine Klammern stehen und drittens fehlt dem Programm die Vergleichsfunktion. `qsort()` verwendet `vergleich_funktion()`, die im Programm nicht definiert ist.
3. Die Vergleichsfunktion liefert die falschen Werte zurück. Sie sollte einen positiven Wert zurückgeben, wenn `element1 > element2`, und einen negativen Wert, wenn `element1 < element2`.
11. Wenn Sie beliebig lange Argumentenlisten verwenden, sollten Sie alle Makro-Tools verwenden. Dazu gehören `va_list`, `va_start()`, `va_arg()` und `va_end()`. Siehe Listing 17.5 für die korrekte Anwendung von beliebig langen Parameterlisten.

Tag 18: Vom Umgang mit dem Speicher

Antworten zum Quiz

1. Die Funktion `malloc()` reserviert eine bestimmte Anzahl an Byte, während `calloc()` ausreichend Speicher für eine vorgegebene Anzahl an Elementen einer bestimmten Größe reserviert. Mit `calloc()` werden außerdem die Bytes im Speicher auf 0 gesetzt, wohingegen `malloc()` keine Initialisierung vornimmt.
2. Der häufigste Grund für eine Typumwandlung einer numerischen Variablen liegt vor, wenn bei einer Division zweier Integer-Werte und der anschließenden Zuweisung des Ergebnisses an eine Fließkommavariable der Nachkommateil der Antwort erhalten bleiben soll.
3. a. `long`
   b. `int`
   c. `char`
   d. `float`
   e. `float`

Antworten

4. Dynamisch reservierter Speicher wird zur Laufzeit reserviert – während das Programm ausgeführt wird. Die dynamische Speicherallokation ermöglicht es Ihnen, zum einem genau so viel Speicherplatz zu reservieren, wie benötigt wird, und zum anderen nur dann Speicher zu reservieren, wenn dieser benötigt wird.

5. Die Funktion memmove() arbeitet auch dann korrekt, wenn sich die Speicherbereiche von Quelle und Ziel überlappen (im Gegensatz zu der Funktion memcpy()). Wenn sich Quell- und Zielbereiche nicht überlappen, sind die beiden Funktionen identisch.

6. Indem man ein Bitfeld definiert, das 3 Bit groß ist. Da 2^3 gleich 8 sind, ist ein solches Feld groß genug, um die Werte von 1 bis 7 aufzunehmen.

7. 2 Byte. Unter Verwendung von Bitfeldern könnten Sie folgende Struktur deklarieren:

    ```
    struct datum
    {
        unsigned monat : 4;
        unsigned tag   : 5;
        unsigned jahr  : 7;
    };
    ```

    Diese Struktur speichert das Datum in 2 Byte (16 Bit). Das 4-Bit-Feld monat kann Werte von 0 bis 15 enthalten, was für die Aufnahme der zwölf Monate ausreicht. Entsprechend kann das 5-Bit-Feld tag Werte von 0 bis 31 und das 7-Bit-Feld jahr Werte von 0 bis 127 aufnehmen Wir setzen dabei voraus, dass sich das Jahr aus der Addition von 1900 plus dem abgespeicherten Wert errechnet, so dass Jahreswerte von 1900 bis 2027 möglich sind.

    Obwohl sich diese Struktur auf den Jahresbereich 1900 bis 2027 korrekt anwenden lässt, ist es nicht ratsam, diese Struktur für Softwareprodukte zu verwenden, die möglicherweise länger als 20 Jahre im Einsatz sind.

8. 16000

9. 500

10. Diese zwei Ausdrücke ergeben die gleiche Antwort. Die Verwendung des exklusiven OR mit dem binären Wert 11111111 führt zum gleichen Ergebnis wie die Verwendung des Komplement-Operators. Jedes Bit in den ursprünglichen Werten wird umgekehrt.

Antworten zu den Übungen

1. Der Code lautet:
   ```
   long *zgr;
   zgr = malloc (1000 * sizeof(long));
   ```

2. Der Code lautet:
   ```
   long *zgr;
   zgr = calloc (1000, sizeof(long));
   ```

3. Mit einer Schleife und einer Zuweisung:
   ```
   int count;
   for(count = 0 ; count < 1000; count++)
       daten[count] = 0;
   ```
   Mit der `memset()`-Funktion:
   ```
   memset(daten, 0, 1000 * sizeof(float));
   ```

4. Dieser Code wird sich ohne Fehler kompilieren und ausführen lassen. Und trotzdem sind die Ergebnisse nicht korrekt. Da sowohl `zahl1` als auch `zahl2` Integer-Variablen sind, ist das Ergebnis ihrer Division ein Integer-Wert. Dabei geht ein möglicher Nachkommateil der Antwort verloren. Um eine korrekte Antwort zu erhalten, müssen Sie den Typ des Ausdrucks in `float` umwandeln:
   ```
   antwort = (float) zahl1 / zahl2;
   ```

5. Da p ein `void`-Zeiger ist, muss er zuerst vom Typ her umgewandelt werden, bevor er in einer Zuweisung verwendet werden kann. Die dritte Zeile sollte wie folgt lauten
   ```
   *(float*)p = 1.23;
   ```

6. Nein. Wenn Sie Bitfelder verwenden, müssen Sie sie in der Struktur als Erstes aufführen. Die folgende Definition wäre korrekt:
   ```
   struct quiz_antworten {
   unsigned antwort1    : 1;
   unsigned antwort2    : 1;
   unsigned antwort3    : 1;
   unsigned antwort4    : 1;
   unsigned antwort5    : 1;
   char student_name[15];
   };
   ```

Tag 19: Prozesse und Signale

Antworten zum Quiz

1. Eine Prozess-ID ist eine eindeutige Nummer, die vom Betriebssystem vergeben wird, um einen laufenden Prozess zu identifizieren.
2. Der Wertebereich für gültige Prozess-IDs liegt zwischen 1 bis einschließlich 32767.
3. Die Funktion getpid() liefert die Prozess-ID des Prozesses zurück, der die Funktion aufruft, während getppid() die Prozess-ID des Elternprozesses zurückliefert.
4. (a) Die Prozess-ID des Kindprozesses

   (b) 0
5. Ein Zombie-Prozess ist ein bereits beendeter Prozess, der immer noch in der betriebssysteminternen Prozesstabelle darauf wartet, dass der Elternprozess seinen Exit-Code ermittelt.
6. Die Funktion wait() wird immer warten, bis ein Kindprozess beendet ist, während die Funktion waitpid() angewiesen werden kann, direkt zurückzukehren, wenn keine Zombie-Kindprozesse existieren.
7. Nach einem erfolgreichen Aufruf von execl() wird der aktuelle Prozess durch das neue Programm ersetzt, so dass kein Code mehr in dem Programm, das ihn aufgerufen hat, ausgeführt wird.
8. 1523
9. SIGSTOP und SIGKILL

Antworten zu den Übungen

1. Der folgende Code funktioniert für Befehle ohne Argumente:
   ```
   #include <stdio.h>
   #include <stdlib.h>
   #include <unistd.h>
   #include <sys/wait.h>

   int mein_system(char *befehl);

   int main (void)
   {

       mein_system ("/bin/ls");
   ```

```
    printf ("Fertig\n");

    return 0;
}

int mein_system(char *befehl)
{
    pid_t    pid;
    int      status;

    pid = fork();
    if (pid == -1)
        return -1;
    if (pid == 0)
    {
        execl(befehl, befehl, NULL);
    }

    wait (&status);

    return status;
}
```

Tag 20: Compiler für Fortgeschrittene

Antworten zum Quiz

1. Der Begriff *modulare Programmierung* bezieht sich darauf, dass man bei größeren Programmprojekten aus Gründen der Übersichtlichkeit und Wartbarkeit den Quellcode auf mehrere Quelltextdateien aufteilt.

2. Das `main`-Modul ist das Modul mit der `main()`-Funktion.

3. Durch die Klammern wird sichergestellt, dass komplexe, als Argumente übergebene Ausdrücke zuerst voll ausgewertet werden – wodurch unerwünschte Nebeneffekte vermieden werden.

4. Im Vergleich zu einer Funktion ist die Ausführung eines Makros schneller, geht aber auf Kosten eines größeren Programmumfangs.

5. Der Operator `defined()` prüft, ob ein bestimmter Name definiert ist. Wenn ja, wird `wahr` zurückgeliefert, im anderen Fall `falsch`.

6. Auf ein `#if` muss ein korrespondierendes `#endif` folgen.

Antworten

7. #include kopiert den Inhalt der angegebenen Datei in die aktuelle Datei.
8. Ein #include in doppelten Anführungszeichen weist den Compiler an, die include-Datei in dem aktuellen Verzeichnis zu suchen. Ein #include-Anweisung, bei der der Dateiname in spitzen Klammern steht (<>), weist den Compiler an, in den Standardverzeichnissen zu suchen.
9. __DATE__ wird verwendet, um das Kompilierungsdatum des Programms in das Programm aufzunehmen.
10. argv[0] zeigt auf einen String, der den Namen des aktuellen Programms enthält

Antworten zu den Übungen

Aufgrund der vielen möglichen Lösungen gibt es zu den Übungen von Tag 20 keine Antworten.

Tag 21: Einführung in die GUI-Programmierung mit GTK+

Antworten zum Quiz

1. Um gcc mitzuteilen, wo die GTK+-Headerdateien zu finden sind, ist es am bequemsten, die Option gtk-config --cflags in den Compiler-Aufruf mit aufzunehmen.
1. Um gcc mitzuteilen, wo die GTK+-Bibliotheken zu finden sind, ist es am bequemsten, die Option gtk-config --libs in den Compiler-Aufruf mit aufzunehmen.
3. Eine Callback-Funktion dient dazu, bestimmte, vom Programmierer vorgegebene, Aktionen durchzuführen. Das Besondere an einer Callback-Funktion ist, dass sie so eingerichtet wird, dass sie automatisch aufgerufen wird, wenn ein bestimmtes GUI-Ereignis eintritt (beispielsweise wenn eine Schaltfläche angeklickt oder ein Menübefehl ausgewählt wird).

Antworten zu den Übungen

Aufgrund der vielen möglichen Lösungen gibt es zu den Übungen von Tag 21 keine Antworten.

Die CD-ROM zu diesem Buch

Die CD-ROM zu diesem Buch

Die CD-ROM enthält alle in diesem Buch besprochenen Quellcodes, die besprochenen Tools sowie das gesamte Buch im HTML-Format.

Nachfolgend finden Sie eine Übersicht über die einzelnen Verzeichnisse und ihre Inhalte:

Software

/ddd/

In diesem Verzeichnis finden Sie die Quell- und Binärdateien des Data Display Debugger, DDD. Lesen Sie die Readme-Datei, um zu erfahren, wie Sie den DDD kompilieren und einsetzen können.

/gcc/

Hier finden Sie den bekannten gcc, den GNU-C-Compiler, in Quellcode- und in Binärform. Prüfen Sie vor einer Installation, ob Sie den gcc nicht schon standardmäßig auf Ihrem Linux-Rechner installiert haben (durch einfache Eingabe von gcc an der Eingabeaufforderung). Sie könnten bereits über eine neuere Version verfügen.

/gdb/

In diesem Verzeichnis liegt der gdb, der GNU Debugger, in Quell- und Binärform. Stellen Sie auch hier vor einer Installation sicher, ob Sie den gdb nicht bereits standardmäßig installiert haben.

/make/

make hilft Ihnen beim Kompilieren von Projekten mit mehr als einer Quelldatei. Prüfen Sie auch hier, ob Sie die Software tatsächlich installieren müssen.

/sourcen/

In diesem Verzeichnis finden Sie ein Archiv aller in diesem Buch besprochenen Programme im Quellcode, nach Tagen geordnet.

HTML-Daten

/ebook/

Hier haben wir Ihnen das vorliegende Buch in Gestalt von HTML-Dateien abgelegt, etwa wenn Sie es auch unterwegs auf Ihrem Laptop lesen möchten oder einfach nur gezielt eine bestimmte Information suchen.

Eingeben & Ausführen

1

Eingeben & Ausführen 1

Listings ausdrucken

Die Programme unter der Überschrift »Eingeben & Ausführen« sind entweder praktischer oder lustiger Art. Das Programm dieses Abschnitts heißt zum Beispiel »Drucken« und dient zum Ausdrucken Ihrer Listings. Das Programm druckt aber nicht nur den Quelltext aus, sondern fügt auch, wie in den Beispielen zu diesem Buch, gleichzeitig Zeilennummern ein.

Nach dem Eingeben und Ausführen dieser Programme sollten Sie sich etwas Zeit nehmen, um mit dem Code zu experimentieren. Ändern Sie den Code, kompilieren Sie ihn neu und führen Sie dann das Programm erneut aus. Warten Sie ab, was passiert. Erklärungen zum Code gebe ich Ihnen nicht, Sie erfahren lediglich, was der Code macht. Mit den im Buch erworbenen Kenntnissen sollte dies aber kein Problem für Sie sein.

Ihr erstes Eingeben&Ausführen-Programm

Geben Sie das folgende Programm ein und führen Sie es aus. Wenn Sie irgendwelche Fehlermeldungen erhalten, überprüfen Sie, ob Sie das Programm korrekt eingegeben haben.

Der Aufruf für dieses Programm lautet:

drucken dateiname.ext

wobei dateiname.ext der Dateiname der Quelle einschließlich der Extension ist. Zur Erinnerung: Dieses Programm gibt Ihr Listing zusammen mit hinzugefügten Zeilennummern aus.

E&A-Listing 1. drucken.c.

```
1:  /* drucken.c - Dieses Programm gibt ein Listing mit Zeilennummern aus! */
2:  #include <stdlib.h>
3:  #include <stdio.h>
4:
5:  void titel_anlegen(char *dateiname);
6:
7:  int zeile, seite;
8:
9:  int main( int argv, char *argc[] )
10: {
11:     char puffer[256];
12:     FILE *fp;
```

Ihr erstes Eingeben&Ausführen-Programm

```
13:
14:     if( argv < 2 )
15:     {
16:         printf("\nDie korrekte Eingabe lautet: " );
17:         printf("\n\ndrucken dateiname.ext\n" );
18:         exit(1);
19:     }
20:
21:     if (( fp = fopen( argc[1], "r" )) == NULL )
22:     {
23:         fprintf( stderr, "Fehler beim Öffnen der Datei, %s!", argc[1]);
24:         exit(1);
25:     }
26:
27:     seite = 0;
28:     zeile = 1;
29:     titel_anlegen( argc[1]);
30:
31:     while( fgets( puffer, 256, fp ) != NULL )
32:     {
33:         if( zeile % 55 == 0 )
34:             titel_anlegen( argc[1] );
35:
36:         printf("%4d:\t%s", zeile++, puffer );
37:     }
38:
39:     printf("\f" );
40:     fclose(fp);
41:     return 0;
42: }
43:
44: void titel_anlegen( char *dateiname )
45: {
46:     seite++;
47:
48:     if ( seite > 1)
49:         printf("\f" );
50:
51:     printf("Seite: %d, %s\n\n", seite, dateiname );
52: }
```

Hinweis: Dieses Listing gibt die angegebene Datei auf dem Bildschirm aus. Sie teilt die Datei in Seiten ein und fügt Zeilennummern hinzu. Wenn Sie von der Umleitungsmöglichkeit unter Linux Gebrauch machen, können Sie die Ausgabe von dem Bildschirm auf den Drucker umleiten – vorausgesetzt, Sie haben einen.

823

Am Tag 13, »Mit Bildschirm und Tastatur arbeiten«, erfahren Sie mehr zur Funktionsweise dieses Programms.

Eingeben & Ausführen

2

Eingeben & Ausführen 2

Zahlen raten

Dies ist das zweite Eingeben&Ausführen-Programm. Nachdem Sie das Programm eingegeben und ausgeführt haben, sollten Sie sich etwas Zeit zum Herumexperimentieren mit dem Code nehmen. Ändern Sie den Code, kompilieren Sie ihn neu und führen Sie dann das Programm erneut aus, um festzustellen, was passiert. Wenn Sie irgendwelche Fehlermeldungen erhalten, prüfen Sie, ob Sie das Programm korrekt abgetippt haben.

E&A-Listing 2. zahl.c.

```
 1 : /* Name:     zahl.c
 2 :  * Zweck:    Dieses Programm wählt eine zufällige Zahl und lässt
 3 :  *          diese dann vom Anwender erraten
 4 :  * Rückgabe: Nichts
 5 :  */
 6 :
 7 : #include <stdio.h>
 8 : #include <stdlib.h>
 9 : #include <time.h>
10:
11: #define NEIN   0
12: #define JA     1
13:
14: int main( void )
15: {
16:     int wert_raten = -1;
17:     int zahl;
18:     int anz_der_versuche;
19:     int fertig = NEIN;
20:
21:     printf("\n\nZufallszahl wird ausgewählt\n");
22:
23:     /* Zufallsgenerator mit der akt. Zeit initialisieren */
24:     srand( (unsigned) time( NULL ) );
25:     zahl = rand();
26:
27:     anz_der_versuche = 0;
28:     while ( fertig == NEIN )
29:     {
30:         printf("\nWählen Sie eine Zahl zwischen 0 und %d> ", RAND_MAX);
31:         scanf( "%d", &wert_raten );  /* Zahl einlesen */
32:
33:         anz_der_versuche++;
34:
```

```
35:        if ( zahl == wert_raten )
36:        {
37:            fertig = JA;
38:        }
39:        else
40:        if ( zahl < wert_raten )
41:        {
42:            printf("\nIhre Zahl war zu hoch!");
43:        }
44:        else
45:        {
46:            printf("\nIhre Zahl war zu niedrig!");
47:        }
48:    }
49:
50:    printf("\n\nSuper! Sie haben nach %d Versuchen richtig geraten!",
51:            anz_der_versuche);
52:    printf("\n\nDie Zahl lautet %d\n\n", zahl);
53:
54:    return 0;
55: }
```

Dieses Programm ist ein einfaches Ratespiel. Sie versuchen, eine Zahl herauszubekommen, die der Computer nach dem Zufallsprinzip generiert hat. Nach jedem Versuch wird das Programm Ihnen mitteilen, ob Ihre Zahl zu hoch oder zu niedrig war. Wenn Sie die gesuchte Zahl gefunden haben, erhalten Sie einen Glückwunsch und erfahren, wie viele Versuche Sie insgesamt benötigt haben.

Wenn Sie ein wenig mogeln wollen, fügen Sie dem Programm eine Zeile hinzu, die Ihnen die Zufallszahl direkt nach ihrer Erzeugung mitteilt. Sie könnten beispielsweise nach dem ersten Austesten des Programms die folgende Zeile einfügen, um sich davon zu überzeugen, dass das Programm auch ordnungsgemäß funktioniert:

```
26:    printf( "Die Zufallszahl (Antwort) lautet: %d", zahl ); /* Betrug */
```

Aber denken Sie daran, diese Mogelzeile wieder zu entfernen, wenn Sie das Programm von Freunden ausführen lassen!

Eingeben & Ausführen

3

Eingeben & Ausführen 3

Geheime Botschaften

Dies ist das dritte Eingeben&Ausführen-Programm. Es enthält viele Elemente, insbesondere von Tag 15, »Mit Dateien arbeiten«.

Das Programm ermöglicht Ihnen, geheime Botschaften zu codieren und zu decodieren. Wenn Sie das Programm aufrufen, müssen Sie zwei Befehlszeilenparameter mit angeben:

```
codierer dateiname aktion
```

Dabei ist `dateiname` entweder der Name der Datei, die Sie erzeugen, um die neue geheime Botschaft aufzunehmen, oder der Name einer Datei, die die geheime zu decodierende Botschaft enthält. Als `aktion` können Sie entweder `D` für Decodieren oder `C` für Codieren einer geheimen Botschaft angeben. Wenn Sie das Programm ohne die Übergabe dieser Parameter ausführen, erhalten Sie Anweisungen, wie Sie die Parameter korrekt einzugeben haben.

Da dieses ein Programm zum Codieren und Decodieren von Botschaften ist, können Sie Kopien davon an Ihre Freunde und Bekannten weiterreichen, um geheime Botschaften zu verschlüsseln und auszutauschen. Botschaften, die Sie zurückbekommen, können Sie mit dem Programm entziffern. Jemand, der das Programm nicht hat, kann die Botschaften in den Dateien nicht lesen!

E&A-Listing 3. Codierer.c.

```
1 : /* Program:  codierer.c
2 :  * Aufruf:   codierer [dateiname] [aktion]
3 :  *                    dateiname = Dateiname für/mit codierten Daten
4 :  *                    aktion = D zum Decodieren und alles andere zum
5 :  *                             Codieren
6 :  * - - - - - - - - - - - - - - - - - - - - - - - - - - - - -*/
7 :
8 : #include <stdio.h>
9 : #include <stdlib.h>
10: #include <string.h>
11:
12: int zeichen_codieren( int ch, int wert );
13: int zeichen_decodieren( int ch, int wert );
14:
15: int main( int argc, char *argv[])
16: {
17:     FILE *fh;               /* Datei-Handle */
18:     int rv = 1;             /* Rückgabewert */
19:     int ch = 0;             /* Variable zur Aufnahme eines Zeichens */
20:     unsigned int ctr = 0;   /* Zähler */
```

```
21:     int wert = 5;           /* Wert, mit dem codiert wird */
22:     char puffer[256];       /* Puffer */
23:
24:     if( argc != 3 )
25:     {
26:        printf("\nFehler: Falsche Anzahl an Parametern..." );
27:        printf("\n\nVerwendung:\n   %s dateiname aktion", argv[0]);
28:        printf("\n\n   Wobei:");
29:        printf("\n   dateiname = zu codierende/decodierende Datei");
30:        printf("\n   aktion = D zum Decodieren, C zum Codieren\n\n");
31:        rv = -1;             /* Rückgabewert */
32:     }
33:     else
34:     if(( argv[2][0] == 'D') || (argv [2][0] == 'd' ))  /*decodieren*/
35:     {
36:        fh = fopen(argv[1], "r");   /* öffnet die Datei     */
37:        if( fh <= 0 )               /* prüft auf Fehler     */
38:        {
39:           printf( "\n\nFehler beim Öffnen der Datei..." );
40:           rv = -2;                 /* Fehlercode setzen */
41:        }
42:        else
43:        {
44:           ch = getc( fh );      /* liest ein Zeichen ein */
45:           while( !feof( fh ) )  /* prüft das Ende der Datei */
46:           {
47:              ch = zeichen_decodieren( ch, wert );
48:              putchar(ch);   /* schreibt das Zeichen auf den Bildschirm */
49:              ch = getc( fh );
50:           }
51:
52:           fclose(fh);
53:           printf( "\n\nDatei auf dem Bildschirm decodiert.\n" );
54:        }
55:     }
56:     else   /* Codierung */
57:     {
58:
59:        fh = fopen(argv[1], "w");
60:        if( fh <= 0 )
61:        {
62:           printf( "\n\nFehler beim Erzeugen der Datei..." );
63:           rv = -3;  /* Fehlercode setzen */
64:        }
65:        else
66:        {
```

831

```
67:            printf("\n\nZu codierenden Text eingeben. ");
68:            printf("Mit Leerzeile beenden.\n\n");
69:
70:            while( fgets(puffer, 256, stdin) != NULL )
71:            {
72:                if( strlen (puffer) <= 1 )
73:                    break;
74:
75:                for( ctr = 0; ctr < strlen(puffer); ctr++ )
76:                {
77:                 ch = zeichen_codieren( puffer[ctr], wert );
78:                 ch = fputc(ch, fh);   /*Zeichen in die Datei schreiben*/
79:                }
80:            }
81:            printf( "\n\nDatei codiert.\n" );
82:            fclose(fh);
83:        }
84:
85:    }
86:    return (rv);
87: }
88:
89: int zeichen_codieren( int ch, int wert )
90: {
91:     ch = ch + wert;
92:     return (ch);
93: }
94:
95: int zeichen_decodieren( int ch, int wert )
96: {
97:     ch = ch - wert;
98:     return (ch);
99: }
```

Sehen Sie im Folgenden ein Beispiel für eine geheime Botschaft:

```
Injx%nxy%jnsj%ljmjnrj%Gtyxhmfky
```

Decodiert lautet diese Botschaft:

```
Dies ist eine geheime Botschaft!
```

Dieses Programm codiert und decodiert die Informationen einfach dadurch, dass es einen Wert vom eingegebenen Zeichen subtrahiert oder dazu addiert. Dieser Code ist ziemlich einfach zu »knacken«. Wenn Sie den Code weiter erschweren wollen, dann ersetzen Sie die Zeilen 91 und 97 durch:

```
ch = ch ^ wert;
```

Dadurch werden Ihre geheimen Botschaften noch geheimer! (Siehe Lektion 18, »Vom Umgang mit dem Speicher«, zur Verwendung der Bit-Operatoren.)

Wenn Sie beabsichtigen, das Programm an viele verschiedene Leute weiterzureichen, können Sie auch einen dritten Parameter für die Befehlszeile vorgeben, der einen Wert für wert akzeptieren. Die Variable wert speichert dann diesen Wert, der zum Codieren und Decodieren verwendet wird.

Eingeben & Ausführen

4

Eingeben & Ausführen 4

Zeichen zählen

Das Programm aus diesem Abschnitt öffnet die angegebene Textdatei und zählt, wie oft die einzelnen Zeichen darin enthalten sind. Es werden alle Standardzeichen der Tastatur, einschließlich Groß- und Kleinbuchstaben, Zahlen, Leerzeichen und Satzzeichen gezählt. Die Ergebnisse werden auf dem Bildschirm ausgegeben. Dieses Programm kann nicht nur richtig nützlich sein, sondern es enthält auch einige sehr interessante Programmiertechniken. Mit dem Umleitungsoperator (>) des Betriebssystems können Sie die Ausgabe in eine Datei umleiten. So wird zum Beispiel mit dem Befehl

```
zeichen > ergebnisse.txt
```

das Programm ausgeführt und die Ergebnisse werden in eine Datei namens ergebnisse.txt ausgegeben anstatt auf dem Bildschirm angezeigt.

E&A-Listing 4. zeichen.c: ein Programm zum Zählen der Zeichen in einer Datei.

```
1:  /* Zählt die Anzahl der Vorkommen der    */
2:  /* einzelnen Zeichen in einer Datei.     */
3:  #include <stdio.h>
4:  #include <stdlib.h>
5:
6:  int datei_existiert(char *dateiname);
7:
8:  int main(void)
9:  {
10:     char quelle[80];
11:     int  ch, index;
12:     int  count[127];
13:     FILE *fp;
14:
15:     /* Liest die Namen der Quell- und Zieldatei ein. */
16:     fprintf(stderr, "\nGeben Sie den Namen der Quelldatei ein: ");
17:     fscanf(stdin, "%80s", quelle);
18:
19:     /* Prüft, ob die Quelldatei existiert. */
20:     if (!datei_existiert(quelle))
21:     {
22:         fprintf(stderr, "\n%s existiert nicht.\n", quelle);
23:         exit(1);
24:     }
25:     /* Öffnet die Datei. */
26:     if ((fp = fopen(quelle, "rb")) == NULL)
27:     {
```

```
28:            fprintf(stderr, "\nFehler beim Öffnen von %s.\n", quelle);
29:            exit(1);
30:        }
31:        /* Array-Elemente auf Null setzen. */
32:        for (index = 31; index < 127 ; index++)
33:            count[index] = 0;
34:
35:        while ( 1 )
36:        {
37:            ch = fgetc(fp);
38:            /* Bei End-of-File fertig */
39:            if (feof(fp))
40:                break;
41:            /* Nur Zeichen zwischen 32 und 126 zählen. */
42:        if (ch > 31 && ch < 127)
43:            count[ch]++;
44:        }
45:
46:        /* Statistik ausgeben. */
47:        printf("\nZeichen\tAnzahl\n");
48:        for (index = 32; index < 127 ; index++)
49:          printf("[%c]\t%d\n", index, count[index]);
50:        /* Datei schließen und beenden. */
51:        fclose(fp);
52:        return(0);
53: }
54:
55: int datei_existiert(char *dateiname)
56: {
57:     /* Liefert WAHR zurück, wenn der Dateiname existiert,
58:      * und FALSCH, wenn nicht.
59:      */
60:     FILE *fp;
61:     if ((fp = fopen(dateiname, "r")) == NULL)
62:         return 0;
63:     else
64:     {
65:         fclose(fp);
66:         return 1;
67:     }
68: }
```

Betrachten wir zuerst die Funktion `datei_existiert()` in den Zeilen 55 bis 68. Wenn dieser Funktion ein Dateiname als Argument übergeben wird, liefert sie wahr zurück, wenn die Datei existiert, und falsch, wenn die Datei nicht gefunden wird. Um zu prüfen, ob die Datei vorhanden ist, versucht die Funktion, die Datei im Lesemodus zu öffnen (Zeile 61). Die Funktion ist möglichst allgemein gehalten und kann deshalb auch in anderen Programmen verwendet werden.

Als Nächstes möchte ich Sie darauf aufmerksam machen, dass für die Bildschirmausgaben, wie zum Beispiel in Zeile 16, die Funktion `fprintf()` und nicht die Funktion `printf()` verwendet wird. Da `printf()` die Ausgabe immer an `stdout` sendet, würde der Anwender keine Nachrichten auf dem Bildschirm erhalten, wenn die Ausgabe des Programms mit dem Umleitungsoperator in eine Datei umgeleitet wird. Durch die Verwendung von `fprintf()` werden Nachrichten an `stderr` gesendet, ein Stream, der immer mit dem Bildschirm verbunden ist.

Richten Sie zum Schluss Ihr Augenmerk darauf, wie der numerische Wert eines jeden Zeichens als Index für das Ergebnis-Array (Zeilen 42 und 43) verwendet wird. So stellt zum Beispiel der numerische Wert 32 ein Leerzeichen dar; deshalb wird das Array-Element `count[32]` verwendet, um alle Leerzeichen aufzunehmen.

Eingeben & Ausführen

5

Eingeben & Ausführen 5

Hypothekenzahlungen berechnen

Dieses Eingeben&Ausführen-Beispiel trägt den Namen *Hypothek* und kann, wie der Name schon verrät, die Zahlungen für eine Hypothek oder eine andere Form von Darlehen berechnen. Wenn Sie dieses Programm ausführen, werden Sie gebeten, die folgenden drei Informationen bereitzustellen:

▶ Betrag: Wie viel Sie geliehen haben (auch Hypothekenbetrag genannt).

▶ Jährliche Zinsrate: Die Höhe des Zinssatzes, der im Jahr erhoben wird. Sie müssen die tatsächliche Rate eingeben, das heißt für 8½ % geben Sie 8.5 ein. Geben Sie den Prozentwert und nicht den tatsächlichen numerischen Wert (0.085 in diesem Fall) an, da Ihnen das Programm die Umrechnung abnimmt.

▶ Die Darlehensdauer in Monaten: Die Anzahl der Monate, über die Sie das Darlehen abzahlen müssen.

Wenn Sie das Programm eingeben und ausführen, können Sie die Zahlungen für eine Hypothek oder eine andere Form von Darlehen berechnen.

E&A-Listing 5. Der Hypotheken-Berechner.

```
 1 : /* hypothek.c - Berechnet Darlehens-/Hypothekenzahlungen. */
 2 :
 3 : #include <stdio.h>
 4 : #include <math.h>
 5 : #include <stdlib.h>
 6 :
 7 : int main(void)
 8 : {
 9 :     float betrag, rate, zahlung;
10:     int laufzeit;
11:     char ch;
12:
13:     while (1)
14:     {
15:         /* Darlehensdaten einlesen */
16:         puts("\nGeben Sie die Höhe der Hypothek ein: ");
17:         scanf("%f", &betrag);
18:         puts("\nGeben Sie die jährliche Zinsrate ein: ");
19:         scanf("%f", &rate);
20:         /* Anpassung für Prozentangaben . */
21:         rate /= 100;
22:         /* Anpassung für die monatliche Zinsrate . */
23:         rate /= 12;
24:
```

Hypothekenzahlungen berechnen

```
25:         puts("\nGeben Sie die Darlehensdauer in Monaten an: ");
26:         scanf("%d", &laufzeit);
27:         zahlung = (betrag * rate) / (1 - pow((1 + rate), -laufzeit));
28:         printf("Ihre monatliche Belastung beträgt %.2f DM.\n",zahlung);
29:
30:         puts("Wünschen Sie eine weitere Berechnung (j oder n)?");
31:         do
32:         {
33:            ch = getchar();
34:         } while (ch != 'n' && ch != 'j');
35:
36:         if (ch == 'n')
37:            break;
38:     }
39:     return(0);
40: }
```

Hinweis: Um dieses Programm korrekt zu kompilieren, müssen Sie den gcc-Compiler anweisen, die mathematische Bibliothek einzubinden, so dass die Funktion `pow()` gefunden wird. Der Aufruf des Compilers sollte daher wie folgt lauten:

```
gcc -Wall -ggdb hypothek.c -lm -o hypothek
```

Das Programm geht von einem Standard-Darlehen aus, wie zum Beispiel ein Eigenheim- oder ein Autokaufdarlehen mit festem Zinssatz. Die Rückzahlungen werden nach der folgenden Standardformel berechnet:

```
rueckzahlung = (B * R) / ( 1 - (1 + R)^(-D))
```

B ist der Betrag, R die Zinsrate und D die Darlehensdauer. Beachten Sie, dass das Symbol ^ hier »hoch« bedeutet. In dieser Formel ist darauf zu achten, dass die Dauer und die Zinsrate in den gleichen Zeiteinheiten ausgedrückt werden müssen. Wenn zum Beispiel die Darlehensdauer in Monaten ausgedrückt wird, muss die Zinsrate ebenfalls für den Monat angegeben werden. Da Darlehen in der Regel einen jährlichen Zinssatz haben, teilt Zeile 23 die jährliche Zinsrate durch 12, um die monatliche Zinsrate zu erhalten. Die eigentliche Berechnung des zu zahlenden Betrags findet in Zeile 27 statt, und die Antwort wird in Zeile 28 ausgegeben.

ize
Stichwortverzeichnis

Stichwortverzeichnis

!
- (Subtraktionsoperator) 92
! (logischer NOT-Operator) 108
#define (Präprozessor-Direktive) 74, 680
–, Funktionsmakros 681
–, Substitutionsmakros 680
#elif (Präprozessor-Direktive) 687
#else (Präprozessor-Direktive) 687
#endif (Präprozessor-Direktive) 687
#if (Präprozessor-Direktive) 687
#if...#endif (Debuggen) 688
#include (Präprozessor-Direktive) 54, 686
#undef (Präprozessor-Direktive) 690
% (Modulus-Operator) 92
& (AND-Operator) 640
&& (logischer AND-Operator) 108
* (Multiplikationsoperator) 92
+ (Additionsoperator) 92
/ (Divisionsoperator) 92
< (Umleitungssymbol) 424
= (Zuweisungsoperator) 70, 89
== (Gleichheitsoperator) 98
> (Umleitungssymbol) 424
^ (XOR-Operator) 640
_ (in Variablennamen) 63
__DATE__ (vordefinierte Makros) 691
__FILE__ (vordefinierte Makros) 691
__LINE__ (vordefinierte Makros) 691
__TIME__ (vordefinierte Makros) 691
| (OR-Operator) 640
| (Umleitungssymbol – Piping) 424
| | (logischer OR-Operator) 108

A
abs-Funktion 588
acos-Funktion 586
Additionsoperator 92
Allokation
–, Speicher zur Kompilierzeit 279
–, Speicher zur Laufzeit 279
Anweisungen 55, 84
–, break 362
–, continue 365
–, goto 367
–, in Funktionen 137
–, Sprung- 367

–, switch 374
–, Verzweigungs- 367
Argumente 52
–, Befehlszeilen- 692
–, Befehlszeilenoptionen mit getopt einlesen 695
–, Funktionen mit variabler Zahl an Argumenten 603
–, Parameterliste 132
–, Übergabe an Funktion 141
Array-Notation 253
Arrays 154, 204
–, an Funktion übergeben 254
–, Arrayname als Zeiger 244
–, deklarieren 210
–, eindimensionale 204
–, Größe der Elemente bestimmen 439
–, Index 204, 206
–, Index- und Zeigernotation 253
–, initialisieren 213
–, maximale Größe 218
–, mehrdimensionale 209
–, mehrdimensionale Arrays an Funktion übergeben 442
–, Namensgebung 210
–, Nullzeichen 277
–, Position der Deklaration 205
–, Speicherlayout der Elemente 244
–, Strings und Zeiger 278
–, von Arrays 436
–, von Strukturen 310
–, von Zeigern 445
–, von Zeigern auf char 446
–, Zeichen 277
–, Zeiger auf Arrays 243
–, Zeiger auf mehrdimensionale Arrays 436
ASCII-Code 274
ASCII-Zeichentabelle 757
asctime-Funktion 592
asin-Funktion 586
assert-Funktion 597
atan2-Funktion 586
atan-Funktion 586
atof-Funktion 573
atoi-Funktion 572
atol-Funktion 573

Aufrufen, Funktionen 56
Ausdrücke
–, einfache 87
–, komplexe 88
Ausgabe
–, Bildschirm 413
–, Escape-Sequenzen 183
–, formatieren 183
–, formatiert
   fprintf 416
   printf 416
–, Formatierungszeichen von fprintf und printf 418
–, Formatstrings 183
–, fprintf-Funktion 416
–, fputc-Funktion 414
–, fputs-Funktion 415
–, Konvertierungsspezifizierer 183
–, literaler Text 183
–, printf-Funktion 182, 416
–, putc-Funktion 414
–, putchar-Funktion 413
–, puts-Funktion 191, 415
–, Standard 394
–, stderr 426
–, Strings
   fputs 415
   puts 415
–, umleiten 423
–, Zeichen 413
   fputc 414
   putc 414
   putchar 413
Ausgabegeräte 392
Auswerten relationale Ausdrücke 105
automatische Variablen 347

B

Bash-Befehlsinterpreter 652
bedingte Kompilierung 687
Bedingungsoperator 113
Befehlszeilenargumente 692
–, mit getopt einlesen 695
Begriffe
–, Anweisungen 84
–, Argumente 52
–, Array-Elemente 204
–, Arrays 154, 204
–, ASCII-Code 274
–, Ausdrücke (einfache) 87
–, Ausdrücke (komplexe) 88
–, bedingte Kompilierung 687
–, benutzerdefinierte Funktionen 52
–, Bibliotheksfunktionen 52
–, Bitfelder 642
–, Block 58
–, Callback-Funktionen 718
–, eindimensionale Arrays 204
–, Eingabefelder 404
–, Funktionen 52, 56, 122
–, Funktionen aufrufen 56
–, Funktionsprototyp 55
–, Funktionsrumpf 134
–, globale Variablen 343
–, Gültigkeitsbereich 340
–, Kommentare 56
–, Konkatenierung 556
–, Konvertierungsspezifizierer 403
–, Lebensdauer 340
–, Leeranweisungen 86
–, literale Konstanten 72
–, literaler String 278
–, lokale Gültigkeitsbereiche 350
–, lokale Variablen 135, 346
–, mathematische Operatoren 90
–, mehrdimensionale Arrays 209
–, modulare Unabhängigkeit 344
–, Parameterliste 132
–, Präprozessor-Direktiven 680
–, Programmsteueranweisung 99
–, Rekursion 144
–, Software Interrupts 666
–, Speicherallokation 626
–, Stream 393
–, String 274
–, Strukturen 300
–, symbolische Konstanten 73
–, Top-Down-Ansatz 130
–, Unions 327
–, Variablen 54, 63
–, Verbundanweisungen 86
–, verkettete Listen 470
–, Verkettung 556
–, Whitespaces 84

845

–, Widgets 716
–, Zeichen 274
–, Zuweisungsoperator 89
Beispiele
–, #-Operator in der Makro-Expansion 684
–, Adressen sequentieller Array-Elemente mit Zeiger ausgeben 246
–, Array einer Funktion übergeben 255
–, Array mit 10 Noten 211
–, Array von Zeigern auf char 447
–, Arrays von Strukturen 312
–, atof – Strings in numerische Variablen konvertieren 574
–, Ausgabe numerischer Werte mit printf 189
–, automatische vs statische lokale Variablen 348
–, Befehlszeilenargumente an main 693
–, Befehlszeilenargumente mit getopt auswerten 695
–, Beispiel eines Zeigers 240
–, break-Anweisung 363
–, calloc – dynamisch Speicher reservieren 628
–, continue-Anweisung 365
–, Datei löschen 538
–, Dateien öffnen 511
–, Dateiende ermitteln 535
–, Dateinamen ändern 539
–, Daten suchen und sortieren 609
–, Definition lokaler Variablen in einem Block 354
–, direkter Dateizugriff 523
–, ein allgemeiner Ja/Nein-Dialog 730
–, ein allgemeines Dialogfenster mit Ja/Nein-Schaltern 728
–, ein einfacher GTK+-Texteditor 734
–, ein einfaches GTK+-Programm mit Schaltflächen 723
–, ein einfaches Programm mit einem Dialogfenster 727
–, ein minimales GTK+-Programm 720
–, einfache do…while-Anweisung 172
–, einfache for-Anweisung 156
–, einfache verkettete Liste 478
–, einfache while-Anweisung 165
–, Einlesen numerischer Werte mit scanf 194
–, Einlesen von Textzeilen und sortieren 451

–, Einsatz eines Arrays 207
–, Endlosschleife 371
–, Escape-Sequenzen mit printf 184
–, falsche Anwendung von Unions 328
–, Fehlerbehandlung mit assert 598
–, fflush 409
–, fgets 401
–, fprintf 515
–, free – Speicher freigeben 632
–, fscanf 518
–, ftell und rewind 529
–, Funktion mit beliebig langer Argumentenliste 605
–, Funktion über Funktionzeiger aufrufen 458
–, Funktion zum Kopieren einer Datei 541
–, getchar 397, 398
–, Gleichwertigkeit von Strings 395
–, globale Variable 345
–, goto-Anweisung 368
–, Größe der Elemente eines mehrdimensionalen Arrays bestimmen 439
–, Größe von Variablentypen ermitteln 66
–, Gültigkeitsbereiche prüfen 341
–, hallo Welt! mit Fehler 43
–, hallo Welt!-Programm 41
–, Hallo-Programm mit Zähler 45
–, if-Anweisung mit else 102
–, if-Anweisungen 100
–, Integerdivision ohne Typumwandlung 625
–, isxxxx-Makros 576
–, komplexe verkettete Liste 481
–, korrekter Einsatz einer Union 332
–, Laufzeitfehler mit perror behandeln 601
–, Listings auflisten 59
–, lokale Variablen 135
–, main-Modul 698
–, Make-Datei 704
–, mathematische Funktionen 589
–, mehrdimensionale Arrays und Zeiger 438
–, mehrdimensionales Arrays 215
–, mehrere return-Anweisungen 138
–, Menüsystem 371, 378
–, mit execl einen Prozess durch einen anderen ersetzen 665
–, mit fork neuen Prozess erzeugen 655
–, mit malloc Speicher für Strings reservieren 283

–, mit scanf numerische Daten und Text einlesen 292
–, mit wait Zombie-Prozess verhindern 659
–, mit Zeigerarithmetik auf Array-Elemente zugreifen 249
–, Modulus-Operator 93
–, multiplizieren 52
–, numerische Natur von char 275
–, Präprozessor-Direktiven für Header-Dateien 689
–, printf 420
–, Programm im Hintergrund ausführen 653
–, Prozess-ID ermitteln 651
–, putchar 413
–, puts 415
–, Rangfolge der logischen Operatoren 111
–, realloc – Größe eines Speicherblocks verändern 630
–, rekursive Funktion für Fakultäten 144
–, relationale Ausdrücke auswerten 105
–, scanf 410
–, sekundäres Modul 699
–, Shift-Operatoren 639
–, Signalbehandlungsroutine 669
–, sizeof-Operator bei Arrays 219
–, Sortierreihenfolge mit Funktionszeigern steuern 463
–, Speicherblockmanipulationen 636
–, strcat – Strings verketten 557
–, strchr – Zeichen im String suchen 565
–, strcmp – Strings vergleichen 561
–, strcpy 552
–, strcspn 567
–, strdup 556
–, Stringdaten mit fgets von der Tastatur einlesen 289
–, strlen – Stringlänge ermitteln 550
–, strncat – Strings verketten 559
–, strncmp – Teilstrings vergleichen 563
–, strncpy 554
–, strspn 568
–, strstr – String im String suchen 570
–, Struktur an Funktion übergeben 325
–, Struktur, die Arrays enthält 309
–, Struktur, die Strukturen enthält 306
–, switch- und break-Anweisungen 377
–, switch-Anweisung 375, 381
–, Systembefehle 386
–, temporäre Dateinamen erzeugen 543
–, Textausgabe auf dem Bildschirm mit puts 286
–, tolower – String in Kleinbuchstaben umwandeln 580
–, Übergabe als Wert und als Referenz 262
–, Übergabe eines Arrays von Zeigern an eine Funktion 448
–, Übergabe eines mehrdimensionalen Arrays an eine Funktion 442
–, Übergabe eines Zeigers an eine Funktion 461
–, Umleitung der Ein/Ausgabe 424
–, Unterschied von Argumenten und Parametern 133
–, verschachtelte for-Anweisung 162
–, verschachtelte while-Anweisung 168
–, Verwendung von Variablen und Konstanten 76
–, void-Zeiger 266
–, wahlfreier Zugriff 531
–, Zeichen aus stdin löschen 407
–, Zeiger aus Funktionen zurückliefern 468
–, Zeigerarithmetik mit mehrdimensionalen Arrays 440
–, Zeitfunktionen 595
–, Zombie-Kindprozesse löschen 672
–, Zugriff auf Array-Elemente 323
Betriebssystembefehle 385
Bibliotheken
–, dynamisch gelinkte 707
–, gemeinsam genutzte 707
Bibliotheksfunktionen 52
Bildschirmausgabe 413
Bildschirmausgabe mit printf 182
binäre Dateitypen 508
binäre Operatoren 92
Bitfelder 642
Bit-Operatoren
–, AND 640
–, OR 640
–, XOR 640
Blöcke 58, 86
break-Anweisung 362
bsearch-Funktion 606

847

C

C++ im Vergleich zu C 31
Callback-Funktionen 718
calloc-Funktion 628
case-Marke (switch) 375
ceil-Funktion 588
C-Extensionen 36
Compiler 37
–, gcc ausführen 37
–, Installation des gcc prüfen 37
–, Kompilierfehler 39
const 75
continue-Anweisung 365
Core Dump-Datei 666
cos-Funktion 587
cosh-Funktion 588
C-Sprache
–, ANSI-Standard 32
–, Flexibilität 30
–, geschichtlicher Abriss 31
–, im Vergleich zu C++ 31
–, im Vergleich zu Java 31
–, ISO-Standard 32
–, Kernel 31
–, Modularität 31
–, Name 32
–, Popularität 30
–, Portabilität 30
–, Schlüsselwörter 31
ctime-Funktion 592

D

Dateien
–, Dateiende 534
–, direkte Ausgabe 521
–, direkte Eingabe 521
–, Ende ermitteln 534
–, EOF 534
–, fclose-Funktion 526
–, feof-Funktion 535
–, fgetc-Funktion 519
–, fgets-Funktion 520
–, fopen-Funktion 509
–, formatierte Dateiausgabe 514
–, formatierte Dateieingabe 517
–, fputs-Funktion 521

–, fread-Funktion 523
–, fseek-Funktion 531
–, ftell-Funktion 528
–, fwrite-Funktion 522
–, getc-Funktion 519
–, Header- 54
–, Include- 54
–, kopieren 540
–, lesen 514
–, löschen 537
–, make 703
–, Namensgebung 509
–, o- 700
–, Objekt- 700
–, öffnen 509
–, Öffnen-Modi 510
–, Positionszeiger auf den Anfang setzen 528
–, Positionszeiger beliebig setzen 531
–, Puffer leeren 526
–, putc-Funktion 521
–, remove-Funktion 537
–, rename-Funktion 539
–, rewind-Funktion 528
–, schließen 526
–, schreiben 514
–, sequentieller Zugriff 527
–, temporäre 543
–, tmpnam-Funktion 543
–, umbenennen 539
–, Verwaltung 537
–, Verwaltungsfunktionen 537
  remove 537
  rename 539
–, wahlfreier Zugriff 527
–, Zeichenausgabe 521
–, Zeicheneingabe 519
Dateitypen
–, binär 508
–, Text 508
Daten
–, ausgeben mit printf 182
–, ausgeben mit puts 191
–, einlesen mit scanf 193
–, sortieren mit qsort 608
–, speichern 62
–, suchen mit bsearch 606

–, von Tastatur einlesen 193
Datentypen
–, char 274
–, Fließkommazahlen 65
–, Integer-Typen 65
–, Synonyme 70
–, Zahlen 65
ddd-Debugger
–, ausführen 46
–, Debug-Beispiel hallo.c 45
–, einrichten 45
Debuggen 38
–, #if...#endif 688
–, ddd-Debugger 38
    ausführen 46
    einrichten 45
–, Debug-Beispiel hallo.c 45
–, Debug-Code in ein Programm aufnehmen 688
–, Quellcode 38, 45
Deklaration
–, Arrays 210
–, externe Variablen 345
–, globale Variablen 345
–, Strukturen 300
–, Unions 327
–, Variablen 69
–, Zeiger 238
–, Zeiger auf Funktionen 456
Dekrementoperator 90
–, Präfix/Postfix-Modus 90
–, Zeiger auf Arrays 249
Dereferenzierung von Zeigern 238
Dialogfenster 726
Differenzbildung (Zeiger) 251
difftime-Funktion 594
direkte Dateiausgabe 521
direkte Dateieingabe 521
Direktiven
–, #define 74, 680
–, #elif 687
–, #else 687
–, #endif 687
–, #if 687
–, #if...#endif zum Debuggen 688
–, #include 54, 686

–, #undef 690
Divisionsoperator 92
do...while-Schleifen 171, 174
Dokumentations-Leseprogramm
–, gnome-help-Browser (Aufruf) 40
–, info (Aufruf) 40
–, kdehelp (Aufruf) 40
dynamische Speicherreservierung 279

E
E/A Siehe Eingabe oder Ausgabe
eindimensionale Arrays 204
Eingabe
–, Eingabefeld 404
–, fgetc-Funktion 399
–, fgets-Funktion 401
–, formatiert 403
    scanf 403
–, Formatstring 403
–, gepuffert 396
–, getc-Funktion 399
–, getchar-Funktion 397
–, gets-Funktion 400
–, Konvertierungsspezifizierer 403
–, scanf-Funktion 403
–, Standard 394
–, Tastatur 396
–, umleiten 423, 425
–, ungepuffert 396
–, ungetc-Funktion 400
–, Zeichen 396
    fgetc 399
    getc 399
    getchar 397
    ungetc 400
–, Zeilen 400
    fgets 401
    gets 400
Eingabefelder 404
Eingabegeräte 392
Einlesen
–, fgetc-Funktion 399
–, fgets-Funktion 401
–, getc-Funktion 399
–, getchar-Funktion 397
–, gets-Funktion 400

–, scanf-Funktion 193, 403
–, ungetc-Funktion 400
–, von Tastatur 396
–, Zeichen 396
else-Bedingung 102
Elternprozesse 651
Endlosschleifen 370
EOF 534
Ereignisse 717
errno.h (Header-Datei) 600
Escape-Sequenzen 183, 420
execl-Funktion 664
exit-Funktion 385
exp-Funktion 587
Exponentialfunktionen 587
extern (Schlüsselwort) 345

F
fclose-Funktion 526
Fehlerausgabe-Stream (stderr) 426
Fehlerbehandlung
–, assert-Funktion 597
–, perror-Funktion 601
Fehlermeldungen 42
feof-Funktion 535
fflush-Funktion 527
fgetc-Funktion 399, 519
fgets-Funktion 288, 401, 520
Fließkommazahlen 65
floor-Funktion 588
fmod-Funktion 588
fopen-Funktion 509
fork-Funktion 655
Formatieren
–, Escape-Sequenzen 183
–, Konvertierungsspezifizierer 183
–, literaler Text 183
formatierte Dateiausgabe 514
formatierte Dateieingabe 517
formatierte Eingabe 403
Formatstrings 183
–, Escape-Sequenzen 183, 420
–, Flags von printf 419
–, Formatierungszeichen von fprintf und printf 417
–, Genauigkeitsmodifizierer 405

–, Konvertierungsspezifizierer 183, 403
–, literaler Text 183
–, Typspezifizierer 404
–, Zahlen als Zeichen ausgeben 275
for-Schleifen 155
–, Syntax 160
–, verschachtelte 161
fprintf-Funktion 416
fputc-Funktion 414
fputs-Funktion 415, 521
fread-Funktion 523
free-Funktion 632
Freigabe von Speicher 632
frexp-Funktion 587
fseek-Funktion 531
ftell-Funktion 528
Funktionen 52, 56
–, abs 588
–, acos 586
–, Anweisungen 137
–, Argumente 52, 125
–, asctime 592
–, asin 586
–, assert 597
–, atan 586
–, atan2 586
–, atof 573
–, atoi 572
–, atol 573
–, aufrufen 142
–, benutzerdefinierte 52
–, Bibliotheksfunktionen 52
–, bsearch 606
–, Callback-Funktionen 718
–, calloc 628
–, ceil 588
–, cos 587
–, cosh 588
–, ctime 592
–, Definition 55, 122, 126
–, difftime 594
–, execl 664
–, exit 385
–, exp 587
–, Exponential- 587
–, fclose 526

–, Fehlerbehandlung 597
–, feof 535
–, fflush 527
–, fgetc 399, 519
–, fgets 288, 401, 520
–, floor 588
–, fmod 588
–, fopen 509
–, fork 655
–, fputs 521
–, fread 523
–, free 632
–, frexp 587
–, fseek 531
–, ftell 528
–, fwrite 522
–, getc 399, 519
–, getchar 397
–, getopt 695
–, gets 288, 400
–, Header 124, 126, 131
–, hyperbolische 587
–, isxxxx 575
–, ldexp 587
–, localtime 592
–, log 587
–, log10 587
–, logarithmische 587
–, lokale Variablen 135
–, Makros 681
–, malloc 280, 628
–, mathematische 586
–, memcpy 635
–, memmove 635
–, memset 635
–, modf 588
–, Namen 131
–, Parameterliste 132
–, perror 601
–, pow 588
–, printf 55, 182, 287
–, Prototypen 55, 126, 140
–, putc 521
–, puts 191, 286
–, qsort 608
–, realloc 630
–, Rekursion 144
–, remove 537
–, rename 539
–, rewind 528
–, Rückgabetyp 131
–, Rumpf 134
–, scanf 55, 193, 290, 403
–, schreiben 131
–, sigaction 668
–, signal 668
–, sin 587
–, sinh 588
–, sqrt 588
–, strcat 557
–, strchr 565
–, strcmp 560
–, strcpy 552
–, strcspn 567
–, strdup 555
–, Streams 395
–, strlen 550
–, strncat 558
–, strncmp 563
–, strncpy 554
–, strpbrk 570
–, strrchr 566
–, strspn 568
–, strstr 570
–, strukturierte Programmierung 127
–, System- 385
–, system 385
–, tan 587
–, tanh 588
–, time 591
–, tmpnam 543
–, tolower 579
–, toupper 579
–, trigonometrische 586
–, Übergabe von Argumenten 141
–, Übergabe von Arrays 254
–, Übergabe von mehrdimensionalen Arrays 442
–, Übergabe von Strukturen 325
–, Übergabe von Zeigern 260
–, ungetc 400
–, variable Zahl an Argumenten 603
–, vs Makros 685
–, wait 659

851

–, waitpid 661
–, Werte zurückgeben 138
–, Zeichentest 575
–, Zeiger auf Funktionen 456
–, Zeiger zurückliefern 467
–, Zeit 590
Funktionsmakros 681
fwrite-Funktion 522

G

gcc-Compiler
–, ausführen 37
–, Installationsstatus prüfen 37
Genauigkeitsmodifizierer 405
gepufferte Eingabe 396
getc-Funktion 399, 519
getchar-Funktion 397
getopt-Funktion 695
gets-Funktion 288, 400
Gleichheitsoperator 98
globale Variablen 343
goto-Anweisung 367
GTK+ 713, 715
–, Bibliotheken-Verzeichnisse 717
–, Callback-Funktionen 718
–, Compiler-Aufruf 718
–, Dateien 716
–, Dialogfenster 726
–, Ereignisse 717
–, gtk-config 716
–, Include-Verzeichnisse 717
–, Menüleisten 739
–, Schaltflächen 723
–, Texteditor 733
gtk-config 716
GUI-Programmierung 713
–, Callback-Funktionen 718
–, Dialogfenster 726
–, Ereignisse 717
–, Geschichte 714
–, GTK+ 715
–, Konzepte 714
–, Menüleisten 739
–, Schaltflächen 723
–, Texteditor 733
–, Widgets 716
–, X Window 714

Gültigkeitsbereiche 340
–, Bedeutung 343
–, Funktionsparameter 350
–, globale Variablen 344
–, lokale 350
–, prüfen 340
–, sichtbare Variablen 340

H

hallo Welt-Programm
–, ausführen 43
–, Debug-Beispiel 45
–, eingeben 42
–, kompilieren 42
–, Kompilierfehler 43
Header-Dateien 54
–, #include-Direktive 686
–, errno.h 600
–, Mehrfacheinbindung vermeiden 689
hyperbolische Funktionen 587

I

I/O Siehe Eingabe oder Ausgabe
IDE (integrierte Entwicklungsumgebung) 34
if-Anweisungen 99
–, else-Bedingung 102
–, relationale Ausdrücke 100
–, Syntax 104
Include-Dateien 54
Indirektionsoperator 238, 239
Initialisieren
–, Arrays 213
–, mehrdimensionale Arrays 214
–, Strukturen 314
–, Unions 327
–, Variablen 70
–, Zeiger 238
–, Zeiger auf Funktionen 457
Inkrementoperator 90
–, Präfix/Postfix-Modus 90
–, Zeiger auf Arrays 248
isxxxx-Makros 575

J

Jahr-2000-Problem 593
Java im Vergleich zu C 31

K

Kamelnotation 64
kdehelp Aufruf eines Dokumentations-Leseprogramms 40
Kindprozesse 651
Komma-Operator 114
Kommentare 56
–, verschachtelte 57
–, Whitespaces 78
kompilieren
–, bedingt 687
–, Fehlermeldung 42
–, hallo.c 42
–, Quellcode 37
Kompilierfehler 39, 43
Komplement-Operator 642
Komponenten, eines Programms 52
Konkatenierung von Strings 556
Konstanten 71
–, definieren 74
–, literale 72
–, symbolische 73, 680
Konventionen
–, Kamelnotation 64
–, Variablennamen 63
Konvertierung
–, Großbuchstaben in Kleinbuchstaben 579
–, Kleinbuchstaben in Großbuchstaben 579
–, Strings in double-Werte 573
–, Strings in int-Werte 572
–, Strings in long-Werte 573
Konvertierungsspezifizierer 183, 188, 403
–, für strftime 593
Kopieren
–, von Dateien 540
–, von Strings 552

L

Label (Sprungmarke) 367
ldexp-Funktion 587
Lebensdauer (Variablen) 340
Leeranweisungen 86
Lesen aus Dateien 514
Linksverschiebung 638
Linux
–, Kernel 31

–, Text-Editoren 36
Listen (verkettete) 470
–, Beispiel 478
–, Element am Anfang hinzufügen 472
–, Element am Ende hinzufügen 474
–, Element aus der Liste entfernen 477
–, Element in der Mitte einfügen 475
–, Implementierung 481
–, programmieren 472
–, Theorie 470
–, Vorarbeiten 472
Listings
–, 309
–, #-Operator in der Makro-Expansion 684
–, Adressen sequentieller Array-Elemente mit Zeiger ausgeben 246
–, Array einer Funktion übergeben 255
–, Array mit 10 Noten 211
–, Array von Zeigern auf char 447
–, Arrays von Strukturen 312
–, atof – Strings in numerische Variablen konvertieren 574
–, auflisten.c 59
–, Ausgabe numerischer Werte mit printf 189
–, automatische vs statische lokale Variablen 348
–, Befehlszeilenargumente an main 693
–, Befehlszeilenargumente mit getopt auswerten 695
–, Beispiel eines Zeigers 240
–, break-Anweisung 363
–, calloc – dynamisch Speicher reservieren 628
–, continue-Anweisung 365
–, Datei löschen 538
–, Dateien öffnen 511
–, Dateiende ermitteln 535
–, Dateinamen ändern 539
–, Daten suchen und sortieren 609
–, Definition lokaler Variablen in einem Block 354
–, direkter Dateizugriff 523
–, ein allgemeiner Ja/Nein-Dialog 730
–, ein allgemeines Dialogfenster mit Ja/Nein-Schaltern 728
–, ein einfacher GTK+-Texteditor 734

853

–, ein einfaches GTK+-Programm mit Schaltflächen 723
–, ein einfaches Programm mit einem Dialogfenster 727
–, ein minimales GTK+-Programm 720
–, einfache do...while-Anweisung 172
–, einfache for-Anweisung 156
–, einfache verkettete Liste 478
–, einfache while-Anweisung 165
–, Einlesen numerischer Werte mit scanf 194
–, Einlesen von Textzeilen und sortieren 451
–, Einsatz eines Arrays 207
–, Endlosschleife 371
–, Escape-Sequenzen mit printf 184
–, falsche Anwendung von Unions 328
–, Fehlerbehandlung mit assert 598
–, fflush 409
–, fgets 401
–, fprintf 515
–, free – Speicher freigeben 632
–, fscanf 518
–, ftell und rewind 529
–, Funktion mit beliebig langer Argumentenliste 605
–, Funktion über Funktionzeiger aufrufen 458
–, Funktion zum Kopieren einer Datei 541
–, getchar 397, 398
–, Gleichwertigkeit von Strings 395
–, globale Variable 345
–, goto-Anweisung 368
–, groessevon.c 66
–, Größe der Elemente eines mehrdimensionalen Arrays bestimmen 439
–, Gültigkeitsbereiche prüfen 341
–, hallo.c 41
–, hallo.c mit Fehler 43
–, hallo2.c 45
–, Integerdivision ohne Typumwandlung 625
–, isxxxx-Makros 576
–, komplexe verkettete Liste 481
–, korrekter Einsatz einer Union 332
–, Laufzeitfehler mit perror behandeln 601
–, main-Modul 698
–, Make-Datei 704
–, mathematische Funktionen 589
–, mehrdimensionale Arrays und Zeiger 438
–, mehrdimensionales Array 215

–, Menüsystem 371, 378
–, mit execl einen Prozess durch einen anderen ersetzen 665
–, mit fork neuen Prozess erzeugen 655
–, mit malloc Speicher für Strings reservieren 283
–, mit scanf numerische Daten und Text einlesen 292
–, mit wait Zombie-Prozess verhindern 659
–, mit Zeigerarithmetik auf Array-Elemente zugreifen 249
–, multiplizieren.c 52
–, numerische Natur von char 275
–, Präprozessor-Direktiven für Header-Dateien 689
–, printf 420
–, Programm im Hintergrund ausführen 653
–, Programm zur Veranschaulichung einer Funktion 123
–, Prozess-ID ermitteln 651
–, putchar 413
–, puts 415
–, realloc – Größe eines Speicherblocks verändern 630
–, scanf 410
–, sekundäres Modul 699
–, Shift-Operatoren 639
–, Signalbehandlungsroutine 669
–, sizeof-Operator bei Arrays 219
–, Sortierreihenfolge mit Funktionszeigern steuern 463
–, Speicherblockmanipulationen 636
–, strcat – Strings verketten 557
–, strchr – Zeichen im String suchen 565
–, strcmp – Strings vergleichen 561
–, strcpy 552
–, strcspn 567
–, strdup 556
–, Stringdaten mit fgets von der Tastatur einlesen 289
–, strlen – Stringlänge ermitteln 550
–, strncat – Strings verketten 559
–, strncmp – Teilstrings vergleichen 563
–, strncpy 554
–, strspn 568
–, strstr – String im String suchen 570
–, Struktur an Funktion übergeben 325

–, Strukturen, die Strukturen enthalten 306
–, switch- und break-Anweisungen 377
–, switch-Anweisung 375, 381
–, Systembefehle 386
–, temporäre Dateinamen erzeugen 543
–, Textausgabe auf dem Bildschirm mit puts 286
–, tolower – String in Kleinbuchstaben umwandeln 580
–, Übergabe als Wert und als Referenz 262
–, Übergabe eines Arrays von Zeigern an eine Funktion 448
–, Übergabe eines mehrdimensionalen Arrays an eine Funktion 442
–, Übergabe eines Zeigers an eine Funktion 461
–, Umleitung der Ein/Ausgabe 424
–, verschachtelte for-Anweisung 162
–, verschachtelte while-Anweisung 168
–, void-Zeiger 266
–, wahlfreier Zugriff 531
–, Zeichen aus stdin löschen 407
–, Zeiger aus Funktionen zurückliefern 468
–, Zeigerarithmetik mit mehrdimensionalen Arrays 440
–, Zeitfunktionen 595
–, Zombie-Kindprozesse löschen 672
–, Zugriff auf Array-Elemente 323
literale Konstanten 72
literaler String 278
literaler Text 183
localtime-Funktion 592
log10-Funktion 587
logarithmische Funktionen 587
log-Funktion 587
logische Operatoren 108
lokale Gültigkeitsbereiche 350
lokale Variablen 346
Löschen von Dateien 537

M
make-Datei 39, 703
Makros
–, __DATE__ 691
–, __FILE__ 691
–, __LINE__ 691
–, __TIME__ 691

–, expandiert anzeigen lassen 685
–, isxxxx 575
–, vordefinierte 691
–, vs Funktionen 685
malloc-Funktion 280, 628
–, Einsatz 281
–, Speicherreservierung für ein Zeichen 281
–, Speicherreservierung für Strings 282
–, Syntax 280
Manipulation
–, Bits 638
–, Speicherblöcke 634
–, Zeiger 251
Maschinensprache 37
mathematische Funktionen 586
mathematische Operatoren
–, binäre 92
–, unäre 90
mehrdimensionale Arrays 209, 436
memcpy-Funktion 635
memmove-Funktion 635
memset-Funktion 635
Menüleisten 739
modf-Funktion 588
modulare Programmierung 31, 698
–, externe Variablen 701
–, make-Datei 703
–, Modulkomponenten 701
–, Objektdateien 700
modulare Unabhängigkeit 344
Modulkomponenten 701
Modulus-Operator 92
Multiplikationsoperator 92
Multitasking-Betriebssystem 650

N
Namensgebung
–, Arrays 210
–, Dateien 509
Nullzeichen 277

O
Objektdateien 700
Operatoren
–, Addition 92
–, Bedingungsoperator 113
–, binäre 92

855

–, Bit- 640
–, Division 92
–, für Zeiger 252
–, Gleichheitsoperator 98
–, Inkrement/Dekrement 90
–, Komma- 114
–, Komplement- 642
–, logische 108
–, mathematische 90
–, Modulus 92
–, Multiplikation 92
–, Prioritäten 115
–, Punkt- 301
–, Rangfolge 95, 115
–, relationale 97
–, Shift- 638
–, sizeof 67, 439
–, Strukturelement- 301
–, Subtraktion 92
–, ternäre 113
–, unäre 90
–, Vergleichs- 97
–, zusammengesetzte Zuweisungsoperatoren 112
–, Zuweisung 70, 89

P
Parameterliste 132
perror-Funktion 601
PID 651
Piping 424, 426
Planung (strukturierte Programmierung) 128
Portabilität 30
Postfix-Modus 90
pow-Funktion 588
Präfix-Modus 90
Präprozessor-Direktiven 680
–, #define 680
–, #elif 687
–, #else 687
–, #endif 687
–, #if 687
–, #include 686
–, #undef 690
printf-Funktion 182, 287, 416
–, Escape-Sequenzen 184

–, Formatstring 183
–, Konvertierungsspezifizierer 187
–, Syntax 190
Prioritäten (Operatoren) 115
Programme
–, Anweisungen 55
–, ausführen 58
–, Betriebssystembefehle ausführen 385
–, Entwicklungswerkzeuge 34
–, Entwicklungszyklus 33
–, gemeinsam genutzte Bibliotheken 708
–, IDE (integrierte Entwicklungsumgebung) 34
–, Kommentare 56
–, Komponenten 52
–, make-Datei 39
–, Planung 32
–, Quellcode
   ASCII-Format 35
   debuggen 38
   kompilieren 37
   schreiben 35
   Text-Editoren 36
–, verlassen 384
–, vorzeitig verlassen 362
–, vs Prozesse 650
Programmierung
–, Entwicklungswerkzeuge 34
–, IDE (integrierte Entwicklungsumgebung) 34
–, make-Datei 39
–, mit mehreren Quelltextdateien 697
–, modulare 698
   externe Variablen 701
   make-Datei 703
   Modulkomponenten 701
   Objektdateien 700
–, Programme planen 32
–, Programm-Entwicklungszyklus 33
–, Quellcode
   ASCII-Format 35
   debuggen 38
   kompilieren 37
   schreiben 35
   Text-Editoren 36
–, strukturierte 127
   Planung 128
   Top-Down-Ansatz 130

Vorteile 127
Programmsteueranweisungen
–, break 362
–, case-Marke (switch) 375
–, continue 365
–, default-Marke (switch) 375
–, do...while-Schleifen 171
–, for-Schleifen 155
–, gemischt verschachtelte Schleifen 175
–, goto 367
–, if-Anweisung 99
–, switch 374
–, Vergleichsoperatoren 99
–, verschachtelte while-Schleifen 168
–, verschacheltete for-Schleifen 161
–, while-Schleifen 164
Prototypen von Funktionen 55
Prozesse 650
–, Bash-Befehlsinterpreter 652
–, durch einen anderen mit execl ersetzen 664
–, Elternprozess 651
–, fork-Funktion 655
–, ID 651
–, Kennung 651
–, Kindprozess 651
–, PID 651
–, vs Programme 651
–, Zombie-Prozesse 657
    mit SIGCHILD vermeiden 672
    mit wait verhindern 659
    mit waitpid verhindern 661
Puffer
–, fflush 527
–, leeren 527
Punktoperator 301
putc-Funktion 414, 521
putchar-Funktion 413
puts-Funktion 191, 286, 415
–, Syntax 192

Q
qsort-Funktion 608
Quellcode
–, ASCII-Format 35
–, debuggen 38
–, kompilieren 37
–, schreiben 35
–, Text-Editoren 36

R
Rangfolge
–, aller Operatoren 115
–, Auswertung von Unterausdrücken 97
–, Klammern 96
–, logische Operatoren 110
–, mathematische Operatoren 95
–, Vergleichsoperatoren 107
realloc-Funktion 630
Rechtsverschiebung 639
register (Schlüsselwort) 351
Registervariablen 351
Rekursion 144
relationale Operatoren 97
remove-Funktion 537
rename-Funktion 539
Reservierung
–, Größe ändern 630
–, Gruppe von Byte 628
–, Gruppe von Objekten 628
rewind-Funktion 528
Rückgabetyp, von Funktionen 131

S
scanf-Funktion 193, 290, 403
–, Syntax 197
Schaltflächen 723
Schleifen
–, break-Anweisung 362
–, continue-Anweisung 365
–, do...while 171
–, do...while-Syntax 174
–, Endlos- 370
–, for 155
–, for (verschachtelte) 161
–, for-Syntax 160
–, gemischt verschachtelte 175
–, goto-Anweisung 367
–, Sprungaweisung 367
–, Verzweigungsanweisung 367
–, vorzeitig beenden 362
–, while 164

–, while (verschachtelte) 168
–, while-Syntax 167
Schlüsselwörter 31
–, const 75
–, extern 345
–, register 351
–, reservierte 763
–, static 347
–, struct 301
–, typedef 70
–, union 330
Schreiben in Dateien 514
sequentieller Zugriff 527
Shift-Operatoren 638
sigaction-Funktion 668
Signalbearbeitungsroutine
–, sigaction-Funktion 668
–, signal-Funktion 668
Signale 666
–, Bearbeitungsroutine 667
–, Core Dump-Datei 666
–, symbolische Fehlerkonstanten 667
signal-Funktion 668
sin-Funktion 587
sinh-Funktion 588
sizeof-Operator 67
Software-Interrupts 666
Speicher
–, Adressen 236
–, dynamisch reservieren 279, 626
–, eine Gruppe von Byte reservieren 628
–, eine Gruppe von Objekten reservieren 628
–, free-Funktion 632
–, freigeben 632
–, Größe der Allokation ändern 630
–, Platzbedarf von Variablentypen 242
–, RAM 62, 236
–, reservieren 626
–, statisch reservieren 626
–, zur Kompilierzeit zuweisen 279
–, zur Laufzeit zuweisen 280
Speicherallokation 626
–, calloc-Funktion 628
–, dynamische 626
–, free-Funktion 632
–, malloc-Funktion 628

–, realloc-Funktion 630
–, statische 626
Speicherblockmanipulation
–, memcpy-Funktion 635
–, memmove-Funktion 635
–, memset-Funktion 635
Speicherklassen 353
Speichern, von Daten 62
Sprunganweisung 367
Sprungmarke (Label) 367
sqrt-Funktion 588
static (Schlüsselwort) 347
statische Variablen 347
stderr (Standardfehlerausgabe-Stream) 394, 426
stdin
–, fflush-Funktion 408
–, Standardeingabe-Stream 394
–, Zeichen löschen 408
stdout (Standardausgabe-Stream) 394
strcat-Funktion 557
strchr-Funktion 565
strcmp-Funktion 560
strcpy-Funktion 552
strcspn-Funktion 567
strdup-Funktion 555
Streamfunktionen 395
Streams 393
–, Puffer leeren 527
–, Standard 394
–, stderr (Fehlerausgabe) 426
–, vordefinierte 394
Strings
–, atof-Funktion 573
–, atoi-Funktion 572
–, atol-Funktion 573
–, Ausgabe mit printf 287
–, Ausgabe mit puts 286
–, ausgeben 286
–, durchsuchen 565
–, dynamische Speicherreservierung 279
–, Einlesen mit gets und fgets 288
–, Einlesen mit scanf 290
–, in Zahlen umwandeln 572
–, konkatenieren 556
–, Konvertierung in einen double-Wert 573

–, Konvertierung in einen int-Wert 572
–, Konvertierung in einen long-Wert 573
–, kopieren 552
–, kopieren mit automatischer Speicherallokation 555
–, Länge ermitteln 550
–, literale 85, 278
–, Manipulation 550
–, Nullzeichen 277
–, ohne Array speichern 279
–, Speicher zur Kompilierzeit zuweisen 279
–, Speicher zur Laufzeit zuweisen 280
–, speichern 550
–, strcat-Funktion 557
–, strchr-Funktion 565
–, strcmp-Funktion 560
–, strcpy-Funktion 552
–, strcspn-Funktion 567
–, strdup-Funktion 555
–, strlen-Funktion 550
–, strncat-Funktion 558
–, strncmp-Funktion 563
–, strncpy-Funktion 554
–, strpbrk-Funktion 570
–, strrchr-Funktion 566
–, strspn-Funktion 568
–, strstr-Funktion 570
–, tolower-Funktion 579
–, toupper-Funktion 579
–, vergleichen 560
–, verketten 556
–, verwenden 277
–, von Tastatur einlesen 288
–, Whitespaces 85
strlen-Funktion 550
strncat-Funktion 558
strncmp-Funktion 563
strncpy-Funktion 554
strpbrk-Funktion 570
strrchr-Funktion 566
strspn-Funktion 568
strstr-Funktion 570
struct (Schlüsselwort) 301
Strukturelement-Operator 301
Strukturen
–, Bitfelder 642
–, definieren 300

–, deklarieren 300
–, einfache 300
–, initialisieren 314
–, komplexe 304
    die Arrays enthalten 308
    die Strukturen enthalten 304
–, Punktoperator 301
–, Strukturelement-Operator 301
–, Synonyme mit typedef 334
–, Syntax 303
–, Übergabe an Funktionen 325
–, Zeiger als Elemente 317
–, Zeiger auf Strukturen 320
–, Zugriff auf Elemente 301
strukturierte Programmierung 127
–, Planung 128
–, Top-Down-Ansatz 130
–, Vorteile 127
Substitutionsmakros 680
Subtraktionsoperator 92
Suchen nach Daten 606
switch-Anweisung 374
symbolische Konstanten 73
Syntax
–, break-Anweisung 364
–, continue-Anweisung 367
–, do...while-Schleifen 174
–, for-Schleifen 160
–, goto-Anweisung 370
–, malloc-Funktion 280
–, printf-Funktion 190
–, puts-Funktion 192
–, scanf-Funktion 197
–, Strukturen 303
–, switch-Anweisung 383
–, Unions 330
–, while-Schleifen 167
system-Funktion 385
Systemfunktionen 385

T

tan-Funktion 587
tanh-Funktion 588
Tastatureingabe 396
temporäre Dateien 543
ternärer Operator 113
Texteditor 733

time-Funktion 591
tmpnam-Funktion 543
tolower-Funktion 579
Top-Down-Ansatz (strukturierte Programmierung) 130
toupper-Funktion 579
trigonometrische Funktionen 586
typedef (Schlüsselwort) 70
–, Synonyme für Strukturen 334
Typspezifizierer 404
Typumwandlungen 622
–, automatische 622
–, bei arithmetischen Ausdrücken 624
–, explizite 624
–, in Ausdrücken (automatisch) 622
–, mit Zuweisungsoperator 623
–, Zeiger 626

U

Umbenennen von Dateien 539
Umleitung, der Eingabe/Ausgabe 423
unäre Operatoren 90
–, Postfix-Modus 90
–, Präfix-Modus 90
ungepufferte Eingabe 396
ungetc-Funktion 400
union (Schlüsselwort) 330
Unions 327
–, definieren 327
–, deklarieren 327
–, initialisieren 327
–, Syntax 330
–, Zugriff auf die Elemente 328

V

Variablen 54, 63
–, automatische 347
–, Datentypen 65
–, Definition 54
–, deklarieren 69
–, Einsatz globaler Variablen 344
–, externe 345, 701
–, globale 343
–, globale Deklaration 345
–, globaler Gültigkeitsbereich 344
–, Gültigkeitsbereiche 340
–, initialisieren 70

–, Lebensdauer 340
–, lokal im Block 354
–, lokal in der Funktion main 352
–, lokale 346
–, modulare Programmierung 701
–, Namen 63
–, Register 351
–, Speicherklassen 353
–, statische 347
–, Zeichen 275
Variablennamen
–, Groß-/Kleinschreibung 64
–, Unterstrich 63
Verbundanweisungen 86
Vergleichen
–, Strings 560
–, Teilstrings 563
–, zwei komplette Strings 560
–, zwei Strings ohne Rücksicht auf Groß-/Kleinschreibung 564
Vergleichsoperatoren 97
verkettete Listen 470
–, Beispiel 478
–, Element am Anfang hinzufügen 472
–, Element am Ende hinzufügen 474
–, Element aus der Liste entfernen 477
–, Element in der Mitte einfügen 475
–, Implementierung 481
–, programmieren 472
–, Theorie 470
–, Vorarbeiten 472
Verkettung von Strings 556
Verschachteln
–, Kommentare 57
–, Schleifen 175
Verwaltungsfunktionen für Dateien 537
Verzweigungsanweisung 367
void-Zeiger 264
vordefinierte Makros 691

W

wahlfreier Zugriff 527
wait-Funktion 659
waitpid-Funktion 661
while-Schleifen 164
–, Syntax 167
–, verschachtelte 168

Whitespaces 78, 84
Widgets 716
Window-Manager 719

X

X Window 714
–, Geschichte 714
–, Konzepte 714

Z

Zeichen
–, Ausgabe 413
–, Ausgabe aus Dateien 521
–, Eingabe in Dateien 519
–, fflush-Funktion 408
–, in stdin löschen 408
–, mit ungetc-Funktion zurückholen 400
Zeichenarrays 277
–, initialisieren 277
–, Nullzeichen 277
Zeichenkonstanten
–, literale 275
–, symbolische 275
Zeichentestfunktionen 575
Zeichenvariablen 275
Zeiger
–, als Strukturelemente 317
–, Arrayname als Zeiger 244
–, Array-Notation 253
–, Arrays von Strukturen 322
–, Arrays von Zeigern 445
–, Arrays von Zeigern auf char 446
–, auf Arrays 243
–, auf Arrays dekrementieren 249
–, auf Arrays inkrementieren 248
–, auf Funktionen 456
–, auf Funktionen deklarieren 456
–, auf Funktionen initialisieren 457
–, auf Strukturen 320
–, auf Variablen 238
–, auf Zeiger 434
–, deklarieren 238
–, dereferenzieren 238
–, Differenzbildung 251
–, erzeugen 237

–, indirekten Zugriff 239
–, Indirektionsoperator 238, 239
–, initialisieren 238
–, manipulieren 251
–, mehrdimensionale Arrays 436
–, Operationen 252
–, Tücken 252
–, Typumwandlung 626
–, Übergabe an Funktionen 260
–, Variablentypen 242
–, verwenden 239
–, void-Typ 264
–, von Funktion zurückgeliefert 467
–, Zeigerarithmetik 248, 440
Zeigerarithmetik 248, 440
Zeigeroperationen
–, Adressoperator 252
–, dekrementieren 252
–, Differenzbildung 252
–, Indirektion 252
–, inkrementieren 252
–, Vergleich 252
–, Zuweisung 252
Zeileneingabe 400
Zeit
–, ausgeben 592
–, Darstellungen konvertieren 592
–, ermitteln 591
–, Unterschiede berechnen 594
Zeitfunktionen 590
–, aktuelle Zeit ermitteln 591
–, verwenden 595
–, Zeitangaben ausgeben 592
–, Zeitdarstellungen konvertieren 592
–, Zeitunterschiede berechnen 594
Zombie-Prozesse 657
–, mit wait verhindern 659
–, mit waitpid verhindern 661
–, Zombie-Kindprozesse mit SIGCHILD vermeiden 672
Zugriff
–, auf Array-Elemente 205
–, auf Strukturelemente 301
–, auf Unionelemente 328
–, Positionszeiger auf den Anfang der Datei setzen 528

Stichwortverzeichnis

–, Positionszeiger beliebig in der Datei setzen 531
–, sequentiell 527
–, wahlfrei 527

Zuweisungsoperator 70, 89
–, Typumwandlungen 623
–, zusammengesetzte 112

ALLES ÜBER LINUX

Ute Hertzog
ISBN 3-827**2-5636**-4
DM 39,95

Stefanie Teufel
ISBN 3-827**2-5676**-3
DM 49,95

Marc André Selig
ISBN 3-827**2-5627**-5
DM 19,95

David Pitts / Bill Ball
ISBN 3-827**2-5684**-4
DM 99,95

Thomas Binzinger / Michael Brückner
ISBN 3-827**2-5594**-5
DM 33,00

Markt&Technik-Produkte erhalten Sie im Buchhandel, Fachhandel und Warenhaus.
Pearson Education Deutschland GmbH · Martin-Kollar-Straße 10–12 · 81829 München · Telefon (0 89) 4 60 03-0 · Fax (0 89) 4 60 03-100
Aktuelle Infos rund um die Uhr im Internet: www.mut.de

Pearson Education

Vom Kenner zum Experten

Laura Lemay / Rogers Candenhead
Java 2 – in 21 Tagen
Das bewährte Kurskonzept – jedes Kapitel mit Testfragen und F&A-Session – findet auch in Laura Lemays Update seine Fortsetzung. Auf der Buch-CD finden Sie zudem den kompletten Inhalt im HTML-Format, alle Sourcedateien zu den Beispielen sowie das komplette Java-Entwicklungspaket von Sun in Version 2.
752 Seiten, 1 CD-ROM
ISBN 3-8272-5578-3, DM 89,95

Markt&Technik-Produkte erhalten Sie im Buchhandel, Fachhandel und Warenhaus.
Pearson Education Deutschland GmbH · Martin-Kollar-Straße 10–12 · 81829 München · Telefon (0 89) 4 60 03-0 · Fax (0 89) 4 60 03-100
Aktuelle Infos rund um die Uhr im Internet: www.mut.de

Pearson Education